L'EFFICACITÉ DE L'EXÉCUTION DES SENTENCES ARBITRALES INTERNATIONALES

Nestor KOUAMI

L'EFFICACITÉ DE L'EXÉCUTION DES SENTENCES ARBITRALES INTERNATIONALES

Préface de Pr Cécile LEGROS

L'Harmattan
Mali

ACI2000 Bamako - Immeuble Jean-Marie CISSE - Bureau 10
Tél.: +223 76 43 00 66 /+223 66 89 33 72

www.harmattanmali.com

Couverture et mise en page : Coco Joyce

ISBN : 978-2-336-59187-2
EAN : 9782336591872

REMERCIEMENTS

Je tiens à remercier Madame Cécile Legros d'avoir accepté de diriger cette thèse avec bienveillance. Veuillez recevoir Madame l'expression de ma plus haute gratitude.

Mes remerciements aux membres du jury qui ont accepté d'examiner et d'évaluer ce travail. Il s'agit des sieurs, Thomas Clay (Professeur à l'Université Paris 1, Panthéon Sorbonne et Avocat au Barreau de Paris), Sébastien Besson (Professeur à l'Université de Neuchâtel et Chargé de cours à l'Université de Genève, puis Avocat au Barreau de Genève), Robert Dossou (Professeur émérite et Doyen honoraire de la Faculté de droit de l'Université d'Abomey-Calavi, Avocat aux Barreaux du Bénin et de Paris, Ancien Bâtonnier du Barreau du Bénin, Ancien Ministre et Ancien Président de la Cour constitutionnelle du Bénin); François Xavier Train (Professeur à l'Université Paris Nanterre).

Mes remerciements aux Professeurs de la faculté qui ont su guider mon travail et aux gestionnaires du laboratoire CUREJ.

Sincères remerciements à mes collègues du Laboratoire CUREJ : Xavier Baumann, Victor Vanier, Hippolyte Bernard, Landry Wandji Nana, Baptiste Pulby, Antoine Duthil, Clément Laforge.

Mes remerciements vont aussi à l'endroit du directeur de l'École Doctorale, Professeur Sébastien Adalid et à Madame la Professeure Valerie Parisot.

Mes sincères remerciements vont aussi à l'endroit du Professeur Diégo Fernandez Arroyo président de l'Académie de Droit International de La Haye et Professeur à Sciences Pô Paris.

Pour m'avoir accueilli à la suite des procédures laborieuses de sélection et m'avoir permis d'effectuer plusieurs mois de recherches au sein de leurs centres de recherches dans le cadre de la rédaction de cette thèse, je tiens à exprimer ma profonde gratitude au Pr. Dr. Burkhard Hess de l'Institut Max Planck de Luxembourg, à Madame Cadice Alihusain, directrice de la bibliothèque du Palais de la Paix (Académie de Droit International de La Haye), à Madame Laura Tikanvaara et à Patricia Lemaire de l'Institut UNIDROIT de Rome.

À mes parents, Kouami Félix et Béhanzin Bernadette, à mon frère Kouami Noé et à ma sœur Kouami Emannuelle.

Pour mes amis, Xavier Baumann, Drusilla Bret-Robertson, Laurie Fartaria, Thierno Dia, Gildas Bissielou, Landry Tadou, Victor Vanier, Hippolyte Bernard, Landry Wandji Nana, Baptiste Pulby, Antoine Duthil, Giselle Assaf, Clément Laforge, Vittorio Carrara, Abdoulaye Sylla, Françoise Mebounou, Isaac Hounkpatin, Vaimoé Albanese.

Pour mes mentors, M'dakena Atara Aurelien (Magistrat à la Cour Suprême du Togo), Guido Carrara (Conseiller Politique et Chargé d'affaires auprès du haut représentant de l'Union Européenne pour les affaires étrangères et la politique de sécurité), Pr. Dr. Peter Jung (Avocat et Professeur à l'Université de Bâle en Suisse), Maître Rory Wheeler (Avocat au Barreau de Paris), Ephrem Ghonda (Conseiller en gestion des finances publiques au FMI), Pr. Dr. Michael Stürner, M. Jur. (Oxford) (Professeur des Universités en Allemagne); Maître Prosper Gadegbeku (Chambre des notaires du Togo) et Christophe Kougniazondé (Ancien membre de la Cour constitutionnelle du Bénin, Professeur des universités au Bénin).

C'est à Emmanuel Gaillard que l'on prête les idées selon lesquelles :

« *Pour pratiquer l'arbitrage, il faut connaître parfaitement au moins un ordre juridique donné, ce qui implique de connaître les points de divergences et surtout les points de convergences avec les autres ordres juridiques.* »

« *Le droit comparé n'est rien d'autre qu'une seconde nature pour l'arbitre.* »

« *Le droit comparé est inhérent à la fonction arbitrale.* »

« *Le droit comparé est une source de droit autonome.* »

Emmanuel Gaillard : 01er janvier 1952 au 01er avril 2021

☆

☆ ☆

SOMMAIRE

LISTE DES ABRÉVIATIONS

AAA :	Association Américaine d'Arbitrage.
AUA :	Acte Uniforme OHADA sur l'Arbitrage
AUPSVE :	Acte Uniforme sur les Procédures simplifiées et des Voies d'Exécutions
CACI :	Cour d'Arbitrage de Côte d'Ivoire.
CCG Oman :	Conseil de Coopération des États Arabes du Golfe
CCJA :	Cour Commune de Justice et de l'Arbitrage
CEDEAO :	Communauté Économique des États de l'Afrique de l'Ouest.
CEMAC :	Communauté Économique et Monétaire de l'Afrique Centrale
CICCA:	Committee for International Co-operation Between Cotton Associations *Comité de Coopération Internationale entre les Associations Cotonnières*
CIETAC:	China International and Economic and Trade Arbitration Commission *Commission Chinoise d'Arbitrage de l'Économie et du Commerce International*
CNUDCI :	Commission des Nations Unies pour le Droit Commercial International
CPCA :	Code de Procédure civile et Administratif d'Algérie.
CRCICA :	The Cairo Regional Centre for International Commercial Arbitration *Centre Régional du Caire pour l'Arbitrage Commercial International*
CREDIMI :	Centre de Recherche sur le Droit des Marchés et des Investissements Internationaux
CVIM :	Convention Internationale relative au Transport de Marchandises par Route et la Vente Internationale des Marchandises.
CVNU :	Convention des Nations Unies sur les Garanties Indépendantes.
DIFC :	Dubaï International Financial Centre *Centre Financier International de Dubaï*
FAA:	Federal Arbitration Act of 1990
GAFTA:	Grain And Feed Trade Association

ACCAA : *Association du Commerce des Céréales et Aliments pour Animaux*

HSE : Higher School of Economics
École Supérieure d'Économie

CAI : Cotton Association of India
Association Cotonnière d'Inde

LCIA : The London Court of International Arbitration.
Cour d'Arbitage International de Londres

OHADA : Organisation pour l'Harmonisation en Afrique du Droit des Affaires

OMC : Organisation Mondiale du Commerce.

SADEC : Southern Africa Development Community
Communauté de Développement de l'Afrique Australe

TEE : Titre Exécutoire Européen

UE : Union européenne

UEMOA : Union Économique et Monétaire Ouest-Africaine

UNIDROIT : Institut International pour l'Unification du Droit privé

PRÉFACE

Lorsqu'un différend ne peut se régler à l'amiable, le recours à l'arbitrage, qu'il ait été prévu ab initio ou une fois le litige né, est un mode courant de résolution des litiges dans le commerce international. Dès lors, une sentence est attendue aux termes de la procédure d'arbitrage. L'efficacité de ce mode de résolution des litiges comporte des vertus bien connues. Mais elle suppose également qu'il soit effectivement mis fin au différend par l'exécution de la sentence. Or, à l'exception de l'hypothèse où les parties se concilient en cours d'arbitrage, l'efficacité repose sur l'exécution effective de la sentence, de manière spontanée ou contentieuse.

En l'absence d'exécution spontanée, l'arbitrage revient dans la sphère des juridictions étatiques par les mécanismes de la reconnaissance et plus souvent de l'exequatur. L'exequatur est la décision judiciaire par laquelle un tribunal rend exécutoire sur le territoire national une sentence arbitrale ou encore un jugement ou un acte étranger. Son objectif est de pouvoir obtenir le cas échéant l'exécution forcée, gage d'efficacité de la procédure.

Or, en matière internationale, force est de constater que l'obtention de l'exequatur connaît de véritables limites, pratiques comme juridiques.

C'est à cette question importante que Monsieur Kouami a traité d'une manière approfondie dans sa thèse. Il a d'abord fallu vérifier l'intuition selon laquelle le nombre de sentences exequaturées en matière internationale était limité. En l'absence de publication systématique des sentences, la tâche était ardue. Les statistiques par pôle géographique présentées dans cette thèse confortent cependant clairement cette intuition de départ. À cet égard, ce travail de recensement mérite d'être salué.

La thèse s'attaque aussi à la convention de New York de 1958. Généralement présentée comme un instrument majeur de la circulation de sentences internationales, largement ratifiée, la Convention de New York souffre cependant de lacunes et de limites que la thèse discute de manière tout à fait convaincante. En particulier, le fait que, s'agissant des conditions procédurales de la reconnaissance, la Convention renvoie au droit procédural des États parties, ce qui pose problème. Ainsi la thèse propose des solutions à ce sujet. Elle aborde également les conditions de fond de l'exequatur, des recours en annulation et des difficultés procédurales en lien avec l'exécution des sentences arbitrales exequaturées. La thèse traite aussi de l'épineuse question de la possible harmonisation de contrôle de l'ordre public, cas de contrôle qui constitue dans la majorité des cas le fondement du refus d'exequatur en matière internationale.

En dehors des propositions relatives aux conditions procédurales de l'exequatur ou encore aux modalités de contrôle de celle-ci, la thèse explore d'autres voies susceptibles d'améliorer l'efficacité de l'exécution des sentences arbitrales internationales. Notamment, les développements sur le « *black listing* » sont tout à fait remarquables. À l'époque du « *Name and Shame* », la mise à l'écart des acteurs du commerce international considérés comme de mauvais payeurs pour ne pas avoir exécuté une sentence arbitrale constitue ainsi un remède informel d'une efficacité certaine.

La recherche était ambitieuse, le travail accompli mérite d'être salué. Nous avons pris un grand plaisir à accompagner Monsieur KOUAMI dans son parcours doctoral et au-delà. Ce travail ambitieux méritait une publication. Il constitue un apport indéniable pour tous les chercheurs et praticiens qui s'intéressent à cette ultime phase de l'arbitrage.

Cécile LEGROS

Professeur à l'Université de Rouen Normandie

INTRODUCTION GÉNÉRALE

1. La présente étude porte sur l'efficacité de l'exécution des sentences arbitrales internationales. Avant 1958, la reconnaissance et l'exécution des sentences arbitrales internationales étaient régies principalement par la Convention de Genève de 1927 et le Protocole de Genève de 1923. Ces instruments présentaient de fortes limites. Il s'agit des procédures lourdes, des conditions strictes, notamment la force exécutoire de la sentence au siège du tribunal arbitral ce qui favorisait des situations d'exigences de double exequatur. L'arbitrage international manquait donc de prévisibilité et de sécurité juridique. Face à ces insuffisances, la Commission économique et sociale des Nations Unies (ECOSOC) avait confié à la CCI[1] et à divers experts le soin de préparer un nouveau texte. Il s'agit de la Convention de New York de 1958. A la suite des négociations laborieuses, la Convention a été adoptée le 10 juin 1958 à New York et entre en vigueur en 1959[2]. Elle a pour objectif de faciliter au maximum la reconnaissance et l'exécution des sentences arbitrales étrangères, tout en limitant strictement les motifs permettant de les refuser.

2. La Convention révolutionne l'arbitrage international par plusieurs avancées fondamentales. Il s'agit du Principe général de reconnaissance et d'exécution des sentences arbitrales par les États parties ; l'énumération exhaustive des motifs de refus. L'article V limite les motifs de refus à des cas très restrictifs : incapacité des parties ; invalidité de la convention d'arbitrage ; violation du contradictoire ; dépassement de mission, irrégularité de la composition du tribunal ; annulation dans le pays d'origine ou contrariété à l'ordre public de l'État requis. L'exécution devient la règle, le refus l'exception.

3. Avec plus de 170 États parties aujourd'hui, la Convention de New York est l'un des instruments internationaux les plus ratifiés au monde, la pierre angulaire du système global d'arbitrage commercial international. Elle a permis l'émergence d'une pratique uniforme, soutenue par la jurisprudence convergente des juridictions nationales et les organisations internationales

---

[1] La CCI est une organisation mondiale fondée en 1919 et regroupant des entreprises, institutions et experts du commerce international. Elle a pour mission de promouvoir le commerce et l'investissement internationaux, d'élaborer des règles et standards reconnus mondialement, et de faciliter le règlement des différends commerciaux. La CCI est particulièrement connue pour l'efficacité de la Cour internationale d'arbitrage, l'une des principales institutions arbitrales au monde ; son influence dans la codification et la promotion de règles d'arbitrage (Règlement CCI) et sa participation historique à la préparation de la Convention de New York de 1958, en tant qu'acteur consultatif majeur auprès des Nations Unies.

[2] https://treaties.un.org/pages/viewdetails.aspx?src=treaty&mtdsg_no=xxii-1&chapter=22&clang=_fr

comme la CNUDCI (UNCITRAL). Il faut cependant reconnaître que dans la pratique, elle présente aussi des faiblesses qui affaiblissent son efficacité.

4. La capacité de l'arbitrage de s'adapter aux besoins du monde des affaires en matière de règlement des différends fait de lui l'un des modes alternatifs de règlement des litiges les plus usités. Il faut tout de même préciser qu'à la suite d'une procédure d'arbitrage, la phase d'exécution de la sentence arbitrale est cruciale. En effet, lorsqu'une sentence est rendue par un tribunal arbitral, sa principale fonction, qui est de donner satisfaction à l'un des plaideurs à l'arbitrage, se révèle lorsque celle-ci est exécutée. L'exécution d'une sentence peut bien entendu être spontanée. La sentence a alors pleinement rempli son office. Cependant, en l'absence d'exécution spontanée, il est nécessaire de solliciter le concours du système judiciaire. Les sentences arbitrales ne sont pas d'office exécutoire, car le tribunal arbitral ne dispose pas de l'imperium. Ainsi, en cas d'exécution forcée de la sentence arbitrale, le créancier à recourir au juge étatique pour obtenir un titre exécutoire.

5. En général, le système judiciaire concerné par une demande de titre exécutoire est celui de l'État dit « requis ». Il s'agit de l'État dans lequel le bénéficiaire de la sentence souhaite la faire exécuter, surtout lorsque des avoirs du débiteur susceptible d'être saisi sont identifiés. En matière internationale, cette exécution peut ainsi intervenir dans un État différent de l'État du siège où la sentence a été rendue. La sentence est donc amenée à circuler.

6. L'efficacité de cette sentence dépend alors de la facilité de circulation dont elle bénéficie. En d'autres termes, de la facilité avec laquelle cette sentence pourra être exécutée dans l'État requis. Il s'agit de permettre au créancier de recouvrer sa créance, quel que soit le lieu de situation des biens et avoirs du débiteur. Dans ce cas précis, le créancier sera confronté aux procédures d'exequatur en vigueur dans le ou les États requis. On peut alors se demander s'il est aisé ou non, pour le créancier, d'obtenir l'exécution d'une sentence internationale dans un autre État. Une réponse négative mettrait en effet à mal tout le système puisque précisément la sentence ne pourrait dans ce cas rendre son office.

7. Afin de mener à bien cette étude, il est au préalable nécessaire d'opérer une mise en contexte du sujet **(I)**, puis d'exposer les problématiques identifiées et l'intérêt du sujet **(II)**. Enfin nous pourrons présenter la méthodologie de recherche adoptée dans le cadre de la réalisation de cette étude **(III)**.

I. Mise en contexte

La mise en contexte de notre étude gravite autour de trois points essentiels. Il s'agit tout d'abord de la Convention de New York du 10 juin 1958[3] qui est à l'heure actuelle le principal instrument de la circulation internationale des sentences arbitrales (**A**). Notre étude s'intéressant aux différents systèmes juridiques d'États requis, il convient de présenter les systèmes qui vous constituer notre échantillon et d'apprécier l'adéquation de ces différents systèmes juridiques avec l'arbitrage (**B**). Enfin, nous tenterons de cerner la notion de sentence arbitrale internationale, cœur de notre sujet (**C**).

A. La Convention de New York de 1958 : un instrument au service de la circulation des sentences arbitrales

8. Après avoir présenté la Convention de New York (**1**), nous montrerons que sa mise en œuvre a conduit à l'apparition de pôles d'arbitrage (**2**).

1. Présentation de la Convention de New York

9. Le principal instrument sur le plan mondial relatif à l'exécution des sentences arbitrales est la Convention de New York du 10 juin 1958[4]. Cette convention est entrée en vigueur le 7 juin 1959, conformément à l'article XII[5]. Elle compte vingt-quatre États signataires et réunit de nos jours pas moins de cent soixante-douze États parties[6].

10. Le champ d'application de la Convention est défini par son article Ier. Elle s'applique aux sentences arbitrales rendues hors du territoire d'un État où la reconnaissance et l'exécution sont demandées et aux sentences qui ne sont pas considérées comme internes dans cet État. Cette formulation crée une condition « d'internationalité » pour que la Convention s'applique[7].

11. La Convention a pour objet de faciliter la circulation des sentences arbitrales. Elle pose les bases du traitement équitable des sentences

---

[3] Convention pour la reconnaissance et l'exécution des sentences arbitrales étrangères, adoptée à New York le 10 juin 1958 : https://uncitral.un.org/sites/uncitral.un.org/files/media-documents/uncitral/fr/new-york-convention-f.pdf (site consulté le 25/02/23)

[4] F. Ferrari, F. Rosenfeld, Ch. T. Kotuby, jr, *Recognition and enforcement of foreign arbitral awards: A Concise Guide the New York Convention's Uniforme Regime*, Chelten & Northampton, Edward Elgar, 2023, p. 2 et ss.

[5] Article XII de la Convention de New York de 1958.

[6] https://treaties.un.org/pages/ViewDetails.aspx?src=IND&mtdsg_no=XXII1&chapter=22&clang=_fr (site consulté le 03/03/2023).

[7] F. Ferrari, F. Rosenfeld, Ch. T. Kotuby, jr, *op. cit.*, p. 2.

arbitrales étrangères et internes conformément aux dispositions de son l'article III. La Convention a permis de supprimer le principe du double exequatur[8]. Même si la législation de certains États parties à la Convention pose des conditions qui frôlent le double exequatur[9], cette exigence est devenue une exception.

12. Dans la pratique ce principe d'équité a connu un succès limité, car la Convention permettait aux États parties de formuler des réserves. L'article I (3) de la Convention autorise en effet les États contractants à déclarer lors de la ratification qu'ils limiteront l'application de celle-ci à des différends spécifiques. Il s'agit, notamment, des différends qui résultent des relations juridiques, contractuelles ou non considérées comme commerciales par leur législation nationale[10]. Les États peuvent en outre limiter l'application de la Convention aux sentences rendues sur le territoire d'un autre État contractant[11]. Par ailleurs, la Convention ne repose pas sur le principe de délocalisation de la sentence arbitrale dans la mesure où celle-ci ne peut être reconnue lorsqu'elle fait l'objet d'une annulation au siège du tribunal arbitral[12]. Il s'agit des ambiguïtés identifiées parmi les dispositions de la Convention.

13. S'agissant de la définition de la notion de « sentence arbitrale », la Convention précise la nature d'une sentence arbitrale, mais elle ne donne pas une définition. Ainsi, l'article 1er alinéa 2, dispose : « les sentences arbitrales sont rendues par des arbitres nommés pour des cas déterminés, mais également celles qui sont rendues par des organes d'arbitrage permanents...[13] ». Force est de constater que cette définition est incomplète. Pour Sébastien Besson, il ne s'agit pas d'une omission qui aurait pu être évitée, « mais plutôt le résultat des difficultés pour identifier une définition unitaire de la sentence arbitrale »[14]. Nous en déduisons qu'il est donc complexe de donner une définition objective du terme « sentence arbitrale »[15]. Pour tenter de résoudre cette difficulté, nous avons identifié

---

[8] Cette expression désigne l'exigence d'un exequatur dans l'État du siège et dans l'État requis.
[9] Le cas du Qatar de l'Égypte et de l'Arabie Saoudite (Cf. infra, paragraphe 190 et ss.)
[10] Ibid.
[11] Ibid.
[12] Article V (1) e de la Convention de New York de 1958.
[13] Article I al. 2 de la Convention de New York de 1958.
[14] J.-F. Poudret & S. Besson, *Droit Comparé de l'arbitrage international*, Zürich: Schulthess, Thomson/Sweet & Maxwell, 2007, p. 326.
[15] J. Paulsson, *The 1958 New York Convention in Action*, Alphen aan den Rijn, *Kluwer Law*, 2016.; O. Corten & P. Klein, *The Vienna Convention on the Law of Treaties*, Oxford University Press 2011.; M.-E. Villiger, *Commentary on the 1969 Vienna Convention on the Law of*

les définitions attribuées à cette notion par la loi et la jurisprudence des systèmes juridiques de notre échantillonnage. Certes, notre étude ne porte pas principalement sur la notion de sentence arbitrale. Cependant, il est utile de préciser le type de sentence arbitrale qui est concerné par notre étude. À cette question il est fondamental d'apporter une réponse claire et précise. Ainsi, les sentences arbitrales concernées par notre étude sont celles qui peuvent faire l'objet d'une demande en reconnaissance et d'exécution dans les différents systèmes juridiques étudiés[16].

14. Par ailleurs, le fait que l'article III de la Convention de New York permet l'application des règles de procédure propres à chaque État partie a conduit de fait à un traitement différencié des sentences. Nous avons donc en premier lieu des États qui disposent de règles favorables à l'arbitrage et à la reconnaissance des sentences arbitrales internationales. En second lieu, on peut identifier les États qui appliquent des règles de procédure restrictives en matière de reconnaissance et d'exécution des sentences arbitrales étrangères. L'efficacité de la Convention de New York de 1958 est donc relative, ce qui permet de dégager des pôles d'arbitrage. Concernant le choix du siège du tribunal arbitral, les acteurs du commerce international ont tendance à accorder leur préférence aux États disposant des règles de procédure favorables à l'arbitrage. Il convient toutefois de nuancer ce propos concernant certains pôles d'arbitrage, notamment le centre d'arbitrage CIETAC en Chine. En effet, la Chine a opté pour une économie de marché dans le cadre du commerce international. Cependant, les procédures appliquées pour la reconnaissance et l'exécution des sentences arbitrales sur le territoire chinois semblent être complexes[17].

2. Les pôles d'arbitrage

15. Les pays et les espaces économiques qui disposent de cadres juridiques et judiciaires adaptés et favorables à l'arbitrage constituent des pôles d'attraction de règlement des différends commerciaux et d'investissement par voie d'arbitrage. Les centres d'arbitrage de ces pays sont des références en matière d'arbitrage international.

16. À partir des rares données statistiques fiables en matière d'arbitrage, il a été possible d'opérer une catégorisation des pôles d'arbitrage. Ce premier tableau présente les principales institutions d'arbitrage mondiales

---

Treaties, Martinus Nijhoff Publishers, 2009.; U. Linderfalk, The InterprÉtation of Treaties, Springer, 2007.; R.-K. Gardiner, *Treaty Interpreation*, Oxford University Press, 2008.

[16] V. infra, le paragraphe n° 115 et ss.

[17] V. infra, n°177 et ss.

et met en évidence les capacités dont elles disposent en matière de traitement des affaires commerciales et d'investissements dans le cadre des procédures d'arbitrage international. Les données du tableau représentent le volume des dossiers d'arbitrage traités par les centres arbitraux en Europe, aux États-Unis, en Asie et en Afrique.

Tableau n° 1 : Volumes de dossiers d'arbitrages internationaux

Années / Centres d'arbitrages	2017	2018	2019	2020
CCI (Paris/ International)	**810**	**842**	**869**	**946**
CIETAC (Beijing / Chine)	**2298**	**2962**	**3333**	**3615**
DIS (Berlin / Allemagne)	**152**	**153**	**110**	**162**
CRCICA (Égypte)[18]	**54**	**77**	**36**	**N/A**
HKIAC (Hong Kong / Chine)	**297**	**265**	**308**	**318**
ICDR/AAA (New York /EUA)	**1063**	**993**	**882**	**N/A**
LCIA (Londres / Royaume-Uni)	**285**	**317**	**395**	**440**
OHADA[19]	**14**	**N/A**	**N/A**	**N/A**
SCAI (Genève/ Suisse)	**74**	**81**	**95**	**83**
SCC (Stockholm Suède)	**200**	**152**	**175**	**213**
VIAC (Vienne / Autriche)	**43**	**64**	**45**	**40**
SIAC (Singapour)	**452**	**402**	**479**	**1080**
PCA (Permanent Court of Arbitration)	**41**	**56**	**49**	**59**

Sources : M. Altenkirch et B. John, Arbitration Statistics 2019-How did arbitration institution fare 2019 : Global Arbitration News, Baker McKenzie, juillet 2020 (https://globalarbitrationnews.com/how-did-arbitration-institutions-fare-in-2019)

[18]https://crcica.org/FilesEnglish/Annual%20Report_2016-10-31_09-26-47_0.pdf (consulté le 01/01/2023) ; https://crcica.org/FilesEnglish/Annual%20Report_2020-07-19_13-12-46_0.pdf (consulté le 01/01/2023) ; https://www.crcica.org/Arbitration_Statistics.aspx (consulté le 01/01/2023).

[19] P. Lendongo, *Bilan et perspectives de la gestion des affaires portées devant la CCJA depuis son l'installation jusqu'en 2017*, *Ledongo,* 2018, p. 109 et ss.

Analyse des données du tableau n°1

17. En Asie, le centre d'arbitrage chinois CIETAC se positionne en premier rang sur les quatre dernières années. En effet, la Chine a libéralisé son système économique interne et externe en matière commerciale et d'investissement. La Chine est un pays continent, et le plus peuplé au monde, avec un modèle économique qui a contribué à l'amélioration du niveau de vie de la population chinoise. Par ailleurs, Beijing constitue un centre d'affaire parmi les plus réputés au monde. Tous ces facteurs réunis expliquent l'évolution croissante des dossiers d'arbitrage traités par le centre d'arbitrage chinois CIETAC. Cependant, il est important de souligner qu'en cas d'exécution forcée des sentences arbitrales étrangères en Chine, la procédure de reconnaissance peut s'avérer complexe. En effet, en cas d'obtention de l'exequatur, celui-ci doit être confirmé par les cours intermédiaires et par la Cour Populaire Supérieure. Ces différentes procédures nécessitent des délais assez longs et posent un problème pour la circulation des sentences arbitrales étrangères sur le territoire chinois[20].

18. En Europe occidentale, le centre d'arbitrage de la Chambre de Commerce Internationale (CCI) dont le siège est à Paris vient en première position suivie par « *The London Court of International Arbitration (LCIA)* » de Londres[21]. Les cadres juridiques applicables à l'arbitrage interne et international en vigueur dans ces deux pays semblent être favorables à la circulation des sentences arbitrales internationales et étrangères[22]. Ce qui fait la réputation de la LCIA, c'est l'exhaustivité de *l'Arbitraction Act* de 1996, la qualité du système judiciaire anglais. Il faut aussi prendre en compte la réputation de la place de Londres comme l'une des plus importantes places financières en Europe. En Europe du Nord, la Suède vient en tête dans le traitement des dossiers d'arbitrage pour la simple raison que Stockholm est l'une des grandes places d'investissement au monde[23]. En 2020, les flux d'investissements directs étrangers concernant la Suède sont évalués à vingt-six milliards de dollars et les stocks de ce même type d'investissement sont évalués à quatre cent neuf milliards de dollars[24]. Les flux sortants du pays sont évalués à trente

---

[20] V. infra, paragraphe n°177 et ss.

[21] Règlement d'arbitrage de la LCIA du 1er octobre 2020.

[22] Ibid.

[23] UNCTAD, *Investing in sustainable recovery*, Word Investment report 2021, p. 280.

[24] https://data.oecd.org/fr/fdi/flux-d-ide.htm (Consulté le 01/01/2023). Les secteurs d'activités concernés par ces stocks d'investissement sont : la manufacture ; les finances et assurances ; le commerce de gros et de détails ; l'énergie et recyclage ; l'immobilier ; les activités juridiques, professionnelles, scientifiques ; l'information et la communication.

et un milliards de dollars[25]. La Suède fait partie des premiers États qui ont ratifié la Convention de New York de 1958[26]. Ainsi, la loi suédoise sur l'arbitrage[27] ne prévoit pas de conditions de reconnaissance et d'exécution des sentences arbitrales internationales plus rigides que les dispositions prévues par la Convention.

19. Aux États-Unis, c'est la place de New York qui est en première position compte tenu de son attractivité en matière de droit des affaires. C'est une place qui attire des investisseurs du monde entier, d'où sa réputation. Par ailleurs, le *Féderal Arbitration Act* of 1990 a très tôt permis l'émergence de l'arbitrage aux États-Unis. Le FAA s'est en partie adapté aux prescriptions de la Convention de New York et à la Convention interaméricaine de 1975.

20. Enfin en Afrique, la Cour Commune de Justice et de l'Arbitrage (CCJA) de l'espace OHADA[28] et le CRCICA[29] du Caire ont enregistré des progrès remarquables ces dernières années en matière d'arbitrage international[30]. Le cadre juridique applicable aux procédures d'arbitrage de la CCJA facilite la circulation des sentences arbitrales dans les pays membres de l'OHADA. Quant à la CRCICA, il traite la majorité des dossiers d'arbitrage des pays du Maghreb et ceux des pays du Moyen et du Proche-Orient[31].

21. Les différents pôles d'arbitrages identifiés dans le tableau ci-dessus appartiennent aux différents systèmes juridiques étudiés dans le cadre de notre thèse. Ces systèmes juridiques exercent une influence certaine sur les procédures de reconnaissance et d'exécution des sentences arbitrales étrangères des différents pays de notre échantillonnage. Il est donc nécessaire de faire une présentation succincte de ces différents systèmes juridiques et du lien qu'ils entretiennent avec l'arbitrage international.

---

[25] Ibid.

[26] Date de ratification de la Suède : 1er octobre 1958.

[27] Loi Suédoise sur l'Arbitrage (SFS 1999 :116)

[28] Organisation pour l'harmonisation en Afrique du droit des affaires (OHADA)

[29] Le Centre régional du Caire pour l'arbitrage commercial international.

[30] K. Muigua, « Reawakening Arbitral Institutions for Development of Arbitration in Africain les actes du colloque Arbitration institution in Africa » qui s'est tenu à Addis Abeba le 23 juillet 2015, disponible à l'adresse suivante : http://eprints.soas.ac.uk/20421/1/Addis%20Arbitration%20Conference%202015.pdf (consulté le 24/12/2022).

[31] https://crcica.org/wp-content/uploads/2022/11/2020-2021-Annual-Report.pdf (consulté le 25 décembre 2022).

B. Les systèmes juridiques de notre échantillonnage

22. Il s'agit de faire une courte présentation de chaque type de système juridique qui intègre notre champ d'études (**1**) et de justifier le choix porté sur ces derniers (**2**). L'objectif est de faire le lien entre les différents systèmes juridiques et l'arbitrage international afin de poser clairement le cadre pour le lecteur de notre ouvrage.

1. Les différents systèmes juridiques étudiés

23. La présentation portera sur les traditions juridiques suivantes : La *Civil Law*, la *Common Law*, le droit africain, notamment le droit OHADA, le droit musulman et le droit socialiste.

a. Civil Law

24. Notre étude couvre quatre grands systèmes juridiques contemporains. Il s'agit des systèmes juridiques de *Civil Law*, de *Common Law*, des systèmes de droit socialiste et enfin des systèmes de droit musulman. Le droit africain dans la grande majorité est un prolongement des systèmes juridiques occidentaux, notamment de *Civil Law* et de *Common Law,* c'est en particulier le cas en droit OHADA. La *Civil Law* désigne un système de droit écrit pratiqué par à peu près la moitié des États membres de l'ONU[32]. Il a été conçu sur le continent européen sous l'influence du droit romain (le *corpus juris civilis* de 529-533). L'influence du droit romain fut double en Europe[33]. Il s'agit d'une influence dogmatique et substantielle de la culture juridique avec pour finalité la construction d'un socle de droit basé sur le raisonnement scientifique et sur les catégories.

25. Le Code civil napoléonien de 1804 a marqué le début de l'ère des codifications du jus commune (la science juridique européenne)[34]. Dans le système de *Civil Law,* la loi écrite constitue la principale source du droit et est matérialisée dans les Codes avec une place limitée pour la jurisprudence[35]. Il est reconnu dans le système de *Civil Law* des droits subjectifs aux personnes physiques et morales dont elles peuvent se prévaloir dans leurs propres intérêts. Ainsi, en matière d'arbitrage

---

[32] D. René, J.-S. Camille & M. Goré, *Les grands systèmes de droit contemporains*, Paris, *Dalloz,* 2016.

[33] Ibid.

[34] D'autres codifications ont suivi. Il s'agit de l'Italie, de l'Allemagne, de la Suisse, etc.

[35] D. René ; J.-S. Camille, *op. cit.*

international, c'est le droit subjectif qui régit le rapport commercial entre les parties devant le tribunal arbitral. Il s'agit pour les parties de fournir essentiellement des preuves écrites au tribunal arbitral. Par ailleurs, dans le cadre d'une procédure de reconnaissance et d'exécution d'une sentence arbitrale étrangère, les juges judiciaires du système de Civil Law ont pour référentiel la loi et la jurisprudence.

26. En revanche, la *Common Law* est un droit essentiellement jurisprudentiel qui présente des particularités dans certains pays qui l'appliquent comme système juridique.

b. Common Law

27. La *Common Law* se caractérise par du droit produit par les juridictions des entités territoriales appartenant à l'Empire britannique à partir du XIème siècle après la conquête normande. Il faut donc faire la différence entre la *Common Law* et l'*Equity* développé par la Court of Chancery[36]. Cependant, il y a une sorte de fusion entre ces deux catégories de sources jurisprudentielles. La *Common Law* s'est développée à l'écart du droit romain. À titre d'exemple, le droit anglais est essentiellement jurisprudentiel produit par les juridictions royales en réponse à des contentieux[37]. C'est un droit procédural et casuistique. Il s'agit de mettre en place des procédures qui permettront d'assurer la justice, « *remedies precede rights* », contrairement à la *Civil Law* qui est centrée sur le droit subjectif des personnes[38]. Par ailleurs, les catégories abstraites et les principes généraux ne constituent pas des référentiels en *Common Law*. Il est cependant important de préciser que la pratique de la *Common Law* n'est pas uniforme dans les pays qui la pratiquent. Les pays anglophones ont produit des Common Laws adaptées au fonctionnement de leurs sociétés. C'est le cas des États-Unis d'Amérique où l'autonomie de la *Common Law* américaine a été affirmée par rapport aux précédents de la *Common Law* britannique[39].

28. Ainsi, en matière d'arbitrage international, dans les pays de *Common Law* l'oralité des débats est la règle devant le tribunal arbitral[40]. Lorsque l'une des parties omet de transmettre l'entièreté de la

[36] Ibid.

[37] A. Bullier, *La common Law*, Paris, Dalloz, 2016, spéc. p. 22.

[38] R. Posner, *Economic analysis of Law*, Alphen aan den Rijn, *Wolters Kluwer*, 2014.

[39] C. Le Gallou, S. Wesley, *Droit anglais des affaires*, Paris, *LGDJ*, 2018, p. 752.

[40] R. Séroussi, *Introduction au droit anglais et américain, Introduction aux droits anglais et américain*, Paris, *Dunod*, 2011, p. 220

documentation demandée par son adversaire, elle encourt une sanction pénale.

29. Dans le cadre d'une procédure d'exécution forcée d'une sentence arbitrale internationale, le juge anglais applique des procédures spécifiques. Il s'agit de l'arbitration Act of 1996 avec pour référentiel principal les précédents des juridictions britanniques[41]. De même, le juge américain appliquera le *Federal Arbitration Act* of 1990 et d'autres règles judiciaires en vigueur dans les États fédérés en se référant aux principes du précédent. Il peut aussi apprécier la nécessité d'appliquer ou non la règle du *forum non conveniens* pour refuser l'exécution d'une sentence arbitrale sur le territoire américain. Dans ce cas précis, il peut argumenter et motiver sa décision sur base des précédents provenant des juridictions américaines[42].

30. Les *Civil* et *Common Law* ont influencé la conception du cadre juridique contemporain et moderne de plusieurs pays pour des raisons historiques et commerciales. C'est le cas du système juridique africain qui présente tout de même des particularités.

c. Droit africain

31. Le continent africain est composé de cinq grandes régions en plus des îles[43]. Il s'agit de l'Afrique du Nord, l'Afrique de l'Ouest, l'Afrique de l'Est, l'Afrique centrale et l'Afrique australe. Chaque région est placée sous l'égide d'une organisation régionale avec pour support juridique un droit régional. À titre d'exemple, les pays de l'Afrique du Nord sont influencés par le droit musulman et se reconnaissent plutôt au sein de la Ligue Arabe. C'est pour cette raison que le droit processuel de ces pays a été traité dans la catégorie du système de droit musulman dans le cadre de cette thèse. L'Afrique de l'Est et l'Afrique australe sont beaucoup plus anglophones dons sous une grande influence de la *Common Law*. Les pays de l'Afrique de l'Ouest et de l'Afrique centrale sont en majorité francophone donc sous influence de *Civil Law*.

32. Au lendemain de l'indépendance des États africains, le droit d'inspiration occidental a été confirmé dans les nouveaux États. Cependant des réformes ont été entreprises pour réviser et adapter aux réalités locales le contenu du droit privé et du droit public hérité de la

[41] Ibid.
[42] Ibid.
[43] Les îles Comores, Madagascar, îles maurices, le Cap vert et les Seychelles.

colonisation[44]. Il s'agissait par exemple en droit privé de greffer le droit coutumier sur le cadre juridique applicable aux rapports commerciaux et civils entre populations[45]. Ainsi, la réception des droits occidentaux dans le système africain devrait se faire de façon évolutive avec la prise en compte des principes et règles de droit coutumier. Il s'agit principalement des matières commerciales, civiles et des matières immobilières et pénales[46]. Il faut donc retenir que ces réformes de modernisation des cadres juridiques des pays africains ont été très influencées par la *Common Law* et la *Civil Law*.

33. Pour faciliter la libre circulation des personnes et des biens, les États africains ont constitué des regroupements régionaux et économiques régulés par des cadres juridiques régionaux[47]. Il manquait une intégration juridique entre les États africains en matière de droit des affaires[48]. Pour ce faire, l'OHADA a été créée grâce à la signature de son acte constitutif le 17 octobre 1993 à Port-Louis révisé le 17 octobre 2008 au Québec. La mise en œuvre de ce traité a permis aux États parties d'adopter l'Acte Uniforme sur l'Arbitrage les 15 et 16 juin 1998 à Yaoundé (Cameroun). L'Acte Uniforme sur l'arbitrage est entré en vigueur le 11 juin 1999 et révisé le 23 novembre 2017. L'application de cet acte uniforme sur l'arbitrage a permis de développer un droit de l'arbitrage modèle et un exequatur régional pour faciliter la circulation des sentences arbitrales. Par ailleurs, l'Acte Uniforme portant sur les sûretés et sur les voies d'exécution joue un rôle capital dans le développement du droit des affaires dans l'espace OHADA. La création de la CCJA compétente à la fois en matière d'arbitrage et en matière judiciaire est un succès unique et original. Nous avons donc trouvé nécessaire d'étudier dans le cadre de notre travail le niveau de garantit de l'efficacité d'exécution des sentences arbitrales au sein de l'espace OHADA afin d'identifier les limites de ce droit régional.

34. La configuration du droit moderne en vigueur dans les pays membres de la Ligue arabe n'est pas très éloignée de celle des pays africains. Certes, il y avait dans le monde musulman le droit islamique,

---

44 A.-K. M'baye, « Droit et développement en Afrique francophone de l'Ouest », Dakar, *Revue Sénégalaise de droit,* 1967, p. 23-81.

45 J. Poirier, « L'analyse des espèces juridiques et l'étude des droits coutumiers africains », in M. Gluckman (éd), Idées et procédures dans les systèmes légaux africains, Londres, *Oxford University Press*, 1969, p. 97-109.

46 D. René ; J.-S. Camille & M. Goré, op. cit. p. 504 et ss.

47 C'est le cas de la CEDEAO, de la SADEC, de l'UEMOA, de la CEMAC, etc.

48 D. René ; J.-S. Camille & M. Goré, op. cit. p. 507.

mais le droit positif des pays musulmans a subi de profondes mutations avec le temps. Le droit moderne des pays musulmans présente quelques particularités, notamment l'usage de la Charia comme composante de l'ordre public ou les principes du droit musulman comme source du droit positif.

d. Droit musulman

35. Le printemps arabe de 2011 a conduit à des changements constitutionnels et des réformes en droit privé dans les pays arabes[49]. Cependant, les nouvelles lois fondamentales postérieures à 2011 réitèrent leur attachement aux principes de l'Islam[50]. Par ailleurs, le Code civil de certains pays arabes autorise le juge à appliquer les principes du droit musulman en cas de nécessité[51]. Avec la modernisation du cadre législatif des pays musulmans, les pays comme le Maroc, l'Algérie et la Mauritanie appliquent du droit musulman dans un cadre civiliste. Il en est de même pour d'autres pays du Moyen-Orient qui appliquent le droit musulman et la *Common Law*[52]. Ainsi, dans les matières autres que celles qui portent sur le statut personnel[53], le cadre juridique des pays arabes est fortement influencé par la *Civil Law*, la *Common Law,* mais aussi le droit socialiste[54]. Le commerce international, le droit international de l'arbitrage et les règles de procédure appliquées par le juge d'exequatur et d'exécution sont concernés[55]. Cependant, la Charia et les principes généraux du droit musulman sont appliqués en termes de règles d'ordre public dans le cadre des procédures de reconnaissance et d'exécution des sentences arbitrales[56].

36. Le droit musulman n'a pas été uniquement influencé par le *Civil Law* et le *Common Law*. Le droit socialiste y trouve aussi sa place pour des raisons historiques et commerciales surtout pendant la période de la guerre froide au lendemain de la Deuxième Guerre mondiale.

---

[49] A.-S. Ould Bouboutt, « Les constitutions arabes et le temps », in « De la pérennité et de la temporalité du droit », CEDROMA, *USJ* 2015, p. 303. ;
[50] C'est le cas de la Tunisie, l'Égypte, l'Arabie Saoudite.
[51] C'est le cas de l'Égypte et de l'Algérie.
[52] D. René, J.-S. Camille & M. Goré, op. cit.
[53] Droit régissant l'état des personnes, la filiation, le mariage et les successions.
[54] S. Jahel, « Chari'a et contrats internationaux », in *Laplace La Place De La Chari'a Dans Les Systèmes Juridiques Des Pays Arabes,* Paris, *Éditions Panthéon-Assas*, 2012, p. 366.
[55] Ibid.
[56] Ibid.

e. Droit ex-socialiste

37. Cette catégorie concerne les États qui ont adopté un régime juridique fondé sur le socialisme, tel que conçu dans l'ex. URSS. Aujourd'hui les deux systèmes principaux représentatifs de cette catégorie sont les droits russe et chinois.

38. Ainsi, au sein du système juridique de la Chine impériale, le droit avait pour objet la mise en œuvre de la politique de l'empereur. Il s'agissait de l'action de l'administration et de la politique pénale[57]. La société civile était régie par le confucianisme[58]. Des règles de médiations locales développées par la société elle-même permettaient la résolution des différends[59]. Les chefs locaux chinois étaient donc chargés de faire respecter les règles coutumières locales dans le cadre d'un pluralisme juridique[60]. À la suite du décès de Mao en 1976, suivi quelques années plus tard de l'adhésion de la Chine à l'OMC en 2001, il y a eu une accélération de la modernisation du cadre juridique chinois[61]. Les instruments juridiques chinois qui régissent les matières civiles, sociales, pénales, administratives et en droit des affaires ont été revus[62]. La Chine s'est ainsi ouverte avec quelques réserves au droit du commerce international et au droit international de l'arbitrage. Les sentences arbitrales internationales rendues en Chine et à l'étranger peuvent être reconnues et exécutées depuis ces différentes modernisations importantes du système juridique chinois. Il faut cependant préciser qu'il y existe dans le système judiciaire chinois des difficultés procédurales susceptibles de rendre complexe la reconnaissance et l'exécution des sentences arbitrales étrangères.

39. Concernant la Russie, la disparition du bloc de l'URSS a conduit à des réformes des cadres juridiques existants. L'objectif de ces réformes était de doter la Russie d'une économie de marché et de consacrer les

[57] D. René, J.-S. Camille & M. Goré, op. cit. p. 436 et ss.
[58] Ibid.
[59] Ibid.
[60] Ibid.
[61] L. Choukroune, « L'accession de la Chine à l'OMC et la réforme juridique : vers un État de droit par l'internationalisation sans démocratie », in *La Chine et la démocratie*, Paris, Fayard, 2007, p. 617-661.
[62] Loi sur les contrats en 1999, loi sur les droits réels en 2007, loi sur la responsabilité civile en 2009.

règles qui protègent la propriété privée[63]. Pour refondre le cadre juridique existant, les juristes se sont inspirés de *Civil Law* et de *Common Law*[64]. Les réformes réalisées en Russie ont eu un impact partiel, ce qui a favorisé des possibilités d'échanges commerciaux entre la Russie et les autres pays. La Russie permet la reconnaissance et l'exécution des sentences arbitrales étrangères sur son territoire sous certaines conditions analysées en profondeur dans la première partie de cette thèse[65]. Ainsi, les centres d'arbitrage étrangers qui souhaitent siéger sur le territoire Russe doivent répondre à des critères bien définis[66]. En résumé, le système juridique russe garde toujours quelques originalités issues du droit ex-socialiste en matière de reconnaissance et d'exécution des sentences arbitrales internationales.

40. Notre étude fait une large place à la comparaison des systèmes juridiques. Néanmoins il a fallu faire des choix quant aux systèmes étudiés.

2. Justification du choix des systèmes juridiques étudiés

41. Notre étude s'appuie sur l'analyse des règles procédurales applicables à la reconnaissance et à l'exécution des sentences arbitrales internationales dans plusieurs espaces géographiques. Il s'agit de l'espace OHADA, l'Union européenne, la Ligue arabe, l'Angleterre et les États-Unis.

42. Nous avons opéré le choix des pays et des organisations régionales sur la base de trois critères. Le premier critère repose sur le fait que l'État ou la majorité des États membres de l'organisation régionale identifiée soient signataires de la Convention de New York de 1958[67]. Il s'agit de l'objet principal de notre étude. Cette Convention fait le lien entre les différents systèmes juridiques dont font partie les États et les organisations sous-régionales de notre échantillonnage.

43. Le second critère est l'appartenance des États de notre échantillonnage aux quatre grands systèmes juridiques les plus

---

[63] P.-B. Maggs, O. Schwartz, W. Burnham, *Law and Legal system of the Russian Federation*, Juris, spéc., 2015, p. 7 et ss. ; G. Ajani, « La circulation des modèles juridiques dans le droit post-socialiste, *RID Comp.* 1994, p. 1087.
[64] Ibid.
[65] V. infra, paragraphe 174 et ss.
[66] Ibid.
[67]https://treaties.un.org/pages/ViewDetails.aspx?src=IND&mtdsg_no=XXII1&chapter=22&clang=_fr (consulté le 21/12/2022).

représentatifs. Il s'agit des systèmes de *Civil Law*, de *Common Law,* du système du droit socialiste et du système du droit musulman. La majorité des États signataires de la Convention de New York de 1958 font partie de ces quatre systèmes juridiques.

44. Le troisième critère est la pratique de l'arbitrage international dans ces États. Ce n'est qu'après avoir identifié que des demandes d'exequatur de sentences dans ces pays existaient, que s'est imposé l'intérêt de procéder à l'analyse des cadres législatifs et jurisprudentiels. L'objectif était d'identifier les limites et les points d'ouverture en matière d'arbitrage. Il s'agit d'apprécier le degré d'efficacité de la Convention de New York dans le cadre de sa mise en œuvre. En effet, la liberté donnée aux États signataires de la Convention de définir eux-mêmes sans aucun référentiel international la procédure applicable à la reconnaissance et à l'exécution de la sentence arbitrale a conduit à deux conséquences. D'un côté, les systèmes de *Civil Law* et de *Common Law* apparaissent comme plus ouverts à l'arbitrage international. D'un autre côté, le droit musulman et le droit socialiste semblent poser des restrictions remarquables en matière de reconnaissance et d'exécution des sentences arbitrales internationales. Ce troisième critère permet de savoir si les limites posées par les systèmes juridiques étudiés apparaissent dans le cadre des procédures d'exequatur ou en phase d'exécution de la sentence arbitrale. Ce troisième critère a pour objectif de faire une étude critique des forces et des faiblesses de la Convention de New York de 1958, d'identifier les limites des forces de cette convention et de proposer des solutions adaptées. Les solutions que nous avons pu proposer ne font pas abstraction de celles proposées par d'autres juristes spécialistes de l'arbitrage international.

45. Traiter de la thématique relative à l'efficacité d'exécution des sentences arbitrales internationales répond à une exigence particulière. Celle de poser un cadre contextuel compatible. En effet, ce cadre est dominé par les mécanismes de mise en œuvre de la Convention de New York de 1958 et le rapport entre les systèmes juridiques en vigueur dans les États parties et l'arbitrage international. Il s'agit de saisir la complexité de la question relative à l'exécution d'une sentence arbitrale internationale et de fixer le champ d'analyse.

46. Une fois le contexte posé, il est nécessaire d'appréhender la signification des termes clés du sujet.

C. Délimitation des termes du sujet

47. Il convient de présenter la définition et les conditions de validité d'une sentence arbitrale dans les différents systèmes juridiques analysés dans le cadre de cette thèse. Ainsi, en ce qui concerne la *Civil Law*, l'exemple de référence est la France. Le droit africain est illustré par le droit OHADA, l'Angleterre et les États-Unis sont les référentiels du système de *Common Law*. La Russie et la Chine sont considérées comme des références du droit socialiste. Enfin, nous avons pu présenter la particularité du droit musulman en matière de définition de la notion de la sentence arbitrale. L'utilité de cet exercice complexe est d'identifier à la fin des points communs à chaque système juridique pour avoir une compréhension générale et relative sur la notion de la sentence arbitrale. C'est une étape cruciale et nécessaire qui précède la question de l'efficacité d'exécution des sentences arbitrales internationales.

1. Notion de sentence arbitrale internationale

48. Parmi les différents systèmes de droit étudiés dans le cadre de cette étude, on a pu noter que deux d'entre eux influencent les trois autres. Il s'agit de la *Civil Law* et de la *Common Law*. Il en résulte la nécessité de préciser le sens que ces deux grands systèmes donnent à la notion de sentence arbitrale, avant de présenter les définitions de cette même notion dans les différents pays de notre échantillonnage. La finalité de ces différentes définitions est d'identifier les critères communs à une sentence arbitrale internationale pouvant faire l'objet d'exécution dans chaque système juridique étudié. Ainsi, en *Civil Law* la sentence arbitrale a un aspect monodimensionnel et en *Common Law*, elle a un aspect multidimensionnel.

49. Aspect monodimensionnel de la sentence arbitrale : La notion de sentence arbitrale correspond en *Civil Law* à celle d'une décision judiciaire définitive rendue par une juridiction étatique. L'arbitrage commercial international est en effet majoritairement considéré comme ayant une fonction contentieuse. L'arbitrage est ainsi décrit comme un « mécanisme par lequel un tiers résout un différend entre deux ou plusieurs parties, de manière définitive, en vertu du mandat juridictionnel qui lui a été conféré par celles-ci »[68]. De cette définition, il ressort clairement une analogie entre la sentence arbitrale et le jugement

[68] Ch. Jarrosson, *La notion d'arbitrage*, Paris, *L.G.D.J*, 1998, p. 372

définitif[69]. De même, Gary Born décrit l'arbitrage comme « un moyen par lequel les différends commerciaux internationaux peuvent être définitivement résolus, conformément à l'accord des parties, par des instances indépendantes et non gouvernementales ». Dans le même sens, on trouve la définition de Jean-François Poudret et Sébastien Besson. Pour ces deux auteurs, « l'arbitrage est un mode contractuel de règlement des différends exercé par des personnes physiques, désignées directement ou indirectement par les parties. Les arbitres sont investies du pouvoir de trancher le litige en lieu et place des juridictions étatiques en rendant une décision ayant des effets analogues à ceux d'un jugement[70] ». Deux critères ressortent de ces différentes définitions : la notion de la convention d'arbitrage et celle de la décision résolvant le litige[71]. En effet, le tribunal arbitral ne peut pas statuer, c'est-à-dire rendre une sentence arbitrale valable, sans convention d'arbitrage[72]. La convention d'arbitrage constitue dans ce cas le pilier contractuel de l'arbitrage[73]. Une littérature abondante en arbitrage international est donc fortement focalisée sur la notion de convention d'arbitrage[74].

50. En revanche, la mission juridictionnelle des arbitres et, en particulier, les décisions qu'ils rendent n'ont pas pour l'heure fait l'objet d'une littérature abondante[75]. Les questions liées à la régularité et à

---

[69] E. Gaillard & J. Savage in *International Commercial Arbitration*, eds Fouchard, Gaillard, Goldman, Alphen aan den Rijn, *Kluwer Law International*, 1999, p. 8 considèrent que « L'arbitrage est un dispositif par lequel le règlement d'une question, qui intéresse deux ou plusieurs personnes, est confié à un ou plusieurs autres personne(s) - l'arbitre ou les arbitres - qui tirent leurs pouvoirs d'une convention privée, et non des autorités d'un État, et qui doivent procéder et trancher l'affaire sur la base d'une telle convention ».

[70] J.-F. Poudret & S. Besson, *Droit Comparé de l'arbitrage international*, Zürich : Schulthess, *Thomson/Sweet & Maxwell*, 2007, p. 2.

[71] L'arbitrage se situe au carrefour du droit des contrats et de la procédure civile. V. A. Prujiner, « L'arbitre et le droit », *Revue de règlement des différends de McGill*, 2014, p. 1-12.

[72] Convention pour la reconnaissance et l'exécution des sentences arbitrales étrangères, 10 juin 1958, 330 UNTS 38, 21 UST 2517 (Convention de New York de 1958).

[73] E. Gaillard & J. Savage, supra n. 8, p. 10.

[74] E. Gaillard & Y. Banifatemi, « Effets négatifs de la compétence-compétence : La règle de priorité en faveur des arbitres » in E. Gaillard & D. di Pietro, *Enforcement of Arbitration Agreements and International Arbitral Awards 257* (Cameron May 2008). ; Thomas Clay, *L'arbitre*, Paris, *Dalloz*, 2001, p. 43 et suivantes.

[75] Alors que, sur la base de la définition de l'ordre social de Santi Romano, Gaillard soutient que l'autonomie privée dans l'arbitrage a créé un ordre juridique transnational et indépendant, J. Paulsson arrive à la même conclusion en plaçant l'arbitrage dans un contexte de pluralisme social et normatif. E. Gaillard, *Legal Theory*, *Brill Nijhoff*, 2010, p. 46.; J. Paulsson, « Arbitration in Three Dimensions », *LSE Legal Studies* Working Paper n°2/2010, Available at SSRN: https://ssrn.com/abstract=1536093 or http://dx.doi.org/10.2139/ssrn.1536093 *Arbitration in Three Dimensions*, 7 TDM 1, 30-32 (2010).

l'efficacité de la sentence arbitrale méritent pourtant une attention croissante de la doctrine. D'autant plus que les décisions des arbitres ont évolué de manière significative ces dernières années[76].

51. En vertu de cette conception de l'arbitrage, la sentence est considérée comme une décision susceptible de devenir exécutoire devant les tribunaux étatiques[77]. Du point de vue de l'État, la sentence et l'arbitre sont un équivalent fonctionnel, respectivement, d'un jugement et d'un tribunal[78]. L'arbitrage et les tribunaux d'État s'appuieraient tous deux sur un modèle juridictionnel commun[79]. Du point de vue philosophique, l'objectif du modèle juridictionnel est de rétablir la justice entre les parties au litige, c'est-à-dire de donner à chacune d'elles ce qu'elle mérite légitimement[80]. Ce modèle est donc considéré comme orienté vers une dimension unique, car il se concentre exclusivement sur la résolution d'un litige sur le fond entre deux parties au moyen d'une décision contentieuse[81].

52. Selon la tradition juridique romano-germanique, l'arbitrage devait être conduit de la même manière qu'un procès devant un tribunal et était destiné à mettre fin à un litige[82]. Par conséquent, le rôle juridictionnel des arbitres et des tribunaux serait le même. Il s'agirait de résoudre le litige en disant le droit et en rendant une décision finale et définitive[83]. La sentence, tout comme un jugement, est donc considérée dans ce cas comme

---

[76] En 2015, 498 sentences ont été rendues sous les auspices de l'institution (ICC 2015 Statistical Report, Bulletin ICC n°9 (2016)). En 1993, le nombre de sentences définitives était de 112 (Rapport statistique 1993-1997 de la CCI, Bulletin ICC (1998)).

[77] Voir par exemple la section 66(1) de l'Arbitration Act of 1996 (Angleterre) (« Une sentence rendue par le tribunal conformément à une convention d'arbitrage peut, avec l'autorisation du tribunal, être exécutée de la même manière qu'un jugement ou une ordonnance du tribunal ayant le même effet »).

[78] J.-P. Ancel, *L'arbitre juge*, *Rev Arb*, 2012, p. 717-722 : « L'arbitre est un juge pour la simple raison [...] qu'il juge. Or le juge est bien la personne qui - tout compte fait - dit dans sa décision ce qui doit être selon le droit et le juste ».

[79] Il s'agit d'une situation où deux parties aux positions opposées demandent à un tiers impartial de résoudre leur différend, de manière définitive, en disant le droit (ius dicere).

[80] La même théorie de la justice se retrouve à la fois dans la philosophie grecque et dans le droit romain classique : J. Weinrib, « Corrective Justice in a Nutshell », *University of Toronto Law. Journal*, n°4 (Fall 2002): 349-356. McGill Guide 9th ed.

[81] Ch. Jarasson, *La notion d'arbitrage*, Paris, *L.G.D.J*, 1998, p. 372

[82] La même théorie de la justice se retrouve à la fois dans la philosophie grecque et dans le droit romain classique. Ernest Weinrib, « Corrective Justice in a Nutshell », *UTLJ*,2002, p. 349. ; Institutiones, I « Justitia est constans et perpeutuas voluntas jus suum cuique tribuendi » : la justice est le désir constant et perpétuel de donner à chacun ce qui lui revient de droit.

[83] Ibid.

définitive : cela empêche l'une des parties de voir le même litige rejugé[84]. À titre d'exemple, les juridictions françaises considèrent dans le cadre des procédures d'annulation que la sentence est une décision définitive, tranchant en tout ou partie le litige soumis aux arbitres. Elle peut trancher soit une question sur le fond, soit sur la compétence du tribunal, soit sur une autre exception préliminaire mettant fin à la procédure[85]. Tout comme les sentences provisoires, les sentences dites d'accord-parties n'ont pas trouvé une reconnaissance uniforme en France[86].

53. Il est cependant fondamental de retenir que si le caractère définitif est un attribut indispensable de la conception monodimentionnelle de l'arbitrage, cela n'équivaut pas à l'autorité de la chose jugée relative à la sentence [87] . En effet, le caractère définitif d'une décision signifie simplement que la décision ne peut plus être contestée par une procédure suspensive (par exemple, un appel)[88]. Le terme « caractère définitif » est utilisé de différentes manières dans l'arbitrage international. Il peut indiquer une décision « sur le dernier aspect d'un litige et qui, par conséquent, met fin à la compétence des arbitres. Il peut être aussi utilisé pour décrire une sentence qui met fin à au moins un aspect du litige"[89]. Par conséquent, une décision peut avoir un caractère définitif sans avoir l'attribut de l'autorité de la chose jugée[90]. Une sentence arbitrale ne peut être considérée comme définitive que si le délai de recours en annulation[91] ou en appel[92] (cas de Syndicat de Paris INCOGRAIN) a expiré.

---

[84] Ch. Jarrosson, *op. cit.*

[85] Cass 1re civ., 12 octobre 2011, n° 09-72.439 (traduction de l'auteur). Voir également CA Paris, 29 octobre 2009, n° 08/18544. Ces décisions sont fondées sur un arrêt de 1994 rendu par la Cour d'appel de Paris (Sardi sud). ; CA Paris, 25 mars 1994, 2 Revue de l'arbitrage, p. 391, note Jarrosson.

[86] Éric Loquin, « L'arrêt de mort des sentences d'accord-parties », *Rev trim dr corn,* 2013, p. 476.

[87] Héron & Le Bars, Droit Judiciaire Privé, Paris, *L.G.D.J*, 2019, p. 423.

[88] Article 500(1) du Code de procédure civile français. ; Héron & Le Bars, *Droit Judiciaire Privé*, Paris, L.G.D.J, 2019, p. 423 ("Il résulte de l'article 500 du Code de procédure civile qu'est passé en force de chose jugée le jugement qui n'est pas susceptible d'aucun recours suspensif ou qui, ayant été susceptible d'un tel recours, a cessé de l'être à l'expiration du délai pour ce recours").

[89] Gaillard & Savage, *op. cit.,* p. 740-741.

[90] Article 480 du code de procédure civile français : « Le jugement qui tranche dans son dispositif tout ou partie du principal, ou celui qui statue sur une exception de procédure, une fin de non-recevoir ou tout autre incident a, dès son prononcé, l'autorité de la chose jugée relative ment à la contestation qu'il tranche ».

[91] Article 1519, al. 2 du Code de procédure civile français.

[92] Article XX III Formule INCOGRAIN N°20 du 1er juillet 2021. Il en a de même pour les dispositions des autres Formules INCOGRAIN sur l'organisation de la procédure d'arbitrage.

54. Aspect multidimensionnel de la sentence arbitrale : Il est aussi important de préciser que l'aspect monodimensionnel de la sentence arbitrale consacré par la *Civil Law* peut être relativisé. En effet, à la lumière des règles de *Common Law,* les sentences arbitrales sont susceptibles de poursuivre des objectifs différents et peuvent être rendues à l'issue de procédures différentes[93]. Ainsi, dans le cadre d'une procédure arbitrale, le tribunal arbitral peut rendre des ordonnances d'urgence ou prendre des mesures provisoires[94]. Le tribunal arbitral peut statuer par une sentence sur sa compétence[95]. Il peut aussi rendre des décisions relatives à l'enregistrement d'une transaction sous forme de sentence arbitrale[96]. L'arbitrage va donc au-delà de la simple résolution finale d'un différend de fond entre les parties[97]. Il s'agit de l'aspect multidimensionnel de la sentence arbitrale. Le mode multidimensionnel de l'arbitrage provient du système de *Common Law.* Selon cette conception, les institutions juridiques sont créées et évoluent en réponse aux besoins de leurs membres[98]. Il s'agit d'une conception d'arbitrage qui va au-delà de la simple résolution finale d'un différend de fond entre les parties (décisions contentieuses). Les sentences arbitrales sont dans ce cas décrites à la lumière des différents types de pouvoirs juridictionnels que les arbitres exercent. Ainsi, dans le système de *Common Law* sont considérées comme sentences arbitrales les décisions provisoires[99] ; les sentences sur la compétence[100] et les décisions d'enregistrement d'une transaction[101].

55. Par ailleurs, les questions du droit applicable et de l'interprétation de la Convention de New York pour aboutir à une définition autonome de la notion de la sentence méritent d'être posées. Ainsi, Sébastien Besson et Jean François Poudret ont pu se prononcer en faveur d'une définition autonome et transnationale de la notion de la sentence arbitrale au sens de

---

[93] M.-R. Madsen, «The Sociology of International Law: An Introduction », in R. Nobles & D. Schiff (eds), *Law, Society and Community: Socio-Legal Essays in Honour of Roger Cotterrell.* Ashgate, 2014, pp. 241-253.

[94] Ibid.

[95] Ibid.

[96] Ibid.

[97] Ibid.

[98] Ibid.

[99] Elles consistent en des ordonnances urgentes dirigées contre une partie, interdisant un certain comportement des parties. Il s'agit, des ordonnances d'urgence, des mesures provisoires, etc.

[100] Il s'agit des sentences qui précisent si le tribunal arbitral est le forum juridictionnel approprié pour traiter les demandes des parties.

[101] Elles évaluent si la transaction des parties peut obtenir un exequatur, c'est-à-dire si elle peut être enregistrée sous la forme d'une sentence

la Convention de New York[102]. Cependant, c'est avec humilité que nous avons fait le choix dans le cadre de nos travaux de définir la notion de la sentence arbitrale à partir des droits nationaux. Le choix de cette démarche méthodologique ne sort pas *ex nihilo*. En effet, nous avons pu constater dans le cadre des travaux préparatoires de la Convention de New York que la définition de la notion de la sentence arbitrale est mise à la charge des États parties[103]. Il revenait donc aux juridictions des États parties concernés par l'exécution de la sentence arbitrale de déterminer selon le droit applicable le sens de la notion de la sentence arbitrale[104].

56. À la lumière de ce qui précède, il convient de présenter la définition de la sentence arbitrale dans les différents pays de notre échantillonnage.

a. En droit français

57. Le Code de procédure civile français et le décret du 13 janvier 2011 portant réforme de l'arbitrage en France n'ont pas de manière claire défini la notion de la sentence arbitrale. La définition de la sentence arbitrale est donc une œuvre de la jurisprudence. Ainsi, la Cour d'appel de Paris, dans son arrêt du 25 mars 1994 dans l'affaire *Sardisud* définit la sentence arbitrale. Il s'agit d'un acte des arbitres qui tranche de manière définitive ou en partie, le litige qui leur est soumis. La question tranchée peut porter sur le fond, sur la compétence ou sur un moyen de procédure qui les conduit à mettre fin à l'instance arbitrale »[105]. La jurisprudence française a maintenu cette même définition après la réforme de l'arbitrage en 2011[106].

58. Une sentence arbitrale est un acte juridictionnel qui désigne la décision rendue par le ou les arbitres et tranchant le différend opposant les parties en litige. La sentence est à l'arbitrage ce qu'est le jugement pour

---

[102] J.-F. Poudret et S. Besson in Droit comparé de l'arbitrage international, *LGDJ*, Bruylant, Shultess, 2002, n°878, p. 860.

[103] https://www.newyorkconvention.org/travaux+preparatoires/history+1923+-+1958

[104] Ibid.

[105] Cour d'appel de Paris dans son arrêt Sardisud du 25 mars 1994, *Rev. arb.*, note Ch. Jarrosson, p. 391.

[106] C.A. Paris, 10 novembre 1995, *Rev. arb.*, 1997., obs. J. Pellerin. p. 596 ; C.A. Paris, 1er juillet 1999, *Rev. arb.*, 1999, note Ch. Jarrosson. p. 843 ; C.A. Paris, 4 avril 2002 et 11 avril 2002, *Rev. arb.*, 2003, note D. Bensaude, p. 143 ; C.A. Paris, 18 mai 2006, in *Rev. arb.*, 2006, p. 857 ; C.A. Paris, 29 novembre 2007, *Rev. arb.*, 2009. p. 741. ; Cass. civ. 1re, 12 octobre 2011, *Rev. arb.*, 2012.86, note F.-X. Train. ; C.A. Paris, 2 juillet 2013, *SARL Alicantes c/ SAS Gerpro et autres*, en somm. in *Rev. arb.*, 2013. p. 817. ; Ph. Pinsolle, « L'ordre juridique arbitral et la qualification de la sentence arbitrale de décision de justice internationale », Paris, *Gaz. Pal*, 2007, p. 14.

la justice étatique et constitue la finalité de la saisine et de l'investiture de l'arbitre. Elle est la manifestation majeure du pouvoir juridictionnel de l'arbitre[107]. La sentence dans un sens stricto sensu est une décision qui tranche définitivement un litige sur la compétence du tribunal arbitral ou sur le fond du litige arbitrable. Ainsi, la sentence peut mettre définitivement fin au litige ou être susceptible de voies de recours.

59. Sentence arbitrale étrangère : En droit français, une sentence arbitrale rendue à l'étranger c'est-à-dire en dehors du territoire français est appelée « sentence arbitrale étrangère »[108]. La sentence arbitrale étrangère annulée au siège du tribunal arbitral n'empêche pas qu'elle soit reconnue par les juridictions françaises[109]. La reconnaissance de la sentence arbitrale internationale rendue en France ou à l'étranger est régie par l'article 1520 du Code de procédure civile[110].

60. Nature juridique de la sentence arbitrale : Sur cette question il y a deux écoles, une école qui soutient que l'arbitrage s'épuise dans sa nature juridictionnelle. La seconde école considère que l'arbitrage prend le caractère de contrat qui lui sert de support[111]. D'après la première école, le compromis est un contrat qui se dissocie de la sentence arbitrale. Ainsi, la sentence arbitrale doit être assimilée aux jugements rendus par les juridictions ordinaires. La seconde école soutient que la convention d'arbitrage et la sentence arbitrale appartiennent à un même ensemble contractuel. Leur caractère contractuel ne permet ainsi pas l'assimilation à un jugement ou une décision de justice.

61. Actuellement, toute contrariété est exclue, puisque la sentence arbitrale constitue le point final du litige soumis aux arbitres. Il s'agit donc d'un acte de juridiction a priori privée. Les arbitres sont mandatés pour apprécier la valeur des prétentions respectives des parties en fait et en droit ou encore en équité en cas d'amiables compositions. La sentence arbitrale dessaisit le tribunal arbitral et à autorité de la chose jugée, ce qui est

---

[107] Dictionnaire de l'arbitrage, Presses universitaires de Rennes, éd. 2011, p. 172.
[108] F.-X Train, « Interprétation et Application de la Convention de New York en France », pp. 281 et ss. in dir : Katharina Boele-Woelki & Diego P. Fernández Arroyo, *Recognition and Enforcement of Foreign Arbitral Awards*, New York, *Springer International Publishing*, 2017, p. 1096.
[109] C.A. Paris, 24 novembre 2011, *EGPC c/ Natgas, Rev. arb.*, 2012., note M. Laazouzi, p. 134 ; Cass. 1re civ., 17 octobre 2000, Asecna, *Rev. arb.*, 2000, note P. Mayer, p. 648.
[110] Article VII de la Convention de New York de 1958.
[111] A. Bernard, « L'arbitrage volontaire en droit privé », Bruxelles, Bruylant, 1937, p.275-616.

équivalent à une décision de juridiction ordinaire. Donc le caractère juridictionnel de la sentence arbitrale n'offre pas matière à discussion[112].

62. Les caractères d'une sentence arbitrale : Primo, une sentence arbitrale a un caractère obligatoire. En absence de l'exequatur dans le cadre du commerce international, la partie sanctionnée par une sentence arbitrale s'exécute volontairement de peur d'être blâmée par les acteurs du secteur dans lequel elle exerce. Les États ont l'obligation d'exécuter les sentences arbitrales de bonne foi conformément aux dispositions de la convention de La Haye de 1907. En second lieu, les sentences arbitrales ont un caractère définitif. En principe elles ne sont pas susceptibles de recours conformément à l'article 8 de la convention I de La Haye, ce qui se traduit par le dessaisissement du tribunal arbitral une fois que la sentence est rendue. Mais ce principe est tempéré par l'existence des possibilités de recours contre une sentence arbitrale. Enfin, une sentence arbitrale ne bénéficie pas automatiquement d'une force exécutoire spécifique puisque son exécution dans la plupart des cas relève d'une présomption de la bonne foi des parties. En droit du commerce international, une sentence arbitrale bénéficie de la force exécutoire lorsqu'elle est conforme à l'ordre public international et reçu l'exequatur de l'État dans lequel elle devra être exécutée.

63. Les types de sentences arbitrales : il existe plusieurs types de sentences arbitrales. Ainsi nous avons les sentences arbitrales d'après leur objet. Il s'agit des sentences portant sur les décisions du tribunal arbitral qui tranchent les exceptions ou les incidents sans mettre fin au litige ou encore les sentences qui tranchent le litige au fond. Ensuite nous avons les sentences arbitrales d'après la nature des procédures, ce sont les décisions contradictoires (sentence arbitrale ordinaire) et les décisions par défaut (sentences arbitrales qui tranchent un litige en l'absence de l'une des parties). Enfin nous avons les sentences arbitrales d'après leurs effets, ce sont les décisions interlocutoires ou préparatoires. Elles se bornent à ordonner une mesure d'instruction par exemple une enquête ou une expertise ou encore des sentences arbitrales définitives qui tranchent le litige de manière finale statuant sur l'ensemble des points en litige.

---

[112]V. P. Mayer, « Litispendance, connexité, chose jugée dans l'arbitrage international », Liber Amicorum Claude Reymond, Autour de l'arbitrage, Litec, 2004, p. 186 s. ; D. Hascher, « L'autorité de la chose jugée des sentences arbitrales », Travaux Comité français DIP, 2000-2002, p. 17 ; Ch. Jarosson, « L'autorité de chose jugée des sentences arbitrales », Procédures, n° 8, août 2007, n° 22.

64. Les objectifs d'une sentence arbitrale : Une sentence arbitrale à deux objets principaux. D'une part la sentence arbitrale apporte une solution au litige soumis aux arbitres. Mais lorsque les arbitres statuent « ultra-petita », la sentence est susceptible de faire l'objet de contestation. De même dans le cas où les arbitres statuent « infra-petita ». L'une des parties peut saisir après le tribunal arbitral pour que les arbitres puissent compléter la sentence principale. D'autre part, le second objet d'une sentence arbitrale est la fixation des dépens soit à la charge de chacune des parties au litige ou soit à la charge du débiteur[113].

65. Rédaction de la sentence : En France, l'article 1515 du Code de procédure civile exige l'original de la sentence arbitrale internationale et la convention d'arbitrage ou des copies authentifiées de ces documents. Les articles 1481 et 1482 du Code de procédure civile exigent que la sentence arbitrale ait une forme écrite, datée et motivée. En effet, le respect des règles de formes écrites de la sentence semble être une règle incontournable, car sans écrit il est difficile de prouver l'existence de la sentence arbitrale[114].

66. La sentence arbitrale internationale doit être signée par les arbitres. Au cas où une minorité des arbitres refusent de signer la sentence arbitrale, ce refus doit être mentionné[115]. Au cas où le président du tribunal arbitral doit signer seul la sentence arbitrale pour cause de défaut de majorité, mention en est faite dans la sentence arbitrale internationale[116]. Sauf convention contraire des parties, la sentence arbitrale internationale produit les mêmes effets si elle est signée et rendue à l'unanimité ou à majorité des arbitres[117]. Lorsque la sentence est signée et rendue par le président du tribunal arbitral, sa portée juridique est la même c'est-à-dire qu'elle produit les mêmes effets[118].

67. La sentence arbitrale internationale doit être motivée, cependant, cette exigence n'est pas un motif de nullité de la sentence en matière

---

[113] C. Rousseau « Les rapports conflictuels », t. V, Paris, Sirey, 1983, p.351-504. ; L. Degos, « La consécration de l'arbitrage en tant que justice internationale autonome », *D.* 2008, p. 1429.

[114] Cependant en matière d'arbitrage interne, l'omission des indications à inscrire sur une sentence arbitrale conformément aux articles 1481, 1482 et l'article 1492, alinéa 6 du Code de procédure civile peuvent être cause de nullité de la sentence arbitrale.

[115] Cass. 1re civ. 1re, 11 mai 1999, n° 95-18.190, *RTD* com. 2000., obs. Loquin, p. 336. ; C.A. Paris, 26 oct. 1999, *Rev. arb.*, note E. Gaillard, p. 811.

[116] Ibid.

[117] Ibid.

[118] Article 1513, alinéas 3 et 4 du Code de procédure civile. ; C.A. Paris, 30 oct. 2003, Paris, *Rev. arb.* 2004. p. 437. ; C.A. Paris, 17 avr. 2008, *Rev. arb.* 2008. p. 343.

d'arbitrage international. En droit français cette exigence ne relève pas de l'ordre public international[119]. Cependant, l'absence de la motivation ne doit pas mettre en cause le droit de défense des parties. Dans l'hypothèse où la loi applicable à la procédure d'arbitrage exige la motivation de la sentence arbitrale, le tribunal arbitral doit s'y conformer[120]. Par ailleurs, lorsque les parties ont inscrit l'obligation de motivation de la sentence dans la convention d'arbitrage ou si le règlement d'arbitrage le prévoit, la sentence arbitrale doit être motivée[121]. Les règlements d'arbitrage et les conventions qui régissent les relations commerciales entre les États sur le plan européen et mondial considèrent que la sentence arbitrale internationale doit d'être motivée sauf convention contraire des parties[122].

68. En matière d'arbitrage interne en France, les arbitres ne peuvent déroger à cette obligation de motivation de la sentence à peine de nullité[123]. La jurisprudence considère que l'inscription des mentions obligatoires prévues par la loi sur la sentence arbitrale contribue à donner une valeur juridique d'authenticité à celle-ci[124]. Ces différentes mentions font foi et donnent à la sentence arbitrale internationale en droit français une force probante sauf s'il y a inscription de faux[125].

69. Attributs d'une sentence arbitrale internationale : Par le contrat d'arbitre, le tribunal arbitral rend, à la fin de la procédure arbitrale, une sentence arbitrale finale qui le dessaisit du litige qui lui avait été soumis[126]. Le tribunal arbitral ne peut plus statuer à nouveau sur une question qu'il a déjà tranchée au cours de la procédure arbitrale[127]. Le dessaisissement du tribunal arbitral confère en principe à la sentence arbitrale internationale une présomption d'autorité de la chose jugée par rapport au litige tranché

---

[119] Article 1483 du Code de procédure civile.
[120] Ibid.
[121] CA, Paris, 14 janvier 1997, *Rev. arb.*,1997, p.395, Philippe Fouchard ; CA, Paris, 20 juin 1996, *Rev. arb.*, 1996, p.656, obs. D. Bureau ; CA, Paris, 30 mars 1995, *Rev. arb.*, 1996, p.131, obs. J. Pellerin ; Article 1506, alinéa 4 du Code de procédure Civile.
[122] Article 31.2 de la loi type de la CNUDCI du 21 juin 1985 ; Article 48.3 de de la Convention de Washington du 14 octobre 1966 ; article VIII de la convention de Genève du 21 avril 1961 ; Article 32.2 du règlement de la CCI ; Article 32.3 du règlement de la CNUDCI ; Article 26.1 de London Court of International Arbitration ; Article 30, alinéa 1er du règlement de « l'International Center For Dispute Resolution », (AAA) 2014 (États-Unis).
[123] Article 1482, alinéa 2 du Code de procédure civile.
[124] Cass. 2ème civ., 12 décembre 1990, *Rev. arb.*, 1991, p. 318 , spéc. n°11-12, et suivants, obs. Ph. Théry, p. 324.
[125] CA, Paris, 10 mars 1995, *Rev. arb.* 1996, p.143, obs. Y. Derains ; Article 1487 du Code de procédure civile.
[126] Articles 1506, alinéa 4 et 1485, alinéa 1er du Code de procédure civile.
[127] Ibid.

et à l'égard des parties[128]. En effet, le recours contre l'ordonnance d'exequatur ne met pas fin à la présomption irréfragable d'autorité de la chose jugée[129]. Cependant, l'effet immédiat des mesures d'exécution de la sentence arbitrale internationale peut être arrêté ou tempéré par le juge. En effet, dans le cadre de son office, le juge peut considérer que l'exécution automatique de la sentence arbitrale porterait des atteintes graves aux droits de l'une des parties[130]. Le juge judiciaire, sur le fondement de l'article 1526, alinéa 2 du Code de procédure civile, arrête l'exécution automatique de la sentence arbitrale. Dans ce cas, la présomption d'autorité de la chose jugée peut être dans ce cas qualifiée de présomption légale[131]. Elle ne pourra plus produire immédiatement des effets juridiques, du moins jusqu'à sa confirmation par le juge auprès duquel le recours contre l'ordonnance d'exequatur a été formulé. La présomption légale d'autorité de la chose jugée de la sentence se justifie aussi sur la base d'une autre raison principale. Il s'agit des possibilités de recours en interprétation[132] ou en rectification en cas d'omission ou d'erreurs venant du tribunal arbitral[133].

70. Lorsque des erreurs matérielles affectent la sentence du fait du tribunal arbitral, les parties peuvent demander à ce dernier de réparer les erreurs identifiées[134]. Ces nouvelles interventions des arbitres sur la même sentence arbitrale internationale ne les autorisent pas à modifier la sentence au fond. Les arbitres sont en principe tenus de rendre une sentence arbitrale qui tranche définitivement le litige, au risque d'annulation de celle-ci pour non-conformité de l'arbitre à sa mission contractuelle[135]. Au cas où le tribunal arbitral se réunit à nouveau pour interpréter la sentence ou rectifier les erreurs, il peut rendre deux types de

---

[128] Article 35.6 du règlement CCI de 2017 ; Article 26.8 de London Court international Arbitration of 1st october 2020 ; Article 30, alinéa 1er de « l'International Center For Dispute Resolution ».

[129] CA, Paris, 13 juillet 2012, n°12/11616, *Gaz. Pal.* 2012. Jur. 2918, obs. D. Bensaude ; CA, Paris, 18 octobre 2011, n°11/14286 ; Décret n°2011-48 du 13 janvier 2011.

[130] Article 1526, alinéa 2 du Code de procédure civile. ; J. Pellerin, et L. De Maria, « Le sursis à exécution de la sentence internationale ou étrangère en cas de recours », *CAPJIA*, 2014, p. 783. ; C.A. Paris, 23 avril 2013, n°13/02612 ; C.A. Paris, 18 octobre 2011, n°11/14286.

[131] Ibid.

[132] Existence d'une omission matérielle faite par les arbitres lors de la procédure d'arbitrage qui rend la décision contenue dans la sentence arbitrale incomplète ou l'affecte négativement.

[133] Article 1526, alinéa 2 du Code de procédure civile. ; CA, Paris, 23 avril 2013, n°13/02612 ; CA, Paris, 18 octobre 2011, n°11/14286.

[134] Ibid.

[135] CA, Paris, 04 mars 2004, *Rev. arb.*, 2005, p.143, obs. François-Xavier Train ; CA, Paris, 27 juin 2002, *Rev. arb.*, 2003, p. 427, obs. C. Legros.

sentences arbitrales. Il peut rendre soit une sentence complémentaire en cas d'interprétation de la sentence initiale, soit une sentence rectificative lorsqu'il y a omission ou erreurs concernant la sentence arbitrale initiale après avoir attendu les parties[136].

71. La sentence rectificative bénéficie de l'autorité de chose jugée[137]. Lorsque le tribunal arbitral a omis de statuer sur une demande qui lui a été adressée au cours de l'instance arbitrale, il peut compléter la sentence sans affecter l'autorité de chose jugée de celle-ci[138]. Les parties peuvent formuler cette demande à l'endroit du tribunal arbitral dans un délai d'un an à compter de la date de la notification de la sentence arbitrale par le tribunal arbitral[139]. L'autorité de la chose jugée de la sentence arbitrale suppose que les juridictions et les tribunaux arbitraux ne peuvent plus connaître le même litige entre les mêmes parties[140]. Même si les tiers ne sont pas directement concernés par le litige, néanmoins, l'autorité de chose jugée de la sentence arbitrale internationale leur est opposable[141]. Une partie concernée directement par la procédure d'arbitrage ne peut donc présenter au juge judiciaire une demande identique[142].

72. Le titre exécutoire de la sentence arbitrale internationale permet au créancier de procéder à des saisies conservatoires sous réserve sous réserve de disposer de certaines pièces authentiques de procédures. Il s'agit d'une décision de justice non encore exécutoire pour non-expiration des délais de recours ; d'une lettre de change acceptée impayée ; d'un billet à ordre impayé ou d'un chèque impayé. Il faut aussi que le créancier puisse justifier que le recouvrement de ses créances est susceptible d'être menacé sans avoir procédé à la saisie conservatoire. Ces différents

---

[136] Articles 1506, alinéa 4 et 1486 du Code de procédure civile.

[137] Ibid.

[138] Article 463, alinéa 1er du Code de procédure civile. ; E. Loquin, *L'arbitrage du commerce international*, Paris, Lextenso, 2015, p. 464.

[139] Article 463, alinéa 2 du Code de procédure civile français.

[140] CA, Paris, 9 septembre 2010, *Rev. arb.*, 2011, p. 971, obs. C. Debourg ; *Cah. arb.*, 2011, p.414, obs. P. Mayer; Article 122 et suivants du Code de Procédure civile.

[141] Cass. com., 26 mai 2009, *JCP* G 2009, I, n°1, obs. J. Beguin, p. 463. ; Cass. comm., 7 janvier 2004, Bull. civ. IV, n°4. ; Cass. com., 2 décembre 2008, *Rev. arb.* 2009, p.328, obs. Pierre Mayer.

[142] É. Loquin, « Autorité de la chose jugée et concentration des moyens », *Rev. arb.* 2016, p.107, spéc. n° 24 et suivants., p.120 et suivants.

éléments de procédures permettent au créancier de justifier que la créance est exigible, liquide et certaine[143].

73. Cependant, il faut noter qu'à l'issue de la procédure d'exequatur si la sentence arbitrale n'est pas exequaturée, la main levée doit être ordonnée lorsque les saisies conservatoires ont été réalisées[144]. Il s'agit d'une limite du caractère définitif de la sentence arbitrale. De même, lorsque le titre exécutoire de la sentence arbitrale acquiert l'autorité de la chose jugée à la suite des procédures judiciaires, l'effet de ce titre exécutoire peut être limité dans le cadre de l'exécution de la sentence arbitrale. Ainsi, dans l'hypothèse où les biens visés entrent dans le domaine diplomatique d'un État étranger, le juge doit automatiquement ordonner la main levée[145]. En France, l'effet juridique du titre exécutoire ayant acquis l'autorité de la chose jugée peut être maintenu lorsque les parties ont pris certaines dispositions préalables autorisées par la loi. À titre d'exemple, lorsque des biens étrangers sont concernés par une procédure de saisie conservatoire, la loi Sapin II pose deux conditions cumulatives[146]. La première condition est consacrée par l'article L.111-1-3 de la loi Sapin 2. Cette disposition exige une renonciation expresse et spéciale de l'immunité d'exécution portant sur les biens, y compris les comptes bancaires appartenant à l'État débiteur[147]. La deuxième condition porte sur le juge compétent à ordonner ces mesures. Il s'agit du juge du tribunal judiciaire de Paris qui doit dans ce cas précis donner son autorisation par une ordonnance rendue sur requête [148]. Tous ces aménagements apportés à l'effet juridique de l'autorité de la chose jugée

---

[143] Article. L. 511-1 et L. 511-2 du Code des Procédures civiles d'exécution. ; Cas. 2em civ., 12 oct. 2006, Bull. civ. II, n°270 ; *RTD* civ. 2007, p.183, obs. R. Perrot ; *JCP* G, 2007, I, 139, n°22, obs. L. Cadet.

[144] CA, Paris, 22 juin 2017, *Rev. arb.*, 2017, p. 1261.

[145] Loi n°2016-1691 du 9 décembre 2016 portant Code des procédures civiles d'exécution.

[146] H. Adida-Cainac et J. Morel-Maroger, « Jurisprudence du tribunal de grande instance de Paris », in, *La semaine juridique*, *LexisNexis*, 2018, I, 687, spéc. n°4.

[147] Art. 111-1-3 de la loi Sapin 2 dispose : « Ces mesures sont possibles à être mises en œuvre contre les biens d'un État étranger à condition que l'État formule une renonciation expresse et spéciale de l'immunité d'exécution pour les biens y compris les comptes bancaires utilisés ou destinés à être utilisés dans l'exercice des fonctions de la mission diplomatique des États étrangers ou de leurs postes consulaires, de leurs missions spéciales ou de leurs missions auprès des organisations internationales ».

[148] Art. L.111-1-1 dispose : « les mesures conservatoires ou d'exécution forcée ne peuvent être mises en œuvre sans une autorisation préalable du juge du Tribunal de Grande Instance de Paris par ordonnance rendue sur requête ». ; Art. R.111-1 du Code de procédure civile d'exécution : dans le cadre de l'application de cette disposition du code, exceptions sont faites aux mesures soumises au droit local d'Alsace et de Moselle. ; Article 37 du décret n°2017-892 du 06 mai 2017.

d'une sentence arbitrale internationale sont la preuve de la portée juridique limitée de cette notion.

74. À l'instar de la présentation des différentes règles qui encadrent la notion de la sentence arbitrale en droit français, il est nécessaire de cerner la signification de la même notion en Common Law (droit anglais et américain).

b. Au sein du système juridique du *Common Law*

75. Il s'agit de présenter les conceptions de la sentence arbitrale en droit anglais et américain.

b.1- En droit anglais

76. Le Royaume-Uni a intégré dans sa loi d'arbitrage la Loi type de la CNUDCI. Ainsi, les décisions issues du tribunal arbitral y compris les ordres de paiement d'argent ou de disposition de biens entre les parties peuvent prendre la forme d'une sentence[149]. En même temps, ces décisions ne sont pas définitives, car le tribunal pourra reconsidérer leur objet dans la sentence finale traitant du fond du litige[150]. De même, la loi inclut dans le concept de sentence d'autres décisions importantes rendues par les tribunaux arbitraux, telles que les sentences par consentement (section 51) enregistrant un accord conclu par les parties[151].

En référence à l'article 47 de la loi sur l'arbitrage de 1996, sont considérées comme sentence arbitrale :

(1) les décisions provenant du tribunal arbitral portant sur différentes questions tranchées tout au long de la procédure arbitrale.

(2) Le tribunal peut, en particulier, rendre une sentence concernant : une question affectant l'ensemble du litige, ou une partie seulement des litiges ou des demandes reconventionnelles qui lui sont soumises pour décision.

---

[149] Section 49 Arbitration Act of 1996. ; Konkola Copper Mines c. U&M Mining Zambia Ltd (2014) EWHC 2374, paragraphes 88 à 97. Cf. l'art. 17, Loi Madel de 2006 de la CNUDCI.

[150] Section 47(3) Arbitration Act of 1996. ; Robert Merkin & Louis Flannery, *Arbitration Act 1996*, 156 (Routledge 2014).

[151] Section 51(3) de la loi sur l'arbitrage de 1996 ("Une sentence agréée doit indiquer qu'il s'agit d'une sentence du tribunal et qu'elle a le même statut et le même effet que toute autre sentence sur le fond de l'affaire" [soulignement ajouté]) ; art. 30, Loi Madel de 2006 de la CNUDCI

77. À la lumière de cette disposition légale, une sentence arbitrale peut également être définie comme "une décision finale". En effet, le tribunal arbitral peut rendre plusieurs sentences, traitant de différents aspects du litige. Ces décisions sont considérées comme « sentences partielles ayant acquis l'autorité de la chose jugée »[152]. Ainsi, l'autorité de la chose jugée peut être invoquée lorsque les parties plaident une cause d'action estoppel. Il s'agit dans ce cas d'empêcher une partie d'affirmer ou de nier l'existence d'une cause d'action particulière[153]. Cause d'action dont l'inexistence avait été déterminée par un tribunal compétent dans un litige antérieur entre les mêmes parties[154]. Cette doctrine a une portée plus large ; elle empêche la remise en cause non seulement des conclusions du tribunal, mais aussi des questions incidentes[155].

78. En droit anglais, une sentence litigieuse est une décision définitive sur une ou plusieurs demandes déposées par les parties[156]. Ainsi, une sentence arbitrale peut-être la décision finale du tribunal arbitral sur une demande ou une question particulière relative au fond du litige, à la compétence du tribunal ou à toute autre question substantielle importante de l'arbitrage. En outre, les sentences sont généralement écrites et motivées (sauf accord contraire des parties)[157]. Elles doivent également être datées et signées par le tribunal, et mentionner le siège de l'arbitrage[158]. Une fois que le tribunal a rédigé la sentence, il doit la transmettre à la Cour d'arbitrage, qui est l'entité qui rendra formellement la sentence. La Cour authentifiera ensuite la sentence et l'enverra aux parties[159]. Elle va donc s'assurer que les exigences formelles applicables ont été respectées et que la sentence ne contient pas d'erreurs d'écriture ou de calcul[160].

---

[152] Merkin & Flannery, *op.cit. note 142.*

[153] Cass. 1re civ. 6 juillet 2005, *Bull., I*, n° 302; *Rev. Arbitr.*, 2005, note Ph. Pinsolle, p. 999.; Cass. com. 20 sept. 2011, n°10-22.888, Bull. civ. IV, no 132; *RTD* civ. 2011, obs. Fages, p. 760.

[154] Cass. ass. plén., 27 févr. 2009, n° 07-19.841: *JCP* G 2009, II, 10073, P. Callé.; *D.* 2009, D. Houtcief, p. 1245.

[155] Cf. aff. *OMV PetromSA v. Glencorelntemational* AG (2014] EWHC 242, au para. 27.

[156] Maxi Scherer, Lisa M. Richman & Rémy Gerbay, *Arbitrating Under the 2020 LCIA Rules*, 335 (Kluwer Law 2015).

[157] Art. 42(1) du Règlement d'arbitrage de la CSC 2017 (" Le tribunal arbitral rend sa sentence par écrit et, sauf accord contraire des parties, la motive ") ; art. 30(1) 2014 ICDR International Arbitration Rules.

[158] S. Nesbitt & M. Darowski, « LCIA Arbitration Rules – Article 26 » in Loukas A Mistelis ed, *Concise. International Arbitration,* Alphen aan den, *Kluwer Law*, 2015, p 546.

[159] Article 26(7) du règlement d'arbitrage 2020 de la LCIA.

[160] Scherer et al., op. cit. p. 344.

79. Validité de la sentence arbitrale en droit anglais : Le tribunal arbitral est habilité à rendre les sentences arbitrales séparées, additionnelles ou définitives à l'issue de la procédure arbitrale[161]. En principe les parties sont libres de convenir par convention sur la forme à donner à la sentence arbitrale. Cependant, au cas où les parties n'ont pas prévu la forme sur laquelle la sentence arbitrale devrait être rendue avec indication sur la forme écrite, la sentence doit être rendue sous la forme écrite par le tribunal arbitral[162]. La sentence arbitrale rendue doit être en principe signée par l'ensemble des arbitres qui ont siégé au tribunal arbitral. À défaut, la sentence peut être signée par la majorité des arbitres ou par le président du tribunal arbitral. En cas d'absence de majorité pour adopter la sentence, les raisons de dissidence ou de refus de signature de la sentence arbitrale par les arbitres majoritaires ou minoritaires doivent être mentionnées dans la sentence arbitrale [163].

80. La sentence arbitrale internationale doit être motivée par les arbitres qui l'ont rendu avec des précisions sur la date à laquelle elle a été rendue et sur le lieu c'est-à-dire le siège de l'arbitrage. Au cas où la sentence a été signée par plusieurs arbitres, c'est la date de la signature du dernier arbitre qui est prise en compte[164]. La date et le lieu où la sentence arbitrale a été rendue constituent pour le juge d'exequatur des indices de contrôle de régularité de la sentence arbitrale international. Dans le cadre d'une procédure d'arbitrage placée sous l'égide de la *London Court International Arbitration*, le tribunal arbitral est habilité à statuer sur l'exception d'incompétence ou encore sur sa compétence. Le tribunal arbitral peut prononcer des mesures conservatoires au cours de la procédure d'arbitrage, le créancier peut ensuite saisir le juge étatique pour faire exécuter les mesures exécutoires ordonnées par le tribunal arbitral[165]. Les arbitres qui ont participé au délibéré de la sentence arbitrale sont tenus au respect du secret du délibéré[166]. Les parties à la procédure d'arbitrage

---

[161] Articles 46 et 47 de l'Arbitration Act 1996 ; Articles 26.1 et 26.9 du règlement de la London Court International Arbitration.

[162] Article 52, alinéas 2 et 3 de l'Arbitration Act de 1996 ; article 26.2 du règlement de la London Court International Arbitration.

[163] Article 52, alinéa 3 de l'Arbitration Act de 1996 ; Articles 26.2 et 26.5 du règlement de la London Court Arbitration.

[164] Articles 26.2 ; 26.4 et 26.6 du règlement de la London Court International Arbitration ; Articles 53 et 54 de l'Arbitration Act de 1996.

[165] Articles 38, 39, 41 et 42 de l'Arbitration Act de 1996.

[166] ICC, « La pratique du délibéré arbitral » in *Global reflections International Law, Commerce and Dispute Resolution: Liber Amicorum in honour of Robert Briner*, Paris, Jus Mundi, 2005.

s'engagent aussi à garder en toute confidentialité les documents qui ont été utilisés dans le cadre de la procédure d'arbitrage[167].

81. Les sentences arbitrales qui sont rendues sous l'égide de la London Court of International Arbitration ne sont pas publiées sans le consentement des parties à la procédure d'arbitrage[168]. Les parties peuvent convenir du mécanisme de la notification de la sentence arbitrale. À défaut d'accord sur cette question, la sentence est communiquée aux parties par voie de signification. Mais lorsque la sentence arbitrale est rendue sous l'égide du règlement de la London Court International Arbitration, l'arbitre unique ou le président du tribunal arbitral n'est pas habilité à communiquer directement la sentence arbitrale aux parties. Il transmet la sentence à la Cour de la LCIA qui est ensuite habilitée à transmettre aux parties la sentence arbitrale authentifiée par le greffier de la Cour[169]. En cas de non-paiement des frais d'arbitrage par les parties au tribunal arbitral, ce dernier est en droit de faire rétention sur la sentence arbitrale internationale[170].

82. Lorsque les parties par règlement amiable trouvent une solution au différend qui les oppose avant l'issue de la procédure d'arbitrage, une demande peut être adressée au tribunal arbitral pour consigner cette solution dans la sentence arbitrale. Cette demande peut être formulée conjointement par les parties. Dans ce cas, le tribunal arbitral rendra une sentence d'accord partie qui en principe produit les mêmes effets que toute autre sentence arbitrale[171]. En cas d'état de nécessité avec le respect des délais à la suite de la notification ou à la signification de la sentence arbitrale, les parties peuvent dans certains cas limitatifs saisir à nouveau le tribunal arbitral. Le tribunal arbitral peut se réunir à nouveau pour corriger la sentence arbitrale en cas d'erreur ou omission. Le tribunal arbitral dans ce cas peut rendre des sentences additionnelles en cas d'interprétation de la sentence définitive ou au cas où le tribunal n'aurait pas tranché un point du litige qui lui a été soumis[172].

---

[167] Article 30, alinéas 1er; 2 et 3 du règlement de la London Court International Arbitration Act.
[168] Article 30, alinéa 3 de la London Court International Arbitration.
[169] Article 55 de l'Arbitration Act of 1996. ; Article 26.7 du règlement de la London Court International Arbitraction.
[170] Articles 56, alinéas 1er et suivants de l'Arbitration Act of 1996. ; Article 26.7 du règlement de la London Court Arbitration.
[171] Article 51, alinéas 2 et suivants de l'Arbitration Act of 1996. ; Article 26.9 du règlement de la London Court International Arbitration.
[172] Article 57, alinéas 1er et suivants de l'Arbitration Act of 1996. ; Article 27.1 à 27.5 du règlement de la London Court International Arbitration.

83. Au sein du système de *Common Law*, la pratique du droit n'est pas la même au niveau de tous les pays. C'est ce qui justifie donc la particularité de la pratique du droit américain par rapport au droit anglais.

b.2- En droit américain

84. Le droit américain n'a pas consacré une définition exclusive à la notion de la sentence arbitrale. Cependant, la nature multidimensionnelle de la sentence arbitrale dans les systèmes de *Common Law* doit être prise en compte[173].

85. Validité de la sentence arbitrale en droit américain : Aux États-Unis, le *Federal Arbitration Act* of 1990 précise que les décisions rendues par les tribunaux arbitraux à l'issue d'une procédure arbitrale régulière sont des sentences arbitrales[174]. Cependant, la sentence arbitrale en elle seule ne recouvre pas l'autorité de la chose jugée, une fois qu'elle est rendue par le tribunal arbitral, elle doit être transmise ensuite au juge étatique pour sa confirmation par ordonnance[175]. Les parties concernées par la procédure d'arbitrage peuvent prévoir dans la convention d'arbitrage une clause qui détermine la juridiction étatique de leur choix[176]. Il peut arriver que les parties n'aient pas prévu dans la convention d'arbitrage la juridiction compétente pour rendre l'ordonnance de confirmation de la sentence arbitrale. Lorsque cette hypothèse est confirmée, c'est le tribunal du district où la sentence a été rendue aux États-Unis qui est compétent[177]. Les rédacteurs du *Federal Arbitraction Act* de 1990 considèrent qu'une sentence arbitrale rendue dans le cadre d'une procédure impliquant les citoyens des États-Unis uniquement ne relève pas de la Convention de New York de 1958. Exception est faite des biens visés par la sentence arbitrale internationale des citoyens américains situés à l'étranger[178].

86. Lorsque l'une des parties est de nationalité étrangère, la Convention de New York de 1958 est applicable aux États-Unis sous quatre conditions : Première condition, la clause d'arbitrage doit être écrite. Deuxième

---

[173] V. infra, paragraphe 165 et ss.

[174] Section 9 du Federal Arbitration Act of 1990 ; Article 29, alinéa 1er du règlement de « l'International Center For Dispute Resolution », (AAA) 2014. ; Th. -E. Carbonneau, *The law and Pratice of United States Arbitration, New York, Juris net, LLC*, 2018, p. 439 et ss.

[175] Th. -E. Carbonneau, *The law and Pratice of United States Arbitration, New York*, Juris net, LLC, 2018, p. 439 et ss.

[176] Ibid.

[177] Section 9 du Federal Arbitration Act of 1990; Article 29, alinéa 1er du règlement de « l'International Center For Dispute Resolution », (AAA) 2014.

[178] Article 202 du Federal Arbitration Act of 1990.

condition, il doit être stipulé dans la convention d'arbitrage que la procédure d'arbitrage devra se dérouler dans un pays signataire de la Convention de New York de 1958. Troisième condition, l'objet du contrat en cause doit relever du commerce international. Quatrième condition, la procédure d'arbitrage ne doit pas concerner un litige purement interne[179]. Par ailleurs, une fois que la sentence arbitrale est rendue par le tribunal arbitral, elle doit être confirmée par le juge judiciaire. Les juridictions judiciaires peuvent prononcer des mesures conservatoires, même si les débats ne sont pas encore clôturés devant le tribunal arbitral[180].

87. La sentence arbitrale est rendue sous forme écrite, elle doit être motivée sauf accord contraire des parties[181]. Le tribunal arbitral délibère après clôture des débats et la délibération est confidentielle[182].

88. En Afrique, les systèmes *Civil Law* et *Common Law* exercent une influence directe sur le système juridique africain pour des raisons historiques. Cependant, le droit africain a su se réadapter aux réalités locales et aux exigences régionales et internationales en termes du commerce international et en matière d'arbitrage international. À titre d'exemple en droit des affaires, nous pouvons nous référer au droit OHADA.

c. En droit OHADA

89. En droit OHADA, le tribunal arbitral tranche le litige conformément à la loi applicable au fond du litige[183]. Au cours d'une procédure d'arbitrage, le tribunal arbitral peut être amené à prendre plusieurs types de décisions sous forme de sentences arbitrales. Il s'agit des sentences pour trancher des questions spécifiques ou compétences du tribunal arbitral. Il peut s'agir aussi des sentences destinées à entériner l'accord intervenu entre les parties au cours de la procédure d'arbitrage en sentence d'accord partie[184]. Par ailleurs, la décision finale du tribunal arbitral qui tranche le litige au fond est appelée sentence arbitrale finale en droit OHADA[185]. Lorsque la procédure arbitrale

---

[179] *Ledee v. Ceramiche Ragno* 684 F.2d 184 (1982).

[180] *Bahrain Telecommunications c/ Discovery Tel Inc.*: GP 2007. *Som. 13 juillet*, note E. Ordway et B. Derains, in *Panorama de Jurisprudence américaine*.

[181] Article 30, alinéa 1er du règlement de « l'International Center For Dispute Resolution », (AAA) 2014.

[182] Article 30, alinéa 1er du règlement de « l'International Center For Dispute Resolution », (AAA) 2014.

[183] Article 15, alinéa 1er de l'Acte Uniforme relatif au droit de l'Arbitrage en droit OHADA.

[184] Articles 20 et 22.1 du règlement d'arbitrage de la CCJA.

[185] Article 16 alinéa 1er de l'Acte Uniforme relatif au droit de l'Arbitrage en droit OHADA. ; Article 22.1 du règlement d'arbitrage de la CCJA.

est à terme et que le litige est tranché au fond, le créancier peut demander au tribunal arbitral de prononcer des mesures provisoires et conservatoires sous forme de sentences arbitrales[186]. De même, à la demande des parties, le tribunal arbitral peut être sollicité à nouveau pour interpréter la sentence rendue ou rectifier des erreurs matérielles ou omissions par des sentences arbitrales rectificatives ou additionnelles[187].

90. Pour produire des effets, il faut que la sentence arbitrale soit valable. Les conditions de forme de validité de la sentence arbitrale en tant qu'acte juridique sont des règles liées à certains éléments précis. Il s'agit de la délibération de la sentence ; à la forme de la sentence arbitrale ; à la signature de la sentence par les arbitres ; aux mentions obligatoires qui doivent figurer dans la sentence.

91. Ainsi, la délibération de la sentence arbitrale sous l'égide du droit OHADA doit être conforme à trois règles principales. La première concerne le caractère secret du délibéré et la seconde règle est la date du délibéré[188]. Le caractère secret du délibéré suppose que seuls les membres du collège du tribunal arbitral sont habilités à assister au délibéré et ont un devoir de confidentialité conformément à leurs contrats de mission[189]. La seconde consiste à dater le délibéré. Même si l'Acte Uniforme de l'OHADA ne précise pas quelle forme le délibéré devrait prendre, l'une des conditions de validité du délibéré est de le dater. À notre sens, un délibéré par écrit est plus facile à dater qu'un délibéré uniquement oral. La forme écrite du délibéré est nécessaire pour que les arbitres puissent le signer même si le prononcé du délibéré peut se faire par voie orale, sa matérialisation doit se faire par voie écrite. La datation du délibéré permet de vérifier si le tribunal arbitral a rendu la sentence dans les délais convenus par les parties dans la convention d'arbitrage ou fixés par les règlements du centre d'arbitrage. Elle permet aussi de fixer le point de départ des délais de recours contre la sentence puisqu'en droit OHADA, les recours en annulation contre la sentence peuvent être formulés dès le prononcé de celle-ci.

---

[186] Article 14, alinéa 9 de l'Acte Uniforme relatif au droit de l'Arbitrage en droit OHADA ; CCJA, 3^{em} ch., n°129, 7-7-2016 : *United Bank of Africa dite UBA c/ Sté GRASSFIELDS HOLDING limited GBL C2*, note D. Kangah, *Ohadata* J-17-70.
[187] Article 26 du règlement d'arbitrage de la CCJA.
[188] Articles 17, alinéa 1er et 18 de l'Acte Uniforme relatif au droit de l'Arbitrage en droit OHADA ; C.A, Pointe-Noire, n° 180, 8-10-2004 : *Sté UNIVERSAL SODEXHO c/ Sté COR*, *Ohadata* J-13-72.
[189] Article 13, alinéa 4 l'Acte Uniforme relatif au droit de l'Arbitrage en droit OHADA ; CA, Pointe-Noire, n° 180, 8-10-2004 : *Sté UNIVERSAL SODEXHO c/ Sté COR*, Ohadata J-13-72.

92. La violation du secret du délibéré par l'arbitre en droit OHADA ne peut être une cause d'annulation de la sentence arbitrale contrairement au droit de l'arbitrage français[190]. La responsabilité civile de l'arbitre auteur de la violation du secret de délibération peut être mise en œuvre si l'une des parties à l'arbitrage a subi des préjudices[191]. Dans l'hypothèse où l'arbitre est empêché de participer à la délibération pour cause d'état de nécessité, il n'est pas interdit aux autres arbitres de délibérer. L'arbitre qui se trouve dans l'incapacité de participer physiquement au délibéré peut le faire par d'autres voies de communication ou exprimer son point de vue aux autres membres du collège arbitral[192]. Lorsque la démission de l'arbitre est de mauvaise foi, les autres arbitres peuvent continuer la délibération au dans le cas échéant, remplacer l'arbitre défaillant[193].

93. La troisième règle du délibéré est le vote. Le vote du délibéré permet de trancher définitivement le litige et d'avoir une sentence arbitrale. Dans ce cas, le droit communautaire de l'OHADA opte pour le vote majoritaire si les parties l'ont prévu ou si elles considèrent que la voix du président du tribunal est prépondérante en cas d'absence de majorité.[194]

94. La forme de la sentence arbitrale doit être écrite avec des mentions obligatoires. Il s'agit des noms et prénoms et signatures des arbitres ; la date du prononcé de la sentence ; le siège de l'arbitrage ; les noms et prénoms et dénominations des parties ; de leurs domiciles et sièges sociaux. Il faut aussi préciser les noms et prénoms des avocats qui ont représenté ou assisté les parties, un succinct exposé des prétentions des parties ; des moyens que les parties ont fait valoir et des étapes de la procédure arbitrale[195].

95. La mention du siège dans la sentence arbitrale permet de préciser la nationalité de celle-ci afin de permettre au créancier d'orienter dans le bon sens la procédure d'exécution de la sentence. La sentence arbitrale rendue sous l'égide du droit OHADA doit être motivée et dotée de dispositif. En effet, le tribunal arbitral est tenu de motiver la sentence arbitrale à peine de

---

[190] Article 26 de l'Acte Uniforme relatif au droit de l'Arbitrage en droit OHADA.

[191] Cette responsabilité de l'arbitre peut être mise en œuvre pour non-respect de ses engagements contractuels par rapport aux obligations inscrites dans le contrat d'arbitre.

[192] CA, Pointe-Noire, n° 180, 8-10-2004 : *Sté UNIVERSAL SODEXHO c/ Sté COR*, Ohadata J-13-72.

[193] P. Lalive, « Du nouveau sur les tribunaux tronqués ?», BASA, *Kluwer Law International,* 1999, volume n°17, Issue 2, p. 211 – 219.

[194] Article 21 de l'Acte Uniforme de l'OHADA relatif au droit d'arbitrage ; Article 4.3, alinéa 3 du règlement d'arbitrage de la CCJA.

[195] Article 20, al. 1er de l'Acte Uniforme relatif au droit de l'Arbitrage en droit OHADA.

nullité[196]. Les parties ne peuvent pas convenir par convention contraire d'obtenir du tribunal arbitral une sentence arbitrale non motivée[197]. Lorsque la sentence arbitrale est rendue sur la base du droit OHADA par un tribunal arbitral ad hoc siégeant dans l'espace OHADA, la sentence arbitrale doit être motivée. Au cas contraire, elle encourt la nullité pour violation de l'ordre public procédural du droit communautaire[198].

96. Le tribunal arbitral sous l'égide de la CCJA rend un projet de sentence signé par les arbitres et transmis au secrétaire général de la CCJA pour validation sur la forme. Il peut arriver qu'une minorité des arbitres refusent de signer la sentence[199]. Dans ce cas, le droit communautaire exige que la mention en soit faite après la signature de la majorité des arbitres. Dans le cas échéant après la signature de la sentence par le président du tribunal arbitral[200]. La signature de la sentence permet à la CCJA et aux parties de confirmer l'identité du collège d'arbitres qui ont rendu la sentence arbitrale. Le délibéré de la sentence rendue sous l'égide de la CCJA se fait au siège du tribunal arbitral. Le droit communautaire n'impose pas aux arbitres le lieu de la signature de la sentence. À la suite de la validation de la CCJA, le projet de sentence devient une sentence arbitrale définitive. Un tribunal arbitral sous l'égide de la CCJA a la possibilité de rendre différents types de sentences arbitrales selon les cas qui lui sont soumis. Il s'agit des sentences portant sur la compétence du tribunal arbitral ; les sentences préjudicielles ou incidentes ; les sentences partielles ; les sentences par défaut ; les sentences finales ou définitives ; les sentences d'accord-parties ; les sentences additionnelles[201].

97. Le principe de compétence-compétence permet au tribunal arbitral de la CCJA de statuer dans une sentence séparée sur sa propre compétence soit dans une sentence de fond ou dans une sentence partielle[202]. La sentence qui tranche la question de compétence du tribunal arbitral peut faire l'objet

---

[196] Article 20, al. 2 de l'AUA OHADA.

[197] Article 20, alinéa 8 de l'Acte Uniforme relatif au droit de l'Arbitrage en droit OHADA ; CCJA, 3èm ch., n°203, 22-11-2018 : *Airtel Gabon SA c/ 2JTH-GABON SARL.*

[198] Article 26, alinéa 6 de l'Acte Uniforme relatif au droit de l'Arbitrage en droit OHADA ; CCJA, 2èm ch., n°110, 17-5-2018 : *Trois N SARL c/ Sté SICIM SPA.*

[199] Article 21, alinéa 2 de de l'Acte Uniforme relatif au droit de l'Arbitrage (AUA) en droit OHADA ; Article 22.3, alinéa 2 du règlement d'arbitrage de la CCJA.

[200] Ibid.

[201] Article 22 de l'AUA OHADA.

[202] Article 11, alinéas 1er et 3 de l'Acte Uniforme relatif au droit de l'Arbitrage en droit OHADA ; CCJA, 3èm ch., n°152, 7-6-2018 : Thiombiano Ousseini c/ Délégation de l'Union européenne au Niger, État du Niger.

de recours en annulation[203]. Le tribunal arbitral de la CCJA peut rendre des sentences préjudicielles ou incidentes. En ce qui concerne les sentences préjudicielles, interlocutoires ou préalables, ce sont des décisions du tribunal arbitral qui surviennent au cours de la procédure arbitrale sans mettre fin à celle-ci[204]. Il s'agit des sentences qui tranchent des moyens de recevabilité, notamment, la qualité pour agir, la péremption, la qualité pour défendre. Lorsqu'un de ces moyens est admis, on parle de sentences préjudicielles, au cas où le moyen est écarté, on parle de sentence incidente. Le droit OHADA garde le silence sur ces types de sentences, cependant. Les moyens dont disposent les parties dans le cadre d'une procédure d'arbitrage OHADA leur permettent de faire ces types de recours et demander au tribunal arbitral de trancher sur ces questions durant la procédure arbitrale[205]. Le tribunal arbitral est aussi habilité à rendre des sentences partielles, il s'agit des sentences arbitrales qui portent sur une partie de l'objet du litige soumis par les parties au tribunal arbitral. La sentence partielle est opposable à la sentence arbitrale définitive qui met fin à la procédure d'arbitrage. Cette opposabilité peut porter sur les questions de responsabilités des parties, la compétence du tribunal arbitral, le droit applicable au fond du litige[206]. Les sentences partielles peuvent faire l'objet de recours en annulation sur le fondement des articles 26 et 27 de l'Acte Uniforme OHADA relatif au droit de l'Arbitrage.

98. Par ailleurs, dans le cadre d'une procédure d'arbitrage sous l'égide de la CCJA, une partie peut afficher sa volonté de ne pas être présente ou représentée devant le tribunal arbitral. Du moment où le tribunal arbitral fait face à cette hypothèse, une sentence arbitrale par défaut sera rendue[207]. Cette sentence sera valable sous réserve du respect des principes d'égalité et du contradictoire à l'égard des parties[208]. Le tribunal arbitral peut aussi rendre une sentence d'accord-parties lorsque les parties parviennent à un accord sur l'objet du litige[209]. La particularité de ce type de sentence est que son objet est fixé par les parties et non par le tribunal arbitral et elle est dépourvue de motif de fait et de droit[210]. Le droit OHADA n'exclut pas la transaction entre

[203] Article 25 de l'Acte Uniforme relatif au droit de l'Arbitrage en droit OHADA.

[204] A. Fénéon, Le recours en annulation après la réforme du droit OHADA du 23 novembre 2017, Penant - n°904, 2018, p. 315.

[205] Articles 14 et 19 de l'Acte Uniforme relatif au droit de l'Arbitrage en droit OHADA.

[206] Article 11, alinéa 3 de l'Acte Uniforme relatif au droit de l'Arbitrage en droit OHADA.

[207] CCJA, 3ème ch., n°154, 27-10-2016: *ORYX BENIN SA c/ ADN GAS SARL*, *Ohadata* J-17-94.

[208] Ibid.

[209] Fénéon A., Tchakoua J.-M., Aka N., *Le nouveau droit de l'arbitrage et de la médiation en Afrique (Ohada)*, juill. 2018, Paris, Lextenso, p. 132.

[210] Article 19 de l'Acte Uniforme relatif au droit de l'Arbitrage en droit OHADA.

les parties au cours de la procédure d'arbitrage[211]. Il n'est donc pas interdit aux parties à la suite de leur accord transactionnel de saisir, par requête conjointe, le tribunal arbitral pour demander une sentence d'accord-parties[212]. Contrairement à un accord transactionnel qui du point de vue procédural ne pourra pas bénéficier d'une ordonnance d'exequatur du droit communautaire, la sentence accord-parties en bénéficiera sans doute en cas d'exécution forcée.[213] En ce qui concerne les sentences finales, elles dessaisissent le tribunal arbitral de façon intégrale sur l'objet du litige dès leurs prononcés en droit OHADA[214]. Elles tranchent l'ensemble des prétentions des parties et mettent fin à la procédure d'arbitrage. La sentence définitive s'oppose à la sentence intérimaire qui peut être une simple mesure d'instruction.

99. La sentence arbitrale dessaisit le tribunal arbitral. Cependant, les parties peuvent demander à l'arbitre d'interpréter la sentence au cas où la sentence contient des formules floues ou ambiguës[215] ou afin de réparer les erreurs et omissions matérielles qui affectent la sentence arbitrale[216]. En cas d'omission, le tribunal arbitral peut rendre une sentence additionnelle. Au cas où le tribunal arbitral ne peut se réunir à nouveau, ce sont les juges des États membres de l'OHADA dans lequel la sentence est susceptible d'être exécutée qui sont compétents[217]. Dans l'hypothèse où la sentence arbitrale est rendue sous l'égide de la CCJA, la demande de rectification est adressée au Secrétaire général de la CCJA[218]. La partie adverse peut formuler des observations à l'arbitre saisi et à la partie demanderesse. Le tribunal arbitral réuni de nouveau dispose d'un délai de quarante-cinq jours pour rendre la sentence rectificative[219]. Lorsque le tribunal arbitral n'a pas tranché l'intégralité des points du litige qui lui a été soumis, il peut prendre une sentence arbitrale additionnelle après que les parties l'ont saisi par requête.

---

[211] Article 16, alinéa 2 de l'Acte Uniforme relatif au droit de l'Arbitrage en droit OHADA.

[212] Article 19, alinéa 1er de l'Acte Uniforme relatif au droit de l'Arbitrage en droit OHADA ; Article 20 du règlement d'arbitrage de la CCJA.

[213] Articles 30 et 31 de l'Acte Uniforme relatif au droit de l'Arbitrage en droit OHADA ; Article 20 du règlement d'arbitrage de la CCJA.

[214] Article 22, alinéa 1er de l'Acte Uniforme relatif au droit de l'Arbitrage en droit OHADA.

[215] Article 22, alinéas 2 de l'Acte Uniforme relatif au droit de l'Arbitrage en droit OHADA ; Article 26 du règlement d'arbitrage de la CCJA.

[216] Article 22 de l'Acte Uniforme relatif au droit de l'Arbitrage en droit OHADA ; Article 26 du règlement d'arbitrage de la CCJA.

[217] Ibid.

[218] Article 22, alinéas 2 et 4 de l'Acte Uniforme relatif au droit de l'Arbitrage en droit OHADA ; Article 26, alinéa 7 du règlement d'arbitrage de la CCJA.

[219] Article 22, alinéa 4 de l'Acte Uniforme relatif au droit de l'Arbitrage en droit OHADA.

100. Les sentences arbitrales rendues sous l'égide de la CCJA ont la même force probante qu'un acte authentique[220] et jouissent de l'autorité de la chose jugée[221]. Le droit communautaire, OHADA, considère l'autorité de la chose jugée comme un principe fondamental de la justice. Le droit OHADA s'oppose à ce que le tribunal arbitral statue à nouveau sur la même cause opposant les mêmes parties[222].

101. À la différence du droit africain, le droit en vigueur dans les pays arabes est influencé par le droit religieux. Avec la mondialisation et l'adhésion de la plupart des pays de la Ligue arabe à l'OMC, le droit positif de ces pays a été modernisé. Cette modernisation s'est inspirée d'autres systèmes juridiques, notamment du *Civil Law*, du *Common Law* et du droit socialiste. Il s'agissait pour ces pays de se doter, entre autres, des outils juridiques adéquats à la gestion des contentieux en arbitrage et à la reconnaissance et à l'exécution des sentences arbitrales internationales.

d. En droit musulman

102. Les législations sur l'arbitrage en vigueur dans les pays arabes sont influencées à la base par la Charia[223]. Elles ne proposent pas de définition de la notion de sentence arbitrale. La jurisprudence n'en propose pas non plus. Certaines affaires en arbitrage international, notamment la célèbre affaire ARAMCO[224] impliquant les pays de la Ligue arabe[225] a débouché sur la révision des législations de ces pays. En effet, la plupart des pays membres de la Ligue arabe ont révisé leurs régimes juridiques applicables à l'arbitrage et ont adhéré à la Convention de New York de 1958. Les législateurs des pays arabes étaient donc fortement influencés par trois principaux systèmes juridiques en droit de l'arbitrage[226]. Il s'agit des systèmes d'arbitrage de *Civil*

---

[220] Article 25 du traité de l'OHADA révisé.

[221] Article 23 de l'Acte Uniforme relatif au droit de l'Arbitrage en droit OHADA ; Article 25 du traité de l'OHADA révisé.

[222] Articles 29.2 et 30.6-4 du règlement d'arbitrage de la CCJA ; CCJA, Arrêt n°003/2011 du 31 janvier 2011, Aff. *PLANOR SA C/ Atlantique Télécom S.A*, *Recueil jurisprudence n°16*, juin 2011, p. 58-63.

[223] A.-H. El-Ahdab, *L'arbitrage dans les pays arabes*, Paris, Economica, 1988, pp. 6 et ss. ; 54 et ss. ; A.-H. El-Ahdab & J. El-Ahdab, *Arbitration with the Arab Countries*, Alphen aan den Rijn, Wolters Kluwer, 2011, pp.47. ; 53 et ss.

[224] Sentence *Aramco c/ gouvernement du Royaume d'Arabie Saoudite* rendue le 23 août 1958 par les arbitres Georges Sauser-Hall, M. Hassan et S. Habachi.

[225] Sentence *Cheikh d'Abu Dhabi c/ société Petroleum Development ltd* rendue en 1951 par lord Asquith of Bishopstone ; sentence *Cheikh du Qatar c/ international Oil Company ltd* rendue en 1953 par sir Alfred Bucknill.

[226] Ibid.

Law, de *Common Law* et de celui des pays socialistes[227]. Il résulte de ce constat que la définition de la sentence arbitrale internationale dans les pays arabes de notre échantillonnage répond soit aux critères monodimensionnels de la sentence arbitrale en *Civil Law,* soit aux critères multidimensionnels en *Common Law*[228]. Par ailleurs, les pays arabes dont les législations sur l'arbitrage sont influencées uniquement par le système juridique socialiste ne font pas partie de notre champ d'études[229].

103. À la différence des pays du système juridique de droit musulman, les droits positifs de ceux appartenant au système juridique de droit socialiste présentent des définitions provenant de la loi ou de la jurisprudence.

e. En droit ex-socialiste

104. Il s'agit de présenter les définitions consacrées en Chine, au Viêtnam et en Russie.

e.1- En Chine

105. Il n'existe pas de définition expresse en droit chinois d'une « sentence arbitrale » ou d'une « sentence arbitrale étrangère ». Cependant, la pratique judiciaire a permis de faire une distinction entre les sentences arbitrales et les sentences arbitrales étrangères. En effet, les sentences institutionnelles sont qualifiées de sentences arbitrales[230]. Les sentences résultant d'un arbitrage ad hoc ne sont pas d'office considérées en Chine, sauf si elles entrent dans le champ d'application de la Convention de New York de 1958[231]. Il s'agit de l'application réciproque de la Convention de New York de 1958 entre l'État du siège du tribunal arbitral et la Chine[232].

---

[227] Exemple de l'Égypte : Le droit de l'arbitrage égyptien est influencé à la base par la Charia et par deux autres systèmes juridiques étrangers. Il s'agit du système de l'arbitrage de *Civil Law* : droit de l'arbitrage français et du Système de l'arbitrage socialiste (V. H. El-Ahdab, *op. cit.*). Cependant, l'Arabie Saoudite reste moins ouverte aux flux des systèmes juridiques étrangers à travers la loi de 1983 sur l'arbitrage, mais centre son droit d'arbitrage sur les principes de la Charia même si elle a adhéré à l'arbitrage CIRDI (V. H. El-Ahdab, op. cit.).

[228] Le droit de l'arbitrage international en vigueur en Jordanie, aux Emirats Arabes Unis, en Tunisie, et au Maroc sont influencés par le système de *Common Law* et par la loi Type de la CNUDCI avec une présence substantielle des principes de la Charia islamique (V. H. El-Ahdab, op. cit.).

[229] L'Iran par exemple.

[230] Art. 283 du Code de procédure civile chinois (LPC).

[231] Article I (3) de la Convention de New York de 1958. ; J.-S. MO, *Arbitration Law in China*, Hong Kong, Sweet & Maxwell Asia, 2001, p. 76.

[232] Ibid.

106. En droit chinois, les sentences arbitrales étrangères sont caractérisées par l'élément d'extranéité du litige soumis à l'arbitrage[233]. Ainsi, c'est l'élément d'extranéité qui permet de faire la différence entre l'arbitrage interne et international[234]. Il peut être déterminé à travers l'identité des parties ; le lieu de signature du contrat, le lieu de l'exécution du contrat ; ou le lieu de provenance des marchandises[235]. Les sentences arbitrales étrangères sont celles rendues en dehors de la Chine[236]. Sur la base de la distinction entre arbitrage institutionnel et arbitrage ad hoc, la définition des sentences arbitrales étrangères en Chine présente deux significations. La première fait référence aux sentences arbitrales institutionnelles qui ne relèvent pas du champ d'application de la Convention de New York de 1958. La seconde fait référence aux sentences arbitrales telles que définies dans la Convention de New York qui couvrent à la fois l'arbitrage institutionnel et l'arbitrage ad hoc[237].

107. La Cour Populaire suprême précise dans l'article 1er de sa note du 10 avril 1987 considère comme étrangère une sentence arbitrale rendue dans un État tiers ayant des accords avec la Chine[238]. Par ailleurs, la doctrine chinoise propose aussi une définition succincte de la sentence arbitrale. Il s'agit de la définition proposée par professeur Shijian Mo qui considère que : « le prononcé d'une sentence arbitrale est la dernière étape d'une procédure d'arbitrage. Une sentence arbitrale est la décision d'un tribunal arbitral[239] ». Une différence claire et tranchée n'a pas été établie par la loi chinoise entre les sentences arbitrales partielles et les sentences arbitrales définitives. Cependant, une différence est établie entre les sentences arbitrales en tenant compte de leurs natures. Il s'agit des sentences arbitrales internationales comportant un élément d'extranéité, mais rendu en Chine et les sentences

---

233 Articles 66 et 72 de la loi sur l'arbitrage en Chine.; S.-A. Harpole, « Following through on arbitration: Enforcing arbitral awards in China is getting easier-in theory», The China Business Review,1998.

234 Cf. Chapitre 7 de la loi de 1994 sur l'arbitrage en Chine.

235 J. Tao, *Arbitration Law and Practice in China*, Alphen aan den Rijn, *Kluwer Law International*, 2008, p.371-375.

236 Ibid.

237 J.-Sh. Mo, *Arbitration Law in China*, Hong Kong, *Sweet Maxwell* (Asia), 2001, p. 428-429.; J.-Sh. Mo, « Reform of Arbitration System in China after China's Accession to WTO », *China Law,* 2001, pp. 23 et ss.

238 J. Tao, *Arbitration Law and Practice in China*, Alphen aan den Rijn, Kluwer Law International, 2nd éd. 2008, p.371-375.

239 Shijian Mo, « Arbitration law in China », Hong Kong, Sweet & Maxwell Asia, 2001, n° 1.02, p.7.

arbitrales étrangères rendues à l'étranger[240]. Il est en outre utile de préciser que les sentences arbitrales rendues sur le territoire Chinois par un centre d'arbitrage ayant son siège principal à l'étranger sont aussi considérées comme des sentences arbitrales étrangères[241].

108. Les critères de validité de la sentence arbitrale en Chine : L'article 54 de la loi chinoise sur l'arbitrage de 1994 prévoit des formalités minimales de validité de la sentence arbitrale. Il s'agit de la forme écrite de la sentence arbitrale ; le dispositif de la sentence ; la répartition des frais d'arbitrage ; les chefs de demande d'arbitrage. La sentence doit être datée et signée et être accompagnée du sceau de la commission d'arbitrage qui a rendu la sentence. En référence aux articles 53 et 54 de la loi sur l'arbitrage de 1994, les arbitres peuvent formuler des opinions dissidentes. Cependant, tant que la sentence arbitrale est adoptée par la majorité, elle est valide. De même, le Règlement de CIETAC de 2012 prévoit que l'opinion dissidente doit être annexée à la sentence arbitrale sans que celle-ci remette en cause la validité de la sentence arbitrale.

109. Par ailleurs, la législation vietnamienne consacre aussi une définition de la sentence arbitrale.

e.2- Au Viêtnam

110. L'article 342(2) du Code de procédure civile vietnamien (CPCV) dispose : « sont considérées comme des sentences internationales, les sentences rendues en dehors ou sur le territoire vietnamien par des arbitres étrangers… ». L'article 1er alinéa 1er de l'ordonnance sur la reconnaissance et l'exécution des sentences arbitrales étrangères précise : « une sentence arbitrale étrangère est celle rendue en dehors du territoire national ». L'alinéa 2 de l'article 1er de cette même ordonnance précise : « dans l'hypothèse où la sentence est rendue sur le territoire vietnamien, elle est considérée comme internationale lorsqu'elle est rendue par les arbitres de nationalité étrangère ». Par ailleurs, l'article 3 de la loi sur l'arbitrage commercial vietnamien précise qu'une « sentence arbitrale nationale » est « une décision du Conseil arbitral qui tranche l'ensemble du contenu du litige et finit la procédure d'arbitrage [242] ». Concernant les critères spécifiques pour la

---

[240] Zh. Xiuwen, « La reconnaissance et l'exécution des sentences arbitrales de la Cour internationale d'arbitrage de la CCI en Chine », Beijing, *China Press Renmin University*, volume 6, 2012.
[241] Ibid.
[242] Art. 3, al. 10 de la loi sur l'arbitrage commercial au Viêtnam. ; D. Shiwakoti, « Review of Vietnam's law no 54 on commercial arbitration », Asian Dispute Review, 2014, p. 60-67.

validité de la sentence arbitrale, le droit vietnamien est resté muet. Sauf la loi sur l'arbitrage commercial du 1er janvier 2011 qui a mis l'accent sur la confidentialité dans le cadre du prononcé de la sentence arbitrale[243].

111. La définition de la sentence arbitrale par les instruments juridiques en vigueur au Viêtnam nous conduit à nous interroger sur le sens définitif de ces différentes définitions. Ainsi, quelle sera la qualification à donner à une sentence arbitrale rendue à l'étranger par un tribunal arbitral composé uniquement d'arbitres vietnamiens ? La même question pourrait être posée lorsque le tribunal arbitral est composé à la fois d'arbitres, de nationalités étrangères et vietnamiennes. En référence aux règles de la hiérarchie des normes juridiques en vigueur au Viêtnam[244], les dispositions du CPCV priment sur celles de l'ordonnance. Il en résulte que la définition prévue à l'article 342 (2) du CPCV reste la référence.

112. Enfin, un autre pays de droit socialiste, la Russie, est un cas semblable aux pays de la Ligue arabe. En effet, les droits positifs de la Russie ne consacrent pas clairement la définition d'une sentence arbitrale. Néanmoins, les critères de validité des sentences sont prévus par la législation du pays.

e.3- Le cas particulier de la Russie

113. Contrairement à la Chine et au Viêtnam, il n'y a pas de définition statutaire de la sentence arbitrale en Russie[245]. Les sentences arbitrales internationales qui présentent un élément d'extranéité et rendues en Russie sont régies par la loi russe sur l'arbitrage commercial international du 7 juillet 1993[246]. Les sentences arbitrales internes, qui ne présentent pas un élément d'extranéité et rendues en Russie, sont régies par la loi fédérale russe sur l'arbitrage[247]. Les centres d'arbitrage installés en Russie et dont les sièges sont à l'étranger ne sont pas autorisés à administrer des arbitrages internes ni à rendre des sentences arbitrales qui ne présentent pas un élément d'extranéité[248]. Enfin, les sentences étrangères sont régies par plusieurs

---

[243] Articles 4.4 et 55.3 la loi sur l'arbitrage commercial au Viêtnam. ; Ibid.
[244] Q.-Ch., Tran, « Recognition and Enforcement of Foreign Arbitral Awards in Vietnam Shortcoming and Suggested Remedies », *Journal of International Arbitration*, 2005, p. 487.
[245] P. Nacimiento & A. Barnashov, « Recognition and enforcement of arbitralawards in russia », Journal of International Arbitration, 2010, p. 295-306.
[246] O. Skvortsov & L. Kropotov, « Arbitration Changes in Russia : Revolution or Evolution », Journal of International Arbitration, 2018, p. 253-266.
[247] La loi fédérale sur l'arbitrage (procédure d'arbitrage) dans la Fédération de Russie (dd. 29 décembre 2015 N 382-FZ).
[248] Ibid.

dispositions juridiques. Il s'agit d'une part de la Convention de New York de 1958 ; les articles 35 et 36 de la loi russe sur l'arbitrage commercial international (LCI). D'autre part, les dispositions du chapitre 31 du Code de procédure commerciale russe et les dispositions du chapitre 45 du Code de procédure civile russe sont aussi applicables. Par ailleurs, pour être valide en Russie, la sentence arbitrale internationale doit répondre à des exigences prévues à l'article 31 de la (LCI). Il s'agit de la forme écrite de la sentence arbitrale ; de la signature de la sentence par la majorité des arbitres. Par ailleurs, le tribunal arbitral doit motiver la sentence; de la date et du lieu de l'arbitrage ; de la transmission de la sentence à chaque partie à l'arbitrage.

114. Au regard de ce qui précède, il n'existe pas une définition uniforme de la notion de sentence arbitrale. Ainsi la question d'une définition objective de la notion de sentence arbitrale est caractérisée par une complexité assez prononcée non résolue. Cependant, nous pouvons identifier au sein de chaque système juridique des points communs qui caractérisent une sentence arbitrale étrangère.

f. Les critères communs aux définitions de la notion de la sentence arbitrale étrangère au sein de chaque système juridique

115. Il s'agit de cibler à chaque niveau des définitions de la sentence présentées ci-dessus des critères communs à une sentence pouvant faire l'objet de reconnaissance et d'exécution forcée. L'identification de ces critères nous permettra de formuler ou de faire ressortir par la suite une définition adaptée à chaque système.

116. En premier lieu, la sentence arbitrale est une décision provenant du tribunal arbitral à l'issue d'une procédure d'arbitrage. Ensuite viennent le caractère d'extranéité et le caractère obligatoire de la sentence arbitrale internationale à l'égard des parties, puis la forme écrite de la sentence arbitrale, mais cette condition peut varier par exemple en *Common Law*. Enfin, le secret de la délibération de la sentence et la motivation de celle-ci sont des critères à prendre en compte. Il ne s'agit pas de formuler une définition objective de la notion de la sentence arbitrale étrangère. Il s'agit plutôt d'identifier des critères communs à une sentence arbitrale internationale ou étrangère pouvant faire l'objet d'exécution selon les différents systèmes juridiques étudiés.

117. Il est important de préciser que la sentence arbitrale étrangère est une composante de la sentence arbitrale internationale. En effet la nuance est qu'une sentence arbitrale mettant en jeu les intérêts du commerce international est qualifiée de sentence arbitrale « internationale » lorsque son exécution est demandée sur le territoire du siège de l'arbitrage. Dans le cas contraire, cette même sentence arbitrale internationale provenant d'un tribunal arbitral dont le siège est situé à l'étranger pour être exécuté dans un État tiers est qualifiée de « sentence arbitrale étrangère ». Le siège du tribunal arbitral joue donc un rôle capital dans la qualification des deux types de sentences arbitrales.

118. Par ailleurs, deux autres notions de la thématique étudiée méritent d'être définies. Il s'agit des notions d'efficacité et d'exécution.

2. Définition de la notion d'efficacité

119. Notre étude porte sur l'efficacité de l'exécution des sentences arbitrales internationales. Encore faut-il s'entendre sur les notions d'« efficacité » et d' « exécution » dans le contexte de notre étude et d'appréhender leur portée.

120. Le terme d'efficacité correspond ici à l'idée que la sentence doit produire les effets qu'en attend son bénéficiaire. Mais ce terme peut être appréhendé sur le plan juridique.

121. Efficacité des normes ou pratiques juridiques : Le terme "efficacité" est quasi synonyme de son sens juridique en tant que « mode d'appréciation des conséquences des normes juridiques et de leur adéquation aux fins qu'elles visent[249] ». L'efficacité du droit, c'est-à-dire son aptitude à atteindre des buts intrinsèques, notamment, ordre, justice, égalité, etc., en tant que valeurs qualitatives a priori non quantifiables[250]. La notion d'efficacité qui repose uniquement sur des références quantitatives relève purement des sciences économiques[251].

122. L'efficacité des pratiques ou normes juridiques relève d'un mode d'appréciation des conséquences des normes ou pratiques juridiques et de leur adéquation aux finalités légales qu'elles visent[252]. Est alors efficace une décision dont l'effet n'est pas seulement situé dans l'a posteriori, mais également dans l'a priori. Il s'agit de la prévisibilité des conséquences

---

[249] R. Bettini, Vo « Efficacité », in *Dictionnaire encyclopédique de théorie et de sociologie du droit* (sous la dir. d'A.-J. Arnaud), *LGDJ*, 2ème éd., 1993.

[250] E. Fokou & A. Belanger. « Efficacité et Efficience : Les Obstacles Epistémologiques a l'Économisme en Droit Civil des Contrats. », *Revue Generale de Droit*, vol. 49, n°1, 2019, p. 5-66.

[251] Ibid.

[252] Dictionnaire encyclopédique de théorie et de sociologie du droit, première édition, 1993, p.219.

logiquement attendue(s) d'une norme ; d'une pratique juridique ; des usages en matière de commerce international ; d'une décision d'un tribunal arbitral portant sur le commerce international par exemple. L'efficacité de tout droit subjectif appelle une sanction en cas de nécessité. Une sentence arbitrale non exécutée volontairement par le débiteur a pour conséquence son exécution forcée par le biais des voies d'exécutions forcées. Il s'agit des voies de droit dont dispose le créancier pour recouvrer sa créance.

123. Une sentence arbitrale exequaturée qui dispose d'un titre exécutoire peut être exécutée au besoin par la force. L'exécution du titre exécutoire par la contrainte judiciaire, en cas de résistance du débiteur, constitue un gage d'efficacité. Par ailleurs, l'exécution forcée d'une sentence arbitrale exequaturée peut déboucher sur un conflit social. Pour éviter des troubles à l'ordre public, le législateur va équilibrer les rapports entre les deux parties pour assurer l'exécution de la sentence arbitrale. Il s'agit d'une part de sauvegarder les droits du créancier et d'autre part d'offrir une protection sociale au débiteur. Il est donc important d'avoir à l'idée que le sens de la notion d'efficacité ne couvre pas uniquement le créancier. Les droits fondamentaux du débiteur sont également pris en compte. Mais en matière internationale, en l'absence de référentiel juridique qui encadre par exemple la reconnaissance et l'exécution des sentences arbitrales, il est permis de s'interroger sur l'efficacité du système. C'est le cas de la Convention de New York de 1958 qui permet aux États parties d'appliquer leur droit processuel à la reconnaissance et l'exécution des sentences arbitrales. Dans ce cas, la recherche d'efficacité peut être mise en cause dans l'hypothèse où le droit interne de certains États parties pourrait être moins réceptif des sentences arbitrales étrangères. C'est donc le cœur de notre étude. Nous allons nous efforcer d'identifier et d'analyser les difficultés et degrés de flexibilité des mécanismes juridiques des États parties à la Convention de New York.

124. Par ailleurs, c'est à travers l'exécution qu'il est possible de mesurer l'impact de l'efficacité d'une sentence arbitrale. Il est donc utile de définir cette notion.

3. Définition de la notion d'exécution

125. L'exécution sur les biens répond au principe selon lequel le patrimoine du débiteur constitue un gage général pour ses créanciers[253]. En

---

[253] J.-B. Seube, *Droit des sûretés*, éd. *Dalloz*, 2020, n°3, p.2. ; Ph. Simler et Ph. Delebecque, *Droit civil – Les sûretés – La publicité foncière*, éd. Dalloz, 2004, n°3, p. 6. ; Article 2284 du Code civil français.

Civil Law (en droit français notamment), en droit OHADA ou en *Common Law*, la loi met à la disposition du créancier des voies de droit pour exécuter les sentences arbitrales exequaturées. Le Code de procédure civile d'exécution français ; l'Acte uniforme OHADA portant organisation des procédures d'exécution ; les règles de procédures des voies d'exécution en Angleterre et aux États-Unis constituent des exemples de voies de droit. Ainsi, la mise en œuvre des voies d'exécution forcée de la sentence arbitrale ayant obtenu le titre exécutoire peut être réalisée à titre conservatoire ou par d'autres mécanismes de saisies prévues par la loi[254].

126. Par ailleurs, la mise en œuvre des mesures provisoires par voie d'exécution forcée poursuit un objectif précis. Il s'agit de permettre au créancier de placer les biens du débiteur dans les mains de la justice en les rendant indisponibles afin de protéger le créancier d'une éventuelle insolvabilité du débiteur[255]. S'agissant de l'exécution forcée de la sentence arbitrale par voie de saisie en présence d'un titre exécutoire ayant acquis l'autorité de la chose jugée, elle permet au créancier de recouvrer directement ses créances.

127. Il faut cependant rappeler que l'exécution forcée est admise par la loi sous certaines conditions. En effet, le créancier doit justifier d'un titre lui permettant de requérir les moyens d'exécution forcée[256]. Il s'agit ici de l'ordonnance d'exequatur. Le créancier doit ensuite confier l'exécution forcée à un mandataire qualifié. En cas de difficulté, le mandataire doit s'adresser à l'autorité judiciaire. En cas de nécessité de concours de la force publique, le requérant doit solliciter l'intervention d'une autorité qui est parfois de nature administrative.

128. Ainsi, dans le cadre de l'exécution des sentences arbitrales internationales, le créancier, même s'il dispose d'un titre exécutoire, peut rencontrer des difficultés sérieuses. Il s'agit par exemple des obstacles liés à l'immunité d'exécution dont bénéficient les personnes morales de droit public ou des cas de nullité automatiques en cas de vice de procédure des voies d'exécution. Face à ces différents obstacles que peut rencontrer le

---

[254] Il s'agit d'autres types de saisies réalisées par le commissaire de justice (France) : La saisie-attribution ; la saisie-vente ; la saisie d'un bien meuble ou d'un bien immeuble à destination ; la saisie immobilière ; la saisie conservatoire ; la aisie des droits incorporels autres que des sommes d'argent, notamment les valeurs mobilières ou les licences d'exploitation, etc.

[255] Donnier, Marc & Donnier, Jean-Baptiste, Voies d'exécutions et procédures de distribution, LexisNexis, 2020, 690 p.

[256] Ibid.

créancier dans le cadre d'exécution d'une sentence arbitrale internationale, il convient de s'interroger sur l'existence des solutions alternatives pouvant faciliter l'exécution des sentences arbitrales.

129. Au regard de ces différentes incertitudes qui peuvent survenir dans le cadre de l'exécution des sentences arbitrales internationales, nous pouvons nous poser un certain nombre de questions. Ces différentes questions utiles sont exposées en tant que problématique de notre étude.

II. Problématique et intérêt du sujet

130. L'article IV de la Convention de New York de 1958 pose les conditions de fond de la reconnaissance d'une sentence arbitrale internationale dans les États parties. En ce qui concerne les conditions procédurales, la Convention renvoie au droit procédural des États parties[257]. Chaque État partie ou regroupement régional d'États parties définit sa propre procédure d'exequatur applicable à la reconnaissance des sentences arbitrales internationales[258]. Il convient de s'interroger sur les raisons de cette latitude donnée aux États parties en matière de reconnaissance et d'exécution des sentences arbitrales. Cette possibilité accordée aux États parties permet-elle d'aboutir à une efficacité d'exécution des sentences arbitrales ou au contraire ne serait-elle pas une limite de l'efficacité d'exécution des sentences arbitrales ? Il conviendrait aussi de s'interroger sur la pertinence de la mise en place de traités régionaux dont l'objectif serait de faciliter les procédures de circulation des sentences arbitrales, tout au moins à l'échelle régionale.

131. Dans cette perspective, si l'on devait conclure que les seuls critères de contrôle prévus par la Convention ne sont pas suffisants pour une exécution efficace des sentences[259], il conviendrait de proposer des solutions alternatives[260]. Des instruments juridiques qui pourraient être considérés comme complémentaires ou supplétifs à la Convention de New York de 1958 existent-ils ?

---

[257] Article III de la Convention de New York de 1958.

[258] La limitation apportée à cette liberté par l'article III de la Convention est vague et dénuée de règles d'encadrement des procédures d'exequatur des États parties.

[259] La Convention de New York de 1958 pour la reconnaissance et l'exécution des sentences arbitrales étrangères, en son article V, aux al. 1 et 2 énumère sept conditions nécessaires pour le contrôle des sentences arbitrales internationales.

[260] La Transaction, la Conciliation, la sûreté en vue de l'exécution de la sentence arbitrale.

132. Parmi les cas de contrôle d'une sentence autorisée par la Convention de New York, le contrôle de l'ordre public international varie d'une tradition juridique à une autre et dépend de l'évolution jurisprudentielle des États parties. Le contrôle par les juridictions étatiques de la notion de l'ordre public pourrait-il être harmonisé ? L'arbitre lui-même dispose-t-il d'outils juridiques pour prévenir l'effet négatif de la notion d'ordre public international sur la sentence arbitrale internationale ?

133. L'exécution d'une sentence arbitrale internationale dans le cadre de la Convention de New York de 1958 peut aussi se heurter à des obstacles spécifiques. Il s'agit de la nature du statut juridique des parties, c'est le cas de l'État et ses démembrements qui bénéficient en principe d'une immunité de juridiction et d'exécution. La Convention ne prévoit pas de dispositions relatives à l'exécution des sentences arbitrales mettant en cause l'état et ses démembrements compte tenu de leurs statuts particuliers. On peut alors se demander si l'absence d'un traité international pour encadrer l'immunité d'exécution des personnes morales de droit public ne constitue pas un frein à l'exécution des sentences arbitrales.

134. Dans le même ordre d'idées, il convient de s'interroger sur la liberté procédurale laissée aux États parties. Celle-ci pourrait être vue comme un atout pour l'exécution des sentences arbitrales. Par ailleurs, certains États parties à la Convention de New York ou organisations sous-régionales telle que l'OHADA, disposent d'un cadre juridique qui complète les insuffisances de la Convention et facilite la circulation des sentences arbitrales internationales. C'est le cas également au Royaume-Uni qui intègre dans son droit interne la Loi type de la CNUDCI sur l'arbitrage. Mais pour autant, ces cadres juridiques présentent aussi des faiblesses qui peuvent remettre en question l'efficacité des sentences arbitrales.

135. Exception faite du droit OHADA où l'exequatur de la CCJA a un effet régional[261]. L'effet territorial limité de l'ordonnance d'exequatur dans le cadre d'une procédure d'exécution forcée semble poser une limite à l'efficacité de l'exécution d'une sentence arbitrale.

136. Enfin, en l'absence d'exécution spontanée de la sentence arbitrale par le débiteur, existe-t-il des moyens alternatifs développés par les *Societas*

[261] Article V al. 1er de la Convention de New York de 1958, pour la reconnaissance et l'exécution des sentences arbitrales internationales.

mercatorum [262] pour contraindre les débiteurs à exécuter la sentence arbitrale ? Ces différents moyens développés par les centres d'arbitrage contribuent-ils à l'efficacité de la sentence arbitrale ?

137. En présence des limites de la circulation des sentences arbitrales internationales, nous avons pu proposer d'autres voies de droit adaptées à l'efficacité de l'exécution des sentences arbitrales internationales.

138. Pour identifier et analyser la portée des obstacles en matière de la reconnaissance et de l'exécution des sentences arbitrales internationales et proposer des remèdes, nous avons dû adopter une méthodologie de recherche adaptée.

III. Méthodologie de recherche

139. Pour Michaël Graff, l'approche droit et commerce international / finance (investissement) repose sur deux hypothèses principales en droit comparé[263]. Il s'agit d'une part des systèmes juridiques qui accordent une grande importance aux droits de propriété privée et privilégient les solutions contractuelles [264]. La finalité est d'offrir un cadre de protection aux investisseurs, aux entreprises et aux activités productives des sociétés commerciales. D'autre part, il existe des traditions juridiques qui privilégient une forte présence de l'État ou de l'Administration publique dans le secteur économique, de l'investissement et de la production[265]. Il faut cependant avoir à l'esprit que l'écosystème de l'économie mondiale a connu de profondes mutations dans certains systèmes juridiques. Ainsi, plusieurs pays appartenant aux traditions juridiques ex-socialistes ou certains pays de droit musulman ont intégré dans leur système des aspects de l'économie libérale encadrés par des politiques étatiques bien définies. C'est le cas de l'Égypte, de la Chine, de l'Arabie saoudite ou encore du Qatar.

140. L'analyse des systèmes juridiques de notre échantillonnage en matière de degré de réceptivité des sentences arbitrales internationales apparait clairement dans la première partie. L'analyse de chaque système

---

[262] A. Lejbowicz, « La « lex mercatoria » », in, *Philosophie du droit international. L'impossible capture de l'humanité,* sous la direction de Lejbowicz Agnès. Paris cedex 14, *Presses universitaires de France*, « Fondements de la politique », 1999, p. 77-129.

[263] M. Graff, « Law and finance: Common-law and civil-law countries compared », *KOF Working Papers, n°99, ETH Zurich, 2005, KOF Swiss Economic Institute*.

[264] *Common Law, Civil Law*, le droit OHADA, etc.

[265] Le système juridique socialiste et le système du droit musulman.

juridique a permis d'évaluer la nature réelle des règles de procédure appliquées à la reconnaissance et à l'exécution des sentences arbitrales internationales. Il s'agissait d'identifier dans chaque pays de notre échantillonnage les niveaux de libéralisme ou de restrictions en matière de reconnaissance des sentences arbitrales internationales. Concrètement, nous avons pu identifier et classer les systèmes juridiques dont les droits processuels imposent des restrictions de reconnaissance des sentences arbitrales dans le cadre d'une procédure d'exequatur. Ensuite, il a paru nécessaire de pousser les investigations plus loin pour les systèmes juridiques qui semblent favorables à la reconnaissance des sentences arbitrales en phase d'exequatur. Il s'agit d'explorer les procédures d'exécution de ces pays s'il existait des indices de rigidité procédurale qui pourraient mettre en cause l'efficacité d'exécution des sentences arbitrales internationales.

141. Pour procéder à cette évaluation, nous avons opté pour une approche théorique et méthodologique unique. Il s'agit de la combinaison de trois approches de droit international comparé de l'arbitrage. Pour ce faire, nous avons donc emprunté la méthodologie développée par *Alan Waston* dans ses études comparatives centrées sur les systèmes juridiques[266].

142. Ainsi, la première approche est centrée sur l'analyse des systèmes juridiques des États signataires de la Convention de New York de 1958. La finalité est d'évaluer le niveau d'ouverture des instruments en vigueur dans ces États en matière de reconnaissance et d'exécution des sentences arbitrales internationales. Ainsi, à titre d'exemple, nous avons pu remarquer que certains systèmes étaient prémunis pour résister à l'influence du droit international uniforme pour des raisons culturelles et politiques[267].

143. La seconde approche est orientée vers une démarche de prospective indifférente au contexte historique de la culture juridique des systèmes juridiques analysés[268]. L'objectif est de faire des propositions de solutions alternatives ou complémentaires qui ne bousculent pas l'existence même des systèmes juridiques de notre échantillonnage. Ainsi, les pistes de solutions proposées dans la deuxième partie de notre étude poursuivent une double finalité. Il s'agit d'une part de mettre en valeur des instruments juridiques pouvant contribuer à l'efficacité de la reconnaissance et

---

[266] A. Watson, «Alan Comparative Law and Legal Change », Cambridge, 1978, *LJ*, p. 313.
[267] Ibid.
[268] Ibid.

d'exécution des sentences arbitrales internationales. D'autre part, certaines pistes de solutions s'inscrivent dans une vision prospective. Il s'agit de propositions concrètes en phase avec la performance des systèmes juridiques étudiés. Les pistes de solutions développées dans la deuxième partie sont compatibles avec l'évolution de la culture juridique des différents systèmes juridiques de notre échantillonnage[269].

144. *Alan Waston* considère que les comparatistes doivent s'inspirer des deux grands modèles développés par Platon[270] et Aristote[271]. Même si cette démarche de Platon et d'Aristote s'inscrit plus dans une démarche politico-juridique, elle est transversale et universelle. Elle peut servir de modèle méthodologique dans toutes les disciplines de droit. La finalité recherchée est la production d'aperçus sur la nature d'une tradition juridique et la recherche du meilleur modèle utile pour le développement des institutions juridiques. Ainsi, c'est cette même finalité qui est recherchée dans le cadre de notre travail. Il s'agit de proposer, dans la seconde partie, des pistes de solutions transversales ayant pour source des modèles juridiques favorables à la circulation des sentences arbitrales internationales.

145. En s'inscrivant dans une démarche de prospective, la troisième approche de notre méthodologie consistait à faire un état des lieux des solutions proposées par la doctrine. Il s'agit d'identifier les points de blocage de la mise en œuvre des solutions existantes, puis proposer ensuite des solutions alternatives adaptées. La finalité est de permettre aux créanciers plusieurs alternatives pour obtenir une exécution efficace de la sentence arbitrale.

146. Après avoir analysé la pratique de la circulation des sentences arbitrales sur le plan international et les obstacles qu'elle rencontre, il conviendra de s'intéresser aux remèdes envisageables. L'étude se décline ainsi en deux parties.

---

[269] *Civil Law*, du droit OHADA, *Common Law*, droit socialiste, droit musulman.

[270] Dans son ouvrage "Les Lois", qui a eu un fort impact sur la jurisprudence romaine, Platon compare les lois d'Athènes à celles de Crète, de Sparte, d'Égypte, de Carthage et de Perse (Dareste 1968). Puis, dans "La République", il développe une théorie de la constitution parfaite en énonçant les conditions nécessaires à celle-ci. La proposition de la constitution parfaite semble alors découler des prémisses de sa reconstruction comparative des différents régimes politiques de son époque.

[271] La raison humaine, qui est présumée universelle, peut ainsi être appliquée à la conception intentionnelle de la meilleure loi, les enquêtes empiriques du droit comparé servant à trouver et éventuellement à transplanter le meilleur modèle de la loi.

147. La première partie porte sur l'identification et l'analyse de la capacité des systèmes juridiques de notre échantillonnage à être réceptifs aux sentences arbitrales internationales (**I**). Elle révèle les limites de la Convention de New York de 1958 en matière de reconnaissance et d'exécution des sentences arbitrales internationales.

148. Dans la seconde partie seront présentées des solutions alternatives pouvant contribuer à améliorer l'efficacité de l'exécution des sentences arbitrales internationales (**II**).

PREMIÈRE PARTIE
LA CIRCULATION DES SENTENCES ARBITRALES INTERNATIONALES À L'ÉPREUVE DES LIMITES DES CONVENTIONS INTERNATIONALES

149. Les sentences arbitrales internationales, dans l'hypothèse où elles ne seraient pas exécutées spontanément, doivent faire l'objet d'une exécution forcée. Ceci n'est possible, en raison de l'absence d'imperium des arbitres, qu'en vertu d'une procédure d'introduction de la sentence en question dans un ordre juridique national, l'exequatur. En fonction des opportunités d'exécution d'une sentence contre son débiteur, le lieu de l'exécution envisagé peut varier. La sentence peut donc être amenée à circuler entre différents États. La circulation d'une sentence désigne alors la reconnaissance et l'exécution forcée par le juge judiciaire de l'État requis. La procédure d'exequatur confère aux sentences arbitrales internationales la force exécutoire[272]. L'ordonnance d'exequatur obtenue vaut le titre exécutoire. Cependant, dans certains pays, le créancier qui obtient l'exequatur doit ensuite saisir le juge de l'exécution pour l'exécution finale de la sentence arbitrale[273].

150. Il existe plusieurs conventions internationales relatives à la circulation des sentences arbitrales internationales. Ces conventions visent à faciliter la reconnaissance et l'exécution d'une sentence dans un État tiers à celui dans lequel la sentence a été rendue. Elles ont cependant pour trait commun de ne pas aborder les questions de procédure en matière de reconnaissance et/ou d'exécution des sentences arbitrales. Ainsi, les États parties aux Conventions de New York (1958)[274], de Riyad (1993) et de Mascate (1996) considèrent que c'est le droit national de l'État requis qui régit la procédure de reconnaissance et d'exécution. Les États membres de l'espace OHADA appliquent uniquement le droit national à la phase d'exécution d'une sentence arbitrale. Cependant, lorsqu'il s'agit d'obtenir l'exequatur régional de la CCJA, c'est le droit OHADA qui s'applique.

151. À l'exception du droit OHADA qui s'applique directement dans les États membres, on constate donc une absence d'harmonisation entre les autres Conventions internationales citées et le droit national des États parties. Cette difficulté d'harmonisation entre les cadres juridiques

[272] Article V de la Convention de New York de 1958 et Articles 30 et ss de l'Acte Uniforme de l'OHADA relatif au droit d'arbitrage.
[273] C'est le cas des États membres de l'OHADA et en droit français.
[274] Article III de la Convention de New York de 1958.

nationaux et conventionnels est accentuée par les différences qui existent entre les grands systèmes juridiques. Il s'agit dans le cadre de notre étude des systèmes de *Civil Law*, de *Common Law*, des droits socialistes et musulmans. Cette absence d'uniformisation des procédures constitue une limite importante des conventions internationales évoquées ci-dessus.

152. En absence d'un cadre juridique uniforme pour faciliter la circulation des sentences arbitrales internationales, le créancier est soumis aux règles procédurales internes des États en cas d'exécution forcée de la sentence. Nous nous trouvons donc en face des procédures d'exequatur hétérogènes et souvent complexes (**Titre I**). Certains États ou organisations régionales semblent disposer des cadres juridiques suffisamment réceptifs à l'arbitrage international, c'est le cas des droits français et OHADA. Cependant, en phase d'exécution de la sentence arbitrale, il existe néanmoins des limites y compris en France et dans l'espace OHADA (**Titre II**).

TITRE I : LES PROCÉDURES DE CONTRÔLE DES SENTENCES ARBITRALES INTERNATIONALES

153. La première Convention internationale destinée à favoriser l'efficacité de l'arbitrage international est la Convention de New York du 10 juin 1958[275]. Le but de cette Convention est de promouvoir les relations économiques et la coopération entre les États[276]. En réalité, il faut préciser que le succès de cette convention, en dépit de sa très large ratification, dépend largement de l'attitude des tribunaux et cela ne peut être considéré comme un acquis[277]. En effet, la Convention a pour objet principal d'harmoniser et de limiter les cas de refus d'exequatur de la sentence. Elle autorise cependant les États parties à appliquer leur propre droit de la procédure pour accorder ou non l'exequatur à une sentence arbitrale internationale. Il se pose alors de sérieux problèmes d'interprétation et d'application des dispositions de la Convention par certaines juridictions des États parties. En 2012, le Conseil international pour l'arbitrage commercial (ICCA) a organisé des formations au profit des juges judiciaires des États parties pour favoriser une bonne application des dispositions de la Convention[278]. Cependant, la problématique liée à l'application des procédures étatiques demeure.

154. La Convention permet aux juges judiciaires requis d'appliquer leur droit national aux procédures d'exequatur. Il en est de même de la faculté de reconnaitre ou non une sentence arbitrale annulée au siège du tribunal arbitral[279]. Il n'est donc pas évident que la diversité des procédures en vigueur dans les États parties de la Convention contribue à son succès. Il s'agit d'une cohabitation entre la Convention de New York de 1958 et les régimes juridiques des États parties et ceux des organisations étatiques régionales[280]. Même si l'article VII de la Convention permet aux États parties d'appliquer leur propre droit national et d'autres traités, ces instruments juridiques complémentaires ne doivent

---

[275] https://treaties.un.org/pages/ViewDetails.aspx?src=IND&mtdsg_no=XXII1&chapter=22&clang=_fr

[276] Convention de New York de 1958, *Travaux préparatoires-Acte final et la Convention pour la reconnaissance pour la reconnaissance et l'exécution des sentences arbitrales étrangères,* Para. 05 à 16. U. N. Doc. E/2822/ Add.3 (23 mars 1956).

[277] M. Paulsson, *The 1958 New York Convention in Action, Wolters Kluwer,* 2016, p. 13.

[278] L'ICCA a mis à la disposition des juges un guide interprétatif intitulé: « ICCA's Guide to the Interpretation of the 1958 New York Convention: Handbook for judges. »

[279] Articles VII (1) et V (1) (e) de la Convention de New York de 1958.

[280] Il s'agit du droit OHADA (droit primaire et dérivé de l'OHADA) et la Convention de Riyad de 1983.

pas faire obstacle à la circulation de la sentence arbitrale internationale[281]. Mais il n'est pas aisé de respecter cette règle, surtout lorsque le champ d'intervention du juge judiciaire dans le cadre d'une procédure d'exequatur ou d'un recours en annulation est peu encadré. Ces différentes complexités identifiées ont pour source principale l'absence des règles procédurales dans la Convention de New York (**Chapitre 1**).

155. D'autres problèmes liés aux procédures de reconnaissance des sentences arbitrales peuvent se greffer aux premières difficultés identifiées. Il s'agit d'une part, des conditions procédurales supplémentaires imposées par le droit positif de certains pays dans le cadre des procédures d'exequatur. Ces conditions supplémentaires semblent traduire une volonté de complexifier la procédure d'exequatur dans ces pays. D'autre part, l'étendue variable de l'interprétation et de l'appréciation de la conformité des sentences arbitrales par rapport à l'ordre public international compromet le traitement uniforme des sentences. L'office du juge judiciaire, lorsque ce cas de contrôle est soulevé, est difficile à encadrer, car le droit positif lui donne un pouvoir d'interprétation large en la matière. Ces différentes questions qui peuvent surgir dans le cadre d'une procédure de reconnaissance de la sentence arbitrale constituent des obstacles potentiels (**Chapitre 2**).

[281] Article III de la Convention de New York de 1958.

CHAPITRE 1 : LES EFFETS DE L'ABSENCE DES RÈGLES PROCÉDURALES DANS LA CONVENTION DE NEW YORK

156. La Convention de New York fait défense en son article III aux États parties de prévoir des conditions de reconnaissance des sentences arbitrales plus rigides que celles qu'elle contient. Par conséquent, on pourrait en déduire que l'application des règles de procédure en vigueur dans les États parties ne devrait pas conduire à une discrimination négative entre les sentences arbitrales internationales et les sentences arbitrales nationales. Ainsi, les risques de débordement des limites prévues par la Convention se manifestent par l'absence de coordination des procédures d'exequatur et le risque de révision des sentences arbitrales. La véritable cause des risques de révision des sentences arbitrales relève des difficultés liées à l'encadrement du pouvoir d'interprétation des cas de contrôle dont dispose le juge du contrôle. Il en résulte une absence d'encadrement de la cohabitation entre les droits positifs de certains États et la Convention de New York de 1958 (**Section 1**).

157. La Convention de New York n'interagit pas uniquement avec le droit positif des États. Le droit communautaire des organisations sous-régionales applicable aux procédures d'arbitrage, à la reconnaissance et à l'exécution des sentences arbitrales cohabite également avec la Convention. Cette cohabitation peut être à certains égards cohérente, c'est le cas du droit de l'arbitrage de l'espace OHADA. Elle peut être aussi controversée, c'est le cas dans les pays du moyen orient avec la convention de Riyad de 1985 (**Section 2**).

SECTION 1 : Une Coexistence variable avec les régimes juridiques des États parties

158. La Convention de New York ne prévoit pas des règles de procédures applicables à la reconnaissance des sentences arbitrales internationales. Elle prévoit uniquement des cas de contrôle de la sentence arbitrale internationale et transfère aux États parties le soin de mettre en place et d'organiser les règles de procédures applicables en la matière. En effet, on se retrouve avec une diversité de règles de procédure difficiles à coordonner. La Convention de New York de 1958 aurait pu servir de référentiel procédural aux États parties si les rédacteurs avaient prévu des règles de procédure relatives à la reconnaissance et à l'exécution des sentences arbitrales internationales. Il en résulte donc une cohabitation à la fois simple et complexe entre les dispositions de la Convention de New

York et les règles de procédure d'exequatur en vigueur dans les États parties (**Paragraphe 1**). Par ailleurs, l'absence de règles de procédure issues de la Convention de New York a engendré une autre carence institutionnelle. Il s'agit de l'absence de juridiction internationale chargée du suivi de l'application de la Convention de New York. En conséquence, il revient aux États parties de définir la procédure applicable et de désigner le juge compétent. Il s'agit d'assurer dans le cadre de leur office l'application des dispositions de la Convention portant sur les cas de contrôle ou sur les recours en annulation de la sentence arbitrale. Le champ d'intervention du juge d'annulation est très variable selon l'étendue du pouvoir de contrôle qui lui est accordé. Ainsi, dans certains cas, nous pouvons craindre des risques de révision de la sentence arbitrale internationale (**Paragraphe 2**).

Paragraphe 1 : La diversité des procédures d'exequatur

159. La première convention internationale de référence en matière de reconnaissance et d'exécution des sentences arbitrales internationales est la Convention de New York de 1958. La particularité de cette convention est le grand nombre d'États parties, soit cent soixante-dix au total[282]. L'objectif principal de cette convention est de permettre aux États parties de traiter sans discrimination les sentences arbitrales étrangères et internationales. La finalité est de faciliter la circulation des sentences étrangères et internationales. La convention permet aussi aux juridictions étatiques de faire respecter le principe de compétence-compétence en se déclarant incompétentes en présence des litiges ayant fait l'objet de convention d'arbitrage. La convention ne traite toutefois pas des questions de procédure en matière de reconnaissance et d'exécution des sentences arbitrales.

160. L'article III de la Convention permet aux États parties d'organiser eux-mêmes les procédures de reconnaissance et d'exécution des sentences arbitrales. Cette possibilité est tempérée par le fait que les États parties ne devraient pas disposer de règles de procédures rigides qui imposent une différence de traitement entre les sentences étrangères et les sentences nationales. Cependant, la convention n'encadre pas suffisamment la liberté donnée aux États de définir leurs propres règles de procédure. De même, elle ne donne pas aux États parties les outils juridiques pouvant servir de point de départ pour assurer une égalité de

[282] https://treaties.un.org/pages/ViewDetails.aspx?src=IND&mtdsg_no=XXII-1&chapter=22&clang=_fr

traitement entre les sentences arbitrales nationales et étrangères ou internationales. Par ailleurs, la convention ne prévoit pas de moyens techniques pour évaluer les conditions qui seraient qualifiées de rigoureuses occasionnant une différence de traitement entre les sentences arbitrales nationales et internationales. La conséquence de ces différentes insuffisances ou faiblesses de la convention est que chaque État partie oriente de façon discrétionnaire les règles de procédures applicables à la reconnaissance des sentences arbitrales. Ces règles de procédures d'exequatur qui ne cadrent pas forcément avec les objectifs de la convention. Ainsi, nous pouvons classer ces règles de procédures en trois catégories. Il s'agit tout d'abord de procédures d'exequatur à géométrie variable (**A**), puis des procédures d'exequatur ponctuées par des rigidités procédurales (**B**) et enfin de procédures d'exequatur complexes (**C**).

A. Des procédures d'exequatur à géométrie variable en Occident

161. Pour illustrer les différents types de procédures d'exequatur, nous avons choisi certains pays occidentaux dont les règles de procédures applicables aux sentences arbitrales comportent des facettes variables. Il s'agit de la France, de la Suisse, des États-Unis d'Amérique et du Royaume-Uni. Rappelons tout d'abord que les juges français n'appliquent pas dans la plupart des cas la Convention de New York de 1958 même si la France en est signataire. La raison de ce choix est que le droit français est considéré comme plus favorable en matière de procédure d'exequatur que la convention[283]. En effet, la convention de New York de 1958 autorise les États à appliquer le droit national le plus favorable en matière de reconnaissance des sentences arbitrales internationales[284]. Le tribunal judiciaire est saisi par voie de requête et statue à juge unique dans le cadre d'une procédure non contradictoire. Concernant les sentences arbitrales internationales rendues en France, c'est le tribunal judiciaire du lieu où la sentence a été rendue qui est compétent[285]. Aux termes de l'article 1514 du Code de procédure civile, « Les sentences arbitrales sont reconnues ou exécutées en France. La condition est que l'existence de la sentence doit être établie par celui qui s'en prévaut. Dans l'hypothèse où cette reconnaissance ou cette exécution n'est pas manifestement contraire à

[283] E. Gaillard, « Exécution des sentences annulées dans leur pays d'origine », *Journal du Droit international, 125 année (1998), numéro 3 - Juillet-Août-Septembre*, pp. 665-674.

[284] Article VII, alinéa 1er de la Convention de New York de 1958.

[285] Cf. le premier paragraphe de la page suivante et les dispositions de l'Article 1516, alinéa 1er du Code de procédure civile français.

l'ordre public international[286] ». Il suffit de prouver l'existence de la sentence et l'absence de contrariété manifeste à l'ordre public international. L'existence de la sentence est établie par la production de son original accompagné de la convention d'arbitrage ou de sa copie conforme aux conditions requises pour l'authenticité[287].

162. Lorsque le juge rend une ordonnance refusant l'exequatur, elle doit être motivée. Seule l'ordonnance qui refuse la reconnaissance ou l'exequatur d'une sentence arbitrale internationale rendue en France est susceptible d'appel, à moins que les parties aient renoncé à ce recours[288]. Quant à l'ordonnance qui refuse la reconnaissance ou l'exequatur d'une sentence arbitrale internationale rendue à l'étranger, elle est susceptible de recours en annulation. Il en résulte que le mécanisme français en matière de contrôle des sentences arbitrales internationales ne présente pas d'obstacle particulier à la circulation des sentences arbitrales internationales. Au contraire, il s'agit d'une procédure simple et rapide, notamment en raison de l'absence de caractère contradictoire.

163. On peut tout de même s'interroger sur la question de la conformité de la sentence arbitrale internationale à l'ordre public international[289]. La procédure d'exequatur devant le juge français n'est pas contradictoire, c'est un contrôle *prima-facie*. En effet, à ce stade de contrôle, le juge judiciaire français peut contrôler la sentence arbitrale uniquement par rapport à l'ordre public international. En cas de contrariété de la sentence arbitrale à l'ordre public international, cette violation doit être manifeste et évidente à la seule lecture de la sentence arbitrale. L'évaluation du caractère manifeste et évident du motif de violation de l'ordre public international relève de l'appréciation souveraine du juge français. L'usage par le juge de ce pouvoir

---

[286] Cass. 1er civ. 19 novembre 1991, n°89-22.042, *Sté des Grands Moulins de Strasbourg c/ Sté Compagnie Continentale France*, *Bull. civ.* 1991, I, n° 311 ; *Rev. arb.* 1992, note L. Idot, p. 76. ; Articles 1514 et 1515 du Code de procédure civile français.

[287] Article IV, alinéa 1er (a) et (b) de la Convention de New York de 1958. ; Art. 1515 du décret n°2011-48 du 13 janv. 2011, art. 1er et 2, en vigueur en France le 1er mai 2011. ; Cass. 1er civ, 07 octobre 2015, n° 14-17.490, *Dalloz actualité* 2015, note X. Delpech.

[288] Article 1523 du Code de procédure civile français. ; Cass., ord. 1er prés., 9 janv. 1991, 30 juill. 1994, 28 juin 1986, *Rev. arb.* 1997. 229. – M. Levis, « L'effectivité du pourvoi en cassation et l'arbitrage », *Rev. arb.* 1997. p. 169. ; B. Moreau, E. Glucksmann, P. Feng, *Arbitrage international*, Paris, Dalloz 2022, par. 342.

[289] Cf. pages 72 et ss de ce document de thèse.

d'appréciation est très variable et évolutif, ce qui pourrait être un aléa pour la reconnaissance de la sentence arbitrale[290].

164. En Suisse, la reconnaissance et l'exécution des sentences arbitrales internationales sont directement régies par les dispositions de la Convention de New York de 1958[291]. En droit suisse c'est le Tribunal cantonal qui est compétent pour statuer sur la demande d'exequatur des sentences arbitrales étrangères[292]. Le juge judiciaire suisse ne procède pas à un contrôle au fond de la sentence arbitrale lorsqu'il est saisi pour demande d'exequatur [293]. Le juge de l'exequatur suisse examine uniquement les faits et procède à un contrôle *prima facie*[294]. La juridiction compétente pour un recours contre l'ordonnance de l'exequatur ou pour un recours en annulation de la sentence arbitrale est le Tribunal fédéral. La procédure devant le Tribunal fédéral est contradictoire. Comme en France, le juge de l'exécution suisse peut relever d'office la contrariété de la sentence arbitrale à l'ordre public international suisse. La sentence arbitrale internationale doit être en conformité avec les prescriptions des articles IV et V de la convention de New York. En cas d'annulation de la sentence arbitrale au siège du tribunal arbitral, la demande d'exequatur auprès du juge judiciaire suisse sera suspendue conformément aux dispositions de l'article VI de la Convention.

165. En Angleterre pour que le juge de l'exequatur déclare la demande de l'exécution forcée, le requérant doit introduire une demande « ex-parte[295] ». Le requérant doit fournir dans sa requête les versions authentiques de l'affidavit[296] de la convention d'arbitrage et de la sentence arbitrale internationale authentiques. La convention

---

290 Pour une étude plus approfondie de cette question. V. infra, par. n°147 et ss.

291 A. Rigozzi, « Arbitrage, ordre public et droit communautaire de la concurrence » *Bulletin ASA* 1999/4, p. 455 et s. et l'Article 194 du Règlement suisse de 2021 sur l'arbitrage.

292 TFS, arrêts 4A_426/2015 du 11 avril 2016, consid. 3.1 ; 4A_54/2012 du 27 juin 2012, consid. 2.2.3. ; Article 193 du Règlement suisse de 2021 sur l'arbitrage.

293 ATF 121 III 331, consid. 3a p. 333). ; Art. 77 al. 2 de la loi du 17 juin 2005, sur le Tribunal fédéral (LTF).

294 L'examen matériel d'une sentence arbitrale internationale par le Tribunal fédéral est limité à la question de la conformité de la sentence avec l'ordre public (ATF 121 III 331, consid. 3a p. 333). ; Art. 105 al. 1er de la loi du 17 juin 2005, sur le Tribunal fédéral (LTF).

295 Ex parte : Procédure d'exequatur devant le juge judiciaire en absence de la partie défenderesse.

296 Un affidavit, est une déclaration sous serment pratiquée dans les pays de Common Law par une partie ou par un témoin devant un avocat spécialiste des procédures judiciaires, c'est-à-dire un solicitor. Un solicitor est un avocat de procédures, c'est-à-dire qu'il rédige la procédure, les actes sous seing privé et des pièces de procédure. Il est habilité à prendre part à des négociations immobilières.

d'arbitrage doit avoir une forme écrite. Le juge de l'exequatur britannique peut refuser l'exequatur si l'exécution de la sentence est susceptible d'affecter à tort les droits des tiers. L'ordonnance d'exequatur est exécutée comme un jugement à condition que la sentence fasse l'objet d'une homologation[297]. Les juges britanniques ont la discrétion d'ordonner l'exécution d'une sentence arbitrale annulée à son siège[298]. Cependant, ce pouvoir discrétionnaire a été utilisé avec grande prudence par les juges britanniques[299]. Cette prudence est surtout observée lorsque le tribunal étranger qui a annulé la sentence a avancé le motif qui déprécie la validité de la sentence arbitrale en cause[300].

166. *L'article 58, alinéa 1er de l'Arbitration Act* of 1996, reconnait le caractère obligatoire de la sentence arbitrale issue d'une procédure régulière. Cependant l'alinéa 2 de l'article 58 de *l'Arbitration Act of 1996* permet aux parties de contester la validité de la sentence arbitrale. La remise en cause de la sentence arbitrale peut être effectuée si l'une des parties apporte la preuve de l'invalidité de la convention d'arbitrage[301]. L'action « *on the award* » est forclose après six ans, sauf si la convention d'arbitrage est scellée, c'est-à-dire ratifiée, ou confirmée par les parties, auquel cas ce délai passe à douze ans[302]. Par ailleurs, dans l'hypothèse où l'une des parties conteste devant le juge d'exequatur la compétence du tribunal arbitral et que cette contestation a prospéré, le juge judiciaire peut modifier la sentence arbitrale[303]. Il s'agit d'une révision de la sentence arbitrale c'est-à-dire une violation du principe de compétence-compétence du tribunal arbitral consacrée par l'article III, alinéas 1er et 3 de la Convention de New York. Le juge de l'exequatur dispose donc d'un

---

297 Article 66 paragraph 2 *Arbitration Act of 1996* ; *Aiglon Ltd and L'Aiglon S.A. v. Gau Shan Co. Ltd* (1992), *Lloyd's Rep. / Lloyd's Law Reports*, p. 18.

298 Dans l'affaire *Dowan Holding SA contre Tanzania Electric Supply Co. Ltd.* (2011), la Cour a suggéré que l'article V(1)(e) pourrait être interprété dans le sens suivant que l'exécution peut toujours être possible nonobstant une annulation ou une suspension. Selon les termes de la Cour : "Il ne s'agit pas d'un refus automatique de reconnaissance ou d'exécution simplement parce que l'un des paragraphes de l'article 103(1) a été supprimé simplement parce que l'un des paragraphes de l'article 103(2) est satisfait.

299 Ibid. et Article 103, alinéa 2 *Arbitration Act* of 1996.

300 Ibid.

301 Cf. *Aff. See Svenska Petroleum v. Republic of Lithuania* (No. 1), [2005] EWHC 9 (Comm). ; Article 58, alinéa 2 de l'Arbitration Act de 1996.

302 Cf. *Aff. Agromet Motorimport Ltd. (Poland) v Maulden Engineering Co (Beds) Ltd.*, [1985] 1 W.L.R
762, 763. ; Articles 7 et 8 du Limitation Act, 1980.

303 Cf. *Aff. TTMI Sarl c/ Statoil ASA* [2011] EWHC 1150 (Comm). ; *Azov Shipping Co v Baltic Shipping Co.* ; Article 67, alinéa 3 (b) de l'*Arbitration Act de 1996.*

champ d'intervention large dans le cadre de son office lorsqu'il est saisi pour se prononcer sur la compétence matérielle du tribunal arbitral[304].

167. Aux États-Unis, les procédures de l'exequatur varient selon la nature de la sentence arbitrale. Il y a deux types de procédures. La première concerne les sentences arbitrales internationales rendues dans un État fédéré dont l'exécution est prévue sur le territoire américain. La seconde concerne la reconnaissance et l'exécution des sentences arbitrales étrangères aux États-Unis. Une sentence arbitrale internationale rendue dans un État fédéré aux États-Unis peut être exécutée dans un autre État fédéré à condition qu'elle soit reconnue par le juge du siège de l'arbitrage[305]. En deuxième lieu, le créancier peut aussi obtenir l'exequatur en présence de deux types de sentences arbitrales par le biais de deux mécanismes procéduraux. Le premier concerne la reconnaissance des jugements ou sentences arbitrales rendus à l'étranger par le biais du mécanisme « *enforcement of a foreign judgement* ». Dans ce premier cas, pour être exécutée, la sentence arbitrale internationale doit être reconnue par les juridictions du siège de l'arbitrage. La décision du juge du siège accordant la validité à la sentence arbitrale est par la suite soumise au juge de l'exécution américain.

168. Le second mécanisme porte sur les sentences arbitrales internationales qui n'ont pas été reconnues au siège de l'arbitrage ou qui sont annulées dans leur pays d'origine. Cette procédure d'exequatur est appelée « *recognition to a foreign judgement* »[306]. Il s'agit d'une procédure d'exequatur classique qui permet au créancier d'obtenir ou non une ordonnance d'exequatur pour exécuter une sentence arbitrale internationale. Les sentences arbitrales reconnues ou non par une juridiction judiciaire au siège du tribunal arbitral sont soumises aux mêmes conditions de procédure. Le juge de l'exequatur américain dans le cadre de son office vérifie la régularité de la procédure arbitrale avant d'octroyer ou de refuser l'exequatur. Il s'agit du respect du droit de la défense des parties et la compétence du tribunal arbitral. La compétence de la juridiction du siège de l'arbitrage qui a reconnu ou non la sentence arbitrale internationale est aussi prise en compte. Le juge américain contrôle aussi la régularité des règles de procédures devant le tribunal arbitral et devant la juridiction du siège qui a reconnu la sentence arbitrale

---

304 Ibid.

305 William F. Fox, *International Commercial Agreements: A Primer on Drafting, Negotiating and Resolving Disputes*, *Wolters Kluwer*, 2009, p. 436.

306 Ibid.

étrangère[307] ; le respect du contradictoire et de l'égalité des moyens des parties. En outre, la sentence arbitrale étrangère ou la décision judiciaire qui reconnaît la sentence doit être rendue sans préjudice. Le droit de l'une des parties ne doit pas être lésé pendant la procédure d'exequatur, la sentence arbitrale doit être rendue sans fraude. Elle doit être aussi conforme à l'ordre public américain.

169. Dans l'hypothèse où la demande d'exequatur repose sur l'application de la Convention de New York, le juge de l'exequatur peut appliquer la condition de réciprocité. Il s'agit de l'effet juridique des réserves formulées par les États-Unis lors de la signature et la ratification de la Convention. En effet, les États-Unis ont conditionné l'application de la Convention au respect de la réciprocité par les États parties. Les sentences arbitrales internationales rendues par les États parties sont donc reconnues aux États-Unis à condition qu'il y ait un traitement égal en matière procédurale de part et d'autre. Cette dernière condition de réciprocité est appelée the « *comity* of nations » doctrine. Elle est très critiquée par les juridictions des États fédérés et par les avocats[308]. À titre illustratif, dans les affaires *Hilton contre Guyot,* la Cour suprême des États-Unis a refusé d'accorder l'exequatur au niveau fédéral pour défaut de réciprocité de la part de la partie française[309]. Il est vrai que depuis cet arrêt, les sources américaines en la matière ont évolué, notamment sur le plan législatif. Il s'agit d'une part en 1962 de la loi dénommée « *Foreign money judgment Recognition Act* 1962 » adoptée par trente et un États fédérés, dont le District de Columbia[310] . Par ailleurs, la loi « *Foreign money judgment Recognition Act* 2015 » a été adoptée dans vingt-trois États et le District de Columbia[311].

---

[307] Ibid.

[308] G. Cuniberti, *Le fondement de l'effet des jugements étrangers*, *Brill,* 2019, pp. 131-132.

[309] Cour suprême des États-Unis, 3 juin 1895, 159 US. 113. (C'est un ancien arrêt de la Cour suprême qui continue à inspirer les juges d'exequatur aux USA).

[310] In 1962, the Uniform Law Commissioners promulgated the Uniform Foreign Money-Judgments Recognition Act. The Uniform Foreign Money-Judgments Recognition Act, enacted in 32 states, provided for enforcement of foreign country judgments in a state court in the United States. (www.uniformlaw.org)

[311] Le Foreign Country Money-Judgments Recognition Act of 2015 remplace les lois existantes concernant la reconnaissance des jugements monétaires de pays étrangers. Comme son prédécesseur, elle ne s'applique pas à un jugement de pays étranger dans la mesure où le jugement est : un jugement pour des impôts ; une amende ou d'autres pénalités ; ou un jugement pour un divorce, une pension alimentaire, ou un autre jugement rendu dans le cadre de relations domestiques. (www.uniformlaw.org).
Traduit avec www.DeepL.com/Translator (version gratuite)

170. Les rédacteurs de ces deux lois se sont fortement inspirés de l'arrêt de la Cour suprême rendu dans l'affaire *Hilton contre Guyot*. Ces dispositions législatives permettent aux juges de certains États fédérés de ne pas suivre la règle de réciprocité consacrée par la Cour suprême. Cependant, au niveau fédéral, la reconnaissance d'une sentence arbitrale internationale peut toujours essuyer un refus de la part de la Cour suprême pour absence de réciprocité[312]. De même, les États fédérés dans lesquels les nouvelles lois citées ci-dessous ne sont pas en vigueur peuvent toujours s'inspirer de l'arrêt de la Cour suprême en matière de réciprocité. L'effet de la condition de réciprocité est donc à relativiser, car elle est écartée au niveau de certains États fédérés[313]. Cependant, au niveau fédéral, la circulation de la sentence arbitrale internationale peut être mise en question pour cause de carence de réciprocité. Dans la mesure où les États parties à la Convention de New York n'ont pas les mêmes traditions juridiques, il n'est pas aisé de déterminer les conditions de réciprocité en matière de reconnaissance des sentences arbitrales. Le juge de l'exequatur américain compétent pour apprécier l'objectivité de ces conditions dispose dans le cadre de son office d'un champ d'appréciation large. Cette condition pourrait ainsi constituer un obstacle à la circulation des sentences arbitrales étrangères.

171. De ce qui précède, nous pouvons déduire qu'il existe des aspects variables en matière de procédures d'exequatur qui peuvent susciter des craintes par rapport à une application correcte de la Convention de New York. Par ailleurs, au sein des autres États parties à cette convention, certaines procédures d'exequatur semblent présenter des points de rigidités accrus.

B. Des procédures d'exequatur rigides dans les pays de droit ex-socialiste

172. Le droit processuel de la Chine, du Viêtnam et de la Russie se caractérise par des procédures d'exequatur qui semblent présenter quelques points de rigidité. En effet, le Viêtnam ne reconnait que les sentences arbitrales internationales rendues dans l'un des États parties à la Convention de New York. Il reconnait aussi les sentences étrangères provenant des États qui appliquent le principe de réciprocité à l'égard des

---

312 F. Fox William, *International Commercial Agreements: A Primer on Drafting, Negotiating and Resolving Disputes*, éd. 2009, Kluwer, p. 436.

313 https://www.uniformlaws.org/committees/communityhome?CommunityKey=ae280c30-094a-4d8f-b722-8dcd614a8f3e

sentences arbitrales vietnamiennes[314]. La juridiction compétente pour se prononcer sur la demande d'exequatur d'une sentence arbitrale étrangère est le tribunal provincial. Il est compétent pour se prononcer sur les questions présentant des enjeux économiques impliquant un élément d'extranéité [315] et sur la reconnaissance et l'exécution des sentences arbitrales internationales et étrangères. La partie demanderesse de l'exequatur est tenue de transmettre sa demande au ministère de la Justice pour examen. Dans sa requête adressée au ministère de la Justice, le créancier précise la juridiction compétente. Le ministère de la Justice informe le parquet et dispose d'un délai de sept jours pour transmettre la requête du créancier à la juridiction compétente[316].

173. Le ministère de la Justice juge de l'opportunité de transférer ou non la demande du créancier à la juridiction provinciale territorialement compétente[317]. Selon cette disposition du Code de procédure civile, le tribunal provincial territorial est celui du lieu de la résidence ou du travail de la personne physique. Le tribunal du lieu du siège de la personne morale ou celui du lieu de la situation du bien visé par la sentence arbitrale est aussi compétent. Le lieu de la résidence est déterminé à la date à laquelle la demande d'exequatur a été formée par le créancier[318]. La localisation des biens poursuivis permet selon la loi vietnamienne de déterminer le tribunal compétent. La partie demanderesse peut demander au ministère de la Justice de saisir plusieurs tribunaux provinciaux au cas où les biens visés se trouvent dans plusieurs provinces du pays[319]. Concernant les biens indivisibles, la partie demanderesse devra demander

---

[314] Décision n° 453/QD-CTN du 28/7/1995, signée du Président de la République socialiste du Vietnam. ; Do, Van Dai et Tran, Hoang Hai, Les arrêts et décisions des Tribunaux vietnamiens en matière d'arbitrage commercial (Lao dong 2010) n° 41. Article 343 du Code de Procédure civile du Viêtnam 2015.

[315] Article 34 du Code de procédure civile du Viêtnam. ; H. O. Dang, *la détermination du tribunal compétent dans la procédure d'exequatur*, *Revue du tribunal populaire n°2*, 2012, p. 25.

[316] Ibid. Articles 364 et 365 du Code de procédure civile du Viêtnam. Alinéa 1 de l'article 2 de la Décision n°453.

[317] Cf. Articles 35-2 ;364 et 365 du Code de procédure civile vietnamien. ; Do, Van Dai, « Compétence des tribunaux vietnamiens pour l'arbitrage étranger se déroulant au Vietnam » (2012) 11 *Revue Démocratie et Droit*, p. 22.

[318] Tribunal populaire provincial de Hochiminh ville, 25 mai 2002, n°82/QDTT.

[319] X. H. Dang (2018), « Arbitration law and practice in Vietnam: fundamental changes over the past 20 years and potential for the future », pp. 218 et ss., *in: « The developing world of arbitration : a comparative study of arbitration reform in the Asia Pacific »*, (eds) Reyes A, Gu W (eds), 2018, *Hart Publishing, Oxford, Portland, Oregon*, p. 336.

au ministère de la Justice de choisir un tribunal provincial compétent pour éviter les conflits entre juridictions[320].

174. Le tribunal saisi par le ministère de la Justice dispose d'un délai de deux mois pour se prononcer sur la demande de l'exequatur[321]. La procédure d'exequatur est contradictoire devant le juge de l'exequatur[322] contrairement à d'autres pays, notamment, la France, la Suisse, l'Angleterre et les États-Unis[323]. Au Viêtnam, la juridiction compétente pour se prononcer sur la reconnaissance et l'exécution des sentences arbitrales étrangères est composée d'un collège de trois juges. Ces juges sont désignés par le président de la juridiction en charge du dossier d'exequatur. Un autre élément que d'aucuns pourraient considérer comme une particularité est la participation du parquet à la procédure d'exequatur. Le parquet peut faire opposition à l'ordonnance d'exequatur en cas de non-participation à la procédure [324]. Pour être recevable, la partie demanderesse doit transmettre au ministère de la Justice la convention d'arbitrage et la sentence arbitrale étrangère. Au cas où il est nécessaire de traduire ces documents, le document traduit doit être homologué par les représentations diplomatiques ou par le ministère des affaires étrangères vietnamien. Au cas où le ministère de la Justice transfère la requête de la partie demanderesse à une juridiction non compétente pour l'obtention de l'exequatur, il n'encourt aucune sanction.

175. De ce qui précède, nous pouvons en déduire que la présence d'acteurs publics, notamment du ministère de la Justice et du parquet au cœur de la procédure d'exequatur n'est pas anormale. Cependant, cette intervention du parquet peut constituer un facteur de ralentissement de la procédure[325]. Par ailleurs, le champ d'intervention du ministère de la Justice et du parquet populaire dans le cadre de la procédure d'exequatur

---

[320] Ibid.

[321] Cf. Article 368 du Code de procédure civile du Viêtnam 2015. ; D. Van Dai, « Compétence des tribunaux vietnamiens pour l'arbitrage étranger se déroulant au Vietnam », (2012) 11, *Revue Démocratie et Droit*, p. 22 et ss.

[322] D.Van Dai, 'Compétence des tribunaux vietnamiens pour l'arbitrage étranger se déroulant au Vietnam (2012) 11, *Revue Démocratie et Droit*, p. 22 et ss. Article 369 du Code de procédure civile du Viêtnam 2015.

[323] C.A Pôle 1, Chambre 1 Paris, 12 sept. 2017, no 15-24881, Aff. R*épublique du Congo c. Commisimpex*, note, P. Pedone, *CAPJIA* juill. 2017, p. 556 et ss.

[324] X.-Y. Dang (2018), « Arbitration law and practice in Vietnam: fundamental changes over the past 20 years and potential for the future », pp 208 et ss., *in: « The developing world of arbitration: a comparative study of arbitration reform in the Asia Pacific »*, (eds) Reyes A, Gu W (eds), 2018, *Hart Publishing, Oxford, Portland, Oregon*, p. 336.

[325] Le Ministère de la Justice et le parquet n'étaient pas concernés par la procédure d'arbitrage à la base.

n'est pas encadré[326]. Il se pose donc un problème de séparation des pouvoirs entre le pouvoir exécutif et le pouvoir judiciaire dans le cadre de la mise en œuvre d'une procédure d'exequatur.

176. En Russie, le régime juridique applicable aux sentences arbitrales étrangères et internationales est différent de celui applicable aux sentences arbitrales internationales rendues sur le territoire Russe. Ainsi, les sentences arbitrales étrangères sont régies par la loi sur l'arbitrage international et le Code de procédure d'arbitrage[327]. Les sentences arbitrales internationales rendues en Russie sont assimilées aux sentences arbitrales internes et sont uniquement régies par le Code de procédure d'arbitrage. La juridiction compétente pour examiner la demande d'exequatur est la Cour d'arbitrage de l'État fédéré du domicile ou du siège du débiteur. Le cas échéant, la Cour d'arbitrage de l'État fédéré où se situent les biens du débiteur est compétente[328]. Les États-Unis et l'Europe ont adopté des sanctions contre la Russie dans le cadre du conflit en Ukraine au lendemain de l'annexion de la Crimée. Pour contourner ces sanctions, le parlement russe a adopté une nouvelle loi le 19 juin 2020. L'objectif est de permettre aux entités russes sanctionnées d'éviter l'arbitrage international[329]. Cette loi a transféré aux tribunaux russes la compétence exclusive pour traiter les contentieux d'arbitrage engagés contre les entreprises et les personnes physiques visées par les sanctions des Occidentaux. Dans ce cas, la demande de l'exequatur ne peut être introduite que par l'une des parties à la procédure d'arbitrage. Ce droit n'est pas cessible conformément aux dispositions de l'article 242 du Code de procédure arbitrale. Le juge de l'exequatur dans le cadre de son office peut soulever d'office les questions en lien avec l'arbitrabilité du litige et

---

[326] Thi Viet Ha Nguyen, *Exécution des sentences arbitrales internationales : Comparaisons franco-vietnamiennes*, Thèse de doctorat, Rouen 2012, p. 83-117.

[327] La Russie a signé la loi sur l'arbitrage interne dans la Fédération de Russie « Loi DCA » avec la loi sur les modifications entrant en vigueur le 1er septembre 2016 et le Code de procédure d'arbitrage de 2002.

[328] Article 409.2 du Code de procédure d'arbitrage de 2002. ; Article 241.2 du Code de procédure arbitrale russe et P Nacimiento and A Barnashov, « Recognition and Enforcement of Arbitral Awards in Russia », (2010, v. 27.3) Journal of international Arbitration, p. 299-300.

[329] Article 248 (1 et 2) du Code de procédure commerciale russe. ; Décision sur l'affaire Non. A40-149566 / 2019, dans laquelle il a soutenu une décision du tribunal de commerce de Moscou autorisant une partie sanctionnée à saisir un tribunal d'État russe indépendamment d'une convention d'arbitrage. Le 6 juillet 2020, la Cour de cassation du district de Moscou confirmé les deux actes. Cette décision était fondée sur l'article II (3) du Convention de New York de 1958.

la conformité de la sentence à l'ordre public international et interne russe[330].

177. Les parties au litige peuvent aussi soulever d'autres griefs avec preuves à l'appui ou mentionner les motifs sérieux pour obtenir l'exequatur. Contrairement au droit français, la procédure devant le juge de l'exequatur russe est contradictoire[331]. Lorsque la sentence a été exequaturée et que son exécution est possible, le juge judiciaire russe est tenu de rejeter toute action judiciaire parallèle venant des mêmes parties et ayant le même objet[332]. Contrairement au droit français, en droit russe, les parties ont la possibilité d'engager deux recours parallèles quand la sentence arbitrale n'est pas encore exequaturée[333]. Il s'agit de la possibilité offerte aux parties de mettre en œuvre la procédure d'exequatur et le recours en annulation contre la sentence arbitrale étrangère[334]. Il peut arriver qu'une sentence arbitrale qui a obtenu l'exequatur soit dans le même temps annulée à son siège et que soit décidé dans le même temps l'exequatur par le juge judiciaire du domicile du débiteur à cause du parallélisme de deux procédures[335]. Il y a de fait un risque de contradiction entre les deux procédures. Il est donc nécessaire de rendre complémentaires les deux procédures de contrôle afin d'éviter des contradictions lors de l'exécution de la sentence arbitrale. Par ailleurs, le juge de l'exequatur russe limite le contrôle de la sentence arbitrale à l'ordre public interne au lieu de prendre en compte l'ordre public dans une dimension internationale. Cette option de contrôle peut constituer un obstacle à la clarté et à la fluidité de la procédure d'exequatur.

178. Enfin en Chine, la Cour populaire intermédiaire et la Cour populaire suprême sont compétentes pour statuer sur les demandes

---

[330] T. Aitkulov, D. Malukevich, A. Vyalkov, « Commentary on Russian Procedural Law, Article 244 APC RF: Grounds for Refusal of Recognition and Enforcement of a Foreign Court Judgment or a Foreign Arbitral Award », pp. 168, in *Recognition and Enforcement of Foreign Arbitral Awards in Russia*, dir (R. Zykov), Wolters Kluwer, 2021, p. 594.
[331] Articles 243 du Code de procédure civile russe.; A. Alifanov, V. Bakumenko, « Commentary on Russia Procedure Law, article 243 APC RF (Podure law, of examination for the recongntition and Enforcement of a Foreign Court Judgement or a Foreign Court judgment or a Foreign Abitral Arbitral), pp. 163-166, in dir (R. ZYKOV), *in* « Recognition and Enforcement Arbitral Awards and Former USSR States. », p. 163-167.
[332] Article 1icle 243 APC TR50 du Code de procédure arbitrale russe.
[333] Articles 409.2 du Code de procédure civile russe. ; Article 241.2 du Code de procédure arbitrale russe. ; M. N. Samoylov, « Application of the New York Convention to Foreign judgments : Analysis of Erroneous Practice of Russian Courts », *Bulletin of Economic Justice of the Russian Federation n°2*, 2017, pp. 110-128.
[334] Ibid.
[335] Ibid.

d'exequatur pour la reconnaissance d'une sentence arbitrale étrangère[336]. Le mécanisme d'exequatur est caractérisé par une « double notification » provenant des deux juridictions citées ci-dessus. La première notification relève de la compétence de la Cour populaire intermédiaire chinoise qui dispose d'un délai de deux mois pour accorder ou refuser l'exequatur à une sentence arbitrale étrangère. La décision de la Cour populaire intermédiaire est notifiée à la Cour Populaire Suprême chinoise dans un délai de deux mois supplémentaires. La Cour Populaire Suprême notifie à son tour sa décision à la Cour populaire intermédiaire. La Cour populaire intermédiaire fait en réalité un traitement formel de la demande d'exequatur. Le contrôle qu'elle effectue s'apparente à un contrôle prima facie. Ainsi, la procédure d'exequatur n'est pas contradictoire devant la Cour populaire intermédiaire.

179. À la différence de la Cour intermédiaire, la procédure devant la Cour populaire suprême est contradictoire. Par ailleurs, elle a l'attribution de procéder à un contrôle plus approfondi[337]. L'absence de délai pour le traitement des demandes d'exequatur par la Cour suprême populaire pourrait être source d'insécurité judiciaire en matière de reconnaissance des sentences arbitrales étrangères[338]. Il s'agit d'un véritable obstacle à l'efficacité de la sentence arbitrale internationale ou étrangère qui en principe devrait répondre aux exigences de diligence pour les opérateurs économiques. La responsabilité de la Cour populaire suprême ne peut pas être engagée si elle ne parvient pas à se prononcer sur la demande d'exequatur dans un délai raisonnable[339]. Par ailleurs, le fait que la même procédure d'exequatur soit traitée par deux juridictions à la fois est un signe de rigidité de la procédure devant les juridictions chinoises.

---

[336] National Suprême court, 'Art 12 of the NSC Judicial Interpretations on a Number of Issues of Arbitration Law, issued on 23 August 2006, Law Interpretation (2006) n°7, available in Collection of Judicial Interpretations (Legal Publishing House China 2013) 3-373-375, in Chinese.; *Hanjin Shipping Co., Ltd. v. Guangdong Fuhong Oil Co. Ltd.,* Supreme People's Court, China, 2 June 2006, (2005) Min Si Ta Zi No. 53. Ouqian Liu, *L'Exécution des sentences arbitrales étrangères : étude comparative la France et la Chine*, Thèse de doctorat, 2016, Université Paris II, Panthéon ASSAS, sous la direction de Madame la Professeure Marie Goré p. 421.

[337] C. Von Wunschheim, *Enforcement of Commercial Arbitral Awards in China, Thomson Reuters*, 2013, p. 160 et ss.

[338] Ibid.

[339] K. Fan, « The new Arbitration Ordinance in Hong Kong », *Journ. Int. Arb.*, 2012, vol. 29, n° 6, p. 715-722.; Liang Kun, « The Revision of the English 1996 Act and the Chinese Arbitration Law: Issuees Related to Arbitration Agreement », *Law Press China,* 2006, p. 64.

180. À l'instar de ces différents pays qui présentent des points de rigidités, d'autres pays disposent des mécanismes de contrôle encore plus complexes. Il s'agit des juridictions judiciaires des pays membres de la Ligue arabe.

C. Des procédures d'exequatur complexes au sein des pays arabes

181. Les pays appartenant au système juridique de droit musulman étudié dans le cadre de cette thèse sont les pays de l'Afrique du Nord et du proche orient. Il s'agit de l'Algérie, de la Tunisie, du Qatar, des Émirats arabes unis, de la Jordanie et de l'Arabie Saoudite qui présentent des caractéristiques similaires en matière de procédures d'exequatur.

182. En Algérie, la procédure d'exequatur est régie par le Code de Procédure civile et Administratif (CPCA). Le juge de l'exequatur algérien s'assure de l'existence matérielle de la sentence arbitrale étrangère[340]. Le requérant doit transmettre au juge la minute de la sentence ou un exemplaire certifié de celle-ci. Le juge vérifie les prétentions des parties et les moyens de recours dont elles disposent[341]. La partie qui souhaite l'exécution forcée de la sentence arbitrale étrangère est tenue de saisir par requête le président du tribunal du lieu de l'exécution de la sentence arbitrale[342]. Concernant les sentences arbitrales internationales rendues en Algérie, c'est le président du tribunal du lieu où la sentence arbitrale internationale a été rendue qui est compétent pour l'exequatur[343]. La procédure d'exequatur n'est pas contradictoire[344].

---

[340] K. Alliouch-Kerboua, Le contrôle post-arbitral de la sentence internationale en droit algérien, pp. 270 et ss. *in dir (S. Bostanji, F. Horchani et S. Manciaux), Le juge et l'arbitrage*, Paris, *A. Pedone*, 2014, p. 369. ; Articles 1052 et 1035 du CPCA.

[341] Articles 1027 et 1028, alinéa 1er du CPCA.; A. Ghellal, Republic of Algeria, p. 21 in dir (E. Al TamimI), *The Practitioner's Guide to Arbitration in the Middle East and North Africa*, New York, *JurisNet, LLC*, 2009, p. 3 et ss.

[342] K. Alliouch-Kerboua, Le contrôle post-arbitral de la sentence internationale en droit algérien, pp. 274. *in dir (S. Bostanji, F. Horchani et S. Manciaux), Le juge et l'arbitrage*, Paris, *A. Pedone*, 2014, p. 369. ; M. TRARI-TANI, Le droit algérien de l'arbitrage commercial international, Berti, Alger, 1987, p. 162.

[343] K. Alliouch-Kerboua, Le contrôle post-arbitral de la sentence internationale en droit algérien, pp. 275 et ss. *in dir (S. Bostanji, F. Horchani et S. Manciaux), Le juge et l'arbitrage*, Paris, *A. Pedone*, 2014, p. 369..

[344] K. Alliouch-Kerboua, Le contrôle post-arbitral de la sentence internationale en droit algérien, pp. 275 et ss. *in dir (S. Bostanji, F. Horchani et S. Manciaux), Le juge et l'arbitrage*, Paris, *A. Pedone*, 2014, p. 369.. ; M. Bedjaoui et A. Mebroukine, « *Le droit de l'arbitrage international en Algérie* », in *J.D.I*, n°4, 1993, p. 902.

183. Le dépôt de la requête se fait au greffe à condition que le débiteur ait un lien de rattachement avec le territoire algérien (domicile ou résidence) ou encore qu'il détienne des biens sur le territoire algérien[345]. Cette conditionnalité est aussi valable pour les sentences arbitrales rendues à l'étranger. Le CPCA fait obligation aux parties de présenter au juge de l'exequatur l'original de la sentence et de la convention d'arbitrage ou leurs copies conformes[346]. Ces documents doivent être obligatoirement traduits en langue arabe ou être accompagnés d'une traduction officielle conformément à l'article 08, alinéa 2 du CPCA sous peine d'irrecevabilité[347]. Dans le cadre de son office, le juge de l'exequatur algérien vérifie l'existence et la validité de la convention d'arbitrage. Il vérifie aussi la composition régulière du tribunal arbitral ; il vérifie également que la sentence arbitrale a été rendue dans les délais impartis[348].

184. Le juge de l'exequatur contrôle et identifie au moyen de la sentence l'identité des parties et celle des arbitres. Il contrôle aussi la régularité de la signature des arbitres [349]. Il peut arriver qu'une minorité d'arbitres ait des opinions dissidentes dans le délibéré et refuse de signer la sentence arbitrale.

Cette manifestation de dissidence n'a pas d'effet sur la validité de la sentence arbitrale en cas de signature par la majorité. Il doit être mentionné dans la sentence rendue que les arbitres agissent en collégialité dans le cadre de leur mission et qu'il y a eu des avis dissidents au moment de la délibération[350].

185. Le juge de l'exequatur algérien vérifie enfin si la sentence n'a pas violé l'ordre public international. L'exécution de la sentence arbitrale étrangère ou internationale n'est admise en Algérie que si la sentence arbitrale ou l'ordonnance d'exequatur est manifestement contraire à

[345] Article 1036 et 1051, alinéa 2 de la loi 08-09.
[346] Article 1040 de la loi 08-09.
[347] Ces dispositions du CPCA sont d'ordre public en droit algérien.
[348] A. Ouerfelli, « Le contrôle judiciaire de la procédure arbitrale dans le nouveau droit algérien », *Journée d'étude, Haute cour algérienne*, 2009, p. 14-21 (traduite de l'arabe).
[349] Noms, Prénoms et domicile des parties, siège social, le nom des avocats des parties. L'identification des arbitres permet au juge de l'exequatur de vérifier si les arbitres qui ont tranché le litige sont les mêmes désignés par les parties.
[350] Article 48, alinéa 1er du règlement de la CIRDI et l'Article 1029, alinéa 2 du CPCA. ; A. Ghellal, Republic of Algeria, p. 21 in dir (E. Al Tamimi), *The Practitioner's Guide to Arbitration in the Middle East and North Africa*, New York, *JurisNet, LLC*, 2009, p. 21.

l'ordre public international algérien[351]. La recevabilité de la requête aux fins d'obtention d'exequatur est conditionnée par la présentation d'une sentence arbitrale définitive. Il en résulte que les détenteurs de sentences arbitrales partielles rencontreront des difficultés pour faire exécuter leurs sentences en Algérie. Il se pose alors un problème d'insécurité juridique pour l'exécution des sentences arbitrales partielles, ce qui limite la circulation des sentences arbitrales internationales. À la demande des parties, le juge de l'exequatur algérien peut contrôler si le tribunal arbitral a respecté le principe d'égalité ; le principe du contradictoire ; le principe de neutralité et de bonne foi[352]. En effet, le champ d'intervention du juge de l'exequatur est large surtout sur les questions de bonne foi des arbitres. Pour procéder à l'évaluation de la bonne foi des arbitres, le juge de l'exequatur risque de violer le principe de compétence-compétence, un des objectifs phares de la Convention de New York de 1958[353].

186. En Tunisie, la procédure d'exequatur en vigueur présente aussi quelques spécificités en matière de reconnaissance des sentences arbitrales internationales ou étrangères. Contrairement à l'Algérie, le mécanisme de reconnaissance des sentences arbitrales internationales est centralisé. Ainsi, la juridiction compétente est la Cour d'appel de Tunis, qu'il s'agisse de la reconnaissance d'une sentence arbitrale internationale rendue dans un pays tiers ou en Tunisie[354]. Le président de la Cour d'appel de Tunis est compétent pour statuer sur les demandes d'exequatur et sur les recours en annulation contre la sentence arbitrale étrangère[355]. La procédure d'exequatur devant la Cour d'appel de Tunis est contradictoire[356]. En effet, l'article 81 du Code de l'arbitrage permet au débiteur de soulever devant le juge de l'exequatur des motifs sérieux pour demander l'irrecevabilité de la demande d'exequatur. Le juge de

---

351 Article 1056 du CPCA. ; K. Alliouch-Kerboua, Le contrôle post-arbitral de la sentence internationale en droit algérien , pp. 275 et ss. *in « Le juge et l'arbitrage », dir (S. Bostanji, F. Horchani et S. Manciaux* , Paris, *A. Pedone*, 2014, p. 285.

352 A. Ouerfelli, « Le contrôle judiciaire de la procédure arbitrale dans le nouveau droit algérien », *Journée d'étude, Haute cour algérienne,* 16 mars 2009, p. 14-29 (traduite de l'arabe).

353 Article II, alinéa 3 de la Convention de New York de 1958.

354 Article 80 du Code tunisien de l'arbitrage. ; S. Bostanji, « Les vingt ans du Code tunisien de l'Arbitrage : Bilan et Perspectives », pp. 347 et ss. *in « Le juge et l'arbitrage », S. Bostanji, F. Horchani et S. Manciaux*, éd. Pédone, 2014, p. 370.

355 A. Bettaieb, « Le contrôle post-arbitral de la sentence arbitrale étrangère », pp. 303-311 *in « Le juge et l'arbitrage », S. Bostanji, F. Horchani et S. Manciaux*, éd. Pédone, 2014, p. 370

356 C.A. Tunis, 10 octobre 2007, aff. n°48222 ; CA, Tunis, 30 octobre 2007, aff. n°56656 ; CA, Tunis, 09 octobre 2007, aff. n°58423.

l'exequatur peut relever d'office la violation de l'ordre public international[357].

187. Dans le cadre d'une procédure d'exequatur, le juge de l'exequatur tunisien vérifie si l'État de provenance de la sentence est à ratifier la Convention de New York[358]. Il procède ensuite au contrôle du respect entre les deux États du principe de réciprocité en matière de reconnaissance et d'exécution des sentences arbitrales. Il s'agit de vérifier aussi si le pays du siège a formulé une réserve compatible ou non avec les intérêts de la Tunisie dans le cadre de cette convention. La réciprocité concerne aussi le fait que les sentences internationales rendues en Tunisie soient susceptibles d'être soumises aux mêmes procédures de reconnaissances dans le pays d'origine de la sentence[359]. Dans le cadre de son office, le juge de l'exequatur s'assure que les sentences arbitrales internationales rendues en Tunisie ne sont pas systématiquement refusées dans le pays du siège de l'arbitrage[360]. Il semble que cette condition ne soit pas simple à évaluer. Au stade de la procédure d'exequatur, le champ d'appréciation du juge est très large et peut déboucher sur un contrôle approfondi de la sentence arbitrale[361]. Ces pouvoirs élargis dont dispose le juge de l'exequatur peuvent contribuer à la complexité de la procédure d'exequatur.

188. Les pays du golfe, notamment les Émirats arabes unis, affichent aussi des procédures d'exequatur complexes compte tenu de la forme fédérale du Royaume. Ainsi, la demande d'exequatur peut se faire à deux niveaux. Les parties peuvent choisir de faire la demande auprès des juridictions nationales de droit commun ou auprès des tribunaux du Dubaï International Financial Centre (DIFC). Elles peuvent aussi choisir la

---

[357] Article 42, alinéa 4 du Code de l'arbitrage tunisien. ; L. Chedly, « L'arbitrage international en droit tunisien », *JDI*, 2008, n°2, pp. 389 et ss. spéc. p. 434. https://its-pau.centredoc.fr/Methodologies/CommentRedigerDesNotesDeBasDePage.pdf.

[358] Cass. Tunisienne, n° 12007/2001 du 31/10/2001, inédite, cité in A. Ouerfelli, « *National Report : Tunisia », in ICCA International Handbook on Commercial Arbitration, supp. N°56, septembre 2009*, pp. 1-76 et spéc. p 61.

[359] Cass. Tunis, n° 12007/2001 du 31/10/2001, inédite, cité in A. Ouerfelli, « *National Report : Tunisia »,* in *ICCA International Handbook on Commercial Arbitration, supp. n°56, septembre 2009*, pp. 1-76 et spéc. p. 61.

[360] Article 79 du Code tunisien de l'arbitrage. ; A. H. El Ahdab, Arbitration with the Arab Countries, Kluwer Law International, 2011, p. 767. Réserve de réciprocité formulée par la Tunisie lors de la signature de la Convention de New York de 1958 : https://treaties.un.org/pages/ViewDetails.aspx?src=IND&mtdsg_no=XXII-1&chapter=22&clang=_fr

[361] Article 81 du Code de l'arbitrage tunisien. ; C.A. Tunis, n°12677 du 08 novembre 2011, *Majallat al-Tahkim al-Aalamiyya*, n°14 de 2012, note A. Ouerfelli, p. 189.

juridiction du lieu d'exécution de la sentence arbitrale étrangère, c'est le cas de l'Émirat Ras al-Khaima. Les juridictions nationales de droit commun appliquent la loi fédérale aux procédures d'exequatur en matière de reconnaissance des sentences arbitrales étrangères. Les tribunaux du Dubaï International Financial Centre (DIFC) appliquent une autre législation aux sentences arbitrales internationales rendues à Dubaï et dans les autres Émirats[362].

189. Entre 2009 et 2011, les Émirats arabes unis ont entrepris des réformes pour moderniser leur législation en matière de reconnaissance et d'exécution des sentences arbitrales internationales. Il a été ainsi conclu entre les tribunaux du *DIFC* et ceux de Dubaï le 23 avril 2009 un protocole pour faciliter les procédures de reconnaissance et d'exécution des sentences arbitrales internationales. Ce protocole entré en vigueur le 1er mai 2009 est appelé : « *Protocole of Enforcement* ». Aussi, le 16 juin 2009, un mémorandum dénommé : « *Memorendum of Understanding* » a été signé entre les tribunaux de *DIFC* et les tribunaux de Dubaï pour renforcer la coopération en matière de reconnaissance et d'exécution des sentences arbitrales internationales. En 2011, les Émirats arabes unis se sont dotés d'une nouvelle loi en matière de coordination des procédures de reconnaissance et d'exécution des sentences arbitrales étrangères. La nouvelle loi dénommée : « loi n°16 de 2011 » portant sur les procédures d'exequatur et d'exécution des sentences arbitrales étrangères présente des spécificités en son article 7 [363]. Elle spécifie clairement les particularités des procédures d'exequatur applicables aux sentences arbitrales étrangères par les tribunaux DIFC ou hors DIFC. Elle précise que le créancier peut saisir le juge de l'exequatur de droit commun de Dubaï (hors *DIFC*), ou celui des tribunaux du DIFC, ou encore le juge de l'exequatur de droit commun des autres tribunaux.

190. La loi permet au *Judicial Authority at the DIFC* de s'assurer que la sentence arbitrale rendue à l'étranger a été ratifiée par les tribunaux du DIFC. Après cette étape, elle peut être transmise au juge de l'exécution du DIFC ou (hors DIFC). En tout état de cause, les sentences arbitrales étrangères doivent être ratifiées, par les tribunaux du DIFC avant d'être soumises aux juridictions en dehors de DIFC pour exécution si la sentence doit être exécutée hors de Dubaï. En cas de saisine des tribunaux du DIFC pour une demande d'exequatur ou de reconnaissance d'une sentence

---

362 Il s'agit de la loi n°12 de 2004 : *Judicial Authority Law at the DIFC.*

363 La loi « n°16 de 2011» portant sur les procédures d'exequatur et d'exécution des sentences arbitrales étrangères aux Emirats Arabes Unis.

arbitrale étrangère, le requérant doit justifier que la sentence est finale et non partielle[364]. Il doit veiller à ce que la sentence soit traduite en langue arabe. La procédure de reconnaissance des sentences arbitrales étrangères devant les tribunaux du DIFC est contradictoire étant donné que le défendeur a la charge de la preuve[365]. Les législations applicables aux Émirats arabes unis en matière de reconnaissance et d'exécution des sentences arbitrales étrangères et locales ne sont pas les mêmes. Il y a donc un risque que ces deux catégories de sentences soient traitées différemment dans le cadre des procédures d'exequatur. Il s'agit d'un risque de violation des dispositions de l'article III de la Convention de New York de 1958.

191. La Jordanie et le Qatar semblent mettre en place des mécanismes assez rigoureux en matière de reconnaissance et d'exécution des sentences arbitrales internationales ou étrangères. La procédure d'exequatur concernant les sentences arbitrales rendues au Qatar est identique à celle appliquée aux jugements étrangers[366]. Le juge compétent pour accorder l'exequatur à la sentence étrangère est le juge de l'exécution du tribunal de grande instance du Qatar[367]. Le juge de l'exequatur qatari vérifie en premier lieu si la condition de réciprocité est remplie. Cette réciprocité suppose qu'une sentence arbitrale rendue au Qatar soit soumise aux mêmes traitements proceduraux dans le pays de nationalité de la sentence étrangère[368]. La procédure d'exequatur au Qatar est contentieuse, contradictoire et se déroule au cours d'une audience sous la présidence du juge de l'exécution. La demande d'exequatur doit porter sur

---

[364] L'exécution des sentences arbitrales aux EAU • Arbitrage (international-arbitration-attorney.com), consulté le 26 août 2022.

[365] Le défendeur doit dans son argumentaire invoquer les cinq griefs prévus par la nouvelle loi n°16 de 2011 : incapacité des parties à compromettre ou l'invalidité de la convention d'arbitrage ; désignation des arbitres à l'insu de la partie qui a succombé devant le tribunal arbitral ou encore manque d'information à l'égard du débiteur par rapport à la procédure arbitrale ou encore si ce dernier n'a pas pu fait valoir ses moyens devant le tribunal arbitral; si les arbitres ont statué infra petita ou ultra petita ; irrégularité dans la constitution du tribunal arbitral par rapport à l'accord des parties ou contrairement à la loi du pays du siège de l'arbitrage ; la sentence ne bénéficie d'autorité de la chose jugée ou annulée ou suspendue par le pays d'origine de la sentence. Ces griefs sont les mêmes prévus à l'article V, alinéa 1er de la Convention de New York de 1958.

[366] Articles 379-381 du Code de Procédure civile du Qatar. ; Essam El Samimi, *Practitioner's Guide to Arbitration in the Middle East and North Africa, Emirates Printing Press LLC (1er février 2009),* p. 427.

[367] Article 379 du CPCC du Qatar dispose : « Les décisions et ordres rendus dans un pays étranger peuvent être exécutés selon les mêmes conditions applicables dans ce pays pour l'exécution des décisions au Qatar ».

[368] Article 81 du CPCC du Qatar.; M. Khatchadourian, *The application of the New York Convention in Qatar, BDCR Inter. Arb. Review* n°1, 2014, p. 49

une sentence arbitrale étrangère définitive et revêtue de la formule exécutoire de son pays d'origine.

192. On peut en déduire que le Qatar a opté pour un mécanisme de double exequatur[369]. Par ailleurs, la décision d'exequatur ne peut pas faire l'objet d'exécution provisoire en cas d'appel. Les sentences arbitrales internationales rendues au Qatar ne sont pas soumises aux mêmes exigences que les sentences étrangères dans le cadre d'une procédure d'exequatur[370]. À titre d'exemple, les juridictions qataries n'exigent pas qu'une sentence arbitrale internationale rendue au Qatar soit incorporée dans un jugement avant de juger de sa recevabilité devant le juge de l'exequatur. Il en résulte que le droit positif qatari prévoit des conditions peu flexibles en matière de reconnaissance et d'exécution des sentences arbitrales étrangères.

193. Enfin, l'Arabie saoudite a également une place importante dans le commerce international. Cependant, l'arsenal juridique saoudien ne disposait pas de législation interne traitant spécifiquement de la procédure de reconnaissance et d'exécution des sentences arbitrales internationales ou étrangères. Ce sont les dispositions de la Convention de New York de 1958 qui s'appliquent aux procédures d'exequatur depuis sa ratification le 19 avril 1994. L'organe habilité à se prononcer sur la demande de reconnaissance d'une sentence étrangère est appelé le « *Diwan el-Mazalem* ». Il est institué par le décret royal n°51 du 25 avril 1983. Il ne peut déclarer recevable une demande de reconnaissance d'une sentence arbitrale étrangère que si celle-ci est incorporée dans une décision de justice. En outre, la sentence doit être définitive et exécutoire dans son pays d'origine.

194. En 2012, une réforme du droit de l'arbitrage a eu lieu en Arabie saoudite. Ainsi en 2013, le « *Diwan el-Mazalem* » s'est doté d'un autre règlement qui traite de la procédure de reconnaissance et d'exécution des sentences arbitrales internationales[371]. Sur la base de ce nouveau

---

[369] Ibid.

[370] Ibid.

[371] L'article 11 de ce nouveau règlement dispose que je cite : « Sous réserve des conventions et traités internationaux, le juge de l'exécution ne peut exécuter un jugement ou un ordre étranger que sur la base de la réciprocité et après vérification de ce qui suit : -Que les tribunaux du royaume ne sont pas compétents pour connaître du litige au sujet duquel le jugement ou l'ordre ont été rendus, et que les tribunaux étrangers qui l'ont rendu sont compétents en application des règles de compétence internationale prévues dans leur réglementation. –Que les parties au procès au sujet duquel le jugement a été rendu ont été valablement convoquées et représentées et qu'elles ont été mises en mesure de se défendre. –Que le jugement ou l'ordre

règlement de 2013, l'octroi de l'exequatur aux sentences arbitrales étrangères est conditionné par le principe de réciprocité[372] à l'égard du pays d'où provient la sentence arbitrale étrangère. L'Arabie saoudite a en effet formulé une réserve de réciprocité dans le cadre de l'application de la Convention de New York de 1958[373]. La condition de la réciprocité doit être prouvée par la partie demanderesse lors de la procédure d'exequatur.

195. La demande d'exequatur est examinée par le président du bureau exécutif du « *Diwan el-Mazalem* ». La procédure est contradictoire, car la partie défenderesse peut relever l'un des griefs prévus à l'article V de la Convention de New York pour s'opposer à l'exequatur. La procédure d'exécution du jugement qui incorpore la sentence arbitrale n'est pas contradictoire.

196. Le requérant est tenu de fournir au juge de l'exécution saoudien une attestation sous serment décrivant la méthode d'exécution de la sentence arbitrale du pays du siège du tribunal arbitral. Cette attestation doit être accompagnée de l'original du jugement étranger qui incorpore la sentence arbitrale et d'un certificat qui authentifie le caractère contradictoire de la procédure d'arbitrage. Le requérant doit fournir au juge un document officiel ou une attestation qui authentifie le caractère définitif du jugement étranger qui incorpore la sentence arbitrale étrangère dans son pays d'origine. Il doit prouver par un document officiel ou une attestation authentifiée que la partie défenderesse n'a pas actionné une procédure d'appel contre le jugement qui incorpore la sentence arbitrale. Il doit fournir aussi, l'original du jugement étranger qui incorpore la sentence arbitrale ; un certificat qui authentifie le caractère contradictoire de la procédure d'arbitrage. En présence de l'ensemble de ces pièces, le juge vérifie si la sentence est contraire à l'ordre public saoudien, c'est-à-

---

est devenu définitif conformément au règlement du tribunal qui l'a rendu. –Que le tribunal ou l'ordre ne contredit pas un autre jugement ou l'ordre rendu sur le même objet par une autorité judiciaire compétente dans le royaume. –Que le jugement n'est pas en violation d'ordre public dans le royaume ».

[372] Le principe de réciprocité pour les juridictions saoudiennes se rapporte à : l'existence d'un document officiel émanant du pays tiers qui confirme que les jugements provenant de l'Arabie Saoudite peuvent être exécutés sur son territoire ; le demandeur doit si possible apporter la preuve qu'un jugement saoudien a été déjà exécuté par le pays tiers d'où la sentence provient. Cette preuve est matérialisée par une déclaration officielle du ministre de la Justice du pays d'origine du jugement qui incorpore la sentence, qu'il existe une réciprocité entre son pays et l'Arabie Saoudite en matière d'exécution des décisions de justice et sentences arbitrales.

[373] L'Arabie Saoudite a exprimé une réserve de réciprocité en indiquant expressément dans le Décret Royal M/11 que : « Le Royaume déclare qu'il appliquera la convention à la reconnaissance et à l'exécution des seules sentences rendues sur le territoire d'un État contractant ».

dire la charia, avant d'ordonner l'exécution de la sentence étrangère. Le pouvoir dont dispose le juge de l'exequatur saoudien pour évaluer la conformité de la sentence arbitrale étrangère par rapport à la charia est très étendu. La charia tire sa source des manuscrits religieux alors que le droit de l'arbitrage tire essentiellement sa source du droit international, le droit positif des États, dans la jurisprudence et la doctrine. Le droit religieux n'est pas facile à délimiter, surtout lorsqu'il n'y a pas une séparation entre la religion et l'État. C'est le cas de l'Arabie saoudite où le pouvoir étendu du juge en matière d'application de la charia pourrait constituer un risque de durcissement des conditions de reconnaissance et d'exécution de la sentence étrangère[374].

197. L'autorité habilitée à examiner la demande d'exequatur relève du pouvoir exécutif et non du pouvoir judiciaire. La recevabilité de la demande d'exequatur est soumise à plusieurs conditions procédurales qui peuvent rendre complexe l'office du juge de l'exequatur. Par ailleurs, il y a un grand risque de révision ou de rejet de la sentence arbitrale étrangère lorsqu'elle est supposée présenter des attributs contraires à l'ordre public saoudien c'est-à-dire à la charia. En effet, les restrictions procédurales auxquelles sont soumises les sentences arbitrales étrangères en Arabie saoudite ne semblent pas être en phase avec les objectifs de la Convention de New York.

198. Les objectifs de la Convention de New York de 1958 semblent difficiles à atteindre dans leur totalité à partir du moment où la Convention elle-même autorise les États parties à définir leur propre procédure d'exequatur. On se retrouve donc devant des situations où les règles applicables à la reconnaissance des sentences arbitrales étrangères frôlent les limites posées par l'article III de la Convention.

En présence d'une sentence arbitrale, le débiteur dispose par ailleurs le plus souvent de procédures de recours en annulation dont l'objectif est l'anéantissement de la sentence litigieuse. Mais les fondements de cette annulation varient d'un droit à l'autre. Le juge compétent en la matière est le juge de l'annulation. Le champ d'intervention de ce juge n'est pas toujours facile à délimiter, car il varie d'une tradition juridique à une autre.

---

[374] A. Baamir, I. Bentekas, « Saudi Law as Lex Arbitri : Evaluation of Saoudi Arbitration Law and Judicial Practice », *Arbitration international,* 2009, vol. 25, n°2, p. 239-269. ; M. Akbik, « L'arbitrage dans la charia islamiya », *Rev. mond. arb.*, 2012, p. 145 et ss.

Paragraphe 2 : Les risques liés à l'étendue de l'office du juge d'annulation

199. En matière de recours en annulation des sentences arbitrales, la délimitation des frontières du pouvoir de contrôle du juge d'annulation n'est pas aisée. Cette réalité peut rendre difficile l'encadrement du pouvoir de contrôle du juge d'annulation. En l'absence de réglementation harmonisée sur le plan international relativement à ce type de recours, le juge saisi applique son droit national. Ainsi, les juges de l'annulation ont un pouvoir d'appréciation plus ou moins élargi dans le cadre de leur office. Selon le champ d'intervention accordé aux juges d'appel, il peut y avoir des risques de révision de la sentence arbitrale (**A**). Les procédures qui gouvernent les recours en annulation des sentences arbitrales étrangères peuvent s'avérer complexes (**B**) ou encore elles peuvent aussi poser des restrictions au droit d'exercice des recours en annulation contre une sentence arbitrale étrangère (**C**).

A. Le risque de révision de la sentence dans le système de *Common Law*

200. Il s'agit ici de présenter l'étendue du pouvoir d'appréciation du juge de l'annulation dans certains pays occidentaux pour mettre en lumière des risques de révision de la sentence arbitrale.

201. En Grande-Bretagne, le droit anglais consacre trois motifs d'annulation contre l'ordonnance d'exequatur ou la sentence arbitrale[375] étrangère ou internationale[376]. La partie demanderesse peut formuler un recours relatif à l'incompétence matérielle du tribunal arbitral au cas où les arbitres auraient statué ultra petita[377]. La partie demanderesse peut aussi formuler un recours en annulation lorsqu'elle estime qu'elle a subi de la part du tribunal arbitral une grave irrégularité procédurale ou de la sentence arbitrale[378]. Le troisième moyen de recours le plus usité contre la

---

[375] Comme en droit français, les causes d'annulation directe d'une sentence, ou d'annulation de l'ordonnance qui a accordé l'exequatur, sont les mêmes.

[376] Sentence arbitrale internationale rendue par un tribunal arbitral qui a son siège en Grande-Bretagne.

[377] Section 67 Arbitration Act de 1996: « *Challenging the award: substantive juridiction.* »; *Five Oceans Salvage Limited v Wenzhou Timber Group Company*, High Court of Justice, Queen's Bench Division, Commercial Court [2011] EWHC 3282.

[378] Section 68 Arbitration Act de 1996: « Challenge *the award: serious irregularuty. »; Cf Aff. Metropolitan Property Realizations Ltd-v- Atmore Investments Ltd (2008) EWHC 2925 (Ch), obs. Michael Madden*

sentence arbitrale étrangère ou internationale devant le juge britannique est l'appel sur un point de droit sauf si les parties l'ont écarté dans la convention d'arbitrage[379]. Cette dernière voie de recours en annulation contre la sentence arbitrale étrangère ou internationale est recevable à condition que la question soulevée devant le juge d'annulation ait été discutée en amont devant le tribunal arbitral. La question soulevée dans ce cas doit faire grief à la partie demanderesse[380]. Dans le cadre de ce contrôle, le juge de l'annulation dispose d'un pouvoir étendu d'appréciation du point de droit qui lui a été soumis, d'où un risque de révision de la sentence arbitrale[381]. Le juge de l'annulation se déclare compétent pour examiner ce recours à condition que la partie demanderesse démontre que la sentence arbitrale est mal fondée ou en cas de contrariété de la sentence à l'ordre public international. Cependant, les parties peuvent par convention exclure cette dernière voie de recours, notamment lorsque la convention d'arbitrage comporte une clause qui n'impose pas que la sentence arbitrale, soit motivée par le tribunal arbitral[382].

202. En cas d'arbitrage en amiable composition, le tribunal statue en équité et non en droit. Dans ce cas, la convention d'arbitrage ou le contrat d'arbitre peut autoriser le tribunal arbitral à faire référence à la *lex mercatoria* comme droit applicable au litige. Ainsi, un appel contre la sentence arbitrale sur une question de droit ne sera pas possible dans ce cas[383]. Contrairement au droit français, lorsque le juge britannique déclare recevable ou irrecevable un appel sur une question de droit, sa décision n'est pas susceptible de recours sans son autorisation[384]. Le juge (Commercial court) peut donner son autorisation quand un point de droit d'intérêt général est en jeu ou s'il y a une question relative à la recevabilité

---

379 Article 69, paragraphe 1er de l'arbitration Act de 1996.; P. Vargiu & M. Ahmed, « Interpretation and Application of the New York Convention in United Kingdom », p. 983 *in « Recognition and Enforcement of Foreign Arbitral Awards: The Interpretation and Application of the New York Convention by National Courts »,* dir (G. A. Bernann), *Ius Comparatum – Global Studies in Comparative Law,* 2017, p. 1096.

380 Article 69 Arbitration Act de 1996: « *Appeal on point of Law.* »; *Apis AS v Fantazia KeresKedelmi KFT* [2001] 1 All ER (Comm) 348 and *Soleh Boneh v Uganda Government,* [1993] 2 Lloyd's Rep 208.

381 Ibid.

382 Ibid.

383 Article 46, paragraphe 1er (b) de l'Arbitration Act de 1996.; G Born, *International commercial arbitration, Wolters Kluwer*, 2014, p. 4500.; A Tweeddale and K Tweeddale, *Arbitration of Commercial Disputes - International and English Law and Practice*, *Oxford*, OUP, 2007, p. 1.124.

384 Article 69 de l'Arbitration Act de 1996. ; G Born, *International commercial arbitration*, Wolters Kluwer, 2014, p. 4500.

de la requête pendante devant la Cour d'appel[385]. Le recours en annulation relatif au « défaut de compétence » du tribunal arbitral est admis [386] lorsque ce dernier a statué infra petita ou ultra petita. En ce qui concerne le recours en annulation de la sentence pour « irrégularité substantielle », le juge britannique peut annuler la sentence si cette irrégularité a causé des préjudices au demandeur[387].

203. Les décisions du juge sur le fondement des articles 67 et 68 ne peuvent faire l'objet de recours que si le juge judiciaire donne son autorisation. En droit français, les parties ne sont pas tenues d'épuiser les voies de recours liés à la reformulation, à la rectification ou à l'obtention d'une sentence arbitrale additionnelle auprès du tribunal arbitral. Cependant, en droit anglais, les parties sont tenues d'épuiser les recours possibles devant le tribunal arbitral avant d'envisager de saisir le juge d'appel ou de l'annulation. Le recours en appel ou en annulation peut dans ce cas être formulé sur le fondement des sections 67, 68 et 69 de *l'Arbitration Act of 1996*[388]. Un tiers peut intervenir dans le recours en appel ou en annulation. L'alinéa 2 de l'article 71 de l'Arbitration Act of 1996 permet au juge anglais de reformuler la sentence lorsqu'il y a des faits que le tribunal arbitral n'avait pas pris en compte. Il y a donc un risque de révision de la sentence arbitrale dans ce cas également.

204. Aux États-Unis, les mécanismes de recours contre une sentence arbitrale internationale ou contre l'ordonnance d'exequatur en droit français présentent des points de convergence et de divergence. Lorsque le droit applicable au fond du litige arbitral est le « *Federal Arbitration Act of 1990* », le juge de l'annulation ne pourra plus appliquer la *Common Law* ni la loi des États fédérés[389]. Il s'agit d'une procédure contradictoire

---

[385] Article 69, paragraphe 8 de l'Arbitration Act de 1996. ; G Born, *International commercial arbitration*, Wolters Kluwer, 2014, p. 4500.

[386] Article 67 paragraphe 1 de l'Arbitration Act de 1996.; A Tweeddale and K Tweeddale, *Arbitration of Commercial Disputes - International and English Law and Practice*, *Oxford*, OUP, 2007, p. 1.124.

[387] Article 68 paragraphe 2 del'arbitration Act of 1996.; *Westland Helicoptères Ltds. c/ Al Hedjailan* (2004) EWHC.; G Born, *International commercial arbitration*, *Wolters Kluwer*, 2014, p. 4500.

[388] Article 70 paragraphe 2 de l'arbitration Act of 1996.; A Tweeddale and K Tweeddale, *Arbitration of Commercial Disputes - International and English Law and Practice*, *Oxford*, OUP, 2007, p. 1.124.

[389] Cour suprême américaine: Arrêt *Hall Street Associates v. Mattel* du 25 mars 2008 et Arrêt *Biller v. Toyota* du 3 février 2012.; V. Shannon Sahani, « Comparing the Federal Arbitration Act of 1990 and the UNCITRAL Model Law on International Commercial Arbitration », pp. 21 et ss. *in « International Arbitration in the United States »*, *Kluwer Law International, 2017*, p. 572.

appliquée devant le juge d'annulation. Les juridictions américaines se fondent sur cinq critères pour prononcer l'annulation des sentences arbitrales internationales conformément à l'article 10 du « *Federal Arbitration Act of 1990* ». Il s'agit des cas de corruption et de la fraude à l'égard de la sentence arbitrale internationale et de l'arbitre. Par ailleurs, l'absence d'impartialité des arbitres et la mise en cause du droit des parties par le tribunal arbitral sont des causes d'annulation de la sentence arbitrale. De même, l'excès de pouvoir des arbitres et le non-respect du principe du contradictoire par le tribunal arbitral constituent aussi des causes valables pour l'annulation de la sentence arbitrale. À la différence du droit français[390], le « *Federal Arbitration Act of 1990* » n'aborde pas la notion d'ordre public international. Cependant, le juge fédéral américain peut exceptionnellement faire référence au *Common Law* ou à la loi des États fédérés pour appliquer en cas de nécessité les règles d'ordre public[391].

205. Dans l'hypothèse où les parties ont choisi comme droit applicable au fond du litige la *Common Law* ou une autre loi étatique, la procédure est contradictoire et le juge de fond applique d'autres critères tels que : la méconnaissance manifeste de la loi ; de l'irrationalité ou de l'irrégularité manifeste de la sentence et la violation d'ordre public international[392]. En cas de méconnaissance manifeste de la loi par le tribunal arbitral, le juge de l'annulation américain dispose d'un large pouvoir d'appréciation lorsqu'il est saisi. L'exercice de ce pouvoir élargi par le juge américain ne met pas la sentence arbitrale à l'abri de révision[393] même si certaines juridictions des états fédérés n'appliquent plus ce moyen d'annulation[394].

206. À la différence des juges français, le juge américain peut modifier ou corriger les sentences arbitrales à la demande des parties à condition que le siège du tribunal arbitral soit aux États-Unis[395]. Cette modification

---

[390] L'article 1520 du Code de procédure civile conditionne la validité d'une sentence arbitrale internationale au respect du principe du contradictoire et d'ordre public international.

[391] *Accord Aggarao v. MOL Ship Mgmt. Co., Ltd.*, 675 F.3d 355, 372-73 (4th Cir. 2012) (ne peut être appliquée "de manière neutre à l'échelle internationale) ; *Rogers v. Royal Caribbean Cruise Line*, 547 F.3d 1148, 1158 (9th Cir. 2008).

[392] T. Carbonneau, *The law and Practice of Arbitration, JurisNet, LLC ; 2e édition (1er mars 2007).*, 2007. p. 729.

[393] Le deuxième circuit autorise la méconnaissance manifeste de la loi pour réviser ou annuler une sentence Cf. *Aff. B/E Aerospace v. Jet Aviation St Louis*, 2012 WL 1577497 (S.D.N.Y. May 3, 2012).

[394] Les cinquième et onzième circuit, eux, n'acceptent plus ce moyen depuis 2008, Cf. *Wachovia v. Brand, 671 F.3d 472, 483* (4e Cir. 2012).

[395] Articles 10 et 11 du Federal Arbitration Act of 1990.; G Born, *International commercial arbitration, Wolters Kluwer*, 2014, p. 4500.

ou correction de la sentence arbitrale internationale ne peut intervenir qu'en cas d'erreur grave commise par le tribunal arbitral. Ce risque pourrait constituer une violation du principe de compétence-compétence du tribunal arbitral.

207. Les moyens de recours en annulation ne sont donc pas les mêmes en Angleterre, en France et en Suisse. Il y a très peu de cas de recours et il y a possibilité d'appel. Le pouvoir du juge anglais d'annulation est plus étendu que celui du juge français. De même, aux États-Unis, le pouvoir de contrôle du juge de l'annulation est très élargi et les cas de recours en annulation sont différents par rapport à la France, à la Suisse et à la Grande-Bretagne. Il existe ainsi un certain risque de révision de la sentence.

208. Les mécanismes procéduraux relatifs aux recours en annulation des sentences arbitrales dans d'autres pays, notamment en Russie, en Chine et au Viêtnam semblent être plus complexes en termes du juge compétent et de conduite de la procédure.

B. Droit des États ex-socialistes : les procédures complexes du recours en annulation

209. Dans ces pays, on peut constater que l'office du juge de l'exequatur est rendu complexe par l'intervention du parquet et par une procédure restrictive en matière de reconnaissance et d'exécution des sentences arbitrales internationales. Lorsqu'il s'agit du parquet, ce dernier peut formuler des recours en appel à tort ou à raison. Ainsi, le parquet peut formuler des recours pour retarder la reconnaissance et l'exécution de la sentence arbitrale[396].

210. Au Viêtnam, la loi ne reconnait que les sentences rendues par les États parties à la Convention de New York de 1958 ou si l'État a un traitement réciproque à l'égard des sentences arbitrales provenant du Viêtnam[397]. La loi vietnamienne ne prévoit pas la possibilité de recours en annulation directement contre la sentence arbitrale étrangère[398]. Exception

---

[396] X.-H. Dang, « Arbitration law and practice in Vietnam: fundamental changes over the past 20 years and potential for the future », pp 205–220, *in The developing world of arbitration: a comparative study of arbitration reform in the Asia Pacific*, (eds) Reyes A, Gu W (eds), 2018, *Hart Publishing, Oxford, Portland, Oregon*, p. 336.
[397] Article 343 du Code de procédure civile du Viêtnam.
[398] Article 372 du Code de procédure civile du Viêtnam.; X.-H. Dang, « Arbitration law and practice in Vietnam: fundamental changes over the past 20 years and potential for the future »,

faite aux sentences arbitrales internationales rendues sur le territoire vietnamien.[399] La seule voie de recours prévue par le Code de procédure civile vietnamien est l'appel contre la décision de refus ou d'octroi de l'exequatur devant la Cour suprême du Viêtnam[400]. Les parties ne peuvent pas déroger par voie conventionnelle aux règles de recours concernant l'appel contre l'ordonnance d'exequatur pour cause d'ordre public international[401].

211. Le parquet provincial et le parquet populaire de la Cour Suprême peuvent aussi faire opposition à l'encontre de la décision du juge qui a ordonné l'exécution de la sentence arbitrale. Le parquet provincial dispose d'un délai de quinze jours et le parquet de la Cour suprême dispose d'un délai de trente jours pour faire opposition à la décision du juge d'appel. En cas d'appel des parties ou en cas d'opposition par les parquets populaires, la Cour suprême dispose d'un délai d'un à deux mois pour rendre sa décision[402]. Devant la Cour suprême, les recours sont analysés par un collège de trois juges[403]. Les parties ont la possibilité d'opérer le retrait du recours formé en appel. Les parquets populaires ont aussi cette faculté. Lorsque les parties ou les parquets retirent leur recours, la Cour suprême peut suspendre l'audience en cours. La procédure devant la Cour Suprême est contradictoire[404]. La Cour suprême analyse aussi les recours fondés sur la méconnaissance de l'ordre public. Les juges procèdent dans ce cas au contrôle des sentences arbitrales étrangères par rapport aux principes fondamentaux du droit vietnamien[405]. Le Code de procédure civile vietnamien ne donne pas de précisions sur la notion de : « principes fondamentaux du droit vietnamien ». Ce silence de la loi n'encadre pas l'office du juge judiciaire en matière d'application des règles d'ordre public. Il s'agit donc d'une disposition qui pourrait fragiliser l'exécution

---

pp 215 et ss., *in: The developing world of arbitration: a comparative study of arbitration reform in the Asia Pacific*, (eds) Reyes A, Gu W (eds), 2018, *Hart Publishing, Oxford, Portland, Oregon*, p. 336.

399 Ibid.

400 X.-H. Dang, « Arbitration law and practice in Vietnam: fundamental changes over the past 20 years and potential for the future », pp 210 et ss., op.cit.

401 Ibid.

402 Article 373-1 du Code de procédure vietnamien.; X.-H. Dang, « Arbitration law and practice in Vietnam: fundamental changes over the past 20 years and potential for the future », pp 205–220, op.cit.

403 Article 368 du Code de procédure vietnamien.; X.-H. Dang, « Arbitration law and practice in Vietnam: fundamental changes over the past 20 years and potential for the future », pp 205–220, Ibid.

404 Article 369 du Code de procédure civile du Viêtnam. ; Ibid.

405 Ibid.

efficace d'une sentence arbitrale internationale. Par ailleurs, en cas de rejet du recours en annulation ou lorsque l'ordonnance d'exequatur est confirmée par le juge judiciaire, le parquet peut retarder son exécution par voie d'appel. L'intervention du parquet peut ainsi constituer une source de ralentissement des procédures de reconnaissance et d'exécution des sentences arbitrales étrangères au Viêtnam.

212. En Russie, la loi autorise les recours en annulation contre les sentences arbitrales internationales ou étrangères et l'appel contre l'ordonnance d'exequatur. Contrairement au Viêtnam ou à la France, le recours en révision, en appel ou en cassation n'est pas prescrit par la loi russe[406]. Le juge de l'annulation ne peut examiner que des sentences arbitrales définitives[407]. Contrairement au droit de l'arbitrage russe, le droit français permet au tribunal arbitral de trancher les questions de procédure et les questions liées au fond du litige sous forme de sentences arbitrales partielles[408]. Ainsi, tous les actes de procédure pris par les arbitres ne peuvent pas faire l'objet de recours en annulation devant le juge judiciaire russe. Il s'agit des sentences avant dire droit, ou la décision par laquelle le tribunal arbitral se déclare incompétent,[409] et de manière générale toutes les sentences arbitrales partielles[410]. Les recours en annulation concernent donc uniquement les sentences arbitrales définitives[411]. Le recours en annulation devant le juge judiciaire russe est ouvert dès le prononcé de la sentence arbitrale internationale ayant un caractère définitif.

213. Le droit français permet aux parties de renoncer par voie conventionnelle au recours en annulation contre la sentence arbitrale internationale ou étrangère[412]. Cette possibilité n'est pas claire dans le Code de procédure russe. Les parties à l'arbitrage ne peuvent donc pas

---

[406] E. Bernadskaya, *La sentence arbitrale internationale : Contribution de droit processuel comparé, droit français et russe*, Thèse, dirigée par Cyril Nourissat, Université Jean Moulin – Lyon 3, 2011, p. 356-360. ; N.-G. Doronina, N.-G. Semilyutina, « Interpretation and Application of the New York Convention in the Russian Federation », p. 809, in *« Recognition and Enforcement of Foreign Arbitral Awards »*, (dir) G.-A. Bermann, *Ius Comparatum – Global Studies in Comparative Law,* 2017, p. 1096.

[407] Article 233 du Code de procédure d'arbitrage russe ; Arrêt du Présidium VAS, 27 mai 2008.

[408] Article 1504 du Code de procédure civile français.

[409] E. Bernadskaya, *La sentence arbitrale internationale : Contribution de droit processuel comparé, droit français et russe*, *op. cit.*

[410] Articles 233 et suivants du Code de procédure arbitral de la Fédération russe ; V. Fedorovitch Yakovlev, « Les litiges économiques aujourd'hui en Russie et les mécanismes de leurs règlements », *RIDC,* 2009, p. 587-598.

[411] Ibid.

[412] Article 1522, alinéa 1er du Code de procédure civile français.

écarter sans risque par convention la possibilité d'un recours en annulation[413]. Les tiers dont les intérêts sont directement affectés par les effets de la sentence arbitrale peuvent formuler en droit russe des recours en annulation contre la sentence arbitrale internationale ou étrangère[414]. Les parties concernées directement par la procédure d'arbitrage ont un délai de trois mois dès la réception par voie de notification de la sentence arbitrale internationale ou étrangère pour formuler un recours en annulation[415]. En droit russe il existe également une possibilité de saisine simultanée du juge de l'exequatur et du juge de l'annulation. Il peut arriver que le juge de l'exequatur se prononce favorablement à la demande du créancier.

214. Cependant, que se passe-t-il si au même moment, le juge d'annulation annule la même sentence arbitrale ? Quelle décision judiciaire prendre en compte ? Pour répondre à cette question légitime, l'article 36 du Code de procédure russe prévoit que le juge de l'exequatur doit surseoir à statuer dans l'hypothèse où il y a un double contrôle. Dans ce cas, le juge de l'exequatur apprécie la nécessité ou non de suspendre son office. La Cour supérieure d'arbitrage[416] précise dans son avis du 22 décembre 2005 qu'en cas de double contrôle devant la même cour, les deux procédures doivent être réunies en une seule[417]. Cette solution a une efficacité limitée. En effet, lorsque la saisine des juges de l'exequatur et de l'annulation est faite devant des juridictions différentes, les parties vont se retrouver dans une situation procédurale complexe. Le droit russe protège le débiteur à l'égard duquel l'exécution de la sentence arbitrale est demandée par l'annulation rétroactive des actes de l'exécution de la sentence arbitrale, lorsque l'ordonnance d'exequatur est annulée ultérieurement[418]. Cette solution est complexe à envisager lorsque

---

[413] V.- F. Yakovlev, *« Les litiges économiques aujourd'hui en Russie et les mécanismes de leurs règlements »*, *RIDC*, 2009, p. 587-598.

[414] Article 42 du Code de procédure d'arbitrage russe.

[415] Article 230 point 3 du Code de procédure d'arbitrage et article 34 point 3 de la loi sur l'arbitrage international ; A. I. Zaytsev, Mode alternatif de règlement des litiges, Moscou, 2007, p. 181 et suivants ; Article 31 point 4 de la loi sur l'arbitrage international russe.

[416]La Cour suprême d'arbitrage de la Fédération de Russie est la juridiction de dernière instance pour les litiges commerciaux en Russie Cf. N.-G. Doronina, N.-G. Semilyutina, « Interpretation and Application of the New York Convention in the Russian Federation », p. 795, in *« Recognition and Enforcement of Foreign Arbitral Awards »*, (dir) G.-A. Bermann, *Ius Comparatum – Global Studies in Comparative Law,* 2017, p. 1096.

[417] O.-U. Skvortsov, « L'arbitrage commercial en Russie : problèmes, tendances, perspectives », TS, 2004, n°1.

[418] Article 325 du Code de procédure arbitrale russe ; D.-V. Konev, « Les particularités de la suspension de la procédure d'exécution des décisions d'exequatur et des décisions rendues

l'ordonnance d'exequatur n'a pas été annulée et que parallèlement un recours direct en annulation contre la sentence arbitrale a prospéré après l'obtention de l'exequatur. Le débiteur ne peut donc pas remettre en cause l'exécution de l'ordonnance de l'exequatur pour cause d'enrichissement sans cause, car l'exécution de la sentence a été faite sur la base d'un titre exécutoire.

215. L'existence de possibilités de double procédure de contrôle de la sentence arbitrale rend le système russe complexe. Ce mécanisme est un facteur de ralentissement de la circulation des sentences arbitrales étrangères.

216. En Chine, les articles 70 et 71 de la loi sur l'arbitrage autorisent les parties à l'arbitrage à formuler un recours en annulation contre la sentence arbitrale internationale ou étrangère. Le délai de recours est de six mois à compter du jour de la réception de la sentence arbitrale. La procédure de double contrôle est admise devant les juges de l'exequatur et de l'annulation. Le créancier peut ainsi saisir le juge de l'exequatur et parallèlement le débiteur peut saisir le juge de l'annulation[419]. Il s'agit des cours intermédiaires du lieu de résidence ou d'établissement ou encore celles du lieu où se situent les propriétés du défendeur. Dans le cadre de ce double recours, la décision du juge de l'annulation prime sur celle du juge de l'exequatur[420]. En cas d'exécution provisoire de la sentence arbitrale sur la base de l'exequatur devenu caduc, le juge pourra ordonner de façon rétroactive l'annulation des actes de l'exécution provisoire[421]. Les décisions des cours intermédiaires populaires peuvent faire l'objet de recours devant la Cour suprême populaire[422]. Le mécanisme de recours devant cette Cour suprême chinoise se caractérise par un fonctionnement complexe en termes de délai d'obtention des arrêts de la Cour. Les juges de cette instance juridictionnelle n'ont pas de délai pour se prononcer sur le recours contre une ordonnance de refus d'exequatur à une sentence arbitrale étrangère. L'absence de voies de recours contre une ordonnance

---

avec la participation des étrangers dans la procédure d'arbitrage », *Procédure civile et arbitrale (étatique)*, 2010, n°5, p. 25 et ss.

[419] O. Liu, *Exécution des sentences arbitrales étrangères, étude comparative entre la France et la Chine*, sous la direction de Marie Goré, *Thèse de doctorat Paris 2 Assas*, 2016, p. 533.

[420] X. Liu, X. Li, « Overseas Recognition and Enforcement of China's Arbitral Awards—From the Perspective of the Enforcement of SCIA Arbitral Awards in Hong Kong », in « *Dispute Resolution in China, Europe and World », (dir) L. Chen et A. Janssen, Ius Gentium: Comparative Perspectives on Law and Justice*, 2020, p. 294.

[421] Ibid.

[422] X. Liu & X. Li, « Overseas Recognition and Enforcement of China's Arbitral Awards-From the Perspective of the Enforcement of SCIA Arbitral Awards in Hong Kong », op. cit.

de refus d'exequatur auprès des cours d'appels chinoises compromet la circulation des sentences arbitrales étrangère et restreint le droit du créancier de faire exécuter la sentence arbitrale.

217. Le recours en annulation est uniquement admis contre une sentence arbitrale internationale rendue au Viêtnam. Le parquet est partie prenante dans la procédure d'Appel. En Russie le recours en annulation est admis, mais uniquement contre les sentences arbitrales définitives. En Russie et en Chine, il est possible de saisir simultanément le juge de l'exequatur et le juge de l'annulation. Dans l'hypothèse où les juges saisis simultanément en Chine donnent des décisions différentes, c'est celle de la Cour d'appel qui prime. En Russie, soit le juge de l'exequatur décide de lui-même de suspendre son office en cas de saisine du juge d'annulation, soit il mène son office jusqu'à une décision finale. Enfin, en Chine, l'ordonnance de refus d'exequatur ne peut pas faire l'objet de recours. Tous ces différents points de complexité procédurale ne facilitent pas la circulation des sentences arbitrales étrangères.

218. Dans d'autres États, notamment dans certains pays membres de la Ligue arabe, les possibilités d'exercice des voies de recours en annulation semblent être réduites.

C. La limitation des possibilités de recours en matière d'exécution des sentences[423]

219. En matière d'arbitrage en général, la disponibilité des voies de recours est un principe fondamental. Elles permettent aux parties d'avoir des rapports équilibrés afin d'initier des démarches procédurales pour exécuter ou annuler la sentence arbitrale. Cette liberté d'initiation des recours pour faire exécuter ou annuler la sentence arbitrale peut être limitée par des législations et jurisprudences dans certains pays. Il s'agit d'empêcher les parties de déroger aux recours en annulation ou d'exécuter des sentences arbitrales partielles. Dans d'autres circonstances, il s'agit de conditionner l'exécution des sentences arbitrales partielles. Ainsi, ces différentes limitations de liberté d'exercice des recours peuvent être contre-productives en matière d'exécution des sentences arbitrales.

220. En Algérie, et au Maroc, les recours en annulation contre la sentence arbitrale étrangère sont recevables de même que celui de la

[423] Algérie, Maroc, Tunisie, Égypte, Arabie Saoudite, Emirats Arabes Unis, la Jordanie

sentence arbitrale internationale rendue sur les territoires des deux pays[424]. Au Maroc, une ordonnance d'exequatur peut faire l'objet d'appel lorsqu'il s'agit uniquement des sentences arbitrales rendues à l'étranger[425]. Les cas d'ouverture du recours en annulation en Algérie et au Maroc sont identiques à ceux du droit français. Cependant, le créancier ne peut obtenir auprès des juridictions de ces deux pays l'exécution forcée d'une sentence arbitrale partielle[426]. L'ordonnance d'exequatur ayant accordé l'exequatur à la sentence arbitrale internationale rendue au Maroc n'est pas susceptible d'appel[427]. Cependant, l'appel est possible lorsque l'exequatur est accordé à une sentence arbitrale étrangère[428]. Cette différence de traitement entre les sentences arbitrales internationales rendues à l'étranger et sur le territoire national pose un problème de traitement équitable entre les sentences arbitrales. La sentence arbitrale internationale rendue sur le territoire marocain peut faire l'objet d'un recours en annulation[429]. Cependant, l'ordonnance qui confère l'exequatur à cette sentence arbitrale internationale n'est pas susceptible d'un recours en appel[430]. La juridiction compétente pour recevoir le recours en annulation contre la sentence arbitrale est la Cour d'appel dans le ressort dans lequel la sentence arbitrale internationale a été rendue[431]. Le délai de recours en annulation devant la Cour d'appel est de quinze jours[432]. Ce délai commence à courir dès le prononcé de la sentence arbitrale internationale [433].

221. En Tunisie, les parties ne disposent pas de recours en appel contre l'ordonnance d'exequatur[434]. Seul le recours en annulation contre la sentence arbitrale est possible et **la** procédure est contradictoire devant

---

[424] La loi 08-09 du Code de procédure civile et administrative algérien et les articles 1055 et 1056 du décret législatif 93-09 (Algérie). ; Article 327-48 du CPC marocain, Article 327-49 du CPC marocain ; article 327-54 du CPC marocain. ; Article 327-49, alinéa 4 du Code de procédure civile marocain.

[425] Ibid.

[426] Bettaieb, « Le contrôle post-arbitral de la sentence arbitrale étrangère », pp. 308-311, *in le juge et l'arbitrage, Colloque de Tunis,* éd. Pédone, 2014, p. 360.

[427] N. G. Ziadé, *Liber Amicorum Samir Saleh : Reflections on Dispute Resolution with Particular Emphasis on the Arab World*, *Wolters Kluwer*, 2019, p. 5 et ss. ; Article 327-51, alinéa 2 du Code de procédure civile marocain. ;

[428] Ibid. ; Article 327-51, alinéa 2 du Code de procédure civile marocain.

[429] Ibid. ; Article 327-49 du Code de procédure civile marocain

[430] Ibid. ; Article 327-51, alinéa 2 du Code de procédure civile marocain.

[431] Ibid. ; Article 327-50, alinéa 2 du Code de procédure civile marocain.

[432] Ibid. ; Article 327-52 du Code de procédure civile marocain.

[433] Ibid.

[434] A. Bettaieb, « Le contrôle post-arbitral de la sentence arbitrale étrangère », op.arc., pp. 308-311.

le juge d'annulation[435]. Le juge de l'annulation peut voir son pouvoir élargi lorsqu'il y a risque de violation d'ordre public[436]. Les parties dans le cadre d'un recours en annulation contre la sentence arbitrale peuvent demander au juge de la Cour d'appel de statuer au fond du litige[437]. Il y a dans ce cas un risque de révision de la sentence arbitrale. Le juge d'annulation tunisien peut décider de rendre un arrêt de nullité partielle contre la sentence arbitrale étrangère[438]. Il s'agit des sentences arbitrales partielles qui se prononcent sur la compétence ou sur les mesures provisoires ou conservatoires. Dans l'hypothèse où la nullité partielle est prononcée, le juge peut, à la demande des parties, suspendre la procédure d'annulation. Il peut dans ce cas demander au tribunal arbitral de rectifier les points susceptibles de tomber sous le coup d'une décision d'annulation[439]. Le délai pour saisir le juge d'annulation tunisien est de trois mois à compter du jour du prononcé de la sentence arbitrale[440].

222. Les parties qui n'ont ni domicile ni résidence en Tunisie peuvent exclure le recours en annulation de la sentence arbitrale par voie conventionnelle[441]. Les causes de nullité de la sentence arbitrale sont : l'invalidité de la convention d'arbitrage ; l'irrégularité de la composition du tribunal arbitral ; le non-respect de la mission assignée aux arbitres. La contrariété de la sentence arbitrale à l'ordre public peut être soulevée d'office comme cause de l'annulation par le juge[442]. Le juge de l'annulation à un pouvoir élargi en matière de contrôle de l'ordre public international. Il a aussi la possibilité d'aménager l'efficacité de la sentence en permettant aux parties de saisir à nouveau le tribunal arbitral pour corriger les erreurs matérielles. Par ailleurs, le créancier ne peut pas obtenir l'exécution forcée d'une sentence arbitrale partielle lorsque l'arbitre a statué ultra petita[443].

---

435 C.A. Tunis, Affaire n° 84115 du 17/11/2009, *Belvedère emballage saeb comp. & Papéterie de Belvédère comp. c. spc Autorasporti et al.*, obs. A. Ouerfelli, « Développement récent du droit et de la pratique de l'arbitrage en Tunisie », *asa Bull..*, (2011), vol. 2. p. 301.

436 Ibid.

437 Article 14 du Code de l'arbitrage tunisien. ; N. Najjar, *Arbitration and international trade in the Arab countries,* Leiden, Boston, *Brill Nijhoff,* 2017, p. 290.

438 Article 78 du Code de l'arbitrage en Tunisie. ; N. Najjar, *Arbitration and International Trade in the Arab Countries,* Leiden, Boston, *Brill Nijhoff,* 2017, p. 1050.

439 Ibid.

440 Ibid.

441 Ibid.

442 Ibid.

443 Article 81, I-c du Code tunisien de l'arbitrage. ; A. Bettaieb, « Le contrôle post-arbitrale de la sentence arbitrale étrangère », *in Le juge et l'arbitrage*, actes du colloque de Tunis, (dir) S. Bostanji, F. Horchani et S. Manciaux, A. Pedone, p. 309.

223. De ce qui précède, nous pouvons déduire qu'au Maroc et en Algérie, les parties à l'arbitrage ne disposent pas des possibilités d'exécution forcée des sentences arbitrales partielles. Par ailleurs, en cas de recours en annulation contre la sentence arbitrale, il peut y avoir un risque de révision de la sentence arbitrale. Par ailleurs, des risques similaires peuvent être observés dans les autres pays arabes.

224. En Égypte, le recours disponible est celui d'annulation de la sentence arbitrale internationale et étrangère[444]. Les parties ne peuvent pas écarter par convention la possibilité de recours en annulation contre la sentence arbitrale[445]. Ce recours est spécifiquement réservé aux parties à l'arbitrage[446]. Le parquet peut intervenir dans la procédure de recours en annulation lorsque l'ordre public est mis en cause[447]. Le délai pour saisir la Cour d'appel est de quatre-vingt-dix jours à compter du jour de la signification de la sentence arbitrale par voie d'huissier[448]. Contrairement à la Tunisie, l'action en annulation devant le juge du fond égyptien n'entraine pas la suspension automatique de l'exécution de la sentence arbitrale[449]. Cependant, pour obtenir cette suspension, une demande doit être adressée au juge d'annulation qui apprécie le bien-fondé de la demande et peut exiger à cet effet une caution[450]. Les sentences partielles ne peuvent ni faire l'objet d'exécution forcée ni faire l'objet de recours en annulation[451]. Le recours peut uniquement être formulé contre la sentence

---

[444] Article 51, alinéa 1er de la loi sur l'arbitrage en Égypte. ; N. Najjar, *Arbitration and international trade in the Arab countries,* op.cit. p. 1021.

[445] Article 54, alinéa 1er de la loi sur l'arbitrage en Arabie Saoudite ; C.A. Caire, chambre commerciale, 25 septembre 2005, *Rev. lib. Arb.* 2006, n°38, p. 51. ; Conseil constitutionnel égyptien, 95/20, 11 mai 2003, *JORAE*, n°22 29 mai 2003.

[446] Article 51, alinéa 1er de la loi sur l'arbitrage en Égypte.

[447] CA. Ismailiyya, n°1660, 29 janvier 2009, *Journal of Arab* Arbitration, décembre 2009, n°13, p. 221.

[448] Article 54, alinéa 1er de la loi sur l'arbitrage en Égypte. ; CA. Caire, chambre commerciale, 29 mars 2006, Syndicat des (Tatbikiyyin) c/ Ministre de la Justice, *Rev. lib. arb.* 2006, n°39, p.60

[449] Conseil constitutionnel, Égypte, 15 janvier 2012, Journal of Arab Arbitration, janvier 2012, vol. 18, p.217 cité dans Z. Obeid, *Le recours en annulation des sentences arbitrales dans les pays arabes*, éd. 2017, A. Pédone, p. 86

[450] Article 57 de la loi sur l'arbitrage en Égypte. ; N. Najjar, *Arbitration and international trade in the Arab countries,* op.cit. p.1020.

[451] Article 212 du Code de procédure civile et commerciale Égypte. ; Shehata, *Arbitrage en Égypte*, Guide du praticien, 2021, p. 21 et ss.

arbitrale définitive[452]. La sentence arbitrale rectificative issue de cette seconde procédure arbitrale peut faire l'objet de recours en annulation[453].

225. En Arabie Saoudite, uniquement le recours en annulation de la sentence arbitrale est disponible[454]. L'appel et le recours en révision ne sont pas recevables[455]. Avant que la sentence arbitrale ne soit prononcée, les parties ne peuvent pas écarter par voie conventionnelle le recours en annulation contre la sentence arbitrale [456] . Pour saisir, l'autorité saoudienne en charge d'examiner les recours en annulation, le délai est fixé à soixante jours à la suite de la notification de la sentence arbitrale[457]. La procédure est contradictoire et la charge de la preuve revient à la partie demanderesse[458]. La juridiction compétente est selon la convenance des parties la Cour d'appel de Ryad, d'Abhà, de Djeddah ou Damman lorsqu'il s'agit d'un recours contre une sentence arbitrale rendue à l'étranger[459]. Dans l'hypothèse où la sentence arbitrale est rendue en Arabie Saoudite, le juge compétent sera le juge de l'annulation du ressort dans lequel la sentence arbitrale a été rendue[460]. Le juge d'annulation compétent peut requalifier l'objet du recours. Par exemple, il peut requalifier l'appel en recours en annulation de la sentence arbitrale[461].

226. La Cour d'appel de Riyad dans un arrêt du 21 février 2017 considère que le recours en annulation contre une sentence arbitrale internationale n'est recevable qu'à une seule condition. Il faut que le siège

---

[452] Article 22, alinéa 3 de la loi d'arbitrage en Égypte. ; C.A. Caire, chambre commerciale, 07 avril 2013, Aff. Société Siyak c/ Société Murray and Roberts international.

[453] Article 50 de la loi d'arbitrage en Égypte. ; C.A. Caire, 88/Année judiciaire 126, audience du 26 juin 2012 ; C.A. Caire, 54/Année judiciaire 130, audience du 21 décembre 2016. ; C.A. Caire 11/Année judiciaire 135, audience du 20 juin 2018.

[454] Article 49 de la loi sur l'arbitrage en Arabie Saoudite. ; N. Najjar, *Arbitration and International Trade in the Arab Countries,* op.cit. p. 1198 et ss.

[455] J.-P. Harb, A. Levanthal, « The new Saudi Law: Modernization to the Tune of Charia », *Journal of International Arbitration,* 2013, vol 30 (02), p. 113-130.

[456] Article 51, alinéa 1er de la loi sur l'arbitrage en Arabie Saoudite. ; N. Najjar, *Arbitration and International Trade in the Arab Countries,* ibid.

[457] N. Najjar, *Arbitration and International Trade in the Arab Countries,* ibid. p. 1055.

[458] S. Al-Ammari, T. « Martin, Arbitration in the Kingdom of Saudi Arabia », *Arbitration International*, 2014, p. 387-409.

[459] Z. Obeid, *Le recours en annulation des sentences arbitrales dans les pays arabes*, *A. Pédone*, éd. 2017, p. 76-77

[460] Ibid.

[461] S. El-Hojeilan, « Le nouveau régime d'arbitrage saoudien », *Majalet El-Tahkim El-Alamiyah*, 2012, n°16, p. 23.

du tribunal arbitral soit situé sur le territoire saoudien[462]. Dans le cas contraire, le juge d'annulation saoudien pourra se déclarer incompétent pour connaitre le recours[463]. La décision du juge de l'annulation portant sur son incompétence confère à la sentence l'exequatur[464]. Cette décision du juge d'annulation est insusceptible de recours[465]. Lorsque le siège du tribunal arbitral est situé sur le territoire saoudien, le recours en annulation est en revanche recevable[466]. Dans ce cas, lorsque le juge annule la sentence arbitrale, il est possible de se pourvoir en cassation dans un délai de trente jours à partir de la réception de l'arrêt d'annulation[467]. Les parties peuvent aussi former un recours en annulation contre les sentences de correction lorsque le tribunal arbitral a été saisi une seconde fois pour refaire un calcul ou corriger les erreurs matérielles du dispositif de la sentence arbitrale[468].

227. Ce recours peut être formé dans un délai de trente jours à la suite de la notification de la nouvelle sentence arbitrale aux parties[469].

228. Aux Émirats arabes unis, la loi sur l'arbitrage prévoit comme seule voie de recours contre la sentence arbitrale un recours en annulation[470]. En principe le recours en annulation de la sentence arbitrale aux Émirats arabes unis est d'ordre public[471]. Ainsi, lorsque les parties conviennent par voie conventionnelle d'écarter ce recours, cette clause est

---

[462] Article 2 de la loi saoudienne sur l'arbitrage. ; C.A. Riyad, *décision n°3714*, 21 février 2017, obs. Z. Obeid, *Le recours en annulation des sentences arbitrales dans les pays arabes*, *A. Pédone*, éd. 2017, p. 77.
[463] Ibid.
[464] CA. Riyad, avril 2014, affaire n°300/comm/1/1435, obs. Z. Obeid, *Le recours en annulation des sentences arbitrales dans les pays arabes*, *A. Pédone*, éd. 2017, p. 77.
[465] Ibid.
[466] Article 51-2 de la loi saoudienne sur l'arbitrage. ; N. Najjar, *Arbitration and International Trade in the Arab Countries,* ibid. p. 1174 et ss.
[467] Article 51, alinéa 2 de la loi sur l'arbitrage en Arabie Saoudite. ; N. NAJJAR, *Arbitrage dans les pays arabes et commerce international*, *L.G.D.J*, 2017, pp. 396-453.
[468] Article 47 du Code de l'arbitrage en Arabie Saoudite. ; A. Baamir, I. Bantekas, « Saudi Law as Lex Arbitri: Evaluation of Saudi Arbitration Law and Judicial Practice », pp. 261 et ss. *in Arbitration International*, *The Journal of the London Court of International Arbitration*, volume, n°2, 2009, p. 270.
[469] Article 48 du Code de l'arbitrage en Arabie Saoudite.
[470] Articles 216 et 217 de la loi d'arbitrage aux Émiratis. ; N. G. Ziadé, *Liber Amicorum Samir Saleh : Reflections on Dispute Resolution with Particular Emphasis on the Arab World*, *Wolters Kluwer*, 2019, p. 195 et ss.
[471] Article 216, alinéa 2 de la loi n°11/1992 sur la procédure civile, titre III. ; Cass. Abu Dhabi, n°186, arrêt rendu le 08 juin 2008, arbitrage à la lumière de la Cour de cassation 2007-2010, édition 2012 du département judiciaire des EAU.

réputée non écrite[472]. Dans l'hypothèse où la sentence arbitrale a été annulée, les parties peuvent se pourvoir en cassation sauf pour les sentences arbitrales rendues par un tribunal arbitral statuant en équité[473]. De même, lorsque les parties ont renoncé par voie conventionnelle à former un pourvoi en cassation ou encore lorsque le litige excède dix mille dirhams, le juge de cassation ne peut pas être saisi[474]. Cependant, contrairement à l'Arabie Saoudite, la sentence arbitrale partielle peut faire l'objet de recours en annulation à condition que le litige soit définitivement tranché[475]. L'exécution forcée de la sentence arbitrale partielle est donc conditionnée par la reddition de la sentence arbitrale définitive.

229. Dans l'hypothèse où le créancier a besoin de procéder dans l'urgence à l'exécution forcée de la sentence arbitrale, il sera donc empêché tant que la sentence arbitrale définitive n'a pas été rendue[476]. Il s'agit d'une entrave à l'efficacité de l'exécution des sentences arbitrales. La procédure devant la Cour d'appel est contradictoire et la partie demanderesse dispose d'un délai de soixante jours pour formuler le recours à compter du jour de la réception ou du prononcé de la sentence arbitrale[477]. Le recours en annulation contre la sentence arbitrale étrangère ou internationale partielle est autorisé[478].

230. En Jordanie, le recours contre la sentence arbitrale internationale ou étrangère est régi par la loi jordanienne sur l'arbitrage. Les parties à l'arbitrage ne peuvent pas exclure par voie conventionnelle le recours en annulation contre la sentence arbitrale[479]. La juridiction compétente est la Cour d'appel[480]. La procédure devant la Cour d'appel est contradictoire et le recours contre une sentence arbitrale partielle n'est recevable qu'à

---

472 Ibid.

473 N. Najjar, *Arbitration and International Trade in the Arab Countries,* op. cit., p. 1293 et ss.

474 Article 217 du Code de procédure civile des Émirats arabes unis. ; Ibid.

475 Article 216, alinéa 1er du Code de procédure civile des Émirats arabes unis. ; Cass. Dubaï, n°274/2013, 19 janvier 2014, obs. Z. Obeid, *Le recours en annulation des sentences arbitrales dans les pays arabes*, op. cit. p. 89-90.

476 Article 216-1 du Code de procédure civile Emiratie. ;

477 Article 53 de la loi sur l'arbitrage aux Émirats arabes unis. ; N. Najjar, *Arbitration and International Trade in the Arab Countries,* op. cit., p. 1293 et ss.1157.

478 Article 213, alinéa 3 du Code de procédure civile des Émirats arabes unis. ; Ibid.

479 Article 48 de la loi sur l'arbitrage en Jordanie. ; N. Najjar, *Arbitrage dans les pays arabes et commerce international, L.G.D.J*, 2016, pp. 396-453.

480 Article 49 de la loi d'arbitrage en Jordanie. ; C.A. Amman, n°197/2010 du 27 juin 2011, obs. Z. Obeid, *Le recours en annulation des sentences arbitrales dans les pays arabes*, ibid., p. 93 et ss.

condition qu'elle soit jointe à une sentence arbitrale définitive[481]. Le délai de recours devant la Cour d'appel est de trente jours à compter de la notification de la sentence arbitrale[482]. Le recours en annulation contre la sentence arbitrale internationale rendue sur le territoire jordanien peut être formé devant le juge de la Cour d'appel du ressort dans lequel le tribunal arbitral a siégé. Cependant, les parties peuvent choisir une autre cour d'appel par voie conventionnelle pour formuler le recours en annulation[483]. L'arrêt de la Cour d'appel qui confirme la sentence arbitrale internationale ou étrangère ne peut faire l'objet de recours en cassation. Cet arrêt de l'a Cour d'appel confer l'exequatur à la sentence arbitrale internationale[484].

231. Lorsque le recours en annulation a prospéré, l'arrêt de la Cour d'appel est susceptible de faire l'objet d'un pourvoi en cassation. La partie qui souhaite se pourvoir en cassation dispose d'un délai de trente jours à la suite de la notification de la sentence arbitrale[485]. Le tribunal arbitral peut être saisi une seconde fois pour interprétation ou rectification de la sentence arbitrale internationale. La nouvelle sentence arbitrale issue de cette procédure est susceptible de recours en annulation devant le juge d'annulation dans un délai de trente jours à compter du jour qui suit la notification de la sentence arbitrale[486]. En cas de saisine du tribunal arbitral pour corriger des erreurs matérielles de la sentence arbitrale, les arbitres peuvent déclarer recevable ou non la requête. Dans l'hypothèse où la requête de demande de rectification des erreurs matérielles est rejetée, la loi jordanienne ne prévoit pas de recours en annulation contre la sentence de refus de rectification ou d'interprétation[487]. Dans l'hypothèse où les parties ne procèdent pas à l'exécution forcée de la sentence arbitrale partielle ou rectificative, le créancier ne pourra pas procéder à l'exécution

---

481 Ibid. N. Najjar, *Arbitration and International Trade in the Arab Countries,* op. cit., p. 1051 et ss.

482 Article 50 de la loi jordanienne sur l'arbitrage. ; Cass. Jordanie, n°3540/2009, 20 juillet 2010, cité dans *Majalet El-Tahkim*, octobre 2011, n°12. p. 278.

483 Article 49 de la loi d'arbitrage en Jordanie. ; N. Najjar, *Arbitration and international trade in the Arab countries,* op. cit., p. 1051 et ss.

484 Article 51 de la loi jordanienne sur l'arbitrage. ; N. Najjar, *Arbitration and International Trade in the Arab Countries,* op. cit., p. 1273 et ss.

485 N. G. Ziadé, *Liber Amicorum Samir Saleh: Reflections on Dispute Resolution with Particular Emphasis on the Arab World*, *Wolters Kluwer*, 2019, p. 96 et ss.

486 Article 45, alinéa c de la loi jordanienne sur l'arbitrage.

487 Cass. Amman, n°2101/2005, 21 novembre 2005, note Z. Obeid, *Le recours en annulation des sentences arbitrales dans les pays arabes*, op. cit. p. 89-90.

forcée de la sentence arbitrale. Ces restrictions ne sont pas compatibles avec les dispositions de l'article II de la Convention de New York de 1958.

232. Les articles VII et III de la Convention de New York de 1958 permettent aux États parties d'appliquer les lois et traités internationaux qui leur conviennent. Ils peuvent définir leur propre procédure pour l'exécution forcée des sentences arbitrales étrangères. Ainsi, dans certaines circonstances, la législation et la jurisprudence de certains États réduisent la volonté des parties en matière d'exécution de la sentence arbitrale étrangère ou international. De même, certaines législations limitent le champ d'intervention du juge judiciaire aux seules sentences arbitrales définitives. D'autres législations conditionnent le droit de procéder à l'exécution forcée des sentences arbitrales partielles. Ces restrictions peuvent avoir un effet négatif sur l'exécution des sentences arbitrales.

233. Quelles que soient les traditions juridiques qui régissent les procédures d'exequatur ou les recours en annulation en matière d'exécution des sentences arbitrales, des difficultés procédurales sont identifiées. Il s'agit des risques susceptibles de rendre incertaine la circulation des sentences arbitrales internationales ou étrangères. Ainsi, l'analyse opérée dans cette première section nous permet d'affirmer que certains États parties ont adopté des procédures qui frôlent la limite de l'article III de la Convention de New York de 1958. D'autres États parties disposent de règles procédurales qui semblent entrer en contrariété avec ce même article ou encore des procédures qui ne contribuent pas à l'atteinte des objectifs de la Convention.

234. En dehors de l'analyse des voies de recours possibles à mettre en œuvre devant le juge judiciaire, il est également capital de prendre en compte les droits régionaux qui traitent des questions liées à l'arbitrage. Il sera donc utile d'analyser la pertinence de certains droits régionaux applicables dans le cadre des procédures d'exequatur ou en matière de recours en annulation des sentences arbitrales. L'intérêt de cette analyse est de démontrer si le droit régional est susceptible de mieux contribuer à la circulation des sentences arbitrales et à l'atteinte des objectifs de la Convention de New York.

SECTION 2 : L'implication du droit régional

235. À ce stade de notre analyse, deux instruments régionaux identifiés traitent des questions relatives aux procédures d'arbitrage, de la reconnaissance et de l'exécution des sentences arbitrales internationales. Il s'agit d'une part de l'Acte Uniforme du droit OHADA sur l'Arbitrage et du Règlement de la CCJA et d'autre part de la Convention de Riyad de 1983.

236. L'organisation pour l'Harmonisation en Afrique du droit des Affaires (OHADA) a été créée par le traité de Port Louis du 17 octobre 1993. Cet acte constitutif de l'OHADA a été révisé au Canada le 17 octobre 2008. L'organisation compte aujourd'hui dix-sept États membres[488]. Le conseil des ministres de l'OHADA a adopté en 1999 le premier Acte Uniforme sur l'Arbitrage et le Règlement d'arbitrage de la CCJA. Ces textes ont été révisés les 23 et 27 novembre 2017 par la conférence du conseil des ministres. L'Ate Uniforme sur l'Arbitrage révisé en 2017 est applicable aux sentences arbitrales rendues sous l'égide de la CCJA. Il est aussi applicable si le droit appliqué à l'arbitrage est le droit OHADA dans le cadre d'un arbitrage ad hoc. Dans ce cas, le siège du tribunal arbitral soit localisé dans un État membre de l'OHADA[489]. Cet arsenal juridique supranational permet à la CCJA de disposer d'un mécanisme innovant en matière de contrôle, de circulation et d'exécution des sentences arbitrales dans les États membres. Le droit OHADA présente par ailleurs à certains égards une relation harmonieuse avec la Convention de New York de 1958 lorsqu'il s'agit des questions liées à la circulation des sentences arbitrales locales (**Paragraphe 1**). Il s'agit des sentences arbitrales CCJA et celles rendues par les tribunaux arbitraux ad hoc, dont les sièges sont situés dans les États membres de l'OHADA.

237. S'agissant de la Convention de Riyad de 1983, elle a permis aux États parties de mettre en place des chartes et des organes subsidiaires pour promouvoir l'arbitrage au sein des États parties. La Convention de Riyad ne produit pas un droit supranational uniforme applicable dans les États parties en matière de circulation des sentences arbitrales. Ce cadre de coopération limite les effets juridiques de la Convention sur le droit

---

[488] Le Bénin, le Burkina Faso, le Cameroun, la Centrafrique, la Côte d'Ivoire, le Congo, les Comores, le Gabon, la Guinée, la Guinée-Bissau, la Guinée Équatoriale, le Mali, le Niger, la République Démocratique du Congo, le Sénégal, le Tchad et le Togo.

[489] Article 1er de l'Acte Uniforme relatif à l'Arbitrage. ; CCJA, 3e ch., 24 juin 2021, n° 135/2021, *L'ESSENTIEL Droits africains des affaires - n°01*, note Céline Ndongo Dimouamoua, p. 2.

positif des États parties. Par ailleurs, l'absence de droit dérivé spécifique de la ligue arabe applicable aux procédures, à la reconnaissance et à l'exécution des sentences arbitrales dans les États parties. Il s'agit d'un autre point de faiblesse de la Convention. Nous pouvons aussi noter l'absence d'organes institutionnels et juridictionnels ayant pour attribution le suivi et l'application des règles de procédure communautaires en matière de reconnaissance des sentences arbitrales dans les États parties (**Paragraphe 2**).

Paragraphe 1 : L'Acte Uniforme OHADA sur l'Arbitrage

238. La procédure d'exequatur en vigueur dans l'espace OHADA n'est pas contraire à l'article VII de la Convention de New York de 1958. L'exequatur régional en vigueur au sein de l'espace OHADA facilite ainsi la circulation des sentences arbitrales au sein des États membres de l'OHADA. Les règles procédurales applicables n'imposent en effet pas une différence de traitement significatif entre les sentences arbitrales rendues par la CCJA et celles issues des tribunaux des États membres. L'AUA et le Règlement CCJA répondent clairement ainsi aux prescriptions des articles VII alinéa 1er et III de la Convention de New York. En effet, La CCJA a trois fonctions essentielles : une fonction consultative, juridictionnelle et arbitrale.

239. S'agissant de sa fonction consultative, la CCJA veille à l'interprétation et à l'application du traité OHADA, des règlements et des décisions[490]. En ce qui concerne la fonction juridictionnelle, la CCJA peut être saisie par pourvoi en cassation pour se prononcer sur les arrêts rendus par les cours d'appels des États membres[491]. La CCJA peut être aussi saisie par à titre préjudiciel pour trancher une question qui porte sur le droit communautaire[492]. La CCJA est une juridiction supranationale, ces arrêts sont obligatoires et exécutoires dans les États membres[493]. La CCJA dispose d'un centre d'arbitrage pour traiter les contentieux par voie

[490] Article 14, al. 2 du traité OHADA. La CCJA peut être saisie par les États, par le conseil des ministres composé des ministres de la justice et des finances ou encore par une juridiction nationale des États membres par requête d'avis.

[491] Article 14, alinéas 1er et 3 du traité OHADA. ; CCJA, 28 avril 2016, 3^{èm} ch, n°083/2016, *Société Fûts Métalliques de l'Ouest Africain (FUMOA) c/ Monsieur Sultanali ESMAIL*.

[492] CCJA, 13 mars 2014, arrêt n° 027/2014, Aff. *Ibrahim Toure c/ Cheickna Lah*, Rec. CCJA, 2014, n°21, p. 32.

[493] Article 10 du traité OHADA et Article 49 de l'AUPSVE. ; CCJA, avis consultatif n° 1/2001/EP, 30 avril 2001 sur la demande de la République de Côte d'Ivoire, *Revue de Droit des Affaires Internationales*, 2001, n° 6, p. 756, note Th. LAURIOL.

d'arbitrage[494]. Elle est compétente lorsque la sentence arbitrale est rendue par ce centre ou par un tribunal arbitral ad hoc avec pour siège dans l'un des États membres et ayant appliqué au fond du litige le droit OHADA[495].

240. Dans le cadre de sa compétence, elle peut être saisie pour l'annulation de la sentence arbitrale ou pour l'octroi de l'exequatur communautaire[496]. La CCJA dispose aussi d'une compétence arbitrale et le pouvoir d'attribution de l'exequatur communautaire est centralisé dans les mains de la CCJA, seul compétent à l'attribuer. La CCJA constitue donc une garantie pour la circulation des sentences arbitrales au sein des États membres de l'OHADA (**A**). L'exécution effective des sentences arbitrales au sein des membres de l'OHADA ne se limite pas à l'obtention de l'exequatur régional. Elle requiert aussi l'obtention de la formule exécutoire dans l'État dans lequel l'exécution doit être réalisée conformément aux règles d'ordre public en vigueur dans les États membres. Elle n'est donc pas réglementée par le droit communautaire OHADA. Chaque État membre applique son droit positif en phase d'exécution de la sentence. Dans ce cas on peut craindre un manque d'effectivité de l'exequatur régional (**B**).

A. La CCJA garante de circulation des sentences arbitrales dans l'espace OHADA

241. La CCJA peut accorder ou non l'exequatur régional aux sentences arbitrales rendues par le tribunal arbitral de la CCJA ou par un tribunal arbitral ad hoc situé dans un État membre de l'OHADA. En cas d'exécution forcée, l'exequatur régional confère aux sentences arbitrales la force exécutoire dans tous les États membres de l'organisation communautaire. La CCJA contribue ainsi à l'efficacité de la circulation des sentences arbitrales au sein de l'espace OHADA. Le mécanisme de contrôle des sentences arbitrales provenant du tribunal arbitral de la CCJA résulte de la jonction entre la fonction administrative et juridictionnelle du juge communautaire. L'objectif final de disposer au sein d'une même Cour régionale d'un tribunal arbitral régional et une Cour commune compétente pour statuer sur les demandes de l'exequatur régional et des recours en annulation est précis. Il s'agit de créer une proximité entre

---

494 R. Amoussou-Guenon, « L'arbitrage dans le Traité relatif à l'harmonisation du droit des affaires en Afrique (OHADA) », *RDA/IBLJ,* n° 13, 1996, p. 324 et s. ; O. Bah, *L'efficacité de l'arbitrage OHADA : le rôle du juge étatique*, éd. *Bruylant, 2020*, p. 150 et ss.

495 O. Bah, Ibid. p. 149 et ss.

496 Ibid.

centre d'arbitrage et institution judiciaire afin de faciliter les interactions entre les deux organes. Ainsi, le droit primaire et le droit dérivé de l'OHADA confèrent aux juges et au secrétaire général de la CCJA des prérogatives administratives et juridictionnelles pouvant contribuer à l'efficacité d'exécution des sentences arbitrales.

242. La fonction administrative du juge de la CCJA s'inscrit dans une logique de bonne administration de la justice. En effet, le juge de la CCJA joue le rôle de juge d'appui. Il peut donc intervenir dans le cadre de la constitution du tribunal arbitral lorsque le droit appliqué au fond du litige est le droit OHADA. Dans ce cas, le juge communautaire est compétent pour compléter la constitution du tribunal arbitral[497]. Par ailleurs, dans le cadre de la constitution du tribunal arbitral sur la base du Règlement d'arbitrage de la CCJA, les parties doivent porter leur choix sur les arbitres inscrits sur la liste de la CCJA. Cette liste est actualisée chaque année par décision de la CCJA[498]. Les parties disposent toutefois de la liberté de soumettre à la CCJA une liste d'arbitres qui ne sont pas inscrits sur la liste de la juridiction régionale. Cette nouvelle liste doit être confirmée par la CCJA avant que les arbitres hors liste CCJA ne siègent. Dans l'hypothèse où les parties souhaitent récuser un arbitre, elles doivent adresser une demande à la CCJA qui examine la recevabilité et la pertinence de la demande de récusation[499].

243. À l'issue de la procédure d'arbitrage, le projet de sentence arbitrale est transmis à la CCJA pour examen préalable avant la signature des arbitres. La CCJA procède ainsi à un contrôle de régularité de forme de la sentence. L'objectif est d'assurer l'efficacité de la sentence arbitrale et de réduire les risques d'annulation de celle-ci[500]. Dans ses fonctions administratives, le juge communautaire est compétent pour examiner les projets de sentences arbitrales. Il s'agit des projets de sentences portant sur la compétence du tribunal arbitral, les projets de sentences partielles, et les projets de sentences définitifs[501]. La seule condition pour que le juge

[497] Article 3 du Règlement d'arbitrage de la CCJA. ; A. Delabriere, « La constitution du tribunal arbitral et le statut de l'arbitrage dans l'Acte Uniforme OHADA », *Penant* n°833, p. 166.
[498] Décision n°021/2013/CCJA/ADM/ARB fixant le délai de dépôt des demandes d'inscription sur la liste des arbitres de la CCJA-OHADA.
[499] Article 4 du Règlement d'Arbitrage de la CCJA. ; CCJA Arrêt n°44/2008, 17 juillet 2008, affaire *SARCI Sarl c/ ATLANTIQUE TELECOM SA et TELECEL BENIN SA, in P-G. POUGOUE, S. S. KUATE TAMEGHE, Les grandes décisions de la CCJA, L'Harmattan*, 2016, note D. R. SOH FOGNO, pp. 315 et s.
[500] Article 23 du Règlement de procédure de la CCJA.
[501] Article 1.1 du Règlement d'Arbitrage de la CCJA. ; O. Bah, Ibid. p. 152 et ss.

communautaire procède à ces contrôles est que le droit appliqué au fond du litige soit le droit OHADA. La compétence administrative du juge de la CCJA en matière de contrôle des projets de sentences arbitrales se limite à des examens formels et non de fond.

244. S'agissant des fonctions juridictionnelles de la CCJA, elle dispose des attributions pour effectuer un contrôle de régularité de la sentence arbitrale par rapport au droit communautaire. Il s'agit d'une part, de la procédure d'exequatur dont l'issue peut être l'attribution ou non de l'exequatur régional. L'objectif de cet exequatur régional est de faciliter la circulation et l'exécution d'une sentence arbitrale dans les États membres de l'OHADA. D'autre part, le juge communautaire est compétent pour recevoir les recours contre les ordonnances d'exequatur ou les sentences arbitrales rendues par un tribunal arbitral de la CCJA[502]. Dans ce cas précis, la CCJA peut jouer le rôle du juge d'appel et de cassation contre l'attribution ou non d'une ordonnance d'exequatur. Le juge de la CCJA peut être aussi saisi en appel contre un arrêt de confirmation ou d'annulation d'une sentence arbitrale CCJA. Lorsque la CCJA est saisie comme juridiction de cassation, elle examine le pourvoi au fond et peut exercer un pouvoir d'évocation à la demande des parties sur les questions de droit[503]. Elle est ainsi susceptible de juger toute l'affaire au fond.

245. L'exequatur régional est une innovation de la CCJA. C'est un instrument efficace en matière de circulation des sentences arbitrales rendues par le tribunal arbitral de la CCJA. Cependant, l'application du droit OHADA au fond du litige n'est pas exclusivement réservée au tribunal arbitral de la CCJA. Les tribunaux arbitraux ad hoc dont les sièges sont situés au sein d'un pays membre de l'OHADA peuvent aussi choisir le droit OHADA comme droit applicable au fond du litige. Ainsi, dans l'hypothèse où un tribunal arbitral *ad hoc*[504] applique le droit OHADA au litige, ce sont les juridictions nationales des États membres qui sont compétentes pour ordonner l'exécution forcée de la sentence. Cependant,

---

502 O. Bah, op. cit. p. 155.

503 Article 25 du traité OHADA. ; B. Diallo, « Réflexion sur le pouvoir d'évocation de la Cour Commune de Justice et d'Arbitrage dans le cadre du Traité de l'OHADA », *Penant* n° 858/2007, pp. 40-59. ; CCJA, arrêt n° 32 du 04 novembre 2004, *Ste Eburnea c/ Cie Les Tisserins Satca*, obs. B. Diallo, art. préc.

504 L'arbitrage ad hoc désigne un tribunal arbitral qui n'est ni constitué ni administré par une institution d'arbitrage. Les parties ne bénéficient dans ce cas d'aucune assistance en cas de difficulté autre que celle des tribunaux étatiques du siège de l'arbitrage. Ces tribunaux peuvent intervenir dans les différentes phases de l'arbitrage s'ils sont compétents. (Cf. Glossaire Paris arbitration : http://parisarbitration.com/fr/glossaire-2/)

cette compétence est limitée par la CCJA qui reste la juridiction de cassation en raison de l'application du droit OHADA au fond du litige.

246. Le rapport entre l'ordre juridique interne des États membres et les Actes Uniformes de l'OHADA est régi par l'article 10 du traité révisé de l'OHADA. Cet article dispose : « Les Actes uniformes sont directement applicables et obligatoires dans les États parties, nonobstant toutes dispositions contraires de droit interne, antérieures ou postérieures ». Cette disposition confirme le caractère supranational des Actes uniformes sur le droit positif des États membres· C'est donc le cas de l'Acte uniforme sur l'arbitrage révisé. La révision de l'Acte Uniforme sur l'Arbitrage OHADA en 2017 a introduit deux catégories d'innovations. Il s'agit d'une part de l'éligibilité des personnes morales de droit public en tant que partie prenante à part entière aux procédures d'arbitrage. En conséquence, désormais les États, les collectivités territoriales, les Établissements publics et toute autre personne de droit public peuvent être parties à un arbitrage OHADA. D'autre part, le tribunal arbitral peut être valablement constitué sur la base d'une clause compromissoire ou d'une convention d'arbitrage contenue dans un traité. Ainsi, le tribunal arbitral de la CCJA peut statuer en matière d'investissement même si le droit appliqué au fond du litige est un traité bilatéral ou multilatéral ou encore le code d'investissement d'un État membre[505]. Il en résulte que la CCJA peut accorder un exequatur régional à une sentence arbitrale issue d'un arbitrage d'investissement.

247. Le traité OHADA révisé confère en outre à la sentence arbitrale rendue sous l'égide de la CCJA l'autorité de chose jugée sur le territoire de tous les États membres de l'organisation[506]. Cette force exécutoire attribuée à la sentence arbitrale place celle-ci au même rang que les décisions judiciaires de la CCJA[507]. L'ordonnance d'exequatur de la CCJA a un caractère supranational dans les États parties, elle est exécutoire et applicable dans tous les pays membres de l'organisation. Le système communautaire d'exequatur mis en place grâce au droit dérivé de l'OHADA crée donc un environnement de sécurité juridique favorable pour les investissements et le commerce international au sein de la zone

[505] Articles 2 et 3 de l'Acte Uniforme relatif à l'Arbitrage ; Article 2.1 paragraphe 2 du règlement de la CCJA. ; G. Kenfack Douani, *Le nouveau droit de l'arbitrage et la médiation OHADA*, *A. Pedone*, 2021, p.132.
[506] Article 25, alinéa 1er du traité OHADA révisé. ; CCJA, arrêt n°003/2011 du 31 janvier 2011, *Aff. PLANOR SA C/ Atlantique Télécom S.A*, *Recueil jurisprudence n°16*, juin 2011, p. 58-63.
[507] Article 27 du Règlement de l'arbitrage de la CCJA. ; Art 10.5 al. 2 Règlement d'arbitrage CCJA. ; O. Bah, op. cit. p. 303-308.

OHADA. L'exequatur communautaire donne une sécurité juridique et judiciaire au créancier qui peut faire exécuter l'ordonnance d'exequatur dans tous les États membres de l'OHADA[508]. L'exequatur communautaire confère donc à la sentence arbitrale une effectivité juridique utile pour rendre dynamiques les relations d'affaires entre les opérateurs économiques et les investisseurs ayant des activités économiques et commerciales dans l'espace OHADA.

248. À travers ces différentes attributions dont elle dispose, la CCJA joue le rôle de garant de la circulation efficace des sentences arbitrales internationales rendues dans l'espace OHADA. Il est maintenant nécessaire de présenter les moyens par lesquels la procédure d'exequatur est mise en œuvre.

B. L'exequatur CCJA et la formule exécutoire : un risque de contradiction

249. Il s'agit de présenter les différentes procédures qui conditionnent l'obtention de l'exequatur régional au sein de l'espace OHADA. En effet, la CCJA peut intervenir dans deux cas différents pour attribuer l'exequatur régional. En premier lieu, le juge communautaire peut être saisi pour attribuer l'exequatur à une sentence arbitrale issue d'un tribunal ad hoc ayant son siège dans l'un des États membres (**1**). En second lieu, le juge de la CCJA peut être saisi pour attribuer l'exequatur régional à une sentence arbitrale CCJA. À la suite de l'obtention de l'exequatur régional, il revient aux États membres d'appliquer leur droit national à l'exécution de la sentence arbitrale (**2**). Cette prérogative relevant de la compétence exclusive des États peut poser des problèmes en matière de circulation des sentences arbitrales dans les États membres.

1. Les sentences arbitrales des tribunaux ad hoc : attribution de l'exequatur CCJA

250. À la base, le juge de la CCJA peut être saisi par le biais d'un pourvoi en cassation dans le cadre d'une procédure de reconnaissance et d'exécution forcée d'une sentence arbitrale[509]. La CCJA intervient très régulièrement en tant que juge de cassation à la suite de recours en annulation d'une sentence arbitrale. Elle peut être saisie sur cette même

[508] A. Cissé, « L'harmonisation du droit des affaires en Afrique : L'expérience de l'OHADA à l'épreuve de sa première décennie », *RIDE,* 2004, t. XVIII, n°2, p. 6.
[509] Art. 1er de l'Acte Uniforme OHADA sur l'Arbitrage. ; O. Bah, op. cit. p. 188 et ss.

base lorsque la valeur du litige empêche les parties de saisir la Cour d'appel. Il s'agit des cas des ordonnances de refus de l'exequatur rendues en premier et en dernier ressort par un tribunal étatique de première instance. Il s'agit donc de deux types de pourvois recevables par le juge de la CCJA, à condition toutefois que le litige arbitral soit régi par le droit OHADA. La CCJA se voit donc attribuer une compétence exclusive si cette condition est respectée. Les parties peuvent saisir la CCJA par voie de pourvoi en cassation uniquement sur la base de l'article 28 bis du Règlement de procédure de la CCJA[510]. Par ailleurs, à la suite de sa saisine, le juge de la CCJA est compétent pour prendre des mesures provisoires nécessaires pour la bonne conduite de la procédure. Pour que le pourvoi soit déclaré recevable, il faut respecter des conditions de forme. En effet, la demande doit exposer clairement l'identité et le domicile du demandeur et celui de son conseil juridique[511]. Les personnes morales de droit privé doivent produire leurs statuts et un extrait de leur enregistrement au registre du commerce[512].

251. Le juge de cassation de la CCJA peut être également valablement saisi par le juge de la Cour de cassation ou la Cour suprême nationale d'un État membre. C'est le cas lorsque le juge judiciaire national n'est pas compétent pour se prononcer sur les mesures provisoires ou sur la reconnaissance d'une sentence arbitrale rendue par le tribunal arbitral de l'OHADA[513]. La saisine du juge communautaire par le juge des juridictions suprêmes nationales n'est pas automatique. Il revient aux parties de soulever la question devant le juge de la Cour suprême ou de la Cour de cassation des États membres si cette dernière est saisie[514]. Pour ce faire, les parties doivent expressément démontrer que la question

---

[510] Art.28 bis.- (Règlement n°2014-01) Le recours en cassation est fondé sur : la violation de la loi ; l'incompétence et l'excès de pouvoir ; la violation des formes prescrites par la loi à peine de nullité ; le défaut, l'insuffisance ou la contrariété des motifs ; l'omission ou le refus de répondre à des chefs de demandes ; la dénaturation des faits de la cause ou des pièces de la procédure ; le manque de base légale ; la perte de fondement juridique ; le fait de statuer sur une chose non demandée ou d'attribuer une chose au-delà de ce qui a été demandé. »

[511] CCJA, 8 janvier 2004, arrêt n°003/2004, *Société Innovest Industrie Congo SA c/ Société Man Fa Tai* ; CCJA, 31 mars 2005, arrêt n°022/2005, *Total Tchad c/ Tchari Soumaine*, le juris-Ohada, 2005, n°3, p. 20.

[512] Ibid.

[513] Article 51 du Règlement de procédure de la CCJA ; CCJA, 14 septembre 2011, arrêt n°015/2015, *Société nigérienne de banque (SONIBANK) c/ Succession Tahirou Illou représentée par Hamadou Tahirou, Ohadata, J-16-15* ; CCJA, 25 avril 2014, arrêt n°069/2014, *Ecobank-Burkina c/ Koutou Somlawinde Douala Rec.*

[514] F. Ahoukaha, « La délimitation de la compétence de la CCJA et les Cours suprêmes nationales en matière de recouvrement de créances », juris-périodique, juillet-décembre 2004, n°59, p. 118.

soulevée entre dans le champ de compétence matérielle du juge de cassation de la CCJA[515]. Il s'agit de prouver devant les juges des juridictions suprêmes nationales que le droit appliqué au fond du litige arbitral est le droit OHADA[516]. Le droit OHADA relève en principe de la compétence matérielle du juge de la CCJA. Une fois ce moyen exposé, le juge national pourra se déclarer incompétent et transférer la question au juge communautaire. En cas de silence des parties, la juridiction suprême nationale pourra statuer valablement sur le droit communautaire sauf si le juge national de cassation se déclare lui-même incompétent et transfère le dossier au juge communautaire[517]. L'exclusivité du juge communautaire de la CCJA est donc à relativiser même lorsque le droit OHADA est appliqué au fond du litige arbitral.

252. Pour saisir le juge de cassation de la CCJA, le ministère d'un avocat est obligatoire et le délai de prescription est de deux mois à la suite de la notification de la décision du juge étatique[518]. En effet, le point de départ du délai de prescription est la date à laquelle le demandeur au pourvoi a signifié la décision querellée à la partie défenderesse[519]. Pour le décompte du délai de prescription, la localisation géographique du demandeur de pourvoi est prise en compte et la Cour accorde des délais de distance qui s'ajoutent au délai de deux mois initial[520]. Par ailleurs, le greffier en chef de la juridiction communautaire peut dans des cas exceptionnels rallonger le délai pour une durée raisonnable. Cette prorogation de délai est possible à condition que le pourvoi introduit réponde aux exigences fixées par l'article 28 du Règlement de procédure

---

[515] CCJA (2ème ch.), 7 juin 2012, arrêt n°47/2012, *Société SAGA Sénégal SA c/ Gérard Goriot, SIMAF, CGFE et SNAS devenue AGF Sénégal ;* CCJA (1re ch.), 24 février 2005, arrêt n° 12/2005, *Société manufacture de Côte d'Ivoire (MACACI) c/ May Jean Pierre, Le Juris-Ohada,* 2005, n° 2, p. 9 ; Rec.

[516] Ibid., n°204.

[517] Cour Suprême Niger, 29 janvier 2004, n°04-30 C, *BINCI c/ A. Baby Bouya,* ohadata, J-10-276. ; Cour suprême Cameroun, 24 avril 2008, n°30/CC, *L. Touanga c/ CCAR*, ohadata, J-10-253. ; Cass. Sénégal, 2 avril 2003, n°27, « Les conflits de juridictions dans l'espace OHADA », *Revue Lamy Droit civil*, obs. B. Banamba, 1er décembre 2016, n° 143, suppl.

[518] Article 28 du Règlement de procédure de la CCJA. ; CCJA, 17 juillet 2008, *Dam Sarr c/ Mutuelle d'assurances des taxis compteurs d'Abidjan (MATCA)*, Le Juris-Ohada, 2008, *Rev. cam. arb.*, juillet-septembre 2008, n°42, obs . G. Kenfack DOUAJNI, p. 26.

[519] CCJA, 1er février 2007, arrêt n°004/2007, Mambo Serge c/ Société SAGA-CI, *RCDA*, octobre-décembre 2009, n°1, obs. C. I. Feviliye-Dawey, p. 32. ; CCJA, 27 février 2014, arrêt n° 009/2014, Société des télécommunications du Tchad c/ Société SAS Alcatel Space.

[520] Article 25.5 du Règlement de procédure de la CCJA ; la CCJA par décision a fixé vingt-un jours de délai de distance pour les requérants qui résident en Afrique centrale ; trente jours pour les requérants qui résident en en République islamique des Comores et ailleurs ; quatorze jours pour les requérants qui résident en Afrique de l'Ouest.

de la CCJA[521]. Ce délai supplémentaire permettra au demandeur au pourvoi de fournir des compléments à ajouter au dossier ou d'apporter la preuve du ministère d'un avocat. Dans l'hypothèse où le demandeur ne régularise pas son dossier dans les délais impartis, la CCJA pourra déclarer le pourvoi portant sur une mesure provisoire ou sur la reconnaissance et l'exécution de la sentence arbitrale irrecevable[522].

253. Une sentence arbitrale rendue par un tribunal ad hoc ayant son siège dans l'un des États membres peut bénéficier donc de l'exequatur régional à condition que le droit appliqué au fond du litige soit le droit OHADA. Le juge de la CCJA peut être aussi saisi par pourvoi en cassation pour se prononcer sur une décision d'une juridiction de fond relative à la sentence arbitrale. En cas de confirmation de l'exequatur, l'arrêt de la CCJA confère l'exequatur à la sentence arbitrale. De même, en cas d'annulation de l'ordonnance de refus d'exequatur, la CCJA attribue à la sentence un exequatur régional. Dans l'hypothèse où la loi appliquée au fond du litige n'est pas le droit OHADA dans le cadre d'un arbitrage ad hoc, la CCJA ne sera pas compétente pour statuer en cassation[523]. Il ne peut donc pas accorder l'exequatur communautaire, car seules les juridictions nationales seront compétentes dans ce cas[524]. De même, lorsque le siège du tribunal arbitral est situé dans un État tiers à l'espace géographique OHADA, les parties ne sont pas autorisées à appliquer le droit communautaire OHADA au fond du litige[525]. Ainsi, une sentence arbitrale issue d'un tribunal arbitral ad hoc situé hors de l'espace OHADA ne pourra pas bénéficier de l'exequatur régional.

254. Une sentence arbitrale provenant d'un tribunal arbitral ad hoc dans un État partie de l'OHADA peut donc obtenir l'exequatur régional. Par ailleurs, une sentence arbitrale CCJA est naturellement destinée à obtenir l'exequatur régional et obtenir par la suite une formule exécutoire auprès d'un juge étatique d'un État membre de l'OHADA. Il y a lieu de décrire la procédure d'obtention de la formule exécutoire et d'évaluer les chances d'exécution de la sentence arbitrale dans les États parties.

---

[521] CCJA, 8 janvier 2004, arrêt n°004/2004, *Attiba Dénis et autres c/ Compagnie multinationale Air Afrique et autres,* Le juris-ohadata, janvier-mars 2004, n°1, obs. K. M. Brou, p. 23.

[522] CCJA, 11 octobre 2001, arrêt n°004/2001, Bicig c/ Egatrans, La Revue du CERDIF, juillet-décembre 2002, vol. 1, n°2, obs. E. Nsie, p. 176.

[523] O. Bah, op. cit, p. 176 et ss.

[524] Ibid.

[525] Ibid. ; CCJA, 2em Ch., Arrêt n° 03/2017 du 26 janvier 2017, Aff. VODACOM international Limited c/ Congolese Wireless Network SPRL, LEDAF, 2017, n°06, obs. M. Goré.

2. Effet relatif de l'exequatur régional CCJA

255. Le président de la CCJA ou le juge délégué saisi aux fins d'exequatur peut accorder ou refuser l'exequatur régional dans le cadre d'un arbitrage CCJA[526]. L'ordonnance de refus d'exequatur à la suite d'un arbitrage institutionnel CCJA peut faire l'objet d'un recours devant la juridiction communautaire[527]. L'ordonnance de refus d'exequatur annulée par la CCJA confère l'exequatur régional à la sentence arbitrale[528]. La CCJA peut aussi accorder l'exequatur régional lorsqu'elle est saisie par pourvoi en cassation[529]. La décision du président de la CCJA rendue sous forme d'ordonnance d'exequatur ou l'arrêt de la CCJA accordant l'exequatur n'est pas susceptible de recours[530]. Les parties peuvent aussi prévoir par voie conventionnelle de renoncer au recours contre l'ordonnance d'exequatur. Les parties peuvent aussi formuler devant le juge de la CCJA un recours en annulation contre la sentence[531]. La procédure devant la CCJA est contradictoire. Une sentence arbitrale internationale rendue par un tribunal arbitral ad hoc ayant son siège dans l'espace OHADA peut faire l'objet de recours en annulation. Le recours n'est plus admis au-delà d'un mois après la signification de la sentence arbitrale.

256. Pour les sentences rendues par la CCJA, les parties peuvent formuler un recours en annulation dans un délai de deux mois suivant la notification de la sentence arbitrale[532]. En cas de saisine du juge de l'annulation de l'État membre de l'OHADA[533], celui-ci dispose d'un délai de trois mois pour se prononcer sur le recours en annulation de la

---

[526] C.A. Paris, P. 1, ch. 1, 14 avr. 2015, n° 14/05996, *État du Mali c/ Groupe Tomota, M. Acquaviva, prés., Mmes Guihal et Dallery, cons. ; Mes Meyer et Castellane, av., Gazette du Palais* - n°339, 2015, obs. Bensaude, p. 18.

[527] CCJA, 29 nov. 2011, *République de Guinée équatoriale et la Communauté des États d'Afrique centrale (CEMAC) c/ la Commercial Bank of Guinea Ecuatorial (CBGE), Cahiers de l'arbitrage - n°4, 2013,* note A. Ngwanza, p. 1141.

[528] A. Fénéon, J.-M. Tchakoua, N. Aka, *Le nouveau droit de l'arbitrage et de la médiation en Afrique (Ohada), LGDJ, 2018,* p. 372.

[529] O. Bah, op. cit, p. 177 et ss.

[530] Article 32, alinéa 2 de l'AUA OHADA. ; S.-C. Ekani, « Intégration, exequatur et sécurité juridique dans l'espace OHADA. Bilan et perspective d'une avancée contrastée *», Revue internationale de droit économique 2017/3 (t. XXXI),* pages 55 à 84.

[531] Article 27 de l'Acte Uniforme relatif au droit de l'Arbitrage et l'article 29.3 du règlement d'arbitrage de la CCJA.

[532] CCJA, 7 juin 2012, arrêt n°049/2021, *Société PRO-PME Finance SA c/ M. Tanko Jean et Mme Tanko née Ndouhe Madeleine, RTD com.*, 2017, p. 753, obs. R. Nemedeu.

[533] Article 27 de l'Acte Uniforme relatif à l'Arbitrage.

sentence[534]. À terme de ce délai, il est dessaisi d'office et les parties peuvent saisir le juge de cassation de la CCJA qui peut statuer dans un délai maximum de six mois[535]. Dans l'hypothèse où le recours en annulation de la sentence arbitrale est suivi de la saisine du juge de l'exequatur, les deux requêtes sont jointes[536]. La CCJA, dans un arrêt du 1er décembre 2016, a considéré que la jonction du recours en annulation et celui de l'exequatur ont pour finalité la bonne administration de la justice[537]. Ce même raisonnement pour la jonction des recours est valable devant le juge judiciaire français[538]. Au cas où le recours en annulation intervient après le prononcé de l'ordonnance d'exequatur, l'exécution de la sentence arbitrale est suspendue jusqu'au prononcé de la décision de la CCJA[539]. Dans l'hypothèse où la sentence arbitrale CCJA fait l'objet d'une exécution provisoire, le recours en annulation ne peut suspendre les effets de son exécution provisoire[540].

257. Après l'obtention de l'exequatur régional, le juge de l'exécution de l'État partie requis aura une tâche bien précise. Il sera chargé d'ordonner l'exécution de la sentence après vérification de l'authenticité de la sentence de la CCJA exequaturée[541]. Cependant, l'obtention de la formule exécutoire de la sentence arbitrale internationale est soumise à des procédures particulières et spécifiques à chaque État partie[542]. Le droit OHADA ne prévoit aucun délai contraignant pour que l'organe habilité appose la formule exécutoire sur la sentence arbitrale internationale exequaturée. Le droit communautaire OHADA n'encadre donc pas suffisamment les procédures du droit interne des États parties en matière

---

534 Article 27, alinéa 2 de l'Acte Uniforme relatif à l'Arbitrage.

535 O. Bah, op. cit, p. 177 et ss.

536 Cf. article 30.2, alinéa 2 du Règlement de la CCJA. ; CCJA, Arrêt n°027/2017, 02 mars 2017, *État Malien et Société des Télécommunications de Mali SA (SOTELMA SA) c/ Seaquest-infotel Mali SA (SQIM SA)*. E. Legal News, numéro 3, 2017, p. 6-9.

537 CCJA, 1er décembre 2016, Arrêt n° 160/2016, *Compagnie malienne pour le développement des textiles et Groupement des syndicats de producteurs de Coton et Vivrier du Mali (GSCVM) c/ Société Inter Africaine de Distribution (IAD), Cah. arb.*, 2013, n°4, obs. A. Ngwanza, p. 1149.

538 Articles 367 et 368 du Code de procédure civile français. ; C.A. Metz, 16 mai 2002, RG no 01/01825, Juris-Data n°2002-185791, Répertoire de procédure civile, *Dalloz 2019*, obs. Loïc Cadiet.

539 Art. 26 de l'AUA OHADA. ; Article 25 du Traité OHADA.

540 Article 32, al. 3 de l'AUA OHADA.

541 Article 46 du règlement de procédure de la CCJA.

542 O. Bah, op. cit. p. 311.

de l'obtention de la formule exécutoire nécessaire à l'exécution de la sentence arbitrale internationale[543].

258. Ces aspects de l'exécution de la sentence arbitrale semblent donc échapper au droit communautaire. Par ailleurs, les organes habilités à apposer la formule exécutoire ne sont pas à l'abri des influences et des pressions du monde politique et économique. Ces différentes hypothèses peuvent empêcher ou retarder l'obtention de la formule exécutoire[544]. Ainsi, au Bénin, au Gabon, au Cameroun et au Mali, c'est le greffier qui est habilité à apposer la formule exécutoire [545]. En République centrafricaine, au Niger et au Sénégal, c'est le juge de l'exécution qui est compétent[546]. L'autorité habilitée à apposer la formule exécutoire ne relève pas forcément du secteur judiciaire. Ainsi, au Burkina Faso, aux Comores, au Congo, en Côte d'Ivoire, en Guinée, en Guinée-Bissau, en Guinée Équatoriale, au Tchad et au Togo, c'est une autorité administrative qui est compétente en la matière. Il s'agit d'une autorité administrative désignée par le gouvernement qui est compétente[547].

259. L'exequatur régional accordé aux sentences arbitrales du tribunal arbitral de la CCJA ainsi qu'à celles des tribunaux ad hoc est un instrument qui symbolise l'efficacité de la circulation des sentences arbitrales au sein de l'OHADA. Il faut cependant préciser que la phase d'exécution des sentences arbitrales dans le cadre d'une procédure d'exécution forcée relève du domaine régalien des États membres de l'OHADA. L'office des autorités étatiques en charge d'apposer les formules exécutoires sur la sentence ayant obtenu l'exequatur régional n'est pas encadré par le droit communautaire, ce qui peut poser un problème. Il serait donc utile de coordonner au niveau des États membres les procédures d'exécution des sentences arbitrales par le biais d'un instrument juridique communautaire.

260. À l'instar de l'espace OHADA, les États membres de la Ligue arabe ont aussi signé la Convention de Riyad pour organiser la circulation des sentences arbitrales au sein de leur espace géographique commun. Cependant, les cadres juridiques et judiciaires qui organisent la circulation des sentences arbitrales au sein des deux organisations sont de natures

---

543 OHADA, Acte Uniforme portant organisation des procédures simplifiées de recouvrement et des voies d'exécution, *J.O OHADA*, p. 40.

544 O. Bah, op. cit., p. 312.

545 R. Davakan, « L'exécution des décisions de la CCJA dans les droits internes », éd. *RDAA*, 2014, p. 11.

546 Ibid.

547 R. Davakan, op. art. p. 11.

différentes. Le droit OHADA applicable à la circulation des sentences arbitrales est supranational alors que la Convention de Riyad organise la circulation des sentences arbitrales sous la bannière de la coopération judiciaire. Il est aussi utile de rappeler que la Ligue arabe est une organisation intergouvernementale.

Paragraphe 2 : Régime juridique controversé de la convention de Riyad

261. La Convention sur la coopération judiciaire signée le 6 avril 1983 à Riyad[548] entre les États membres de la Ligue arabe est entrée en vigueur en octobre 1985[549]. Cette convention abroge la précédente dénommé « la Convention de la Ligue arabe de 1952 sur l'exécution des décisions judiciaires et des sentences arbitrales ». En 1984, le Secrétariat général de la Ligue arabe a lancé l'idée de créer un centre d'arbitrage international arabe permanent, à l'instar des centres d'arbitrage commercial international qui existaient déjà[550]. Pour la mise en œuvre de la Convention de Riyad, les chartes et les règlements ont été conçus pour réguler le fonctionnement des organisations subsidiaires et spécialisées créées dans le cadre de la Convention. Les chartes et Règlements qui régissent le fonctionnement des organisations arabes spécialisées et subsidiaires considèrent l'arbitrage comme mode efficace de règlement des différends. À titre illustratif, la Charte de l'Union postale arabe[551] prévoit l'arbitrage en cas de désaccord sur l'interprétation des dispositions de la Charte. La Charte de l'Union arabe des télécommunications[552] prévoit également l'arbitrage en cas de désaccord entre deux membres de cette Union sur l'interprétation de la charte. Enfin, le Fonds arabe pour le développement économique et social a aussi opté pour l'arbitrage comme

---

548 https://www.refworld.org/docid/3ae6b38d8.html

549 Sont parties à cette convention, le Royaume Hachémite de Jordanie, Les Émirats arabes unis, Le Royaume de Bahreïn, La République tunisienne, La République algérienne démocratique et populaire, La République de Djibouti, Le Royaume d'Arabie Saoudite, La République démocratique du Soudan, La République arabe de Syrie, La République démocratique de Somalie, La République irakienne, Le Sultanat d'Amman, La Palestine, L'État du Qatar, L'État du Koweït, La République du Liban, La Jamahiriya arabe Socialiste Populaire Libyenne, le Royaume du Maroc, La République Islamique de Mauritanie, La République arabe du Yémen et La République démocratique populaire du Yémen.

550 Le Secrétariat général de la Ligue arabe a confié au Dr. Mufid Shehab (Ministre d'État des Affaires juridiques et parlementaires - Égypte) la mission de préparer une étude comparative des systèmes d'arbitrage commercial international existant dans le monde et de rédiger les règles d'un Centre d'Arbitrage arabe.

551 Article 16 of the Charter of the Arab Post Union.

552 Article 20 of the Charter of the Arab Telecommunications Union.

mécanisme de règlement des différends[553]. La Charte du Fonds prévoit également l'arbitrage pour le règlement des différends. Il s'agit des différends qui pourraient surgir entre le Fonds, en tant que prêteur, et l'emprunteur, qu'il s'agisse d'un État, d'une organisation publique ou privée[554].

262. Nonobstant l'existence des instruments subsidiaires pour promouvoir l'arbitrage dans les pays arabes, la Convention de Riyad n'encadre pas de façon efficace la circulation des sentences arbitrales dans les États membres (**A**). De même, elle ne consacre pas une juridiction régionale pour assurer une circulation coordonnée des jugements et des sentences arbitrales et ne pose pas le cadre d'une interaction cohérente avec la Convention de New York de 1958 (**B**).

A. Absence d'effectivité de la circulation des sentences arbitrales

263. Avant l'entrée en vigueur de la Convention de Riyad en 1983, la circulation des sentences arbitrales entre les États arabes était régie par la Convention de la Ligue arabe de 1952. Cette convention fixait des conditions pour la reconnaissance des sentences arbitrales dans les États parties. Il s'agissait de l'exigence d'une expédition authentique du jugement étranger incorporant la sentence arbitrale qui devait être signifiée au juge de l'exequatur et au juge de l'exécution. Il fallait par ailleurs établir la preuve de la réciprocité entre le pays originaire de la sentence arbitrale et le pays dans lequel elle avait vocation à être exécutée. La procédure d'exequatur et celle régissant les recours en annulation étaient définies par le droit positif processuel des États parties. Enfin, la partie demanderesse de nationalité étrangère était tenue de payer une caution ou des droits et la charge de la preuve lui revenait[555].

264. Avec plusieurs mutations de taille intervenues dans les relations commerciales entre les pays arabes et au niveau mondial, la Convention de la Ligue arabe de 1952 a dû être remplacée par la Convention de Riyad en 1983. Cette nouvelle convention pose clairement le cadre juridique (**1**) et judiciaire (**2**) qui régit la circulation et la reconnaissance des sentences arbitrales au sein des États parties. Cependant, la reconnaissance des

---

[553] Article 37 of the Charter establishing the Fund.
[554] Article 6 of the Charter establishing the Fund.
[555] Articles 3 ; 5 ; 6 et 8 de la Convention de la ligue arabe de 1952. ; E. Abdallah, « La Convention de la Ligue arabe sur l'exécution des jugements, étude comparative du droit conventionnel comparé avec le droit interne », *RCADI*, 1973, t. 138, p.522. ; N. Najjar, *Arbitrage dans les pays arabes et commerce international*, *LGDJ*, 2016, p. 184 et ss.

sentences arbitrales dans le cadre de la Convention souffre d'un régime procédural complexe. La cause principale est l'absence d'effectivité de l'application du cadre de coopération judiciaire entre les États lorsqu'il s'agit d'exécuter les sentences arbitrales.

1. L'encadrement de la circulation des sentences arbitrales

265. Le champ d'application de la Convention de Riyad sur la coopération judiciaire entre les États membres de la Ligue arabe est très large. La convention s'applique notamment à la reconnaissance des jugements prononcés dans le cadre des actions civiles, commerciales, administratives et sur les questions relatives à l'état des personnes[556]. La Convention ne contient qu'un seul article qui traite véritablement des questions relatives à l'arbitrage. Il s'agit de l'article 37, dernier article de la partie V traitant de la reconnaissance et de l'exécution des décisions rendues en matière civile, commerciale, administrative ou de droit d'auteur. Toutefois, cet article renvoie aux autres articles de la partie V, notamment aux articles 25 à 36 relatifs aux décisions judiciaires. En effet, cet article précise que les sentences arbitrales seront reconnues et exécutées dans chacun des États parties de la Convention dans les mêmes conditions que les décisions judiciaires. En référence à l'article 32 de la Convention, la mission du juge judiciaire compétent dans le pays contractant où la reconnaissance ou l'exécution est demandée se limite à la reconnaissance ou à l'exécution des sentences arbitrales. Le juge judiciaire d'exequatur ou de l'annulation ne peut donc pas examiner le fond de l'affaire.

266. L'exécution de la sentence arbitrale dans les États parties à la Convention requiert deux conditions obligatoires. Il s'agit tout d'abord de la forme et de la nature de la sentence arbitrale[557], et ensuite de la régularité de la procédure devant le tribunal arbitral[558]. S'agissant de la forme, la partie qui demande la reconnaissance ou l'exécution d'une sentence arbitrale doit présenter une copie certifiée conforme de la sentence. Par ailleurs, elle doit fournir un certificat de l'autorité judiciaire

---

[556] Article 25-37 de la Convention de Riyad de 1983. N. Najjar, Ibid. pp. 909-910. ; K. Bälz, Aouni et Sh. Almousa, « La reconnaissance et l'exécution des jugements étrangers et des sentences arbitrales en vertu de la Convention de Riyad (1983) : trente ans de coopération judiciaire arabe », *Revue international du droit procédurale,* 2014, p. 273-288.

[557] Article 25(c) de la Convention de Riyad. ; N. Najjar, Ibid. p. 187. ; K. Bälz, Aouni et Sh. Almousa, op. cit.

[558] Article 30 de la Convention de Riyad. ; N. Najjar, Ibid. p. 187. ; K. Bälz, Aouni et Sh. Almousa, op. cit.

confirmant que la sentence est exécutoire. Il ne suffit donc pas que la sentence soit elle-même définitive. Elle doit également être certifiée exécutoire par l'autorité judiciaire du pays où elle a été rendue. Il s'agit donc là de l'exigence d'un double exequatur. Il peut y avoir un accord écrit et applicable entre les parties permettant aux arbitres de régler un ou plusieurs litiges déterminés. Dans ce cas, les parties fourniront une copie certifiée conforme de cet accord qui doit également être présenté avec la sentence. S'agissant des conditions de fond, la sentence arbitrale doit répondre aux exigences suivantes :

- la sentence doit respecter les conventions et accords internationaux applicables dans le pays où l'exécution est demandée[559].

- la sentence doit avoir été adoptée dans le respect du principe de contradictoire.

- la sentence doit respecter la règle interdisant qu'une affaire soit pendante devant deux tribunaux en même temps (litispendance)[560].

- la procédure d'arbitrage ne doit pas être effectuée sur la base d'une convention d'arbitrage nulle, la sentence arbitrale doit être définitive et ne pas être destinée à l'exécution de mesures provisoires[561].

- la composition du tribunal arbitral doit être régulière en vertu de la clause compromissoire, de la convention d'arbitrage ou de la loi en vertu de laquelle la sentence a été rendue[562].

267. La Convention prévoit sans préjudice en son article 30 que les parties contractantes reconnaissent les décisions rendues par les tribunaux de toute autre partie contractante en matière civile et commerciale, y compris les sentences arbitrales[563]. La Convention de Riyad consacre donc le caractère obligatoire des sentences arbitrales rendues dans un pays contractant sans tenir compte de la nationalité de la partie en faveur de

---

559 Article 25 (c) (2) de la Convention de Riyad. ; N. Najjar, Ibid. p. 187. ; K. Bälz, Aouni et Sh. Almousa, op. cit.
560 Article 30 de la Convention de Riyad. ; N. Najjar, Ibid. p. 187. ; K. Bälz, Aouni et Sh. Almousa, op. cit.
561 Ibid.
562 Article 37 de la Convention de Riyad. ; N. Najjar, Ibid, pp. 419-453. ; K. Bälz, Aouni et Sh. Almousa, op. cit.
563 A. H. El-Ahdab, *Arbitration with the Arab Countries*, 3rd revised and Expended, éd. 2011, *Wolters Kluwer, Law & Business*, p. 889 et ss.; K. Bälz, Aouni et Sh. Almousa, op. cit.

laquelle la décision a été rendue. À titre d'exemple, un jugement ou une sentence rendu(e) aux Émirats arabes unis en faveur devra donc être reconnu et exécutoire sans une procédure particulière en Égypte. Cependant, la Convention de Riyad ne pose toutefois pas clairement de règles procédurales pour la reconnaissance et l'exécution des sentences arbitrales entre les États parties. Elle renvoie aux procédures judiciaires en vigueur dans les pays signataires. Cette faiblesse de la convention est de nature à limiter la circulation des sentences arbitrales entre les États parties.

2. Les contraintes procédurales nationales

268. En matière de procédure de reconnaissance des sentences arbitrales, la Convention de Riyad renvoie à la procédure en vigueur dans l'État Partie. Par ailleurs, la compétence du tribunal arbitral doit être déterminée selon les règles de compétence judiciaire internationale admise par le pays contractant où la reconnaissance ou l'exécution est demandée[564]. En outre, la Convention prévoit un double exequatur. La sentence arbitrale rendue dans l'un des pays contractants peut être exécutée sur le territoire d'un autre État partie à condition qu'elle soit reconnue au siège du tribunal arbitral[565]. Cette condition est un obstacle à la circulation des sentences arbitrales et rend complexe la procédure d'exécution dans un État tiers. Par ailleurs, l'alinéa c de l'article 25 de la convention interdit la reconnaissance dans les États parties, des décisions rendues contre le gouvernement de l'État contractant où la reconnaissance ou l'exécution est demandée[566]. En d'autres termes, la Convention de Riyad fait défense aux juges judiciaires d'exequatur et de l'annulation de reconnaître une sentence arbitrale qui met en cause les États parties. Il s'agit d'une entrave importante à la circulation des sentences arbitrales au sein des pays signataires de la Convention.

269. Par ailleurs, les sentences arbitrales ordonnant des mesures provisoires et conservatoires ne sont pas reconnues dans les États parties à la Convention de Riyad. Seules les sentences arbitrales qui tranchent définitivement les litiges arbitraux sont susceptibles d'être exécutées dans les États parties à la Convention[567]. Il en résulte que le tribunal arbitral ne peut pas sauvegarder le droit du créancier lorsqu'il est nécessaire dans

---

[564] Article 25(b) de la Convention de Riyad. N. Najjar, *op. cit*, pp. 419-453. ; K. Bälz, Aouni et Sh. Almousa, op. cit.

[565] Article 31 de la Convention de Riyad. ; K. Bälz, Aouni et Sh. Almousa, op. cit.

[566] Ibid. ; K. Bälz, Aouni et Sh. Almousa, op. cit.

[567] Articles 30 et 37 de la Convention de Riyad. ; K. Bälz, Aouni et Sh. Almousa, op. cit..

certains cas d'exiger du débiteur des cautions ou des garanties. La Convention réduit donc la circulation des sentences arbitrales aux seules sentences qui tranchent définitivement le litige arbitral. La Convention de Riyad permet au juge judiciaire national de refuser l'exequatur ou d'annuler une sentence arbitrale lorsque celle-ci est en contrariété avec la Constitution ou les bonnes mœurs en vigueur dans le pays requis[568].

270. Par ailleurs, la Convention permet au juge judiciaire de ne pas reconnaître une sentence arbitrale lorsque cette dernière est contraire à la Charia musulmane[569]. Cette condition est source d'insécurité juridique, car la détermination du contenu exact des règles d'ordre public dans les pays signataires de la Convention est alors complexe. En effet, la Convention de Riyad ne définit pas clairement la notion de la Charia musulmane. Une sentence arbitrale qui accorde des intérêts juridiques au requérant sur la base du droit saoudien, ou des intérêts contractuels en vertu du droit Qatari, pourrait être considérée en Égypte comme contraire aux principes de la Charia musulmane. Tout dépendra du contenu que le droit positif donne au contenu de la notion dans chaque pays signataire de la Convention de Riyad. Il faut aussi avoir à l'esprit que le contenu de cette notion supplémentaire d'ordre public dépend fortement des traditions juridiques en présence. L'interprétation de la notion de l'ordre public n'est pas la même selon qu'on soit en présence de la tradition sunnite ou chiite.

271. La mise en œuvre de la Convention de Riyad dans le cadre de la reconnaissance des sentences arbitrales se heurte à deux obstacles d'ordre structurel propres à la Convention. Il s'agit du silence de la Convention sur sa conformité à la Convention de New York de 1958 et de l'absence d'organes juridictionnels régionaux pour contrôler son application.

B. Les limites structurelles de la convention de Riyad

272. Outre son utilité formelle pour les États parties, la Convention de Riyad de 1983 présente des faiblesses structurelles qui ne concourent pas à favoriser la circulation des sentences arbitrales internationales. Il s'agit notamment des questions liées au respect du principe de la hiérarchie des normes juridiques internationales. Par ailleurs, la Convention de Riyad ne constitue pas le socle du droit des affaires entre les États parties et a peu de convergence avec les objectifs de la Convention de New York de 1958. Il en résulte une cohabitation conflictuelle entre les deux conventions. En

---

[568] Ibid. ; K. Bälz, Aouni et Sh. Almousa, op. cit.

[569] Article 30 (a) de la Convention de Riyad. ; K. Bälz, Aouni et Sh. Almousa, op. cit.

effet, la Convention de Riyad ne semble en réalité pas apporter un grand changement par rapport à la Convention de la ligue arabe de 1952 en matière d'exécution des sentences arbitrales internationales. En effet, elle réitère en ses articles 25 et 37 la nécessité d'intégrer la sentence arbitrale étrangère dans un support judiciaire, c'est-à-dire dans un jugement avant que la demande d'exequatur ne soit déclarée recevable. Par ailleurs, la Convention garde le silence sur sa conformité à la hiérarchie des normes juridiques internationales, notamment sur ses rapports avec la Convention de New York[570].

273. En effet, certains États parties à la Convention de Riyad avaient déjà adhéré à la Convention de New York. Les pays signataires de la Convention de Riyad pourraient faire référence aux principes de « *lex speciali derogat legi generali* » et de « *lex posterior derogat legi priori* ». Ces principes permettent de justifier son application en cas de conflit avec la Convention de New York. Cependant, l'usage de ces principes de régulation de la hiérarchie des normes internationales est très encadré. La maxime « *lex specialis derogat legi generali* » est une méthode en droit international qui permet l'interprétation et la résolution des conflits des normes. Cette maxime permet de faire prévaloir la norme la plus spécifique sur la norme générale en cas de conflits entre deux ou plusieurs normes applicables à une même matière[571]. L'application du principe de *lex specialis* suppose que le droit spécial tienne compte du droit général existant, notamment de la conformité du droit spécial à la hiérarchie des normes juridiques internationales[572]. En cas de nécessité, l'application de *lex specialis* devrait aboutir à une interprétation ou à une solution plus équitable entre les normes en conflit[573]. En effet, l'application de la *lex specialis* peut traduire un caractère supplétif du droit spécial par rapport au droit général. L'application du droit spécial permet de mieux appliquer, de préciser, de mettre à jour le droit général[574]. Il est donc capital de préciser que l'application du droit spécial n'emporte pas l'extinction du droit général pertinent, au contraire le droit général devrait servir de boussole au droit spécial[575].

---

570 Article 72 de la Convention de Riyad de 1983. ; N. Najjar, *op. cit. ;* K. Bälz, Aouni et Sh. Almousa, op. cit.

571 *Aff. des Concessions Mavrommatis en Palestine* (1924), C.P.J.I. série A no 2 (1924), p. 31

572 M. Ubéda-Saillard, « la mise en œuvre de la *lex specialis* dans le droit international contemporain », *Pédone*, 2017, p. 1-10

573 Ibid.

574 Ibid.

575 Ibid.

274. L'usage de la *lex posterior derogat legi priori* est régi par l'article 30 de la Convention de Vienne sur le droit des traités. Il est évoqué dans les cas où les parties au traité postérieur sont également parties à un traité antérieur toujours en vigueur et qu'au même moment les deux traités portent sur la même thématique. Ainsi, l'application de la *lex posterior derogat legi priori* intervient lorsqu'on estime faire prévaloir le droit postérieur sur le droit antérieur. Néanmoins, l'usage de ce principe a des limites et ne peut s'appliquer lorsque les parties au traité antérieur ne sont pas les mêmes au traité postérieur[576]. Par ailleurs, en cas de conflit entre les traités ou conventions internationales relevant de différents régimes, il n'y aura pas une présomption de priorité du traité postérieur sur le traité antérieur. L'objectif étant de préserver le droit des tiers et d'éviter de porter atteinte au droit substantiel des parties[577]. Les États concernés par les deux conventions ou traités devraient plutôt s'inscrire dans une accommodation et adaptation mutuelle pour mieux réaliser l'objectif des deux traités[578].

275. Le principe de *lex posterior derogat legi priori* ne peut s'appliquer lorsque les parties ont eu au départ l'intention de l'exclure dans la convention postérieure [579]. Ce principe pourrait s'appliquer lorsqu'un nombre limité des parties au traité antérieur signataire de la convention postérieure conclut entre elles un accord « *inter se*[580] ». Cela permettrait aux parties de prendre des mesures concrètes utiles pour une bonne application de la convention antérieure, à condition toutefois que le traité antérieur n'interdise pas cet accord. Par ailleurs, les dispositions de l'accord postérieur ne doivent pas porter atteinte aux éléments substantiels du traité originel[581]. Les parties peuvent aussi prévoir des clauses de conflits appropriées dans le traité postérieur pour régler les interactions conflictuelles entre les conventions originelles et postérieures. Ces clauses de conflits qui pourraient conduire à l'application de la *lex posterior derogat legi priori* sont admissibles sous trois conditions. Il s'agit de la sauvegarde du droit des tiers ; le contenu des clauses doit être clair et précis et enfin lesdites clauses doivent être adaptées aux moyens de règlement des différends adoptés dans le traité.

---

[576] Article 30, paragraphe 4 de la Convention de Vienne sur le droit des traités.
[577] V. Correia, « L'adage *lex specialis derogat generali* : Réflexions générales sur sa nature, sa raison d'être et ses conditions d'application », précis…, pp. 1-24.
[578] Ibid.
[579] Ibid.
[580] Conclusion d'accord spécial uniquement entre les parties.
[581] Article 41 de la Convention de Vienne sur le droit des traités.

276. Les conditions de reconnaissance des sentences arbitrales internationales prévues par la Convention de Riyad de 1983 semblent plus rigoureuses que celles prévues par la Convention de New York. À titre d'exemple, la sentence arbitrale rendue dans un État partie à la Convention de Riyad doit être reconnue et incorporée dans un jugement au siège. Cette condition est obligatoire pour formuler une demande d'exequatur dans un État partie à la Convention de Riyad. Cette condition n'est pas conforme à l'article III de la Convention de New York. Il en résulte que dans le contexte de l'application de la Convention de Riyad, celle-ci ne s'inscrit pas entièrement dans une logique d'équilibre avec la Convention de New York. Les conditions ne sont donc pas réunies pour l'application de la « *lex speciali derogat legi generali* » dans le cadre de la cohabitation entre ces deux Conventions. Enfin, l'absence de prise en compte par les rédacteurs de la Convention de Riyad de 1983 des règles de la hiérarchie des normes juridiques internationales semble traduire une méconnaissance des principes du droit international. Dans le cadre des interactions entre la Convention de New York et la Convention de Riyad, l'application de la *lex posterior derogat legi* ne répond pas aux exigences de la Convention de Vienne sur le droit des traités. Le juge judiciaire des États parties de la Convention de Riyad ne serait donc pas habilité à la faire prévaloir sur la Convention de New York au risque de violer la Convention de Vienne sur le droit des traités.

277. Par ailleurs, la Convention de Riyad de 1983 exclut l'exécution des sentences arbitrales portant sur les intérêts des États parties et de leurs émanations[582]. Les rédacteurs de la Convention ne définissent cependant pas clairement si l'immunité conférée aux États parties en matière d'exécution des sentences arbitrales porte sur les actes souverains ou les actes commerciaux. La Convention entretient un flou sur la capacité de l'État de s'engager ou non dans une procédure d'arbitrage. Par ailleurs, la Convention de Riyad ne précise pas non plus si un État, une entité ou une entreprise publique qui réalise des actes commerciaux pourrait ou non se prévaloir de l'immunité souveraine[583]. Ces différents points non résolus par la Convention constituent des limites structurelles qui ne concourent pas à la circulation des sentences arbitrales au sein des États parties à la Convention.

---

[582] Article 25, alinéa c de la Convention de Riyad de 1983 et Article 31 de la Convention de Riyad.

[583] K. Balz and A. Shahoud Almousa, op. cit., pp. 273-288.

278. De même, l'application de la Convention est limitée dans la pratique. La première limite résulte d'une absence d'harmonisation des règles en droit des affaires par comparaison au droit OHADA. En second lieu, les États parties à la Convention entretiennent plus des relations économiques avec les États-Unis, l'Europe, les marchés émergents d'Asie et d'Amérique du Sud et l'Afrique. La troisième raison est l'absence d'organe de suivi de l'application de la Convention de Riyad. Enfin, l'inaccessibilité des bases de données jurisprudentielles des États parties portant sur l'application de la Convention de Riyad rend difficile l'appréciation de l'efficacité de la convention. L'intégration du droit des affaires et d'investissement régional entre les États parties à la Convention de Riyad n'est donc pas très avancée.

279. L'absence de consécration des règles de procédures par la Convention de New York de 1958 en matière d'exécution des sentences arbitrales étrangères engendre deux conséquences principales. Il s'agit d'une part de la cohabitation entre le droit positif des États signataires de la Convention et les cadres juridiques nationales et régionales en matière d'exécution des sentences arbitrales dans ces États. D'autre part, l'application du droit national ou du droit régional par le juge de l'exequatur ou de l'annulation des États parties donne aux juridictions des pouvoirs d'appréciations larges. Cette situation peut conduire à des craintes en termes d'exécution des sentences arbitrales étrangères. Il s'agit dans certains cas des motifs de refus d'exequatur et d'annulation des sentences arbitrales, notamment une interprétation élargie de la notion d'ordre public par les juridictions nationales ou régionales. Ces cas de refus interrogent quant à leur bien-fondé juridique, car ils constituent des obstacles potentiels à l'efficacité de la circulation des sentences arbitrales internationales comme nous le montrerons dans le chapitre suivant.

CHAPITRE 2 : LES OBSTACLES À LA CIRCULATION DE LA SENTENCE ARBITRALE

280. L'obtention d'une ordonnance d'exequatur pour procéder à l'exécution forcée d'une sentence arbitrale étrangère ou internationale n'est pas une étape simple, du moins dans certains États. La procédure d'exequatur peut être sommaire, c'est-à-dire *prima facie* ou complexe selon le système juridique et la tradition judiciaire du pays d'exécution de la sentence arbitrale. Même lorsque la procédure d'exequatur semble présenter un caractère sommaire, comme en France, il peut y avoir des aspects imprévus par rapport à l'étendue du pouvoir d'interprétation du juge de l'exequatur. L'origine de cette difficulté est l'absence de limitation précise du cadre de contrôle du juge de l'exequatur. Par ailleurs, le droit positif de certains pays, notamment la Russie ou le droit communautaire en vigueur dans certaines régions comme l'OHADA, réserve un traitement inégal aux sentences arbitrales. Les règles de procédures appliquées aux sentences arbitrales étrangères et locales sont différentes, ou encore aux sentences arbitrales issues d'un arbitrage en amiable composition. Toutes ces questions et réalités procédurales doivent être identifiées et analysées afin de mettre en lumière les difficultés que peuvent dégager certaines procédures d'exequatur (**Section 1**).

281. Par ailleurs, dans le cadre d'une procédure d'exequatur, un point crucial mérite d'être souligné s'agissant des cas de contrôle. Il s'agit du cas de contrôle relatif à l'ordre public international. Le contenu de la notion d'ordre public international est difficile à saisir, ce qui pose un problème d'interprétation par le juge de l'exequatur. Dans l'hypothèse où le juge de l'exequatur dispose d'un pouvoir d'interprétation large, il peut selon les cas donner une interprétation stricte ou étendue de l'ordre public international. Dans l'hypothèse où cette marge de manœuvre du juge n'est pas encadrée, il y aura une incertitude en matière de reconnaissance et d'exécution des sentences arbitrales internationales (**Section 2**).

SECTION 1 : La rigidité des procédures d'exequatur

282. Pour obtenir l'exécution forcée des sentences arbitrales internationales, la saisine du juge de l'exequatur est un passage incontournable. Certains États disposent des cadres juridiques processuels plus favorables à la reconnaissance des sentences arbitrales étrangères contrairement à d'autres États[584]. En effet, certaines législations mettent sur un pied d'égalité les sentences arbitrales internationales et les sentences étrangères et d'autres non[585]. Par ailleurs, il existe un autre aspect plus délicat et difficile à cerner. Il s'agit de l'étendue du pouvoir des juges en matière d'application des règles de procédures au stade de l'exequatur. C'est un aspect important à prendre en compte dans le cadre de la mise en œuvre des procédures d'exequatur. Lorsque l'usage de ce pouvoir n'est pas encadré, cela peut devenir problématique pour une interprétation cohérente des règles de procédures en matière d'exequatur. Finalement, un traitement différencié entre les sentences arbitrales internationales et étrangères posées par la loi et une absence d'encadrement de l'office des juges d'exequatur peuvent conduire à deux conséquences majeures. Il s'agit d'une part, des situations imprévisibles qui sont susceptibles de se produire dans le cadre de l'office du juge (**Paragraphe 1**). D'autre part, des contradictions entre les cadres législatifs ou des règles de procédures applicables en matière de reconnaissance des sentences arbitrales internationales (**Paragraphe 2**).

Paragraphe 1 : Les aléas liés à la procédure d'exequatur

283. Les procédures d'exequatur en vigueur dans les États signataires de la Convention de New York de 1958 ne sont pas exemptes d'obstacles à la reconnaissance et l'exécution des sentences arbitrales. La Convention de New York n'a en effet pas prévu de dispositions encadrant les procédures dans les États parties[586]. Il en résulte que le juge de l'exequatur peut interpréter de manière souveraine une règle de procédure applicable pour la reconnaissance d'une sentence arbitrale. Sur cette base, l'office du juge de l'exequatur s'inscrit dans une logique très variable source de difficulté d'encadrement du pouvoir d'interprétation du juge (**A**). Par ailleurs, le droit applicable à la reconnaissance et à l'exécution d'une sentence arbitrale est une autre source de difficulté. Notamment, en droit OHADA, l'Acte

[584] Dans le cadre de notre étude, la France, les États membres de l'OHADA, ; les USA, l'Angleterre disposent des arsenaux juridiques adaptés à l'application de la Convention de New York de 1958 contrairement aux États de tradition juridiques socialistes et ceux du droit musulman.

[585] C'est le cas dans l'espace OHADA (sentences arbitrales locales et étrangères) et aussi en Russie (les sentences internationales amiables compositeurs et les sentences issues d'un arbitrage institutionnel ou ad hoc). ;

[586] Voir supra les développements aux pages 6 et ss.; S. Akter, « Flipping the Hourglass: Time Limits for the Recognition and Enforcement of Foreign Arbitral Awards », p. 85 et ss., *in « 60 years of the New York Convention: Key Issues and Future Challenges », Wolters Kluwer*, 2019, p. 518.

Uniforme sur l'Arbitrage pose des règles différentes entre les sentences arbitrales étrangères et les sentences rendues dans l'espace OHADA (**B**).

A. Une délimitation mouvante de l'office du juge de l'exequatur

284. L'objectif principal de la Convention de New York de 1958 est de faciliter la circulation des sentences arbitrales internationales. L'article III de la Convention vise à empêcher une différence de traitement entre les sentences arbitrales étrangères et internes. Le juge de l'exequatur peut exceptionnellement faire référence à d'autres motifs que ceux prévus par la Convention, notamment à l'article V-1-e pour fonder en cas de nécessité le refus d'exequatur. Il s'agit de l'effet international de l'annulation à la suite de la suspension ou de l'annulation de la sentence arbitrale dans son pays d'origine. L'effet international de l'annulation ou de la suspension de la sentence arbitrale est cependant limité par l'article VII de la Convention. Ainsi, un pays signataire de la Convention peut faire prévaloir une loi nationale ou une convention internationale qui prévoit des conditions plus favorables à la reconnaissance de la sentence arbitrale étrangère. C'est le cas de la France qui applique son droit national, c'est-à-dire le Code de procédure civile à la place de la Convention de New York de 1958.

285. Le Code de procédure civile permet au juge français d'examiner la recevabilité d'une sentence arbitrale annulée au siège de l'arbitrage contrairement aux prescriptions de la Convention de New York. En effet, pour reconnaitre des sentences arbitrales annulées au siège du tribunal arbitral dans les affaires *Norsolor* et *Hilmarton*, la Cour de cassation française a considéré comme plus favorable le droit positif français[587]. Elle a confirmé cette même position dans l'arrêt du 23 mars 1994 dans l'affaire *Hilmarton.* Elle précise que la société *OTV* est fondée à se prévaloir des dispositions du Code de procédure civile pour s'opposer à l'application des cas de refus prévus à l'article V de la Convention de New York. Elle précise aussi que la sentence arbitrale annulée en Suisse peut faire l'objet d'une demande d'exequatur en France, car elle n'a pas fait l'objet d'intégration dans l'ordre juridique suisse. Il en résulte qu'en présence d'un régime juridique plus favorable que les dispositions de la Convention de New York, le juge de l'exequatur français devra appliquer le Code de procédure français.

---

[587] Cass. 1re civ. 23 mars 1994, *Rev. arb.* 1994, obs. Ch. Jarrosson, p. 327. ; *Clunet* 1994, note E. Gaillard ; *RTD.* com. 1994., obs. Loquin, p. 702. ; *Bull. civ.* I, n° 104 ; *D.* 1994. ; *IR.* 91. ; *Rev. crit. DIP* 1995., note Oppetit, p. 359.

286. La possibilité donnée aux États signataires de la Convention d'opter pour une autre loi ou un traité plus favorable ne règle pas toutes les difficultés liées à la circulation de la sentence arbitrale. En effet, même si un État dispose d'un cadre juridique favorable à la reconnaissance des sentences arbitrales étrangères et internationales des problèmes d'interprétations peuvent se poser. Ainsi, dans les systèmes de *Common Law*, notamment aux États-Unis où le juge de l'exequatur n'a pas une position constante sur la question du lien de rattachement entre le bien du débiteur et le for américain. Dans ce cadre, il est compétent pour vérifier la compétence du tribunal arbitral ou de la juridiction de l'État du siège du tribunal arbitral. Par ailleurs, dans certains pays on peut se retrouver avec des systèmes juridiques qui présentent plus d'une loi applicable à l'arbitrage international, c'est le cas en Russie. Tous ces paramètres constituent un frein à la circulation des sentences arbitrales internationales et étrangères.

287. Par ailleurs, en droit OHADA, il existe une différence de traitement en matière de reconnaissance et d'exécution entre les sentences arbitrales rendues dans l'espace OHADA et les sentences arbitrales étrangères. Les dispositions de l'Acte Uniforme de l'OHADA sur l'Arbitrage qui posent cette différence semblent ainsi restreindre la circulation de la sentence arbitrale internationale.

B. Inégalité de traitement des sentences arbitrales en droit OHADA

288. L'OHADA est constituée de dix-sept (17) États membres dont dix (10) sont parties à la convention de New York[588]. L'article 34 de l'Acte Uniforme de l'OHADA sur l'Arbitrage régit la reconnaissance et l'exécution des sentences arbitrales étrangères dans l'espace communautaire [589] . Selon cette disposition, les sentences arbitrales étrangères sont soumises pour l'obtention de l'exequatur dans les États membres à deux conditions non cumulatives. La première condition porte sur l'application d'un traité international, la seconde condition permet d'appliquer les dispositions de l'Acte uniforme en cas de silence des parties

[588]Bénin, Burkina Faso, Cameroun, Centrafrique, Côte d'Ivoire, Gabon, Guinée, Mali, Niger et le Sénégal.

[589]Article 34 de l'AUA OHADA dispose : « Les sentences arbitrales rendues sur le fondement de règles différentes de celles prévues par le présent Acte Uniforme, sont reconnues dans les États parties, dans les conditions prévues par les conventions internationales éventuellement applicables, et à défaut, dans les mêmes conditions que celles prévues aux dispositions du présent Acte uniforme ».

pour la reconnaissance de la sentence étrangère[590]. En référence à ces différentes conditions, on constate donc une différence de traitement entre les sentences arbitrales internationales susceptibles d'être exécutées dans l'espace OHADA. Les sentences arbitrales CCJA et celles rendues par les tribunaux arbitraux dont les sièges sont situés dans l'espace OHADA peuvent bénéficier d'un exequatur communautaire alors que les sentences hors zone OHADA n'en bénéficient pas. Cette discrimination de traitement procédural semble entrer en contrariété avec l'article III de la Convention de New York.

289. En effet, pour circuler dans l'espace OHADA, les sentences arbitrales étrangères hors espace OHADA doivent recevoir l'exequatur dans chaque pays membre de l'organisation. Les sentences locales couvertes par l'exequatur communautaire sont quant à elles exemptées de l'exequatur dans chaque État membre. Cette différence de traitement ne facilite pas la circulation des sentences arbitrales dans l'espace OHADA. Il est important de préciser que l'article 34 de l'Acte Uniforme de l'OHADA sur l'Arbitrage est applicable aux procédures de reconnaissance des sentences arbitrales étrangères lorsque les parties n'ont pas choisi le droit applicable. Ce signe d'ouverture à l'égard des sentences arbitrales étrangères implique des procédures judiciaires complexes[i].

290. Par ailleurs, la CCJA dans un arrêt rendu du 24 juin 2021 a précisé que les institutions d'arbitrages situés en dehors de l'espace OHADA ne sont pas habilitées à appliquer l'Acte Uniforme OHADA sur l'arbitrage[591]. Cette restriction faite à la liberté des parties de faire en toute liberté le choix du droit applicable au litige arbitral semble limiter l'accès à l'exequatur communautaire dans l'espace OHADA. Les parties à un arbitrage international dont le siège est situé hors de l'espace OHADA ne peuvent pas choisir comme droit applicable l'Acte Uniforme OHADA sur l'Arbitrage. Dans l'hypothèse où elles auront besoin de faire exécuter la sentence arbitrale dans l'espace l'OHADA, elles seront donc tenues de

---

[590] CCJA, juillet 2017, *Aff. Geodis Projects Cameroon SA c/ Tenga SA*, Bruylan, obs. O. Bah, op. cit . p 303 et ss. ; CCJA, 2nd Ch., n° 03/2017 du 26 janvier 2017, *Aff. VODACOM international Limited c/ Congolese Wireless Network SPRL*, *LEDAF*, 2017, n°06, p. 2, obs. M. Goré

[591] CCJA, 3èm Ch., n° 135/2021 du 24 Juin 2021, aff. *Kouadio N'guessan Norbert c/ Société Nationale d'Opérations Pétrolières de la Côte d'Ivoire (PETROCI) SA et Banque Internationale pour le Commerce et l'Industrie en Côte d'Ivoire (BICICI) SA*, obs. C.-R. Vodounon-Djegni dans sa thèse intitulée : *L'exécution des sentences arbitrales contre les personnes publiques de l'OHADA* dirigée par J.-B Racine, soutenu en mars 2022 à l'Université Côte d'Azur, p. 295.

demander dans chaque État membre l'exequatur régi par le droit commun des États membres. Cette restriction ne semble pas faciliter la reconnaissance des sentences arbitrales étrangères dans l'espace OHADA.

291. À l'instar de la France et de l'espace OHADA, il est important d'identifier et d'analyser les particularités des procédures d'exequatur d'autres pays comme les États-Unis ou la Russie.

Paragraphe 2 : L'ambivalence de certaines procédures d'exequatur

292. Dans le cadre de la Convention de New York de 1958 les États parties appliquent sous certaines conditions leur propre droit procédural pour la reconnaissance des sentences arbitrales internationales ou étrangères. Or, les règles applicables aux procédures d'exequatur peuvent présenter des caractères variables selon le droit positif des États. À titre d'exemple, le juge de l'exequatur américain peut appliquer en cas de nécessité la doctrine de *Forum conveniens* pour orienter le créancier vers un autre juge d'un État tiers. Cette pratique n'implique pas nécessairement un refus d'attribution de l'exequatur si l'application de la doctrine de *Forum conveniens* est justifiée. Cependant, l'usage de cette doctrine par le juge américain peut créer des situations incertaines pour l'exécution des sentences arbitrales (**A**). D'autres règles de procédures entravent la circulation des sentences arbitrales internationales ou étrangères. Il s'agit de la possibilité dont disposent certains juges de procéder à un traitement discriminatoire entre les sentences arbitrales ou de vérifier la compétence du tribunal arbitral (**B**). Dans ce cas, le principe de compétence-compétence du tribunal arbitral pourrait être remis en cause.

A. *Forum conveniens* en *Common Law* : un instrument à double tranchant

293. La doctrine du *Forum non conveniens* appliquée dans les systèmes de *Common Law* est une procédure d'exception[592]. Elle permet à une juridiction étatique principalement compétente sur une affaire de transférer sa compétence au profit d'une juridiction d'un État tiers. Le *Forum non conveniens* est l'affirmation du pouvoir discrétionnaire reconnu aux juges de ne pas exercer leur compétence internationale à l'égard d'un litige qui relève pourtant de leur pouvoir juridictionnel. Le transfert peut être justifié

---

[592] A. Nuyts, *L'exception du Forum non conveniens,* Bruxelles, *Bruylant*, 2003, p. 765. ; L. Usunier, *La régulation de la compétence juridictionnelle en droit international privé,* Paris, *Economica*, 2008, pp. 386-387.

lorsque le juge qui refuse sa propre compétence estime qu'il serait plus approprié que le litige soit tranché par un for étranger également compétent[593]. L'application de l'exception du *Forum non conveniens* se déroule en deux étapes. En premier lieu, le juge détermine dans quelle mesure il existerait un for alternatif accessible et adéquat pouvant connaitre du litige[594]. En second lieu, lorsque la première condition est remplie, le juge met en balance des facteurs d'intérêt public et privés[595]. Les facteurs d'intérêts privés désignent en principe les facilités d'accès aux sources de preuves [596]. Les facteurs d'intérêt public se rapportent à la bonne administration de la justice et à l'intérêt de voir le procès se tenir devant un tribunal qui connait suffisamment bien le droit applicable[597]. Aux États-Unis, des juridictions peuvent refuser d'accorder l'exequatur aux sentences arbitrales internationales sur le fondement de cette règle d'exception. À titre d'exemple, nous pouvons citer l'affaire *Société monégasque de réassurance c/ la Société NakNaftogaz*[598]. Dans cette affaire, le tribunal de district sud de New York[599] a refusé d'accorder l'exequatur à une sentence arbitrale internationale qui condamnait la société *NakNaftogaz* à payer des dommages et intérêts à la société Monégasque. Pourtant le défendeur disposait des comptes bancaires aux États-Unis, mais les juridictions américaines avaient jugé sur la base du principe du *Forum non conveniens* que les États-Unis n'étaient pas le for approprié pour connaitre du litige. Cette décision du tribunal de district sud de New York a été confirmée par la suite par la Cour d'appel de New York[600]. Par ailleurs, des auteurs comme Louis Del Duca et Nancy A. Wels ont démontré à travers des commentaires

---

[593]Article 3135 du Code civil québécois dispose : « Bien qu'elle soit compétente pour connaître d'un litige, une autorité du Québec peut exceptionnellement et à la demande d'une partie décliner cette compétence si elle estime que les autorités d'un autre État sont mieux à même de trancher le litige ».

[594] *PT United Can Co. Ltd. c. Crown Cork & Seal Co.*, Inc.,138 F.3d 65, 73 (2d Cir.1998); *Blanco*, 997 F.2d au 981; *Chesley c. Union Carbide Corp.*, 927 F.2d 60, 66 (2d Cir.1991); *Pavlov c. Bank of New York Co.*, Inc., 135 F. Supp. 2d 426, 433 (SDNY2001); *Moscovits c. Magyar Cukor Rt.*, n° 00 Civ. 31, 2001 WL 767004, 4 (SDNY 9 juillet 2001).

[595] *Reyno*, 454 US at 255-56, 102 S. Ct. 252; *R. Maganlal & Co. c. MG Chem. Co., Inc.*, 942 F.2d 164 (2d Cir.1991).

[596] Gilbert, 330 US at 508, 67 S. Ct. 839; Ilusorio, 103 F. Supp. 2d à 675-76.

[597] *SA c. Cities Serv. Co.*, 500 F. Supp. 787, 800 (SDNY1980), confirmé, 650 F.2d 408 (2d Cir. 1981); *Rasoulzadeh c. Associated Press*, 574 F. Supp. 854, 861 (SDNY 1983), 767 F.2d 908 (2d Cir.1985); *Canadian Overseas Ores Ltd. c. Compania De Acero Del Pacifico*, SA, 528 F. Supp. 1337, 1342 (SDNY1982), confirmé,727 F.2d 274 (2d Cir.1984).

[598]Cour de district des États-Unis pour le district sud de New York - 158 F. Supp. 2d 377 (SDNY 2001) 4 septembre 2001.

[599]U.S. District Court for the Southern District of New York – 158 F. Supp. 2d 377 (S.D.N.Y. 2001).

[600]*Aff. Monégasque de Réassurances SAM c/ NakNaftogaz,* 158 F. Supp. 2d 377, 2007US. Dist. LEXIS 13152 (SDNY 2001).

pertinents dans l'article intitulé : « *Interpretation and Application of the New York Convention in the United States* ». Il s'agit des analyses qui portent sur l'application *Forum non conveniens* dans plusieurs affaires pour raisons de respect des notions fondamentales de moralité et de justice [601].

294. Le *Forum non conveniens* à notre avis présente deux fonctions. La première fonction est qu'elle permet au juge américain dans une situation exceptionnelle de faire reconnaitre et exécuter une sentence arbitrale internationale ou étrangère dans un État tiers en cas de nécessité. La seconde fonction que nous qualifions de fonction négative permet au juge de l'exequatur de refuser la reconnaissance et l'exécution d'une sentence arbitrale. Dans ce cadre, le juge judiciaire peut utiliser ce mécanisme pour éviter de délivrer un exequatur surtout lorsque ce refus n'est pas objectivement fondé. Le *Forum conveniens* présente d'autres inconvénients. En cas de rejet pur et simple de la demande d'exequatur par le juge de l'État tiers, le requérant ne pourrait plus revenir aux États-Unis saisir à nouveau le juge américain. La décision du juge américain fondée sur la doctrine du *Forum conveniens* à autorité de chose jugée. Elle empêche la partie demanderesse de formuler devant le même juge une nouvelle demande d'exequatur, ce qui peut poser des difficultés au créancier en cas de prescription de l'action. Il en résulte donc que l'application de la Doctrine du *Forum non conveniens* suivi d'un effet négatif est un obstacle à la circulation de la sentence arbitrale étrangère et internationale.

295. Dans le cadre de la procédure d'exequatur, le juge américain peut également étendre le champ de la procédure au risque de mettre en cause le principe de compétence-compétence. Le juge de l'exequatur peut ainsi exiger du demandeur la preuve des liens de rattachements complexes entre la sentence arbitrale et le lieu de son exécution. Il peut s'agir de liens de rattachement personnels ou matériels. Par ailleurs, certains pays prévoient un traitement différencié des sentences arbitrales dans le cadre de la procédure d'exequatur, c'est le cas de la Russie. De même, l'absence de cadre juridique précis peut générer des problèmes de confusion sur le choix du droit applicable à la procédure d'exequatur. Les particularités

---

601 *Banco de Seguros del Estado v. Mut. Marine Office, Inc.*, 344 F.3d 255, 264 (2d Cir. 2003). ; *Aff. Telecordia Technologies Inc. c/ Telkom SA Ltd.*, 2003 US Dist. LEXIS 23726 (DD Cir. 2003).; *W.R. Grace & Co. v. Rubber Workers*, 461 U.S. 757, 766 (1983); *Indus. Risk Insurers v. M.A.N. Gutehoffnungshutte v. Indus. Risk Insurers,* 141 F.3d 1434, 1445 (11th Cir. 1998), *Comparatum – Global Studies in Comparative Law*, 2017, obs. L.-D. Duca & N.-A. Wels, p. 1033.

procédurales de certains pays sont de nature à entraver l'obtention de l'exequatur.

B. Les particularités des procédures d'exequatur aux États-Unis et en Russie

296. La reconnaissance d'une sentence arbitrale internationale rendue aux États-Unis est conditionnée par l'obtention d'une ordonnance judiciaire de confirmation. Cette condition est déduite de la Constitution américaine qui prévoit le mécanisme de « *full faith and credit clause* »[602]. Le juge de l'exequatur américain dans le cadre de son office analyse la compétence du tribunal arbitral ou celle de la juridiction du siège de l'arbitrage qui a reconnu la sentence arbitrale[603]. Cette possibilité peut conduire à la révision de la sentence arbitrale et aussi à la violation du principe de compétence-compétence. Par ailleurs, dans le cadre de son office, le juge américain peut aussi exiger du créancier qu'il prouve un lien de rattachement entre l'objet de la sentence arbitrale et le territoire américain. En principe, il est normal que le juge de l'exequatur exige un lien de rattachement entre l'objet de la sentence et le for de l'État d'exécution. Mais, cette situation peut conduire à des refus automatiques d'octroi d'exequatur sur la base des motifs aléatoires. À titre illustratif, nous pouvons citer l'affaire *CME Media entreprise B.V. c/ Dr. Vladmir Zelzny*[604]. Dans cette affaire, le juge de l'exequatur américain a exigé au créancier de prouver le lien de rattachement avec le for américain. Le créancier a par la suite pu prouver l'existence d'un compte bancaire du débiteur aux États-Unis. Sur la base de cet élément de rattachement, le créancier a demandé au juge américain l'exequatur d'une sentence arbitrale étrangère rendue à Amsterdam. L'élément de rattachement dans cette affaire était le compte bancaire du débiteur identifié dans une banque Newyorkaise (Citibank, NA). Le solde du compte du débiteur étant épuisé, le juge américain a donc opposé au créancier l'irrecevabilité de sa requête. Il en résulte que l'exigence d'un élément de rattachement comme condition d'exécution de la sentence

[602] William F. Fox, *International Commercial Agreements: A Primer on Drafting, Negotiating and Resolving Disputes*, *Wolters Kluwer 2009*, p. 436.
[603] C. Boismain, « *L'exequatur et l'ordre public aux États-Unis : une interprétation extensive de la convention de New York de 1958 favorisant les reconnaissances* », support numérique de l'institut idef ('Institut International du droit d'expression et d'inspiration françaises), 2020, p. 1-12 ; Aff. *Hewlett-Packard, Inc. v. Berg,* 867 F. Supp. 1126 (D. Mass. 1994); *Aff. Brandeis Intsel Ltd. v. Calabrian Chemicals* Corp., 656 F. Supp. 160, (S.D.N.Y.1987).
[604] *CME Media Entreprises B.V. c/ Dr. Vladmir Zelezny*, 2001 US Dist. LEXIS 13888 (SDNY 2001).

arbitrale est aléatoire et peut constituer une cause d'inefficacité d'exécution de la sentence arbitrale étrangère.

297. Par ailleurs, le juge judiciaire américain dispose d'un pouvoir d'interprétation large quand il s'agit de valider l'élément de rattachement au for américain. Il peut exiger des conditions plus restrictives sur la nature de l'élément de rattachement. Il s'agit des éléments de rattachement personnel, notamment le lieu de résidence habituel ou le domicile et/ou encore un élément de rattachement matériel, c'est-à-dire l'existence d'un immeuble sur le territoire américain. Ainsi, c'est le cas dans deux décisions rendues le 6 mars et le 5 septembre 2002 dans l'affaire *Base Metal Trading Ltd c/ OJSC Novokunetsky*. En effet, les cours d'appels des États fédéraux du troisième et quatrième circuit[605] ont refusé l'exequatur à une sentence arbitrale internationale rendue à Moscou. Ce refus est motivé pour cause d'absence de rattachement matériel entre le débiteur et le for américain. En effet[606], les juridictions américaines ont estimé malgré la présence de biens du débiteur aux États-Unis « qu'*il n'y avait pas un lien de rattachement systématique et continu avec le for de l'État fédéré requis »*[607]. Le refus d'exequatur était motivé par le fait que le demandeur doit impérativement démontrer un lien de rattachement personnel[608] avec l'État fédéré dans lequel la sentence devrait être exécutée[609]. Cette marge d'appréciation laissée au juge de l'exequatur lui permet de ne pas statuer sur une demande sans pour autant refuser l'exequatur. Des considérations politiques ou économiques fondent parfois ces décisions.

298. En droit russe, la procédure d'exequatur est contradictoire et c'est le créancier qui est habilité à saisir le juge de l'exequatur[610]. Le juge de

---

605 *Base Metal Trading Ltd. v. OJSC Novokunetsky Aluminium Factory*, 283 F. 3d 208, p. 212-213, 2002 US App. LEXIS 3551 (4th Cir. Md. 2002) et 47 Fed. Appx. 73, 2002 US App. LEXIS 18408 (3d Cir. 2002).

606 Ibid.

607 Il s'agit du District de Maryland dans l'État fédéré de Mid-Atlantic.

608 Compétence rationae personae. Dans une autre décision de la Cour d'appel du 9[em] circuit, celle-ci a souligné que la loi fédérale ne dispensait pas les tribunaux américains de l'obligation de constater et de valider un lien de rattachement personnel du débiteur avec l'État fédéré dans lequel la sentence devra s'exécuter conformément aux procédures d'exequatur des sentences arbitrales internationales (Cf. Arrêt de la Cour d'appel des États-Unis, 9[èm] Circuit, *Aff. Glencore Grain Rotterdam, c/. Shivnath Rai Harnarain Co.*)

609 *Aff. United States c/ Swiss American Bank* Ltd., 191 F. 3d 30, p.40, 1999 US Appx. LEXIS 21878 (1st Cir. 1999).

610 Article 242 du Code de Procédure arbitrale russe. ; N.-G. Doronina, N.-G. Semilyutina, op. cit. ; M. Samoylov & N. Andreeva, « Commentary on the New York Convention 1958, Article IV » pp. 33 et ss. *in « Recognition and Enforcement of Foreign Arbitral Awards in Russia and Former USSR States », Wolters Kluwer*, 2021, p. 594.

l'exequatur de la Fédération de Russie reconnaît uniquement les sentences arbitrales internationales sur la base des traités signés et ratifiés par la Fédération de Russie[611]. La nature de la sentence arbitrale étrangère ou internationale doit être expressément prévue par le traité. Par conséquent, s'agissant des sentences arbitrales internationales résultant d'une procédure d'amiable composition, leur exécution n'est pas garantie en Russie. Elles ne sont susceptibles de recevoir l'exequatur sur le territoire russe que si cette possibilité est prévue par un traité international auquel la Russie fait partie[612]. Cette condition posée par le Code de procédure civile russe produit comme conséquence une discrimination en matière de l'exécution des sentences arbitrales. Cette différence de traitement entre les sentences arbitrales semble entrer en contrariété avec les dispositions de l'article III de la Convention de New York.

299. Par ailleurs, le cadre juridique russe applicable à la reconnaissance des sentences arbitrales internationales et étrangères est constitué de deux lois différentes. Il s'agit d'une part, de la loi sur l'arbitrage commercial international russe qui traite sous le même régime procédural les sentences arbitrales étrangères et les sentences arbitrales internationales rendues en Russie[613]. Et d'autre part, le Code de procédure arbitrale russe qui traite de manière différente ces deux catégories de sentences arbitrales[614]. Cette dualité du cadre juridique applicable aux sentences arbitrales étrangères et internationales rendues sur le territoire Russe peut être source de confusion procédurale et de ralentissement de la circulation des sentences arbitrales.

300. À l'instar de ces difficultés qui peuvent surgir dans le cadre d'une procédure d'exequatur, une autre question cruciale doit être abordée. C'est le cas de contrôle le plus redouté par le créancier. Il s'agit du contrôle de la sentence arbitrale par rapport aux règles d'ordre public international de l'État du for. En effet, les différentes conceptions de l'ordre public du for sont autant d'entraves potentielles à la circulation des sentences arbitrales.

---

611 Article 409 point 1 du Code de Procédure civile de la Fédération de Russie. ; A. Rodionova, « Commentary on the New York Convention 1958, Article VII » pp. 33 et ss. *in, op. cit.*

612 T. A. Baghylly, « Les principes de la procédure d'arbitrage », TS, 2008, p. 107 (ru). ; V. Melnikov & A. Kopytin, « Commentary on the New York Convention 1958, Article III » pp. 31 et ss. *in, op. cit.*

613 La loi russe sur l'arbitrage commercial international, *Rev. arb.* n°4 (oct-dec. 2017), obs. E Fedorova (Elena), p. 1271-1291. ; Ibid.

614 Code de procédure civile de la Fédération de Russie du 11 août 2020. ; Ibid.

SECTION 2 : Les conceptions variables de l'ordre public international

301. La notion d'ordre public international occupe une place centrale au regard des conditions de validité des sentences arbitrales étrangères dans les pays signataires de la Convention de New York de 1958. La Convention de New York permet au juge étatique d'appliquer les règles de l'ordre public international tel que conçu par le droit national des États parties[615]. Ainsi, le juge judiciaire peut uniquement évoquer ce type de contrôle lorsqu'il est saisi en matière de reconnaissance et d'exécution des sentences arbitrales ou en cas de recours en annulation[616]. Dans l'espace OHADA, les règles d'ordre public communautaire peuvent être évoquées par le juge communautaire et par les juges nationaux des États membres à une condition. La sentence doit être rendue soit par le centre d'arbitrage OHADA ou par un tribunal arbitral ad hoc lorsque le droit OHADA appliqué au fond du litige. Par ailleurs, le siège du tribunal arbitral doit être établi dans l'espace OHADA[617]. La conception de la notion d'ordre public au niveau des deux instruments juridiques internationaux n'est pas la même. La Convention de New York laisse le choix à chaque État partie d'appliquer les règles de l'ordre public international en vigueur sur son territoire alors que le droit OHADA est centré sur des règles supranationales homogènes. Il s'agit des traités et des actes uniformes de l'organisation communautaire. Ces règles de l'ordre public communautaires sont applicables dans tous les États membres OHADA sous forme de droit supranational. Elles facilitent la circulation des sentences arbitrales dans les États membres.

302. Selon l'École de Dijon [618] , l'ordre public international est l'ensemble des principes écrits ou non qui sont considérés dans un ordre

[615] Article 7, al. 2-b de la Convention de New York de 1958.
[616] M.-L. Moses, « Public Policy under the New York Convention: National, International, and Transnational » pp. 169 et ss. *in* op. cit.
[617] O. Bah, op. cit. p. 308.
[618] Le CREDIMI a été créé en 1967 par Philippe KAHN au sein de la Faculté de droit, sciences économique et politique de Dijon. Ses travaux portent sur l'étude du marché, de son fonctionnement et de ses acteurs, et/ou des marchés sectoriels sur lesquels le CREDIMI a bâti sa réputation, dans une approche critique et prospective, dans le souci d'une réflexion sur les limites de l'omniprésence et de l'omnipotence du marché et du marchand au sein de notre société. La réflexion sur les marchés et les relations économiques est toujours appréhendée sous l'angle de l'étude des sources du droit et des rapports de systèmes, notamment sous le prisme du contrat, conformément à la méthodologie particulière de travail du laboratoire, mais également sous celui des rapports que les ordres juridiques (marchand, sportif, internes et international) entretiennent entre eux. (Source : https://credimi.u-bourgogne.fr/).

juridique comme fondamentaux et dont le respect est à ce titre impératif[619]. Pierre Lalive précise que l'ordre public international est la résultante d'une communauté et de valeurs fondamentales communes[620]. Pour Pierre Mayer, l'ordre public international désigne l'ensemble des règles impératives de la société au respect desquelles l'arbitre doit veiller. L'arbitre doit le considérer comme des « règles et principes fondamentaux sur lesquels repose la société, qu'il soit de nature morale, politique, sociale ou économique[621] ». Le contenu de la notion d'ordre public international est difficile à saisir et varie d'un pays à un autre. Il y a donc un risque d'usage disproportionné de ce concept, ce qui pourrait ralentir ou empêcher la circulation des sentences arbitrales internationales.

303. L'interprétation de la notion d'ordre public international par les juridictions étatiques dans le cadre du contrôle d'une sentence arbitrale internationale n'est pas uniforme. Elle varie d'un système juridique à un autre. Au cours d'une procédure d'exequatur, la reconnaissance d'une sentence arbitrale internationale ou étrangère peut être mise en cause pour violation d'ordre public international. L'ordre public international reste un motif sérieux de refus de circulation des sentences arbitrales étrangères ou internationales. Sans prétendre traiter en détail toutes les problématiques liées à cette notion, il nous semble opportun de l'aborder sous deux angles au sein de trois systèmes juridiques[622]. Le premier point porte sur les compétences matérielles des juridictions en matière de contrôle de l'ordre public international (**Paragraphe 1**). Le second point porte sur l'épineuse question de la délimitation du pouvoir du juge en cas de contrôle de l'ordre public international (**Paragraphe 2**).

Paragraphe 1 : Les compétences matérielles des juridictions

304. Il s'agit de présenter les cas dans lesquels le contrôle judiciaire de la sentence arbitrale par rapport à l'ordre public international est opéré dans

---

[619] Résumé des Actes de colloques des 15 et 16 mars 2013 organisé par le CREDIMI à Dijon sous la direction de É. Loquin et de S. Manciaux.

[620] P. Lalive, « Ordre public réellement international et arbitrage international », *Rev. arb.* 1986, p. 368.

[621] P. Meyer, « La sentence contraire à l'ordre public au fond », *Rev. arb.* 1994, p. 619. ; Ph. Fouchard, E. Gaillard et B. Goldman, *Traité de l'arbitrage commercial international*, 1996, Litec, nos 1646 s. ; C.A Paris, 29 mars 1991, *Sté Ganz et autres c/SNCFT*, *Rev. arb.* 1991, note L. Idot, p. 478.

[622] Le Civil Law et le droit OHADA, le Common Law et le droit musulman.

les différents systèmes juridiques étudiés. Il s'agit du *Civil Law,* du Droit OHADA (**A**) ; du *Common Law* (**B**) et le droit musulman (**C**).

A. *Civil Law* et Droit OHADA

305. Il est important de préciser qu'en principe le champ d'application des règles de l'ordre public international relevant du droit positif d'un État ou du droit communautaire n'est pas fixé. Il peut évoluer compte tenu des priorités et des choix des législateurs ou de la position des juridictions étatiques et communautaires. Cependant, en droit français et en droit OHADA, la violation de certaines règles d'ordre public est considérée comme une cause de non-reconnaissance des sentences arbitrales. Il s'agit d'une part en droit français, des faits de corruption, de la fraude et des mesures d'embargos. Par ailleurs, en droit OHADA, le juge peut évoquer cinq types de motifs directs de non-reconnaissance de la sentence arbitrale. Il s'agit de l'absence de motivation de la sentence arbitrale ; l'incapacité à conclure une convention d'arbitrage ; la corruption ; la discrimination et le trafic des personnes.

1. Droit français

306. La source première sur cette question en France est la jurisprudence. Ainsi, dans l'affaire *Ministry of Oil and Minerals of Yémen v. DNO and others,* la Cour d'appel considère l'usage de la corruption comme une violation de l'ordre public international[623]. La détermination du contenu de l'ordre public international est une tâche complexe et provient essentiellement de sources jurisprudentielles. La notion d'ordre public international sera traitée sous un angle particulier dans cette partie. Il s'agit des questions en lien avec la corruption, la fraude procédurale en matière d'arbitrage et des problématiques d'embargos. Ces trois points fondamentaux constituent des causes susceptibles d'entrainer la violation de l'ordre public international lorsque la sentence arbitrale est entrée dans une phase d'exécution forcée.

307. S'agissant de la corruption, l'une des affaires les plus édifiantes en la matière est l'affaire Gulf *Leaders/Sheikh Faisal.* Une action a été introduite devant un tribunal arbitral pour la libération de fonds nantis sur le fondement d'un pacte conclu entre les parties à l'arbitrage. Le tribunal arbitral a rejeté la demande. La sentence fait alors l'objet d'un recours en

---

[623] C.A., Paris, 05 octobre 2021 Aff. *DNO et autres c/ Ministère du pétrole et des minéraux du Yémen et autres.*

annulation devant la Cour d'appel de Paris. La sentence arbitrale est contestée sur le fondement de l'article 1520-5° du Code de procédure civile, en ce qu'elle aurait donné effet à un contrat conclu par corruption. La Cour d'appel de Paris dans son arrêt du 30 juin 2020 a fait référence à la Convention des Nations unies contre la corruption[624]. Elle a précisé qu'il existe un consensus international sur la question[625] dont on peut déduire que le seul fait qu'une sentence arbitrale donne effet à un contrat de corruption viole une contrariété à l'ordre public international. Cependant, la Cour d'appel de Paris a pris garde de préciser que la corruption peut se présenter sous deux formes différentes. La première forme concerne la corruption d'un agent public étranger, ce qui était le cas dans l'affaire *Alstom*[626]. La Cour considère que « la corruption d'agent public étranger consiste à offrir à celui-ci, directement ou indirectement, un avantage indu pour lui-même ou pour une autre personne ou entité. La finalité est l'obtention ou la conservation d'un marché ou un autre avantage indu en liaison avec des activités de commerce international ». La seconde forme de corruption se rapporte à des cas de corruption identifiés dans le cadre de la conclusion des contrats de droit privé.

308. En effet, dans l'affaire *Gulf Leaders/Sheikh Faisal*, la Cour a considéré que « la corruption dans la conclusion d'un contrat de droit privé suppose que ce soit consenti, directement ou non trois choses. Il s'agit d'un don ou une promesse d'un avantage à une personne qui exerce, dans le cadre d'une activité professionnelle ou sociale, une fonction de direction ou un travail pour une personne physique ou morale. »[627] La Cour précise qu'il appartient à la juridiction saisie sur la base de l'article 1520-5° du Code de procédure civile, de prononcer l'illégalité de la convention. Il appartient dans ce cas à la juridiction saisie d'apprécier si la reconnaissance ou l'exécution de la sentence viole *de manière manifeste, effective et concrète l'ordre public international*[628]. Le raisonnement de la Cour d'appel dans

[624] Convention des Nations unies contre la corruption signée à Mérida le 31 octobre 2003.

[625] C.A. Paris, 30 septembre 1993, Sté European Gas Turbines c/ Westman international Ltd, *JCP 2017.*, obs. C. Seraglini, p. 1326 ; *Cah. arb.* 2017., obs. B. Poulain, p. 668 ; *D. 2017*, n° 15/17442, obs. L. d'Avout et S. Bollée, p. 2054 ; *JDI 2017. Comm.*, obs. E. Gaillard p. 20; *ASA 2017.*, note L.-C. Delanoy, p. 551.; *Rev. arb. 2018*. obs. J.-B. Racine p. 248; *RTD com. 2019.*, obs. E. Loquin, p. 42.

[626] C.A. Paris, 28 mai 2019, n° 16/11182, *Dalloz actualité*, obs. J. Jourdan-Marques ; *D. 2019*, obs. L. d'Avout, S. Bollée et E. Farnoux, p. 1956 ; *Rev. arb.* 2019, obs. E. Gaillard, p. 850.

[627] C.A. Paris, 4 mars 2014, n° 12/17681, *Aff. Gulf Leaders (GL) c/ Crédit Foncier de France (CFFD).*, obs. L. d'Avout et S. Bollée, p. 1967. ; *Gaz. Pal.*, 2014, n° 184k0, note, D. Bensaude, p. 16. ; *Gaz. Pal.*, 2016, n° 270b1, obs. D. Bensaude, p. 23.

[628] C.A. Paris, 21 févr. 2017, n°15/01650, *Aff. République du Kirghizistan c/ M. X., RDC* 2017, n° 114f7, Xavier Boucobza, p. 304. ; C.A. Paris, 1-1, 27 sept. 2016, n°15/12614, *Aff. Ancienne*

l'affaire *Sheikh Faisal* n'a pas pour fondement des éléments de faisceaux d'indices comme c'était le cas dans l'affaire *Alstom*. Dans l'affaire *Alstom*, la Cour d'appel de Paris a considéré comme admissibles des preuves traduisant la réalité des indices des caractères suffisamment graves, précis et concordants[629]. Cette différence de raisonnement du juge pourrait se justifier par la nature du type de corruption. En effet, en s'inscrivant dans une logique de dissuasion en matière de détournement des services et biens publics, le juge judiciaire a tendance à appliquer des sanctions plus lourdes en cas de corruption d'agents publics. C'est ainsi que le juge prend en compte des faisceaux d'indices comme preuves suffisantes dans l'affaire *Alstom*.

309. La fraude est considérée en droit français comme contraire aux règles d'ordre public international. Ainsi, les juridictions judiciaires ont régulièrement été saisies pour trancher ce grief dans le cadre de contrôle des sentences arbitrales internationales ou étrangères. À titre illustratif, dans l'affaire KFG, la Cour d'appel de Paris a été saisie pour annuler la sentence arbitrale pour cause de fraude procédurale[630]. Dans cette affaire, la Cour rappelle que la fraude procédurale porte sur l'usage de faux documents et de faux témoignages ou encore des pièces intéressant la solution du litige ont été frauduleusement dissimulées aux arbitres. Dans ce cas, le juge français considère que ce type de fraude procédurale est contraire à l'ordre public international français. Cependant, la Cour a pris soin de préciser que si les documents prétendument falsifiés ont fait l'objet d'un débat contradictoire au cours de l'instance arbitrale, la décision n'a pas été surprise par une fraude. Il n'appartient pas au juge dans ces circonstances de réviser la sentence arbitrale[631]. La Cour confirme donc que la nature de

---

Maison Marcel Bauche (Bauche) c/ Indrago, Gaz. Pal.,. 2016, n° 279q7, D. Bensaude, p. 38. ; C.A. Pôle 1, Chambre 1 Paris, 18 oct. 2016, no 15-12089, *Aff. Nutriset c. Peanut Strategy Group LLC, CAPJIA,* 2016, p. 1035. *; Cass. 1re civ., 23 mars 2022, no 17-17981, M. B. K. c/ République du Kirghizistan, FS–PB (rejet pourvoi c/ CA Paris, 21 févr. 2017), GPL, 2022, n° GPL435f4,* L. Larribère, note. p. 11.

[629] Cass. 1er civ., 29 sept. 2021, n°19-19769, *Sté Alexandre Brothers Ltd c/ Alstom, F-D* (cassation C.A. Paris, 28 mai 2019), *GPL* 2022, Lilian Larribère, p. 12. ; *CAPJIA*, 2022, A. Mourre, p. 875. ; Cass. 1er civ., 23 mars 2022, n° 17-17981, Belokon, *D.* Actualité, 2022, obs. V. Chantebout.

[630] C.A. Paris, 23 juin 2020, n° 17/22943, Aff. *Kout Food Group c/ Kabab-Ji (KFG), Gaz. Pal.*, 2021, n° 398j6, D. Bensaude, p. 31. ; Cass. 1re civ., 28 sept. 2022, no 20-20260, *Sté Kout Food Group c/ Sté Kabab-Ji Sal* (rejet pourvoi c/ CA Paris, 23 juin 2020), *GPL* 8 nov. 2022, Julie Clavel-Thoraval, p. 22.

[631] Ibid.

l'ordre public en jeu dans ce cas est l'ordre public procédural dont l'appréciation relève de la compétence de l'arbitre[632].

310. Concernant le cas des mesures d'embargo, nous pouvons faire référence à l'affaire opposant la Société française TMC et la Société iranienne de stockage de gaz naturel (NGSC)[633]. Les USA avaient pris des sanctions sous forme d'embargo contre la République islamique iranienne et à la suite d'une sentence arbitrale rendue en France le 27 décembre 2018. La sentence ayant été rendue en faveur de la société NGSC, la société française TMC a fait un recours en annulation pour violation de l'ordre public international français. Dans son arrêt du 3 juin 2020, la Cour d'appel a rejeté le recours. Elle a précisé que les sanctions américaines ne constituent pas une règle d'ordre public international français, mais que ce sont uniquement les sanctions des Nations Unies et de l'Union européenne qui en font partie. La Cour précise aussi que la portée extraterritoriale des dispositifs des sanctions américaines contre l'Iran n'est pas suffisante pour intégrer l'ordre public international[634].

311. Dans son raisonnement, la Cour d'appel précise qu'il convient de distinguer selon la source des sanctions portant sur les embargos. Lorsque les sanctions émanent du Conseil de Sécurité de l'ONU, même si ces sanctions n'ont pas encore été intégrées dans l'ordre juridique interne, elles doivent être considérées comme des règles d'ordre public international français. C'est du moins, la position de la Cour d'appel, ce qui a soulevé des débats doctrinaux sur cette question. Il s'agissait de la nécessité de déterminer à quel moment précis il faut considérer que les règles d'ordre public réellement internationales font partie intégrante d'ordre public international français[635]. Pour mettre fin à ce débat doctrinal, la Cour d'appel énonce que les sanctions sous forme de résolutions des Nations prennent en compte des règles et des valeurs dont l'ordre juridique français ne peut cautionner la méconnaissance. Par ailleurs, les sanctions prononcées

---

632 Ibid.

633 Cass. 1re civ., 15 janv. 2020, no 18-18088, ECLI :FR : CCASS :2020 :C100032, gouvernement de la République d'Irak c/ Fincantieri et Finmeccanica, F-D (rejet pourvoi c/ CA Paris, 16 janv. 2018), note. D. Bensaude, p. 35. ; *Dalloz actualité*, 2020, obs. J. Jourdan-Marques.

634 Ibid.

635 C.A. Paris, 16 janv. 2018, n° 15/21703, *D. 2018*. obs. M. Audit, p. 1635 ; *Rev. arb.* 2018, obs. S. Lemaire, p. 401 ; *JDI 2018. Comm.*, obs S. Bollée, p. 12 ; C.A. Paris, 16 mai 2017, n° 15/17442, République Démocratique du Congo, *JDI 2017. Comm.* obs. E. Gaillard, p. 20; *Rev. arb.* 2018, note J.-B. Racine, p. 248; CA. Paris, 21 févr. 2017, n° 15/01650, *Rev. arb.* 2017, note S. Bollée et M. Audit, p. 915 ; *JCP 2017. Doctr.*, obs. C. Seraglini, p. 1326 ; *Cah. arb. 2017.*, obs. B. Poulain, p. 668 ; *ASA 2017*, note L.-C. Delanoy, p. 551.

par l'Union européenne en matière d'embargo, contrairement aux mêmes types de sanctions provenant du Conseil de Sécurité de l'ONU, sont des règles d'ordre public véritablement internationales »[636].

312. La Cour prend aussi en compte dans le cadre du contrôle de la violation de l'ordre public international français des champs d'application matériel et temporel liés à l'objet du litige. En effet, dans l'affaire opposant les sociétés *SA TCM FR* S.A. et Société *Natural Gas Storage Company* (NGSC)[637], l'examen de la Cour d'appel porte successivement sur les résolutions onusiennes et sur les sanctions européennes. Par rapport aux résolutions onusiennes, la Cour d'appel de Paris constate que celles-ci concernent les activités nucléaires et/ou militaires. Or le litige qui lui a été soumis porte sur le secteur gazier. Pour la Cour il n'y a pas violation de l'ordre public international pour cause d'inadéquation entre le champ d'application matériel de la loi de police étrangère (résolution de l'ONU) et l'objet du litige.

313. En ce qui concerne les sanctions européennes, la Cour d'appel exclut la violation de l'ordre public pour des raisons de champ d'application temporel. Elle précise que le contrat mis en cause est antérieur au règlement européen qui n'a pas un effet rétroactif. Il n'y a donc pas une violation de l'ordre public international. En définitive, la Cour propose un véritable processus de qualification des décisions d'embargo européen, onusien et américain pour inclure certaines dans l'ordre public international et en exclure d'autres. Elle rappelle que les règles d'ordre public international français doivent porter des valeurs dont l'ordre juridique français ne saurait souffrir la méconnaissance. La Cour précise ensuite qu'il faut opérer une identification du champ d'application, aussi bien matériel que temporel, de ces règles d'ordre public véritablement internationales. En l'espèce, la Cour d'appel de Paris a en outre rappelé la démarche procédurale en matière de contrôle de l'ordre public international. Elle précise que son contrôle ne concerne pas l'appréciation que les arbitres ont fait des droits des parties au regard des dispositions d'ordre public invoquées, mais sur la solution donnée au litige par le tribunal arbitral. Ainsi, l'annulation de la sentence étant encourue si son exécution heurte la conception française d'ordre

---

[636] CA. Paris, 16 avr. 1996, Gallay c/ Fabricated Metals, *Rev. arb.* 2001, obs. Y. Derains, p. 805; Cass. 1re civ. 11 mars 2009, n° 08-12.149, aff. Sté Trioplast AB, *D. 2009.*, obs. X. Delpech, p. 880 ; *LPA 2009, n° 144*, obs. C. Tsé ; *JCP 2009. I. 148, § 10*, obs. C. Seraglini.

[637] C.A. Paris, 3 juin 2020, n° 19/07261.

public international [638]. On peut déduire de cette position de la Cour que le principe de compétence-compétence du tribunal doit être préservé par le juge de contrôle. Ce dernier dans le cadre de son office doit en principe contrôler par rapport à l'ordre public les résultats que l'exécution de la sentence arbitrale devra produire.

314. À l'instar du droit français, le droit OHADA présente aussi des particularités en lien avec la notion d'ordre public international applicable à la phase d'exécution de la sentence arbitrale.

2. Droit OHADA

315. Dans le cadre de la mise en œuvre des procédures de reconnaissance des sentences arbitrales internationales, le juge de la CCJA vérifie si les règles d'ordre public communautaire sont respectées. Il s'agit de l'obligation pour le tribunal arbitral de motiver la sentence arbitrale rendue et du respect de l'ordre public communautaire du droit de l'OHADA. Par ailleurs, l'ordre public communautaire proscrit le fait que le créancier puisse tirer profit d'une convention d'arbitrage non valide pour cause d'incapacité. Le créancier ne doit pas non plus tirer profit de l'exécution d'une sentence arbitrale à la suite d'actes de corruption, de discrimination raciale ou religieuse et de trafic des personnes[639]. Ainsi, la CCJA ne donnera pas l'exequatur à une sentence arbitrale qui autoriserait un État membre de l'OHADA à renoncer à sa capacité de compromettre. Surtout dans l'hypothèse où la convention d'arbitrage conclue par la personne morale de droit public est valable[640]. La CCJA ne pourra pas non plus valider une sentence arbitrale qui confirme un contrat entaché par les faits de la corruption, la discrimination raciale ou religieuse, le trafic des personnes[641]. Par ailleurs, le défaut de motivation de la sentence arbitrale constitue en droit OHADA une violation de l'ordre public communautaire[642].

---

[638] Cass. 1er civ., 15 janv. 2020, n° 18-20.102, *Fiacre La Bâtie Hoffman* : *Dalloz actualité*, 27 févr. 2020, obs. J. Jourdan-Marques. – CA Lyon, 11 avr. 2019, n° 18/05597 : *Dalloz actualité*, 28 janv. 2020, obs. J. Jourdan Marques.

[639] Article 2 alinéa 2 de l'Acte Uniforme de l'OHADA sur l'Arbitrage ; G. Kenfack Douajni, « La notion d'ordre public dans l'arbitrage OHADA », *Rev. arb.*, Cameroun, 2005, p. 3.

[640] Article 2 de l'Acte Uniforme de l'OHADA sur l'Arbitrage ; CCJA, 31 janvier 2011, arrêt n°003/2011, *Planor Afrique c/ Atlantique Télécom SA*.

[641] G. Kenfack Douajni, « La notion d'ordre public dans l'arbitrage OHADA », *op. cit.*.

[642] J.-L. Delvolvé, « Essai sur la motivation des sentences », *Rev. arb.*, 1989, pp. 149-165. ; Cass. 1re civ., 11 mai 1999, n°95-18.190, *RTD com.*, 2000, p. 336, obs. E. Loquin, p. 336 ; CA. Paris, 26 octobre 1999, *Rev. arb.* 1999, obs. E. Gaillard, p. 811 ; Cass. 1re civ., 14 juin 2000,

316. S'agissant de la motivation de la sentence arbitrale, les projets de sentence rendus par les tribunaux arbitraux de la CCJA font l'objet d'un contrôle minutieux en la matière. La CCJA dans son rôle de contrôle du projet de sentence arbitrale ne pourra pas se permettre de valider une sentence arbitrale sans motivation valable. Elle joue un rôle de gardienne du respect de l'ordre public communautaire à la fin de la procédure d'arbitrale. Elle s'assure que le tribunal arbitral placé sous son égide a motivé la sentence arbitrale avant le prononcé de celle-ci[643]. À la différence de l'ordre public international des États parties, l'ordre public international communautaire a un impact décisif sur l'efficacité de la sentence arbitrale. En effet, une sentence arbitrale qui viole l'ordre public international communautaire ne pourra être ni reconnue ni exécutée dans les dix-sept États membres de l'OHADA. L'ordre public communautaire est une composante de l'ordre public international des États membres de l'OHADA puisque le droit OHADA est un droit supranational qui s'applique directement sur le territoire des États parties[644]. Néanmoins, l'exécution des sentences arbitrales de la CCJA et celles issues d'une procédure d'arbitrage ad hoc ne peuvent échapper à l'application de l'ordre public des États membres de l'OHADA[645]. En effet, l'ordre public des États parties s'applique dans la phase de l'exécution de la sentence arbitrale. Ainsi, en droit OHADA, il y a une distinction entre le titre exécutoire et la formule exécutoire. L'ordonnance du juge accordant l'exequatur est un titre exécutoire. Pour passer à l'exécution concrète de la sentence arbitrale dans les États membres, il faut donc obtenir l'autorisation de l'autorité compétente. Cette autorisation est désignée sous le nom de formule exécutoire.

317. Ainsi, le juge de l'État requis peut librement contrôler la conformité de la sentence arbitrale à l'ordre public international de son for avant d'apposer la formule exécutoire[646]. En effet, dans l'affaire *SONAPRA c/ Société Adoessi* et fils, le juge de l'exécution du Bénin a refusé d'accorder la formule exécutoire. Il a précisé dans sa décision qu'en vertu de la loi 63-

---

n° 98-12.053, *aff. Inter arab investment Guarantee Corporation c/ Banque arabe et internationale d'investissements, D.*, 2000, p. 195.

643 CCJA, 27 avril 2017, arrêt n°094/2017, *Société Hotel Eda Oba SA c/ Société Xoelevator.*

644 J.-I. Sayeg, « Quelques aspects techniques de l'intégration juridique : l'exemple des actes uniformes de l'OHADA, *RDUA*, 1999, n°1, p. 15-25 ; B. Haftel, « Les voies de recours », *LEDAF*, n°5, p. 7.

645 Ibid.

646 TPI., Cotonou, 25 janvier 1994, ordonnance de refus d'exequatur, Société pour la promotion agricole (SONAPRA) c/ Société Adoessi et fils, *Rev. cam. arb.*, juillet-septembre 1998, n°2, obs. G. Kenfack Douajni, p. 8.

2 du 23 juin 1963, le litige n'était pas arbitrable[647]. Il précise donc que l'exécution de la sentence arbitrale violerait l'ordre public international en vigueur au Bénin [648]. Le juge judiciaire étatique dispose donc du pouvoir d'examiner la conformité de la sentence arbitrale par rapport aux règles procédurales et aux règles de fond impératives de son for. Finalement, le juge requis appréciera in « *concreto* » la violation d'ordre public international de son for dans le cadre d'une procédure d'exécution de la sentence exequaturée[649].

318. L'ordre public international communautaire OHADA fait partie intégrante de l'ordre public international des États parties. Cependant, il y a une nuance à faire entre ces deux catégories de règles de l'ordre public. Il s'agit de la portée juridique. En effet, l'ordre public international des États membres de l'OHADA a un impact limité sur la circulation des sentences arbitrales au sein de l'espace OHADA. Une sentence arbitrale annulée pour cause de violation des règles de l'ordre public d'un État membre peut être reconnue par un autre État membre. En revanche, une sentence arbitrale qui répond aux exigences des règles de l'ordre public communautaire peut être exécutée dans tous les États membres OHADA. Nous en déduisons que les règles de l'ordre public communautaire OHADA contribuent à l'efficacité de circulation des sentences arbitrales dans l'espace OHADA.

319. Dans le système de *Common Law* le champ de contrôle qui implique les règles de l'ordre public international présente aussi des spécificités nécessaires à identifier.

B. Le système de *Common Law*

320. Aux États-Unis. Le juge fédéral américain considère que le champ de contrôle impliquant l'ordre public international doit être restreint au stade de la procédure d'exequatur[650]. Pour le juge américain, la notion d'ordre public international couvre le droit à la défense c'est-à-dire le « *due process of law* ». Il s'agit des règles relatives au respect du principe du contradictoire ; au traitement égal des parties par le tribunal arbitral ; à

---

[647] Ibid.
[648] Ibid. ; S.-B. Ebongo, « L'ordre public international des États-parties à l'OHADA », *Rev. cam. arb.*, n°34, p. 5.
[649] O. Bah, op. cit., p.348.
[650] Aff. *Europcar Italia, S. p. A. v. Maiellano Tours*, Inc., 156 F.3d 310, 313 (2d Cir. 1998) ; *Aff. Afmed Alghanim & Sons v. Toys « R » Us Inc.*, 126 F.3d 15, 20 5Ed Cir. 1997.

l'impartialité des arbitres[651] et l'absence de fraude et de corruption[652]. La partie qui évoque devant le juge américain une violation de l'ordre public international doit prouver que cette violation a été commise de façon flagrante[653]. En droit américain, la reddition de la sentence arbitrale doit répondre à des règles de forme et de fond. Concernant les règles de forme, il s'agit de la forme écrite de la sentence arbitrale, la participation des arbitres à la délibération de la sentence, la motivation de la sentence. Par rapport aux règles de fond, il s'agit du respect par les arbitres du droit applicable au fond du litige. Ces conditions de validité de la sentence arbitrale relèvent aussi de l'ordre public international américain. À titre d'exemple, il est contraire à l'ordre public international américain lorsque le tribunal arbitral omet volontairement d'appliquer le droit applicable au fond du litige. De même, lorsque l'exécution de la sentence arbitrale entre en contrariété avec l'ordre public international américain[654].

321. En Angleterre, le juge britannique applique le « *Rule of Law* » considéré comme une composante essentielle d'ordre public international britannique. Cette notion est l'équivalent de l'ordre public international au sein du système du *Common Law*. *Le « Rule of Law »*, selon la conception de Dicey présente trois points caractéristiques : la légalité, l'égalité et le droit de contrôle des décisions des autorités publiques par un organe judiciaire indépendant. Il s'agit de l'intervention du juge constitutionnel en matière de contrôle de constitutionnalité des actes publics[655]. Le juge britannique considère comme contraire à l'ordre public international la

---

[651] Aff. *Belize Bank Limited v. Government of Belize*, n°16-7083 (D.C. Cir. 2017); *Industrial Risk.*
Insurers, Barnard & Burk Group, Inc.,barnard and Burk Engineers and Constructors, Inc.,isi, Inc., American Home Assurance Co.,defendants-third-party-plaintiffs-appellants, v. *M.a.n. Gutehoffnungshutte Gmbh,third-party-defendant-appellee-cross-appellant.holland & Knight, Mark E. Grantham, Appellants, v. Industrial Risk Insurers, Barnard & Burk Group, Inc.,barnard and Burk Engineers and Constructors, Inc.,isi, Inc., American Home Assurance Co.,defendantsthird-party-plaintiffs-appellees*, 141 F.3d 1434 (11th Cir. 1998).

[652] Aff. *Sarhank Group v. Oracle Corp., 01 Civ. 1285, 2020 WL 31268635*, (S.D.N.Y. Oct. 9, 2002).; *Indocomex Fibres Pte. Ltd.* v. *Cotton Co. Intern., 916 F. Supp. 721* (W.D. Tenn. 1996); *American Construction Machinery,* 659 F. Supp.426 (S.D.N.Y.1987); *Karppinen v. Karl Kiefer Machine Co.*, 187 F.2d 32 (2nd Cir. 1951).

[653] Ibid.

[654] Article 103, al. 3 Arbitration Act of 1996.; *La Société Nationale pour la Récherche, la Production, le Transport, la Transformation et la Commercialisation des Hydrocarbures* v. *Shaheen Natural Resources*, 585 F. Supp. 57, (S.D.N.Y. 1983).

[655] Article 103, al. 3 Arbitration Act of 1996.; A.V. Dicey, *Introduction to the Study of the Law of the Constitution,* in *«The Oxford Edition of Dicey, vol. 1, The Law of the Constitution», J.W.F. Allison (ed.), Oxford University Press*, 2013, p. 576; Frederich Hayek, Lon Fuller, W. A. Robson, Ronald Dworkin, Joseph Raz, Tom Bingham, John Laws, Trevor Allan, Paul Craig.

composition irrégulière du tribunal arbitral[656]. Par l'égalité, c'est le traitement équitable des parties qui est mis en exergue. Il s'agit du principe du contradictoire et de l'égalité de traitement des parties[657]. Il n'existe pas une définition précise du « *Rule of Law* » et cette règle d'ordre public international anglais n'est pas immuable[658]. *En effet,* Lord Bingham, considéré comme l'un des juges les plus influents au Royaume-Uni, présente dans son ouvrage *« The Rule of Law »* que le « Rule of *Law* » poursuit huit objectifs. Il s'agit de l'accès au droit, le rejet de l'arbitraire ; l'égalité devant la loi ; le respect de la loi et des principes de loyauté procédurale. Par ailleurs, le respect des droits de l'homme ; l'impartialité de la justice et le respect du droit international sont aussi pris en compte[659].

322. La légalité c'est la conformité du jugement étranger ou de la sentence arbitrale étrangère à des conditions de forme et de fond fixées par le droit anglais. Il s'agit des mêmes conditions que celles exposées dans le paragraphe précédent en droit américain. En conséquence, une sentence arbitrale internationale qui transgresse ces principes fondamentaux est susceptible d'être annulée en Angleterre. Le juge britannique peut donc annuler ou refuser l'exequatur à une sentence arbitrale internationale ou étrangère qui contrevient à ces différents principes relevant de l'ordre public international britannique.

323. À la différence de la France, nous pouvons relever que les jurisprudences américaines et anglaises posent clairement le cadre des cas de contrôle de la sentence arbitrale par rapport à l'ordre public international. Cet effort d'encadrement de l'office du juge judiciaire américain et anglais a pour objectif d'éviter la violation de l'article III de la Convention de New York de 1958 par le juge judiciaire. Même s'il est évident que le cadre de contrôle en vigueur dans les deux pays peut évoluer. En effet, le cadre existe

---

[656] Ibid.; *Minmetals Germany GmbH v Ferco Steel Ltd.* [1999] 1 All ER (Comm) [315], obs. P. Vargiu and M. Ahmed, « Interpretation and Application of the New York Convention in United Kingdom », 2017, pp. 989-990, in op. cit. p. 1096.

[657] Ibid.; *Tamil Nadu Electricity Board v ST-CMS Electric Company Private Limited*, High Court of Justice, Queen's Bench Division, Commercial Court [2007] EWHC 1713 [42], obs. P. Vargiu and M. Ahmed, « Interpretation and Application of the New York Convention in United Kingdom », pp. 989-990, in op. cit. p. 1096.

[658] Article 103, al. 3 Arbitration Act of 1996.; J. Jowell, « The Rule of Law and its Underlying Values », in J. Jowell and D. Oliver (eds), *The Changing Constitution: principle of institutional morality and a constraint on the uninhibited exercise of government power,* OUP, 2011, p. 25.

[659] J. Shklar, « Political Theory and the Rule of Law », in A. Hutchinson, P. Monahan (eds.), *The Rule of Law: Ideal or Ideology*, Carswell, 1987, p. 1; T. Carothers, "Promoting the Rule of Law Abroad", *Carnegie Endowment for International Peace, Rule of Law Series*, n° 34, 2003, p. 3

et constitue une base pertinente pour limiter une interprétation extensive de la notion d'ordre public international par le juge judiciaire dans le cadre de son office.

324. Le contenu de l'ordre public international est oscillant et difficile à saisir. Lorsque les contours de son interprétation sont bien cadrés par la loi et par la jurisprudence, il y a peu de marges de manœuvre pour en faire une interprétation disproportionnée. Dans une hypothèse contraire, nous estimons qu'il y a un risque d'interprétation extensive de cette notion par le juge judiciaire au cas où ce dernier fait usage de son pouvoir élargi. Ainsi, une interprétation non encadrée de la notion d'ordre public international pourrait constituer un obstacle à la circulation des sentences arbitrales internationales.

325. Les dispositifs juridiques et les procédures judiciaires en matière de reconnaissance des sentences arbitrales internationales varient d'un pays à un autre ou d'une région à une autre. Certains pays ou régions disposent des règles de procédures flexibles en matière de reconnaissance des sentences arbitrales internationales. D'autres pays ou regroupements d'États appliquent des règles moins flexibles. Les rédacteurs de la Convention de New York ont voulu permettre aux États parties d'être les principaux acteurs du succès de la Convention à travers l'application des règles de procédures nationales. Cette initiative est à l'origine de la motivation d'un grand nombre d'États qui ont adhéré à la Convention. La Convention regroupe aujourd'hui cent soixante-dix (170) États parties et vingt-quatre (24) États signataires.

326. Dans la pratique, les conséquences de la discrétion accordée aux États parties en matière d'application des règles de procédures nationales ou internationales conduisent à des difficultés en termes de reconnaissance des sentences arbitrales internationales. Ce constat est révélateur de l'absence d'interaction harmonieuse entre les cadres juridiques nationaux et régionaux applicables. Il y a aussi l'effet négatif que pourrait engendrer l'usage extensif du pouvoir d'appréciation et d'interprétation dont disposent les juges judiciaires. Ces difficultés réelles ne concourent pas à l'efficacité de l'exécution des sentences arbitrales internationales.

327. Par ailleurs, d'autres les règles de l'exécution des sentences arbitrales internationales présentent des caractères complexes. Il s'agit des conditions procédurales particulières dans certains pays et de la question de l'interprétation par le juge judiciaire de la notion d'ordre public international. Ces différentes questions difficilement saisissables en entier semblent mettre à rude épreuve la reconnaissance des sentences arbitrales internationales selon les objectifs de la Convention de New York de 1958.

C. Droit musulman

328. En principe, l'application de la notion d'ordre public international dans le cadre du contrôle d'une sentence arbitrale internationale nécessite une pondération du juge dans le cadre de son office. Il s'agit de la prise en compte d'un équilibre entre les règles qui régissent l'arbitrage international et les intérêts publics et privés. L'objectif est de faciliter d'une part, le commerce international et les investissements et préserver d'autre part, le fonctionnement des institutions politiques, économiques et sociales de la communauté. Cet équilibre n'a pas toujours été recherché par certaines juridictions des pays arabes. Ainsi, le contenu et la portée de la notion d'ordre public international présentent des particularités dans les pays membres de la Ligue arabe. Il s'agit de la confusion entre l'ordre public interne et l'ordre public international. En général, on parle uniquement dans la plupart de ces pays d'ordre public de l'État[660]. En effet, aux Émirats arabes unis, la Cour de cassation autorise le juge judiciaire à prendre en compte à l'étape de l'exequatur les règles d'ordre public interne dans le cadre du contrôle de la sentence arbitrale[661]. Cette confusion entre l'ordre public international et l'ordre public interne peut mettre en cause l'efficacité d'exécution de la sentence arbitrale internationale. À titre d'exemple, l'omission d'enregistrement des agences commerciales internationales est une violation de l'ordre public émirati. Ainsi, la Cour de cassation émiratie a annulé plusieurs arrêts de la Cour d'appel de Dubaï qui avait confirmé des sentences arbitrales internationales au profit des agences commerciales internationales non enregistrées sur le territoire émirati[662].

---

[660] Z. Obeid, *Le recours en annulation des sentences arbitrales dans les pays arabes*, op. cit. p.348, § 880.

[661] Cass. Dubaï, 9 novembre 2008, obs. H. Arab, L. Hammoud, G. Lovett, *Summaries of UAE Court's Decisions on Arbitration,* International Chambre of Commerce, 2013, p. 94.; Cass. Jordanie, n°3943/2014, 15 mars 2015, Majalet-El Tahkim El-Alamiyah, 2015, n°28, p. 274.

[662] Cass. Abu Dhabi, Appeal n°270/96, *Leb. Rev. arb*., n° 7 p. 82. ; "Case Reports from theuae", alq, (1995), vol. 4, p. 337. ; see also in this sense, Fed. Trib. Abu Dhabi, Appeal n° 221/1994, Decisions Reports, 14th jud. year, p. 396.; Cass. Dubai, n°272/2009, *Summaries of united arab emirates Courts Decisions on Arbitration*, H. Arab, L. Hammoud & G. Lovett, (editors). in « the same sense », p. 97.; Cass. Dubai, Case n° 123/ 2010, cited in G. Blanke, Annotated Guide to Arbitration in the united arab emirate: vol. i.; Cass. Abu Dhabi, n°814/2011, *in Summaries of United arab emirates Courts' Decisions on Arbitration*, p. 121.; Cass. Abu Dhabi, n° 814/2011, cited in Gordon Blanke.

329. Le motif de l'annulation est la violation des règles d'ordre public interne relatives à l'enregistrement obligatoire des agences commerciales auprès du Ministère de l'Économie et des Finances émirati[663]. Il s'agissait d'une agence commerciale étrangère qui souhaitait faire exécuter une sentence arbitrale internationale aux Émirats arabes unis[664].

330. Par ailleurs, en référence à l'article 3 du Code civil des Émirats arabes unis, le législateur considère non arbitrables certains litiges. Il s'agit des différends en lien avec l'état des personnes, notamment la filiation, l'héritage, le mariage ; le transfert des richesses ; la liberté du commerce ; les règles de gouvernance ; la propriété privée. Ces matières sont considérées comme relevant des principes de la Charia islamique et des règles impératives qui forment le fondement de la société entrent dans le champ de l'ordre public de l'État[665]. Ainsi, la Cour de cassation de Dubaï précise qu'une sentence arbitrale internationale en contrariété avec les règles d'ordre public doit être annulée ou doit recevoir un refus de l'ordonnance d'exequatur[666]. Ainsi, dans un arrêt du 22 février 2012, la Cour de cassation de Dubaï précise que la prohibition des intérêts usuraires en matière civile et commerciale entre les personnes physiques de droit privé est une règle d'ordre public[667]. En Égypte le plafond du taux usuraire est fixé à 7% [668] et en Jordanie, les dispositions de l'article 640 du Code civil et la Cour de cassation interdisent la pratique du taux usuraire[669]. La Cour de cassation a aussi considéré contraire à l'ordre public émirati, les sentences arbitrales ayant tranché des litiges portant sur l'enregistrement des unités résidentielles sur plan[670]. En réalité, ces unités résidentielles sont

---

[663] Article 18 de la loi de 1981 révisée en 1988 portant enregistrement des agences commerciale aux Emirats Arabes Unis. ; Ibid.

[664] Ibid.

[665] Art. 3 du Code civil des Émirats arabes unis.

[666] Cass. Dubaï, 9 novembre 2008, obs. H. Arab, L. Hammoud, G. Lovett, *Summaries of UAE Court's Decisions on Arbitration,* International Chambre of Commerce, 2013, p. 94.

[667] Cass. Dubaï, affaire n°132, 2012, obs. H. Arab, L. Hammoud, G. Lovett, *Summaries of UAE Court's Decisions on Arbitration,* International Chambre of Commerce, 2013, p. 123.; TPI, Dubaï, n°190/98, A. Almutawa & M. Maniruzzaman, « The UAE's Pilgrimage to International Arbitration Stardom, a crucial apparaisal of Dubaï as a centre of Dispute Resolution Aspiring to be a Middle East Business Hub », *The journal World Investment & Trade*, 2014, p. 233.

[668] Cass. Égypte, n°810/71, 25 janvier 2007, Société Andritz c/ Société National du Ciment et autres, Journal de l'arbitrage, juin 2008, n°11, p. 221.

[669] Article 640 du Code civil de la Jordanie. ; Cass. Jordanie, n°2996/1999, 30 mai 2000. ; E. Brack, *Systèmes bancaires et financiers des pays arabes : Vers un modèle commun, l'Harmattan*, 2012, p. 223.

[670] Cass. Dubaï, 16 septembre 2012, Aff. Baiti Real Estate Development c/ Dynasty Zarooni Inc., Arab, L. Hammoud, G. Lovett, op. cit. p. 122.

soumises à des règles de droit spécifiques considérées comme des règles d'ordre public émirati[671].

331. Contrairement aux pays occidentaux et de l'espace OHADA, les pays arabes étudiés dans nos différents types exemples montrent que le contenu des règles de l'ordre public international est difficilement saisissable et très dynamique[672]. En effet, les cas illustratifs présentés dans les paragraphes précédents montrent clairement à la fois la densité et la précision des contenus des règles d'ordre public selon les traditions juridiques[673]. Au premier constat de nos cas illustratifs, nous pouvons déduire que les sources principales des règles de l'ordre public relèvent de la loi et la jurisprudence. Mais selon les traditions juridiques, notamment dans les pays libéraux, le contenu est moins dynamique que dans les pays à tradition juridique socialiste ou musulman. Plus le contenu des règles d'ordre public est précis, moins la sentence arbitrale risque de se faire opposer un refus de reconnaissance ou d'exécution pour des motifs diffus. C'est donc le cas en France, en droit OHADA et en *Common Law, même s'il faut préciser que ces précisions peuvent varier. En effet,* les différentes composantes des règles de l'ordre public restent très générales, ce qui pourrait rendre difficile un travail de précision sur le contenu des règles d'ordre public dans les autres systèmes juridiques étudiés.

332. Les contours d'intervention du juge de l'exequatur ne sont pas précis lorsque ce dernier est appelé dans le cadre de son office à appliquer les règles d'ordre public international. Ainsi, le juge est fondé à procéder à une interprétation stricte ou large des règles d'ordre public, ce qui constitue un risque pour l'efficacité de circulation et d'exécution des sentences arbitrales internationales ou étrangères. Cette question mérite aussi d'être traitée dans le cadre de notre étude.

Paragraphe 2 : Délimitation complexe du champ de contrôle de l'ordre public international

333. Le contenu de la notion d'ordre public international varie d'un pays à un autre. Le juge de l'exequatur n'a pas une posture stable lorsqu'il s'agit de contrôler la sentence arbitrale internationale par rapport à la notion d'ordre public international. C'est ainsi qu'il existe dans certains pays des conditions moins rigides et dans d'autres des conditions plus rigides

[671] Cass. Dubaï, n°180/2011, Arab, L. Hammoud, G. Lovett, op. cit. p. 116.
[672] Voir infra paragraphes 177 et ss. de notre document de thèse.
[673] Voir infra paragraphes 151 jusqu'à 177 de notre document de thèse.

lorsqu'il s'agit de contrôler la sentence arbitrale internationale par rapport à l'ordre public international. Mais au-delà de la différence de concept, il peut exister aussi une différence d'intensité du contrôle. Plus le contrôle de la sentence est approfondi, plus le risque de révision de la sentence est important. Ce risque est d'autant plus élevé lorsque les contours portant sur les cas de contrôle qui mobilisent la notion d'ordre public international ne sont pas clairs (**A**). Même si certains systèmes juridiques, notamment de *Common Law,* définissent les cas de contrôle en lien avec l'ordre public international, le risque d'une révision de la sentence arbitrale internationale n'est pas définitivement anéanti (**B**).

A. Les systèmes de *Civil Law* et de droit musulman

334. En matière d'arbitrage international, il existe deux catégories de contrôle de l'ordre public international : il s'agit du contrôle étendu et du contrôle restreint. Ce contrôle peut être élargi pour le cas de certains pays comme l'Égypte ou les Émirats arabes unis. En France, le principe du contrôle restreint a été posé par l'arrêt *Thalès* rendu par la Cour d'appel de Paris dans une affaire qui concernait la violation de l'ordre public communautaire de la concurrence[674]. Il est précisé dans cet arrêt que le recours à la clause d'éviction d'ordre public international de l'article 1520 Code de Procédure civile n'est concevable qu'à une condition. Il faut que l'exécution de la sentence risque de heurter de manière inacceptable l'ordre juridique français. Cette atteinte devrait constituer une violation manifeste d'une règle de droit considérée comme essentielle ou d'un principe fondamental, notamment en cas de fraude ou de violation manifeste de la loi[675].

335. Le principe de contrôle restreint a été confirmé par la Cour de cassation dans l'arrêt *Cytec* en 2008[676]. En d'autres termes, la violation d'ordre public international au sens de l'article 1520-5° du Code de Procédure civile doit être flagrante, effective et concrète même en cas

[674] C.A. Paris, 18 novembre 2004, n° 2002/19606, *Thales Air Défense c. Euromissile*, *D.* 2005, obs. T. Clay, p. 3050 ; *Rev. crit. DIP* 2006., note S. Bollée, p. 104; *RTD* com. 2005., obs. E. Loquin, p. 263; *RTD eur.* 2006., *chron.* J.-B. Blaise, p. 477 ; *JDI* 2005., note A. Mourre, p. 357 ; *JCP* 2005. II., note G. Chabot, p. 10039.

[675] Ibid. ; Cass. 1re civ., 11 février 2009, (06-18-746).

[676] Cass. 1re civ. 4 juin 2008 *Cytec*, n° 06-15320, *RTD* com. 2008., obs. E. Loquin, p. 518. ; *JCP* 2008, n° 8, obs. C. Seraglini, p. 164. ; *JDI* 2008., note A Mourre, p. 1107.

d'allégation de corruption[677]. Cette jurisprudence limitait le champ de contrôle du juge judiciaire et pour cette raison elle était considérée comme un contrôle minimaliste empêchant l'intervention du juge judiciaire sur les cas de corruption en arbitrage en France[678]. Cependant, la Cour de cassation avait évité de donner sa position sur la question depuis 2014[679].

336. Pour limiter les cas de fraude et de corruption en matière d'arbitrage, le pouvoir de contrôle du juge de fond a été élargi en France depuis 2014. Le pouvoir de contrôle du juge a été donc réadapté et consacré par les arrêts *Gulf Leader*[680], *Man Diesel*[681] et *République du Congo c/ S.A. Commissions Import-Export*[682]. La Cour d'appel de Paris à travers l'arrêt *Belokon* du 21 février 2017[683] a consacré un nouveau moyen de preuves dans le cadre de contrôle de conformité de la sentence arbitrale à l'ordre public international. Il s'agit pour la partie demanderesse de prouver qu'il existe des « indices graves, précis et concordants » qui tendent à violer l'ordre public international français. Par la suite, la Cour de cassation française a précisé dans un arrêt du 22 mars 2022 à la suite d'un pourvoi contre l'arrêt *Belokon* qu'il faut une violation caractérisée de l'ordre public international[684].

---

677 C.A. Paris, 10 sept. 2009, n° 08/11757, *Aff. Schneider*, *D.* 2010. 2933, obs. T. Clay: *Rev. arb.* 2010., note L.-C. Delanoy, p. 548.; CA. Paris, 26 juin 2012, n° 11/05156, *Cah. arb.* 2012. p. 703.

678 C.A. Paris 17 janv. 2012, n° 10/21349, *Planor Afrique, D.* 2012., obs. T. Clay, p. 2991 ; *Rev. arb.* 2012, note M.-L. Niboyet, p. 569; *Gaz. Pal.* 6-8 mai 2012, obs. D. Bensaude, p. 16.; *Aff. Sprecher*, CA. Paris, 26 février 2013, *Rev. arb.* 2014., note P. Duprey.; CA. Paris, 4 mars 2014, n° 12/17681C., *Rev. arb.* 2014 Fouchard et Gulf Leaders.

679 Cass. 1re civ., 24 juin 2015, n° 14-18.706, *Rev. arb.* 2016, note L.-C. Delanoy, p. 219. ; Cass. 1re civ., 13 sept. 2017, numéros 16-25.657 et 16-26.445, *D.* 2017., obs. T. Clay p. 2559. ; *Rev. arb.* 2017., note T. Dufour, p. 900 ; Procédures 2017, n° 11, obs. L. Weiller, p. 21 ; *Bull. ASA* 2018., note A.-M. Lacoste, p. 31. Cass. 1re civ., 29 sept. 2021, n° 19-19., *Dalloz actualité*, 4 févr. 2022, obs. J. Jourdan-Marques, p. 769 ; *D.* 2021., obs. T. Clay, p. 2272 ; *Rev. arb.* 2021., note C. Jarrosson, p. 687; *Gaz. Pal.* 2022, n° 15, obs. L. Larribère, p. 12.

680 CA. Paris, 4 mars 2014 *Gulf Leader*, n° 12/17681, *D.* 2014. 1967; *Rev. arb.* 2014, somm. p. 502; *Rev. arb.* 2014. 955, note L.-C. Delanoy, p. 955.

681 CA. Paris 4 novembre 2014 *Man Diesel*, RG 13/10256, *Aff. Société Man Diesel & Turbo France d société Al Maimana General Trading Company Ltd*, *Rev. arb.* ,2014., obs. Th. Clay, p. 1037. *D.*, 2015, obs. S. Bollée, p. 2031. ; *Rev. arb.*, 2015, note A. de Fontmichel, p. 543.

682 C.A. Paris, 14 octobre 2014 *République du Congo c/ S.A. Commissions Import-Export, RG* 13/03410, *Gaz. Pal.*, 2015, obs. D. Bensaude, p. 6.

683 C.A. Paris, 21 février 2017, n°15/01650, *Aff. Belokon, Rev. arb.* 2017, note M Audit et S. Bollée

684 Cass. civ. 1re, 23 mars 2022, n° 17-17.981, *Dalloz actualité*, 10 mai 2022, obs. V. Chantebout ; *D.* 2022, p. 660. ; *Gaz. Pal.* 2022, n° 15, obs. L. Larribère, p. 11. ; C.A., Paris, 16 mai 2017, n° 15/17442, *D.* 2017, obs. T. Clay, p. 2559. ; *RTD com.* 2020., obs. E. Loquin.

337. Par ailleurs, les faisceaux d'indices peuvent être utilisés comme preuve de façon ponctuelle en matière de corruption et de blanchiment[685]. Dans ces matières spécifiques, c'est le caractère occulte de l'ordre public international qui va donc guider l'office du juge[686]. Le 27 septembre 2016, dans l'arrêt *Indagro,* la Cour d'appel de Paris a bien précisé que le pouvoir du juge de procéder au contrôle de la sentence arbitrale ne peut déboucher sur la révision de celle-ci[687]. Par cet arrêt, la Cour s'est alors donné les moyens de ses propres investigations. Elle considère que pour déclarer la sentence contraire à l'ordre public international, il faut que l'exécution de celle-ci ait pour effet de violer de manière manifeste, effective et concrète l'ordre public international.

338. Cependant, il faut préciser qu'actuellement le pouvoir d'appréciation du juge judiciaire a été élargi en cas de contrôle de la sentence arbitrale par rapport à l'ordre public international. Il y a donc une extension du contrôle de la violation de l'ordre public international en arbitrage en cas de présomption d'infractions pénales. À titre d'exemple dans l'arrêt *Groupement Santullo*, les juges de fond ont effectué une analyse approfondie des faits de la cause[688]. La Cour s'est donné les moyens de prendre en compte et de procéder à l'analyse des éléments de preuves provenant d'une procédure pénale gabonaise. Par ailleurs, la Cour d'appel de Paris a accordé une valeur probante à des éléments de preuves produits par les organes de l'État partie prenante de la procédure pénale en question. Il s'agit des déclarations et des notes provenant d'agences nationales, de directions générales d'administrations publiques, des services de police et d'instructions, notamment du parquet de l'État gabonais.

339. Dans son analyse extensive, la Cour a établi un lien présumé entre les "pots-de-vin" et le bénéficiaire du marché public. La Cour a aussi accordé une valeur probante à une décision suisse qui a refusé la main levée d'un séquestre dans la même affaire. À la suite de ces différentes analyses approfondies des faits en cause, la Cour a enfin de compte annulé la sentence arbitrale. Pour en arriver à cette décision, elle a dû procéder à une analyse approfondie des faits en cause. Elle a donc précisé que la violation caractérisée de l'ordre public international conduit à l'annulation de la

685 Ibid.

686 Ibid.

687 C.A. Paris, 27 septembre 2016, Arrêt n°15/12614. ; E. Gaillard, « la corruption saisie par les arbitres du commerce international », *Rev. arb*. 2017, n° 3

688 C.A, Paris, 5 avril 2022, n° 20/03242, *Aff. République gabonaise c. Société Groupement Santullo Sericom Gabon.*

sentence arbitrale dans l'affaire *Groupement Santullo*[689]. Dans cette affaire, la Cour d'appel de Paris a opté pour un contrôle maximaliste[690].

340. Dans le cadre d'un recours en annulation contre la sentence arbitrale internationale devant une juridiction française, la Cour d'appel est saisie sur la base de l'article 1520 du Code de procédure civile. Certes le champ d'examen du recours se limite aux prescriptions énumérées par ce texte. Cependant, il n'y aurait pas de limites apportées aux pouvoirs des juges dans le cadre de leurs recherches en droit et en fait des éléments des vices énumérés par cet article. Ce qui traduit l'évolution extensive du pouvoir de contrôle du juge surtout sur les questions susceptibles de faire l'objet d'infractions pénales en matière d'arbitrage[691]. Il n'y a pas jusqu'alors une hiérarchisation formelle des valeurs de l'ordre public international en droit français. Il faut donc que le juge judiciaire dans le cadre de son office prenne en compte le niveau d'intensité de la violation de l'ordre public comme l'a soutenu Emmanuel Gaillard[692].

341. Les dernières décisions de la Cour de cassation placent la ligne rouge à une violation caractérisée. Toutefois, la Cour ne donne pas d'indications explicites sur ce qu'elle entend par une violation caractérisée de l'ordre public international. L'évaluation du niveau d'intensité de la violation de l'ordre public peut toujours évoluer dans l'avenir vers un niveau de contrôle encore plus approfondi ou un niveau de contrôle équilibré. Cette incertitude qui entoure l'office du juge lorsque l'ordre public international est susceptible d'être violé risque de conduire à un contrôle différencié entre les sentences étrangères et internationales rendues en France. Par ailleurs, les lois de police exorbitantes sont dans certaines circonstances placées au même pied d'égalité que les règles d'ordre public international. C'est ce que Franceskakis a mis en évidence dans la doctrine française pour définir les lois de polices impératives et établir l'équivalence entre elles et les règles d'ordre public international[693].

---

[689] Cass. 1re civ, 13 sept. 2017, *JDI* 2017, note, E. Gaillard, p. 20. ; C.A. Paris, 16 janv. 2018, *JDI* 2018, note, E. Gaillard p. 13.

[690] C.A, Paris, 5 avril 2022, n° 20/03242.

[691] Cass. 1re civ., 12 févr. 2014, n° 10-17.076, Schneider, *D.* 2014. 490 ; *JCP* 2014., note D. Mouralis, p. 782 ; *Procédures* 2014, n° 4, comm. 107, note L. Weiller, p. 22 ; *Rev. arb.* 2014. p. 389, note D. Vidal.

[692] Cass. 1re civ., 13 sept. 2017, *JDI,* 2017, note, E. Gaillard, p. 20. ; C.A, Paris, 16 janv. 2018, *JDI,* 2018, note, E. Gaillard, p.13.

[693] P. Francescakis, « Quelques précisions sur les « lois d'application immédiate » et leurs rapports avec les règles de conflit de lois », *Rev. crit. DIP*, 1966, p. 1-8. ; P. Mayer, « La sentence contraire à l'ordre public au fond », *Rev. arb.*, 1994, n° 6, p. 618-619.

342. Dans la théorie du renvoi et les conflits de systèmes en droit international privé, Franceskakis constatait, entre autres, que les lois de police impératives profitaient d'un domaine d'application exorbitant[694]. Pour confirmer l'équivalence entre les lois de police impératives en vigueur en France et les règles d'ordre public international français, nous pouvons faire référence à l'arrêt *Thalès*. Dans cet arrêt, le juge de fond a précisé dans l'arrêt *Thalès* un principe fondamental. Il s'agit pour le juge de l'exequatur de fonder uniquement le refus d'exequatur à une sentence arbitrale internationale lorsque celle-ci heurte de manière inacceptable une règle de droit. Il s'agit des lois de police impératives ou des principes fondamentaux en vigueur en France. Rappelons que Franceskakis définissait les lois de police comme des « lois d'application immédiate dont l'observation est nécessaire pour la sauvegarde de l'organisation politique, sociale et économique du pays[695] ». Il en résulte que la notion d'ordre public international en France n'est pas fixe. Ce constat justifie d'ailleurs différents degrés d'interprétation que peut faire l'objet "la notion d'ordre public".

343. La même observation peut être faite aux Émirats arabes unis dont le Code civil définit la notion de l'ordre public international.[696] En France, le recours en annulation contre la sentence arbitrale pour cause de violation de l'ordre public n'est ouvert que sur la base des dispositions de l'article 1520-5° du Code de procédure civile. Lorsque le juge judiciaire émirati est saisi pour violation de l'ordre public international, il peut se déclarer compétent sur la base d'un ou plusieurs motifs énumérés par les dispositions de l'article 3 du Code civil[697]. Il en est de même pour le juge judiciaire égyptien qui conserve la même position égyptienne[698].

---

[694] Ibid.

[695] Ibid.

[696] Article 3 du Code civil des Émirats arabes unis. ; Cass. Dubai, dated 15/3/2010, quoted in, "Arbitrability under uae Law : Public policy", ijaa, (2013), vol. 5, no 1, p. 5 & spec. p. 6-7. ; Cass. Dubai, n°146/2008, dated 9/11/2008, ijaa (2010) vol. 2, no 3, p. 240. ; Cass. Abu Dhabi, Case n°136, 3rd jud. year, dated 31/3/2009. & High Federal Court n°873, of the 3rd jud. year, dated 22/10/2009, comment by N. Najjar, *Arbitration and international trade in the Arab countries,* Leiden, Boston, *Brill Nijhoff,* 2017, p. 399.

[697] Ibid.

[698] C.A. Cairo, 31/12/1998, *Misr company for insurance v. commercial comp. Neftis*, Leb. *Rev. arb.* n°17, p. 86. ; Egyptian Cass., Civ. & Com. Ch., dated 23/12/1991, Misr Comp. for insurance v. Alexandria comp. for maritime agencies, Rev. arb., (1994) p. 759, comments by A-H. El-Ahdab. ; Egyptian State Council, Adm. Section, 6th circ. of contracts & compensations, Appeal n°18628 of the 59th jud. year, dated 29/2/2006, Majallat al-Tahkim, no 6 of 2010, p. 572; cf. crcica Arbitral Award dated 2/7/2006, quoted by M. Abdel-Amin El-Mehdi, "Return to the Administrative State Contracts Issue", Majallat al-Tahkim al-

344. Dans le Traité OHADA[699], les actes uniformes, notamment l'Acte Uniforme du 11 mars 1999 relatif au droit de l'Arbitrage révisé en 2017, le contenu de la notion d'ordre public international n'est pas le même. Le traité OHADA et le Règlement d'Arbitrage de la CCJA font clairement référence à l'ordre public international[700], alors que l'Acte uniforme relatif au droit de l'arbitrage parle de « l'ordre public international des États parties[701] ». Il ressort de ce qui précède qu'il existe deux catégories d'ordre public international en droit OHADA[702]. Il s'agit d'une part l'ordre public international communautaire et d'autre part de l'ordre public international des États membres de l'OHADA.

345. Le concept d'ordre public communautaire s'applique à la fois aux litiges de droit communautaire et aux litiges relevant du droit interne de chaque État membre de l'OHADA. L'ordre public communautaire OHADA est le résultat de la construction d'un ordre public commun aux États membres de l'espace OHADA. Les objectifs du traité de l'OHADA et la mission attribuée à la CCJA en sont la preuve. Le traité OHADA permet aux juges de la CCJA de se substituer aux Cours nationales de cassation des pays membres pour faire appliquer les règles de l'ordre public du droit communautaire[703]. Cet ordre public international communautaire en construction émane essentiellement de la jurisprudence des juridictions nationales des États membres de l'OHADA et de la jurisprudence de la CCJA. Dans le cadre d'une procédure d'exequatur ou en cas de recours en annulation d'une sentence arbitrale, le juge communautaire ou le juge étatique de l'espace OHADA ne peut ignorer les règles d'ordre public OHADA[704].

Aalamiyya, no 20 of 2013, p. 33, spec. p. 34 (in Arabic); Daila Hussein, Ismail Selim, et al. "Chronique de jurisprudence étrangère, Égypte", *Rev. arb.* (2013), p. 191, spec. p. 193.

699 Traité de Port-Louis du 17 octobre 1993 (révisé le 17 octobre 2008 à Québec – Canada).

700 Article 25, alinéa 4-4 du Traité OHADA et Articles 29.2 et 30.6 du Règlement d'Arbitrage de la CCJA. ; G. Kenfack Douajni, « Arbitrage et investissements dans l'espace OHADA », pp. 3 et ss. *in* « la notion d'ordre public international dans l'arbitrage OHADA » *Revue camerounaise de l'arbitrage n° 29* Avril-Mai-Juin 2005.

701 Articles 25-5 et 34, alinéa 4 de l'Acte Uniforme de l'OHADA sur l'Arbitrage. ; Ibid.

702 Dans le cadre de l'arbitrage de droit commun, les parties sont libres d'opter pour l'arbitrage ad hoc ou pour un centre d'arbitrage permanent ayant pour siège dans un État membre de l'OHADA. ; CCJA, Arrêt n°103/2015 du 15 octobre 2015, *Recueil de jurisprudence* n° 24 juillet/Decembre 2015, note S. SOUOP, p. 2 et ss.

703 Article 6 du traité OHADA. ; O. Bah, op. cit.

704 Articles 26 et 31 de l'Acte Uniforme de l'OHADA sur l'Arbitrage et les articles 29 et 30.6 du Règlement de la CCJA. ; H. Gaudemet-Tallon, « Le pluralisme en droit international privé : richesses et faiblesses (Le funambule de l'arc-en-ciel), Rec. Cours La Haye, 2005, p. 273.

346. Les particularités qui entourent l'office du juge dans le système juridique de Common Law : le cas des États-Unis et du Royaume-Uni.

B. Le système de *Common Law*

347. Aux États-Unis. Le juge fédéral américain considère que le champ de contrôle impliquant l'ordre public international doit être interprété d'une manière restreinte au stade de la procédure d'exequatur. La partie qui évoque devant[705][706][707] le juge américain une violation de l'ordre public international doit prouver que cette violation a été commise de façon flagrante[708]. En droit américain, la reddition de la sentence arbitrale doit répondre à des règles de forme et de fond. Concernant les règles de forme, il s'agit de la forme écrite de la sentence arbitrale, la participation des arbitres à la délibération de la sentence, la motivation de la sentence. Par rapport aux règles de fond, il s'agit du respect par les arbitres du droit applicable au fond du litige. Ces conditions de validité de la sentence arbitrale relèvent aussi de l'ordre public international américain[709].

348. En Angleterre, le juge britannique applique le « *Rule of Law* » considéré comme une composante essentielle d'ordre public international britannique. Cette notion est l'équivalent de l'ordre public international au sein du système du Common Law. *Le « Rule of Law »*, selon la conception de Dicey présente trois points caractéristiques : la légalité, l'égalité et la conformité aux règles constitutionnelles[710]. Un tribunal arbitral partial et

---

[705] Aff. *Europcar Italia, S. p. A. v. Maiellano Tours*, Inc., 156 F.3d 310, 313 (2d Cir. 1998) ; *Aff. Afmed Alghanim & Sons v. Toys « R » Us Inc.*, 126 F.3d 15, 20 5Ed Cir. 1997.

[706] Aff. *Belize Bank Limited v. Government of Belize*, n°16-7083 (D.C. Cir. 2017); *Industrial Risk.*
Insurers, Barnard & Burk Group, Inc.,barnard and Burk Engineers and Constructors, Inc.,isi, Inc., American Home Assurance Co.,defendants-third-party-plaintiffs-appellants, v. *M.a.n. Gutehoffnungshutte Gmbh,third-party-defendant-appellee-cross-appellant.holland & Knight, Mark E. Grantham, Appellants, v. Industrial Risk Insurers, Barnard & Burk Group, Inc.,barnard and Burk Engineers and Constructors, Inc.,isi, Inc., American Home Assurance Co.,defendantsthird-party-plaintiffs-appellees*, 141 F.3d 1434 (11th Cir. 1998).

[707] Aff. *Sarhank Group v. Oracle Corp., 01 Civ. 1285, 2020 WL 31268635*, (S.D.N.Y. Oct. 9, 2002).; *Indocomex Fibres Pte. Ltd.* v. *Cotton Co. Intern., 916 F. Supp. 721* (W.D. Tenn. 1996); *American Construction Machinery*, 659 F. Supp.426 (S.D.N.Y.1987); *Karppinen v. Karl Kiefer Machine Co.*, 187 F.2d 32 (2nd Cir. 1951).

[708] Ibid.

[709] *La Société Nationale pour la Récherche, la Production, le Transport, la Transformation et la Commercialisation des Hydrocarbures* v. *Shaheen Natural Resources*, 585 F. Supp. 57, (S.D.N.Y. 1983).

[710] Parsons & Whittemore Overseas Co Inc v Société Générale de l'Industrie du papier (RAKTA) 508 F.2d 969 (2d Cir 1974).

irrégulièrement constitué est considéré comme illégal et viole les principes de l'ordre public international[711]. La notion de l'égalité fait référence au traitement équitable des parties devant le tribunal arbitral. Il s'agit de l'obligation du tribunal arbitral de respecter le principe du contradictoire et de l'égalité de traitement des parties[712]. Enfin, les règles constitutionnelles constituent une composante essentielle des règles de l'ordre public anglais[713].

349. La légalité c'est la conformité du jugement étranger ou de la sentence arbitrale étrangère à des conditions de forme et de fond fixées par le droit anglais[714]. Il s'agit des mêmes conditions que celles exposées dans le paragraphe précédent en droit américain. En conséquence, une sentence arbitrale internationale qui transgresse ces principes fondamentaux est susceptible d'être annulée en Angleterre. Le juge britannique peut donc annuler ou refuser l'exequatur à une sentence arbitrale internationale ou étrangère qui contrevient à ces différents principes relevant de l'ordre public international britannique.

350. À la différence de la France, nous pouvons relever que les jurisprudences américaines et anglaises posent de façon circonscrite le cadre des cas de contrôle de la sentence arbitrale par rapport à l'ordre public international. Cet effort d'encadrement de l'office du juge judiciaire américain et anglais a pour objectif d'éviter la violation de l'article III de la

---

[711] *Minmetals Germany GmbH v Ferco Steel Ltd.* [1999] 1 All ER (Comm) [315], Commented by, P. Vargiu and M. Ahmed, «Interpretation and Application of the New York Convention in United Kingdom », pp. 989-990, *in* opt. cit.; A.V. Dicey, Introduction to the Study of the Law of the Constitution, *in «The Law of the Constitution* », (ed.) J.W.F. Allison, *Oxford University Press vol 1*, 2013, p. 576.

[712] Ibid.

[713] I. Jennings, « *Law and the Constitution* », University of London Press, 5th ed., 1959, p. 354).; J. Jowell, « The Rule of Law and its Underlying Values », in J. Jowell and D. Oliver (eds), *The Changing Constitution: principle of institutional morality and a constraint on the uninhibited exercise of government power, OUP*, 2011, p. 25.; *Tamil Nadu Electricity Board v ST-CMS Electric Company Private Limited, High Court of Justice, Queen's Bench Division, Commercial Court [2007] EWHC 1713 [42]*, commented by P. Vargiu and M. Ahmed, «Interpretation and Application of the New York Convention in United Kingdom», pp. 989-990, *in opt. cit..;* J. Shklar, «Political Theory and the Rule of Law», «*The Rule of Law: Ideal or Ideology*, Carswell» A. Hutchinson, P. Monahan (eds.), 1987, p. 1; T. Carothers, "Promoting the Rule of Law Abroad", *Carnegie Endowment for International Peace, Rule of Law Series*, n° 34, 2003, p. 3.

[714] Soleimany v Soleimany [1999] QB 785 at 803: in «an appropriate case it [the court] may inquire, as we hold, into an issue of illegality even if an arbitrator had jurisdiction and has found that there was no illegality ». Westacre Investments Inc v. Jugoimport-SDPR Holding Co Ltd [1999] 3 All ER 864, Waller LJ at 876. ; B Harris, *R Planterose and J Tecks, The Arbitration Act of 1996* : A Commentary (Oxford Blackwell, 2007), (432).

Convention de New York de 1958 par le juge judiciaire. Même s'il est évident que le cadre de contrôle en vigueur dans les deux pays peut évoluer. En effet, le cadre existe et constitue une base pertinente pour limiter une interprétation extensive de la notion d'ordre public international par le juge judiciaire dans le cadre de son office.

351. Le contenu de l'ordre public international est oscillant et difficile à saisir. Lorsque les contours de son interprétation sont bien cadrés par la loi et par la jurisprudence, il y a peu de marges de manœuvre pour en faire une interprétation disproportionnée. Dans une hypothèse contraire, nous estimons qu'il y a un risque d'interprétation extensive de cette notion par le juge judiciaire au cas où ce dernier fait usage de son pouvoir élargi. Ainsi, une interprétation non encadrée de la notion d'ordre public international pourrait constituer un obstacle à la circulation des sentences arbitrales internationales.

352. Les dispositifs juridiques et les procédures judiciaires en matière de reconnaissance des sentences arbitrales internationales varient d'un pays à un autre ou d'une région à une autre. Certains pays ou régions disposent des règles de procédures flexibles en matière de reconnaissance des sentences arbitrales internationales. D'autres pays ou regroupements d'États appliquent des règles moins flexibles. Les rédacteurs de la Convention de New York ont voulu permettre aux États parties d'être les principaux acteurs du succès de la Convention à travers l'application des règles de procédures nationales.

353. Dans la pratique, les conséquences de la discrétion accordée aux États parties en matière d'application des règles de procédures nationales ou internationales engendrent des difficultés en matière de reconnaissance des sentences arbitrales internationales. Ce constat est révélateur de l'absence d'interaction harmonieuse entre les cadres juridiques nationaux et régionaux applicables. Il y a aussi l'effet négatif que pourrait engendrer l'usage extensif du pouvoir d'appréciation et d'interprétation dont disposent les juges judiciaires. Ces difficultés réelles ne concourent pas à l'efficacité de l'exécution des sentences arbitrales internationales.

354. Les cas de contrôle qui impliquent l'ordre public international débouchent sur des conséquences différentes selon qu'on se trouve devant un juge judiciaire de *Civil Law, du droit musulman* ou de *Common Law*. Les systèmes de *Civil Law,* notamment le droit français et le droit OHADA disposent des cadres législatifs et judiciaires qui encadrent suffisamment les cas d'application des règles d'ordre public internationale en matière de contrôle des sentences arbitrales. Cependant, le contour de l'étendue du pouvoir judiciaire en matière d'interprétation des règles de l'ordre public international n'est pas délimité de façon précise. Ces contours peuvent varier par le biais des revirements de jurisprudences, ce qui peut être en faveur ou non de l'efficacité d'exécution des sentences arbitrales internationales. En ce qui concerne le droit musulman, il pose des cadres de contrôle rigoristes et élargies en matière de contrôle de la sentence arbitrale par rapport à l'ordre public international. Le système de *Common Law* semble poser des cadres précis de contrôle de la sentence arbitrale par rapport à la notion d'ordre public international. Cependant, le champ d'intervention du juge anglais et américain sur les questions de conformité à l'ordre public international présente un double risque. Il s'agit d'une part des potentiels risques de révision de la sentence arbitrale. D'autre part des risques de refus de reconnaissance et d'exécution de la sentence arbitrale sur la base des motifs subjectifs, notamment le principe de Forum conveniens.

355. La circulation des sentences arbitrales internationales.ne ne se limite pas aux procédures d'exequatur et aux procédures engagées devant le juge d'annulation. La phase de l'exécution est également cruciale et déterminante. Aussi, convient-il de présenter les exigences et les obstacles procéduraux qui caractérisent cette seconde phase de la circulation des sentences arbitrales internationales.

356.

TITRE II : L'IMPACT DES PHASES DE L'ARBITRAGE SUR LA RECONNAISSANCE ET L'EXÉCUTION DES SENTENCES

357. L'article V de la Convention de New York pose l'ensemble des conditions de fond nécessaires pour obtenir l'exécution forcée d'une sentence arbitrale internationale ou étrangère. Ces conditions concernent l'encadrement des cas de contrôle dans les pays ayant ratifié la Convention. Les États parties à la Convention de New York, les règles appliquent des procédures très différentes comme nous l'avons montré dans le Titre I. Ainsi, nous nous retrouvons avec des systèmes juridiques qui appliquent des procédures flexibles ou plus rigides. Nous avons pu identifier ces écarts dans le cadre de l'office étatique saisi pour effectuer des contrôles sur la validité des différentes phases de la procédure d'arbitrage. Il s'agit des cas de contrôle portant sur la validité de la convention d'arbitrage ; l'arbitrabilité du litige ; la constitution du tribunal arbitral ; le principe du contradictoire et la reddition de la sentence arbitrale. Il en résulte une complexité des mécanismes qui gouvernent la reconnaissance et l'exécution des sentences arbitrales internationales. Certains pays, comme la France, appliquent leur propre droit positif, et utilisent cependant les mêmes cas de contrôles, même si les conditions de mise en œuvre sont différentes. À titre d'exemple, une sentence arbitrale annulée au siège du tribunal arbitral peut faire l'objet de demande d'exequatur en France, contrairement aux prescriptions de la convention.

358. Pour mieux cerner les obstacles procéduraux en matière de reconnaissance des sentences arbitrales internationales, il est capital de relever les spécificités et les complexités liées aux cas de contrôle selon les différents systèmes juridiques (**Chapitre 1**). Après la phase de reconnaissance de la sentence, il s'en suit l'exécution qui présente aussi des particularités à analyser. L'exécution des sentences arbitrales étrangères ou internationales n'est pas exempte de difficultés procédurales et fonctionnelles prévisibles et non prévisibles, ce qui constitue également des causes d'inefficacité d'exécution des sentences arbitrales internationales (**Chapitre 2**). Il convient donc de mettre en lumière et d'analyser ces différentes causes qui peuvent entraver l'exécution des sentences arbitrales internationales.

CHAPITRE 1 : L'ANALYSE DES COMPOSANTES ESSENTIELLES DE LA PROCÉDURE

359. Il ne peut y avoir de reddition efficace de la sentence arbitrale internationale sans une convention d'arbitrage valide, sans un tribunal arbitral valablement constitué et sans le respect du droit applicable à la procédure arbitrale. En d'autres termes, la sentence arbitrale internationale doit répondre aux exigences juridiques et procédurales, au risque de faire l'objet d'un refus d'exequatur ou d'une annulation par le juge judiciaire. La sentence arbitrale puise sa force juridique du titre exécutoire obtenu grâce à l'exequatur. Ainsi, l'obtention de l'exequatur suppose que la sentence arbitrale soit le produit final d'une procédure d'arbitrage régulière. Cependant, dans la pratique, il peut arriver que les règles de contrôle applicables à la validité de la convention d'arbitrage posent des conditions plus rigoureuses que celles de la Convention de New York. Les systèmes juridiques en présence, les conditions de contrôle de la validité de la convention d'arbitrage et de la régularité des procédures arbitrales sont en effet très divers. Il en résulte un problème de coordination des procédures issues du droit positif des États parties à la Convention de New York.

360. D'ailleurs, l'article V de la Convention de New York autorise les États parties à appliquer leurs propres règles procédurales dans les cas de contrôle. Il en résulte une diversité de règles procédurales non coordonnées, ce qui fragilise l'efficacité de l'arbitrage et de la sentence arbitrale. La validité de la convention d'arbitrage elle-même repose sur plusieurs éléments qui sont les fils directeurs de son existence. Il s'ensuit que la diversité des modes de contrôle de sa validité est susceptible de jouer contre l'efficacité de l'exécution (**Section 1**). Par ailleurs, la régularité de la constitution du tribunal arbitral et de la conduite de la procédure par le tribunal arbitral constitue des éléments incontournables pour obtenir une sentence arbitrale valable. La phase de la constitution du tribunal arbitral doit ainsi répondre aux modalités de désignation des arbitres prévues dans la convention d'arbitrage. Le cas échéant, les parties doivent se référer au juge d'appui ou à un organe habilité dans le cadre d'un arbitrage institutionnel.

361. L'intervention du juge d'appui est régie par des règles de procédure très précises et elle doit prendre en compte la volonté des parties. Cependant, selon les systèmes juridiques en présence, le juge d'appui peut prendre en compte entièrement ou partiellement la volonté des parties dans le cadre de la constitution du tribunal arbitral. Cette réalité semble aller à l'encontre même de la nature de l'arbitrage qui est un pur produit de la volonté des parties. Les États parties à la Convention de New York ne disposent pas de référentiel international pour coordonner ces règles de procédures. La prise en compte de la volonté des parties en cas d'intervention du juge d'appui est donc remise en cause. Par ailleurs, dans le cadre d'une procédure de reconnaissance et d'exécution d'une sentence arbitrale, le principe du contradictoire n'est pas effectivement appliqué dans les quatre systèmes juridiques de notre étude. Il s'agit en particulier des systèmes juridiques de droit socialiste et de droit musulman. Dans ces deux systèmes juridiques, les juridictions peuvent appliquer soit le principe du contradictoire, soit une procédure inquisitoire[715]. Les parties peuvent exprimer leur volonté en faveur de l'une de ces procédures. Cependant dans certains pays le choix de la procédure relève du pouvoir discrétionnaire du juge, d'où un risque d'arbitraire dans le cadre du contrôle de la sentence arbitrale. Une analyse détaillée de ces questions complexes sera réalisée afin de démontrer l'impact sur l'efficacité de la sentence arbitrale (**Section 2**). Il ne s'agit pas ici de faire la différence classique entre les procédures accusatoire et inquisitoire. L'intérêt de notre analyse est de démontrer que le choix discrétionnaire du juge entre le principe de contradictoire et la procédure inquisitoire, sans le consentement des parties, peut être un risque d'inefficacité de la sentence arbitrale internationale.

SECTION 1 : Les conditions variables de validité de la convention d'arbitrage

362. La convention d'arbitrage est le socle de la procédure d'arbitrage. La validité de la convention d'arbitrage est déterminée par quatre conditions essentielles. Les conditions de forme et de fond de la convention d'arbitrage, la capacité des parties signataires de la convention d'arbitrage et l'arbitrabilité du litige. Une convention d'arbitrage valide est donc le fruit de plusieurs conditions réunies, d'où l'intérêt de procéder à une analyse approfondie de chaque condition. Il s'agit d'identifier et d'analyser les systèmes juridiques qui semblent garantir un cadre

---

[715] Il s'agit d'une procédure qui accorde aux arbitres une importante main mise sur le procès. Les arbitres dans ce cas jouent un rôle actif et peuvent rechercher eux-mêmes des éléments de preuves en plus des pièces fournies par les parties. Les arbitres dans le cadre d'une procédure inquisitoire pourront se faire leur propre opinion sur l'issue de la procédure arbitrale, d'où une répartition inéquitable de rôle entre le tribunal arbitral et les parties. (Cf. El-Ahdab, Abdul Hamid L'arbitrage dans les pays arabes, Paris, Economica, 1988, p. 74 et ss.)

juridique flexible ou au contraire qui disposent d'un cadre juridique limitant l'efficacité de l'arbitrage international (**Paragraphe 1**). Les systèmes juridiques étudiés relèvent de la *Civil Law*, de la *Common Law,* du droit socialiste et enfin du droit musulman.

363. L'intérêt de cette analyse à travers ces grands systèmes juridiques porte sur une question particulière. Il s'agit d'identifier d'éventuelles conditions supplémentaires posées par le droit positif et/ou le droit communautaire des États appartenant aux différents grands systèmes de notre champ d'études. Notre référentiel de comparaison est l'article V (a) de la Convention de New York qui concerne la validité de la convention d'arbitrage. Il s'agit de l'arbitrabilité du litige. Il se résume à un contrôle de la légalité de la convention d'arbitrage par l'arbitre ou par le juge étatique saisi à cet effet. Ainsi, selon les systèmes juridiques en présence, plusieurs règles sont applicables pour la détermination de l'arbitrabilité du litige. Il s'agit des règles matérielles, des règles de conflit de lois, ou encore de l'interprétation téléologique de la loi. L'analyse des différents systèmes juridiques a pour objectif de déterminer la flexibilité ou non du champ de l'arbitrabilité des litiges. Il convient également d'analyser les conséquences de l'existence d'une pluralité de règles procédurales qui encadrent le contrôle de l'arbitrabilité du litige (**Paragraphe 2**).

Paragraphe 1 : Le contrôle de validité de la convention d'arbitrage

364. La convention d'arbitrage, qui peut se décliner en un compromis ou une clause compromissoire, est le support fondamental du déroulement d'une procédure d'arbitrage. Elle est le piédestal de la procédure devant le tribunal arbitral et est l'une des conditions fondamentales pour l'efficacité de la sentence arbitrale internationale. Il est donc essentiel pour les parties de veiller à ce que la convention d'arbitrage se conforme aux conditions de forme et de fond posées par le droit applicable à la convention. Les parties doivent aussi s'assurer de la capacité juridique des parties à la convention pour conclure une convention d'arbitrage.

365. Il existe une diversité des règles qui encadrent les conditions de validité de la convention d'arbitrage. Parmi celles-ci, certaines offrent un champ libre à l'efficacité de l'arbitrage et d'autres semblent poser un cadre restreint ou complexe (**A**). Par ailleurs, la participation des personnes morales de droit public à une procédure d'arbitrage est soumise à des conditions spécifiques selon les particularités de chaque système juridique. Il sera donc utile de mettre en lumière le degré de flexibilité des systèmes juridiques étudiés vis-à-vis de la question de capacité des personnes morales de droit public à compromettre (**B**).

A. Les conditions de validité de la convention

366. La convention d'arbitrage doit répondre à des exigences de forme et de fond. Ces exigences sont similaires à celles applicables à un contrat classique. Il s'agit notamment de la forme écrite ou non de la convention d'arbitrage. Une fois les exigences de forme remplies, la convention doit répondre aussi aux règles de conditions de fond. Il s'agit de l'expression du consentement des parties pour recourir à l'arbitrage en cas de litige et de la capacité juridique des parties à conclure une convention d'arbitrage. Ainsi, les parties doivent exprimer librement leur consentement par voie écrite ou consensuelle. Dans l'hypothèse où il y a vice de consentement par erreur, violence ou dol, la convention d'arbitrage ne sera pas valable. Pour exprimer le consentement sans vice, il faut que les parties soient dotées de la capacité juridique.

367. Dans l'hypothèse où les parties doivent être représentées dans le cadre de la conclusion d'une convention d'arbitrage, il faut que cette représentation réponde aux exigences des règles de droit applicables en la matière. Il est capital de préciser que les règles qui encadrent la mise en œuvre des exigences de forme (**1**) et de fond (**2**) d'une convention d'arbitrage ne sont pas les mêmes dans les systèmes juridiques étudiés. Même s'il y a des points communs entre ces différents systèmes de droit, chacun d'eux présente des particularités. Ces particularités montrent une ouverture ou une logique d'avant-garde à l'égard de l'arbitrage en tant que mode alternatif de règlement des conflits.

1. La forme de la convention d'arbitrage

368. Dans la plupart des États parties à la Convention de New York, la forme écrite de la convention d'arbitrage est exigée comme condition de validité. Tel n'est pas le cas dans certains systèmes juridiques comme en droit français ou en droit OHADA. Les parties peuvent ainsi convenir par voie consensuelle de soumettre le litige qui les oppose à l'arbitrage (**a**). Dans les autres systèmes de droit, notamment en droit socialiste ou musulman, l'écrit est exigé. Les parties doivent de plus préciser l'identité des arbitres et des centres d'arbitrages choisis ou encore établir la déclaration d'intention pour recourir à l'arbitrage. Ces exigences supplémentaires rendent encore plus complexe le forum de l'arbitrage (**b**).

a. Les systèmes de *Civil Law* et de *Common Law*

369. Les alinéas 1 (a), (d) et 2 (a) de la Convention de New York permettent aux États parties d'appliquer leur droit positif pour contrôler la validité de la convention d'arbitrage. Le juge judiciaire peut donc contrôler la validité de la convention d'arbitrage par rapport au droit appliqué au fond du litige ou en vertu de la loi du siège de l'arbitrage. Mais le degré de souplesse quant à la forme est très variable d'un système juridique à l'autre.

370. Législations souples : En France, la clause compromissoire internationale n'est pas soumise à une exigence d'écrit. Cette règle était d'origine jurisprudentielle avant la réforme de 2011[716]. Un arrêt rendu en 1993 par la Cour de cassation avait ainsi précisé que la convention d'arbitrage international n'est soumise à aucune règle de forme, sauf si les parties en conviennent autrement[717]. Cette règle a été introduite dans le Code de procédure civile par la réforme de 2011 à l'article 1507. Ainsi, en matière d'arbitrage international, les parties peuvent par voie consensuelle prévoir de recourir à l'arbitrage en cas de différend[718]. Cependant en arbitrage interne la forme écrite de la convention d'arbitrage est exigée à peine de nullité[719]. En présence d'une clause par référence portée à la connaissance des parties, en cas de silence de ces derniers, la clause compromissoire est ainsi considérée comme valable[720].

371. Les conditions de forme en droit international français de l'arbitrage sont comparables à celles du droit OHADA. En droit OHADA, la convention d'arbitrage n'est pas soumise à une forme particulière en matière de validité. La validité de la convention relève du principe du consensualisme, c'est-à-dire que le consentement des parties suffit pour donner effet à la convention d'arbitrage. L'article 3 de l'Acte Uniforme de l'OHADA sur l'Arbitrage précise que pour être valable, la convention d'arbitrage doit être faite par écrit ou par tout autre moyen permettant

---

[716] Décret n° 2011-48 du 13 janvier 2011 portant réforme de l'arbitrage, JORF n°0011 du 14 janvier 2011.

[717] Cass. civ. 1re, 9 nov. 1993, n°91-15.194, *Rev. arb.* 1994., note C. Kessedjian, p. 108 ; *JDI* 1994., note É. Loquin, p. 690. (*Aff. Entreprise Tunisienne d'Activités Pétrolières (ETAP) c/ la société Bomar Oil*).

[718] Art. 1507 du Code de procédure civile français.

[719] E. Loquin, « La réforme du droit français interne et international de l'arbitrage », *RTD com.* 2011, p. 255.

[720] Voir la jurisprudence subséquente : Cass. civ. 1ère, 3 juin 1997 Prodexport, n° 95-17603 ; Cass. civ. 1ère, 9 nov. 2016 Vanipro, n° 15-25554. ; Cass. civ. 1ère, 4 déc. 2019 Priosma, n° 18-23176.

d'administrer la preuve. L'écrit est donc recommandé seulement comme moyen de preuve.

372. À la différence du droit OHADA et du droit français, l'écrit est l'unique condition de validité de la convention d'arbitrage dans les systèmes de *Common Law*, notamment en droit anglais et en droit américain. Il n'y a pas d'alternative pour les parties à l'arbitrage. En effet, **en Grande-Bretagne,** la section 5 de l'*Arbitration Act de 1996* considère la convention d'arbitrage comme un accord qui permet aux parties en relations contractuelles de soumettre leurs différends potentiels ou actuels à l'arbitrage. La convention d'arbitrage pour être valable doit être écrite ou doit être attestée par écrit. **Aux États-Unis :** l'arbitrage international est régi par la loi fédérale à l'instar des conventions internationales ratifiées. La section 2 of « *Federal Arbitration Act of 1990* » définit la clause compromissoire ou le compromis d'arbitrage. Il s'agit d'une disposition écrite dans les transactions maritimes ou dans un contrat attestant d'une transaction impliquant le commerce. Cette convention prévoit le règlement par voie d'arbitrage des litiges dans le cadre de l'exécution de la transaction ou du contrat principal.

373. Le droit positif d'autres pays signataires de la Convention de New York, notamment ceux qui peuvent être classés dans les systèmes de droit ex-socialiste ou musulman, impose des exigences de forme supplémentaires pour la validité de la convention d'arbitrage.

b. Les systèmes socialiste et musulman

374. Selon que l'on se trouve dans un système socialiste ou musulman, les exigences ne sont pas les mêmes, même si la forme écrite de la convention reste le point commun de ces deux systèmes juridiques.

375. La loi de 1994 sur l'arbitrage précise en son article 16 que la convention d'arbitrage conclue en **Chine** doit avoir une forme écrite pour être valide[721]. Dans le cadre de l'interprétation de l'article 5 de la loi de 1994 sur l'arbitrage[722], la Cour populaire chinoise considère qu'un "écrit" peut être représenté de manière tangible sous la forme d'instruments écrits. L'écrit peut être fait sous forme d'une lettre ou de documents transmis par voie électronique[723]. Cette interprétation des juges de la Cour supérieure

---

[721] C. von Wunschheim, *Enforcement of Commercial Arbitral Awards in China*, Thomson Reuters, 2013, p. 248 et ss.

[722] Avis de la CPS sur l'article 5 de la loi de 1994 sur l'arbitrage en Chine, Fa Shi [2006] n° 7.

[723] Ibid.

chinoise ne distingue pas quant aux exigences de forme les conventions d'arbitrages internes ou étrangères. Il en résulte que les conventions d'arbitrages conclues à l'étranger sont soumises aux dispositions de l'article II, alinéa 2 de la Convention de New York de 1958 pour être valables en Chine. Par ailleurs, l'interprétation de la Cour Populaire supérieure de 2006[724] sur l'arbitrage prévoit en son article 6 que la convention d'arbitrage doit inclure une déclaration d'intention des parties de se soumettre à l'arbitrage.

376. La validité de la convention détermine la régularité du processus de la désignation des arbitres. Ainsi, l'article 18 de la loi de 1994 sur l'arbitrage précise qu'en cas d'omission de désignation dans la convention d'arbitrage de l'identité du centre d'arbitrage, une convention complémentaire est recommandée. À défaut d'un avenant valable, la convention d'arbitrage encourt la nullité[725]. De même, au **Viêtnam**, la convention d'arbitrage doit être conclue par écrit. Le tribunal arbitral ne peut pas statuer valablement en absence d'une convention écrite[726]. La convention d'arbitrage doit préciser clairement l'organisme d'arbitrage ou encore le nom de l'arbitre. À défaut, il faut un avenant pour clarifier ces mentions obligatoires[727].

377. En Chine, les centres d'arbitrages CIETAC[728] et la Commission d'arbitrage de Pékin jouent également un rôle capital dans la mise en œuvre des procédures d'arbitrage. La Commission d'arbitrage de Pékin a une autonomie financière. Cependant, la CIETAC bénéficie du financement de l'État central[729], d'où un risque de conflit d'intérêts dans l'hypothèse où ce centre serait appelé à trancher un arbitrage dans lequel

---

[724] Les règles d'interprétation de la Cour Populaire Suprême de 2006 en matière d'arbitrage est considérée comme un complément à la loi chinoise de 1994.

[725] Art. 18 de la loi de 1994 sur l'arbitrage en Chine, CPS. Fa Shi [2006] n° 7. ; Tribunal intermédiaire de Xiamen, 14 décembre 2004, Aff. China Xiamen Xiangvu Co. Ltd c/ Swiss Mechel Trading AG.

[726] Décision no 02/2008/QĐST-KDTM du 20-5-2008 de la Cour populaire de Hanoi : Van Dai DO et Hoang Hai TRAN, *Les arrêts et décisions des tribunaux vietnamiens en matière d'arbitrage commercial*, *Ed. Lao dong* 2010, Décision no 27.

[727] C. von Wunschheim, *Op. cit.* p. 250 et ss.

[728] http://french.china.org.cn/node_7088096/content_33650016.htm ; La CIETAC a été mis en place en avril 1956 par un organe gouvernemental : le Conseil chinois pour la promotion du commerce international (CCPIT). Autrefois elle était connue comme la Commission d'arbitrage pour le commerce extérieur.

[729] Ouqian LIU, *L'Exécution des sentences arbitrales étrangères : étude comparative la France et la Chine*, Thèse de doctorat, Université Paris II, Panthéon ASSAS, p. 27.

l'État a intérêt. Le Règlement de la CIETAC exige que les parties au litige concluent une convention d'arbitrage écrite[730].

378. Aux Émirats arabes unis, le code de procédure civile permet aux parties à un contrat de conclure une convention d'arbitrage en matière commerciale[731]. La convention d'arbitrage doit être conclue sous la forme écrite[732]. La loi ne permet pas aux parties de faire usage des affidavits, c'est-à-dire par déclaration de témoin ou serment pour justifier la forme écrite de la convention d'arbitrage[733]. La forme écrite de la convention d'arbitrage est considérée comme telle à partir du moment où la convention est conclue sous forme écrite ou enregistrée[734]. Elle peut être incluse dans d'autres supports ayant une portée juridique avec une forme écrite. Il s'agit des lettres, télex ou autres moyens de communication écrite, ou d'autres courriels répondant aux exigences des règles applicables aux transactions électroniques[735].

379. Dans l'hypothèse où un contrat contient des avenants au contrat principal contenant la clause d'arbitrage, ces avenants doivent également être signés par les parties, afin de donner effet à la clause d'arbitrage[736]. La loi sur l'arbitrage émirati considère que la référence dans un contrat à tout document contenant une clause d'arbitrage ou une clause

---

[730] Article 5 du Règlement CEITAC de 2015.

[731] Art. 203, paragraph 1 of the Federal Code of Civil Procedure.

[732] Art. 203, paragraph 2 of the Federal Code of Civil Procedure; Abu Dhabi Federal Court of cassation, Commercial cassation, Recourse No. 676/2009, Oct. 18, 2009, Journal of Arbitration 2010 (Majallat Attahkim, in Arabic), Issue No. 6, 251, with acommentary by Jassem Al-Sharnsi.

[733] Articles 203–1 Code de procédure civile Emirati. ; Cass. Dubai, n°190/2006, *Majallat al-Tahkim*, n°3 of 2009, p. 310.

[734] Cass. Dubai, n° 317/1998, *Majallat al-Tahkim*, n°10 of 2011, p. 235.; Emirati High Federal Court, case n° 620 of the 21th jud. year, dated 19/12/2000; Emirati High Federal Court, Case n°22 of the 22nd jud. year dated 3/3/2002, cited in G Blanke, *Annotated Guide to Arbitration in the uae: vol. i*: The uae Arbitration Chapter, op. cit., pp. 7–8.

[735] For an example where it was considered that this condition was not met as the arbitration was deemed imposed by a unilateral and broad decision by the chairman of the Securities and Commodities Authority imposing arbitration for all disputes arising from the trading of securities and commodities, regardless of whether the traders/litigants had actually concluded;n agreement in writing: Abu Dhabi Federal Court of Cassation, Commercial Chamber, n°76/ fs 2009, 18 October 2009, International Journal of Arab Arbitration Vol. 2 no. 2 (2010) : 225 ; with a commentary by a Jassem Ali Al-Shamisi.

[736] Abu Dhabi Federal Court of cassation, Commercial cassation, Recourse No. 891, Judicial year 27, Jun. 17, 2006, Journal of Arab Arbitration 2009 (Beirut in English), Issue No. 1, 516; Journal of Arbitration 2009 (Majallat Attahldm, in Arabic), Issue n°1, p. 312.

compromissoire constitue une convention d'arbitrage[737]. À la seule condition que la référence soit de nature à faire de cette clause une partie du contrat[738]. On peut donc conclure à ce stade que les conditions de forme de la convention d'arbitrage en vigueur en Chine et au Viêtnam sont les mêmes qu'aux Émirats arabes unis, avec quelques différences.

380. L'étude des différentes législations montre que les exigences liées aux conditions de forme de la convention d'arbitrage varient selon les systèmes juridiques. En effet, en droit ex-socialiste et musulman, les exigences relatives à la forme de la convention d'arbitrage sont plus rigoureuses que celles des pays de la *Common Law* et *de la Civil Law*. Il s'agit de l'exigence de la forme écrite de la convention d'arbitrage et la désignation au préalable d'un centre d'arbitrage. Après avoir exposé les règles juridiques qui encadrent la forme de la convention d'arbitrage, il convient de s'intéresser aux conditions de fond.

2. Les conditions de fond

381. En droit français et en droit OHADA (*Civil Law*[739]), la séparabilité entre le contrat principal et la convention d'arbitrage est un principe fondamental. En droit américain et anglais, la séparabilité entre les deux conventions relève de la volonté des parties. En *Civil Law*, l'objectif est de permettre aux parties de mettre en œuvre le processus arbitral, même si la validité du contrat principal est mise en cause. Ceci est permis grâce au principe d'autonomie de la convention d'arbitrage qui est largement admis en droit comparé. Ainsi, en droit français, le consentement des parties à une convention d'arbitrage est l'essence même de l'existence de celle-ci et la raison d'être du tribunal arbitral. Le consentement des parties traduit la légitimité des arbitres désignés pour trancher le litige né dans le cadre de l'exécution du contrat par les parties. L'existence de la convention d'arbitrage est soumise à trois conditions.

---

[737] Cass. Dubai, n°317/1998, Majallat al-Tahkim, n°10 of 2011, p. 235, which asserts that "parties may agree to resort to arbitration by one or several arbitrators under a clause inserted into the contract or under a subsequent written agreement, and this, for everything which would arise from the performance of the contract". However, the Court does not give effect to such reasoning.

[738] Dubai Court of cassation, Commercial cassation, Recourse No. 174/2005, Dec. 19, 2005, Journal of Arab Arbitration 2009 (Beirut in English), Issue No. 1, 522; Journal of Arbitration 2009 (Majallat Attahkim, in Arabic), Issue no. 1, 318.

[739] Un nombre important des États membres de l'OHADA appartiennent au système juridique de Civil Law.

382. Il s'agit de l'autonomie de la convention d'arbitrage, du consentement des parties et de la conformité de la convention à l'ordre public international. S'agissant de l'autonomie de la convention d'arbitrage en droit français, elle permet à cette dernière d'exister, y compris en cas d'annulation, de résiliation, de caducité ou de résolution du contrat principal[740]. S'agissant du consentement des parties, il doit être clairement exprimé par les parties[741]. En cas de nécessité, le juge vérifie s'il y a vice de consentement (erreur, dol, violence, etc.) en se fondant sur le droit commun des contrats. Enfin, la volonté des parties ne peut déroger aux règles d'ordre public international, il en va de même pour la convention d'arbitrage[742]. Lorsque la validité de la convention d'arbitrage est confirmée, la conséquence est la neutralisation des mécanismes juridiques susceptibles de l'annuler[743]. Certaines dispositions nationales et régionales, notamment, le droit français et OHADA préservent ainsi le principe de la séparabilité entre la convention d'arbitrage et le contrat principal[744].

383. À la différence de la France, **aux États-Unis,** la jurisprudence fédérale américaine concède aux parties le droit de renoncer à cette autonomie de la convention d'arbitrage[745]. Lorsque seule la validité du

---

[740] Cass. civ. 1re, 25 octobre 2005, *Sté Omenex c. Hugon,* Bull. civ., I, n°378. Adde, D. Hascher, « L'influence de la doctrine sur la jurisprudence française en matière d'arbitrage », *Rev. arb*., 2005.391. ; C.A., Paris 22 janvier 2019, RG 16/23370.

[741] Cass. 1re civ., 9 nov. 1993, n° 91-15194, *Bomar II*: *Bull. civ.* I, n°313; *Rev. arb.* 1994, note C. Kessedjian, p. 108.; *Clunet* 1994, note E. Loquin, p. 690.; Cass. 1re civ., 20 déc.1993, *Dalico.* ; Cass. 1re civ., 3 juin 1997, *SA Prodexport*: *Bull. civ.* I, no 177, *Rev. arb.* 1998, obs. X. Boucobzapréc, p. 537. ; *RCDIP* 1999, note P. Mayer, p. 92. ; *RDAI* 1999, obs. C. Imhoos, p. 975. ; *JCP G* 1997, IV, 1557 ; *RCDIP* 1998, somm. 405 ; *Gaz. Pal.* 1997, 2, pan. 306 ; Cass. 1re civ., 20 déc. 2000, *SA Prodexport* : *Dr. et patr.* 2001, obs. P. Mousseron, p. 2904. ; *Rev. arb.* 2000, obs. C. Legros, p. 1341. ; C.A Dijon, 13 nov. 2012, n°12-00486, *Farm frites international c/ R et a.* : *Gaz. Pal.* 2013, obs. D. Bensaude, p. 14. ; J.-F. POUDRET et S. Besson, op. cit., p. 176, par. n°213.

[742] Civ. 1re, 6 oct. 2010, n°08-20, *D.* 2010, p. 563.; *Pan.*, obs. Th. Clay, p. 2933; *Rev. crit. DIP* 2011, note Jault-Seseke, p. 85.; *JCP* 2010., note P. Chevalier, p. 1028 ; *JCP* 2010., obs. F. Jault-Seseke, p. 1989. ; *Rev. crit. DIP* 2011. p. 85. – Civ. 1re, 6 nov. 2013, n°11-18.709. Cass. 1re civ. 21 mai 1997, *Rev. arb.* 1997., note E. Gaillard, p. 537.

[743] Paris, 24 nov. 2011, RG n°10/16525, EGPC, *Rev. arb.* 2012., note M. Laazouzi, p.134.; Civ. 1re, 5 janv. 1999, n°96-21, *Bull. civ.* I, n°2, p. 430.; *Rev. arb.* 1999., note Ph. Fouchard, p. 260; *RTD com.* 1999., obs. É. Loquin, p. 380.; *Rev. crit. DIP* 1999., note D. Bureau, p. 546.; *JDI* 1999, note S. Poillot-Perruzzeto, p. 784.

[744] O. Bah, op. cit. p. 220 et ss.

[745] Gary B. Born, *International Commercial Arbitration*, *Wolters Kluwer*, 2014, p. 371.; U.S. Supreme Court - *GE Energy Power Conversion France SAS, Corp. v. Outokumpu Stainless* USA, LLC, 590 U.S. - (U.S. S.Ct. 2020); Cour Suprême des USA, Arrêt *Rent-A-Center c/ W., Inc. c/ Jackson*, 561 U.S. 63, 130 S. Ct. 2772, 177 L. Ed. Ed 403 (2010) et l'*Arrêt Prima Paint c/ Flood & Conklin*, 1967.

contrat principal est mise en cause pour cause de vice de consentement, la clause compromissoire ou la convention d'arbitrage n'est pas a priori affectée. Dans ce cas, il appartient à l'arbitre de se prononcer sur la validité de la clause compromissoire[746]. Dans l'hypothèse où la validité de la clause compromissoire ou du compromis d'arbitrage est directement mise en cause, les juridictions fédérales américaines sont compétentes pour statuer[747]. Il y a tout de même un bémol à apporter sur l'autonomie de la clause compromissoire ou du compromis d'arbitrage en droit américain en cas de défaut de consentement des parties dans le contrat initial. La jurisprudence américaine considère que dans l'hypothèse où le contrat initial est frappé de nullité « *ab initio ou void* (inexistant) » dès sa conception pour vice de consentement, cela entraine la nullité de la clause compromissoire. Dans ce cas, le principe d'autonomie est écarté[748]. Le consentement des parties occupe une place déterminante dans la validité de la convention d'arbitrage dans le système de Common *Law*. Il produit des effets juridiques sur le contrat initial et la convention d'arbitrage. Le principe de séparabilité entre les deux conventions ne joue plus lorsqu'il s'agit de la nullité du contrat principal pour vice de consentement.

384. En droit anglais en revanche, si la validité du contrat principal est mise en cause pour vice de consentement, la convention d'arbitrage sera soumise aux mêmes règles de validité. Cette règle est applicable lorsque les parties n'ont pas prévu une loi spécifique pour régir la validité de la convention d'arbitrage[749]. C'est le cas lorsque le consentement des parties est mis en cause pour dol (*misrepresentation*), l'erreur (*mistake*) et la violence. La violence physique (duress) et le fait de mettre la pression pour inciter le cocontractant de signer le contrat (indue influence) constituent une cause de nullité[750]. D'où un lien étroit entre les conditions de validité du contrat principal et de la convention d'arbitrage en droit

[746] G.-B. Born, *International Commercial Arbitration, Wolters Kluwer*, 2014, p. 53.; *BG Group plc v. Republic of Argentina,* 572 U.S. 25 (U.S. S.Ct. 2014).; Cour Suprême des USA, *Buckeye Check Cashing c/ Cartdegna*, 546 U.S 440 (2006).

[747] *Corporacion Mexicana De Mantenimiento Integral v. Pemex-Exploraciôn y producciôn*, 2 août 2016,832 F. 3d 92 (2d Cir. 2016).; *Thai-Lao Lignite (Thailand) Co., Ltd. et. al. v. Government of the Lao People's Democratie Republic,* 20 juillet 2017,864 F. 3d 172 (2d Cir. 2017).; *Corporaci6n Mexicana De Mantenimiento Integral v. Pemex-Exploraci6n y produccion*, 27 août 2013,962 F. Supp. 2d 642 (SDNY 2013); *Rev. arb*., 2015. p. 183.

[748] Cour Suprême des USA, arrêt Buckeye Check Cashing c/ Cartdegna, 2006. ; Cour d'appel fédéral du 9ème Circuit, arrêt *Three Valleys Mun. Water Dist. c/ E. F. Hutton & Co.*, 925 F. 2d 1136 (9th Cri. 1991).

[749] *Enka Insaat Ve Sanayi AS (défendeur) c./ OOO Insurance Company Chubb (demandeur)* [2020] UKSC 38, *GPL*, 2022, note. L. Larribère. C. LE GALLOU & S. Wesley, *Droit anglais des affaires*, *L.G.D.J*, 2018, p. 207 et ss.

[750] Ibid.

anglais lorsque la convention d'arbitrage n'est pas régie par une loi différente[751].

385. En droit socialiste et musulman, notamment au Viêtnam et aux Émirats arabes unis, la clause compromissoire encourt, la nullité en cas d'absence expresse du consentement des parties. Ainsi, au **Viêtnam**, pour se prévaloir d'une convention d'arbitrage valable, il faut qu'elle soit signée par la personne concernée par la procédure d'arbitrage. L'une des parties à l'arbitrage peut être représentée par la personne expressément mandatée[752]. En droit musulman, notamment aux **Émirats arabes unis,** le consentement, la volonté des parties de recourir à l'arbitrage doit avoir été clairement établi. L'existence de la convention d'arbitrage ne doit pas être présumée, c'est-à-dire que le consentement des parties doit être exprimé de façon expresse[753].

386. De ce qui précède, nous pouvons conclure que dans les systèmes de *Common Law,* la séparabilité entre le contrat principal et la convention d'arbitrage n'est pas absolue. Ce lien étroit entre le contrat principal et la convention d'arbitrage ne préserve pas l'autonomie de la clause compromissoire. Dans les systèmes de *Civil Law*, le principe de séparabilité entre la convention d'arbitrage et le contrat principal donne une grande force à la convention d'arbitrage. Dans les systèmes de droit socialiste, et musulman, l'effet de la convention d'arbitrage est conditionné au consentement exprès des parties.

387. Il ne suffit pas aux parties de prendre soin d'exprimer leur consentement, il faut qu'elles prouvent qu'elles ont la capacité de conclure une convention d'arbitrage. Nous trouvons pertinent de centrer notre analyse sur la capacité de compromettre des personnes morales de droit public. S'agissant des personnes morales de droit privé, la capacité de compromettre dépend des règles définies par les législations des systèmes juridiques. Le vrai problème qui cadre avec notre sujet est l'analyse de la

---

[751] Ibid., p. 649. ; O. Moréteau, *Droit anglais des affaires*, *Dalloz*, 2000, p. 313 et ss.

[752] Văn Đại Đỗ, « Interprétation et Application de la Convention de New York au Vietnam (Interpretation and application of the New York Convention in Vietnam) », pp. 1986 et ss., in op. cit. ; Do, Van Dai et Tran, Hoang Hai, *Le droit vietnamien de l'arbitrage commercial*, (CTQG 2011) n° 376. ; Décision n° 02/2013/QDKDTM-ST du 23/5/2013 de la Cour populaire de Binh Duong. ; Arrêt n° 90/2013/QD.KDTM-PT du 18/4/2013 de la Chambre d'appel de la Cour populaire suprême à Hochiminh-Ville.

[753] Art. 12 of the Egyptian Arbitration Act of 1997.

portée des règles juridiques qui encadrent la capacité des personnes morales de droit public à conclure une convention d'arbitrage.

B. La Capacité de compromettre des personnes morales de droit public

388. Les personnes morales de droit public sont aujourd'hui des acteurs à part entière du commerce international. Puisque l'État et ses démembrements disposent d'un statut particulier, autoriser les établissements publics à compromettre avec les acteurs du commerce international ne va pas de soi. En France et en droit OHADA, les personnes morales de droit public ont acquis progressivement le droit à participer à une procédure d'arbitrage (**1**).

389. Dans le système de droit socialiste, le champ de l'arbitrabilité des litiges impliquant les personnes morales de droit public est très réduit (**2**). En droit musulman, certains pays appliquent des règles plus souples à la question de la capacité d'une personne morale de droit public à participer à une procédure d'arbitrage. D'autres pays appartenant au même système de droit appliquent en revanche des règles strictes (**3**).

1. Le cas de la France et du droit OHADA

390. La possibilité pour une personne morale de droit public de conclure une convention d'arbitrage a été acquise de façon progressive en droit français et en droit OHADA. En effet, les personnes morales de droit public peuvent compromettre dans certaines matières bien précises. **En France,** l'arrêt *Galakis* a clairement énoncé que la prohibition de compromettre des personnes morales de droit interne n'est pas applicable en matière internationale [754]. En effet, en présence d'un contrat international passé pour les besoins et dans des conditions conformes aux usages du commerce maritime, une personne morale de droit public français a la capacité de compromettre. Cependant, un doute existait quant au domaine matériel d'application de la règle. Il s'agit d'une divergence d'interprétation entre les juridictions judiciaires et le Conseil d'État. Depuis 1975, la loi du 09 juillet 1975 portant réforme de la procédure civile permet au juge judiciaire de considérer comme arbitrable le litige impliquant les établissements publics à caractère industriel et commercial. La condition posée est que ces établissements doivent obtenir une autorisation à compromettre par décret. Dans les années 1994 et 1996, la

---

[754] Cass. 1re civ., 2 mai 1966, *Rev. arb*. 1966. p. 99.

jurisprudence française avait retenu que l'arbitrage impliquant les personnes morales de droit public est possible dès lors que le contrat est international[755]. Mais depuis 2016 la jurisprudence a évolué. Ainsi, dans l'affaire Société Fosmax LNG, le Conseil d'État a censuré en partie la sentence arbitrale pour violation de l'ordre public[756]. Le Conseil d'État a motivé sa décision en précisant que la société Fosmax pouvait décider d'exécuter elle-même les travaux ou de les confier à un tiers. Le Conseil d'État a donc maintenu néanmoins la position restrictive qui est traditionnellement la sienne quant à l'arbitrabilité des litiges. Il s'agit de l'obligation selon laquelle les personnes publiques sont soumises à un principe d'interdiction de recourir à l'arbitrage, y compris dans le cas de contrats internationaux.

391. Le Conseil d'État soutenait une autre version dans un avis du 06 mars 1986 dans l'affaire *Eurodisneyland*[757]. Dans cet avis, le Conseil d'État avait précisé que l'arbitrage n'est possible que pour les contrats commerciaux soumis au droit commun et échappant aux règles du droit administratif. Cette divergence a été tranchée par le Tribunal de Conflit, le 17 mai 2010 dans l'affaire I*NSERM*[758]. Cet arrêt du Tribunal de Conflit est très important. Il confirme implicitement l'arbitrabilité des litiges portant sur des contrats administratifs, à condition qu'ils soient internationaux. En matière internationale, tout le contentieux administratif est donc désormais arbitrable et l'obstacle que représentait l'article 2060, l'alinéa 2 du Code civil est écarté de facto. Lorsqu'une personne morale de droit public étrangère est partie à une convention d'arbitrage, même si sa loi nationale le lui interdit, cette prohibition n'est pas opposable au juge français. Par exemple, en droit koweïtien, les personnes morales de droit public ne peuvent pas compromettre[759]. Il s'agit de l'application du principe de droit transnational appartenant à la *lex mercatoria* dérivant du principe de bonne foi. La Cour d'appel de Paris et la Cour de cassation

---

[755] C.A, Paris, 24 février 1994, *Ministère tunisien de l'équipement c. Société Bec Frères*, *RTD. com.* 1994, p. 254, obs. Dubarry et Loquin ; *Rev. arb.*, 1995, p. 275, note Y. Gaudemet. C.A., Paris, 13 juin 1996, *Sté Kuwait Foreign Traiding Contracting and Investment c. Sté Icori Estero Spa/Sté Lombardini Estero Spa, Rev. arb.*, 1997, p. 251, note E. Gaillard ; *JDI*, 1997, p. 151, note E. Loquin.
[756] CE, ass., 9 nov. 2016, req. n°388806 , S té Fosmax LNG, *Lebon*, concl. G. Pellissier, p. 467. ; *AJDA* 2016, obs. J.-M. Pastor, p. 2133.; *AJDA* 2016, Chron. L. Dutheillet de Lamothe et G. Odinet, p. 2368.; *RFDA* 2017, note B. Delaunay, p. 111.
[757] CE, avis, 6 mars 1986, *Eurodisneyland*, n° 339710.
[758] Tribunal des Conflits, 17 mai 2010, *JDI* 2011. Doctr. 10. ; Ph. Marini et F. Fages, « La réforme de la clause compromissoire », *D.* 2001. p. 2658. ; M.-E. Mathieu-Bouyssou, « La transmission de la clause compromissoire au cessionnaire de la créance », *JCP* 2003. I. p. 118.
[759] Cass. Koweït, n° 383/2000. ; Cass. Koweït, n°412/2000, obs. Z. Obeid, op. cit. p. 292.

considèrent ainsi que dans le cadre des contrats internationaux en matière de commerce international, les personnes morales de droit public peuvent compromettre par principe. La convention d'arbitrage dans ce cas sera valable en arbitrage international même si en droit interne cette possibilité est conditionnée et soumise à des restrictions.

392. La jurisprudence judiciaire française considère sur la base des règles matérielles qu'une personne morale de droit public ne peut se prévaloir de son droit national pour se soustraire de ses obligations contractuelles internationales[760]. Dans une affaire opposant une société koweïtienne et une société italienne[761], la Cour d'appel de Paris dans son arrêt du 13 juin 1996 a précisé qu'en matière d'arbitrage interne une personne morale de droit public ne peut compromettre sauf sur autorisation par décret[762]. Cependant, en matière internationale, la personne morale de droit public peut compromettre en droit français[763]. La Cour Administrative d'appel de Bordeaux dans un arrêt du 12 juillet 2016 confirme la validité des conventions d'arbitrage internationales dans l'affaire *Syndicat musulman des Aéroports de Charente c/ Société Ryan Air*. Il s'agissait de deux contrats signés entre le Syndicat musulman des aéroports de Charente et la société *Ryanair* avec une de ses filiales. La Cour a confirmé la compétence du tribunal arbitral et a rejeté celle du juge administratif[764]. La Cour d'appel a donc précisé qu'en cas d'application des règles matérielles propres à l'arbitrage en matière internationale, les personnes morales de droit public peuvent être parties à une convention d'arbitrage. De même, la Cour de cassation considère ainsi que les dispositions des articles 1514 et suivants du Code de procédure civile sont applicables aux sentences arbitrales internationales et étrangères[765].

393. L'article L. 311-6 du Code de justice administrative autorise le recours à l'arbitrage dans certaines matières. Il s'agit des matières relatives au paiement de marché public et de fournitures ; aux cas de

---

760 Cass. 1er ch. civ., 13 janvier 2021, 19-22.932. F-P+I, *Sté Egyptian General Petroleum Corporation (EGPC) c/ Société National Gaz Company* (NATGAS), *D.* 2021. p. 86.

761 Aff. Sté *KFTCIC c/Sté Icori Estero et autre.*

762 Article 2060 du Code civil français. ; T. Clay, « Arbitrage pour les personnes morales de droit public : le grand bazar ! », *LPA*, 2008.

763 C.A., Paris, 13 juin 1996, *KFTCIC*, *JDI* 1997, obs. É. Loquin. p.151 ; *RTD com.*, E. Gaillard,1997, p. 236. ; Cass. 1re civ., 2 mai 1966, *JDI* 1966, note P. Level, p.648.

764 C.A., Bordeaux, 12 juillet 2016, « *Syndicat musulmandes Aéroports de Charente c/ Société Ryan Air* », 13BX02331.

765 Cass. civ. 1re, 13 janvier 2021, n° 19-22.932, *D.* 2021. p.86. ; C.A., Paris, pôle 1, ch. 1, 21 mai 2019, n° 17/19850, *D.* 2019., obs. T. Clay, p. 2435. ; *Rev. arb.* 2019., note E. Gaillard, p. 1151.

transport ferroviaire ; à la gestion des postes et télécommunications et de coopération scientifique internationale. En 2004 l'ordonnance n°2004-559 du 17 juin 2004 a autorisé l'arbitrage dans le cadre des partenariats publics-privés internationaux. Dans le cadre des contrats conclus avec des sociétés internationales et des opérations d'intérêt général, le recours à l'arbitrage des personnes morales de droit public est donc autorisé. À titre d'exemple, nous pouvons faire référence au traité de Cantorbéry du 12 février 1986 qui autorise le recours à l'arbitrage dans le cadre de la réalisation du Tunnel sous la Manche[766]. De même, l'accord du 06 mars 2007 entre la France et les Émirats arabes unis pour la création du Louvre d'Abou Dhabi autorise aussi le recours à l'arbitrage en cas de litige[767].

394. Comparativement à la France, la législation communautaire et la jurisprudence CCJA semblent adopter une vision plus libérale sur cette question. En effet, les personnes morales de droit public relevant du droit commun des États membres de l'OHADA ne sont pas soumises à de mêmes restrictions pour compromettre. L'alinéa 1er de l'article 2 de l'Acte Uniforme de l'OHADA sur l'Arbitrage dispose que : « *Toute personne physique ou morale peut recourir à l'arbitrage (...). Les États et les collectivités territoriales ainsi que les établissements publics peuvent également être parties à l'arbitrage (...)* ». Le législateur OHADA n'a pas émis de réserve sur la nature de la personne morale de droit public qui peut conclure une convention d'arbitrage. Il a éliminé la présomption d'inarbitrabilité des litiges impliquant les personnes morales de droit public. Il pose ainsi le principe de l'arbitrabilité des litiges dont les personnes publiques sont parties[768]. Avant, l'adoption de l'Acte Uniforme de l'OHADA sur l'Arbitrage, les personnes morales de droit public ne pouvaient pas compromettre en matière d'arbitrage interne et international sauf si elles étaient habilitées par l'État. Avec la mise en place de l'OHADA et l'adoption du droit uniforme sur l'arbitrage, les États parties voulaient se doter d'un dispositif intégré qui réponde à des enjeux économiques et d'investissements.

395. La possibilité accordée aux personnes morales de droit public de conclure une convention d'arbitrage a permis la sauvegarde du principe de la liberté contractuelle et la flexibilité de l'environnement des

---

766 J.-M. Thouvenin, « *Arbitrage Eurotunnel* », *annuaire français de droit international*, 2006, p. 199-212.

767 Th. Clay, « Arbitrage et modes alternatifs de règlement des litiges, *D.* 2008, p. 180.

768 J.-M. Tchakoua, « Convention d'arbitrage » in *P.-G.* Pougoue (dir), *Encyclopédie du droit de l'OHADA*, 2011, p. 569.

affaires[769]. Toutefois, des limites existent. Par exemple, il n'est pas évident d'appliquer cette règle en droit administratif. L'article 2, alinéa 2 de l'Acte Uniforme sur l'Arbitrage est applicable uniquement si l'État et ses démembrements interviennent sur le marché comme des producteurs ou distributeurs. Les relations contractuelles entre l'État et les investisseurs portent essentiellement sur des marchés de travaux publics et les marchés de concession. Il y a donc un risque d'interprétation restrictive ou extensive de cet article 2, alinéa 2 de l'AUA OHADA par les parties et les juridictions nationales dans le cadre d'un arbitrage ad hoc. Il est donc fondamental que la CCJA puisse donner son avis sur la question afin que les acteurs concernés puissent éviter une interprétation contradictoire de cette disposition.

396. Dans le système de droit socialiste, la capacité d'une personne morale de droit public de conclure une convention d'arbitrage est très encadrée et n'est pas dissociable de la question de l'arbitrabilité du litige.

2. Le système ex-socialiste

397. En Chine, l'État chinois est un acteur central dans les relations économiques internationales. Ainsi, les personnes morales de droit chinois sont autorisées à participer aux procédures d'arbitrage en cas de survenance des différends dans le cadre de la mise en œuvre des contrats commerciaux et d'investissement conclus par la Chine [770]. À titre illustratif, la Chine avait enclenché la mise en œuvre de la clause compromissoire contre une compagnie américaine (Radio corporatif of America) pour violation des termes du contrat principal. Le litige a été considéré comme arbitrable par le tribunal ad hoc et une sentence arbitrale a été rendue au profit de la Chine[771]. Par ailleurs, le Centre d'arbitrage chinois CIETAC a plusieurs fois statué sur les affaires qui engageaient l'État chinois et ses démembrements sans opposer l'inarbitrabilité du litige[772]. Par un arrêt du 13 septembre 2006, la Cour Populaire Suprême

---

[769] M. Kamto, « La participation des personnes morales africaines de droit public à l'arbitrage OHADA », *dans L'OHADA et les perspectives de l'arbitrage en Afrique, Travaux du Centre René-Jean Dupuy pour le droit et le développement*, vol. I, sous la direction de Ph. Fouchard, *Bruylant, Bruxelles*, 2000, p. 88-100, spéc. p. 96.

[770] *Radio Corporation of America c/ the National Government of the Republic of China*, sentence arbitrale adhoc rendue le 13 avril 1935 à La Haye, 3 Report of International Arbitral Awards, p. 1623.

[771] Ibid.

[772] CIETAC, 02 juin 2003, *Aff. Baosheng c/ Bureau de l'environnement de la ville de Hefei*, commenté par YANG Caixia, *La validité de la convention d'arbitrage dans le commerce international (étude comparative : France, Chine), thèse dactylographiée et soutenue en 2008,*

n'a pas invoqué l'inarbitrabilité du litige dans la même affaire[773]. Cependant, l'arbitrabilité des litiges impliquant les organes publics chinois est très encadré.

398. Par ailleurs, les différends relevant du droit administratif ne sont pas arbitrables[774]. En matière de contrat administratif, le droit chinois n'est pas explicite. Il prévoit uniquement des dispositions spéciales pour régir d'une part les contrats de concession *Built-Operate-Transfer* (*BOT)* et d'autre part les contrats de marchés publics. En ce qui concerne les marchés publics, les secteurs concernés sont le secteur industriel, de l'eau, du gaz, du chauffage, des transports publics ; le traitement des eaux usées et des déchets[775]. En effet, les parties à ces différents contrats spéciaux sur les marchés publics peuvent opter pour l'arbitrage international[776]. Les litiges qui découlent de l'exécution de ces contrats sont donc arbitrables[777].

399. Dans les pays arabes, la participation des personnes morales de droit public aux procédures d'arbitrage est à la fois souple et restrictive. La même règle est appliquée en Arabie Saoudite où une personne morale de droit public ne peut participer à une procédure d'arbitrage s'il n'est pas expressément autorisé par l'autorité compétente.

3. Le système de droit musulman

400. La Tunisie a recours à des conditions restrictives en ce qui concerne la participation des personnes morales de droit public aux procédures d'arbitrages. En principe, l'État, les entités publiques à

Université Panthéon-Assas (Paris II), paragr. 486.; CIETAC, Aff. *Dongxun (HK) c/ Hengtong de la ville de Yulin, Enforcement of Commercial Arbitral Awards in China,* West, éd 2011, paragr. 2.36.

[773] Cour Populaire suprême, 13 septembre 2006, Aff. *Baosheng c/ Bureau de l'environnement de la ville de Hefei* ; Cour Populaire suprême, 02 juin 2003 aff. *Dongxun (HK) c/ Hengtong de la ville de Yulin* : les deux affaires commentées par Jane Willems, *Les contrats de joint ventures sino-étrangères devant l'arbitre international, Thèse dactylographiée et soutenue en 2013., Université d'Angers,* p. 73 et ss.

[774] Art. 3, alinéa 2 de la loi sur l'arbitrage en Chine.

[775] Avis sur l'Approbation et l'Administration des Investissements étrangers dans les Projets Pilotes de Concession, conjointement promulgué par les Ministères chinois des Statistiques, de l'Énergie électrique et des Transports, promulgué le 21 août 1995. Sur les contrats de BOT, v. Y. Dolais, Droit chinois des affaires, Cours, p. 46 et ss. ; ordonnance n°126 du 19 mars 2004, promulguée par le ministère chinois de la construction, en vigueur au 1er mai 2004.

[776] Ibid.

[777] Art. 9, alinéa 10 des mesures nationales sur la concession autorise une clause relative au « mode de résolution du litige ».

caractère administratif et les administrations locales ne peuvent recourir à l'arbitrage. Cependant, les personnes morales de droit public peuvent être parties à une convention d'arbitrage dans le cadre de relations internationales de nature économique, commerciale ou financière. Il s'agit des relations ayant fait l'objet de conventions d'investissements entre une collectivité publique de l'État avec une multinationale ou un investisseur. Dans cette hypothèse, il faut une autorisation de l'État central. Cette autorisation permet de justifier que les autorités centrales de l'État ont reconnu que l'objet de la convention d'arbitrage qui devrait porter sur les relations économiques, commerciales ou financières.

401. En Algérie, le cadre juridique qui encadre la participation des personnes morales de droit public à l'arbitrage semble être plus souple. Le législateur algérien considère en effet l'arbitrage comme un mode exceptionnel de règlement des litiges. La loi sur l'arbitrage permet à l'État et aux collectivités territoriales (districts, communes, établissements publics à caractère administratif et industriel et commercial) de recourir à l'arbitrage[778]. Cette autorisation est uniquement valable dans le cadre de leurs relations économiques internationales ou dans le cadre de certaines opérations publiques, les travaux publics par exemple[779]. Les contrats publics, notamment les travaux publics nationaux, peuvent être soumis à l'arbitrage à condition que le contrat soit signé par les ministres concernés[780]. Il s'agit d'une autorisation préalable des personnes morales de droit public de conclure une convention d'arbitrage. Dans les cas où une commune ou un district est parti(e) à la convention d'arbitrage, celle-ci est signée par le gouverneur ou le président du conseil municipal. Quant aux institutions publiques ayant un caractère administratif, le contrat est signé par leur représentant[781]. La convention d'arbitrage doit présenter clairement l'objet du litige au risque d'encourir la nullité[782]. Il faut toutefois, comme en droit français, que le contrat porte sur des droits disponibles[783].

---

778 M. Issad, « Le décret législatif algérien du 25 avril 1993 relatif à l'arbitrage international », *Rev. arb.*, 1993, p. 377.;

779 Art. 1006 of the new Algerian Code of Civil and Administrative Procedure. N. Najjar, *Arbitrage dans les pays arabes et commerce international*, *L.G.D.J*, 2016, p. 107.

780 Art. 976 of the new Algerian Code of Civil and Administrative Procedure.; Ibid.

781 Art. 1006, al. 1er of the new Algerian Code of Civil and Administrative Procedure.; Ibid.

782 Articles 108, al. 2 et 1012 of the new Algerian Code of Civil and Administrative Procedure.; Ibid.

783 Ibid.

402. La conclusion d'une convention d'arbitrage valable suppose toutefois que le litige soit arbitrable. D'ailleurs, cette question détermine la légalité de l'objet de la convention d'arbitrage. Il est donc utile de passer en revue les règles applicables à l'arbitrabilité du litige à travers l'étude des systèmes juridiques de notre champ d'études. Ensuite nous pourrons analyser le niveau de leur contribution à l'efficacité de l'arbitrage et à l'exécution de la sentence arbitrale internationale.

Paragraphe 2 : L'arbitrabilité du litige

403. Un litige est arbitrable lorsqu'il peut être tranché par voie d'arbitrage. Pour ce faire, il faut que l'objet du litige ne relève pas de la compétence exclusive du juge étatique. Les litiges qui relèvent de la compétence du tribunal arbitral et les règles qui régissent l'office du juge étatique compétent pour contrôler l'arbitrabilité du litige varient selon les systèmes juridiques. Ainsi, dans les systèmes de *Civil Law* et de *Common Law*, la conception de l'arbitrabilité semble plus souple, ce qui répond aux besoins de l'efficacité de l'arbitrage avec des limites (**A**). Au Viêtnam et en Russie, le cadre juridique applicable en matière d'arbitrabilité du litige n'est pas uniforme d'où un risque de dispersion de l'office du juge (**B**). Les législations en vigueur dans certains pays de droit musulman disposent d'un cadre juridique assez restrictif à l'égard de certains litiges, notamment commerciaux sur les questions relatives à l'arbitrabilité du litige (**C**). Ces différents grands systèmes juridiques qui encadrent les mécanismes de l'arbitrabilité du litige ont des effets divers sur l'efficacité d'exécution de la sentence arbitrale.

A. Les systèmes de *Civil Law* et de *Common Law*

404. Le système de *Civil Law* englobe le cas de la France et le droit OHADA. Cependant, le mécanisme de contrôle de l'arbitrabilité en droit français et en droit OHADA n'est pas le même. Le juge français a une préférence pour l'application des règles matérielles (**1**). Le juge communautaire de l'OHADA applique quant à lui des règles de conflit de lois (**2**). Dans les systèmes de *Common Law,* c'est le moment auquel intervient le juge étatique pour contrôler l'arbitrabilité du litige qui est le point central (**3**).

1. En droit français

405. L'article V Paragraphe 2 (a) de la convention de New York permet aux États parties d'apprécier si le litige tranché est arbitrable. Cette disposition de la convention renvoie à la méthode du conflit des lois pour déterminer la loi applicable à l'arbitrabilité. Plus précisément, l'arbitrabilité doit être appréciée au regard de la loi de l'État requis. Cette méthode pourrait être un obstacle à l'efficacité des sentences arbitrales internationales et peut conduire à une situation de *Law shoping*. Ainsi, lorsqu'un juge est saisi dans le cadre d'une procédure contre la décision d'exequatur d'une sentence arbitrale internationale sur la question de l'arbitrabilité du litige, il appliquera selon la convention le droit du for. Une fois encore, la méthode de la règle conflictuelle s'impose au juge des recours. Le juge peut également se prévaloir d'une loi de police impérative du droit interne ou d'une loi de police impérative d'un pays tiers pour faire obstacle à l'exequatur[784].

406. L'arbitrabilité du litige peut être aussi appréciée par l'arbitre au nom du principe de compétence-compétence. Ainsi, le contrôle de l'arbitrabilité du litige n'est pas du domaine exclusif du juge. En effet, le tribunal arbitral n'ayant pas de for, les arbitres ont plus de liberté dans la détermination de la loi applicable lorsqu'il s'agit pour de se prononcer sur l'arbitrabilité du litige[785]. En réalité, la tâche n'est pas si aisée pour les arbitres lorsqu'ils sont appelés à se prononcer la loi applicable à l'arbitrabilité du litige. Ils peuvent appliquer la loi du contrat à l'arbitrabilité du litige. Ils peuvent aussi appliquer la loi du pays où la sentence arbitrale est susceptible d'être exécutée ; ou la loi du siège de l'arbitrage ou encore des règles matérielles transnationales. Il existe aussi d'autres options comme l'application d'un principe général de droit selon lequel les litiges sont par principe arbitrables en matière de commerce international. Ce principe est supposé être valable dans la plupart des États dans lesquels la sentence arbitrale internationale est susceptible d'être appliquée[786].

407. L'application à l'arbitrabilité du litige de la loi du pays dans lequel la sentence arbitrale internationale est susceptible d'être exécutée est intéressante pour des raisons de sécurité juridique et d'efficacité de la sentence[787]. En effet, elle assure que cette question ne posera pas de difficulté au stade de l'exequatur. Cette méthode présente tout de même des faiblesses. Dans l'hypothèse où les biens du débiteur ne sont pas situés

---

[784] Ch. Seraglini, *Lois de polices et justice arbitrale internationale*, *Dalloz*, 2001, p. 91.
[785] C.A., Paris, 29 mars 1991, *Sté Ganz et autres c/SNCFT*, *Rev. arb*. 1991. 478, note L. Idot.
[786] Ch. Seraglini et J. Ortscheidt, *Droit de l'arbitrage interne et international*, *LGDJ*, 2019, pp. 592-597.
[787] Sentence arbitrale. CCI n°6697 (1990), *Rev., arb*. 1992, obs. P. Ancel, p. 135.

sur le territoire d'un seul pays, il faudrait que la sentence se conforme à l'ensemble des lois de ces pays. Par ailleurs, l'arbitrabilité du litige pourrait être remise en cause par le droit national de l'un des pays dont la loi n'aurait pas été prise en compte. Il est donc important pour les arbitres de déterminer au début de la procédure les pays dans lesquels les sentences arbitrales sont susceptibles d'être exécutées. Dans sa démarche du choix de la loi applicable à l'arbitrabilité du litige, l'arbitre doit se focaliser sur une démarche qui pourra lui permettre d'assurer "*une efficacité universelle de la sentence arbitrale internationale*"[788]. La troisième option qui s'offre à l'arbitre est l'application de la loi du siège de l'arbitrage. Dans l'hypothèse où la loi du siège est appliquée à l'arbitrabilité du litige, l'efficacité de la sentence arbitrale est susceptible d'être limitée au siège de l'arbitrage.

408. Dans ce cas précis, le choix de la loi du siège par l'arbitre ne contribuerait pas à l'efficacité de la sentence arbitrale internationale. Le second risque concerne les cas où le juge du siège considère le litige comme inarbitrable au regard de la loi du siège. Dans ce cas, l'efficacité de la sentence arbitrale internationale sera fortement réduite. La sentence ne sera applicable ni dans le pays du siège ni sur le territoire de pays tiers qui ne délivrent pas l'exequatur à des sentences arbitrales internationales annulées au siège. Il importe de relever que la France fait exception. Une sentence annulée au siège peut être reconnue par le juge français. Pour illustration, l'arrêt de la Cour de cassation du 29 juin 2007 dans l'affaire *PT Putrabali Adyamuliac/ Société Rena Holding et a*. Cet arrêt a fait référence de façon générale au principe de l'autonomie de l'arbitrage international[789].

409. L'application de règles matérielles à l'arbitrabilité du litige permet d'élaborer des règles matérielles qui définissent pour chaque cas soumis au juge étatique les conditions d'arbitrabilité du litige. Par ailleurs, l'arbitre peut appliquer le principe général d'arbitrabilité des litiges dans le domaine du commerce international[790]. Ce principe permet aux arbitres de renforcer la sécurité juridique des sentences arbitrales internationales et d'en assurer son efficacité à long terme. Mais en tout état de cause, il conviendrait que le tribunal arbitral tienne compte des restrictions

---

788 Ch. Seraglini et J. Ortscheidt, *Droit de l'arbitrage interne et international, op. cit.* p. 593.

789 Th. Clay et Ph. Pinsolle, « De l'autonomie de la convention d'arbitrage à l'autonomie de la sentence arbitrale », *JDI*, 2015, p. 13.

790 Ch. Seraglini et J. Ortscheidt, Droit de l'arbitrage interne et international, *LGDJ*, 2019, p. 596.

relatives à l'arbitrabilité du litige dans les États où la sentence est susceptible d'être exécutée.

410. À la différence de la France, d'autres juridictions du système de *Civil Law* appliquent plutôt les règles de conflit des lois pour trancher les litiges en lien avec les questions de l'arbitrabilité du litige. C'est le cas des juges judiciaires de l'espace OHADA.

2. En droit OHADA

411. Le juge communautaire OHADA, les juges de droit commun des États membres OHADA et l'arbitre dans le cadre de leur office en arbitrage institutionnel ou ad hoc vérifient en premier lieu si le litige est arbitrable. Dans l'hypothèse où le droit appliqué au fond du litige est le droit OHADA, l'organe judiciaire ou le tribunal arbitral saisi doit s'assurer que l'objet du litige porte sur les droits disponibles. De même, l'objet du litige doit être conforme à l'ordre public communautaire. Ces deux référentiels orientent d'une manière générale le contrôle de l'arbitrabilité du litige (**a**). Par ailleurs, les États membres de l'Organisation Africaine de la Propriété intellectuelle (OAPI) sont en même temps membres de l'OHADA. Ainsi, le tribunal arbitral de la CCJA et le juge communautaire sont compétents pour se prononcer sur l'arbitrabilité du litige en lien avec les questions contractuelles en matière de propriété industrielle et intellectuelle (**b**).

a. Le cadre général de l'arbitrabilité des litiges

412. En droit OHADA, toute contestation relative à la négociation, à la validité, à l'interprétation, à l'exécution ou à l'extinction d'un contrat dont l'objet porte sur les droits disponibles est arbitrable[791]. Il n'y a pas de distinction entre arbitrage interne et international[792]. L'objectif du législateur OHADA est d'uniformiser les procédures arbitrales entre les États membres de l'espace OHADA. Pour être arbitrable en droit OHADA, le contentieux potentiel entre les parties ou encore l'objet de la convention d'arbitrage doit être classé dans la catégorie des droits disponibles. Les droits indisponibles, notamment, les droits relatifs à l'état des personnes et les matières relevant du droit pénal sont inarbitrables, à l'exception des droits pécuniaires issus des contentieux portant sur l'état

[791] Article 21 du traité de l'OHADA et l'article 2 de l'Acte Uniforme sur l'Arbitrage.

[792] P. G. Pougoue, *L'arbitrage dans l'espace OHADA*, 2016, Leiden/ Boston, Cours de l'Académie du droit international de la Haye, p. 139-146.

des personnes. Les litiges qui relèvent du domaine pénal (contentieux pénal, les mesures d'urgence et de contraintes), administratif et fiscal ne sont pas arbitrables en droit OHADA. Cependant, les conséquences juridiques en lien avec les dommages et intérêts en matière pénale et administrative ou la mise en exécution des sanctions pécuniaires en matière fiscale peuvent faire l'objet d'arbitrage [793]. Par ailleurs, les conséquences patrimoniales et les intérêts civils résultant d'une infraction pénale pourront faire l'objet d'un compromis d'arbitrage en raison de leur disponibilité[794].

413. Le droit OHADA reconnait le principe de compétence-compétence pour permettre aux arbitres de statuer sur leur propre compétence en matière d'arbitrabilité du litige au regard de l'ordre public international[795]. Le tribunal arbitral peut constater la violation de l'ordre public et relever l'inarbitrabilité à condition que le principe du contradictoire soit respecté dans le cadre de la procédure arbitrale[796]. Au cas où l'arbitre ne constaterait pas l'inarbitrabilité du litige pour cause de violation de l'ordre public communautaire, il risque d'exposer la sentence arbitrale internationale au refus d'exequatur ou à l'annulation.

414. Le droit OHADA permet aussi au juge de la CCJA de se prononcer sur l'arbitrabilité du litige dans d'autres matières spécifiques. Les matières concernées sont précises et connues. Il s'agit de l'arbitrabilité des litiges en lien avec les contrats d'exploitations en droit de la propriété intellectuelle et industrielle.

b. L'arbitrabilité des matières sensibles : la compétence du juge OHADA

415. Les différends contractuels, notamment les litiges en lien avec les contrats d'exploitation des œuvres intellectuelles ou industrielles, peuvent être soumis à une procédure d'arbitrage [797]. En matière de propriété intellectuelle, les parties peuvent choisir le droit OHADA pour régir l'arbitrage. L'arbitre est tenu de statuer uniquement sur les contentieux arbitrables en droit OHADA au risque de voir sa sentence arbitrale

---

[793] Ch. Jarrosson, l'arbitrabilité : présentation méthodologique », *RJ* com. 1996, p. 1 et s., spéc. p. 3.

[794] P. Meyer, *OHADA-Droit de l'arbitrage*, Bruxelles, *Bruylant*, 2002, pp. 102 et ss.

[795] Article 11, alinéa 1er de l'Acte Uniforme sur l'Arbitrage en droit OHADA.

[796] I.-L. Miendjem, *Arbitrabilité et contentieux des droits de propriété intellectuelle en droit OAPI/OHADA*, Lextenso, 2020, p. 15.

[797] Article 21 du traité OHADA et Article 2 du Règlement d'arbitrage de la CCJA de 2017.

dépourvue d'exequatur ou annulée pour cause d'inarbitrabilité du litige. L'Organisation Africaine de Propriété intellectuelle (OAPI) s'est à cet effet dotée d'un centre d'arbitrage et de médiation qui n'est toutefois pas encore opérationnel. Il en résulte que les litiges contractuels portant sur le droit de propriété intellectuelle en matière d'arbitrage en droit OAPI sont pour l'heure traités par la CCJA de l'OHADA. Le règlement d'arbitrage de l'OAPI précise en son article 2 que sont arbitrables les litiges d'ordre contractuel en lien avec le droit de propriété intellectuelle en vigueur dans l'espace OAPI.

416. Le droit de la propriété intellectuelle dont il s'agit comprend le droit de propriété industrielle et le droit de la propriété littéraire et artistique. Il en résulte que les litiges n'ayant pas pour source l'exécution ou l'interprétation des contrats de propriété industrielle, artistique et littéraire ne sont pas arbitrables. À titre d'exemple, les litiges portant sur l'exploitation des marques collectives de certification ne sont pas arbitrables. Les marques collectives de certification relèvent des droits extrapatrimoniaux et présentent un caractère non cessible [798]. Cette certification concerne des produits ou des services qui présentent quant à leur nature des propriétés ou des qualités, des caractères précisés dans son règlement[799]. Elles ont une fonction de protection du consommateur en offrant une garantie de conformité des produits ou services revêtus de la marque par rapport à des caractéristiques spécifiques[800].

417. En matière de propriété industrielle en droit OHADA/OAPI, sont arbitrables des litiges portant sur les actes de transmission de propriété ; le gage ou la main levée de gage. Les litiges relatifs à la concession partielle ou totale du droit d'exploitation[801] ; au renouvellement de la concession de licence et non-paiement de royalties sont arbitrables[802]. En ce qui concerne le droit de propriété littéraire ou artistique, les litiges portant sur les contrats de cession des droits patrimoniaux d'auteurs ou de titulaires de droits voisins sont arbitrables. Par ailleurs, les litiges portant sur les licences d'exploitation ; les contrats d'édition, les contrats à

---

798 I.-L. Miendjem, *Arbitrabilité et contentieux des droits de propriété intellectuelle en droit OAPI/OHADA*, *Lextenso*, 2020, p. 18.
799 Ibid.
800 Ibid.
801 Ibid.
802 I.-L. Miendjem, *Arbitrabilité et contentieux des droits de propriété intellectuelle en droit OAPI/OHADA*, *Lextenso*, 2020, p. 4.

compte d'auteur[803] ; les contrats qualifiés de comptes à demi[804] ; les contrats de production audiovisuelle ; les contrats de représentation sont aussi arbitrables[805]. Cependant, les droits moraux et l'action en validité de la propriété littéraire et artistique ne sont pas arbitrables pour la simple raison que ce droit est perpétuel, inaliénable et imprescriptible. Il s'agit du droit de divulgation ; le droit au respect du nom ou droit à la paternité et le droit au respect de l'œuvre ou droit à l'intégrité. Le droit de repentir ou de retrait sous réserve d'indemniser le cessionnaire du préjudice subi n'est pas arbitrable[806].

418. Par ailleurs, en matière littéraire et artistique, les auteurs des œuvres graphiques, plastiques et littéraires ne peuvent pas aliéner leurs droits de participation au produit de vente de leurs œuvres graphiques et plastiques. Ils ne peuvent pas non plus aliéner leurs droits de participation aux enchères publiques des œuvres manuscrites ou par le biais d'un commerçant[807]. Il en résulte que le droit de suite[808] en matière littéraire et artistique a priori n'est pas arbitrable pour cause de son inaliénabilité par son auteur. Cependant, les produits de vente des œuvres graphiques et plastiques sont aliénables, et donc les litiges qui portent spécifiquement sur ces produits sont arbitrables.

419. En Angleterre, le contrôle de l'arbitrabilité du litige relève en premier lieu de la compétence du tribunal arbitral. Le juge judiciaire peut intervenir à titre secondaire. Mais aux États-Unis le juge intervient à titre principal pour contrôler l'arbitrabilité du litige.

3. Les systèmes de *Common Law*

420. En Grande-Bretagne, *l'Arbitraction Act* de *1996* dans sa section 30 prévoit que le tribunal arbitral peut statuer sur l'arbitrabilité du litige au fond en matière d'arbitrage international. En effet, sauf accord contraire des parties, les arbitres peuvent statuer sur leur compétence au fond si la clause compromissoire ou si la convention d'arbitrage est valide.

---

[803] I-L. Miendjem, *Arbitrabilité et contentieux des droits de propriété intellectuelle en droit OAPI/OHADA, Lextenso,* 2020, pp. 2-3.

[804] Le contrat de compte à demi est un contrat par lequel l'auteur ou les ayants droit d'une œuvre de l'esprit demandent à un éditeur de fabriquer des exemplaires de son œuvre, mais à ses frais.

[805] Motulsky H., *Ecrits, études et obs. sur l'arbitrage*, 2010, Dalloz, p. 113.

[806] Article 14, alinéa 4 de la loi Camerounaise sur les droits d'auteurs.

[807] I.-L. Miendjem, op. cit.

[808] Ibid.

L'objet du litige doit être arbitrable conformément à l'ordre public international. Au nom du principe de compétence-compétence, le tribunal arbitral peut statuer sur la validité de la convention d'arbitrage et par ricochet sur l'arbitrabilité du litige. La partie qui souhaite s'opposer à l'arbitrabilité du litige doit le faire devant l'arbitre avant la reddition de la sentence arbitrale[809].

421. Aux États-Unis, l'arbitre ne dispose pas d'une compétence réservée pour se prononcer sur l'arbitrabilité du litige. Le juge judiciaire peut renvoyer les parties à l'arbitrage après qu'il s'est assuré de la validité de la convention d'arbitrage et de l'arbitrabilité du litige. Par ailleurs, selon le *Féderal Arbitraction Act*, les litiges nés dans le cadre de l'exécution des transactions maritimes et le commerce interne ou extérieur sont arbitrables. L'objet du litige prévu par la convention d'arbitrage ne doit pas être contraire à l'ordre public international. Ainsi, pour que le litige soit arbitrable, il faut que l'objet du litige ne heurte pas « les notions américaines les plus fondamentales de morale et de justice »[810]. Il s'agit pour les parties de s'assurer que l'objet du litige ne soit pas hors du commerce. Il faut aussi que l'objet du litige ne soit pas un domaine réservé exclusivement au juge judiciaire américain, notamment un litige portant sur l'état des personnes. Par exemple, les litiges qui portent sur l'emploi de marins, les employés de chemins de fer ou de toute autre catégorie de travailleurs de commerce étranger ou interétatique ne sont pas arbitrables aux États-Unis.

422. Une sentence arbitrale rendue à la suite d'une procédure d'arbitrage dont l'objet est inarbitrable en droit anglais et en droit américain n'est pas susceptible d'être exécutée lorsque ces pays sont requis. L'arbitrabilité du litige peut être aussi mis en cause par les parties au litige devant l'arbitre ou devant le juge judiciaire. Il peut être aussi soulevé d'office par le tribunal arbitral, surtout si l'objet du litige soumis à la procédure d'arbitrage est contraire à l'ordre public. Le fait que le juge

[809] Sections 31 et 73 de l'Arbitration Act of 1996 (Angleterre). ; *Aff. See Pterson Farms Inc. c/ C&M Farming Ltd.* (2004) EWHC 121.; *Honeywell International Middle East Ltd. v Meydan Group LLC, Queen's Bench Division,* Technology and Construction Court [2014] EWHC 1344 (TCC); commented by P. Vargiu and M.
« Ahmed, Interpretation and Application of the New York Convention in United Kingdom », *pp. 988-989*, op. cit.

[810] *Thai-Lao Lignite (Thailand) Co., Ltd. et. al. v. Government of the LaoPeople's Democratie Republic*, 6 février 2014, 997 F. Supp. 2d 214 (SDNY 2014). V. aussi L. Radicati di Brozolo, « The Enforcement of Annuled Awards: FurtherReflections in Light of Thai-Lao Lignite », Am. *Rev. arb.*, 2014. P.47.

français ait la possibilité d'apprécier l'arbitrabilité du litige en référence aux règles matérielles donne a priori une flexibilité d'interprétation supplémentaire. Il dispose de suffisamment de marge de manœuvre pour dégager des principes et des règles prétoriennes pour trancher les litiges en lien avec l'arbitrabilité du litige dans telle ou telle matière. Il est cependant limité dans son office par les règles de l'ordre public international. En droit OHADA, le juge communautaire ne dispose pas des mêmes marges de manœuvre, il doit faire référence aux règles de conflits de lois pour se prononcer sur l'arbitrabilité du litige.

423. L'efficacité d'une sentence arbitrale dépend donc fortement des règles qui gouvernent l'arbitrabilité du litige. Plus le cadre de contrôle de l'arbitrabilité du litige est flexible, plus l'efficacité prévisionnelle de l'exécution forcée de la sentence arbitrale est assurée. C'est ce que nous observons avec le droit français et OHADA même si les méthodes de contrôle du juge français et du juge OHADA ne sont pas les mêmes. À la différence des systèmes de *Civil Law,* les juridictions anglaises accordent une grande importance au principe de compétence-compétence du tribunal arbitral placé au premier plan pour statuer sur l'arbitrabilité du litige. Le juge britannique peut prendre le relais ensuite pour confirmer ce contrôle. Aux États-Unis, c'est le juge judiciaire qui se positionne en première place, mais il tient toujours compte du principe de compétence-compétence du tribunal arbitral. Il peut donc sursoir à statuer en cas de présence d'une convention d'arbitrage valide par rapport au litige qui lui a été soumis.

424. Dans les systèmes de droit socialiste, les instruments d'appréciation de l'arbitrabilité du litige mis à la disposition du juge ont une nature différente.

B. Les systèmes de droit ex-socialiste

425. L'arbitrabilité du litige dans certains pays du système socialiste dépend beaucoup plus du cadre juridique qui encadre l'office du juge. Au Viêtnam et en Russie, l'encadrement de l'office du juge en matière d'arbitrabilité du litige est dispersé.

1. Au Viêtnam

426. La question de l'arbitrabilité du litige est encadrée par un cadre juridique dispersé. En effet, trois textes concernent cette question. Il s'agit de l'ordonnance de 2003 sur l'arbitrage et des lois de 2005 et de 2010 sur l'arbitrage commercial. Ces différents instruments juridiques posent le cadre des litiges arbitrables au Viêtnam. La notion d'activité commerciale n'est pas définie clairement par les instruments juridiques en vigueur au Viêtnam. L'absence d'une définition claire de la notion de commercialité peut donner lieu à des interprétations diverses. Dans ce cas, le juge peut faire une interprétation restrictive de cette notion et refuser l'arbitrabilité des litiges de nature commerciale qui ne figurent pas dans la liste établie par la loi. Ainsi, le législateur liste cependant les litiges arbitrables dans la loi commerciale de 2005 et dans la loi de 2010 sur l'arbitrage commercial[811]. L'article 29 du Code de procédure civile vietnamien admet l'arbitrabilité des litiges issus de l'exécution des contrats commerciaux[812]. Il s'agit des cas portant sur la distribution commerciale ; la représentation ou de l'agence commerciale ; le cautionnement ; la location ou le crédit-bail ; la construction et du conseil. Les activités techniques ; des licences ; de l'investissement ; la finance ; la gestion des ressources humaines et financières ; des activités techniques sont arbitrables. Le transport de marchandises et de passagers par voie aérienne, maritime, ferroviaire ou routière, ainsi que d'autres actes commerciaux conformes à la loi sont arbitrables.

427. Par exemple, un litige né d'une cession d'actions est considéré comme arbitrable par les juridictions vietnamiennes. La cession des actions en vue de réaliser les bénéfices est en effet considérée comme un acte commercial en vertu de l'article 3 de la loi de 2005 relative aux investissements[813]. Par ailleurs, les juridictions de fond vietnamiennes ont considéré que des litiges liés aux questions de dettes entre deux sociétés commerciales sont également arbitrables. En effet, le paiement de la dette est considéré comme issu d'un contrat économique en référence à l'article 29 alinéa g du Code de procédure civile[814]. En revanche, les contentieux en lien avec la possession ou les cessions des droits relatifs à la gestion des immeubles non bâtis ou bâtis ne peuvent pas faire l'objet de procédure

---

[811] Decree 116/CP issued by the Government on 5 September 1994 on the Organization and Operation of Economic Arbitration Bodies (since replaced by the 2003 Arbitration Ordinance).

[812] Ce contrat commercial doit être en lien avec l'accomplissement d'un ou plusieurs actes commerciaux par une organisation commerciale ou un individu, y compris l'achat et la vente de biens et de services ou la fourniture de services.

[813] Décision n°02/2008/QĐST-KDTM du 20-5-2008 de la Cour populaire de Hanoi : V.-D. DO et H.-Ha Tran, *Les arrêts et décisions des tribunaux vietnamiens en matière d'arbitrage commercial*, Ed. Lao dong 2010, Partie I, Décision n°27. ; Décision n°02/2008/QDST-KDTM du 20 mai 2008 du tribunal populaire de Hanoï.

[814] *Décision no 7/2009 du 18 déc. 2009 de la Cour populaire de Hanoi : Van Dai DO et Hoang Hai TRAN*, ouvrage préc., Partie I, Décision no 10. ; Décision n°174/DSPT du 04 décembre 2003 Chambre d'Appel de la Cour Suprême d'Hanoï.

d'arbitrage. Cette exclusion est d'ordre public et est prévue par la Constitution vietnamienne[815]. Néanmoins, la loi de 2010 admet que le litige né d'un contrat économique est arbitrable à condition que l'une des parties exerce une activité commerciale afin de donner une qualification d'acte commercial à l'acte litigieux[816]. Cependant, la loi de 2010 pose des limites strictes pour protéger le consommateur s'il s'agit de soumettre à l'arbitrage un litige né d'un acte conclu entre un consommateur et un distributeur ou vendeur professionnel[817].

428. La configuration du cadre juridique vietnamien n'est pas très différente de celui de la Russie concernant la définition des domaines arbitrables en matière commerciale et d'investissement.

2. En Russie

429. L'arbitrabilité du litige est régie en Russie par plusieurs sources de droit. Il s'agit de la loi fédérale sur l'arbitrage, du Code de procédure civile, du Code de procédure arbitrale (commerciale) et de la Loi fédérale sur les tribunaux d'arbitrage en Russie. Les matières considérées comme non arbitrables sont les litiges familiaux. Ainsi, les litiges relatifs au partage des biens communs des conjoints après le divorce ; à l'emploi ; aux successions ; à l'indemnisation des dommages causés à la vie et à la santé de la personne sont arbitrables. Par ailleurs, les litiges relatifs à l'expulsion ; à la couverture des dommages causés à l'environnement ; à la privatisation des biens de l'État et des municipalités ; aux actions des autorités de l'État[818].

430. D'autres matières sont considérées comme partiellement arbitrables en Russie. Il s'agit des réclamations concernant la création, la réorganisation ou la liquidation d'une entité juridique ; les réclamations liées aux responsabilités des personnes agissant en tant qu'organes de gestion d'une entité juridique. Les lois fédérales sur la publicité ou sur les marchés publics excluent du champ de l'arbitrage les affaires découlant

---

[815] Art. 17 de la Constitution de 1992, complétée en 2000 et en 2013 et Arts. 690 à 744 du Code civil. ; J.-S. Mo, « Interpretation and Application of the New York Convention in China », pp. 207-208, op. cit.

[816] Art. 2, alinéa 2 de la loi de 2010 sur le commerce. ; Văn Đại Đỗ, « Interprétation et Application de la Convention de New York au Vietnam (Interpretation and application of the New York Convention in Vietnam) », pp. 1090-1091, op. cit.

[817] Art. 17 de la loi de 2010 sur le commerce.

[818] Art. 22.1 du Code de procédure civile russe ; https://mgimo.ru.upload/iblock/aac/arbitrabelnost-trudovyh-sporov.pdf> accessed so June 2019

des relations publiques en général[819]. Ainsi, seules les questions civiles et commerciales découlant d'obligations contractuelles, n'impliquant pas le "public" au sens large du terme, peuvent être soumises à l'arbitrage. La Cour constitutionnelle russe a confirmé dans une décision du 26 mai 2011 qu'il n'est pas permis d'arbitrer des litiges administratifs et des affaires impliquant des questions de droit public[820].

431. L'analyse de la jurisprudence plus récente révèle que les tribunaux russes s'en tiennent à une approche plutôt restrictive de l'arbitrabilité des litiges impliquant un "élément public". À titre d'exemple, les tribunaux ont récemment jugé que les litiges découlant de contrats exécutés à des fins publiques et payés sur les fonds du budget de l'État étaient totalement inarbitrables[821]. Les litiges découlant de contrats de concession de service public ont également été déclarés inarbitrables[822]. Ainsi, une société commerciale ayant une délégation de service public n'est pas habilitée à participer à une procédure d'arbitrage. La Cour d'arbitrage commerciale internationale de la Chambre de commerce et de l'industrie de la Fédération de Russie dans l'affaire *Transtech Oy vjsc Railtransavto* a confirmé cette règle[823]. De même, dans le cadre d'un litige entre des sous-traitants impliqués dans le projet de rénovation du bâtiment de la *Higher School of Economics* ("HSE"), la Cour suprême de Russie a annulé la sentence arbitrale[824].

432. Il n'est pas incertain que les contrats purement commerciaux entre deux parties privées impliquant des fonds publics soient arbitrables en Russie. Les décisions les plus récentes renforcent la tendance actuelle des tribunaux russes à annuler et à refuser l'exécution des sentences arbitrales pour des raisons d'inarbitrabilité lorsque le financement public direct ou indirect est allégué. On peut citer un exemple frappant d'une question dont l'arbitrabilité dépend des circonstances spécifiques de chaque cas particulier et qui est évaluée par les tribunaux. Il s'agit des

---

[819] La loi fédérale n° 382-FZ sur l'arbitrage.

[820] Arrêt de la Cour Constitutionnelle russe, Moscow, 26 mai 2011.

[821] Décision du tribunal de commerce de la région de Moscou, 5 mars 2018, Cf. aff. n°A41-9777/zo17.

[822] Décision du tribunal de commerce de Moscou, 14 septembre 2017, Cf. aff. n°A40-93716.

[823] Décision du tribunal de commerce de Moscou, 22 mai 2019, Cf. aff. n°A40-46243/19-19-417.

[824] La neuvième Cour d'appel commerciale 10 février 2020, par exemple, a adopté une Décision sur l'affaire numéro A40-149566 / 2019, dans laquelle il a soutenu une décision du tribunal de commerce de Moscou autorisant une partie sanctionnée à saisir un tribunal d'État russe indépendamment d'une convention d'arbitrage. Sur 6 juillet 2020, la Cour de cassation du district de Moscou a confirmé les deux actes.

litiges entre entreprises[825]. À la suite de la réforme de la loi sur l'arbitrage en Russie en 2015, certaines catégories de litiges entre sociétés sont désormais reconnues comme arbitrables, mais avec certaines exceptions et l'ajout d'exigences supplémentaires[826]. Les litiges d'entreprise liés au titre de propriété sur les actions et à la vente-achat d'actions ont été déclarés arbitrables[827]. Toutefois, la loi fédérale impose une exigence supplémentaire : ces litiges doivent être administrés par des institutions arbitrales permanentes, c'est-à-dire par voie d'arbitrage institutionnel[828]. Ainsi, l'arbitrage ad hoc des litiges entre sociétés en Russie est impossible. Enfin, il faut également noter que la loi fédérale applicable impose une exigence supplémentaire. Il s'agit du cas de certains litiges résultant de la constitution, de la réorganisation, l'organisation et la liquidation d'entités juridiques) ne peuvent être administrés que par des institutions agrées[829].

433. Contrairement à la France, à l'espace régional OHADA et aux pays de *Common law,* le Viêtnam et la Russie présentent des particularités structurelles qui semblent durcir l'encadrement de l'autonomie d'arbitrage. En Russie, il est extrêmement compliqué pour une personne morale de droit public de participer à un arbitrage. D'ailleurs, les activités financées par les fonds publics russes ne peuvent pas faire l'objet d'arbitrage. Par ailleurs, l'arbitrabilité est conditionnée par la désignation officielle de l'institution d'arbitrage ayant leur siège en Russie. Au Viêtnam, il existe un flou juridique autour de la qualification des litiges arbitrables. En effet, le cadre juridique et la jurisprudence vietnamienne ne posent pas clairement et de façon exhaustive le contenu des litiges arbitrables. Ces exigences rendent complexe la circulation des sentences arbitrales internationales.

434. Dans les pays qui appliquent le système du droit musulman, la nature des cadres juridiques qui encadrent l'arbitrabilité du litige est diverse. Ainsi, les procédures d'arbitrage impliquant les biens publics et les personnes morales de droit public sont autorisées dans certains pays de la ligue arabe. L'intervention des personnes morales de droit public dans d'autres pays est strictement encadrée. Par ailleurs, l'office du juge est

---

825 S. Petrachkov, D. Kuptsov & A. Kurbanova, « Commentary on the New York Convention 1958, Article
V (2)(a) », pp. 87 et ss. in « *Recognition and Enforcement of Foreign Arbitral Awards in Russia and Former USSR States* », (eds) R. Zykov, *Wolters Kluwer*, 2021, p.594[826]

827 Ibid.

828 Ibid.

829 Ibid.

limité à une interprétation téléologique de la loi dans le cadre du contrôle de l'arbitrabilité du litige dans certains pays de droit musulman.

C. Le système de droit musulman

435. Les législations et la jurisprudence qui encadrent l'arbitrabilité des litiges dans certains pays arabes présentent des particularités en termes de délimitation du champ d'arbitrabilité de certains litiges.

436. En Jordanie, le cadre juridique n'a pas spécifiquement défini les matières arbitrables. Cependant, la jurisprudence et la doctrine ont considèrent que la loi sur l'arbitrage autorise l'arbitrabilité des litiges relatifs aux intérêts financiers. Plus largement, ce sont les litiges civils et commerciaux et tout ce qui peut faire l'objet d'un contrat valable[830]. En conséquence ne peut faire l'objet d'un contrat commercial : les drogues, les dettes de jeu, les questions contraires à l'ordre public ou aux bonnes mœurs et les litiges relatifs au statut personnel à l'armée[831]. Il convient de noter que la loi jordanienne sur l'arbitrage précise en son article 3 que les litiges issus de l'exécution des contrats administratifs impliquant les entités publiques ou privées sont arbitrables. Le législateur jordanien a simultanément élargi le champ de l'arbitrage en l'étendant aux litiges contractuels ou non contractuels, qu'ils soient publics ou privés, commerciaux ou civils (y compris les délits). Cependant, certains litiges relèvent uniquement de la compétence des juridictions nationales en Jordanie. Il s'agit selon l'article 16 de la loi jordanienne n° 28/2001 des litiges sur les agents commerciaux et les médiateurs. Il en est de même des litiges ou conflits découlant du contrat d'agence commerciale, ou de la mise en œuvre des dispositions de la loi sur les agents commerciaux. En effet, l'article 16 de la loi sur l'agence commerciale prévoit seulement la compétence exclusive des tribunaux jordaniens pour la résolution des litiges issus de l'exécution des contrats d'agences commerciales[832].

437. L'arbitrabilité des litiges commerciaux est strictement encadrée en Arabie Saoudite, contrairement à la Jordanie.

---

[830] Art. 9 de la loi sur l'arbitrage en vigueur en Jordanie. ; N. Najjar, op. cit. pp. 459 et ss.
[831] Art. 163 du Code civil jordanien. ; N. Najjar, op. cit. pp. 457 et ss.
[832] Cass. Amman, 01er novembre 2006, annulation d'une clause compromissoire incluse dans un contrat entre un agent jordanien exerçant son activité en Jordanie en se fondant sur la compétence exclusive des tribunaux jordaniens en la matière.

438. En Arabie Saoudite, ne sont pas arbitrables les litiges relatifs au divorce pour adultère de la femme et les questions relatives à l'ordre public[833]. Le droit saoudien ne fait pas de distinction entre les affaires civiles et les affaires commerciales[834]. Cependant, l'arbitrage n'est pas autorisé pour le règlement des litiges relatifs au statut personnel, à l'exception des litiges relatifs aux conséquences financières des droits en découlant. Par exemple, la validité d'un contrat de mariage ou l'examen de la qualité d'héritier d'une partie, le montant de la pension alimentaire est arbitrable, ainsi que les effets d'un contrat de mariage nul. Dans le cadre du fonctionnement des sociétés commerciales, les associés ne peuvent pas prévoir dans l'acte constitutif de la société une clause compromissoire pour régler les litiges par voie d'arbitrage. Le ministre du Commerce a publié un Arrêté ministériel en 1980 qui interdit aux services du registre du commerce d'inscrire de telles sociétés, sans autorisation spéciale.

439. Par ailleurs, les litiges relatifs aux contrats d'agence commerciale ont été réglementés en Arabie Saoudite afin de protéger les agents commerciaux saoudiens. La loi saoudienne sur l'agence commerciale exige que le contrat soit enregistré auprès des services du registre du commerce. Ainsi, les parties peuvent insérer des clauses d'arbitrage dans leur contrat. Cependant, cet élan de liberté contractuelle est tempéré par l'Administration saoudienne. Elle a établi un formulaire standardisé de contrat d'agence commerciale contenant un article prévoyant que tout litige né de l'exécution des contrats commerciaux devra être porté devant la Commission de règlement des différends commerciaux. Ainsi, les services du registre du commerce refusent d'enregistrer tout contrat d'agence commerciale qui n'adopte pas cette forme standardisée[835]. Le mécanisme d'arbitrage en Arabie saoudite est donc contrôlé par l'État.

440. De même, le juge judiciaire émirati et égyptien ne dispose pas de marges de manœuvre suffisantes pour faire une interprétation qui dépasse le cadre de la loi. Par ailleurs, les litiges portant sur les biens de l'État ne peuvent pas faire l'objet d'arbitrage.

441. Aux Émirats arabes unis, selon le Code fédéral de procédure civile, les affaires pénales et les affaires de statut personnel ne peuvent pas

---

[833] A. H. El-Ahdab, *Arbitration with the Arab Countries*, *Wolters Kluwer, Law & Business*, 3rd éd. 2011, p. 634 et ss.
[834] Ibid.
[835] Ibid.

être soumises à l'arbitrage[836]. Par ailleurs, les saisies et les procédures d'exécution ne peuvent pas être soumises à l'arbitrage, à moins que les parties n'en aient disposé autrement[837]. La Cour suprême de Dubaï a statué que l'arbitrage doit rester limité aux questions prévues par les lois, sans interprétation extensive de celles-ci[838]. Cependant, les litiges découlant d'une relation juridique, qu'elle soit contractuelle ou non, même s'il s'agit de délits civils peuvent être arbitrables[839]. Par ailleurs, les juridictions de fond et de cassation **du Qatar**, des **Émirats arabes unis** et de **l'Égypte** ont rendu des jurisprudences pour délimiter le champ de l'arbitrabilité des litiges. La Cour d'appel du Caire a ainsi affirmé que les litiges portant sur la gestion des biens immobiliers provenant du domaine de l'État, de l'état des personnes ne sont pas arbitrables. Les juges de la Cour d'appel du Caire ont estimé que les litiges portant sur les biens immobiliers grevés par l'exercice des services publics ne sont pas arbitrables[840].

442. Les questions liées à l'état des personnes et les matières qui relèvent directement d'ordre public international égyptien ne peuvent pas faire l'objet de transaction et donc par ricochet ne sont pas arbitrables. Aux Émirats arabes unis, certains litiges relèvent exclusivement de la compétence des tribunaux judiciaires, il s'agit des questions juridiques qui portent sur la protection des employés dans le cadre de l'exécution d'un contrat de travail. Ainsi dans un arrêt rendu le 12 mars 2010, la Cour d'appel de Dubaï a considéré que les litiges qui relèvent du droit de travail ne sont pas arbitrables. Aux Émirats arabes unis, sauf si le litige porte sur les avantages accessoires liés à l'exécution du contrat de travail mis en cause[841].

443. Les législations des pays arabes ont connu ces dernières années d'importantes réformes, ce qui explique une relative ouverture sur les questions de l'arbitrabilité du litige avec des restrictions dans les matières spécifiques comme le droit de travail. Ainsi, notamment sur les biens placés dans le patrimoine de l'État. Ces mêmes évolutions, tempérées par des restrictions, s'observent aussi dans les systèmes de droit socialiste. Les systèmes de *Civil Law* et de *Common Law* présentent des cadres juridiques

---

836 Art. 203, paragraphe 4, du code fédéral de procédure civile. N. Najjar, *Arbitrage dans les pays arabes et commerce international*, *L.G.D.J*, 2016, pp. 179-181.

837 Cass. Dubaï, ch. com., 2 juillet 2005, recours n° 204/2005.

838 Cass. Dubaï, civ., 20 mai 2008, recours n°72/2008.

839 Art. 2 de la loi sur l'arbitrage aux Émirats arabes unis. N. Najjar, op. cit., pp. 179-181.

840 C.A., Caire., Arrêt du 22 mai 1994 et du 27 avril 2005.

841 Loi fédérale des Émirats arabes unis n°8 de 1980 et ses amendements. ; Cass. Dubaï, n°123 de 2009, 12 mars 2010.

flexibles avec des incertitudes toutefois liées à l'application des règles de conflits de lois et des règles matérielles en matière d'arbitrabilité des litiges. En absence d'un cadre juridique international qui pose le point de départ procédural en matière de reconnaissance et d'exécution des sentences arbitrales internationales, il n'est pas étonnant de se trouver devant une telle situation. Cette carence constitue un obstacle à l'efficacité d'exécution des sentences arbitrales internationales.

444. La sentence arbitrale est le fruit de l'ensemble des procédures mises en œuvre par le tribunal arbitral jusqu'à la délibération. La régularité de la procédure d'arbitrage depuis la désignation des arbitres jusqu'à la reddition de la sentence est donc cruciale pour assurer l'efficacité de la sentence. Il est ainsi nécessaire de présenter l'importance des composantes juridiques de la procédure d'arbitrage.

SECTION 2 : Les phases cruciales de la procédure d'arbitrage

445. Il n'y a pas d'arbitrage sans tribunal arbitral. La constitution du tribunal arbitral est une étape importante de la mise en œuvre des termes de la convention d'arbitrage. Dans l'hypothèse où les parties concernées par le litige arbitral arrivent à désigner sans difficulté majeure les arbitres, le tribunal arbitral pourrait se constituer en toute régularité. Lorsque les parties n'arrivent pas à s'accorder sur la mise en œuvre des modalités de désignation des arbitres, le juge d'appui ou un autre organe habilité peut intervenir pour les assister à former le tribunal arbitral. Le champ d'intervention du juge d'appui est encadré par les règles procédurales issues du droit positif des États. Dans le cadre d'un arbitrage institutionnel, c'est le Règlement du centre d'arbitrage qui est applicable. Les modes d'intervention du juge d'appui constitueront l'élément principal de notre analyse.

446. La diversité de ces règles procédurales sans un référentiel international pose un problème d'harmonisation. L'intervention du juge d'appui dans le processus de constitution du tribunal arbitral débouche sur deux situations différentes (**Paragraphe 1**). La première porte sur la prise en compte par le juge d'appui de la volonté des parties dans le cadre de la constitution du tribunal arbitral. La seconde aborde les conséquences de la mise à l'écart de la volonté des parties. Par ailleurs, une fois que le tribunal arbitral constitué, il faut mettre en œuvre la procédure devant le tribunal arbitral. Là encore, les pays disposent de différentes règles en la matière. Dans les pays de *Civil Law* et de *Common Law* c'est plutôt la procédure contradictoire qui est appliquée. Dans les pays de droit socialiste et musulman, deux règles procédurales sont d'application. Il s'agit du principe du contradictoire et de la procédure inquisitoire. Selon la règle de droit applicable, les tribunaux arbitraux peuvent choisir sans l'accord des parties la procédure inquisitoire ou contradictoire. Les règles en vigueur dans certains pays permettent toutefois aux parties de choisir entre les deux procédures. Dans d'autres pays, le droit positif permet au tribunal arbitral d'appliquer la procédure inquisitoire et de compléter celle-ci d'audiences orales. On se retrouve alors dans une situation de cohabitation entre deux types procédures. Cette cohabitation peut mettre à mal le droit des parties à bénéficier d'une procédure arbitrale équitable, ce qui peut conduire à la contestation de la sentence arbitrale dans sa phase d'exécution (**Paragraphe 2**).

Paragraphe 1 : Les variables de la constitution du tribunal arbitral

447. La constitution régulière du tribunal arbitral est une étape cruciale et importante dans la mise en œuvre de la procédure d'arbitrage. La volonté des parties dans le processus de désignation des arbitres est un pilier fondamental de la constitution du tribunal arbitral. Des difficultés peuvent apparaitre dans le processus de désignation des arbitres chargés de mettre en œuvre la procédure arbitrale. Dans ce cas, l'intervention du juge d'appui, en l'absence d'un autre mécanisme applicable en particulier résultant d'un règlement d'arbitrage, est importante et primordiale. Or, selon les différents systèmes juridiques, le champ d'intervention du juge d'appui varie d'une législation à une autre. Ainsi, les systèmes de *Civil Law,* de *Common Law* (**A**), mais aussi le droit OHADA (**B**), offrent aux parties la possibilité d'exercer pleinement leur droit en dans le cadre de la constitution du tribunal arbitral. En revanche, les règles applicables à l'intervention du juge d'appui dans les systèmes de droit socialiste laissent présager de la mise à l'écart de la volonté des parties. Il en est de même dans les systèmes de droit musulman (**C**).

A. Désignation des arbitres en *Civil Law* et en *Common Law*

448. La constitution du tribunal arbitral relève tout d'abord de la prérogative des parties. Elles peuvent définir les modalités de la constitution du tribunal arbitral dans la clause compromissoire ou désigner les arbitres dans le compromis d'arbitrage. L'exercice libre de la volonté des parties pour la désignation des arbitres joue un rôle fondamental dans l'efficacité de l'exécution de la sentence arbitrale (**1**). Cependant, des difficultés peuvent survenir dans le cadre de la constitution du tribunal arbitral. Lorsque ce cas se présente dans le cadre d'un arbitrage ad hoc arbitrage OHADA, l'intervention du juge d'appui est déterminante pour reconstituer le tribunal arbitral avec l'accord des parties (**2**). Même si l'arbitrage OHADA est institutionnel, les parties ont la liberté de choisir les arbitres hors de ceux qui sont inscrits sur la liste de la CCJA. Dans ce cas, le juge communautaire joue le rôle du juge d'appui pour aider les parties à constituer le tribunal arbitral.

1. La désignation des arbitres par les parties

449. La désignation des arbitres par les parties en arbitrage ad hoc et institutionnel[842] reste le principe en droit français (**a**) et en droit américain (**b**). C'est d'ailleurs un principe fondamental du droit de l'arbitrage international. La volonté des parties est le socle de la constitution du tribunal arbitral.

a. En droit français

450. L'article 1508 du Code de Procédure civile français, qui dispose : « la convention d'arbitrage peut, directement ou par référence à un règlement d'arbitrage ou à des règles de procédure, désigner le ou les arbitres. Elle peut prévoir les modalités de leur désignation ». Cet article laisse la latitude aux parties de désigner les arbitres par voie conventionnelle. Cependant, lorsque les arbitres sont désignés sans respecter les modalités prévues par la convention d'arbitrage, l'efficacité de la sentence arbitrale internationale rendue dans une telle circonstance peut être fragilisée. Dans ce cas, la sentence [843]arbitrale pourrait être annulée pour irrégularité de constitution du tribunal arbitral. En cas de difficulté de constitution du tribunal arbitral, le juge d'appui peut intervenir, sauf si les parties ont prévu une autre modalité, qui peut notamment découler d'un règlement d'arbitrage[844]. En principe ces difficultés sont en effet traitées par les organes de l'institution d'arbitrage.

---

[842] Les parties peuvent aussi accepter de confier l'administration du litige à une institution d'arbitrage à la suite de la naissance du litige parce que ces dernières avaient choisi au départ le Règlement d'arbitrage de cette institution. C'est possible dans le cas des procédures d'arbitrages administrés par la CCI.

[843] Article 1520-2° du Code de Procédure civile français.

[844] Articles 151 à 154 du Code de procédure civile français. ; TGI Paris, 23 oct. 2013, *Rev. arb.* 2014. 214. – TGI Paris, 16 nov. 2015, *Rev. arb.* 2016., note Ch. Jarrosson, p. 258.; TGI Paris, 24 mai 2016, *RG* no 15/23553, Gaz. Pal. 2016, no 40., obs. D. Bensaude, p. 33.

451. Le juge d'appui doit se référer aux modalités de désignation des arbitres contenues dans la clause compromissoire ou dans la convention d'arbitrage[845]. Pour ce faire, il pourra faire référence aux principes d'interprétation de bonne foi ; aux règles générales d'interprétation de la convention d'arbitrage ; au principe de l'effet utile ; à la recherche de la volonté réelle des parties. Le juge d'appui pourra aussi tout simplement se contenter d'interpréter le contenu de la clause compromissoire ou de la convention d'arbitrage. Lorsque les parties font le choix d'une loi de procédure adaptée à la constitution du tribunal arbitral, le choix des arbitres par les parties devra répondre aux prescriptions de cette loi. Les modalités spécifiques et impératives applicables à la constitution du tribunal arbitral devront être prises en compte par les parties. En droit français tout cela est supplétif, à l'exception de quelques règles en droit interne, notamment les articles 1450 et 1451. Mais une liberté totale est accordée aux parties en matière internationale. À titre d'exemple, si les parties ont choisi d'appliquer le droit de l'arbitrage international français, elles seront tenues de se conformer aux articles 1452 et suivants du Code de procédure civile. Dans l'hypothèse où le droit français n'est pas choisi pour être appliqué à la constitution du tribunal arbitral, il pourra néanmoins être appliqué si le tribunal arbitral a pour siège la France[846]. En pratique cette possibilité n'est pas à écarter lorsque le juge d'appui français est sollicité pour aider à la constitution du tribunal arbitral.

452. Cependant, cette liberté accordée aux parties dans le choix de la loi applicable à la constitution du tribunal arbitral et à la désignation des arbitres est tempérée par des règles d'ordre public. Il s'agit de l'application du principe d'égalité de traitement des parties dans le cadre de la désignation des arbitres ; du droit dont disposent les parties d'avoir accès à un juge d'appui[847]. Les parties ne peuvent pas renoncer au principe d'égalité et au droit d'accès à un arbitre. Elles ne peuvent pas prévoir une clause dans la convention d'arbitrage qui exclut ce principe. De même, un Règlement d'arbitrage ne peut pas exclure cette règle. Cependant, lorsque l'arbitre désigné par l'une des parties est défaillant, les arbitres pourraient assurer la suite de l'instance à une condition. Les parties doivent inscrire cette possibilité dans la convention d'arbitrage. Dans ce cas précis, l'arbitre unique devra conduire l'instance arbitrale en toute indépendance

---

[845] TGI Paris, 13 juillet 1999, *Rev. arb.* 1999, p.625. ; C. Paris (1re ch. C), 19 juin 2003, *Aff. Bacques, Bouvier, Emballage 48, Otor c./ Carlyle Holding 1 et Carlyle Holding 2.*
[846] Articles 1450 ;1451 et 1506 du Code de procédure civile français.
[847] Cass. 1re civ., 7 janv. 1992, *Rev. arb.* 1992, obs. P. Bellet, p. 470

et en toute impartialité[848]. En arbitrage institutionnel, le principe d'égalité dans la désignation des arbitres s'applique aux parties lorsqu'ils ont à désigner un arbitre unique ou les arbitres en se référant à la liste des arbitres du centre d'arbitrage[849].

453. Dans le cadre d'un arbitrage ad hoc, les parties peuvent recourir au juge d'appui pour aider à la constitution du tribunal arbitral[850]. En présence d'une convention d'arbitrage explicite, il est moins difficile pour les parties de s'accorder sur la constitution du tribunal arbitral et la désignation des arbitres. Lorsque les parties ont opté pour un tribunal arbitral composé d'au moins trois membres, chaque partie désigne le plus souvent un arbitre. Le troisième arbitre, président du tribunal arbitral, est désigné d'un commun accord par les parties ou par les deux arbitres désignés par les parties ou par un tiers[851]. En cas de difficulté, les parties pourront recourir au juge d'appui dans un délai d'un mois selon le droit français de l'arbitrage pour assurer une constitution régulière du tribunal arbitral[852]. Mais dans le cadre d'un arbitrage institutionnel, c'est le Règlement du centre d'arbitrage qui s'applique pour la constitution du tribunal arbitral[853]. Les centres d'arbitrage peuvent assister les parties dans la désignation des arbitres autres que ceux proposés par les Règlements des centres d'arbitrages[854]. Certains centres d'arbitrages peuvent refuser les arbitres désignés par les parties. Il est en effet parfois prévu que le centre d'arbitrage valide le choix des parties lorsque ces derniers choisissent des arbitres hors du centre d'arbitrage. C'est le cas de l'arbitrage CIRDI et de la CCJA pour l'arbitrage OHADA[855]. Les centres d'arbitrage ont donc la responsabilité de respecter la volonté des parties dans le cadre de la constitution du tribunal arbitral.

454. Dans le cadre de l'arbitrage ad hoc, les parties doivent préciser les modalités de désignation des arbitres. Dans l'hypothèse où les parties

---

848 Cass. 1re civ., 1er février 2005, *Bull. civ,* I, n° 53, *JCP* E 2005, II, 447, obs. G. Kessler; CA, Paris, 8 septembre 2005, *D.* 2005, Pan., obs. Thomas CLAY, p. 3055; article 6 paragraphe 1er de la Convention Européenne des Droits de l'Homme.

849 CA, Paris, 3 juillet 2012, *Rev. arb.*, 2013, obs. J. Barbet, p. 160.

850 Article 3-2 du Règlement GAFTA et Articles 8 et suivants du Règlement de la CNUDCI et Article 1er du Règlement des cafés et poivres du Havre.

851 Cass. 2ème ch. civ., 19 mai 1999 / n° 97-11.667. ; Art. 1444 du Code de procédure civile.

852 Article 1451 du Code de Procédure civile.

853 Article 3-2 du Règlement GAFTA et Article 1er du Règlement des cafés et poivres du Havre.

854 Articles 12 et 13 du Règlement CCI de 2017.

855 Articles 5.7 ; 7.1 et 11.1 du Règlement LCIA de 2020 (*London Court International Arbitration*) ; Articles 12 et suivants de la Convention de Washington (CIRDI) ; Article 12 du Règlement CCI de 2021.

conviennent de désigner un arbitre unique, elles devraient se mettre d'accord sur les modalités de désignation de l'arbitre. En cas de difficulté pour la désignation de l'arbitre ad hoc, les parties devront faire recours au juge d'appui[856]. Les parties peuvent aussi prévoir qu'en cas de difficulté de constitution du tribunal arbitral, un tiers différent du juge d'appui pourrait intervenir pour désigner l'arbitre unique. Ce tiers peut être le responsable d'une association coopérative, le président d'une chambre de commerce, le président d'une juridiction, le responsable d'un syndicat professionnel[857]. Par ailleurs, dans le cadre d'un arbitrage multipartite, les intérêts de plusieurs défendeurs, demandeurs, et des tiers peuvent être liés par la clause d'arbitrage. Dans ce cas, il peut y avoir des difficultés de constitution du tribunal arbitral. Ainsi, lorsqu'un centre d'arbitrage est chargé de trancher un arbitrage multipartite, il peut être tenté d'imposer aux parties un arbitre unique. Cette démarche a été sanctionnée par la Cour de cassation en France dans l'affaire *Dutco* où la CCI a imposé aux défendeurs un arbitre unique. Ce choix de la CCI a conduit à l'annulation de la sentence arbitrale internationale pour non-respect par le tribunal arbitral du principe d'égalité en matière de désignation des arbitres (règle d'ordre public international)[858].

455. Les parties peuvent déroger à cette règle après la naissance du litige par convention écrite en convenant d'un commun accord de désigner un arbitre unique. Le centre d'arbitrage peut désigner les arbitres à la place des parties. Ce cas est possible lorsque les parties n'arrivent pas à désigner les arbitres. Le règlement s'impose en effet aux parties qui y ont consenti. L'objectif du centre d'arbitrage est de respecter d'une part le principe d'égalité entre les parties et d'autre part le principe d'effet utile de la convention d'arbitrage et son aspect juridictionnel[859]. À titre d'exemple, la solution retenue dans le cadre de l'arrêt *Dutco* a fait l'objet de controverses[860]. En effet, la Cour d'appel de Paris a précisé dans un arrêt

---

[856] Th. Clay, L'appui du juge à l'arbitrage, *Cah. arb.* 2011, spéc. n°21 et suivants., p.331.

[857] Ch. Seraglini et J. Ortscheidt, *Droit de l'arbitrage interne et international*, *LGDJ*, 2019, p. 762.

[858] Cass. 1re civ., 7 janvier 1992, *Rev. arb.*, obs. P. Bellet, p. 470.

[859] Article 8 du Règlement suisse d'arbitrage international ; Articles 12.6 et 12.8 du Règlement de CCI de 2017 ; article 8 du Règlement LCIA de 2020 (*London Court International Arbitration*). ; CA, Paris, 10 octobre, 2002, *Rev. arb.* 2003, 1277, obs. A. Lacabarats.

[860] Ch. Seraglini et J. Ortscheidt, *Droit de l'arbitrage interne et international*, *LGDJ*, 2019, p. 767.

du 3 juillet 2012 qu'il y a violation du principe d'égalité lorsque l'arbitre unique a été uniquement désigné par le créancier[861].

b. En droit américain

456. Aux États-Unis, le *Féderal Arbitraction Act* fait prévaloir la liberté des parties en matière de désignation de l'arbitre unique, des arbitres, ou du juge-arbitre dans le cadre de la constitution du tribunal arbitral[862]. En cas de silence des parties sur les modalités de désignation, l'une des parties peut saisir le tribunal de district du siège du tribunal arbitral[863]. Le juge du tribunal de district peut donc jouer le rôle du juge d'appui et aider les parties à constituer le tribunal arbitral.

457. Dans le cadre d'un arbitrage institutionnel aux États-Unis sous l'égide de « *l'International Center For Dispute Resolution* », les parties ont la liberté de désignation d'un arbitre unique ou de trois arbitres. Les parties doivent informer l'Administrateur du centre d'arbitrage pour lui signifier leur choix. Au cas où les parties n'arrivent pas à s'entendre sur la procédure de désignation des arbitres, l'administrateur intervient à la demande des parties pour désigner les arbitres[864]. Les parties sont libres de nommer chacun des arbitres sans l'assistance de l'Administrateur du centre. Cependant l'administrateur du centre d'arbitrage doit être informé après la nomination des arbitres pour leur transmettre un avis de nomination et le règlement d'arbitrage du centre[865]. Au cas où le tribunal arbitral est constitué de trois arbitres, s'il s'avère que l'un des arbitres est défaillant, les deux arbitres restants évaluent l'avancement de la procédure et peuvent statuer sans le troisième arbitre. Si les autres arbitres décident de ne pas statuer sans le troisième arbitre, l'administrateur du centre est

---

[861] C.A Paris, 3 juillet 2012, *Rev. arb*. 2013, obs. J. Barbet, p.160.

[862] Article 5 de la loi américaine sur l'arbitrage FAA de 1990.

[863] Sections 4 et 5 « *Féderal Arbitraction Act* ».; *See eg, Zeiler v. Deitsch*, 500 F.3d 157 (2d Cir. 2007). ; *Karaha Bodas Co., LLC v. Perusahaan Pertambangan Minyak Dan Gas Bumi Negara*, 364 F.3d 274 (5th Cir. 2004) commented by L. Del Duca and N.A. Welsh, « Interpretation and Application of the New York Convention in the United States », p. 1026, op. cit.

[864] Article 12, alinéas 1er et 6 du règlement du « International Center For Dispute Resolution » (AAA) de 2014.

[865] Article 12, alinéa 2 du règlement du « International Center For Dispute Resolution » (AAA) de 2014.

tenu de nommer ou de désigner un troisième arbitre conformément au règlement du centre en accord avec les parties[866].

458. La procédure de constitution du tribunal arbitral sous l'égide de « l'*International Center For Dispute Resolution* » présente une particularité, celle de jonction d'instances arbitrales. En effet, l'administrateur du centre après accord des parties à la procédure d'arbitrage initiale peut nommer un arbitre de jonction et effectuer en une seule instance arbitrale deux ou plusieurs arbitrages. Les parties concernées par cette jonction ne sont pas habilitées de nommer chacune un arbitre. En effet, ce droit est d'office considéré comme ayant fait l'objet de renonciation dans le cadre de la jonction d'instance[867].

459. Dans l'hypothèse où les parties n'arrivent pas à s'accorder sur la désignation des arbitres, elles peuvent saisir le juge d'appui pour bénéficier de son assistance pour la constitution du tribunal arbitral.

2. La désignation des arbitres par le juge d'appui en France

460. Le juge d'appui est un acteur incontournable en droit français lorsqu'il s'agit de constituer le tribunal arbitral en cas de désaccord entre les parties. Il est donc fondamental pour les parties d'identifier le juge d'appui compétent et de savoir les modes de saisine de ce dernier en droit français. En règle générale, le juge d'appui compétent est celui du tribunal judiciaire[868]. Cependant, les parties peuvent prévoir dans la convention d'arbitrage comme juge d'appui compétent le président du tribunal du commerce. Les parties sont donc tenues dans ce cas de formuler leur demande en lien avec la constitution du tribunal arbitral sur la base des articles 1451 à 1454 du Code de procédure civile. Lorsque le siège du tribunal arbitral international est fixé en France, c'est le juge du lieu où le siège est fixé qui est compétent[869]. À défaut, c'est le juge désigné dans la convention d'arbitrage qui est compétent[870]. En cas de silence dans la convention d'arbitrage, la juridiction du lieu du domicile du défendeur est

---

[866] Article 15, alinéa 3 du règlement « International Center For Dispute Resolution » (AAA), 2014.

[867] Article 8, alinéa 1er et 6 du règlement « International Center For Dispute Resolution » (AAA), 2014.

[868] Article 1459 du Code de procédure civile français. ; TGI, 1re ch., 1re sect. Paris, 22 sept. 2010, n°10-10068, *Elf Neftegaz c/ JP. M., Cahiers de l'arbitrage - n°4*, 2010, A. Mourre, p. 1176. ; C.A, Pôle 1 – Chambre 1 Paris, 21 mars 2017, no 16-11169, *Aff. X c. SAS Z,* 2017, P. Pedonep, p. 375.

[869] Ibid.

[870] Ibid.

aussi compétente. Dans le cas échéant, lorsque le défendeur n'est pas domicilié en France, c'est la juridiction du lieu du demandeur qui est compétent[871].

461. Les parties peuvent aussi prévoir une clause attributive de compétence au profit du juge d'appui français dans la convention d'arbitrage. Cette clause attributive de compétence réserve une compétence exclusive au juge d'appui en cas de difficultés liées à la constitution du tribunal arbitral lorsque le siège de l'arbitrage est en France[872]. Même si le siège du tribunal arbitral est situé en dehors de la France, le juge français peut exceptionnellement jouer le rôle de juge d'appui[873]. Cette possibilité est avérée dans le cas des risques de déni de justice arbitral ou le déni de justice avéré à l'étranger dans le pays du siège du tribunal arbitral[874]. Ce cas de figure peut apparaitre lorsque le juge du siège de l'arbitrage se trouve dans l'impossibilité d'aider les parties à constituer le tribunal arbitral[875]. Par ailleurs, le juge d'appui français pourra retenir sa compétence lorsque la loi applicable à la procédure est la loi française ou lorsque le siège du tribunal arbitral n'est pas précisé dans la convention d'arbitrage. Le juge d'appui français pourrait se déclarer compétent lorsque la procédure arbitrale a un lien avec la France, notamment, la nationalité des parties ou en cas d'impossibilité de saisir le juge d'appui d'un État tiers. En cas de choix d'un centre d'arbitrage ayant son siège en France, le juge d'appui français pourra se déclarer compétent[876]. Cette flexibilité liée à l'intervention du juge d'appui en matière de constitution du tribunal arbitral a été encore élargie par la réforme de 2001 du droit de l'arbitrage français[877].

462. En matière internationale, en cas de lien entre la France et la convention d'arbitrage, c'est le président du tribunal judiciaire de Paris[878]

---

[871] Ibid.
[872] Article 1505-3° du Code de Procédure civile français. ; Cass. 1re civ., 20 févr. 2007, n°06-14107, *Gazette du Palais - n°160,* 2007, p. 14.
[873] TGI Paris (ord.), 16 nov. 2015, Garoubé, n° 15-55644, *D.* 2015 panor., obs. Th. Clay, p. 2592.
[874] Ibid.
[875] Article 1505-4° du Code de procédure civile français.
[876] Cass. 1re civ., 01 février 2005, *Bull. civ. I*, n° 53, *Rev. arb.* 2005, p. 693, obs. H. Muir Watt.
[877] P. Chevalier, *Le nouveau juge d'appui*, in le nouveau droit français de l'arbitrage, *Lextenso,* 2011, spéc. pp. 143-159.
[878] Avec la réforme Nicole BELLOUBET du 23 mars 2019 applicable depuis le 1er janvier 2020, les Tribunaux de Grande Instance et les tribunaux d'Instance sont fusionnés en tribunaux judiciaires s'ils sont dans une même ville. Les tribunaux d'instance situées dans une commune deviennent les Tribunaux de proximité.

qui est compétent. Il sera donc désigné comme juge d'appui conformément à l'article 1505 du Code de procédure civile[879]. Cependant, le juge d'appui pourrait également intervenir si le tiers désigné dans le cadre d'un règlement d'arbitrage ne remplit pas sa mission. L'intervention du juge d'appui peut être justifiée pour cause de cas de force majeure ou pour cause de carence ou de défaillance, sauf convention contraire entre les parties[880]. Pour qu'il puisse intervenir dans le cadre de la constitution du tribunal arbitral, les parties doivent saisir le juge d'appui suivant des modalités bien précises.

463. Quelles sont donc la procédure de saisine et la compétence du juge d'appui en droit français ? La saisine du juge d'appui se fait par voie d'assignation ou par voie de requête[881]. La première possibilité relève de la capacité dont dispose le tribunal arbitral ou l'un des arbitres ou encore une partie à l'arbitrage de saisir le juge d'appui en cas de difficultés[882]. La procédure d'assignation devant le juge d'appui est similaire à la procédure devant le juge des référés, c'est-à-dire qu'elle est contradictoire et orale, mais les parties peuvent introduire des écritures à l'audience[883]. Par ailleurs, lorsque les parties conviennent d'un commun accord de saisir le juge d'appui pour des questions liées à la constitution du tribunal arbitral, elles sont autorisées à le faire par voie de requête conjointe. On considère dans ce cas que le contradictoire entre les parties pour la constitution du tribunal arbitral a été déjà mené et a permis d'aboutir à la requête conjointe[884]. Le juge d'appui est un référent important pour la constitution régulière du tribunal arbitral. L'efficacité de la sentence arbitrale dépend fortement de la régularité de la constitution du tribunal arbitral, quelle que soit sa forme de composition.

464. En droit français de l'arbitrage, la compétence matérielle du juge d'appui s'applique, en dehors du cas spécifique de la constitution du tribunal arbitral. Il s'agit des cas liés à l'indépendance et à l'impartialité

---

[879] Les parties pourraient exclure la compétence du juge d'appui et confier par voie conventionnelle à un tiers préconstitué, à un centre d'arbitrage, à un autre juge français ou étranger autre que le juge du Tribunal de Grande Instance ; V. CA, Paris, 21 novembre 2002, *Rev. arb*. 2003, p. 239.

[880] CA, Paris, 5 juin 2003, *RTD com*, 2003, p. 700, obs. É. Loquin et CA, Paris, 19 juin 2003, *Rev. arb*. 2004, p. 136.

[881] Articles 1460 du Code de procédure civile.

[882] Articles 485 et 492, alinéa 1er du Code de procédure civile.

[883]Ch. Seraglini et J. Ortscheidt, *Droit de l'arbitrage interne et international*, *LGDJ*, 2019, n° 273, p. 303.

[884] Cass. 2ème civ., 19 mai 1999, *Rev. arb*. 1999, obs. A. HORY, p. 593.

des arbitres ; la prorogation du délai de l'instance arbitrale et la désignation des arbitres. Il s'agit de l'existence des clauses lacunaires comme les clauses blanches en matière de désignation des arbitres[885] ou de tout autre désaccord entre les parties concernant la constitution du tribunal arbitral[886]. Le juge d'appui n'est cependant pas compétent à se prononcer sur le pouvoir juridictionnel de l'arbitre (l'investiture et la compétence de l'arbitre). Il ne peut non plus se prononcer sur les conditions qui ont déterminé le choix des arbitres lorsque celles-ci sont mises en cause par l'une des parties au litige[887]. Les cas énumérés précédemment relèvent de la compétence du juge judiciaire autre que le juge d'appui. Ces différentes possibilités d'intervention du juge d'appui pour assurer la régularité de la constitution du tribunal arbitral sont nécessaires pour assurer l'efficacité de la sentence arbitrale internationale.

465. Le juge d'appui joue un rôle central dans la constitution du tribunal arbitral. Un tribunal arbitral tronqué n'est certainement pas un instrument de l'efficacité de la sentence arbitrale internationale. En droit français de l'arbitrage, le rôle du juge d'appui est extrêmement encadré par la loi. Cet encadrement est inévitable, car il n'est pas de la compétence du juge d'appui d'interférer dans le champ de compétence des arbitres. Le juge d'appui est tenu de respecter le principe de compétence-compétence. L'intervention encadrée du juge d'appui est utile, car elle permet d'assister les parties dans la phase de la constitution du tribunal arbitral en cas de nécessité. En effet, il a pour mission principale d'aider les parties à la constitution du tribunal arbitral. Il contribue par ricochet à l'efficacité de la sentence arbitrale internationale ou nationale en apportant son concours à la constitution régulière du tribunal arbitral. En cas d'excès de pouvoir ou en cas d'abstention, il peut être contraint par la loi de revoir sa décision et de donner une solution convenable aux parties.

---

[885] CA, Paris, 1er mars 2007, *Rev. arb.* 2007, p. 643.

[886] Imprécision sur l'institution qui devra organiser l'arbitrage, les difficultés postérieurs à la constitution du tribunal arbitral : révocation de l'arbitre en cas d'absence d'unanimité entre les parties, replacement de l'arbitre ou encore lorsque les parties ont saisi le juge d'appui pour qu'il désigne un nouvel arbitre et que ce dernier s'est déclaré incompétent pour cause de l'existence d'une clause compromissoire ou d'une convention d'arbitrage, dans ce cas de figure, le juge d'appui saisi doit procéder à la nomination de l'arbitre pour les besoins d'une constitution régulière du tribunal arbitral (Cf. Articles 1452 et suivants du Code de procédure civile ; Cass. 2èm civ. *Bull. civ. II*, n° 311).

[887] TGI, Paris, ordonnance de référé, 29 octobre 1997, *Rev. arb.* 1998, obs. J.-L. Delvolve, p. 383.

B. La désignation des arbitres en droit OHADA

466. Dans l'espace OHADA, la Cour Commune de Justice et d'Arbitrage (CCJA) dispose d'un mécanisme d'arbitrage institutionnel. Elle propose en premier lieu aux parties la liste des arbitres pouvant siéger. Les parties peuvent aussi choisir des arbitres qui ne sont pas inscrits sur la liste de la CCJA, à condition de la proposition des parties soit validée par la CCJA. L'arbitrage ad hoc dans l'espace OHADA se déroule au sein des pays membres. La seconde particularité de l'espace OHADA réside dans le fait que le juge d'appui est le juge communautaire de la CCJA dans le cadre de l'arbitrage institutionnel OHADA. Le processus de désignation du juge d'appui dans le cadre de l'arbitrage ad hoc dans les États membres de l'OHADA est le même qu'en France[888]. Cependant, dans le cadre d'un arbitrage CCJA, une liste des arbitres est arrêtée. Les arbitres inscrits sur cette liste sont confirmés par la juridiction communautaire. En cas de désaccord entre les parties sur la désignation des arbitres dans le cadre d'une procédure d'arbitrage sous l'égide de la CCJA, celle-ci s'érige en juge d'appui. Le juge d'appui de la CCJA constitue le tribunal arbitral tout en tenant compte de la volonté des parties et les modalités de désignation de l'arbitre convenue dans la convention d'arbitrage. Lorsqu'il s'agit d'un arbitre unique, la CCJA dispose d'un délai de trente (30) jours pour reconstituer le tribunal. Ce délai court à partir de la date de notification de la demande d'arbitrage à l'autre partie[889]. Dans le cas où il s'agit de désigner trois arbitres, chaque partie désigne un arbitre sous réserve de la confirmation de ces choix par la CCJA[890]. Lorsqu'il y a une abstention de la part d'une partie, la CCJA procède à la nomination du nouvel arbitre.

467. Le troisième arbitre habilité à assumer la présidence du tribunal arbitral est nommé par la CCJA ; sauf si les parties conviennent dans la convention d'arbitrage que les deux arbitres choisiront le troisième arbitre. La désignation du troisième arbitre par les deux arbitres précédemment désignés est confirmée par la CCJA dans un délai déterminé[891]. Par ailleurs, lorsque les parties ne s'accordent pas sur une proposition

---

[888] CCJA, arrêt n°44/2008, 17 juillet 2008, Aff. SARCI SARL c/ Atlantique TELECOM SA et Telecel Benin SA, *in* P-G. Pougoue, S. S. Kuate Tameghe, Les grandes décisions de la Cour Commune de Justice et d'Arbitrage de l'OHADA, l'Harmatan 2016, obs. D. R. Soh Fogno, p. 315 et suivants.

[889] Article 3.1, alinéa 1er du règlement d'arbitrage de la CCJA ; CCJA, n°044/2008, 17-7-2008 : SARCI SARL c/ Atlantique Telecom SA et Telecel Benin SA, Actualités juridiques n°64-65/2009, note F. Komoin, Ohadata J-10-15, p. 243.

[890] Ibid.

[891] Ibid.; CCJA, 2èm ch., 196, 25-10-2018: Le Bistro Family SARL c/ Rosace Marbré SARL.

conjointe pour la désignation de l'arbitre unique dans les délais impartis, la CCJA peut procéder à la constitution du tribunal arbitral. Le juge communautaire désigne les membres du tribunal arbitral en conformité avec les modalités prévues par les parties dans la convention d'arbitrage[892]. Les arbitres désignés par les parties ou par l'aide du juge d'appui de la CCJA doivent respecter le principe d'égalité à l'égard des parties et le principe d'impartialité au cours de l'instance arbitrale[893]. Ils doivent faire preuve de bonne foi, de loyauté et d'information à l'égard des parties.

468. Les parties peuvent demander la récusation ou le remplacement de l'arbitre ou des arbitres mis en cause pour cause de conflits d'intérêts[894]. Les arbitres doivent faire preuve d'indépendance vis-à-vis des parties qui ont procédé à leur désignation. En cas de nécessité, les arbitres doivent faire connaitre par écrit à la CCJA l'existence des faits ou circonstances susceptibles de mettre en cause leur indépendance[895]. Ce mécanisme permet au tribunal arbitral CCJA de répondre aux exigences d'impartialité pour assurer l'efficacité de la sentence arbitrale. Les parties peuvent saisir le juge de la CCJA pour demander la récusation d'un arbitre mis en cause. Le juge de la CCJA dans son rôle d'administrateur d'arbitrage va donc se prononcer sur le bien-fondé de la demande de récusation. En cas de décision confirmant la demande de récusation, la CCJA procédera à un remplacement automatique de l'arbitre mis en cause[896]. En cas de décision négative, la partie demanderesse ne peut formuler aucun recours[897].

---

[892] Article 3.3, alinéa 2 du règlement d'arbitrage de la CCJA ; ; CCJA, n°044/2008, 17-7-2008 : SARCI SARL c/ Atlantique Telecom SA et Telecel Benin SA, Actualités juridiques n°64-65/2009, note F. Komoin, Ohadata J-10-15, p. 243.

[893] Article 5, alinéa 2 ; article 6, alinéa 1re et Article 9 de l'Acte Uniforme sur l'Arbitrage ; CCJA, arrêt n°44/2008, 17 juillet 2008, Aff. *SARCI SARL c/ Atlantique Telecom SA et Telecel Benin SA*, *in* P-G. Pougoue, S. S. Kuate Tameghe, *Les grandes décisions de la Cour Commune de Justice et d'Arbitrage de l'OHADA*, *l'Harmatan* 2010, obs. D. R. Soh Fogno, p .315 et suivants.

[894] Article 7, alinéa 2 de l'Acte Uniforme sur l'arbitrage ; Centre d'Arbitrage (Cameroun), n°52/civ., 6-2-20008 : *Groupe Prodicom Sarl c/ SDBC, SNC, BAT*, Le centre d'arbitrage du GICAM, Ohadata J-10-249.

[895] Article 4 du règlement d'arbitrage de la CCJA ; CCJA, 1er ch., 220, 29-11-2018 : Prévoyance Assurance SA c/EIFFAGE Sénégal.

[896] O. Bah, L'efficacité de l'arbitrage OHADA : Le rôle du juge étatique, Bruylant, 2020, p. 227.

[897] Article 22, alinéa 6 du traité OHADA. ; Article 7 al. 4-5 de l'Acte Uniforme de l'OHADA sur l'arbitrage. ; Décision n°03/2008/CCJA/ADM/ARB portant rejet de récusation de l'arbitre dans l'affaire n°008/2006/ARB du 11 décembre 2006.

469. L'intervention des juges d'appui en droit français, en droit OHADA et en droit américain, aboutit à la même finalité. Celle de permettre aux parties de réussir la constitution du tribunal arbitral. L'intérêt est d'assurer un bon déroulement de la procédure d'arbitrage et d'avoir à la fin du processus une sentence arbitrale efficace et exécutable. Cependant, les modalités de désignation des arbitres ne sont pas les mêmes dans les deux systèmes juridiques (*Civil Law* et *Common Law*). Dans le système de *Civil Law*, l'intervention du juge d'appui est limitée afin d'éviter des conflits de compétences entre le tribunal arbitral et le juge d'appui. C'est pour cette raison que le juge d'appui intervient en amont de la constitution du tribunal arbitral. Dans les deux systèmes juridiques, les parties ont le choix de choisir l'arbitrage ad hoc ou l'arbitrage institutionnel alors que dans le système du droit socialiste, certains pays ne reconnaissent que l'arbitrage institutionnel.

C. Système de droit ex- socialiste : Chine, au Viêtnam et en Russie

470. Les règles applicables à la constitution du tribunal arbitral dans les pays de droit ex-socialiste semblent reléguer en second rang de la volonté des parties. Ainsi, les institutions publiques ou le juge étatiques partagent avec les parties les prérogatives liées à la constitution du tribunal arbitral. En effet, un arbitre peut être désigné par le juge étatique sans le consentement des parties, c'est le cas en Chine par exemple. En Russie, seules les sentences arbitrales issues d'une procédure arbitrale institutionnelle sont reconnues. Cependant, le Viêtnam dispose d'un régime particulier qui permet aux parties de participer pleinement à la désignation des arbitres en cas d'intervention du juge d'appui. La prise en compte du consentement des parties dans le cadre de la constitution du tribunal arbitral est déterminante en matière d'exécution volontaire de la sentence arbitrale par le débiteur.

1. En Chine

471. Le Règlement de la CIETAC permet aux parties à l'arbitrage de décider si la procédure d'arbitrage doit se dérouler devant un arbitre unique ou devant un tribunal de trois arbitres[898]. Le Règlement de la CIETAC permet aux parties de choisir les arbitres. Les parties peuvent confier au président de la commission d'arbitrage le soin de choisir, un arbitre[899]. Les parties doivent ensuite choisir conjointement un troisième

---

[898] Art. 20 du Règlement du Centre d'arbitrage CEITAC.
[899] Art. 22, alinéa 1er du Règlement du Centre d'arbitrage CEITAC.

arbitre qui agira en tant qu'arbitre principal[900]. Il peut arriver que les parties ne parviennent pas à se mettre d'accord sur la méthode de formation du tribunal arbitral. Dans ce cas, le président de la commission d'arbitrage nommera les arbitres restants[901].

472. Pour la nomination de l'arbitre principal et de l'arbitre unique, le président de la CIETAC procède à la nomination conformément à l'article 22(3) du Règlement. Ce Règlement prévoit une procédure de " liste " selon laquelle chaque partie désigne un à trois candidats et communique leurs noms à la CIETAC. Lorsqu'un candidat se retrouve sur les deux listes proposées par les deux parties, ce candidat est désigné comme président du tribunal. Dans l'hypothèse où il y a plus d'un candidat désigné par les deux parties, la CIETAC nomme le candidat qu'elle estime le plus apte à agir à la lumière des circonstances de l'affaire. La CIETAC ne procède à la nomination de l'arbitre principal que s'il n'y a pas de candidat commun désigné par les deux parties[902]. Une partie peut demander la récusation d'un arbitre, et un arbitre est tenu de se retirer s'il est révoqué dans des circonstances spécifiques[903].

473. Lorsque le siège du tribunal arbitral est situé à l'étranger, les parties sont tenues de faire administrer la procédure d'arbitrage par un centre d'arbitrage du pays du siège. À défaut, les juridictions chinoises n'accorderont pas l'exequatur à la sentence arbitrale qui sera issue d'un tribunal arbitral qui contrevient à cette règle[904]. Ainsi, dans l'affaire *Bunge Agribusiness Singapore Pte Ltd v Guangdong Fengyuan Cereal and Oil Group Comp Ltd,* la Cour suprême populaire chinoise avait confirmé la décision de refus de l'exequatur à la sentence arbitrale rendue au Japon[905]. La cause de refus était la constitution irrégulière du tribunal arbitral en violation du Règlement du centre d'arbitrage japonais (FOSA)[906]. Par ailleurs, le non-respect du Règlement de CIETAC en matière de constitution du tribunal arbitral sera confronté aux refus des juridictions chinoises compétentes pour accorder l'autorisation d'exécution de la sentence arbitrale. C'est donc le cas dans les célèbres affaires *PepsiCo v.*

---

[900] Art. 22, alinéa 2 du Règlement du Centre d'arbitrage CEITAC.
[901] Ibid.
[902] Art. 22, alinéa 3 du Règlement du Centre d'arbitrage CEITAC.
[903] Art. 26 du Règlement du Centre d'arbitrage CEITAC.
[904] Pour cause de violation de l'article V (1) (e) de la Convention de New York de 1958.
[905] *Bunge Agribusiness Singapore Pte Ltd v Guangdong Fengyuan Cereal and Oil Group Comp Ltd*, [2006] Min Si Ta Zi No. 41. Commented by, J.-S. Mo, « Interpretation and Application of the New York Convention in China », p. 205, op. cit.
[906] Ibid.

Pepsi-Cola Sichuan et *PepsiCo China v. Yunlv Co*, où le CIETAC avait rendu une sentence arbitrale à la suite d'une composition irrégulière du tribunal arbitral[907].

2. Au Viêtnam

474. Au Viêtnam, les parties ont le droit de choisir l'arbitrage institutionnel ou ad hoc. Les parties peuvent convenir du nombre d'arbitres ainsi que des modalités de leur désignation. Trois arbitres seront nommés si les parties ne peuvent pas se mettre d'accord sur le nombre[908]. Dans le cadre d'un arbitrage institutionnel, les parties peuvent être en désaccord pour désigner les arbitres. À défaut de sélection des arbitres du centre d'arbitrage, les parties disposent d'un délai de trente jours pour choisir un autre arbitre et informer le centre d'arbitrage de son choix concernant l'arbitre choisi[909]. Il peut aussi dans le cas échéant demander au président du centre d'arbitrage de nommer un arbitre. Dans l'hypothèse où le défendeur ne répond pas à cette obligation, le président du centre d'arbitrage désigne un arbitre pour le défendeur dans un délai de sept jours supplémentaires[910]. Dans le cas où le litige implique plusieurs défendeurs, ceux-ci doivent se mettre d'accord sur le choix d'un arbitre ou sur la demande de nomination d'un arbitre dans un délai de trente jours[911]. Lorsque les parties conviennent de recourir à un arbitre unique, mais n'y parviennent pas, le président du centre d'arbitrage désigne l'arbitre unique à la demande des parties dans un délai de dix jours[912].

475. Les sentences arbitrales issues d'une procédure d'arbitrage ad hoc sont reconnues au Viêtnam. Cependant, la composition du tribunal arbitral ad hoc est encadrée. En effet, le défendeur peut choisir un arbitre et notifier ce choix au demandeur dans un délai de trente jours[913]. Si le défendeur ne le fait pas et si les parties ne s'entendent pas sur le choix de l'arbitre, le demandeur peut saisir le juge compétent du siège du tribunal arbitral. Cette procédure est comparable à l'intervention du juge d'appui français. Si un litige implique plusieurs défendeurs, ceux-ci doivent se

[907] N Darwazeh and F Yeoh, *Recognition and Enforcement of Awards under the New York Convention : China and Hong Kong Perspectives*, (2008) 25 *J. of Int'l Arb* 837.
[908] Article 39 de la loi sur l'arbitrage au Viêtnam. ; Văn Đại Đỗ, « Interprétation et Application de la Convention de New York au Vietnam (Interpretation and application of the New York Convention in Vietnam) », p. 1089, op.cit.
[909] Iibid.
[910] Ibid.
[911] Ibid.
[912] Article 40 de la loi sur l'arbitrage au Viêtnam.
[913] Ibid.

mettre d'accord sur le choix d'un arbitre dans les trente jours à compter de la date de réception de la demande d'arbitrage. Lorsque les parties conviennent du règlement du litige pour un arbitre unique, mais n'y parviennent pas et s'ils ne parviennent pas à formuler la demande à un centre d'arbitrage, le juge d'appui peut intervenir. En effet, le juge d'appui peut être saisi par les parties pour la constitution du tribunal arbitral.

476. En Russie, les critères de constitution du tribunal arbitral présentent des caractéristiques semblables à celles de la Chine. Ainsi, c'est l'arbitrage institutionnel qui est privilégié.

3. En Russie

477. Selon l'article 44(3) de la loi fédérale n° 382-Fz, les arbitrages institutionnels dont le siège est en Russie ne peuvent être soumis qu'à des "institutions d'arbitrage permanentes". Le siège du tribunal arbitral est en réalité une notion purement juridique. En Russie toutefois, la jurisprudence a adopté un point de vue exactement opposé et rejeté la nature fictive du siège de l'arbitrage. En effet, dans l'affaire d'arbitrage Russie-Singapour en 2017, les audiences ont été menées à Moscou et la décision a été aussi rendue en Russie. Cependant, Singapour avait été choisie comme siège de l'arbitrage[914]. La Cour d'arbitrage de Moscou a refusé l'exequatur à la sentence et a déclaré que les parties auraient désigné Singapour en tant que siège de l'arbitrage. La désignation de Singapour est considérée par la Cour de Moscou comme tactique procédurale dans le seul but de contourner la loi russe[915]. Ainsi, les litiges nationaux en matière d'arbitrage ne peuvent pas être résolus par des institutions d'arbitrage étrangères. Les sentences arbitrales rendues en violation de ces règles ont été considérées par les juridictions russes comme contraires à l'ordre public russe[916]. Seules les sentences arbitrales provenant des institutions d'arbitrage étrangères ayant reçu l'autorisation du gouvernement de la Fédération de Russie sont susceptibles d'être reconnues en Russie. Ceci montre l'influence de l'État dans le fonctionnement des centres d'arbitrage en Russie.

---

[914] Cour commerciale d'arbitrage de Moscou, 20 janvier 2017, Aff. n° aid-219464, obs. Rinat R. Gareev, Current « Trends in Russia Protectionism or Preventionism ? » *pp. 159 et ss. in* Anna Aseeva and Jeedrzej Gorski *(dir), The Law and Policy New Eurasian Regionalization, Brill NIJHOFF,* 2018, p. 639.

[915] Cour commerciale de Moscou, 05 mai 2017, aff. n° A40-219464.

[916] F. Shahla et A. Tom Ginsburg, *Arbitrage commercial international*, 3[em] éd. *JurisNet*, p. 171.

478. En Chine ou en Russie, le champ d'exécution de la sentence arbitrale internationale rendue dans ces deux territoires ou à l'étranger est restreint. En effet, seules les sentences arbitrales internationales issues d'une procédure d'arbitrage institutionnel peuvent être reconnues dans ces deux pays, à l'exclusion de sentences rendues dans le cadre d'une procédure d'arbitrage ad hoc. Ces restrictions ne facilitent pas la circulation des sentences arbitrales internationales et semblent être en contrariété avec les objectifs principaux de la Convention de New York.

D. Les systèmes de droit musulman

479. Le point crucial dans la constitution du tribunal arbitral dans les pays qui appliquent le droit musulman est la limitation de la volonté des parties. La législation et la jurisprudence de certains pays[917] de la Ligue arabe régulent ainsi de manière rigide l'interaction entre les parties et les juges pour désigner les arbitres en cas de difficulté de constitution du tribunal arbitral. Les mécanismes qui encadrent l'intervention du juge d'appui dans la constitution du tribunal arbitral n'obligent pas le juge d'appui à tenir compte de la volonté des parties. La volonté des parties dans ce cas n'est pas une condition de la validité de la décision du juge d'appui en matière de la constitution du tribunal arbitral. Cette répartition inégale des prérogatives entre les parties et le juge étatique peut mettre à rude épreuve la volonté des parties, principe fondamental de l'arbitrage.

1. En Algérie

480. Le droit positif algérien d'arbitrage prévoit que le tribunal arbitral doit être composé d'un nombre impair d'arbitres [918] . La clause compromissoire doit prévoir à peine de nullité, les modes de désignation du ou des arbitres. Les parties doivent se référer à un règlement d'arbitrage ou à un centre d'arbitrage pour la désignation des arbitres. Lorsque les parties choisissent de régler le litige par voie d'arbitrage ad hoc, elles sont libres de désigner les arbitres[919]. En cas de difficulté de constitution du tribunal arbitral, notamment en matière d'arbitrage ad hoc, les arbitres sont nommés par le président du tribunal compétent du lieu où le contrat

---

[917] Il s'agit de l'Algérie, de l'Égypte, des Émirats arabes unis, du Qatar, de l'Arabie Saoudite et de la Jordanie.

[918] Le décret législatif n°93-09 du 25 avril 1993, modifiant et complétant le code de procédure civile. ; Art. 1017 du Code algérien de procédure civile et administrative.

[919] Articles 442 et 1043 du Code de procédure civile et administrative. ; N. Najjar, op.cit. p. 714.

a été signé ou exécuté[920]. Lorsque le siège du tribunal arbitral est à l'étranger, ce sont les dispositions du droit du siège du tribunal qui permettent aux parties de reconstituer le tribunal arbitral[921]. Par ailleurs, la constitution du tribunal arbitral n'est pas considérée comme valide si l'arbitre n'a pas accepté la mission. L'acceptation par l'arbitre de sa mission est l'une des règles contraignantes relatives à la validité de la constitution du tribunal arbitral. Dans l'hypothèse où l'arbitre a accepté la mission et démissionne par la suite, les parties au litige peuvent demander au président du tribunal du siège de l'arbitrage de rendre une ordonnance pour procéder à son remplacement[922].

481. Le tribunal compétent dans ce cas est celui du pays dans lequel le contrat d'arbitre a été conclu ou exécuté, sauf accord contraire des parties[923]. Dans l'hypothèse où le tribunal arbitral est une personne morale, celle-ci doit être limitée à la désignation d'un ou plusieurs arbitres parmi ses membres. Par exemple, lorsqu'une clause compromissoire précise que l'un des arbitres doit être désigné au sein de l'ordre des avocats, il est procédé à la nomination au sein l'Ordre. Au cas où les arbitres sont nommés au sein de la chambre de commerce, les hommes d'affaires peuvent être désignés au sein du tribunal arbitral[924].

482. Les arbitres peuvent faire l'objet de récusation lorsque l'arbitre ne remplit pas les conditions convenues entre les parties ou si l'arbitre est visé par un motif de récusation stipulé dans la règle d'arbitrage. Dans l'hypothèse où il existe des doutes raisonnables quant à l'indépendance de l'arbitre résultant des circonstances de l'affaire, il peut être récusé. Il s'agit dans ce dernier cas, la présence d'un intérêt, d'une relation économique ou d'un lien familial avec l'une des parties, directement ou indirectement. La loi sur l'arbitrage fait obligation de notifier les motifs de récusation au tribunal arbitral[925]. Dans l'hypothèse où les parties n'ont pas convenu de la procédure de récusation, le juge étatique règle cette question par voie

---

[920] Ibid. note 604.

[921] Le décret législatif n°93-09 du 25 avril 1993, modifiant et complétant le code de procédure civile et administrative.

[922] Art. 1041, para. 2. Al. 1er et 2 du Code de procédure civile et administrative. ; G. Chabot, « L'exacte étendue des pouvoirs du juge d'appui ». La Semaine Juridique. *Edition Générale*, n° 39, du 27 septembre 2006, II 10155.

[923] Ibid.

[924] Ibid. ; Art. 102 du Code algérien de procédure civile et administrative.

[925] Art. 1015, par. 2 du Code algérien de procédure civile et administrative. ; D. HASCHER, « Indépendances de la justice étatique et de la justice arbitrale », *Publication CCI, Spécial Supplément 2007 : L'indépendance de l'arbitre.* 2008. p.83.

d'ordonnance à la demande de la partie la plus diligente. La décision du juge judiciaire en la matière n'est pas susceptible de recours[926].

483. Les règles de désignation des arbitres en Algérie semblent être plus flexibles comparativement à celles applicables à la constitution du tribunal arbitral en Égypte.

2. En Égypte

484. La loi sur l'arbitrage prévoit que s'il y a plus d'un arbitre, le tribunal arbitral doit être composé d'un nombre impair d'arbitres. Toutefois, les parties sont libres de choisir le nombre d'arbitres et si les parties ne s'entendent pas, il y aura trois arbitres. Par conséquent, le tribunal arbitral serait irrégulièrement constitué lorsqu'il est formé d'un nombre pair d'arbitres. Cette exigence a été confirmée par la Cour d'appel du Caire et est qualifiée de règle[927] d'ordre public. Il s'agit du droit à un procès équitable et sa méconnaissance entraine l'annulation de la sentence arbitrale[928]. Les arbitres peuvent être désignés directement, en déterminant leur nom et leur qualité, ou indirectement, en ne prévoyant que le mode de désignation. En conséquence, si l'un des arbitres se retire ou est révoqué, l'arbitre qui le remplace est nommé dans les mêmes conditions[929]. Dans l'hypothèse où les parties n'arrivent pas constituer le tribunal arbitral qui devrait être animé par un arbitre unique, la Cour d'appel du Caire est compétente[930]. Il s'agit de l'un des rares cas où la loi égyptienne sur l'arbitrage fait une distinction entre l'arbitrage national et l'arbitrage international en matière de désignation d'un arbitre unique[931].

---

[926] Art. 1452, al. 1er du Code algérien de procédure civile et administrative. ; C.A. Paris, 18 mai 2021, 18/10511, *Aff. Zakhem International Construction Ltd. v. Sonatrach*, *CAPJIA,* 2022, obs. P. Pedone, p. 119.

[927]Art. 15, al. 2 sur la loi égyptienne sur l'arbitrage. ; Cass. Caire, aff. n°91 du 26 May 2004 ; Cour d'appel du Caire, affaire n° 34, 35/119, 29/1/2003. ; C.A Caire, chambre commerciale n°91, 29 janvier 2003, Amani Choukri Abdel-Massih et autres c/ Sarouat Thabet Bassili et autres commenté par M. Abdel-Raouf, L. Hammour« Étude analytique de la justice égyptienne dans le cadre des recours en annulation à l'encontre des sentences arbitrales », *Journal of Arab Arbitration,* 2008, vol. 11. p. 132.

[928] Ibid.

[929] Art. 21 de la loi n°27 de 1994 sur l'arbitrage en Égypte. ; Cour Supreme fédérale, Aff. n°206, année judiciaire 26, 27 décembre 2005, commenté et cité dans : Summaries of UEA *Court's Decision on arbitrational international*, International Chamber of commerce, 2013, p. 74.

[930] Ibid.

[931] Ibid. ; F. Wali, la loi égyptienne de 1994 sur l'arbitrage en théorie et pratique, éd. 2007, p. 261 et suivants.

En matière internationale, la Cour d'appel du Caire désigne le troisième arbitre ou le second arbitre qui n'a pas été désigné par l'une des parties.

485. La procédure de nomination des arbitres par le juge judiciaire dans le cadre de la constitution du tribunal arbitral est d'ordre public. Le fait de l'ignorer conduit à la nullité de la sentence arbitrale[932]. Dans l'hypothèse où l'un des arbitres refuse de participer à la désignation du troisième arbitre, le juge judiciaire aura dans ce cas une compétence générale sur tous les litiges[933]. La Cour de justice doit prendre en compte, lorsqu'elle choisit un arbitre, les conditions requises par la loi et l'accord des parties[934]. La désignation de l'arbitre par les juridictions compétentes est définitive et ne peut faire l'objet d'aucune voie de recours[935]. La nouvelle loi égyptienne applicable à l'arbitrage interne et international prévoit que l'arbitre ne peut être mineur ; sous tutelle ; avoir été privé de ses droits civils en raison d'un jugement rendu contre lui pour un crime. Il ne peut être condamné pour un délit contraire aux bonnes mœurs ou par suite d'une déclaration de faillite, à moins qu'il n'ait été réhabilité, il doit être en pleine capacité d'exercer ces droits civils[936]. La loi sur l'arbitrage n'exige pas une condition particulière à l'égard de l'arbitre en matière de nationalité, de genre et de la religion, sauf si les parties en conviennent autrement[937].

486. En Égypte, le principe de compétence-compétence du tribunal arbitral semble être considéré comme accessoire. En effet, le juge judiciaire peut exercer sans procédure particulière les prérogatives réservées au tribunal arbitral en cas de difficultés en matière de constitution du tribunal arbitral, ce qui n'est pas le cas en Jordanie.

3. En Jordanie

487. La désignation d'un arbitre en contrariété avec la loi ou avec les termes de la Convention des parties peut constituer un motif d'annulation

---

[932] Art. 17 et suivants de la loi égyptienne n°27 de 1994 sur l'Arbitrage.
[933] Ibid.
[934] C.A. Caire, 26/5/2004, affaire n° 309/121. ; C.A, Caire, chambre commerciale n°7, *Aff. n°80, 04 janvier 2011, sté d'assurance égyptienne c/ Président de l'unité locale de la ville de Koweisna.*
[935] Ibid.
[936] Art. 702 de la loi égyptienne n°27 de 1994 sur l'Arbitrage. ; N. Najjar, op.cit. p. 68.
[937] Art. 16, al. 2 de la loi égyptienne n°27 de 1994 sur l'Arbitrage. ; C.A, Caire n°s 84 et 85/120, 26 mai 2004, Aff. Sté al-Hijaz c/ Abdallaz Abdelaziz Attiyah, obs. M. Abdel Raouf, « Étude analytique de la justice égyptienne dans le cadre des recours en annulation à l'encontre des sentences arbitrales », *Journal of Arab Arbitration,* 2008, vol. 11. p. 970.

de la sentence arbitrale[938]. Les parties peuvent faire appel au juge judiciaire pour la constitution du tribunal arbitral. Le juge compétent est le président de la Cour d'appel du lieu de l'arbitrage, ou une autre cour d'appel en Jordanie convenue par les parties. La Cour de cassation dans un arrêt rendu en 2003 a estimé que le nombre d'arbitres doit être trois dans le cas où les parties ne seraient pas mises d'accord sur la composition du tribunal arbitral[939]. Dans cette hypothèse, chaque partie désigne un arbitre et les deux arbitres désignent le troisième. Dans le cas où les deux arbitres n'arrivent pas à désigner le troisième arbitre dans un délai de quinze jours suivants, la Cour d'appel désigne le troisième arbitre à la demande de l'une des parties[940]. Le troisième arbitre, choisi par les parties ou désigné par la Cour d'appel, sera le président du tribunal arbitral. La décision de la Cour d'appel portant sur la désignation du troisième arbitre ne peut faire l'objet de recours. Cette décision est considérée par la Cour de cassation jordanienne comme un acte d'administration judiciaire en référence à l'article 16 de la loi sur l'arbitrage[941].

488. Les juridictions jordaniennes considèrent que les motifs de récusation des juges étatiques qui sont également applicables aux arbitres. Il s'agit des cas suivants :

(a) si l'arbitre a un intérêt pécuniaire direct dans l'affaire pendant devant le tribunal arbitral;

(b) si l'arbitre est un parent de l'une des parties jusqu'au troisième degré ;

(c) s'il existe une action en justice en cours entre l'arbitre et l'une des parties ;

(d) si l'arbitre a déjà donné son avis sur l'affaire en tant que juge, représentant du ministère public, d'arbitre, ou le mandataire, etc.

489. Les juridictions jordaniennes ont considéré que ces motifs ne relèvent pas de l'ordre public et que par conséquent, les parties peuvent

---

938 Art. 45-a (5) de la loi jordanienne sur l'arbitrage. ; Cass. Amman, aff. n°1549/2011, 20 janvier 2012, obs. Z. Obeid in, op.cit, p. 282. obs. Z. Obeid in, op.cit, p. 282.

939 Cass. Amman, Aff. n° 2480/2007, 29 janvier 2008, obs. obs. Z. Obeid in, op.cit, p. 283.

940 Cass. Amman, 20 février 2005, aff. n° 3728/2004, et Cass. Amman, aff. n°4253/200525 Septembre 2006. obs . obs. Z. Obeid, op.cit, p. 283.

941 Cass. Amman, 25 septembre 2006, aff. n° 4253/2005. ; Cass. Jordanie, n°2480/2007, 29 janvier 2008, obs. Z. Obeid in, op.cit, p. 282.

convenir d'y renoncer à l'avance[942]. La Cour de cassation a jugé, sur la base de l'article 16 de la loi sur l'arbitrage, que la décision du tribunal désignant l'arbitre est définitive. Cette décision et ne peut être contestée ni par les voies de recours ordinaires ni par les voies extraordinaires[943]. Lorsque les cas de partialité mettant en cause un arbitre sont avérés ou en cas de conflit d'intérêts, la loi jordanienne sur l'arbitrage permet aux parties de demander la révocation de l'arbitre[944]. Mais cette loi précise que les parties ne peuvent demander la révocation que pour une cause intervenue après sa nomination[945].

490. La mission d'arbitre ne peut pas être confiée à un mineur ou à une personne privée de ses droits civils en raison d'une condamnation pénale ou d'une faillite même si elle a été réhabilitée. La loi considère aussi que nul ne peut être empêché, en raison de sa nationalité, d'agir en qualité d'arbitre, sauf accord contraire de "l'autorité compétente". La jurisprudence aborde dans le même sens que la loi sur l'arbitrage, car elle considère que l'arbitre accomplit un acte judiciaire.

491. Au Qatar les procédures de désignation des arbitres en cas d'intervention du juge étatique ne présentent pas de spécificité. Cependant, les parties doivent prévoir dans la clause compromissoire les modalités de désignation des arbitres.

4. Au Qatar

492. La loi qatarie sur l'arbitrage prévoit que s'il y a plusieurs arbitres, le nombre de ceux-ci doit être impair dans tous les cas, à défaut de quoi la convention d'arbitrage est nulle[946]. Les arbitres doivent être désignés dans la convention d'arbitrage ou dans la clause compromissoire. Les modalités de désignation des arbitres doivent être déterminées s'ils sont désignés à la suite de la naissance du litige. Dans le cadre d'un arbitrage ad hoc, en cas de difficultés de constitution du tribunal arbitral, le juge judiciaire du

[942] Art. 49-5 de la loi n°31 de 2001 sur l'arbitrage en Jordanie.

[943] Cass. Amman, 10 décembre 2003, aff. n° 3094/2003 et Cass. Amman, 31 juillet 2012, aff. n° 1954/2012, obs. Z. Obeid in, op.cit, p. 279.

[944] Article 216 du Code de procédure civile émiratie. Cass. Dubaï, aff. n°75 de 2007, 07 avril 2008, obs. H. Arab, L. Hammoud et G. Graham, *Summuries of UAE Courts' Decisions on Arbitration, International Chambre of Commerce*, 2013, p. 82.

[945] Ibid.

[946] Art. 193, al. 2 du Code de procédure civile et commerciale qatarie. ; C.A., Qatar, n°694/2003, 07 juillet 2003, obs. Z. Obeid in, op.cit, p. 282.

tribunal ayant initialement compétence sur le litige peut jouer le rôle du juge d'appui[947].

493. La décision juridictionnelle portant sur la désignation des arbitres n'est pas susceptible de recours[948]. Toutefois, si la décision refuse de nommer les arbitres, elle est alors susceptible d'appel. L'arbitre doit accepter sa mission par écrit. Une fois qu'il a accepté sa mission, il ne peut se retirer de l'affaire sans motifs sérieux sous peine d'être condamné à des dommages et intérêts[949]. Il en résulte que l'arbitre a donc une obligation contractuelle de résultat, c'est-à-dire de rendre une sentence réglant le litige. Au cas où l'arbitre manque à cette obligation, sa responsabilité contractuelle peut être engagée[950]. L'arbitre ne peut pas être mineur, une personne sous le coup d'une sanction pénale ou une personne privée de ses droits civils en raison d'un délit ou d'une faillite, sauf s'il est réhabilité[951]. Il n'est pas exigé que l'arbitre soit musulman. L'arbitre peut également être une femme, il n'y a plus d'obstacle en la matière. Les tribunaux qatariens ont considéré que l'arbitre peut être de nationalité étrangère[952].

494. Les conditions de désignation des arbitres semblent plus complexes en Arabie Saoudite. Les parties sont tenues de désigner les arbitres dans la convention d'arbitrage. Il existe en outre une discrimination basée sur le genre. Par ailleurs, les organes étatiques sont très impliqués dans la validation de la liste des arbitres habilités à siéger en matière d'arbitrage.

5. En Arabie Saoudite

495. La loi saoudienne sur l'arbitrage prévoit qu'un arbitre doit être expérimenté, de bonne moralité et avoir une pleine capacité. Un arbitre ne peut être révoqué que par les deux parties et a droit à une indemnité s'il a déjà commencé sa mission et si la raison de sa révocation n'est pas de son

---

[947] Art. 193 du Code de procédure civile qatarie. N. Najjar, op.cit. p. 559-560.

[948] Cour Sup. Doha, 07 mai 2003, Ch. civil n°194/2003. ; Qatar, the Court of Appeal accepted before Law No 2/2017 that arbitration be conferred to foreigners, see Appeal Qatar, n°21/1992 dated 7/6/1992, *Majallat al-Tahkim*, n°1 of 2009, p. 416.

[949] Art. 194, al. 1, du Code de procédure civile et commerciale qatarie. ; C.A., n°578/2002, 22 avril 2003, obs. Z. Obeid in, op.cit, p. 284.

[950] C.A., Doha, arrêt n° 348/2002, 29 octobre 2002 et C.A., n°578/2002, 22 avril 2003, obs. Z. Obeid in, op.cit, p. 284.

[951] Art. 193, al. 1 du Code de procédure civile et commerciale. ; N. Najjar, op.cit. p. 559.

[952] C.A., Doha, aff. n°21/1992, 07 juin 1992. ; C.A., Qatar, n°21/1992, 07 juin 1992, *Majalet El-Tahkim,* janvier 2009, n°1, p. 416.

fait[953]. Il ne peut être récusé que pour des raisons qui apparaissent ou surviennent après le dépôt de la convention d'arbitrage[954]. La loi sur l'arbitrage prévoit que le nombre d'arbitres doit être impair[955]. Le droit saoudien autorise les juridictions judiciaires à assurer la continuité de la procédure au cas où elle serait exposée à des difficultés liées à la constitution du tribunal arbitral[956]. Il s'agit des cas dû au retard ou défaut de désignation de l'arbitre par l'une des parties ou au refus de l'arbitre de remplir sa mission[957]. Dans cette hypothèse, la Cour d'appel à la prérogative de désigner les arbitres, à condition qu'il s'agisse d'un arbitrage ad hoc résultant d'une clause compromissoire[958]. Dans l'hypothèse où nous sommes en présence d'un arbitrage institutionnel permanent, le règlement d'arbitrage choisi par les deux parties est appliqué pour constituer le tribunal arbitral[959].

496. En Arabie Saoudite, le Président du Tribunal nomme le troisième arbitre si les arbitres désignés par les parties ne parviennent pas à se mettre d'accord[960]. En acceptant sa mission, l'arbitre est soumis aux obligations de la convention d'arbitrage[961]. En conséquence, l'arbitre a l'obligation contractuelle de rendre la sentence arbitrale dans le délai prévu par cette convention. Pour les compromis, la loi prévoit que l'acceptation écrite de l'arbitre doit se faire par écrit[962]. La liste d'arbitres est établie par un accord entre le ministre de la Justice, le ministre du Commerce et de l'Industrie, le ministre des Affaires étrangères et le président du Conseil des doléances (*Diwan al Mazalem*). Cette liste est notifiée aux tribunaux et aux autorités

---

[953] Salah Hojeilan, « The New Arbitration Regulation and its Effects on Investments in the Kingdom of Saudi Arabia », *Majallat al-Tahkim al-Aalamiyya*, no 25 of 2015, p. 155 (in Arabic); Abdel-Hanane issa, « The New Saudi Arbitration Regulation, its Pros and Cons; Comparative Study », *Majallat al-Tahkim al-Aalamiyya*, no 23 of 2014, p. 95 (in Arabic).

[954] Hassan Ali Radhi, « Remarks on Commercial Arbitration in the Kingdom of Bahrain and in the Kingdom of Saudi Arabia », in Nassib G. Ziadé (ed), Festschrift Ahmed Sadek El-Kosheri, *Kluwer Law International* 2015, pp. 7–22

[955] Art. 11 de la loi saoudienne sur l'arbitrage.; Jean-Pierre Harb & Alexander G. Leventhal, « The New Saudi Arbitration Law: Modernization to the Tune of Charia », *jia, (2013), vol. 30*, n°2, pp. 113-130.

[956] Appeal Damascus, n°39/2012 dated 21/6/2012, *Majallat al-Tahkim al-Aalamiyya*, n°22 of 2014, p. 603.

[957] Saud Al-Ammari & A. Timothy Martin, « Arbitration in the Kingdom of Saudi Arabia », *Arb. Int'l.* (2014), vol. 30 n°2, pp. 387–408

[958] Hadi Slim, « Renouveau et tradition dans la nouvelle loi saoudienne relative à l'arbitrage », Cahiers de l'arb.,2013, n°1, p. 203.

[959] Ibid.

[960] Ibid.

[961] Ibid.

[962] Art. 5 de la loi saoudienne sur l'arbitrage. ; Saud Al-Ammari & A. Timothy Martin, op.cit.

judiciaires ainsi qu'aux chambres de commerce et d'industrie. Les parties peuvent choisir les arbitres parmi les noms inscrits sur cette liste[963]. Le choix des arbitres avec pour référence cette liste établie par le gouvernement saoudien n'est pas obligatoire[964]. L'arbitre doit être un ressortissant saoudien ou un étranger musulman, choisi parmi les membres des professions libérales, ou d'autres personnes[965]. Il peut également être choisi parmi les fonctionnaires de l'État après autorisation de l'autorité de tutelle à laquelle il appartient[966]. En cas de désignation de plusieurs arbitres, le Président du tribunal arbitral doit connaitre les règles de la Charia, le droit commercial et les coutumes en vigueur dans le Royaume[967].

497. Les organes étatiques saoudiens disposent des prérogatives importantes qui leur permettent d'intervenir directement dans la constitution du tribunal arbitral. En effet, les parties ne peuvent pas désigner librement les arbitres et le principe de compétence du tribunal arbitral semble ne pas être respecté vu que les arbitres sont sous le contrôle de l'État. La réglementation aux Émirats arabes unis est différente de celles de l'Arabie Saoudite.

6. Aux Émirats arabes unis (EAU)

498. Le tribunal arbitral est constitué d'un ou de plusieurs arbitres, d'un commun accord entre les parties. Si les parties ne parviennent pas à s'entendre à ce sujet, trois arbitres seront nommés par le juge d'appui[968]. Lorsque plusieurs arbitres sont nommés, leur nombre doit être impair, sinon l'arbitrage serait nul[969]. La loi sur l'arbitrage dispose que les parties peuvent convenir du choix des arbitres ainsi que de la méthode et du moment de cette nomination[970]. Dans le cas où les parties ne parviennent pas à s'entendre à cet égard, le tribunal compétent nomme l'arbitre unique

---

963 Art. 50 du Règlement de la Chambre de Commerce.

964 A. H. El-Ahdab, *Arbitration with the Arab Countries*, op. cit., p. 641.; N. Najjar, op.cit. p. 559-560.

965 Art. 14 de la loi Saoudienne sur l'arbitrage. ; N. Najjar, op.cit. p. 559-560.

966 N. Najjar, op.cit. p. 773 et ss.

967 Ibid.

968 Ghaleb S. Mahmassani, « The Evolution of International Arbitration in Arab Countries », pp. 157-166, in Nassib G. Ziadé (ed), « *Liber Amicorum Samir Saleh: Reflections on Dispute Resolution with Particular Emphasis on the Arab World* », *Kluwer Law International*, 2019 pp. 169.

969 Article 16 de la loi des Émirats arabes unis sur l'arbitrage. ; N. Najjar, op.cit. p. 773 et ss.

970 Ghaleb S. Mahmassani, « The Evolution of International Arbitration in Arab Countries », *op.cit.*

à la demande de l'une des parties. Dans l'hypothèse où le tribunal arbitral était constitué de trois arbitres, chaque partie nomme un arbitre et les deux arbitres nomment ensuite le troisième arbitre. Au cas où l'une des parties ne désigne pas son arbitre dans un délai de quinze jours à compter de la date de réception d'une demande de l'autre partie. Lorsque les deux arbitres nommés ne parviennent pas à s'entendre sur le troisième arbitre dans les quinze jours suivant la date de nomination du troisième arbitre, le juge d'appui peut intervenir. Le tribunal compétent nomme le troisième arbitre à la demande de l'une des parties[971].

499. L'arbitre choisi par les deux arbitres ou par le tribunal agit en tant que président du tribunal arbitral [972]. Ces dispositions s'appliquent également si le tribunal arbitral était composé de plus de trois arbitres. Dans tous les cas, le tribunal tient compte, lors de la nomination de l'arbitre, des conditions requises par la loi sur l'arbitrage ainsi que de celles convenues par les parties. La décision judiciaire portant nomination du troisième arbitre est rendue avec célérité et n'est susceptible d'aucune voie de recours[973]. Le Code fédéral de procédure civile dispose que l'arbitre ne doit pas être mineur. Il ne doit pas être privé de ses droits civils à la suite d'une sanction pénale, "ni être un failli sans avoir été réhabilité"[974]. L'arbitre ne doit pas nécessairement être musulman[975]. Il peut être une femme, car le Code fédéral ne mentionne aucun obstacle à cet égard[976].

500. La loi relative à la constitution du tribunal arbitral aux Émirats arabes unis prend en compte un équilibre dans l'attribution de pouvoir entre les parties, le juge étatique et les arbitres pour la constitution du tribunal arbitral. Elles posent aussi clairement les conditions pour siéger comme arbitre. La méconnaissance de ces règles pourra mettre en cause

---

[971] Cass. Abu Dhabi, n°924/2009 dated 17/12/2009, *Majallat al-Tahkim al-Aalamiyya*, n°17 of 2013, comments by Mohammed Arab, p. 397.
[972] Ghaleb S. Mahmassani, « The Evolution of International Arbitration in Arab Countries », pp. 163-166 *in* op.cit.
[973] Art. 18, alinéa 1er de la loi des Émirats arabes unis sur l'arbitrage.
[974] Cass. Abu Dhabi, 2e circuit civil, n° 732/24, 26 février 2005 et Cass. Dubaï, Aff. n°75/2007, 07 avril 2008, obs. H. Arab & L. Hammoud, G. Lovett, *Summaries of UAE Court's Decisions on arbitration*, International Chambre of Commerce, 2013, p. 82.
[975] Ghaleb S. Mahmassani, « The Evolution of International Arbitration in Arab Countries », pp. 163-166 *in* op.cit.
[975] Ibid. Art. 18, alinéa 1er de la loi des Émirats arabes unis sur l'arbitrage.
[976] Ibid.

l'efficacité de l'exécution de la sentence arbitrale sur le territoire des Émirats.

501. Selon les systèmes juridiques en présence, les règles de constitution du tribunal arbitral varient. Dans les pays de tradition *Common Law* et *Civil Law,* les parties occupent une place capitale dans la constitution du tribunal arbitral ad hoc. Dans les systèmes juridiques ex-socialiste et musulman, les parties ne maîtrisent pas de bout en bout la constitution du tribunal arbitral, car il est institutionnalisé à travers des mécanismes étatiques. L'intervention du juge d'appui pour aider les parties à constituer le tribunal arbitral en cas de difficultés n'est pas automatique dans les pays qui privilégient l'arbitrage institutionnalisé placé sous le contrôle de l'État. En définitive, les sentences arbitrales internationales issues des tribunaux arbitraux ad hoc pourraient avoir du mal à être reconnues et exécutées dans les pays comme la Chine, la Russie et l'Arabie Saoudite.

502. Par ailleurs, un tribunal arbitral saisi pour trancher un litige a l'obligation de respecter les règles de procédure et il doit également s'assurer que les parties respectent les obligations procédurales qui leur incombent. L'un des principes fondamentaux en la matière est le respect du principe du contradictoire. Le tribunal arbitral doit donc veiller au respect de ce principe afin d'assurer l'efficacité d'exécution de la sentence arbitrale internationale.

Paragraphe 2 : Les phases procédurales devant le tribunal arbitral

503. *Dans* le cadre d'une procédure arbitrale, l'arbitre doit veiller à l'égalité des armes entre les parties et au respect du principe du contradictoire. Par ailleurs, en matière d'arbitrage, la procédure devant le tribunal arbitral ne doit pas être appliquée de manière arbitraire sans le consentement des parties. La volonté des parties en matière de choix du droit applicable à la procédure arbitrale est un pilier de l'arbitrage international. Le tribunal doit s'assurer qu'une partie n'est pas dépendante entièrement de l'autre. Au cas contraire il devra faire comprendre aux parties à l'arbitrage que le cas de dépendance ferme la voie à la clause compromissoire. Le respect du principe de contradictoire au cours d'une procédure arbitrale est fondamental. C'est l'un des critères de l'efficacité de la sentence arbitrale internationale. Les différents procédés juridiques qui composent ce principe peuvent être classés en deux catégories.

504. La première catégorie est constituée de quatre règles fondamentales considérées comme des règles d'ordre public procédural par le droit positif de certains États. La seconde catégorie est caractérisée par un ensemble d'obligations à la charge des parties et du tribunal arbitral. Le champ de contrôle du juge étatique peut varier selon les pays. La procédure contradictoire présente des indices de garantie de l'égalité des armes entre les parties. Cependant, elle n'est pas mise en œuvre de la même manière que l'on se trouve dans le système de *Common Law* et de *Civil Law* (**A**) ou en droit OHADA (**B**).

505. Par ailleurs, le principe du contradictoire est appliqué dans les quatre systèmes de droit de notre étude, mais il n'est pas le seul dans les systèmes de droit socialiste (**C**) et musulman (**D**). Dans ces deux derniers systèmes, en plus de principes du contradictoire, le tribunal arbitral peut appliquer la procédure inquisitoire[977]. Il s'agit d'une procédure qui accorde aux arbitres une importante main mise sur le procès. Les arbitres dans ce cas jouent un rôle actif et peuvent rechercher eux-mêmes des éléments de preuves en plus des pièces fournies par les parties. Les arbitres dans le cadre d'une procédure inquisitoire pourront se faire leur propre opinion sur l'issue de la procédure arbitrale, d'où une répartition inéquitable de rôle entre le tribunal arbitral et les parties. Cependant, il faut préciser que dans certains pays comme la Tunisie les arbitres peuvent dans le cadre d'une procédure inquisitoire procéder à des auditions des parties sous la forme d'une procédure contradictoire.

A. Dans les pays occidentaux

506. Le principe du contradictoire est le centre de la conduite des procédures d'arbitrages dans les pays occidentaux, notamment la France, la Grande-Bretagne et les États unis. Certes, les mécanismes de sa mise en œuvre sont divers dans les pays cités ci-dessus. Cependant, la finalité est de permettre aux parties à la procédure d'arbitrage de faire valoir leurs moyens dans un cadre d'égalité des armes. Le respect du principe du contradictoire fait donc l'objet d'un contrôle obligatoire dans le cadre d'une procédure d'exequatur ou d'exécution du juge judiciaire français, anglais ou américain. Le principe du contradictoire se décline sous diverses formes. Il s'agit de l'égalité des parties ; de la protection des droits de la défense ; de la célérité de la procédure. Par ailleurs, il s'agit aussi, de

[977] V. *supra* paragraphe n°184 de cette thèse.

loyauté de la procédure ; de l'instruction collégiale de l'arbitrage sous réserve des pouvoirs propres du président du tribunal arbitral.

507. L'égalité des parties est une règle fondamentale dans le cadre d'une procédure arbitrale. Le tribunal arbitral ne peut pas y déroger au risque d'engendrer un vice de procédure qui pourrait conduire à la mise en cause de l'efficacité de la sentence arbitrale internationale[978]. Permettre aux parties de disposer d'armes égales est ainsi considéré comme une règle d'ordre public international en droit français[979]. Au besoin, le tribunal arbitral devra sursoir à statuer pour permettre aux parties de préparer et d'organiser leur défense respective avant et pendant le déroulement de la procédure arbitrale.

508. En ce qui concerne la protection des droits de la défense et la célérité de la procédure, le tribunal arbitral doit veiller à l'équité entre les parties. Dans son rôle de protection du droit de la défense des parties, le tribunal arbitral s'assure de la confidentialité des informations sensibles qui pourraient servir de moyen de défense aux parties. À travers cette posture, le tribunal arbitral permet aux parties quel que soit leur statut juridique de présenter valablement leurs moyens de défense en toute sécurité. Au cas où le tribunal arbitral ne jouerait pas ce rôle, il est susceptible de mettre en question l'efficacité de la sentence arbitrale internationale. Par ailleurs, la célérité de la procédure arbitrale avec respect des règles de procédures est l'une des qualités du tribunal arbitral contrairement au système judiciaire classique[980]. Certains règlements des institutions d'arbitrage et les prescriptions de la loi font également obligation au tribunal arbitral de s'inscrire dans une dynamique de loyauté par rapport à la mission qui leur a été confiée par les parties[981].

509. La loyauté de la procédure, en droit français, résulte de l'article 1464 du Code de procédure civile. Cet article fait obligation aux parties d'être loyales lors de la procédure arbitrale. En effet, dans le cadre d'une procédure arbitrale internationale, les parties doivent communiquer à l'arbitre leurs différentes prétentions et leurs différents moyens. Elles doivent collaborer avec le tribunal arbitral dans le cadre de la mise en

---

[978] Article 1510 du Code de Procédure civile et Cass. 1re civ., 23 juin 2010, *Rev. arb.* 2011, obs. C. Chainais, p. 442.
[979] CA., Paris, 12 juin 2003, *Rev. arb.* 2004, obs. D. Bensaude, p. 887.
[980] CA, Paris, 28 février 2008, JCPE 2008, 1582 p., obs. Ch. Caron.
[981] E. Kleiman et S. Saleh, Célérité et loyauté en droit français de l'arbitrage : quelques pouvoirs et quelques responsabilités pour les arbitres et les parties, *Cah. Arb.* 2012, 99 p. Voir aussi, les articles 11.2 et 13.1 du Règlement de l'arbitrage de la CCI de 2017.

œuvre des mesures d'instruction ordonnées par les arbitres[982]. Les parties ne doivent pas user de procédés dilatoires pour faire obstruction à l'évolution normale de la procédure arbitrale et signaler à l'arbitre tous les aspects qui pourraient concourir à l'irrégularité de la procédure arbitrale[983].

510. Lorsque le tribunal arbitral est composé de plusieurs arbitres, ils doivent se conformer à la règle de l'instruction collégiale qui peut résulter notamment du Règlement du centre d'arbitrage[984]. En effet, le principe de collégialité des arbitres permet de préserver l'impartialité du tribunal arbitral au cours des différentes phases de l'instance, notamment la phase d'instruction et lors du délibéré de la sentence arbitrale[985]. Cette obligation de collégialité n'empêche pas les arbitres de débattre en interne en toute confidentialité avant d'ordonner des mesures d'instruction ou avant de rendre des délibérés. Au sein de toute organisation juridictionnelle, le président de la juridiction dispose de certaines prérogatives pour mener à bien les procédures. C'est aussi le cas en matière d'arbitrage international. En effet, au cours d'une instance arbitrale, le président du tribunal arbitral peut se voir attribuer des pouvoirs. Il s'agit de l'administration de l'instance, notamment, l'organisation matérielle et la police des audiences et des débats, l'organisation des délibérés[986]. Ce sont les mêmes principes appliqués en droit anglais et endroit américain.

511. En droit anglais, la section 30 de *l'Arbitration Act 1996* précise que le tribunal arbitral est tenu de respecter le principe du contradictoire et un traitement égalitaire des parties. En effet, le tribunal arbitral doit permettre aux parties de faire valoir leurs moyens, de prendre connaissance des mémoires et des pièces de preuves de son adversaire afin de permettre à chaque partie de préparer sa défense. Aux États-Unis, c'est le principe *« due process »* qui est mis en exergue. Cette notion se rapporte au respect du principe d'égalité des armes entre les parties et au principe du contradictoire. Le *« due process »* dans le cadre d'une procédure

---

[982] Article 1506, alinéa 3 et article 1464, alinéa 3 du Code de Procédure civile.

[983] Cass. 1re civ., 31 janvier 2006, Bull. civ. I, n°37, *RTD com.* 2006, p. 310, obs. É. Loquin.

[984] Ph. Leboulanger « Principe de collégialité et délibéré arbitral », in Mélanges en l'honneur de F. Knoepfler, Helbeing & Lichtenhahn, Genève, 2005, p. 262.

[985] CA, Paris, 10 janvier 2008, Rev., arb., 2008, 161 p. et article 1506, alinéa 3 du Code de procédure civile.

[986] Les articles 13, alinéa 1re ; 14, alinéas 1re et 4 ; 21, alinéa 1re ; 35, alinéa 1er ; 26, alinéa 1er du Règlement du CIRDI ; article 14.6 du Règlement du LCIA de 2020 (London Center International Arbitraction) et article 26.2 du Règlement du AAA (American Arbitraction Association).

d'arbitrage consacre le droit pour chaque partie de faire valoir ses moyens et d'être informée des moyens de preuve de la partie adverse. Par ailleurs, le « *due process* » fait obligation aux parties de respecter le principe de coopération en matière d'échange des mémoires et d'informations nécessaires pour la conduite de la procédure d'arbitrage[987].

512. Le contenu et les finalités procédurales qui résultent du respect du principe du contradictoire en *Civil Law* et en *Common Law* sont équivalents, comme l'illustre notre analyse en droit français, anglais et américain. Le droit OHADA (*Civil Law* en majorité) accorde la même importance à ce principe. Il s'agit donc d'un principe directeur qui gouverne les procédures d'arbitrage dans ces deux systèmes de droit.

B. À l'intérieur de l'espace OHADA

513. En droit OHADA, le principe du contradictoire et de l'égalité des armes font partie des règles fondamentales dont la violation peut être qualifiée de vice de procédure. Il s'agit de l'égalité des armes entre les parties ; de la célérité de la procédure et du respect de la confidentialité de la procédure portant sur l'instruction et le déroulé des débats pendant l'instance arbitrale. La notion de l'égalité des armes en droit OHADA englobe le droit de la défense et le principe du contradictoire. Ce principe contradictoire d'ailleurs des droits de la défense et est rattaché au principe de loyauté procédurale. Le droit OHADA fait obligation aux arbitres de tenir compte au cours du délibéré des explications, moyens et documents préalablement discutés entre les parties de manière contradictoire[988]. Le respect de la règle de procédure contradictoire devant le tribunal arbitral permet aux parties de se prévaloir de leurs moyens respectifs et de faire valoir leurs prétentions[989].

514. L'article 9 de l'Acte Uniforme sur le droit de l'Arbitrage constitue la base juridique de du principe du contradictoire devant le tribunal arbitral. Cet article précité et l'article 14, alinéa 3 de l'Acte Uniforme sur le droit de l'Arbitrage est une règle d'ordre public procédural du droit OHADA. En effet, lorsque les parties ou le tribunal arbitral transgressent ces règles, la sentence ne sera pas reconnue dans les pays membres de

---

[987] Article 21, alinéa 1er à 10 du règlement « International Center For Dispute Resolution » (AAA), 2014 ; Transported Coal Sea de Venezuela CA c/ SMT Sjipmanagment & Transport Ltd, US District 9-1-2007 : GP 2007.1275 cité par E. Ordaway et B. Derains.

[988] Article 14, alinéa 3 de l'Acte Uniforme sur le droit de l'Arbitrage.

[989] P. Meyer, « Droit de l'arbitrage de l'OHADA », *Bruylant, Bruxelles,* 2002, pp. 168-438.

l'OHADA. Ainsi, l'article 26, alinéa 5 de l'Acte Uniforme de l'OHADA permet au juge judiciaire étatique de refuser la reconnaissance et l'exécution de la sentence arbitrale en cas de violation du principe du contradictoire. Sur la base de cet article, il est aussi possible d'annuler une sentence. Par ailleurs, en droit OHADA, c'est l'arbitre qui a le pouvoir d'organisation matérielle et de régulation de l'instance arbitrale[990]. Il est donc le garant du respect du principe du contradictoire, élément essentiel pour l'efficacité d'exécution de la sentence arbitrale internationale.

515. Il existe une seconde catégorie de règles en lien avec le principe du contradictoire que les parties sont appelées à respecter dans le cadre d'une procédure d'arbitrage du droit OHADA. Il s'agit de la loyauté des débats et du caractère équitable du procès. Cette seconde catégorie de règles suppose que les parties ne peuvent évoquer ou communiquer des pièces au tribunal arbitral sans que le contenu de ces pièces soit discuté entre elles. Le respect de ces règles par les parties et le tribunal arbitral est primordial pour garantir et assurer un traitement équitable des parties et permettent à celles-ci de valablement de prévaloir des moyens de droit et de fait. Ces différentes exigences procédurales en droit OHADA sont les mêmes qu'en droit français.

516. La double dimension que présente le principe de contradictoire en droit OHADA est une partie intégrante de l'ordre public supranational du droit communautaire. Le tribunal arbitral dont le droit appliqué au fond est le droit OHADA et ayant pour siège dans l'espace OHADA est donc tenu de s'y conformer. Au cas contraire, l'efficacité de circulation et d'exécution de la sentence arbitrale pourra être mise en question.

517. À la différence des systèmes de *Common Law* et de *Civil Law*, le système de droit socialiste présente des particularités. Il s'agit de la nature des tribunaux arbitraux autorisée à appliquer le principe du contradictoire. C'est le cas en Chine et en Russie contrairement au Viêtnam qui a autorisé l'application de ces règles devant un tribunal arbitral ad hoc et institutionnel. Il convient également d'évoquer le cas particulier de la Chine où les tribunaux arbitraux institutionnels avec l'accord des parties sont autorisés à faire le choix d'appliquer une procédure inquisitoire ou une procédure contradictoire.

---

[990] Article 19.4 du Règlement d'arbitrage de la Cour Commune de Justice et d'Arbitrage.

C. Dans le système de droit ex-socialiste

518. En Chine et en Russie, c'est l'arbitrage institutionnel qui est privilégié. Même si en Chine, l'arbitrage ad hoc est autorisé, la mise en œuvre de la plupart des procédures arbitrales est placée sous la supervision d'un organe spécialisé en arbitrage[991]. Au Viêtnam c'est plutôt le principe du contradictoire qui est appliqué devant les centres d'arbitrages et dans les tribunaux arbitraux ad hoc. En Russie, le principe du contradictoire est appliqué devant les centres d'arbitrages siégeant dans le pays[992]. Ces différents mécanismes de conduite de la procédure d'arbitrage permettent d'identifier la place de l'arbitrage dans les pays de droit ex- socialiste. Ils permettent de mesurer et le degré d'ouverture du pays à l'égard de l'exécution des sentences arbitrales étrangères.

519. En Chine, une grande importance est accordée à la procédure écrite dans les arbitrages menés par le CIETAC. La requête est un exposé de la réclamation présentée par le demandeur ainsi que les preuves et les documents qui étayent les faits sur lesquels la demande d'arbitrage est fondée[993]. La partie défenderesse dispose de quarante-cinq jours suivant la réception de la demande du demandeur et de la notification d'acceptation par la commission d'arbitrage, pour transmettre son mémoire de défense. Le mémoire doit comprendre un exposé de la défense ainsi que les documents justificatifs pertinents [994]. Par ailleurs, d'autres observations écrites peuvent être présentées par les parties au cours de la procédure. En général, le processus d'établissement des faits par les arbitres de la CIETAC s'effectue à trois niveaux. Il s'agit de l'examen de la requête écrite et des preuves produites par les parties[995] ; l'interrogation directe des parties et des témoins lors de l'audience. Par ailleurs, des

---

[991] NSC, « The Reply of the NSC on the Request for Instruction on Whether to Enforce the CIETAC Arbitral Award Jing Arbitration No. 0379 (2008) » in *W Erxiang (ed) 14 Guide on Foreign-Related Commercial and Maritime Trial in China* (People's Court Press, Beijingm 2010) 100-107, in Chinese.

[992] Ibid.

[993] Art. 10 du Règlement du CIETAC. ; *Shin-Etsu Chemical Capitalia c/ Jiangsu Zhongtian Technology Co.*, Ltd, [2008] Min Si Ta Zi n° 18, obs. J.S. Mo « Interpretation and Application of the New York Convention in China », pp. 199 et ss., op. cit.

[994] Art. 12 du Règlement du CIETAC.; Case: Boertong c/ Liantaichang Commerce]' in W Erxiang (ed) 14 Guide on Foreign-Related Commercial and Maritime Trial in China (People's Court Press, Beijing, 2006), p. 94-96, in Chinese.

[995] C. Von Wunschheim, *Enforcement of commercial arbitral awards in China*, Thomson Reuters, 2013, p. 39 et ss.

experts peuvent être désignés [996] pour mener des enquêtes portant directement sur le litige[997].

520. Les audiences ne sont pas un élément obligatoire de la procédure d'arbitrage selon le Règlement de la CIETAC[998]. Dans l'hypothèse où les deux parties en conviennent, le litige peut être tranché exclusivement sur la base de documents, c'est-à-dire par voie de procédure inquisitoire[999]. En vertu du Règlement de la CIETAC, le tribunal arbitral peut désormais (i) émettre des directives procédurales préalables à l'audience ; (ii) convoquer une conférence préparatoire à l'audience. Le tribunal arbitral peut aussi définir l'étendue des questions/problèmes qui peuvent lui être soumises. Les arbitres sont expressément autorisés par le règlement de la CIETAC à mener des procédures inquisitoires ou contradictoires[1000]. Davantage de possibilités de mener des contre-interrogatoires de témoins et autres experts sont autorisées.

521. La violation par les parties ou par le tribunal arbitral des règles du contradictoire peut exposer la sentence arbitrale à un risque d'annulation. Les impératifs du contradictoire figurent dans le Règlement du CIETAC en ce qui concerne les plaidoiries, l'administration des preuves et le déroulement des audiences d'arbitrages internationaux organisées en Chine [1001]. Dans l'hypothèse où la procédure d'arbitrage s'est déroulée dans un État tiers, les juges de l'exequatur chinois contrôlent la régularité du principe de contradictoire par référence au droit appliqué au fond du litige[1002].

522. À la différence de la Chine, la procédure inquisitoire n'est pas appliquée au Viêtnam. C'est plutôt le principe du contradictoire que les tribunaux ad hoc et les institutions arbitrales appliquent, d'où une procédure très proche de celle des pays occidentaux et de l'espace

---

[996] Ibid.
[997] Ibid.
[998] Ibid.
[999] Ibid., Art. 29, al. 2 du Règlement CIETAC. *Ennead Architects International LLP v R&F Nanjing Real Estate Development Co., Ltd* (Ennead Case), commented by X. Liu and X. Li, « Overseas Recognition and Enforcement of China's Arbitral Awards-From the Perspective of the Enforcement of SCIA Arbitral Awards in Hong Kong », op.cit. p. 201 et ss.
[1000] Ibid., Art. 29 al. 3 du Règlement CEITAC.; X. Liu and X. Li, « Overseas Recognition and Enforcement of China's Arbitral Awards-From the Perspective of the Enforcement of SCIA Arbitral Awards in Hong Kong », *op.cit.* p. 217 et ss.
[1001] Ibid., Art. 260 de la loi sur la procédure civile en République Populaire de Chine.
[1002] C. Von Wunschheim, *Enforcement of commercial arbitral awards in China*, Thomson Reuters, 2013, p. 42 et ss.

OHADA. Ainsi, dans le cadre d'un arbitrage institutionnel, le demandeur doit déposer une déclaration de demande auprès du centre d'arbitrage choisi. En cas d'arbitrage ad hoc, la déclaration est signifiée au défendeur par le demandeur et la procédure est réputée commencer au moment où le tribunal arbitral ou le défendeur reçoit la requête[1003]. Dans l'hypothèse où les parties n'ont pas conclu d'accord spécifique sur la conduite de la procédure, la partie défenderesse prépare un mémoire de défense. Ce mémoire doit être transmis au centre d'arbitrage ou à l'arbitre de la partie demanderesse dans un délai de trente jours à compter de la date d'ouverture de la procédure[1004]. La procédure arbitrale n'est pas affectée si le défendeur s'abstient volontairement de soumettre au tribunal arbitral son mémoire de défense[1005]. La partie demanderesse peut introduire une demande reconventionnelle avant que la sentence finale ne soit rendue par le tribunal arbitral[1006]. Le demandeur peut modifier ou retirer les mémoires en demande et en défense, ainsi que la demande reconventionnelle, à moins que le tribunal ne décide que ces actions retardent la procédure[1007]. Le tribunal arbitral peut mener des activités d'enquête avec ou sans la demande des parties en cas d'état de nécessité. Dans l'hypothèse où le tribunal arbitral ou les parties ne parvienne(nt) pas à rassembler des preuves, ils peuvent demander l'aide d'un tribunal compétent[1008].

523. Le tribunal arbitral peut également convoquer des témoins à la demande des parties ou sur sa propre décision. Dans le cadre de la procédure, lorsque les témoins sont absents sans raison, le tribunal arbitral peut saisir un juge étatique pour obtenir une intervention forcée de ces derniers. L'ordonnance du tribunal judiciaire portant sur la convocation des témoins doit être transmise dans les douze jours suivant la saisine des tribunaux[1009]. Les parties peuvent être présentes à l'audience ou autoriser leurs représentants à assister à l'audience. En pratique, certains centres d'arbitrage peuvent adopter une approche flexible et permettre à un avocat

---

[1003] Art. 30 et 31 de la loi sur l'arbitrage au Viêtnam (LCA).; W. Gu, « Reflections on the Key Ingredients for Successful Reform of International Commercial Arbitration in the Asia Pacific », pp. 146 «et ss.

[1004] Ibid. Art. 35 de la loi sur l'arbitrage au Viêtnam (LCA). ;

[1005] Ibid.

[1006] X.-H. Dang (2018), « Arbitration law and practice in Vietnam: fundamental changes over the past 20 years and potential for the future », in: Reyes A, Gu W (eds) « The developing world of arbitration: a comparative study of arbitration reform in the Asia Pacific ». *Hart Publishing, Oxford, Portland, Oregon*, pp 205–220. ; Article 37 de la loi sur l'arbitrage au Viêtnam (LCA).

[1007] Ibid. ; Article 37 de la loi sur l'arbitrage au Viêtnam (LCA).

[1008] Ibid. ; Art. 45 et 46 de la loi sur l'arbitrage au Viêtnam (LCA).

[1009] Ibid. ; Art. 47 de la loi sur l'arbitrage au Viêtnam (LCA).

d'agir en tant que représentant de son client en même temps[1010]. Par ailleurs, le défaut de comparution du demandeur à l'audience d'arbitrage peut être considéré comme une violation de la loi. Ainsi, l'absence ou le départ du demandeur de l'audience sans autorisation est considéré comme un retrait de la demande[1011]. La procédure ne peut être reprise qu'à la demande du défendeur ou sur présentation d'une requête[1012].

524. À la différence du Viêtnam, en Russie, ce sont uniquement les centres d'arbitrages institutionnels qui appliquent le principe du contradictoire. Cependant, les règles qui encadrent l'application de ce principe ne sont pas différentes de celles appliquées par les institutions arbitrales installées au Viêtnam. Dans le cadre de la procédure d'arbitrage devant l'ICAC, le règlement de cette institution fait obligation à la partie demanderesse de soumettre un exposé complet de la demande sur le fond du litige. Le défendeur, s'il le juge nécessaire, soumet une réponse sous forme d'exposé de la défense dans un délai de trente jours à compter de la réception d'une copie de l'exposé de la demande[1013]. Au cours de la procédure, la transmission au tribunal arbitral des explications supplémentaires et des modifications de la demande initiale ne sont pas exclues. Dans le cadre de la procédure d'arbitrage, la notification des mémoires en demande, les mémoires en défense ; les avis d'audience, les avis d'arbitrage ; les notifications d'audience doivent être faites aux parties [1014]. D'autres documents peuvent être envoyés par courrier recommandé, par courrier ordinaire, par voie électronique ou autrement, à condition qu'un enregistrement de la communication soit fait.

525. En pratique, le plus souvent, la version papier est envoyée par courrier ou par service de messagerie. Ceci est fait afin de conserver la preuve formelle de la notification aux parties, ce qui peut être essentiel au stade de l'exécution de la sentence arbitrale. Le reste des documents contradictoires peut être communiqué sous format électronique sans restriction, mais est également dupliqué par l'échange de copies papier. En

---

[1010] Art. 55 de loi sur l'arbitrage au Viêtnam (LCA). ; Arrêt n° 69/2013/QDKDTM-PT du 15/3/2013 de la Chambre d'appel de la Cour populaire suprême à Hochiminh-Ville, obs. V.Đ. Đỗ, « Interprétation et Application de la Convention de New York au Vietnam », *in p. 1088*. op.cit.

[1011] V.Đ. Đỗ, « Interprétation et Application de la Convention de New York au Vietnam », *in p. 1088*. op.cit. ; Art. 56 de loi sur l'arbitrage au Viêtnam (LCA).

[1012] Ibid.

[1013] Dang XH (2018), « Arbitration law and practice in Vietnam: fundamental changes over the past 20 years and potential for the future », op.cit. p. 146 et ss..; Art. 41, al. 33 (1-6) du Règlement de l'ICAC.

[1014] Ibid. ; Art. 41, al. 10 du Règlement de l'ICAC.

référence à la loi sur l'arbitrale de 2016, l'ICAC transmet des notifications aux parties dans un délai de vingt jours avant l'audience devant le tribunal arbitral [1015]. Les parties peuvent transmettre au tribunal arbitral des mémoires et des preuves complémentaires[1016].

526. Les procédures contradictoires et inquisitoires sont aussi appliquées dans les pays appartenant au système de droit musulman. Cependant, le mécanisme de mise en œuvre de ces deux principes n'est pas le même dans les deux systèmes de droit.

D. Dans les systèmes de droit musulman

527. Les législations et les jurisprudences des pays du système du droit musulman ne considèrent pas le principe du contradictoire comme unique moyen procédural devant le tribunal arbitral. Selon le pays, les parties ou le tribunal arbitral peuvent décider de recourir à la procédure inquisitoire. Mais ce choix peut relever de la volonté des parties ou du pouvoir discrétionnaire des arbitres. La législation de certains pays appartenant au système de droit musulman permet aux parties de compléter au cours de la procédure arbitrale les mémoires. Les parties peuvent donc transmettre au tribunal arbitral d'autres éléments de preuves en lien avec l'objet du litige. Dans d'autres pays, les parties ne disposent pas de cette ouverture supplémentaire au stade de la procédure. Néanmoins, au Qatar, les parties ont la possibilité de choisir entre la procédure inquisitoire et contradictoire et de compléter au cours de l'audience les mémoires déjà produits, ce qui n'est pas le cas en Égypte (**1**). La législation de la Tunisie permet au tribunal arbitral d'appliquer sans l'accord des parties la procédure inquisitoire et d'auditionner en même temps les parties. Aux Émirats arabes unis, les parties ont la possibilité de choisir soit la procédure contradictoire ou la procédure inquisitoire (**2**). Nous pouvons donc nous poser la question de savoir s'il est judicieux d'appliquer en matière d'arbitrage une procédure inquisitoire d'autant plus que cette procédure peut paraître limiter l'expression de la volonté des parties.

1. L'Égypte et le Qatar

528. En Égypte, à l'ouverture de la procédure d'arbitrage, les parties peuvent modifier ou compléter les demandes ou les mémoires de défenses dans la mesure où la procédure n'est pas arrivée à terme devant le tribunal

---

[1015] V.Đ. Đỗ, op.cit., Art. 41, al. 30 (2) du Règlement de l'ICAC.
[1016] Ibid. ; Art. 41, al. 30 (8) du Règlement de l'ICAC.

arbitral. Cependant, la loi autorise le tribunal arbitral à refuser de telles modifications pour éviter un retard dans le règlement de l'affaire[1017]. C'est surtout lorsque ces modifications ou adjonctions ne se rapportent pas à l'objet du litige ou si elles ont été soumises après l'expiration des délais accordés pour des actions complémentaires[1018]. Toutefois, le tribunal arbitral doit exercer ce droit avec mesure et précaution afin de ne pas porter atteinte aux droits de recours de chacune des parties. Le tribunal arbitral peut tenir des audiences orales afin de permettre à chaque partie d'exposer le fond de l'affaire et de présenter ses arguments et preuves. Cependant, la loi autorise le tribunal arbitral à se fonder uniquement sur l'échange de mémoires et de documents écrits, sauf si les parties en ont convenu autrement[1019].

529. Il n'y a pas une grande différence en ce qui concerne les règles appliquées à la mise en œuvre du principe de contradictoire en Égypte et au Qatar. La seule différence est qu'au Qatar, les parties peuvent s'accorder pour demander au tribunal arbitral d'appliquer une procédure inquisitoire. Par ailleurs, au Qatar, les parties peuvent compléter leur mémoire en cours de procédure alors que ce n'est pas le cas en Égypte.

530. Le droit qatari prévoit que les arbitres rendent leur sentence sur la base de la convention d'arbitrage et des mémoires soumis par les parties. L'arbitre détermine un délai pour que les parties présentent tous les documents, mémorandums et arguments. Les parties doivent présenter aux arbitres les preuves, pièces et documents dont elles disposent. Elles doivent répondre aux demandes formulées par les arbitres. Le tribunal arbitral peut demander au tribunal compétent à l'origine du litige de rendre une injonction à l'encontre des parties. Il peut aussi demander au juge de faire injonction à un tiers de produire tout document nécessaire à l'arbitrage et détenu par ce tiers. Il peut demander au juge de lui permettre d'assigner un témoin à comparaitre devant le tribunal arbitral pour y faire sa déposition[1020]. La loi qatarie sur l'arbitrage ne fait pas référence à la tenue d'audiences orales. Cependant, le tribunal arbitral peut certainement

---

[1017] Art. 32 de la loi sur l'arbitrage en Égypte et Art. 20 du Règlement d'arbitrage du CRCICA.
[1018] Ibid.
[1019] Art. 33, al. 1er de la loi sur l'arbitrage en Égypte et Art. 15, al. 2 du Règlement d'arbitrage du CRCICA. ; C.A., chambre commerciale n°7, 07 avril 2013, affaires n°s 20 et 64, *Aff. Sté Siyak c/ Sté Murray and Roberts international* et C.A., Caire, n°17/131, 06 janvier 2015, *Majalet El-Tahkim*, 2016, n° 29, p. 647 obs. Z. Obeid, op.cit., p. 310.
[1020] Art. 200 du Code de procédure civile et commerciale (Qatar). ; TPI Dubaï, affaire commerciale n°1019/2012, 10 octobre 2013 et Cass. Dubaï, affaire n°305 de 2007, 25 février 2008, H. Arab, L. Hammoud, G. Lovett, obs. Z. Obeid, op.cit., p. 309.

tenir des audiences orales afin d'écouter les parties, les témoins et les experts utiles à l'instruction de l'affaire. Le demandeur adresse au défendeur et à chacun des arbitres un mémoire de demande ; un exposé des faits de l'affaire ; une spécification des questions en litige. Il doit aussi communiquer ses prétentions et tout autre élément devant en vertu de la convention d'arbitrage être cités dans la déclaration de demande. Dans le délai convenu par les parties ou fixé par le tribunal arbitral, et en réponse à la requête du demandeur, la partie défenderesse transmet par écrit au demandeur et à chacun des arbitres son mémoire de défense[1021]. Le défendeur peut inclure dans son mémoire toute demande incidente liée à l'objet du litige ou invoquer un droit qui en découle aux fins de compensation. Les parties peuvent annexer à leur requête ou à leur mémoire de défense, selon le cas des copies des documents pouvant faire l'objet de moyens de preuves.

531. Le tribunal arbitral tient des audiences pour permettre à chacune des deux parties d'exposer l'objet de l'affaire et de présenter ses arguments et ses preuves[1022]. À moins que les parties n'en soient convenues autrement, le tribunal peut considérer que la présentation de mémoires et de documents écrits est suffisante pour le règlement du différend[1023]. Chaque partie peut demander la tenue d'une audience pour compléter sa défense[1024]. Le tribunal peut refuser de tenir une audience à moins que les deux parties ne conviennent autrement[1025]. En cas de saisine du tribunal arbitral, le respect du principe du contradictoire fait obligation aux arbitres de convoquer toutes les parties à l'audience. En effet, les parties doivent présenter au tribunal arbitral tous les documents dont elles disposent et répondre aux demandes des arbitres. D'où une place prépondérante de l'écrit dans la procédure devant le tribunal arbitral en Jordanie.

532. Il existe des points communs entre les règles qui encadrent la mise en œuvre des principes du contradictoire et inquisitoire avec quelques différences notoires dans certains pays. Il s'agit de l'Égypte, du Qatar, de la Tunisie et les Émirats arabes unis.

[1021] Art. 31 de la loi sur l'arbitrage en Jordanie. ; Cass. Jordanie, n°1242/2007, 07 novembre 2007, *Majalet El-Tahkim,* juillet 2012, n°15, p. 377. ; C.A., Amman, n°321/2010, 14 juin 2011, C.A. Amman, n°230/2010, 14 juin 2011. ; C.A. Amman n°197/2010, uin 2011, obs. Z. Obeid, op.cit., p. 319.

[1022] Ibid.

[1023] Ibid.

[1024] Ibid.

[1025] Ibid.

2. La Tunisie et les Émirats arabes unis

533. Devant le tribunal arbitral, la partie demanderesse expose dans sa requête de saisine les faits à l'appui de sa demande, les points litigieux et la réparation demandée[1026]. La partie défenderesse est informée et présente ses moyens de défense sur ces points, à moins que les parties ne soient convenues d'autres éléments pour ces déclarations[1027]. Les parties peuvent joindre à leurs déclarations tous les documents qu'elles jugent pertinents ou ajouter une référence aux documents ou autres preuves qu'elles soumettront [1028]. Sauf convention contraire des parties, elles peuvent modifier ou compléter ses demandes ou sa défense au cours de la procédure arbitrale, à moins que le tribunal arbitral estime qu'il n'est pas approprié d'autoriser une telle modification[1029].

534. Toutes les déclarations, tous les documents ou autres informations fournies au tribunal arbitral par une partie doivent être communiqués à l'autre partie. De même, tout rapport d'expert ou document probatoire sur lesquels le tribunal arbitral peut se fonder pour prendre sa décision doit être communiqué aux parties[1030]. Lorsque la partie demanderesse est informée du déroulement de l'audience et ne communique pas ses moyens de défense, le tribunal arbitral poursuit la procédure[1031]. Le Code tunisien de l'arbitrage ne contient pas de dispositions spécifiques sur l'audience. Toutefois, il dispose que le tribunal arbitral procède à toutes investigations par audition des témoins, à la désignation d'experts ou tous les autres actes tendant à la manifestation de la vérité. Le tribunal arbitral peut également entendre toute personne qu'il juge utile dans le cadre de la procédure arbitrale. Ces dispositions impliquent donc que le tribunal arbitral procède à des auditions orales. Par ailleurs, sous réserve de tout accord contraire des parties, le tribunal arbitral décide s'il y a lieu de tenir des audiences orales ou si la procédure sera inquisitoire [1032]. Le tribunal arbitral doit suffisamment informer à l'avance les parties de tout acte de procédure ou de

---

[1026] Art. 29 du Code tunisien d'arbitrage.

[1027] M. Fontaine, « Drafting the Award: À Perspective From a Civil Law Jurist » (1994) 5:1 *ICC International court of Arbitration Bulletin 30* aux pp. 31-32; H. Lloyd, « Writing Awards: A Common Lawyer's Perspective » (1994) 5:*1 ICC International court of Arbitration Bulletin* 38 aux pp. 39-41.

[1028] Ibid.

[1029] Art. 68 du Code tunisien d'arbitrage. ; Ahmed OUERFELLI : « L'arbitrage dans la jurisprudence tunisienne », éd. *LGDJ-Latrach*, Paris-Tunis 2010, p. 327 et ss.

[1030] Art. 69 al. 3 du Code tunisien d'arbitrage. ; L. Chedly, *L'efficacité de l'arbitrage*, *Recueil des cours de l'Académie de droit international de la Haye,* vol. 400, 2019, p. 431.

[1031] Art. 70 du Code tunisien d'arbitrage. ; Ibid.

[1032] Art. 28 du Code tunisien d'arbitrage. ; Ibid.

toute action à accomplir par le tribunal arbitral dans le cadre du déroulement de la procédure[1033].

535. En matière d'application des règles du principe de contradictoire aux Émirats arabes unis, il n'y a de différence au fond avec les règles en vigueur en Tunisie. Deux différences méritent toutefois d'être soulignées. La première est que le tribunal arbitral au Qatar ne peut pas mener à la fois des auditions et appliquer en même temps la procédure inquisitoire. La seconde est qu'au Qatar le tribunal arbitral ne peut appliquer une procédure inquisitoire sans l'accord des parties contrairement à la Tunisie.

536. Aux Émirats arabes unis, la partie demanderesse doit envoyer au défendeur et à chacun des arbitres une requête écrite contenant une explication des faits de l'affaire, une définition des questions faisant l'objet du litige[1034]. Le défendeur peut inclure dans cette réponse toute demande incidente liée à l'objet du litige[1035]. Dans le cadre de la procédure, les parties peuvent modifier ou compléter les demandes ou les mémoires de défenses au cours de la procédure arbitrale[1036]. Cependant, le tribunal arbitral peut refuser une telle modification, afin d'éviter un retard dans le règlement de l'affaire. Il s'agit des cas de modifications ou ajouts qui ne portent pas sur l'objet du litige ou s'ils ont été soumis après l'expiration des délais de soumission[1037].

537. Dans l'hypothèse où la partie demanderesse omet, sans raison valable, de soumettre l'exposé écrit des motifs de sa demande, le tribunal arbitral est tenu d'ordonner la clôture de la procédure arbitrale, sauf accord contraire des parties. Cependant, lorsque la partie défenderesse est informée de la procédure et ne présente pas sa réponse, le tribunal arbitral doit poursuivre la procédure arbitrale et rendre la sentence arbitrale sur la base des preuves disponibles [1038]. La loi sur l'arbitrage des Émirats arabes unis permet au tribunal arbitral de tenir des audiences orales afin de permettre à chaque partie d'expliquer le bien-fondé de l'affaire et de présenter ses arguments et preuves. Toutefois, le tribunal arbitral peut choisir de se baser

---

[1033] Art. 66 du Code tunisien d'arbitrage. ; Ibid.
[1034] Art. 29 et 30 du Code des EAU sur l'arbitrage. ; Département judiciaire des EAU, *L'arbitrage à la lumière des décisions de la Cour de cassation 2017-2020*, Émirat d'Abu Dhabi, 2021, p. 230.
[1035] Département judiciaire des EAU, *L'arbitrage à la lumière des décisions de la Cour de cassation 2017-2020*, Émirat d'Abu Dhabi, 2021, p. 230.
[1036] Ibid.
[1037] Ibid.
[1038] Ibid. ; Art. 33 et 34 du Code des Émirats arabes unis sur l'arbitrage.

uniquement sur l'échange de mémorandums et de documents écrits, sauf si les parties en ont convenu autrement[1039]. Toutefois, chaque partie peut demander la tenue d'une audience afin de compléter sa défense et par la suite les témoins et les experts doivent être entendus par le tribunal arbitral[1040].

538. La mise en œuvre du principe du contradictoire dépend des législations en vigueur dans les pays. La nature des systèmes juridiques a aussi une influence sur les finalités de la mise en œuvre de ce principe. C'est pourquoi dans les systèmes de *Common Law* et de *Civil Law* les mécanismes sont plutôt flexibles et souples pour permettre aux parties à l'arbitrage de faire valoir le maximum de moyens. C'est pour cette raison que le principe de contradictoire est considéré comme une règle d'ordre public procédural dans ces deux grands systèmes. En revanche, dans d'autres systèmes comme le droit socialiste ou musulman, la priorité donnée à l'application du principe du contradictoire varie. Ce droit important semble être fragilisé par des choix que le tribunal arbitral peut faire d'office sans le consentement des parties. Il s'agit de la procédure inquisitoire appliquée en procédure d'arbitrage. Dans certains pays appliquant ces deux systèmes, le tribunal arbitral peut appliquer la procédure inquisitoire avec l'accord des parties. Dans d'autres pays, cette application relève du pouvoir discrétionnaire de tribunal arbitral. Par ailleurs, les parties ne peuvent pas dans certains compléter les mémoires au cours de la procédure d'arbitrage. La mise en œuvre complète des composantes du principe de contradictoire se heurte donc à des restrictions. Selon les systèmes de juridiques, la mise en œuvre complète ou non du principe du contradictoire a donc des effets sur l'efficacité de l'exécution de la sentence arbitrale internationale.

539. La constitution régulière du tribunal arbitral et le respect devant le tribunal sont le point de départ d'une procédure arbitrale. Elle est à même de mettre en question l'efficacité de la sentence arbitrale internationale. Par ailleurs, le respect du principe du contradictoire est une condition étroitement liée à l'efficacité d'exécution de la sentence arbitrale. Les règles applicables à la constitution du tribunal arbitral et au contrôle du principe du contradictoire varient d'un État à un autre, mais la finalité reste la même. Il s'agit de mettre à la disposition des parties une sentence arbitrale qui a plus de chance d'être reconnue par un juge étatique.

[1039] Ibid. ; Article 24 de la Loi type de la CNUDCI.

[1040] A. H. El-Ahdab, *Arbitration with the Arab Countries*, *Wolters Kluwer, Law & Business* 2011, p. 804-805.

540. En réalité, après l'obtention de la sentence arbitrale internationale, dans l'hypothèse où le débiteur ne s'exécute pas spontanément, le créancier va devoir procéder à une exécution forcée. Dans ce cas, il saisit le juge de l'exequatur. Cependant, l'obtention de l'exequatur n'est pas une fin en soi, le créancier doit réussir à faire exécuter la sentence exequaturée par le biais d'une procédure d'exécution forcée. La mise en œuvre de la procédure d'exécution peut connaitre différents types d'incidents qui peuvent être considérés comme des facteurs de ralentissement ou d'empêchement de l'exécution d'une sentence arbitrale. Le dernier chapitre de cette première partie se propose de procéder à une analyse approfondie de ces différents incidents qui peuvent apparaitre dans la phase d'exécution de la sentence arbitrale. Cette analyse sera essentiellement centrée sur la France et le droit OHADA. Nous ferons des projections ponctuelles sur le Common Law, le droit chinois et le droit des Émirats arabes unis. Deux raisons justifient ce choix. La première est que la majorité des pays de notre échantillonnage disposent de procédures d'exequatur complexes, ce qui explique que peu de sentences arbitrales internationales arrivent à la phase d'exécution. La deuxième raison est qu'en France, dans l'espace OHADA, dans les pays de *Common Law* et aux Émirats arabes unis, l'efficacité relative des procédures d'exequatur n'empêche pas la survenance de réels problèmes de procédure. Il s'agit des difficultés dans la phase d'exécution de la sentence arbitrale sous forme d'incidents d'ordre structurel ou conjoncturel[1041]. L'intérêt de cette analyse poussée permet de démontrer qu'il peut exister des difficultés d'exécution des sentences arbitrales dans les pays ou au sein des espaces régionaux pourtant dotés des règles favorables à l'arbitrage international.

541. Le refus d'exécution volontaire d'une sentence arbitrale par le débiteur oblige le créancier à engager des procédures de reconnaissance et d'exécution pour recouvrer sa créance. Dans le cadre de la mise en œuvre de ces procédures, plusieurs causes procédurales imprévisibles peuvent apparaitre et obliger le juge de l'exécution à neutraliser ou à suspendre à l'exécution de la sentence arbitrale internationale. Ces causes procédurales peuvent être d'ordre général ou spécifique. Compte tenu de la nature imprévisible de ces causes procédurales, elles sont désignées sous le vocable de causes conjoncturelles d'inexécution de la sentence arbitrale internationale (**Section 1**).

[1041] France, l'espace OHADA, la Suisse, les pays arabes, les USA et l'Angleterre.

CHAPITRE 2 : LES RISQUES D'INEXÉCUTION DES SENTENCES ARBITRALES INTERNATIONALES

542. Le refus d'exécution volontaire d'une sentence arbitrale par le débiteur oblige le créancier à engager des procédures de reconnaissance et d'exécution pour recouvrer sa créance. Dans le cadre de la mise en œuvre de ces procédures, plusieurs causes procédurales imprévisibles peuvent apparaitre et obliger le juge de l'exécution à neutraliser ou à suspendre à l'exécution de la sentence arbitrale internationale. Ces causes procédurales peuvent être d'ordre général ou spécifique. Compte tenu de la nature imprévisible de ces causes procédurales, elles sont désignées sous le vocable de causes conjoncturelles d'inexécution de la sentence arbitrale internationale (**Section 1**).

543. Par ailleurs, il existe d'autres causes liées à la nature fonctionnelle des juridictions, à la particularité des règles applicables par certaines juridictions dans le cadre d'une procédure d'exécution forcée d'une sentence arbitrale. Elles peuvent aussi être liées à des cas de contrôle spécifiques de la sentence arbitrale en phase d'exécution par rapport à la personnalité juridique du débiteur. À titre d'exemple, le cas des personnes morales de droit public. Dans l'hypothèse où le débiteur est un État, il peut se prévaloir de son immunité d'exécution pour opposer une fin de non-recevoir à l'exécution de la sentence arbitrale. Ces risques d'inexécution peuvent être connus par les parties, et donc être prévisibles. Il s'agit des risques d'inexécution structurelle (**Section 2**). Nous allons démontrer dans notre analyse en quoi ces différentes difficultés que peuvent rencontrer les créanciers dans le cadre de la mise en œuvre d'une procédure d'exécution de la sentence impactent son efficacité.

SECTION 1 : Les causes conjoncturelles d'inexécution

544. Dans le cadre d'une procédure de reconnaissance et d'exécution d'une sentence arbitrale internationale, le créancier peut normalement s'attendre à des phases procédurales judiciaires post-arbitrales. Il s'agit des recours contre l'ordonnance d'exequatur ou contre la sentence arbitrale. Un créancier qui obtient l'exequatur et qui n'a pas procédé à temps à l'exécution de la sentence arbitrale peut s'attendre à être confronté à la prescription. Il peut également arriver que le débiteur fasse l'objet d'une procédure collective. En s'inscrivant toujours dans ce cadre de ces causes ordinaires, dans certains cas l'exécution de la sentence arbitrale peut causer des dommages aux parties. Le juge de l'exécution évalue dans ce cas les risques et peut suspendre ou aménager l'exécution de la sentence arbitrale pour éviter de léser les parties dans le cadre de son application. Ces différentes questions ordinaires qui peuvent apparaitre lors d'une procédure d'exécution constituent des causes générales de ralentissement de l'exécution de la sentence arbitrale (**Paragraphe 1**). Mais il faut être aussi conscient qu'il n'existe pas uniquement des causes générales de ralentissement de l'exécution des sentences arbitrales. D'autres difficultés techniques et spécifiques existent. D'une part, le débiteur de bonne foi à l'encontre duquel la sentence arbitrale est exécutée peut bénéficier de mesures d'ordre public. D'autre part, des questions liées à des vices de procédures pouvant conduire à la nullité absolue d'actes de procédures sont susceptibles de se présenter. Il s'agit des causes spécifiques de ralentissement de l'exécution des sentences arbitrales internationales (**Paragraphe 2**).

Paragraphe 1 : Les causes générales du ralentissement de l'exécution de la sentence

545. À la suite de la reddition de la sentence arbitrale, en cas d'inexécution volontaire, les parties disposent de plusieurs options. Le créancier peut procéder à une exécution forcée de la sentence et le débiteur peut formuler soit un recours en annulation contre la sentence arbitrale ou soit un recours contre l'ordonnance d'exequatur. Lorsque le créancier obtient l'exequatur alors que la sentence est annulée par la Cour d'appel sur demande du débiteur, le juge de l'exécution doit sursoir à l'exécution de la sentence arbitrale. Il en est de même si l'ordonnance d'exequatur est annulée ou lorsque le débiteur est soumis à une procédure collective. De même, en cas de prescription relative au délai d'exécution de la sentence arbitrale exequaturée, le juge de l'exécution a l'obligation de neutraliser l'exécution du titre exécutoire (**A**). Dans certains cas, l'exécution de la sentence arbitrale peut léser l'intérêt des parties. Le juge de l'exécution doit sursoir à l'exécution de la sentence arbitrale ou aménager celle-ci, lorsque le débiteur est en difficulté et qu'il est nécessaire d'adapter l'exécution dans l'intérêt des deux parties (B).

A. La neutralisation de la sentence arbitrale par le juge de l'exécution

546. Une sentence arbitrale internationale ayant fait l'objet d'une annulation au siège du tribunal arbitral peut se voir refuser une exécution provisoire en vertu de l'article V, alinéa 1er (a) de la Convention de New

York. Même s'il est important de préciser que la France fait exception, car elle peut reconnaitre une sentence arbitrale annulée au siège du tribunal arbitral[1042]. La jurisprudence française considère en effet qu'une sentence arbitrale internationale annulée au siège garde ses attributs de sentence arbitrale internationale. Elle peut intégrer d'autres ordres juridiques[1043], et notamment peut faire l'objet de demande d'exequatur devant le juge judiciaire français[1044]. Lorsque le juge de l'exécution français est saisi par le créancier pour prendre des mesures conservatoires dans le cadre de l'exécution d'une sentence arbitrale étrangère annulée au siège, il procède à un double contrôle. Il vérifie si la sentence arbitrale internationale a acquis l'autorité de la chose jugée et si elle est conforme à l'ordre public international[1045]. Si ces deux conditions ne sont pas réunies, le juge de l'exécution opposera une fin de non-recevoir à la demande de mesures conservatoires ou pourra ordonner une main levée lorsque la mesure conservatoire est mise en œuvre[1046]. Lorsqu'une sentence arbitrale finale constitue le support de plusieurs autres sentences arbitrales internationales partielles, le juge de l'exécution français pourra prononcer la main levée lorsque deux conditions sont réunies [1047]. Première condition : les sentences partielles devraient faire l'objet d'annulation ou de refus d'exequatur dans un autre pays, sauf si le juge français avait donné une autorisation préalable[1048]. Deuxième condition, lorsque l'exigence du titre de créance répond à des conditions conformes au droit français[1049].

[1042] Cass. 1er civ., 29 juin 2007, n°s 05-18.053 et 06-13.293, *Sté PT Putrabali Adyamula c/ Sté Rena Holding*, note., I. Fadlallah et D. Hascher, *Les grandes décisions du droit de l'arbitrage commercial, Dalloz*, 2019, p. 323 et ss. ; Bull. civ. 2007, I, n°250 et 251., *Rev. arb*. 2007, 507, note E. Gaillard. ; *JDI* 2007. 1236, note Th. Clay. ; CA. Paris, 29 septembre 2005, Bechtel c/ gouvernement de Dubaï, *Rev. arb*. 2006, p. 695.

[1043] Th. Clay et Ph. Pinsolle, « De l'autonomie de la convention d'arbitrage à l'autonomie de la sentence arbitrale », *JDI* 2015, p. 13 et ss. ; CA. Paris, 12 février 1993, *Rev. arb*. 1993, *Sté Unichips Finanziard c/ Époux Gesnouin*, note D. Hascher. p. 255.

[1044] L. Weiller, « Réflexion sur la conception française de l'arbitrage internationa : à propos des arrêts Putrabali », *Revista Brasileira de Arbitragem*, 2018, p. 114-122. ; Cass. 1er civ., 23 mars 1994, *Hilmarton, Rev. arb*. 1994, p. 327 et ss.

[1045] Cass. 1er civ., 11janvier 1972, 2[èm] arrêt (COFRAPAR et autres c/ Sté navale Afrique du Nord et autres, Rev. arb. 1972, note., E. Mezger, p. 49 et ss.. *Rev. crit. DIP* 1973 (2[èm] arrêt), note Ph. Fouchard. p. 49 et ss. ; CA. Paris, 28 février 2019, *Gaz. Pal*., 2019, p. 26, obs., *D.* Bensaude.

[1046] Art. L. 511-1 du Code de Procédure civile de l'Exécution. ; E. Gaillard, « Dialogue des ordres juridiques : ordre juridique arbitral et ordres juridiques étatiques », *Rev. arb*. n°3, 2018, p. 493 et ss.

[1047] CA. Paris, 1er décembre 2011, n°10/11157, Aff. Emeth Distribution. ; E. Gaillard, Aspects philosophiques du droit de l'arbitrage international, *op. cit*. n°15, p. 199 et ss., n°s 130 et ss.

[1048] Ibid.

[1049] Ibid.

547. Le juge de l'exécution peut aussi faire face à des situations où l'ordonnance d'exequatur est anéantie à la suite d'un recours ou la sentence est annulée. Dans ce cas, le juge de l'exécution pourra se déclarer incompétent. Il en est de même en cas de prononcé de la mainlevée des mesures en cours d'exécution, car la sentence arbitrale internationale a alors perdu son caractère de titre exécutoire[1050].

548. La prescription peut aussi être un facteur de neutralisation de la sentence arbitrale internationale. En effet, une sentence arbitrale ayant reçu l'exequatur est considérée comme revêtue du titre exécutoire. En droit français, le délai de prescription du titre exécutoire de la sentence arbitrale est de dix ans[1051]. Ainsi, aux termes de dix années, si la sentence arbitrale revêtue du titre exécutoire n'a pas fait l'objet d'exécution, elle ne pourra plus être reconnue comme étant revêtue de titre exécutoire[1052]. Exception est faite lorsque la prescription des actions en recouvrement est affectée par un délai plus long[1053]. Le délai de prescription portant sur les intérêts moratoires et les créances échues après l'obtention de l'exequatur est plus court, car fixé à cinq ans[1054]. Le délai de prescription relatif aux créances non échues échappe aux régimes propres aux titres exécutoires. Cela implique une conséquence aux termes des conflits de lois. La loi applicable dans ce cas précis serait la loi qui gouverne la créance principale et non la loi du pays d'exécution si ce dernier n'a pas de lien étroit avec la naissance de la créance[1055].

549. En cas d'ouverture d'une procédure collective à l'encontre du débiteur, l'application du droit français interrompt les mesures

---

[1050] J. El Ahdad, D. Mainguy, *Droit de l'arbitrage : Théorie et pratique*, *Lexis Nexis* 2021, p. 1008.

[1051] Cass. 2ème civ., 26 janv. 2017, n°15-28173, Mme X c/ M. Y, PB (cassation CA Aix-en-Provence, 11 sept. 2015), obs. O. Salati, « Titre exécutoire et prescription », *Gaz. Pal.* 2017, p. 81.

[1052] Ibid.

[1053] Art. L. 111-4 du Code de Procédure civile d'Exécution. Defrénois flash 1er octobre 2018

[1054] Cass. 1er civ., 4 novembre 2015, n°14-11881, *D. 2016*, obs. A. Leborgne, p. 1279. ; Y.-M. Laithier, « Le délai de prescription dépend de la nature de la créance et non de la forme dans laquelle elle est incorporée », *Revue des contrats - n°4*, 2006, p. 1090. ; Cass. 1er civ., 30 juin 2004, n°s 01-10.269 et 01-11.718, ABC international Bank PLC c/ Sté BAII recouvrement, note., I. Fadlallah et D. Hascher, *Les grandes décisions du droit de l'arbitrage commercial*, *Dalloz*, 2019, p. 355 et ss. ; *Bull. civ.* 2004, I, n° 189., Ch. Baude-Texidor, « Les intérêts moratoires postérieurs à la sentence devant l'arbitre et le juge étatique », *Cah. arb.*, *Gaz. Pal.* vol. III, 2006, p. 102. ; *Rev. arb.* 2005, note., R. Libchaber, p. 645., *D.* 2004, 3178 Somm. Obs. Th. Clay, p. 3178.

[1055] D. Mouralis, « Le contentieux des sentences arbitrales internationales devant le juge de l'exécution », *Cah. arb.* 2017, p. 189-239.

d'exécution portant sur les dettes antérieures et toutes autres procédures en cours[1056]. Lorsque les mesures exécutoires sont en cours d'exécution avant l'ouverture d'une procédure collective, le juge de l'exécution devra prononcer la mainlevée pour mettre fin à la procédure d'exécution. Il s'agit de la neutralisation des mesures d'exécution. La neutralisation de l'exécution des sentences arbitrales internationales à la suite de l'ouverture d'une procédure collective à l'encontre du débiteur est similaire en droit français et en droit OHADA. En effet, l'article 9 de l'acte uniforme de l'OHADA relatif à l'organisation des procédures collectives et à l'apurement du passif permet de suspendre l'exécution des titres de créances antérieurs. Les procédures d'exécution et de mesures conservatoires mises en œuvre par les créanciers non privilégiés sont concernées par cette suspension[1057].

550. Au-delà des circonstances procédurales qui peuvent conduire à la neutralisation de l'exécution de la sentence, les parties peuvent aussi directement saisir le juge pour faire une demande de sursis à exécution de la sentence arbitrale internationale.

B. Le sursis à Exécution de la sentence arbitrale internationale

551. Les juridictions du fond et de cassation française n'ont pas pour principe d'accorder de sursis à exécution des sentences arbitrales internationales. En effet, dans un arrêt du 17 octobre 2000, la Cour de cassation a confirmé l'exequatur d'une sentence arbitrale internationale, nonobstant la formulation contre celle-ci d'un recours suspensif[1058]. La Cour d'appel de Paris a ensuite considéré ce principe consacré par la Cour de cassation de fondamental[1059]. Ce principe connait toutefois une exception prévue à l'article 1526, alinéa 2 du Code de procédure civile. Le juge judiciaire peut arrêter ou aménager l'exécution de la sentence arbitrale internationale dans l'hypothèse où l'exécution directe est

---

[1056] Art. L. 622-21, II du Code de de Commerce français. ; L. Camensuli-Feuillard, « Contestations relatives à la régularité d'une saisie immobilière arrêtée par une procédure de sauvegarde », *BJE* 2016, n°113, p. 106-108.

[1057] MONEYANG (S.N.), « Scolie sur quelques points du formalisme de l'exécution des décisions de justice non répressives en droit OHADA », *Rev. ERSUMA n° 6*, janv. 2016, p. 422 et ss. Articles 9 et 75 de l'Acte uniforme portant organisation des procédures collectives d'apurement du passif du 10 septembre 2015, *JO OHADA n° spécial* du 25/09/2015.

[1058] Cass. 1re civ. 17 octobre 2000, n°98-11776, *Gaz. Pal.* 2002, n°106, note., S. Mornet, p. 13 et ss.

[1059] CA. Paris 18 janvier 2007, n°05-10887 cité par la CNUDCI, *Guide du secrétariat de la CNUDCI sur la Convention pour la reconnaissance et l'exécution des sentences arbitrales étrangères (New York, 1958), Nations Unies, janvier 2017*, p. 232.

susceptible de léser gravement les droits de l'une des parties. Le débiteur peut ainsi saisir soit le premier président, soit le Conseiller de la mise en état pour obtenir un sursis à exécution. Cette demande d'arrêt de l'exécution de la sentence arbitrale internationale est recevable uniquement si le droit des parties est susceptible d'être gravement lésé. Le Premier président ou le Conseiller de mise en état ordonne ainsi l'arrêt ou l'aménagement de l'exécution de la sentence arbitrale selon la gravité des cas dûment constatés[1060].

552. Pour ordonner l'arrêt de l'exécution des sentences arbitrales, le juge peut tirer des éléments du fond du dossier portant notamment l'existence d'un recours en annulation contre la sentence arbitrale[1061]. Pour ce faire, le juge procède à un contrôle strict de la solvabilité du débiteur et vérifie la force probante des comptes certifiés de la partie débitrice[1062]. La certification doit provenir d'un expert-comptable ou d'un commissaire aux comptes[1063]. L'objectif de ce contrôle est de constater l'authenticité de l'état de cessation de paiement de l'entreprise. Ces éléments permettent au juge d'apprécier la gravité de la lésion et le risque pour la survie de l'activité en jeu[1064].

553. Cependant, en cas de difficultés économiques du créancier, le juge a tendance à opter pour l'aménagement de l'exécution de la sentence arbitrale lorsque la situation financière de la partie débitrice n'est pas stable. Ainsi peut être ordonné un séquestre, lorsqu'il y a risque de non-restitution des fonds au créancier, c'est-à-dire un risque de lésion grave au détriment du créancier avec des risques de conséquences manifestement excessives[1065]. Dans l'hypothèse où le juge constate des risques graves comme la ruine de la trésorerie du débiteur, l'existence d'une situation périlleuse de la société mise en cause, l'exécution de la sentence arbitrale

---

[1060] Article 1526 du Code de procédure civile français. ; J. Héron, Th. Le Bars et K. Salhi, *Droit judiciaire privé*, Domat, *Montchrestien*, éd. 2019, p. 1032.

[1061] J. Pellerin et L. De Marie, « *Le sursis à exécution de la sentence internationale ou étrangère en cas de recours sur la base de l'art. 1526, al. 2* », *Cah. arb.* n°4, p. 783 ; Articles 524 et 1497, al. 1er du Code de procédure civile ; Art. R. 121-22 du Code des procédures civiles d'exécution.

[1062] Paris, Pôle 1–Ch. 1, ord. CME, 27 mars 2014, RG 13/24165, Fair Trade c/ Façonnable, D., 2014, Pan. 2555, obs. Th. Clay.

[1063] Ibid.

[1064] Art. 631 du Code de commerce français.

[1065] Paris, Pôle 1–Ch. 1, ord. CME, 4 juillet 2014, n° 14/12102, Pilliot, LPA, 2014, obs. I. Léger n° 215, p. 19 ; J. Pellerin et L. De Marie, « Le sursis à exécution de la sentence internationale ou étrangère en cas de recours sur la base de l'art. 1526, al. 2 », *Cah. arb.* n°4, p. 783.

peut être aménagée. Le débiteur doit dans ce cas apporter la preuve de la disproportion entre le chiffre d'affaires, le résultat de l'entreprise et le montant de la condamnation[1066]. Par ailleurs, lorsque les conditions procédurales du recouvrement de la dette sont illusoires ou impossibles, le juge peut prononcer l'arrêt de l'exécution de la sentence arbitrale[1067].

554. Au Royaume-Uni, le juge peut aussi accorder un sursis pour ralentir l'exécution du titre exécutoire d'une sentence arbitrale internationale. À titre d'exemple, dans l'affaire *High Continental Transfert Technique Limited c/ The Federal Government of Nigeria, et al.*, la Haute Cour de Justice du Royaume-Uni a rendu une ordonnance le 24 juin 2009 qui vaut le titre exécutoire de la sentence arbitrale internationale en Angleterre[1068]. Le siège du tribunal arbitral était situé au Nigeria. Pour faire obstacle à l'exécution de la décision de la Haute Cour de justice du Royaume-Uni, la Haute Cour fédérale du siège du tribunal arbitral a été saisie. C'est l'État du Nigeria qui a formulé cette requête pour demander l'annulation de la sentence arbitrale[1069]. Du point de vue procédural, le recours contre la sentence arbitrale est suspensif de toutes mesures d'exécution de celle-ci. Ainsi, lorsque la Haute Cour fédérale nigériane a déclaré recevable le recours en annulation, les juridictions anglaises ont dû suspendre la mise en œuvre de l'ordonnance d'exécution de la sentence arbitrale à la demande des autorités nigérianes sur le fondement de l'article VI de la Convention de New York de 1958[1070]. Par un arrêt du 30 mars 2010, la division du *Queen's Bench* a ainsi accordé un sursis à exécution de la sentence arbitrale moyennant une garantie substantielle de cent millions de livres dans un délai de vingt-huit jours[1071]. Ce sursis à exécution est valable jusqu'au prononcé de la décision de la Haute Cour fédérale sur la validité ou non de la sentence arbitrale.

555. En droit OHADA, le juge judiciaire compétent pour prononcer les sursis à exécution d'une sentence arbitrale est le président de la

---

[1066] CA. Paris, Pôle 1, Ch. 5, 9 février 2011, n°10/22982 : JurisData n°2011-001643, obs. Jean-François Escourrou, L'instance d'appel dans le procès civil, Thèse de doctorat - Université de Toulouse 2017, sous la direction de Marc NICOD, p. 172.

[1067] CA. Paris, ord. Conseiller de mise en état du Pôle 1-Chambre 1, 23 avril 2013, *Rev. arb.* 2013, n°2, obs. I. Léger, p. 542.

[1068] Royaume-Uni / 24 juin 2009 / *Angleterre et Pays de Galles, Haute Cour / Continental Transfert Technique Ltd c/ gouvernement fédéral du Nigéria* (DDC 2011) source : https://arbitrationlaw.com/library/continental-transfert-technique-ltd-v-nigeria-no-08-2026-dc-aug-2011.

[1069] Ibid.

[1070] Ibid.

[1071] Ibid.

juridiction statuant en matière d'urgence et en premier ressort ou du magistrat délégué[1072]. Le droit communautaire permet donc aux juges judiciaires des États membres de l'OHADA de prononcer en cas de nécessité des sursis à exécution des mesures d'exécution forcée, quelle que soit l'origine du titre exécutoire. Une analyse comparative entre la France, les États qui appliquent la convention de New York et les pays de l'espace OHADA permet d'aboutir à deux conséquences. L'application de l'article VI de la Convention de New York permet au juge de sursoir à l'exécution de la sentence arbitrale lorsque celle-ci est suspendue ou est annulée au siège. Cette suspension semble être automatique. Elle ne donne pas au juge judiciaire plus de marge de manœuvre pour juger de l'état de nécessité de la suspension de l'exécution de la sentence arbitrale. La partie débitrice peut donc utiliser cette disposition de la convention de New York à des fins dilatoires pour retarder l'exécution de la sentence arbitrale lorsque la sentence est annulée ou suspendue au siège du tribunal arbitral.

556. Nous pouvons donc craindre un risque pour l'efficacité d'exécution de la sentence arbitrale. À la différence des conditions posées par l'article VI de la Convention de New York, en France ou dans les pays membres du droit OHADA les juges appliquent le droit positif ou communautaire. En effet, le juge judiciaire dispose dans ces cas des marges de manœuvre pour apprécier la nécessité de sursoir ou non l'exécution d'une sentence arbitrale. Ainsi, l'obtention d'un sursis à exécution de la sentence arbitrale n'est pas automatique même si la sentence est suspendue ou annulée au siège de l'arbitrage. L'usage de bonne foi de cette marge d'appréciation dont disposent les juges est un potentiel positif pour assurer l'efficacité de l'exécution des sentences arbitrales internationales. Par ailleurs, ce pouvoir d'appréciation dont dispose le juge judiciaire peut s'opposer aux manœuvres dilatoires du débiteur de mauvaise foi qui cherche à faire échec ou à suspendre l'exécution de la sentence arbitrale internationale.

557. Dans certaines circonstances particulières, le juge de l'exécution peut ordonner des mesures spécifiques pour différer ou suspendre l'exécution de la sentence arbitrale revêtue d'une formule exécutoire.

[1072]Article 49 de l'AUPRVE OHADA. ; CCJA, arrêt n°012/2008, 27 mars 2008, *aff. Zongo André et Ayants droit de feu Koama Paul c/ Société Générale d'entreprise bâtiments génie civil dit SOGEPER*, obs. P.-G. POUGOUE, S.S.K. Tamegue, *Les grandes décisions de la CCJA de l'OHADA*, *l'Harmattan*, 2010, pp. 384-393.

Cette possibilité de suspension est possible lorsque la demande est faite sur la base de la bonne foi.

Paragraphe 2 : Les causes spécifiques de ralentissement de l'exécution

558. Lorsque le créancier dispose d'un titre exécutoire qui lui permet de faire exécuter sa sentence, il peut toujours devant le juge de l'exécution faire face à des obstacles particuliers et procéduraux invoqués par le débiteur[1073]. Il s'agit de l'allégation d'un paiement de la part du débiteur ; de l'exception de compensation ; de l'exception de caducité ; de l'exception tirée de l'intention d'exercer un recours ; des exceptions tirées du calcul des intérêts de retard et de l'exception résultant de l'inscription de faux contre un acte authentique. Dans le cadre de notre étude, les points relatifs à l'allégation de paiement de la part du débiteur ; l'exception de caducité et l'exception tirée de l'inscription de faux contre un acte authentique ne seront pas au centre de notre analyse[1074]. Par ailleurs, le débiteur peut se prévaloir des vices de forme liés aux actes de procédures, ce qui peut conduire à l'annulation de ces actes[1075]. De même, en droit OHADA, l'obtention de l'exequatur régional n'est pas suffisante pour obtenir l'exécution de la sentence arbitrale exequaturée[1076]. Il faut que le

---

1073 Articles 1353, al. 2 ; 1347 ; 1289 du Code civil français. ; O. Salati, « Obstacles ponctuels tirés de la relation créancier-débiteur ou affectant l'exécution de la mesure », pp. 181-190. in (dir :) S. Guinchard, T. Moussa, N. Cayrol & E. De Leiris, « *Droit et Pratique des Voies d'exécution* », *Dalloz,* 2022, p. 2468.

1074 La raison est que ces trois catégories d'exceptions ne constituent pas des obstacles insurmontables pour le créancier. À tire d'exemple, lorsque le débiteur relève l'exception de caducité, le créancier pourra recouvrer sa créance par voie de droit commun (Cf. Cass. 2ème civ., 22 novembre 2001, n°99-17.875, P II, n° 171, Dr. Et Proc. 2002, obs. Douchy, p. 163.). En cas d'allégation d'un paiement, il faut que le débiteur apporte la preuve qu'il a payé des acomptes ou le solde exact de la dette (Cf. Art. 1353, al. 3 du Code civil français), au cas contraire, le créancier peut procéder au recouvrement de sa créance. De même, l'exception tirée de faux contre un acte authentique est une plainte avec constitution de partie civile. Ainsi, le juge d'instruction saisi d'une plainte venant du débiteur pour faux et usages de faux ne peut ordonner le sursis des mesures d'exécutions ordonnées par le juge d'exécution (Cf. Art. 312 du Code de procédure civile français).

1075 Cass. 2ème ch. civ., 08 septembre 2011, n°10-23.003, P II, n°165, *Procédures*, 2011, obs. R. Perrot. Ainsi, en France, la 2ème chambre de la Cour de cassation dans un arrêt du 08 septembre 2011 a estimé que les règles particulières de notification des mesures d'exécution forcée ne peuvent pas être évoquées devant le juge d'exécution. Il en résulte qu'en droit français, les dispositions prévues par l'article 680 du Code de procédure civile d'exécution visent la notification des jugements et ne s'appliquent pas à la notification d'une mesure d'exécution forcée.

1076 P.-G. Pougoué, « Le système d'arbitrage de la CCJA », in *L'OHADA et les perspectives de l'arbitrage en Afrique*, Travaux du Centre René Jean Dupuy, *Bruxelles, Bruylant*, 2000, p. 33.

juge ou l'autorité compétent(e) de l'État requis appose sa formule exécutoire[1077]. Tant que le juge de l'exécution n'appose pas la formule exécutoire, la sentence arbitrale ayant obtenu l'exequatur régional ne peut en effet pas être exécutée. Dans l'hypothèse où le juge de l'exécution de l'État requis retarde délibérément l'apposition de la formule exécutoire, cela nuit à l'efficacité de l'exécution des sentences arbitrales.

559. Deux catégories de causes peuvent retarder le créancier dans le cadre d'une procédure de recouvrement de ses créances à travers l'exécution de la sentence arbitrale. Il s'agit des causes objectives (**A**) et subjectives (**B**). En premier lieu, les causes objectives dont le débiteur peut se prévaloir sont des exceptions caractérisées par des règles d'ordre public. Ces règles peuvent obliger le juge à suspendre l'exécution de la sentence arbitrale internationale lorsque certaines conditions prévues par la loi sont réunies[1078]. Par ailleurs, à l'instar des causes objectives qui peuvent entrainer la suspension de l'exécution de la sentence arbitrale, il existe aussi des causes subjectives. Il s'agit des incidents de procédure que le débiteur peut soulever devant le juge judiciaire pour obtenir la nullité des actes de procédures d'exécution[1079].

A. Les causes objectives

560. Les causes objectives se rapportent à des situations judiciaires conditionnées par la bonne foi du débiteur, dans ce cas, le juge judiciaire français est tenu d'accorder au débiteur un sursis à exécution[1080]. En réalité, le débiteur de bonne foi peut bénéficier de sursis à exécution d'une sentence arbitrale dans trois situations. La première situation porte sur l'exception de compensation[1081]. Le débiteur pourra donc soulever devant

---

[1077] J.-M. Tchakoua, « Exécution des sentences arbitrales dans l'espace OHADA : Regard sur une construction inachevée à partir du cadre camerounais », *RASJ*, 2009, vol. 6, n°1, pp. 1-13.
[1078] O. Salati, « Obstacles ponctuels tirés de la relation créancier-débiteur ou affectant l'exécution de la mesure », pp. 181-190. *op. cit.*
[1079] Pour le droit français en matière de procédures d'exécutions, Cf. la note 1068. ; Concernant le droit OHADA Cf. : CCJA, Avis n°001/99/JN du 7 juillet 1999, RJCCJA n° spécial, p.70. ; CCJA, arrêt n°017/2003 du 09 Octobre 2003, *Affaire Société Ivoirienne de Banque, dite SIB C/ Complexe Industriel d'Élevage et de Nutrition Animale dit CIENA*, *RJCCJA* n°2, p. 19 et ss. ; CCJA, arrêt n°008/2004 du 26 février 2004, *Affaire Société Banque Commerciale du NIGER (BCN) C/ Hamadi Ben Damma, RJCCJA* n°3, 2004, p.90 et ss.
[1080] Article 1104 du Code civil français. ; Cass. Com. 10 mars 2015, no 13-23.859. ; Ph. Le Tourneau, *Droit de la responsabilité et des contrats, Dalloz Action* 2014/2015, n°s3674 et ss.
[1081] Centre du droit de l'entreprise de la Faculté de Droit de Montpellier, *Bilan des décisions judiciaires civiles et pénales (du 1er au 31 décembre 2018*, Analyse des J.-P. des Cours d'appels françaises CA Chambéry, 27 mars 2018, n° 16/02251 et CA Toulouse, 9 mai 2018, n°

le juge de l'exécution une exception de compensation[1082]. Dans ce cas, le débiteur doit apporter la preuve que la créance compensatrice dont il fait cas est certaine, liquide et exigible. Ce moyen lui permet d'obtenir une suspension de l'exécution de la sentence arbitrale en raison d'une compensation totale ou partielle entre les dettes [1083]. En cas de compensation totale, il y a extinction de la dette réclamée par le créancier dans le cadre de l'exécution d'une sentence arbitrale internationale[1084]. Le débiteur peut donc faire obstacle à l'exécution de la sentence. En cas de compensation partielle, le montant de la dette principale sera réduit[1085]. Par ailleurs, lorsque le débiteur dispose d'une décision de justice obtenue parallèlement à la procédure d'exécution de la sentence arbitrale, il peut demander au juge de se prononcer sur l'exception de compensation. Le juge dans ce cas est saisi par une demande de mainlevée de la saisie[1086].

561. Pour que l'exception de la compensation soit jugée recevable, il faut que les dettes réclamées par les parties soient réciproques[1087]. Ces dettes doivent porter sur une somme d'argent ou une quantité de choses fongibles, liquides et exigibles[1088]. Lorsque ces conditions sont réunies, la compensation peut être prononcée de plein droit par le juge judiciaire sans qu'un lien de connexité soit recherché[1089]. Lorsque l'un des critères fait défaut, le juge judiciaire pourra donc rejeter la demande de compensation formulée par le débiteur[1090]. Cependant, les actes d'exécution de la

---

17/05479 portant sur l'exception de compensation, p. 180 et 201 de l'étude du centre publié en 2019.

[1082] Cass. 2èm civ., 16 décembre 2004, n°03-13.117, P II, n°533. ; Cass. 2èm civ., 04 octobre 2005, n°04-12.173 et Cass. 2èm civ., 08 décembre 2005, n°04-13.278 obs. O. Salati, « Obstacles ponctuels tirés de la relation créancier-débiteur ou affectant l'exécution de la mesure », p. 183. *op.cit.*

[1083] Cf. Art. 1289 du Code civil français. Il s'agit des dettes réciproques qui existent entre le débiteur et le créancier. Le débiteur peut donc prouver au juge que le créancier principal a des dettes envers lui qu'il demande une compensation entre la dette évoquée devant lui et celles que le créancier principal lui doit.

[1084] Cass. 2em civ. 16 décembre 2004, n°03-13.117, *Bull. civ.* II, n° 533.

[1085] Cass. 1er civ., 16 novembre 2004, n°01-03.102, *Bull. civ.* I, n°271.

[1086] Cass. Com., 21 février 2012, n°11-18.027, *Bull. civ.* IV, n°44, Procédures 2012, n°145, obs. Perrot.

[1087] Art. 1290 et 1291 du Code civil français.

[1088] Ibid.

[1089] Ibid.

[1090] Cass. 2em civ., 11 mai 2006, n°04-14.618 ; TGI Rennes, 28 juin 1994 ; TGI Rennes, 27 avril 1993.

sentence arbitrale internationale réalisés conformément à la loi avant le prononcé de l'exception de la compensation ne seront pas annulés[1091].

562. La deuxième situation porte sur la caducité d'une injonction de payer pour cause de prescription. L'opposition régulièrement formée à la suite d'une mesure d'exécution affecte la procédure d'exécution[1092]. Il s'agit d'un recours contre l'ordonnance d'injonction de payer[1093]. La formulation de ce recours par le débiteur empêche la poursuite de la procédure d'exécution[1094]. Cependant, les effets de l'acte de saisie ne sont pas mis en cause, car sa validité s'apprécie au moment où il a été signifié[1095]. En définitive, l'opposition formulée dans ce cadre ne peut pas conduire à ordonner la main levée de la saisie-attribution[1096]. Mais, le juge de l'exécution doit sursoir à statuer jusqu'à ce que le juge compétent puisse statuer sur le recours en opposition au paiement des sommes rendues indisponibles[1097].

563. Une troisième situation peut conduire au ralentissement de l'exécution du titre d'exécutoire lorsqu'aucun délai n'est imposé à l'organe habilité à apposer la formule exécutoire. C'est le cas en droit OHADA où à l'étape de l'exécution forcée des sentences arbitrales exequaturées l'autorité étatique en charge d'apposer la formule exécutoire n'a aucune contrainte de délai[1098]. En effet, le droit communautaire ne prévoit pas de délai obligatoire pour l'apposition de la formule exécutoire sur les arrêts de la CCJA. Par ailleurs, une fois que la certification de l'arrêt de la CCJA est obtenue sous forme de titre exécutoire dans un État partie, pour exécuter ce même arrêt dans un autre État membre, il faut une nouvelle certification[1099]. Lorsque le titre exécutoire de la CCJA n'a pas obtenu la certification de la part des autorités de l'État requis, le créancier se retrouve dans une impasse. En effet, il n'existe pas de recours en

---

[1091] CA. Douai, 19 janvier 1995, *Rev. huiss.* 1995. 495.
[1092] O. Salati, « Obstacles ponctuels tirés de la relation créancier-débiteur ou affectant l'exécution de la mesure », pp. 190-191. *op.cit.*
[1093] Ibid.
[1094] Ibid.
[1095] Ibid.
[1096] Ibid.
[1097] Cass. avis, 08 mars 1996, n°09-60.001, P, n°4, BICC, 15 mai 1996, P. 5. ; RTD civ., 1996, obs., R. Perrot, p. 714.
[1098] V. infra., p. 371 et ss du ce document de thèse.
[1099] L. Benkemoun, « Quelques réflexions sur l'OHADA 10 ans après le Traité de Port-Louis », *Penant n° 843,* avril- juin 2003, p. 136.

manquement devant la CCJA contre l'État fautif qui a privé injustement le créancier d'obtenir la formule exécutoire pour recouvrer sa créance[1100].

564. À titre de comparaison avec l'UE, les personnes de droit privé installées sur le territoire européen peuvent rapporter à la Commission des manquements des États membres. Cette action peut être exercée en cas de non-respect des traités, notamment en matière d'exécution des décisions des organes de l'UE[1101]. Dans ce cas précis, la Commission de l'UE peut formuler auprès de la CJUE un recours en manquement contre l'État concerné[1102]. Un État membre de l'UE peut aussi saisir la Commission pour signaler les manquements aux traités de l'Union par les agissements d'un autre État membre par le biais d'un recours en manquement[1103]. En droit OHADA, la responsabilité de l'État peut être mise en œuvre lorsqu'il ne prête pas son concours à l'exécution de bonne foi des décisions de la CCJA[1104]. Il sera toutefois difficile de mettre en œuvre cette responsabilité de l'État d'autant plus que l'AUPRVE ne prévoit pas les modalités de sa mise en œuvre en cas de violation de son article 29[1105].

565. Nous considérons ces différents motifs de sursis à exécution avec réserve, car il n'est pas évident d'apprécier la bonne foi du débiteur. Le débiteur qui invoque l'une de ses quatre exceptions pour bénéficier d'un sursis à exécution devra à notre avis apporter des preuves tangibles. Ces différentes possibilités dont dispose le débiteur, en particulier s'il n'est pas de bonne foi, ne contribuent pas à l'efficacité de l'exécution des sentences arbitrales internationales.

566. Par ailleurs, il existe d'autres possibilités pour le débiteur de bénéficier de sursis à exécution de la sentence arbitrale. Il s'agit de la saisine du juge de l'exécution sur la base des faits ou causes considérés comme subjectifs afin de solliciter la suspension des mesures d'exécution de la sentence arbitrale internationale.

[1100] I. Ndam, « La protection du droit à un procès dans un délai raisonnable dans l'espace OHADA », *Rev. ERSUMA n° 2*, mars 2013, p. 109.

[1101] Articles. 258 ; 259 ; 260 du TFUE.

[1102] J. Rideau, *Droit institutionnel de l'Union européenne,* Paris, *LGDJ*, 2010, p. 1079 s.

[1103] Article 259 du TFUE.

[1104] Articles 29 et 30 de l'AUPRVE OHADA. ; O. Bustin, « Exécution de la sentence arbitrale », *LEDAF* 2018, p.7. ; N. Bakam, « Les modes alternatifs de règlement des différends dans l'espace OHADA : vers une nouvelle avancée ? », CAPJIA n°3, 2017, p. 449 et ss.

[1105] N. Ph. Ngwese, J. Binyoum, *Éléments de contentieux administratif camerounais*, Paris, *l'Harmattan*, 2010, p. 103 et ss.

B. Les causes subjectives

567. Les causes subjectives résultent des incidents de procédure que le débiteur peut soulever devant le juge judiciaire pour obtenir la nullité des actes de procédures d'exécution. Le droit conféré au débiteur d'intenter une action en nullité d'un acte de procédure pour vice de forme dépend de la spécificité procédurale des actes à accomplir par le créancier en matière mobilière et immobilière. La subjectivité des causes qui sont à l'origine du refus ou de la suspension de l'exécution d'une sentence arbitrale a pour origine des causes spécifiques de nullité des actes de procédures, notamment dans le cadre de procédures collectives. Il s'agit de l'absence de déclaration de créance dans le cadre de la mise en œuvre du plan de sauvegarde ; de l'impossibilité d'exécution des mesures de saisie attribution pratiquée à la date de cessation de paiement ; de l'impossibilité de mettre en œuvre les sûretés, les mesures conservatoires, les affectations spéciales et privilèges du créancier gagiste non convertis en forme de paiement à l'ouverture de la procédure collective ; de l'impossibilité de saisir des biens affectés aux activités professionnelles des personnes physiques ; de l'impossibilité de saisir des biens bâtis ou non bâtis non affectés aux activités professionnelles déclarés à cette fin ; de l'impossibilité de saisir des produits issus de la vente des biens meubles lorsque la vente n'a pas été réalisée ; de la nullité automatique des actes de procédures pour vice de forme.

568. Dans le cadre de la mise en œuvre d'une procédure collective, le juge judiciaire dispose généralement de compétences exclusives. En effet, l'ouverture d'une procédure collective en cas de faillite du débiteur n'autorise pas le créancier à initier des poursuites individuelles. Il s'agit d'une règle d'ordre public interne et international[1106]. Il s'agit notamment de l'ouverture d'une procédure collective à l'encontre du débiteur ; de la réception des déclarations de créances et de la nomination des représentants de la procédure[1107]. En effet, l'exception d'interdiction de mise en œuvre des procédures d'exécution mobilière et/ou immobilière engagées avant l'ouverture de la procédure collective s'impose aux arbitres, peu important l'origine de la créance[1108]. Cependant, l'arbitre est compétent pour déterminer le montant d'une créance à l'égard d'une

---

[1106] CA Paris, 15 sept. 2020, n° 19/09580, aff. *Sharmel France c/ Mirato, M. Ancel, Gaz. Pal. 2021, n°10,* D. Bensaude, p. 35 et ss.

[1107] Cass. 1re civ. 6 mai 2009, *Rev. arb.* 2010. 299, obs. D. Cohen, spéc. p. 305 et ss.

[1108] Art. L. 622-21 du Code du commerce ; Cass. ass. Plén. 13 février 1976, 74-14.127, *Bull. ass. plén.* n°3, *D. 1976*. 237, obs. Honorat et Derrida.

société en procédure collective. Il peut prononcer la sanction, mais ensuite la créance devra être déclarée[1109].

569. Une sentence arbitrale rendue par un tribunal arbitral dans une matière qui relève de la compétence exclusive du juge étatique sera donc annulée pour violation de l'ordre public interne et international[1110]. Ainsi, dans le cadre de l'exécution forcée d'une sentence arbitrale internationale, le débiteur qui fait l'objet d'une procédure collective avant la déclaration des créances antérieures dispose de moyens de défense qualifiés de subjectifs. Il s'agit des cas d'absence de déclaration de la créance, de la saisie immobilière, du surendettement des particuliers[1111].

570. La décision d'ouverture du redressement judiciaire du débiteur suffit, sans nécessiter d'intervention du juge de l'exécution, pour suspendre les mesures conservatoires et les procédures d'exécutions enclenchées en amont[1112]. Aussi, dans le cadre de l'exécution forcée d'une sentence arbitrale en France, le créancier doit se conformer à certaines exigences. Il doit procéder à la déclaration de sa créance dans un délai de deux mois. À défaut, il ne pourra procéder à l'exécution pendant la durée de l'exécution du plan de sauvegarde et de redressement du débiteur[1113].

571. Le débiteur peut se prévaloir de cette fin de non-recevoir si et seulement si, il a tenu ses promesses inscrites dans le plan de sauvegarde et de redressement. En effet, en cas de résolution de ce plan, le débiteur ne peut plus bénéficier de cette protection vis-à-vis du créancier. Le créancier peut dans ce cas agir en paiement lorsque la clôture de la liquidation est prononcée par le juge sur la base de l'extinction du passif. Les garants du débiteur-personne physique peuvent aussi bénéficier de cette fin de non-recevoir à l'encontre du créancier dans le cadre de l'exécution du plan de sauvegarde[1114]. Cependant, ils ne peuvent pas s'en

---

[1109] P. Ancel, « Arbitrage et procédures collectives après la loi du 25 janvier 1985 », *Rev. arb.* 1987. p. 255 et ss. ; P. Fouchard, « Arbitrage et faillite », *Rev. arb.* 1998. p. 471.

[1110] Ibid., § 42 et s. ; Art. 622-22 du Code de commerce en droit français. ; Cass. 1re civ., 6 mai 2009, pourvoi n° 08-10.281, *Gaz. Pal.* n°209, 2009, note., F. Melin, p. 9 et ss.

[1111] S. Guinchard et T. Moussa, *Droit et Pratique des Voies d'exécution*, éd. *Dalloz 2015*, p. 184-224.

[1112] Procédures d'exécution visées à l'article L. 622-21 du Code du commerce en droit français.

[1113] Sauf si le juge-commissaire relève par décision cette forclusion du fait que la non-déclaration de la créance ne relève pas du fait du créancier Cf. Art. 622-26, al. 1er et 2 du Code du commerce en droit français.

[1114] Art. L. 631-20 du Code de commerce en droit français. ; Ch. Dumesnil-Rossi, Y. Neveu, « Les entreprises en difficulté : terre de conflits - Synthèse des intérêts contraires », *Gaz. Pal.*,n°178, 2008, p. 79 et ss.

prévaloir en cas de résolution du plan d'exécution dans le cadre d'un redressement judiciaire du débiteur[1115]. De même, lors de la mise en œuvre du plan de redressement judiciaire du débiteur, le juge judiciaire ne peut annuler certains actes opposables au débiteur. Il s'agit du paiement des dettes échues et des actes à titre onéreux accompli par le débiteur à compter de la date de cessation des paiements[1116]. Néanmoins, une exception est faite aux mesures de saisies et attributions qui sont annulables si elles ont été pratiquées par un créancier à compter de la date de cessation des paiements[1117]. En matière de saisie mobilière et immobilière, les titres exécutoires ne peuvent plus exécutés à l'encontre du débiteur. Il s'agit des actes portant sur les sûretés et les mesures conservatoires, notamment la saisie conservatoire et ses corolaires ; l'affectation spéciale et le privilège du créancier gagiste qui n'ont pas été convertis sous forme de paiement mentionné dans l'acte de conversion[1118].

572. En France, les personnes physiques exerçant une activité professionnelle, notamment agricole ou indépendante et immatriculée peuvent par dérogation aux articles 2284 et 2285 du Code civil déclarer l'insaisissabilité de certains biens. Il s'agit des biens affectés ou non aux activités professionnelles[1119]. Cela concerne l'immeuble servant de siège aux activités professionnelles et tout bien foncières bâtie ou non bâtie n'ayant pas fait l'objet d'affectation aux activités professionnelles[1120]. Ainsi, dans le cadre de l'exécution d'un titre exécutoire portant sur une sentence arbitrale internationale, ces biens ne peuvent pas être saisis en France s'ils ont été déclarés à cette fin[1121]. L'usage par le débiteur de cette fin de non-recevoir dans le cadre de la mise en œuvre d'une procédure d'exécution n'est valable que pour les créances spécifiques. Il s'agit des créances survenues postérieurement à la date de la publication de la

---

[1115] Art. 622-21 du Code de commerce en droit français. CA Versailles, 14e ch., 12 mai 2022, no 21/06346, *LEDEN,* n°06, 2022, note., F.-X. Lucas, p. 1 et ss. ; Cass. com., 21 févr. 2012, n° 11-30077, *LEDEN*, n°65, 2012, note I. Parachkévova, p. 4 et ss.

[1116] Art. 632-2, al. 1er du Code de commerce français ; Cass. com., 16 juin 1998, n°96-17.050, *Bull. civ. IV, n°200, JCP E 1998*. p. 1381.

[1117] Art. L. 632-2, al. 2 du Code de commerce en droit français. ; J.-P. Arrighi, « Les nouveaux cas de nullité de la période suspecte », *Gaz. Pal*. n°253, 2005, p. 9 et ss.

[1118] Art. L. 622-21 du Code de commerce et Arts. R. 523-7 à 9 du Code de procédures civiles d'exécution en droit français ; Cass. com., 22 avril 1997, n°94-16.979, *Bull. civ*. IV, n°100, *D*. 1997. 127-Douai, 19 juillet 1994, *Rev. huiss.* 1994. p. 838.

[1119] Art. L. 526-1 du Code de commerce en droit français. ; M. Sénéchal, « L'effet réel de la procédure collective », *BJE*, n°02, 2014, p. 65 et ss.

[1120] Ibid.

[1121] Ibid.

déclaration d'insaisissabilité[1122]. En effet, le bien objet de cette déclaration devient insaisissable. Il n'est donc pas possible d'effectuer l'inscription d'une hypothèque judiciaire à titre conservatoire sur les biens concernés par la déclaration d'insaisissabilité[1123].

573. Par ailleurs, le débiteur n'est pas admis à effectuer cette déclaration d'insaisissabilité pendant la période de mise en œuvre de la procédure collective. De même, la déclaration d'insaisissabilité réalisée par le débiteur dans les six mois précédant la date de cessation de paiement n'est plus valable et peut faire l'objet d'une annulation par le juge judiciaire[1124]. Si la déclaration d'insaisissabilité des biens du débiteur professionnel est régulière, le liquidateur ne peut plus agir devant le juge judiciaire, notamment par le biais d'une action paulienne[1125]. Dans le cadre d'une saisie-vente des biens meubles corporels du débiteur, le créancier ne peut pas se prévaloir du bien saisi[1126].

574. À l'instar des causes conjoncturelles, nous allons analyser dans la section suivante les causes structurelles qui ne facilitent pas l'exécution de la sentence arbitrale internationale exequaturée.

SECTION 2 : Les causes structurelles de l'inexécution de la sentence arbitrale

575. L'exécution forcée d'une sentence arbitrale internationale est tributaire des spécificités des procédures judiciaires en vigueur dans les États requis[1127]. Cependant, il existe une difficulté commune au sein des États parties à la Convention de New York. Il s'agit de l'immunité des personnes morales de droit public. Certes, les règles qui encadrent cette question ne sont pas identiques et dépendent du système juridique en vigueur dans l'État requis.

576. Par ailleurs, d'autres États parties à la Convention de New York appliquent des systèmes juridiques qui posent des conditions procédurales

---

[1122] Cass. com., 11 juin 2014, n°13-13.643, *Bull. civ. IV*, n°106.; P. Berlioz, « Déclaration d'insaisissabilité et hypothèque judiciaire », RDC, n°04, 2014, p. 152 et ss.

[1123] Ibid.

[1124] Cass. com., 28 juin 2011, n°10-15.482, *Bull. civ. IV*, n°109, *D.* 2012., obs. A. Leborgne, p. 1573.

[1125] Ibid.

[1126] Les articles L. 521-1 et R. 521-1 du Code de Procedure Civile d'Exécution.; Cass. 2ème civ., 3 oct. 2018, n°17-20296, *Gaz. Pal.* n°07, 2019, note., o. Salati, p. 69 et ss.

[1127] Article III de la Convention de New York de 1958.

complexes pour la reconnaissance des sentences arbitrales étrangères. Ainsi, certains pays comme la Chine disposent d'un système judiciaire de contrôle complexe qui ne semble pas adapté au besoin de célérité en matière d'exécution des sentences arbitrales. D'autres systèmes juridiques comme ceux des pays membres de la Convention de Riyad pratiquent le double exequatur. De telles exigences procédurales ne concourent pas à la célérité de l'exécution de la sentence arbitrale internationale (**Paragraphe 1**). Par ailleurs, dans le cadre de l'exécution d'une sentence arbitrale contre une personne morale de droit public, il existe un obstacle spécifique. Il s'agit de l'immunité d'exécution dont disposent l'État et ses démembrements. La jurisprudence et les législations nationales et régionales ne posent pas un cadre précis pour encadrer la gestion de cette question. En conséquence, lorsque le débiteur est une personne morale de droit public à la suite à une procédure d'arbitrage, l'exécution de la sentence arbitrale peut rencontrer des difficultés (**Paragraphe 2**).

Paragraphe 1 : Des variables procédurales limitant l'exécution de la sentence arbitrale

577. Dans le cadre de l'exécution forcée d'une sentence arbitrale, les modes d'exécution varient d'un pays à un autre. Dans certains pays les procédures d'exécution sont d'une complexité et d'une lourdeur telles qu'elles restreignent la circulation de la sentence arbitrale internationale. C'est le cas en Chine et de certains pays arabes qui ont ratifié la Convention de Riyad et de Mascate (**A**). Par ailleurs, l'exécution automatique des actes de procédures d'exécution en droit OHADA constitue une cause d'inefficacité de l'exécution des sentences arbitrales (**B**).

A. La complexité des procédures d'exécution

578. L'existence de procédures complexes au stade de reconnaissance et d'exécution des sentences arbitrales peut être le signe d'une certaine réticence à l'égard de l'arbitrage en tant que mode de règlement des litiges. En Chine par exemple, il est instauré en Chine un système de double notification qui rend lourd la procédure de l'exécution des sentences arbitrales. En effet, selon l'avis de la Cour populaire supérieure rendu en août 1995 sur le mécanisme d'exécution des sentences arbitrales étrangères, un système de notification et de contrôle entre les quatre degrés de juridiction chinois a été mis en place[1128].

[1128] Il existe en Chine quatre degrés de juridiction : les tribunaux populaires de district, que nous trouvons dans les arrondissements des grandes villes, (quatre à Pékin, par exemple); les

579. En effet, la Cour populaire intermédiaire saisie en appel contre le refus d'exequatur notifie sa décision à la Cour populaire supérieure de la province concernée par l'exécution de la sentence arbitrale[1129]. La Cour populaire supérieure de la province doit recevoir à son tour l'autorisation de la Cour populaire suprême avant d'autoriser ou non l'exécution de la sentence[1130]. Cette procédure est appliquée en cas de refus préalable de l'exequatur par la Cour populaire intermédiaire[1131]. Cependant, en cas d'obtention de l'exequatur, le créancier peut demander l'exécution provisoire de la sentence arbitrale en attendant la confirmation de cette décision par la Cour populaire suprême[1132]. La demande d'exécution provisoire de la sentence arbitrale n'est pas garantie, car elle peut être accordée ou non[1133]. Il en résulte que la procédure d'exécution forcée des sentences arbitrales étrangères en Chine reste très complexe.

580. Par ailleurs, au sein de la Ligue arabe, la Convention de Riyad a été complétée en 1996 par la Convention de Mascate portant sur l'exécution des jugements et sur les commissions rogatoires[1134]. Cette dernière convention a été adoptée à Oman par le Conseil supérieur CCG[1135] en décembre 1996. Elle considère la sentence arbitrale comme une variété de jugement aux termes de son article premier[1136]. Un seul article de la Convention fait référence à l'exécution des sentences arbitrales[1137]. L'objectif des pays signataires est de mettre en place un régime juridique qui encadre l'exécution des décisions judiciaires, et par ricochet des sentences arbitrales incorporées dans une décision judiciaire rendue par un État partie. Cette convention a apporté quelques

---

Tribunaux populaires intermédiaires ou les Cours populaires intermédiaires, dans les grandes municipalités urbaines (deux à Pékin et deux à Shanghai); les Cour populaires supérieures, dans les capitales des provinces ou régions autonomes et dans les municipalités dépendant directement du gouvernement populaire central; et, au degré le plus élevé, la Cour Populaire Suprême à Pékin. ; Denis Brock et Kathryn Sanger, « Legal Framework of Arbitration » dans Daniel R. Fung et Wang Sheng Chang, *dir., Arbitration in China: À Practical Guide*, vol. 1, Hong Kong, 2004 aux p. 25–45.

1129 X. Jin, « Les réformes récentes du contrôle judiciaire des sentences arbitrales en Chine », *Revue québécoise de droit international*, 2020, p. 128-145.

1130 Ibid.

1131 Ibid.

1132 Ibid.

1133 Ibid.

1134 S. Mohd & H. Al Mulla, « Conventions sur l'exécution des jugements étrangers dans les États arabes », pp. 33-56. in « *Arab Law Qarterly* », *Brill,* 1999, p. 386.

1135 Ibid. ; Le Conseil de coopération des pays du Golfe arabes.

1136 Ibid. ; Article 1er de la Convention de Mascate de 1996.

1137 Ibid. ; Article 12 de la Convention de Mascate de 1996.

innovations, mais n'a pas complètement remédié aux insuffisances de la Convention de Riyad.

581. L'innovation principale est l'interdiction de révision au fond du jugement incorporant la sentence arbitrale[1138]. Cependant, le juge de l'exequatur ne peut déclarer recevable la requête de la partie demanderesse que si la sentence arbitrale étrangère est incorporée dans une décision de justice dans son pays d'origine[1139]. Nous pensons que cette contrainte procédurale ne contribue pas à l'efficacité d'exécution des sentences arbitrales, car il s'agit d'une exigence de double exequatur.

582. Une autre innovation de la Convention de Mascate mérite d'être relevée. L'autorité judiciaire de l'État requis peut prendre les mesures nécessaires à l'égard de la sentence étrangère afin de conférer à celle-ci la force exécutoire[1140]. Dans ce cas, le juge de l'exequatur se comporte comme si la sentence réputée étrangère a été rendue sur son territoire. Il n'est donc plus nécessaire que la sentence arbitrale soit incorporée dans une décision judiciaire du siège de l'arbitrage. En d'autres termes, le double exequatur n'est plus requis[1141]. Cette mesure exceptionnelle relève du pouvoir discrétionnaire du juge judiciaire de l'État membre requis. Il y a dans ce cas un traitement différencié entre les sentences arbitrales d'où un risque de favoriser certaines sentences arbitrales au détriment d'autres. Par ailleurs, la sentence étrangère incorporée dans un jugement peut désormais faire l'objet d'exécution partielle dans les États membres requis à condition que le jugement étranger incorporant la sentence arbitrale soit divisible[1142]. Les innovations en matière d'exécution des jugements étrangers rendus dans les États signataires sont une avancée notoire. Le seul bémol est la règle du double exequatur imposée pour la reconnaissance des sentences arbitrales internationales.

583. En Chine et dans certains pays membres de la Ligue arabe, signataires de la Convention de Mascate, les procédures applicables à la sentence arbitrale au stade d'exécution semblent poser des problèmes.

584. Au sein d'autres regroupements régionaux, notamment dans le système OHADA, le droit communautaire contribue largement à la

---

[1138] Ibid. ; Article 7 de la Convention de Mascate de 1996.
[1139] Ibid. ; Article 1er de la Convention de Mascate de 1996.
[1140] Ibid.
[1141] Ibid.
[1142] Ibid. ; articles 2 et 12 de la Convention de Mascate de 1996.

circulation de la sentence arbitrale rendue sous l'égide du droit OHADA. Cependant, en phase d'exécution de la sentence arbitrale, l'Acte uniforme OHADA applicable en matière des voies d'exécution impose certaines règles de procédures de nullités automatiques des actes d'exécution qui peuvent être utilisés par le débiteur pour ralentir les recouvrements de créances.

B. Le risque de nullité automatique des actes d'exécution en droit OHADA

585. En droit OHADA le vice de forme de l'acte de procédure en matière de saisie mobilière ou immobilière entraîne une nullité automatique[1143]. Le titre exécutoire est noyé dans un formalisme excessif et inopérant. À titre d'exemple, la partie qui invoque la nullité de forme n'est pas tenue dans ce cas de démontrer que l'acte vicié lui porte préjudice [1144]. L'exception est uniquement faite pour les actes de procédures régis par les articles 259 et suivants de l'AUPRVE[1145]. En matière mobilière, les actes de procédure concernés sont les cas de saisie-vente [1146] ; de saisie des récoltes sur pied [1147] ; de saisie des droits d'associés et des valeurs mobilières [1148] ; de saisie d'attribution des créances[1149] ; de saisie des rémunérations ; de saisie-revendication et de saisie d'appréhension des biens meubles corporels conduits à l'annulation de l'acte vicié[1150]. Exception est faite en droit OHADA pour les saisies des créances d'aliments et de rémunérations[1151]. Les actes qui peuvent être

---

[1143] CCJA, Avis n° 001/99/JN du 7 juil. 1999, *RJCCJA*, janv. 2003, p. 70. ; CCJA, 2e ch., 27 avr. 2017, no 107/2017, *Sté Gestion nouvelle des chantiers et ateliers du Congo, dite GNCAC c/ Société de tuyauterie industrielle et des opérations, dite STIO, LEDAF n°1,* 2018, Ma-Nzeza Donat Mandiangu, p. 03 et ss.

[1144] A. De SABA, *La protection du créancier dans le droit uniforme de recouvrement des créances de l'OHADA*, thèse de doctorat 2016, sous la direction du professeur Loïc Cadiet, p. 287.

[1145] Articles 266 ; 267 ; 268 ; 269 ; 270 ; 276 ; 277 ; 281 ; 287 ; 288 (alinéas 7 et 8) et 289 de l'AUPRVE. ; M. ADJAKA, « Réflexion sur le régime des nullités consacré par l'Acte uniforme de l'OHADA portant organisation des procédures simplifiées de recouvrement et des voies d'exécution », *Revue de l'ERSUMA* n°6, 2016, *Ohadata D-11-25.*

[1146] Articles 92 ; 93 ; 100 ; 101 ; 104 ; 109, 110 et 131 de l'AUPRVE. ; A.-M. Assi-Esso H. & N. Diouf, *OHADA-Recouvrement des créances, Bruylant, Bruxelles* 2002.

[1147] Ibid.

[1148] Articles 237 et 238 de l'AUPRVE. ; A.-M. Assi-Esso H. & N. Diouf, OHADA-*Recouvrement des créances, Bruylant, Bruxelles* 2002.

[1149] Articles 157 et 160 de l'AUPRVE. ; Ibid.

[1150] Articles 219 ; 223 ; 224 et 231 de l'AUPRVE. ; Ibid.

[1151] F. Panda, *Le régime des nullités des actes de procédure dans l'Acte uniforme n°6, RCDA n°6*, 2001, p.33 et ss.

affectés de vice de forme en la matière sont : le commandement de payer ; le procès-verbal de saisie ; l'exploit de signification du commandement de payer ; l'acte de saisie entre les mains d'un tiers ; l'acte de dénonciation de la saisie au débiteur et l'acte d'opposition, doivent contenir des mentions obligatoires à peine de nullité[1152]. Dans l'hypothèse où il y a nécessité de mettre en œuvre les mesures conservatoires, les mêmes règles de formes doivent être respectées à peine de nullité[1153].

586. Par ailleurs, en matière de saisie immobilière, le non-respect par le créancier des règles de forme portant sur la saisie-vente des immeubles en droit OHADA permet au débiteur de s'opposer à la saisie-vente. Il peut exercer des voies de recours pour demander la déchéance ou la nullité selon le cas[1154]. Entre la déchéance et la nullité de l'acte de saisie-vente, la nullité de la saisie immobilière anéantit l'exécution d'un titre exécutoire obtenu via une sentence arbitrale internationale exequaturée. Notre analyse portera donc sur ce moyen dont dispose le débiteur pour faire obstacle à l'exécution d'une sentence arbitrale internationale ayant obtenu un titre exécutoire. En effet, la saisie-vente d'un immeuble dans le cadre de l'exécution d'une sentence revêtue du titre exécutoire doit impérativement se conformer à des règles de formalités à peine de nullité[1155]. Il s'agit conformément aux articles 253 et suivants de l'AUPRVE des règles de forme qui portent sur le contenu et la signification du commandement aux fins de saisie, à savoir les mentions des cahiers des charges ; la sommation de prendre communication du cahier des charges ; la publication de l'extrait des cahiers des charges ; les formalités et les délais applicables à la folle enchère en référence aux articles 316 et suivants de l'AUPRVE[1156].

587. Selon l'article 253 de l'AUPRVE, le commandement de saisie doit porter sur un immeuble préalablement immatriculé après autorisation du président de la juridiction compétente de la situation géographique de l'immeuble. En effet, le commandement peut être signifié au débiteur à condition que soit préalablement déposée la réquisition de l'immatriculation. Ensuite la vente de l'immeuble peut être réalisée à la

---

1152 Ibid.

1153 Articles. 64 ; 67 ; 69 ; 75 ; 76 ; 77 ; 79 et 82 de l'AUPRVE. ; A.-M. Assi-Esso H. & N. Diouf, *op. cit.*

1154 Articles. 246 à 334 de l'AUPRVE. ; A.-M. Assi-Esso H. & N. Diouf, *op. cit.*

1155 Articles. 253 ; 254 ; 255 ; 267 ; 270 ; 277 et 321 de l'AUPRVE. ; A.-M. Assi-Esso H. & N. Diouf, *op. cit.*

1156 G.-S. Tsetsa, « Le formalisme de la saisie immobilière en droit OHADA », *Rev. ERSUMA n° 6*, janvier 2016, p. 56 s.

suite de la délivrance du titre foncier[1157]. Le créancier devra ensuite se faire établir un commandement aux fins de saisie et faire la signification au débiteur ou au tiers détenteur de l'immeuble[1158].

588. Le commandement de saisie doit contenir à peine de nullité les mentions suivantes : la copie du titre exécutoire; le montant de la dette; noms et prénoms des personnes concernées; le pouvoir spécial de saisie donné à l'huissier; la mise en demeure spécifiant que faute de paiement de la dette dans un délai de vingt jours; le commandement sera transmis à la conservation foncière et vaudra saisi de l'immeuble à compter de sa publication ; le numéro du titre foncier et la précision sur la situation géographique de l'immeuble et l'indication de la juridiction où l'expropriation sera poursuivie[1159]. En cas de non-respect avéré par le créancier de ces conditions, le débiteur peut automatiquement relever une exception de nullité de forme. Ce moyen permet de faire annuler la saisie-vente.

589. Le créancier saisissant doit mettre à la disposition du débiteur les cahiers de charges et sommer ce dernier de prendre connaissance du contenu tout en publiant le contenu dans un journal d'annonces légales[1160]. Ces trois actes doivent être établis conformément aux règles de forme prescrites par l'AUPRVE à peine de nullité. Le débiteur peut donc demander la nullité des actes si l'une des mentions suivantes fait défaut dans le cahier des charges. Il s'agit de l'intitulé de l'acte ; de l'énonciation du titre exécutoire en vertu duquel les poursuites sont exercées contre le débiteur et du commandement avec la mention de sa publicité ; des actes et décisions judiciaires intervenus postérieurement à la délivrance de l'acte de commandement et notifiés au créancier poursuivant[1161].

590. Le cahier des charges doit en outre mentionner la juridiction ou le notaire convenu par les parties devant qui l'adjudication est poursuivie et le lieu où l'audience devra se tenir ; nom, prénoms, profession et nationalité du créancier poursuivant ; nom, qualité et adresse

---

[1157] Article 253, al. 2 de l'AUPRVE. ; J. Mitolo, *Les voies d'exécution et les procédures d'expropriation en droit OHADA*, éd. *LMI, Pointe Noire 2011*, p. 79 et ss.

[1158] Articles. 254 et 255 de l'AUPRVE. ; Ibid.

[1159] Cf. Arts. 254 et 255 de l'AUPRVE. ; J. Mitolo, *Les voies d'exécution et les procédures d'expropriation en droit OHADA*, éd. *LMI, Pointe Noire 2011*, p. 103 et ss.

[1160] Arts. 270 ; 276 et 277 de l'AUPRVE. ; P. Agboyibor, « OHADA : jurisprudence de la CCJA- Juge de l'exécution et juge des référés dans l'OHADA », in *RDAI* 2003-2, p. 911-916.B

[1161] A. De Saba, *La protection du créancier dans le droit uniforme de recouvrement des créances de l'OHADA*, *op. cit.*.

de l'avocat poursuivant ; désignation de l'immeuble saisi contenue dans le commandement ou le procès-verbal dressé par l'huissier ou l'agent d'exécution[1162]. Il faut aussi la mention des conditions de la vente précisant les droits et obligations des vendeurs et adjudicataires ainsi que le rappel des frais de poursuite et autres conditions particulières[1163]. Il doit être annexé au cahier des charges l'état des droits réels inscrits sur l'immeuble délivré par la conservation foncière à la date du commandement. Ensuite le cahier des charges et les annexes doivent faire l'objet de dépôt au greffe de la juridiction du ressort dans lequel le bien immeuble est situé. Il invite par sommation les débiteurs et les créanciers inscrits à prendre connaissance du cahier des charges et les annexes[1164].

591. Par ailleurs, les dires et les observations peuvent être reçus cinq jours avant l'audience sous peine de déchéance de l'adjudicataire du droit d'exercer une action en résolution d'une vente antérieure. Les dires et les observations peuvent faire l'objet d'une action de poursuite de folle enchère d'une réalisation forcée antérieure[1165]. À ces différentes conditions de forme citées, le juge communautaire par un avis du 17 juillet 1999 a durci les conditions de nullité des actes de procédure pour vice de forme en décidant que la nullité des actes en matière de saisie mobilière et immobilière peut être prononcée de plein droit. Il précise que le juge judiciaire peut prononcer cette nullité sans rechercher l'existence d'un grief d'où une nullité automatique en cas d'irrégularité des actes de procédures en matière de voies d'exécution[1166]. La nullité de l'acte de saisie pour vice de forme l'anéantit rétroactivement et fait perdre au créancier les droits sur la saisie. Le débiteur pourra donc disposer librement de son bien[1167] et le créancier pourra être amené à restituer au débiteur le bien saisi. Il peut aussi restituer le prix du bien si celui-ci a été vendu avant le prononcé de la nullité de l'acte de saisie[1168].

[1162] Ibid.

[1163] Ibid.

[1164] Ibid.

[1165] Ibid.

[1166] CCJA, avis n°001/99/JN du 07 juil. 1999, *RJCCJA* n° spécial, janv. 2003, p. 70. ; TRHC Dakar, jugement n° 472 du 18/03/2003, *Chimitechnic Sénégal c/ SONATEL*, www.ohada.com, *Ohadata J-05-130*, obs. Ndiaw Diouf. ; B. Mercadal (Dir.), Code pratique Francis Lefebvre, OHADA. Traité, Actes uniformes et Règlements annotés, éd. Francis Lefebvre, Paris 2013, p. 741 s.

[1167] CCJA, arrêt n° 019/2011 du 6 déc. 2011, *RJCCJA* n° 17/2011, p. 120 ; CCJA, arrêt n° 002/2013 du 7 mars 2013, *Sté. Central industriel c/ Sté. Rayanne, Hassan Kamel, Ftouni, Omais Toufic et Sté. Cafcaci*, inédit. ; Art. 144, alinéa 3 de l'AUPRVE.

[1168] Cf. Arts. 144, alinéa 4 et 170, alinéa 3 de l'AUPRVE.

592. Ces exigences de forme constituent des obstacles pour une exécution efficace d'une sentence arbitrale, car la partie qui invoque la nullité de l'acte d'exécution n'a pas à prouver l'existence d'un grief[1169]. L'exécution des titres exécutoires semble être entourée d'un formalisme excessif, ce qui fragilise la mise en œuvre des procédures relatives aux voies d'exécution et par ricochet l'efficacité de la sentence arbitrale internationale[1170].

593. L'exécution d'une sentence arbitrale internationale exequaturée peut être retardée ou suspendue pour des questions de procédure dans les pays d'exécution. Il en est de même dans les pays où dans les espaces communautaires qui disposent des cadres favorables à la circulation des sentences arbitrales internationales. Certes, nous ne pouvons pas d'emblée affirmer que les causes objectives et subjectives identifiées en France et dans l'espace OHADA sont des obstacles à l'exécution de la sentence arbitrale. Cependant, nous devons reconnaître que ce sont des causes de ralentissement ou de suspension de l'exécution de la sentence. Nous estimons qu'il est important de nuancer certains motifs procéduraux qui conduisent à la nullité absolue des actes de procédures pour vice de forme ou de fond. Le débiteur pourrait en effet utiliser ces faiblesses pour faire des manœuvres dilatoires en vue de retarder l'exécution de la sentence. Il convient toutefois de reconnaître que ces règles qui conditionnent la saisie les biens du débiteur sont utiles pour le protéger des saisies injustifiées. Cependant, pour une efficacité de l'exécution des sentences arbitrales internationales, il conviendrait de prévoir des dispositions communautaires pour sanctionner la mauvaise foi du débiteur.

594. En revanche, en droit français, en matière de saisie mobilière ou immobilière, la nullité automatique ne peut uniquement être prononcée par le juge judiciaire français que sur les questions de procédure en lien avec le fond du litige[1171]. Les vices de forme des actes de procédures portant sur la saisie mobilière et immobilière n'entraînent pas

---

[1169] H. SOLUS, R. PERROT, *Traité de droit judiciaire privé : Notions fondamentales et organisation judiciaire*, T.1, Sirey, Paris 1961, n° 398 et s.

[1170] F. Onana Etoundi, *Grandes tendances jurisprudentielles de la CCJA en matière d'interprétation et d'application du droit OHADA (1997-2010), Collection pratique et contentieux du droit des affaires*, éd. spéciale 2011, pp. 270 ss. ; CCJA, arrêt n° 008/2004 du 26 fév. 2004, *Aff. Sté. Banque commerciale du Niger c/ Hamadi Ben Damma, RJCCJA n° 3*, janv.-juin 2004, p. 90 s. ; CCJA, arrêt n° 040/2016 du 03 mars 2016. ; CCJA, arrêt n° 046/2014 du 23 avril 2014. ; CCJA, arrêt n° 022/ 2013 du 18 avril 2013, *OMI c/ Mme MEKPE ODJO Marguerite*.

[1171] L. Cadiet, E. Jeuland, *Droit judiciaire privé*, 8ème *éd. Lexis Nexis*, Paris 2013, n° 453.

automatiquement la nullité[1172]. Ainsi, la partie qui souhaite se prévaloir d'un vice de forme pour obtenir la nullité de l'acte en droit français doit apporter la preuve que l'acte vicié lui porte préjudice[1173].

595. Finalement, en droit OHADA, la nullité automatique des actes de procédures non prévues par les dispositions de l'article 259 et suivant de l'AUPRVE pour vice de forme est donc une cause de retardement de l'exécution des sentences arbitrales.

596. À l'instar de ces difficultés procédurales relevées ci-dessus, il y a aussi le cas particulier des personnes morales de droit public. Il s'agit de l'immunité dont bénéficient ces acteurs de droit public qui pourtant participent à des procédures d'arbitrages internationales.

Paragraphe 2 : Les incidences de l'immunité d'exécution

597. L'État dans son rôle de garant de l'économie nationale participe pleinement par le biais de ses démembrements aux activités du commerce international et de l'économie internationale. Pour ce faire, les personnes morales de droit public concluent des contrats commerciaux avec les personnes morales de droit privé et l'exécution de ces contrats peut être source de différends pouvant conduire à l'arbitrage. Mais le rapport entre ces deux acteurs peut être disproportionné lorsque l'État, entité disposant de prérogatives publiques, notamment l'immunité d'exécution, refuse d'exécuter une sentence arbitrale redue en sa défaveur. L'immunité d'exécution par principe empêche les créanciers d'exercer des voies d'exécution sur les biens de l'État débiteur.

598. Elle bénéficie à l'État et à ses démembrements et permet à ces derniers de s'opposer à l'exécution d'une décision étatique, arbitrale ou judiciaire. Il existe une différence entre l'immunité de juridiction et l'immunité d'exécution. La première permet à l'État, à ses démembrements ou ses représentants de ne pas se faire traduire devant les juridictions d'un État tiers et la seconde exonère par principe l'État des voies d'exécution. Cependant, ces deux immunités ne sont pas nécessairement indépendantes. Ainsi, la jurisprudence suisse tend à faire

---

[1172] Articles. 112 à 121 du Code de procédure civile français. ; Cass. 2[èm] civ., 16 mai 2019, n°18-16.934, *D.* 2019. p. 1112 ; *RDBF* 2019, n°170, note., Piedelièvre. ; *Loyers et copr.* 2019, n°112. note., Vial-Pedroletti. ; *Gaz. Pal.* 2019, obs. Brenner, p. 32.

[1173] L. MAYER, *Actes du procès et théorie de l'acte juridique*, Thèse Paris1, Panthéon Sorbonne/ 2007, sous la direction de Loïc Cadiet, p. 43.

de l'immunité d'exécution une conséquence directe de l'immunité de juridiction. Ainsi, dans l'affaire *Banque Bruxelles Lambert (Suisse) SA et huit consorts c/ Paraguay,* les juges du Tribunal fédéral suisse dans un arrêt du 20 août 1998 donnent certaines précisions[1174]. Ils précisent que ce qui vaut pour l'immunité de juridiction vaut en principe pour l'immunité d'exécution. Les juges du Tribunal considèrent que l'immunité d'exécution n'était qu'une simple conséquence de l'immunité de juridiction. La seule condition posée par les juges suisses est que les mesures d'exécution ne portent pas sur les biens ayant pour destination l'accomplissement d'actes de souveraineté. Il s'agit d'une conception unitaire de la notion d'immunité de juridiction et d'exécution. En effet, l'absence de compétence juridictionnelle débouche sur l'absence de contrainte sur les biens de l'État étranger dans le cadre de l'exécution d'une sentence arbitrale internationale.

599. Le droit international coutumier considère que les missions diplomatiques des États étrangers bénéficient, pour le fonctionnement de la représentation de l'État accréditaire, d'une immunité d'exécution à laquelle il ne peut être renoncé que de façon expresse et spéciale[1175]. Cette immunité s'étend, notamment, aux fonds déposés sur les comptes bancaires des missions diplomatiques, lesquels sont présumés être affectés aux besoins de la mission de souveraineté de l'État accréditaire. Le principe de l'immunité d'exécution est donc consacré par la coutume internationale, mais son application relève de la pratique propre à chaque État[1176]. À titre d'exemple en Suisse, le créancier doit démontrer un lien suffisant entre les actes juridiques accomplis par le débiteur avec le bien situé sur le territoire Suisse[1177]. C'est le cas dans l'affaire Oxus Gold c/ République d'Ouzbékistan. Dans cette affaire, le tribunal fédéral suisse précise que l'exigence d'un lien suffisant avec le territoire suisse est conforme aux dispositions de l'article V de la Convention de New York[1178].

[1174] Tribunal fédéral suisse, 8 décembre 2000, Cf. *Aff. République Y. Rev. arb. n°03, 2003, p. 1018-1065.*

[1175] Cass. 1re civ., 28 sept. 2011, n° 09-72057 ; Cass. 1re civ., 28 mars 2013, n° 10-25938, Cass. 1re civ., 10 janv. 2018, n° 16-22494.

[1176] J.-M. Jacquet, Ph. Delebecque, S. Corneloup, *Droit du commerce international, Dalloz,* 3ème édition, 2015, p.776, § 996, termes en gras dans le texte.

[1177] Aff. *Royaume de Grèce c/ Banque Julius Bär & Cie*, TF suisse, 06 juin 1956, ATF 82 I 86.

[1178] TF Suisse, 07 sept. 2017, no 5A_942/2017, *Oxus Gold c/ République d'Ouzbékistan.* ; Article V de la Convention de New York de 1958.

600. Dans d'autres pays de *Civil Law* et de *Common Law*, l'évolution jurisprudentielle concernant la perception de la notion de l'immunité d'exécution des États et de leur démembrement est réduite à une exception. Ainsi, même si l'État et ses démembrements sont autorisés de conclure des actes commerciaux internationaux, notamment des conventions d'arbitrages, lorsqu'il devient débiteur, l'exécution sur ses biens doit être exceptionnelle (**A**). Cette spécificité est sans doute liée au caractère spécial des entités étatiques. Ainsi, en cas de saisine des biens appartenant à l'État étranger dans le cadre d'une procédure d'exécution, il faut au préalable préciser dans la convention d'arbitrage la nature de ces biens. Les parties doivent prévoir une liste prévisionnelle qui désigne les biens de l'État ayant un caractère commercial et pouvant faire l'objet de saisie en cas d'insolvabilité[1179] (**B**). En cas d'omission de ces précisions dans la convention d'arbitrage, le créancier entité non étatique pourrait avoir de sérieuses difficultés pour recouvrer sa créance auprès de l'État débiteur dans le cadre d'exécution.

A. Une interprétation jurisprudentielle évolutive

601. Les immunités d'exécution sont des exonérations que la loi ou une convention internationale accorde à une personne morale ou physique pour le soustraire des voies ou des mesures d'exécution forcée ou des mesures conservatoires. Exception est faite pour des biens qui n'ont pas pour destination l'accomplissement des services d'intérêt général[1180]. En France, l'État et ses démembrements bénéficient de droit de cette immunité à condition que les biens visés ne rentrent pas dans le champ de l'article L. 1er du Code de Procédure civile d'exécution [1181]. Les organismes distincts de l'État dont les activités principales relèvent du droit privé ne peuvent aussi se prévaloir de l'immunité d'exécution[1182]. En effet, les États considèrent dans les relations internationales que l'exécution forcée d'une décision de justice ou d'une sentence arbitrale

---

[1179] Art. 111-1-1 du Code de procédure civile d'exécution français. ; CA., Paris, Pôle 4, Chambre 8 Paris, sept. 2019, no 18-17592, *Mohamed Abdel Moshen Al-Kharafi et Fils, Société de droit koweitien c. Libyan Investment Authority, Société de droit libyen*, *CAPJIA* n°03, 2019, obs. P. Pedone, p. 509 et ss.

[1180] Art. L. 153-1 du Code monétaire et financier ; Art. 1er, al. 3 de la loi française n°91-650 du 09 juillet 1991 portant réforme des procédures civiles d'exécution ; *Foreign Sovereign Immunities (FSIA)* Act 1976 (USA) ; *State Immunity Act* (SIA) 1978 de Grande-Bretagne (UK) ; *State Immunity Act* 1978 Canada de 1985.

[1181] Le code général de la propriété des personnes publiques créé par l'ordonnance no 2006-460 du 21 avril 2006 a donné un fondement légal à ce principe. L'article L. 2311-1 énonce que « les biens des < personnes > publiques mentionnées à l'article L. 1er sont insaisissables ».

[1182] Cass. 1re civ., 01er octobre 1985, *JCP* 1986. II, n°20566, obs. Gulphe et Synvet.

internationale peut causer des troubles graves[1183]. Ainsi, pour des considérations d'ordre politique et diplomatique, certains pays ont tendance à retenir une interprétation extensive de la notion d'immunité d'exécution[1184].

602. La raison principale est que la Convention des Nations Unies sur les immunités juridictionnelles des États et de leurs biens n'est pas encore entrée en vigueur[1185]. Il en résulte que l'interprétation de la portée juridique de la notion d'immunité d'exécution des États est essentiellement de source jurisprudentielle. Ainsi, la jurisprudence française ancienne était en faveur d'une interprétation extensive de la notion d'immunité d'exécution. C'était le cas dans l'affaire *Carratier-Terrasson c/ Chemins de fer d'Alsace-Lorraine* en 1885[1186]. Les juges judiciaires français considéraient dans ces affaires que le principe en droit des gens ne permet pas de poursuivre un État comme débiteur. Il s'agit d'éviter de soumettre les nations souveraines indépendantes à une juridiction étrangère ou à une procédure d'exécution en matière de recouvrement de créance ou en matière de mise en œuvre des mesures conservatoires[1187].

603. Le Tribunal des conflits dans son jugement du 9 décembre 1889 a confirmé cette interprétation extensive. Il soutient que les associations syndicales présentaient des caractères essentiels d'établissements publics et étaient donc fondées à faire valoir l'immunité d'exécution[1188]. Cependant, cette immunité d'exécution quasi absolue des personnes morales de droit public a été tempérée par les lois du 16 juillet 1980 et du 8 février 1995. Ces deux lois ont mis en place un régime d'exécution dissuasive comme des astreintes pour inciter les personnes morales de droit public à exécuter les décisions de justice qui les condamnent[1189].

[1183] S. Sucharitkul, Rapport spécial à la Commission du droit international, *Commentary to ILC Draft Articles*, art. 18 § 1, C/AN.4/L/452/Add.3. *Rev. arb.* n°03, 2003, p. 1018-1065.
[1184] Ibid.
[1185] https://treaties.un.org/pages/ViewDetails.aspx?src=IND&mtdsg_no=III-13&chapter=3&clang=_fr
[1186] Cass. 1re civ., 5 mai 1885, Dame Terrasson *Veuve Cartier c/ Direction générale impériale des chemins de fer d'Alsace-Lorraine, Bull. Civ..*, 1885, n°108, pp.188-189.
[1187] Cass. 1re civ., 5 mai 1885, S., 1886.1.353, *DP*, 1885.1.34, note E. Chavegrin, p. 138 ; CA. Aix, 23 novembre 1938, Socifros c/ URSS, *Rev. arb.* n°03, 2003, p. 1018-1065.
[1188] TC. 09 décembre 1889, Aff. Assoc. Syndicale du Canal de Gignac, obs. M. Long, P. Weil, G. Braibant, P. Delvolvé, B. Genevois, *Les grands arrêts de la jurisprudence administrative*, *Dalloz*, 15em éd., 2005, p. 45 et s.
[1189] Articles L. 911-1 à L. 911-10 du Code de la justice administrative.

Ainsi, la jurisprudence française considère qu'une convention d'arbitrage valable a, en tant qu'accord de volonté, une force obligatoire à l'égard des parties. Dans ce cas, les parties sont dans l'obligation de porter leur litige devant l'arbitre et non devant le juge étatique. La clause bénéficie d'une force obligatoire *ab initio.* En cas de non-respect de la convention d'arbitrage, la sanction ne consiste pas en des dommages-intérêts, mais en une exécution en nature, c'est-à-dire que si une partie refuse de participer à l'arbitrage. Il sera possible de constituer le tribunal arbitral, de mener la procédure jusqu'au bout et d'aboutir à une sentence parfaitement valable.

604. En référence aux articles 14 et 15 du Code civil, la conclusion d'une convention d'arbitrage exige une renonciation aux privilèges de juridiction et aux immunités de juridiction des États, des organisations internationales et autres organismes publics. En revanche, elle n'implique pas, par elle-même, une renonciation à l'immunité d'exécution, laquelle suppose une renonciation expresse de l'État. La question de savoir si cette renonciation doit également être spéciale a donné lieu à un important contentieux. Ces contentieux ont été tranchés sur la base des dispositions de l'article L. 111-1-3 de Code de procédure d'exécution et la loi Sapin 2 à travers la loi n° 2016-1691 du 9 décembre 2016[1190].

605. Il s'agit des mesures conservatoires ou d'exécution forcée qui désormais doivent préalablement être autorisées par le juge même en présence d'une sentence revêtue de l'exequatur. De surcroît, lorsque ces mesures portent sur des biens diplomatiques ou consulaires, la renonciation ne doit pas seulement être expresse, mais doit aussi être spéciale. Cette loi remet donc en cause l'arrêt du 13 mai 2015 et elle entre en contradiction avec la Convention des Nations unies du 2 décembre 2004 sur les immunités juridictionnelles qui se contentent d'exiger une renonciation expresse. Elle rend par ailleurs plus difficile l'exécution des sentences arbitrales lorsque les biens d'un État étranger sont en cause. Il y a donc atteint au principe du procès équitable et par ricochet à l'efficacité de l'arbitrage international, notamment à l'efficacité d'exécution de la sentence arbitrale internationale.

[1190] Cass. 1re civ., 13 mai 2015, n° 13-17.751, *Bull. civ.* I, n° 107 ; Dalloz actualité, 29 mai 2015, obs. F. Mélin, note S. Bollée ; ibid. 2588, obs. T. Clay ; *Rev. crit.* DIP 2015. 652, note H. Muir Watt; *Gaz. Pal.* 5 sept. 2015, n° 248, obs. C. Brenner, p.11; *JCP* 2015, note M. Laazouzi, p. 759; *JDI* n°1, 2016, note S. El Sawah et P. Leboulanger, p. 4. ; Audit, M., *La renonciation par un État à son immunité d'exécution, in Immunities in the Age of Global Constitutionalism, Brill* | Nijhoff, 2014.

606. Cependant, l'affaire *Commisimpex* est considérée comme un revirement retentissant de la Cour de cassation par rapport à sa position dans l'arrêt du 13 mai 2015[1191]. Dans le nouvel arrêt concernant l'affaire *Commisimpex*, les juges de la Cour de cassation ont précisé que la renonciation doit finalement être expresse et spéciale, du moins pour les biens diplomatiques. En effet, la Cour adopte donc une position contraire à celle qu'elle avait soutenue en 2015[1192]. Dans son arrêt du 24 janvier 2018, toujours dans l'affaire *Commisimpex,* la Cour de cassation a retenu la même solution que l'arrêt précédent. Elle a précisé qu'elle étend le régime de l'immunité d'exécution découlant de la loi Sapin 2 aux mesures d'exécution mises en œuvre antérieurement à son entrée en vigueur[1193]. Le tribunal judiciaire saisi dans le cadre de la même affaire *Commisimpex* a rendu cinq décisions le 25 juin 2020. Il a ordonné la main levée des saisies sur des immeubles appartenant à la République du Congo en raison de l'immunité d'exécution dont elle jouit. Ces biens bénéficient d'une présomption d'affectation à des missions diplomatiques. Il appartient donc au saisissant de démontrer que ces biens n'étaient pas affectés à des missions diplomatiques. En outre, la fameuse condition de spécialité requise en droit positif pour renoncer à cette immunité n'était pas remplie. De cette évolution jurisprudentielle, nous pouvons en déduire qu'il est de plus en plus difficile au créancier de recouvrer sa créance lorsque le débiteur est une personne morale de droit public.

607. En France, avec la nouvelle loi en vigueur, la charge de la preuve incombe au créancier. Ce dernier doit démontrer que le bien visé par les procédures d'exécutions ne sert pas à la réalisation des activités d'intérêt général. Il est raisonnable de comprendre qu'à travers cette loi le législateur veut instaurer un équilibre entre les biens de l'État débiteur saisissables et ceux qui ne le sont pas. Cependant, il est problématique de mettre uniquement à la charge du créancier de démontrer que l'État débiteur avait renoncé à son immunité d'exécution. Par ailleurs, le

---

[1191] Cass. 1re civ., 10 janv. 2018, n° 16-22.494, *Dalloz actualité*, 24 janv. 2018, obs. G. Payan ; *D.* 2018. 541, note B. Haftel ; ibid., obs. S. Clavel et F. Jault-Seseke, p. 966. ; ibid., obs. A. Leborgne, p. 1223 ; ibid., obs. T. Clay, p. 2448; *Rev. prat.* rec. 2020. 29, chron. F. Rocheteau ; *Rev. crit. DIP* 2018., note D. Alland, p. 315 ; *RTD civ.* 2018., obs. L. Usunier et P. Deumier, p. 353. ; ibid., obs. P. Théry, p. 474 ; *JCP* 2018., n° 9, obs. C. Nourissat, p. 157 ; ibid., *concl.* N. Ancel, p. 294 ; ibid., note M. Laazouzi, p. 295 ; *Gaz. Pal.* 19 juin 2018., obs. C. Brenner, p. 38.

[1192] Ibid.

[1193] Ibid.

créancier doit aussi démontrer que le bien poursuivi n'est pas affecté au fonctionnement de l'État ou à ces démembrements.

608. Les tribunaux anglais et américains s'inscrivent dans cette même logique. En 1924 dans l'affaire *Gouvernement de Kelantan c/ Duff Development Company Ltd* où les juridictions anglaises avaient validé le fait que le Gouvernant de Kelantan (Malaisie) a fait usage de son immunité d'exécution. Ainsi, la jurisprudence anglaise avait considéré que la Malaisie était fondée de s'opposer à des voies d'exécution engagées contre lui[1194]. De même, la Cour d'appel fédérale du second circuit des USA en 1930 dans l'affaire *Kundlig Jarnagsstyrelsen and others c/ Dexter et Carpenter Inc.* Soutenait que l'immunité d'exécution était une règle reconnue par les nations civilisées en toutes circonstances[1195]. Cependant, les juridictions belges avaient plutôt opté pour une interprétation relative de la notion d'immunité d'exécution. Ainsi dans l'affaire *Gaspany et Sliosberg c/ Gouvernement ottoman en 1910,* le juge judiciaire d'Anvers a jugé incompatible toutes voies d'exécution contre l'État. Il s'agissait d'usage de l'immunité d'exécution comme moyen d'opposition à la saisie du patrimoine de l'État et celui des personnes civiles publiques destinées à l'accomplissement d'un service public[1196].

609. L'interprétation jurisprudentielle de la notion d'immunité d'exécution par les juridictions contemporaines a fait varier la position des juges. Ces derniers passent d'une logique d'interprétation absolue à une interprétation relative en posant clairement en la matière des principes et des limites[1197]. L'immunité d'exécution devient donc un principe auquel il est possible de déroger. C'est ainsi que dans le cadre de ses activités en matière de commerce international, l'État peut renoncer à son immunité d'exécution. Dans l'affaire *SOABI c/ État du Sénégal* en 1991, la Cour de cassation considère que le titre exécutoire ne constitue pas un acte d'exécution qui peut permettre de soulever l'exception de l'immunité

[1194] UK : Arrêt *gouvernement de Kelantan c/ Duff Development Company Ltd*, 10 avril 1924, (1924, A.C. 797, 809).

[1195] USA : Arrêt *Kundlig Jarnagsstyrelsen and others c/ Dexter et Carpenter Inc.*, 25 *AJIL* 360 (1931).

[1196] Tribunal d'Anvers du 24 novembre 1910, *aff. Gaspany et Sliosberg c/ Gouvernement OttAmman, Pas.,* 1911.III.104., *Rev. arb.* n°03, 2003, p. 1018-1065.

[1197] B. Audit, *Droit international privé, Economica, 4 em éd.* 2007, n°414, p. 341. ; M-L Niboyet et G. de La Pradelle, *Droit international Privé*, *LGDJ*, 1re éd. 2007, n°414, p. 341. P. Bourel *« Aspects récents de l'immunité d'exécution des États et services publics étrangers »*, *TCFDIP* 1983, p. 133 et ss.

d'exécution[1198]. Il en résulte que le fait d'inscrire uniquement dans la clause compromissoire la renonciation à l'immunité d'exécution ne garantit pas de manière absolue qu'elle puisse être écartée.

610. Dans le cadre de la mise en œuvre de la Convention européenne sur l'immunité de juridiction de 1972, les mêmes difficultés liées à la levée ou non de l'immunité d'exécution de l'État se sont posées. L'article 23 de la Convention européenne sur l'immunité de juridiction de 1972 dispose : « qu'il ne peut être procédé sur le territoire de l'État contractant ni à l'exécution forcée ni à une mesure conservatoire sur les biens d'un autre État contractant. Sauf dans les cas et dans la mesure où celui-ci a été expressément consenti par écrit ». Dans l'affaire Eurodif c/ République islamique d'Iran, la Cour d'appel de Paris précise qu'il n'y avait pas renonciation de l'immunité d'exécution. La stipulation d'une clause d'arbitrage ainsi que la référence à un règlement d'arbitrage prévoyant que les parties s'engagent à exécuter la sentence ne constituent pas une preuve suffisante[1199]».

611. Le Tribunal de Grande Instance de Paris et la Cour d'appel ont suivi ce même raisonnement dans l'affaire *Société Creighton c/ Ministère des Finances qataries.* En effet, la Société *Creighton* a procédé à des saisies d'attributions sur les sommes d'argent et des titres détenus par le Qatar à la Banque de France. Le juge de l'exécution du Tribunal de Grande Instance de Paris a ordonné la mainlevée à la suite d'une demande d'annulation par le Qatar[1200]. La Cour d'appel a confirmé la décision du Tribunal de Grande Instance de Paris. Elle a précisé que l'existence d'une clause compromissoire dans le contrat qui fait l'objet de grief ne se présume pas. La renonciation à l'immunité d'exécution, distincte de l'immunité de juridiction et pour laquelle la renonciation doit être distincte[1201] ». Cependant, la Cour de cassation dans son arrêt du 6 juillet 2000 a cassé l'arrêt d'appel en précisant que : « l'engagement pris par le Qatar dans la clause d'arbitrage d'exécuter la sentence d'exécuter la sentence implique renonciation du Qatar à l'immunité d'exécution ». Cet arrêt de la Cour de cassation marque donc une évolution

---

[1198] Cass. Chambre ? 11 juin 1991, SOABI c/ État du Sénégal, *JDI*, 1991., obs. E. Gaillard. p. 1005.

[1199] CA. Paris, 21 avril 1982 *République islamique de l'Iran c/ Société Eurodif, DIP*, 1983, obs. P. Mayer, p. 101.

[1200] F. Knoepfler, « *L'immunité d'exécution contre les États* », *Rev. arb.* 2003, n°3, pp. 1017 et ss..

[1201] Ibid.; Audit, M., *La renonciation par un État à son immunité d'exécution, in Immunities in the Age of Global Constitutionalism, Brill* | Nijhoff, 2014.

de la jurisprudence en matière d'appréciation des limites à apporter à la notion d'immunité d'exécution des entités étatiques[1202].

612. Par principe, la Convention de Vienne du 18 avril 1961 sur les relations diplomatiques exclut certains biens des procédures d'exécution. Il s'agit des locaux, les ameublements, les documents et les moyens de transport de la mission diplomatique des procédures de perquisition, de saisie ou des mesures d'exécution des titres exécutoires[1203]. Par ailleurs, le créancier peut éprouver des difficultés à faire exécuter des titres exécutoires sur les démembrements de l'État disposant d'un statut juridique autonome et dont l'activité principale ne fait pas présumer une commercialité. C'est le cas dans l'affaire *NOGA* c/ Gouvernement fédéral russe dans laquelle la Société *NOGA* a cherché à faire exécuter sans succès des sentences arbitrales internationales exequaturées. La société en s'est heurtée au statut juridique autonome des démembrements de l'État russe[1204]. En effet, en 2000, la Société *NOGA* a procédé à une saisie-attribution sur le *Navire Sedov* de l'Université technique de l'État de Mourmansk en rade de Brest. Le juge de l'exécution de Brest a ensuite ordonné la main levée en précisant qu'en vertu du droit russe, le navire a été affecté de manière autonome à l'université. Le juge qualifie l'université comme une personne morale de droit public jouissant d'une personnalité juridique distincte[1205]. La Société *NOGA* a ensuite procédé à la saisie-attribution sur les comptes bancaires gérés par *BCEN-Eurobank* à Paris et servant au fonctionnement de la délégation permanente russe auprès de *l'UNESCO*[1206].

613. Le juge de l'exécution a ordonné aussi dans ce cas la main levée sur les saisies d'attributions des comptes bancaires. Il précise qu'en précisant que la renonciation par la République fédérale russe à son immunité d'exécution dans la clause compromissoire n'empêchait pas d'utiliser l'immunité diplomatique comme moyen de défense par l'État

---

1202 Cass. 1re civ., 06 juillet 2000, *Rev. arb. 2001*, obs. Ph. Leboulanger, p. 123.

1203 Article 22-1, alinéa 3 de la Convention de Vienne de 1961 sur les relations diplomatiques. Ibid.

1204 C. Legros : Commentaire de l'*Affaire NOGA : L'émergence d'une nouvelle immunité d'exécution ? Ou la renonciation à l'immunité d'exécution par un État ne suffit à assurer l'exécution d'une sentence arbitrale* », *Cahiers de l'arbitrage*, Vol. V, 2010, p. 258-272.

1205 TGI. Brest., JEX, 24 juillet 2000, *Gaz. Pal. Rec* 2001, *jur.*, p. 801.

1206 C. Legros, « Affaire NOGA : L'émergence d'une nouvelle immunité d'exécution ? Ou la renonciation à l'immunité d'exécution par un État ne suffit à assurer l'exécution d'une sentence arbitrale », *op.art.*, p. 259.

débiteur[1207]. La Société *NOGA* a aussi procédé à la saisie de deux avions au salon du Bourget en 2001, soldée par des mains levées du juge judiciaire français[1208]. En 2008, plusieurs autres saisies-attributions ont été réalisées en 2008 par la Société *NOGA*. Il s'agit des saisies des comptes bancaires du Ministère des Finances russes, du Ministère du Développement Economique et du Commerce ; de l'agence spatiale russe *Roskomos* ; de l'exportateur d'armement *Rosoboronexport ;* de l'entreprise nucléaire *Rosatom* et des avoirs de la banque centrale de Russie. Tous ces acteurs ciblés sont domiciliés auprès d'une filiale de Crédit Agricole composé des banques *NATIXIS* et *CALYON*[1209].

614. L'alinéa premier de l'article L. 153-1 du Code monétaire et financier sur l'immunité de l'exécution prévoit l'insaisissabilité des biens des banques centrales étrangères. Par ce motif, les juges judiciaires français ont rendu successivement deux ordonnances, le 7 mars et le 6 mai 2008. Il s'agissait d'une décision autorisant la main levée des saisies-attributions effectuées sur les comptes bancaires de la banque centrale russe [1210]. Dans la même affaire, les juridictions de certains pays européens ont opté pour une interprétation plus libérale. C'est le cas du juge allemand de Cologne. Le juge allemand a autorisé en septembre 2008 la mise en vente aux enchères des immeubles de l'ancienne représentation soviétique[1211]. En 2008, l'URSS est remplacée par la Fédération de Russie, le juge judiciaire allemand avait donc plus de marge de manœuvre afin de justifier que ces immeubles ne servaient plus à une mission d'intérêt public et diplomatique.

615. En droit OHADA, les dispositions du droit communautaire applicables à la question de l'immunité d'exécution sont les alinéas 1er et 2 de l'article 30 et les dispositions de l'article 50 de l'Acte uniforme (AUPRVE). Les règles de procédure et d'exécution prescrites par l'AUPRVE sont d'ordre public. L'article 49 de cet acte uniforme autorise

---

1207 CA. Paris, 10 août 2000, *J. D. I.* 2001, obs. I. Pingel-Lenuzza.

1208 C. Legros, « Affaire *NOGA* : « L'émergence d'une nouvelle immunité d'exécution ? Ou la renonciation à l'immunité d'exécution par un État ne suffit à assurer l'exécution d'une sentence arbitrale », *op. art.*

1209 Ibid.

1210 Art. L. 153-1 du Code monétaire et financier français. ; TGI, Nanterre, JEX, 06 mai 2008, n°RG 08/0211 et C.A. Paris, 17 septembre 2008 n° RG 2008/05950. ; C. Kleiner, « L'article L. 153-1 du Code monétaire et financier conforme à l'article 6 de la CESDH et à la coutume internationale sur les immunités des biens des États », *Gaz. Pal.* n°21, 2018, p. 81 et ss.

1211 F. Knoepfler, « L'immunité d'exécution contre les États », *Rev. arb.* 2003, n°3, p. 1033 et ss.

le juge de l'exécution à soulever d'office l'immunité d'exécution de l'État et à s'abstenir d'ordonner des saisies conservatoires contre un État. Le juge de l'exécution peut donc opposer une fin de non-recevoir au créancier lorsqu'il s'agit de procéder à l'exécution d'un titre exécutoire sur les biens de l'État. Cependant, il faut que les biens visés servent l'accomplissement d'un service public (Ambassades, Navires de guerre, etc.) ou dans le cas échéant, il peut ordonner la mainlevée sur une saisie du patrimoine de l'État[1212].

616. Cependant, les prérogatives du juge judiciaire sont tempérées par l'alinéa premier de l'article 30 AUPRVE. En effet, cet article pose le principe de l'immunité d'exécution en droit OHADA et l'alinéa 2 du même article tempère le principe. Il est donc précisé à l'alinéa 2 que : « les dettes certaines, liquides et exigibles des personnes morales de droit public ou des entreprises quelque soient leur forme et leur mission, donnent lieu à compensation sous réserve de réciprocité ». L'État et ses démembrements, tels que les collectivités locales, les préfectures, les mairies et les établissements publics sont les premiers bénéficiaires de l'immunité d'exécution [1213]. Par ailleurs, les entreprises publiques bénéficient aussi d'une immunité d'exécution relative. Les entreprises publiques peuvent être constituées sous forme de sociétés à capitaux publics dans lesquels l'État et/ou ses démembrements détiennent la totalité du capital social. Elles peuvent aussi être des sociétés d'économie musulmane c'est-à-dire que les actionnaires sont à la fois des personnes morales de droit public et des personnes de droit privé[1214].

617. Le juge communautaire a apporté son concours à l'interprétation des alinéas 1 et 2 de l'article 30 de l'AUPRVE. Il précise dans son arrêt du 7 juillet 2005 que l'alinéa 2 de l'article 30 de l'AUPRVE relatif à l'immunité d'exécution applicable aux entreprises publiques est spécifique. Il tire donc comme conséquence que les règles de compensation s'appliquent aux entreprises publiques débitrices. En espèce, une entreprise publique togolaise « *Togo Télécom* » a été tenue de payer des compensations à ses créanciers[1215]. Les dispositions de l'article

---

[1212] J. Djogbenou, *L'exécution forcée, droit de l'OHADA, éd. CREDIJ, Cotonou, 2011*, p. 58 et ss.

[1213] U. Ibono, « L'immunité d'exécution des personnes morales de droit public à l'épreuve de la pratique en droit OHADA », *Rev. ERSUMA n°3*, 2013, p. 82 et ss.

[1214] S. S. Kuate Tameghe, *La protection du débiteur dans les procédures individuelles d'exécution, l'Harmattan,* 2005, p. 458.

[1215] CCJA, arrêt n°043/2005 du 07 juillet 2005, *aff. Aziablevi Yovo et consors c/ Sté Togo Télécom, in Recueil de jurisprudence de la CCJA*, n°6, juillet-décembre 2005, p. 25-29.

30 de l'AUPRVE relatives à l'immunité d'exécution sont étendues aux entreprises publiques constituées dans l'espace OHADA. De même, la CCJA considère que l'immunité dont bénéficient les entreprises publiques doit être qualifiée d'immunité d'exécution et elle a confirmé cette position dans son arrêt du 27 février 2014. Dans cet arrêt elle ordonne la main levée de la saisie-attribution pratiquée sur les biens de la Société des Télécommunications au Tchad[1216]. La règle de compensation des dettes appliquée à l'égard des entreprises publiques est caractérisée par des conditions rigides. Il s'agit du caractère réciproque et certain des dettes. L'opérateur économique qui réclame une dette contre une entreprise publique et souhaite bénéficier de la règle de compensation doit être à la fois créancier et débiteur de l'entreprise publique débiteur[1217]. Il doit, en outre, disposer d'une attestation de régularité fiscale et la dette doit avoir une nature certaine. En effet, la créance doit faire l'objet d'une reconnaissance de dette émise par le débiteur public ou attestée par un titre exécutoire[1218].

618. Ces différentes conditions fixées pour la mise en œuvre du mécanisme de compensation au profit du créancier sont rigides et ne concourent pas à favoriser l'exécution des titres exécutoires.

B. L'obligation d'identification des biens étatiques saisissables

619. Dans le cadre des relations d'affaires entre un État ou un démembrement de l'État avec une entreprise, personne morale de droit privé, une clause compromissoire peut être introduite dans le contrat qui lie les deux parties. Il faut, par ailleurs, introduire dans le contrat une clause de renonciation de l'immunité d'exécution ; il faut établir au besoin une liste des biens susceptibles d'être saisis en cas de condamnation de l'État à la suite d'une procédure d'arbitrage. Il s'agit des biens destinés à un usage commercial.

620. L'immunité d'exécution n'est pas absolue et peut être levée à certaines conditions. Cependant existent des limites à cette levée d'immunité d'autant plus que les biens sont utilisés à des fins militaires ; les biens des Banques centrales ; les biens du patrimoine culturel, etc., ne

---

[1216] CCJA, arrêt n°009/2014 du 27 février 2014, *Société des Télécommunications du Tchad c/ Société SAS ALCATEL SPACE.*

[1217] J. Wambo, *La saisine de la Cour commune de justice et d'arbitrage de l'OHADA en matière contentieuse*, éd. *Jerberas*, 2017, p. 1-352.

[1218] Ibid.

peuvent pas faire l'objet de mesures d'exécution forcée ou conservatoire, car ils ne sont pas utilisés à des fins commerciales. L'application de ces règles générales varie d'un État à un autre. À titre d'exemple aux États-Unis, il est de règle générale que le créancier puisse établir un lien entre les biens saisissables et l'activité qui est à l'origine de la sentence arbitrale internationale. En effet, dans le cadre de leurs activités commerciales et en référence « *l'US Foreign Sovereign Immunities Act (FSIA)* » en vertu du droit international, les États étrangers peuvent être poursuivis aux États-Unis. Par ailleurs les biens commerciaux des États peuvent être saisis dans le cadre de la mise en œuvre des procédures de voie d'exécution [1219]. Cependant, cette possibilité de lever l'immunité d'exécution sur les biens des États étrangers aux États-Unis est réalisable sous des conditions assez rigides[1220]. Il s'agit d'une renonciation expresse ou implicite par l'État débiteur à son immunité d'exécution avec identification du patrimoine destiné à l'activité commerciale sur laquelle la créance est fondée. Il faut un jugement qui établit le droit de transfert dans le patrimoine du créancier et les biens de l'État visés par la procédure de saisie[1221]. Ces biens appartenant à l'origine à l'État débiteur doivent être situés aux États-Unis[1222]. Les biens dont il s'agit ne doivent pas être utilisés pour l'entretien d'une mission diplomatique ou consulaire ou la résidence du chef de cette mission diplomatique ou consulaire[1223].

621. Le jugement autorisant la saisie des biens de l'État débiteur doit être fondé sur une ordonnance confirmant une sentence arbitrale rendue contre l'État étranger avec les stipulations dans la convention d'arbitrage[1224]. L'ordonnance de saisie doit porter sur une créance pour laquelle l'État étranger ne bénéficie pas d'immunité et que le bien concerné

[1219] Section 12- (1) (b) de l'US Foreign Sovereign Immunities Act (FSIA).; Yas Banifatemi, « Jurisdictional Immunity of States – Commercial Transactions », pp. 125-141, *in The Cambridge handbook of immunities and international law, (ed:) Ruys, Tom. Angelet, Nicolas. Ferro, Luca., Cambridge University Press, 2019.* p. 388.

[1220] Section 1610 de l'US Foreign Sovereign Immunities Act (FSIA). Section 102 de l'US Foreign Sovereign Immunities Act (FSIA). (Compléter avec la doctrine). ; M.-A. Cymrot, « Exécution des sentences arbitrales souveraines – Défenses étatiques et stratégies des créanciers dans un monde imparfait », pp. 350-378, *in The Cambridge handbook of immunities and international law,* (ed:) Ruys, Tom. Angelet, Nicolas. Ferro, Luca., Cambridge University Press, 2019. p. 388.

[1221] Section 1605 de l'US *Foreign Sovereign Immunities Act* (FSIA).; Ibid.

[1222] Ibid.

[1223] C. Ryngaert, « Immunity from Execution and Diplomatic Property », pp. 285-306, *in The Cambridge handbook of immunities and international law,* (ed:) Ruys, Tom. Angelet, Nicolas. Ferro, Luca., Cambridge University Press, 2019. p. 388.

[1224] Ibid.

soit inscrite dans l'acte sur lequel la créance est fondée[1225]. Le juge judiciaire américain peut aussi évoquer d'autres obstacles procéduraux pour éviter de faire prospérer les voies d'exécution sur les biens de l'État. Il s'agit de l'absence de « *minimum contracts* » pour justifier l'établissement d'une compétence personnelle ou générale à l'égard du défendeur. L'absence de ce minimum de contrat concerne aussi des cas de procédures d'arbitrages dans lesquelles il y a non-respect des droits constitutionnels en matière du droit de la défense[1226]. Ces différentes raisons ont été évoquées par la jurisprudence américaine dans trois affaires distinctes, notamment *Dardana Ltd c/ A. O. Yuganskneftegaz*[1227] ; *Base Metal Trading Ltd c/ OJSC Novokuznetsky Aluminium Factory*[1228] et *Glencore Grain Rotterdam B. V. c/ Shivnath Rai Harnarain Co*[1229]. C'est aussi le cas lorsque la Société *Creighton c/ Qatar* a cherché à exercer les voies d'exécution sur les biens de la République du Qatar. Les juges de l'exécution américains ont jugé que le créancier n'avait pas établi dans le cadre des relations contractuelles litigieuses en cause que le Qatar a des « *des minimums contracts* » suffisant avec les États-Unis. Ils précisent que la procédure d'arbitrage s'est déroulée dans un pays différent des États-Unis. En effet, pour les juges américains, la décision du Qatar de se soumettre à un arrêt d'une juridiction d'un pays étranger est une renonciation implicite à l'immunité d'exécution. Cette renonciation tacite n'est pas équivalente à la renonciation à l'immunité d'exécution aux États-Unis[1230].

622. Contrairement aux États-Unis, en Angleterre, il n'est pas possible d'exercer des voies d'exécution sur les biens d'un État. Exception est faite uniquement s'il existe une clause révélant le consentement écrit et exprès de l'État sur la levée de l'immunité sur les biens[1231] et sur des biens

---

[1225] Ibid.
[1226] Ibid.
[1227] Cass. 1re civ., 4633, 2001 1131987 (SDNY) du 24 septembre 2001. J.-M. Thouvenin &V. Grandaubert, « The Material Scope of State Immunity from Exécution », pp. 245-265, in *The Cambridge handbook of immunities and international law,* (ed:) Ruys, Tom. Angelet, Nicolas. Ferro, Luca., Cambridge University Press, 2019. p. 388.
[1228] 283 F. 3d 208 (*4th Cir. 2002*) du 06 mars 2002.; M.-A. Cymrot, « Enforcing Sovereign Arbitral Awards – State Defences and Creditor Strategies in an Imperfect World », pp. 350-378, in *The Cambridge handbook of immunities and international law,* (ed:) Ruys, Tom. Angelet, Nicolas. Ferro, Luca., Cambridge University Press, 2019. p. 388.
[1229] 284 F. 3d 1114 (*9th Cir. 2002*) du 26 mars 2002.; Ibid.
[1230] 181 F. 3d 118 (D.C. Cir. 1999), *J. Intl. arb*., (4) 2002, obs. R. Boivin, p. 296; Sections 1605 (a) et 1607 de l'US Foreign Sovereign Immunities Act (FSIA).
[1231] Sections 13.2 et 13.3 du State Immunity Act de 1978 (UK).; I. Wuerth, « Immunity from Execution of Central Bank Assets», pp. 266-284, in *The Cambridge handbook of immunities*

uniquement destinés à être utilisés à des fins de commerce[1232]. Cependant, les biens détenus par les banques centrales et les autorités monétaires sont difficilement saisissables par voie d'exécution au Royaume-Uni même si l'usage de ces biens est destiné à des activités commerciales[1233].

623. En France, la loi n°2016-1691 du 9 décembre 2016 dite « loi Sapin II », après validation par une décision du Conseil constitutionnel du 8 décembre 2016, vient éclaircir cette notion prévue par la convention des Nations Unies. Le Conseil d'État, dans son arrêt du 24 mars 2016,[1234] rappelle que les termes de la convention s'imposent au législateur français. Effet, l'article L.111-1-1 et suivants de la la loi Sapin II précisent que *l'autorisation spéciale* ne doit concerner que les biens utilisés, destinés ou à être destinés à l'exercice des fonctions diplomatique des États étrangers. Le champ de renonciation à l'immunité d'exécution de l'État vient d'être une fois encore réduit lorsqu'il s'agit des biens qui entrent dans la catégorie des biens diplomatiques. Cependant il est capital de retenir que les biens publics de l'État n'ayant pas une nature diplomatique ne rentrent pas dans la catégorie des biens diplomatiques. Ils ne nécessitent pas en revanche une *autorisation spéciale,* mais nécessitent simplement *une renonciation expresse de la part de l'État débiteur*[1235]. Pour que la renonciation soit valable, il faut que dès le départ, les parties stipulent clairement dans le contrat qui les lie des clauses détaillées de renonciation de l'immunité d'exécution. Ces clauses doivent faire état de la différence entre les biens affectés spécifiquement aux services publics et aux services diplomatiques. La renonciation par l'État de son immunité d'exécution est encore plus rigoureuse lorsqu'il s'agit de certaines catégories de biens. Il s'agit des biens à destination non commerciale : les biens à caractère militaire ; les biens d'une banque centrale ou d'une autorité monétaire ; les comptes des missions diplomatiques bénéficiant d'une immunité spéciale conformément à l'article 25 de la Convention de

---

and international law, (ed:) Ruys, Tom. Angelet, Nicolas. Ferro, Luca., Cambridge University Press, 2019. p. 388.

[1232] Section 13, alinéa 4 du State Immunity Act de 1978 (UK). ; Ibid.

[1233] Section 14, alinéa 4 du State Immunity Act de 1978 (UK). ; Ibid.

[1234] C.E. Ass. Gén., Séance du 24/03/2016, Avis sur un projet de loi relatif à la transparence, à la lutte contre la corruption et à la modernisation de la vie économique.

[1235] Cass. 1re civ., 3 février 2021, n°19-10.669, *Sté Commissions Import-Export (Commisimpex) c/ République du Congo et a., Gaz. Pal. n°08, 2021, note.,* C. Berlaud, p. 34 et ss.

Vienne du 18 avril 1961[1236]; les biens faisant partie du patrimoine culturel de l'État[1237].

624. En matière de renonciation à l'immunité, les considérations politiques peuvent influer sur la décision des juges. Ces derniers peuvent en effet refuser la levée de cette immunité en invoquant son caractère absolu. C'est ce qui est survenu en France dans les affaires *Ipitrade international et Liamco*[1238]. Dans le cadre de ces affaires, l'impact politique sur les relations diplomatiques entre les États considérés comme débiteurs (la Lybie et le Nigéria) et la France était très important. Des mesures de rétorsion contre l'État français ont été prises. Il a donc fallu l'intervention du parquet français pour demander la mainlevée des saisies pratiquées à l'égard des biens appartenant à ces États. Par ailleurs, les juridictions du fond belges se sont alignées sur cette logique et précisent que les biens qui font partie du domaine public, ou autres biens ne peuvent pas être saisis. Il s'agit par exemple des comptes bancaires affectés ou nécessaires à l'exercice des missions diplomatiques qui ne peuvent pas faire l'objet de saisies sauf renonciation spéciale ou ad hoc de l'État débiteur[1239]. Il faut donc que la portée de la renonciation spécifique de l'immunité diplomatique sur les biens de l'État débiteur traduise la volonté non équivoque de renonciation de l'immunité diplomatique d'exécution.

625. Aux États-Unis, les juges judiciaires considèrent qu'un compte bancaire à usage mixte qui sert à la fois au financement des activités de la mission diplomatique et des activités commerciales musulmanes bénéficie de l'immunité d'exécution[1240]. Les juridictions américaines soutiennent donc que le principe est de faire appliquer l'immunité d'exécution en

---

[1236]Article 25 de la Convention de Vienne de 1961 : « L'État accrédité accorde toutes les facilités pour l'accomplissement des fonctions de la mission ».

[1237] Dans l'affaire NML Capital Ltd, la Cour de cassation française par le biais de trois arrêts du 28 mars 2013 confirme que si les biens auxquels l'État a renoncé sont d'aventure des biens à utilité publique, la renonciation ne peut être valable que si elle est écrite, expresse et spéciale avec mention des biens ou des catégories de biens auxquels l'État a renoncé ; Voir aussi Cass. ch. civ. 1re, 10 janvier 2018, pourvoi n°16-22494.

[1238] Dans les deux affaires, il s'agissait de l'exequatur accordé à des sentences arbitrales internationales, l'une à l'encontre du Nigéria et l'autre à l'encontre de la Lybie et des saisies-arrêts effectuées sur des sommes d'argent appartenant à ces États auprès des établissements bancaires et industriels au bénéfice de leurs créanciers qui étaient des sociétés privées.

[1239] CA. Bruxelles, *8em chambre*, 15 février 2000, *aff. Leika AG c/ Central Bank of Irak and the State of Irak*, *Journaux des tribunaux belges*, 2001, obs. Miguel Romero, p. 2-12.

[1240] *Letco, Arbitration Award Creditor c/ The Government of the Republic of Liberia*, 659 F. Supp. 606 (D.D.C. 1997).

générale et en cas de nécessité l'immunité diplomatique d'exécution. Elles donnent une interprétation restrictive à la notion d'activité commerciale que les avoirs du compte bancaire ont servi à financer[1241]. Au contraire, la Cour de cassation française considère qu'un bien qui n'est pas directement affecté au service de l'Ambassade ne devrait pas bénéficier de l'immunité d'exécution. À titre d'exemple, un bien immeuble qui ne sert pas de résidence au chef de la mission diplomatique ne peut être considéré comme entrant dans le champ de la mission diplomatique[1242]. Par ailleurs, en droit Suisse, les tribunaux exigent un lien suffisant entre les actifs du débiteur-personne morale de droit public. Ainsi, il faut démontrer un lien entre les biens immeubles appartenant à l'État débiteur et la créance même si l'immunité d'exécution ou l'immunité diplomatique d'exécution est levée[1243]. La seule présence d'actifs en Suisse ou le fait que le tribunal ayant rendu la sentence arbitrale internationale a siégé en Suisse ne constitue pas un lien suffisant pour exercer des procédures de voies d'exécution[1244]. Aux Émirats arabes unis, la jurisprudence considère que la seule existence d'un compte bancaire dans le pays sans que l'État débiteur détenteur ne soit domicilié ne suffit pas pour procéder à la saisie. Dans ce cas, le juge de l'exécution émirati n'est pas compétent pour autoriser la mise en œuvre des voies d'exécution dans le cadre de l'exécution de la sentence arbitrale internationale[1245].

626. En droit OHADA, les textes n'ont pas posé une liste de référence des biens des personnes morales susceptibles de faire l'objet de saisie par les procédures de voies d'exécution. Il n'existe pas encore un panel de jurisprudence qui détermine le caractère spécifique de ces biens. Cependant, la nature de ces biens est spécifiée dans la législation communautaire. En référence à l'article 49 de l'AUPRVE en droit

---

[1241] Ibid.

[1242] Cass. 1re civ. 25 janvier 2005, n°03-18176, *Bull. civ.* I, n°39, *Gaz. Pal.* 27-28 mai 2005, obs. Lespour, p. 39. ; Cass. 1re civ. 19 novembre 2008, n°07-10570, *Gaz. Pal.* n°36, 2009, p. 17 et ss.

[1243] Y. Nouvel, « Éclaircissements sur le lien de rattachement suffisant comme source de l'immunité d'exécution : l'arrêt du Tribunal fédéral suisse du 7 septembre 2017 (5A_942/2017) », *CAPJIA*, n°1, 2019, p. 77 et ss. ; Suisse, sept. 2017, no 5A_942/2017, *Oxus Gold c/ République d'Ouzbékistan, CAPJIA*, n°1, 2019, Y. Nouvel, p. 77 et ss

[1244] Ibid.

[1245] A. Farhad, « Two Steps Forward, One Step Back: A Report on the Development of Arbitration in the United Arab Emirates », *Journal of international arbitration, Vol. 35, n°1*, 2018, p. 131-142.; Cass., Dubaï, 18 août 2013, *CCI c/ Ministère de l'irrigation du gouvernement du Soudan* (Aff. n° 156 :2013).; J. Crawford, « Execution of Judgments and Foreign Sovereign Immunity », pp. 820-865, *in « The American Journal of International Law », Cambridge University Press, 1981,* p. 1072.

OHADA, les biens de l'État ayant pour destination l'accomplissement d'un service public ne peuvent pas faire l'objet de saisie par le créancier. Lorsque le juge de l'exécution constate que le bien poursuivi sert à l'accomplissement d'un service public, le droit communautaire lui donne le pouvoir de s'opposer à l'exécution du titre exécutoire[1246]. Il faut que les biens visés par les poursuites servent à des activités de commercialité. Cependant, il est capital de relever que l'AUPRVE ne précise pas ce qu'il entend par acte de commercialité. Il s'en suit un risque d'inexécution des sentences arbitrales dans l'hypothèse où l'autorité en charge d'accorder la formule exécutoire fait une interprétation inadaptée de la notion « d'activités commerciales ».

627. En conclusion, l'efficacité de l'exécution forcée de la sentence arbitrale ne dépend pas uniquement des instruments conventionnels, notamment les traités internationaux ou régionaux. À la suite de la phase d'obtention du titre exécutoire c'est-à-dire l'exéquatur, l'exécution des sentences arbitrales peut être retardée ou mise en cause par plusieurs facteurs dans sa phase d'exécution. Ces facteurs sont essentiellement de nature procédurale et liée à la personnalité juridique du débiteur. Ainsi, les causes subjectives, notamment les incidents de procédure, peuvent ralentir l'exécution d'une sentence arbitrale exequaturée. Il s'agit des actions pour nullité sur la base de vices de forme des actes e procédures introduites devant le juge d'exécution. Ces vices de forme lorsqu'elles sont confirmées par le juge, ils entrainent par exemple une nullité automatique en droit OHADA. Par ailleurs, le débiteur peut évoquer d'autres raisons procédurales pour retarder ou objecter l'exécution partielle ou totale de la sentence arbitrale. Il s'agit des cas de compasention de créances si celles-ci sont réciproques ; des cas de caducité d'une injonction de payer des cas de prescription du titre exécutoire.

628. Une sentence arbitrale annulée à son siège peut faire l'objet de demande d'exéquatur en France. Cependant, lorsque le créancier souhaite faire recours au juge d'exécution français pour mettre en œuvre des mesures provisoires, le débiteur peut évoquer devant le juge d'exécution que la sentence n'a pas acquis l'autorité de la chose jugée si c'est le cas. Dans le même temps, si le débiteur arrive à démontrer que la sentence viole les règles d'ordre public international, le juge d'exécution peut dans ce cas neutraliser la sentence. Aussi, lorsque la mise en œuvre de l'exécution de la sentence arbitrale est susceptible de porter atteinte grave

---

[1246] Article 49 de l'AUPRVE OHADA.

aux intérêts des parties, le juge de l'exécution peut aménager la mise en œuvre des phases d'exécution de la sentence ou sursoir à son exécution. Il peut aussi sursoir à l'exécution de la sentence arbitrale lorsque le titre exécutoire est annulé. Les procédures en vigueur dans certains pays peuvent dans certains cas rendre très difficile, voire impossible, l'exécution de la sentence arbitrale. C'est le cas des pays qui appliquent la Convention de Mascate.

629. La condition d'exécution de la sentence arbitrale dans ces pays est que cette dernière soit incorporée dans un jugement obtenu au siège du tribunal arbitral. Il s'agit d'une exigence de double exequatur. Par ailleurs, en Chine, lorsque le créancier obtient le titre exécutoire auprès d'une autre juridiction autre que la Cour suprême, cette dernière doit confirmer l'autorisation d'exécution. Le problème est que les juges de la Cour populaire suprême ne disposent pas de délai pour confirmer ou infirmer l'autorisation d'exécution de la sentence étrangère sur le territoire Chinois.

630. Autres particularités c'est lorsque le débiteur est une personne morale de droit public. Dans ce cas, il y a deux paramètres qu'il faut prendre en compte. Il s'agit de la loi qui régit la participation des personnes morales à l'arbitrage et l'évolution de la jurisprudence. En effet, les parties doivent tout d'abord s'assurer que la personne morale de droit public s'est acquittée de toutes les formalités administratives qui l'autorisent à conclure une convention d'arbitrage et à participer à une procédure d'arbitrage. Les parties doivent aussi prévoir une clause de renonciation de l'immunité d'exécution de la personne morale de droit public et une clause qui cible les biens de l'État qui sont saisissables dans l'hypothèse où l'État serait débiteur à la suite d'une procédure d'arbitrage. Il s'agit des biens affectés à une activité économique et commerciale et non des biens qui servent à l'intérêt général. Du point de vue de l'évolution de la jurisprudence, il faut savoir que dans la plupart des cas, le cadre législatif ne définit pas toujours clairement la nature des biens saisissables de l'État et celle de la renonciation de l'immunité d'exécution. À titre d'exemple, en France, la jurisprudence considère que la renonciation doit être expresse et spéciale. Il s'agit des conditions qui peuvent mettre en échec l'exécution de la sentence arbitrale lorsque les parties ne sont pas prémunies de ces différentes conditions avant l'exécution de la sentence arbitrale exéquaturée.

631. De ce qui précède, il ressort que dans le cadre d'une procédure d'exécution l'efficacité des sentences arbitrales internationales ne dépend pas uniquement de la pertinence de la portée juridique des conventions internationales. Les prédispositions[1247] entreprises par les parties depuis la phase de la conclusion de la convention d'arbitrage jusqu'à la phase d'exécution forcée de la sentence sont capitales. De même, devant le juge d'exécution, les parties peuvent faire usage des moyens de défense pour retarder ou empêcher l'exécution de la sentence arbitrale. Il s'agit des situations qui peuvent amener à des sursis à exécution ou des nullités automatiques des actes de procédures. Par ailleurs, les pouvoirs d'interprétations conférés aux juges de l'exécution peuvent aussi contribuer à ralentir ou à suspendre l'exécution de la sentence arbitrale. Il s'agit des situations qui nécessitent l'échelonnement de l'exécution de la sentence arbitrale lorsqu'il est nécessaire de ne pas léser l'intérêt des parties.

632. De même, lorsque le débiteur est une personne morale, il peut y avoir dans certains cas l'absence d'une clause qui précise la nature, les biens saisissables ou encore l'absence d'une clause de renonciation d'immunité d'exécution. En face de ces hypothèses, le juge de l'exécution a une marge de manœuvre important pour valider ou non la participation de la personne morale à la procédure d'arbitrage. Le juge peut aussi qualifier si le bien poursuivi dans le cadre de la procédure d'exécution est saisissable ou non. Il s'agit donc des facteurs structurels et conjoncturels qui peuvent influer sur l'exécution des sentences arbitrales internationales en phase d'exécution. Les parties peuvent cependant avec l'appui de leurs conseils prévoir ou réduire l'impact de ces différents facteurs afin d'assurer une exécution efficace de la sentence arbitrale internationale.

[1247] Exemple : la clause de renonciation de l'immunité d'exécution, l'autorisation des personnes morales de droit public à compromettre.

CONCLUSION DE LA PREMIÈRE PARTIE

633. La convention de New York de 1958 renvoie au droit positif des États parties lorsqu'il s'agit de la mise en œuvre des procédures de reconnaissance et d'exécution des sentences arbitrales internationales. Cette coexistence entre le droit conventionnel et le droit positif processuel des États ne facilite pas la circulation des sentences arbitrales internationales. En effet, dans l'hypothèse où un État partie à la convention dispose de mécanismes juridiques et judiciaires adaptés à la circulation des sentences arbitrales, il se constitue un pôle d'arbitrage actif. En revanche, les États parties qui édictent des législations avec en appui des organes judiciaires qui rendent complexe la reconnaissance des sentences arbitrales ne contribuent pas à l'atteinte des objectifs de la Convention de New York.

634. La conséquence de l'ambiguïté entre la convention et les cadres juridiques et judiciaires des États parties conduit à une appréciation diverse des conditions classiques applicables à une procédure d'arbitrage. Il s'agit principalement des conditions fixées par les États en matière de validité de la convention d'arbitrage et d'arbitrabilité du litige. Ces deux points sont les piliers d'une procédure d'arbitrage. Lorsqu'un État partie à la Convention de New York pose des règles rigides en la matière, alors la circulation de la sentence arbitrale est mise en cause. Cependant, la finalité des cadres juridiques et judiciaires applicables à la constitution du tribunal arbitral et à l'exigence du respect du principe du contradictoire semble être un point commun aux États cibles de notre échantillonnage. Ce point commun justifie le caractère universel de l'arbitrage nonobstant l'existence des défis structurels.

635. La circulation des sentences arbitrales internationales ne repose pas uniquement sur la souplesse de la procédure. Même si certains États parties à la Convention de New York de 1958 disposent de législations favorables à la circulation, des difficultés procédurales peuvent toujours survenir lorsque le juge de l'exécution est saisi en vue de l'exécution forcée d'une sentence arbitrale. Nous avons centré notre analyse sur des difficultés en lien avec les mesures générales et spécifiques qui peuvent ralentir l'exécution de la sentence dans les pays disposant des législations favorables à l'arbitrage. L'objectif de ce choix d'analyse et de faire l'équilibre dans notre démarche d'analyse scientifique. En effet, lorsque le créancier dispose d'un titre exécutoire pour exécuter une sentence arbitrale internationale, le juge de l'exécution dispose de plusieurs outils pour ralentir ou suspendre l'exécution. Il s'agit des cas où l'exécution de la sentence arbitrale pourrait causer un préjudice grave à l'une des parties ou encore en cas d'ouverture d'une procédure collective contre le débiteur, etc. Par ailleurs, le débiteur peut relever devant le juge de l'exécution des carences procédurales ou des vices de forme et de fond pour ralentir l'exécution. Les pays qui disposent des cadres législatifs et judiciaires favorables à la circulation des sentences arbitrales ne sont donc pas à l'abri des procédés de ralentissement ou de suspension de l'exécution des sentences. De plus, lorsque le débiteur est une personne morale de droit public, l'exécution de la sentence arbitrale peut se heurter à l'immunité d'exécution. Cet aspect lié à la capacité des personnes morales à contribuer à l'efficacité de la convention d'arbitrage est une question cruciale en arbitrage international.

636. Au regard de ces différents obstacles relevés dans nos travaux, nous avons trouvé utile de proposer des pistes de solutions intermédiaires utiles pour rendre efficace l'exécution de la sentence arbitrale. Il est important de préciser que notre point de départ dans la deuxième partie de cette thèse sera les premières solutions proposées par les éminents juristes spécialisés en arbitrage international. À partir de ces différents constats, nous allons d'une part, nous inspirer des difficultés identifiées dans le cadre de la mise en œuvre de la Convention de New York. D'autre part, nous allons nous appuyer sur les enseignements tirés des particularités de la phase d'exécution des sentences arbitrales exequaturées. Ces particularités sont identifiées dans les pays qui semblent à première vue disposer de cadres juridiques favorables à la reconnaissance et à l'exécution des sentences arbitrales internationales. Ces subtilités semblent aussi constituer des difficultés procédurales en matière d'exécution des sentences arbitrales. À partir de cette vue globale, nous allons donc proposer et analyser le bien-fondé des pistes de solutions adaptées dans la deuxième partie de cette thèse.

DEUXIÈME PARTIE
LES SOLUTIONS ENVISAGEABLES POUR RENDRE L'EXÉCUTION DES SENTENCES ARBITRALES INTERNATIONALES PLUS EFFICACE

633. L'exécution de la sentence arbitrale constitue une phase importante de la procédure d'arbitrage. Dans l'hypothèse où le créancier doit recourir à l'exécution forcée, il doit obtenir le concours du juge étatique, d'où l'intérêt de la Convention de New York de 1958. Cette convention est un instrument fondamental pour faciliter la circulation des sentences arbitrales internationales. Cependant, l'environnement juridique et judiciaire dans lequel évolue l'arbitrage international a beaucoup évolué, de sorte que certaines dispositions de la Convention méritent d'être reconsidérées. Il s'agit notamment de l'article V paragraphe 1 (e) de la Convention qui donne une grande importance à la loi du siège de l'arbitrage, c'est-à-dire la loi nationale d'un État. Par ailleurs, la Convention ne consacre pas de réglementation matérielle consistante portant sur les conditions de validité de la convention d'arbitrage. La validité de la convention d'arbitrage est donc également soumise au droit national des États.

634. Face à ces différentes difficultés que pose la Convention de New de 1958 en matière de facilitation de l'exécution des sentences arbitrales, il est nécessaire de rechercher des solutions alternatives ou complémentaires pour assurer l'efficacité d'exécution des sentences arbitrales internationales. Le Professeur Philippe Fouchard avait avancé la même idée lorsqu'il avait affirmé qu'« il ne semble pas que les progrès à venir passent nécessairement par la Convention de New York de 1958 et qu'il est sans doute indispensable de chercher et de proposer d'autres voies pour l'accroissement de l'efficacité des sentences arbitrales internationales» [1248]. Il ressort de ces différents constats, et au regard des difficultés relevées dans la première partie de cette thèse l'intérêt de proposer de nouvelles alternatives. Les différentes solutions proposées dans cette deuxième partie se complètent. Cependant, nous ne pouvons pas les classer de façon hiérarchique en fonction de leur efficacité faute de disponibilité des statistiques exhaustives.

635. Ainsi, dans cette seconde partie, différentes pistes de solutions seront explorées. Tout d'abord, nous partirons des propositions formulées

---

[1248] Ph. Fouchard, « Suggestions pour accroitre l'efficacité internationale des sentences arbitrales, *Rev. arb.* 1998, spéc. 655.

par la doctrine sur la nécessité de moderniser le cadre juridique appliqué à la circulation des sentences arbitrales internationales. Ensuite, nous exposerons différentes solutions alternatives que nous estimons pertinentes bien qu'assez classiques (**Titre 1**).

636. Le Titre 2 explore un instrument plus original. Il s'agit d'instrument juridique utilisé par les associations corporatistes du secteur du commerce international : la clause de *Blacklisting.* Cette clause, qui figure dans un certain nombre de règlements d'arbitrage en particulier dits « corporatistes », consiste à tenter de mettre à l'écart du marché considéré le débiteur récalcitrant d'une sentence non exécutée. Son étude consiste à mesurer sa contribution à l'efficacité de l'exécution des sentences arbitrales internationales. L'application de cette clause au sein du Syndicat de Paris, la GAFTA ou la CICCA semble en effet montrer qu'elle tend à faire diminuer les cas d'inexécution des sentences issues des tribunaux arbitraux corporatistes (**Titre II**).

TITRE I : UNE DIVERSITÉ DE SOLUTIONS ADAPTÉES, MAIS LIMITÉES

637. Les limites de la Convention de New de 1958 identifiées et analysées dans la première partie appellent à des solutions concrètes et précises. Le nombre important d'États ayant adhéré à la Convention constitue à la fois la force et la faiblesse de celle-ci dans l'hypothèse de sa révision ou substitution. Il est toutefois possible de proposer des solutions d'amélioration. Celles-ci peuvent être de source conventionnelle ou de source contractuelle.

638. Les solutions de source conventionnelle regroupent les remèdes qui consistent en un instrument normatif de type multilatéral. En d'autres termes, il s'agit de réviser ou de compléter la convention de New York. Ce sont ici essentiellement des solutions qui touchent clairement aux questions procédurales. Les sources conventionnelles sont invoquées à titre complémentaire de la Convention de New York de 1958 (**Chapitre 1**).

639. Par ailleurs, il ne faut pas perdre de vue qu'il existe aussi des solutions qui tirent leur source de la norme appliquée au litige arbitral. Le choix de ces normes relève de la volonté des parties. Elles peuvent depuis la conclusion de la convention d'arbitrage porter leur choix sur des normes adaptées aux besoins du commerce international et au règlement des différends par voie d'arbitrage. Il s'agit de permettre au tribunal arbitral de trancher le litige sous couvert de normes transnationales adaptées aux exigences du commerce international. Il s'agit donc des normes composant la Lex mercatoria, des normes uniformes d'origines contractuelles, et d'autres instruments juridiques. À titre d'exemple nous pouvons citer les Principes UNIDROIT, les usages du commerce international et encore les clauses de *hardship*. Cet ensemble forme ce que nous avons regroupé sous le vocable de « remèdes d'ordre normatif transnational » (**Chapitre 2**).

CHAPITRE I : LES REMÈDES D'ORDRE PROCÉDURAL

640. Le premier reproche qui a été fait à l'endroit de la Convention de New York de 1958 est sa carence en matière de carence de règles procédurales[1249]. Les rédacteurs de la Convention ont omis de mettre à la disposition des États parties un référentiel de règles de procédure régissant la reconnaissance et l'exécution des sentences arbitrales internationales. Ainsi, les solutions proposées par les spécialistes de l'arbitrage international touchent en premier lieu fondamentalement aux questions de procédures. Les solutions proposées comportent cependant des limites, ce qui nous conduit à proposer à titre complémentaire d'autres solutions. Elles sont également d'ordre conventionnel et préservent les acquis de la Convention de New York (**Section 1**).

641. Au-delà des sources conventionnelles, il est possible d'envisager des remèdes d'ordre contractuel. La volonté des parties est l'essence même de l'arbitrage. Ces solutions concernent directement les parties à la procédure d'arbitrage. Elles constituent donc un outil d'efficacité de l'exécution spontanée des sentences arbitrales, pour peu qu'elles soient encadrées par des règles dissuasives. Ainsi, nous avons pu proposer une seconde catégorie de solutions de source contractuelle (**Section 2**). Il s'agit d'un ensemble de mesures juridiques qui contribuent à l'efficacité de l'exécution des sentences arbitrales internationales. Au nombre de ces mesures, nous avons donc proposé des mesures de sûretés comme gage d'exécution des sentences arbitrales internationales. Nous avons pu aussi proposer la transaction comme un outil efficace de recouvrement de créance. Enfin nous avons proposé des mécanismes de médiations spéciales post-arbitrales qui constituent un mode de recouvrement des créances auprès du débiteur-personne morale de droit public qui disposent a priori de l'immunité d'exécution.

SECTION 1 : Les remèdes conventionnels

642. Pour proposer les solutions utiles à l'amélioration de la reconnaissance et de l'exécution des sentences arbitrales internationales, il est utile d'identifier le problème à la source. Ainsi, la première source du problème résulterait des faiblesses de la Convention de New York. Trouver des solutions à la source du problème devient alors une priorité. C'est en ce sens que la plupart des spécialistes de l'arbitrage international ont proposé des solutions qui concernent directement la réforme de la

---

[1249] V. supra, paragraphe 154 et ss.

Convention. Les solutions proposées par la doctrine portent essentiellement sur les possibilités de révision ou sur le remplacement de la Convention (**Paragraphe 1**).

643. Très vite, une double crainte est apparue. La première est liée à la lourdeur de la révision de la Convention de New York compte tenu notamment du nombre d'États parties. La seconde crainte est liée au risque de ne pas pouvoir compter sur un nombre suffisant d'États susceptibles d'adhérer à une nouvelle Convention sur la reconnaissance et l'exécution des sentences arbitrales internationales. Dans ces conditions, la révision de la Convention de New n'était plus envisageable. D'autres solutions ont été alors proposées. Ces solutions s'inscrivent dans une démarche de complémentarité de la Convention de New York avec d'autres instruments. L'article VII, alinéa 1er de la Convention, permet en effet aux États parties de se prévaloir d'autres dispositions conventionnelles en matière de reconnaissance et d'exécution des sentences arbitrales internationales. Ainsi, les acteurs du commerce international ont proposé au niveau mondial et régional des solutions que nous qualifions de complémentaires (**Paragraphe 2**).

Paragraphe 1 : Les solutions proposées par la doctrine

644. La doctrine est unanime sur la nécessité d'améliorer le contenu de la Convention de New York de 1958. Cependant, les points de vue des spécialistes de l'arbitrage international sont divergents sur la méthode à adopter pour réformer la Convention. Certains spécialistes soutiennent une révision des dispositions de la Convention alors que d'autres proposent un protocole d'accord, ou encore une nouvelle Convention sur l'exécution des sentences arbitrales internationales (**A**). Par ailleurs, certains auteurs recommandent uniquement la création d'une Cour internationale pour une application effective de la Convention de New York de 1958 (**B**).

A. <u>Les propositions de réforme de la Convention de New York de 1958</u>

645. Face aux limites clairement identifiées de la Convention de New York de 1958, plusieurs spécialistes ont proposé des solutions pertinentes, mais limitées. Ces solutions sont multiples et cohérentes sur le plan théorique. Mais en pratique, les conditions n'étaient pas réunies pour leur mise en œuvre. Ces propositions portent sur la révision de certaines dispositions de la Convention (**1**) ; sur la mise en place d'une nouvelle convention internationale sur la reconnaissance et l'exécution des sentences arbitrales internationales (**2**) ; et enfin sur l'adoption d'un protocole additionnel à la Convention (**3**).

1. Les pistes de révision de la Convention

646. Éric Loquin, dans son article intitulé « L'exécution des sentences arbitrales internationales au début du troisième millénaire, bilan et perspective » a formulé un certain nombre de propositions remarquables[1250]. La première portait sur l'idée de supprimer les effets internationaux de l'annulation d'une sentence dans son pays d'origine. Convaincu que cette proposition rencontrerait peu d'adhésion, il a tempéré cette idée. Il propose ainsi une solution qu'il qualifie de minimale. Il s'agit de la réduction des hypothèses d'annulation de la sentence dans les pays du siège. Cette proposition est en phase avec l'évolution de la jurisprudence française sur cette question. En effet, le juge de l'exequatur ou le juge de l'annulation français peut examiner la demande d'exequatur ou le recours en annulation formulée à l'égard d'une sentence arbitrale internationale annulée au siège. C'est le cas dans l'affaire *Norsolor* où la Cour de cassation avait décidé que le juge judiciaire ne pouvait pas refuser l'exequatur à une sentence arbitrale lorsque son droit national l'autorise[1251].

647. Il ressort de cette première proposition l'idée de mettre fin aux d'ambigüités des articles V (e) et VII (1) de la Convention de New York de 1958. En effet, l'auteur considère que le système de la Convention de New York est dépassé par la primauté des règles de procédure nationales plus favorables introduites par l'article VII paragraphe 1er de ladite convention. Cette disposition permet aux États parties à la Convention d'appliquer leur droit national ou régional lorsque ces derniers sont plus favorables à la reconnaissance et à l'exécution des sentences arbitrales internationales. Cette solution est une réalité, notamment en France et en droit OHADA. Cependant, elle n'est pas effective dans l'ensemble des États parties à la Convention de New York de 1958, d'où son caractère limité.

648. En second lieu, le Professeur Eric Loquin, précise qu'un fort courant d'opinion n'était pas favorable à la révision de la Convention de

---

1250 É. Loquin, « L'exécution des sentences arbitrales internationales au début du troisième millénaire : bilan et prospective », *RDAI*, 2003, n°7, p.747 et ss.

1251 B. Goldman, « Une bataille judiciaire autour de la Lex mercatoria : l'affaire Norsolor », *Rev. arb.* 1983. p. 379.

New York de 1958. Au contraire, ce dernier se montre favorable à une révision dans le sens de l'allègement du contrôle de la sentence arbitrale étrangère par le juge de l'exequatur. Il s'agit de permettre au juge de l'exequatur d'user de son pouvoir discrétionnaire pour apprécier la demande d'exequatur. Cette appréciation permettra au juge judiciaire d'accepter ou de refuser l'exequatur en référence à l'article V de la Convention de New York. En d'autres termes, l'application de ces cas de contrôle ne doit pas être imposée au juge judiciaire. Cependant, cette solution est difficile à mettre en œuvre, car l'office du juge diffère d'un système juridique à un autre. Il est presque impossible de rendre prévisibles les paramètres et les contextes qui entourent l'office du juge. Cette solution n'est donc pas évidente à mettre en œuvre.

649. Troisièmement, en ce qui concerne l'arbitrabilité du litige, c'est la loi de l'État requis qui est applicable. En matière procédurale, l'arbitrabilité du litige soulève plutôt des conflits de juridictions et non des conflits des lois. Ainsi, c'est la loi du juge requis qui est compétent pour régir l'office du juge portant sur le contrôle de l'arbitrabilité du litige. Dans ce cas précis, Éric Loquin considère que le juge judiciaire peut appliquer des règles matérielles pour contrôler la validité de la convention d'arbitrage. En effet, la Convention de New York prévoit en son article V que le juge judiciaire devra se référer à la loi choisie par les parties pour statuer. À défaut de choix de la loi par les parties, le juge appliquera la loi du siège du tribunal arbitral pour statuer sur la validité de la convention d'arbitrage. Cette méthode de conflit de lois peut être contre-productive lorsque le droit positif appliqué n'est pas très enclin à la promotion de l'arbitrage international. Cependant, certains systèmes sont favorables à l'application de règles matérielles pour le contrôle de la validité de la convention d'arbitrage internationale. C'est le cas du droit français[1252] et du droit OHADA[1253]. L'application des règles matérielles est donc

---

[1252] Cass. 1re civ., 20 décembre 1993, *JDI*, 1994, p. 690. CA., Paris, 13 juin 1996, *JDI*, 1997, 151, note E. Loquin.

[1253] C.Blanchin, L'autonomie de la clause compromissoire : un modèle pour la clause attributive de juridiction,
Paris, *L.G.D.J/E.J.A* 1995, pp.22-27. C'est l'arrêt Gosset qui a consacré l'indépendance de la clause compromissoire en 1963 ; Civ.I, 7 mai 1963, Gosset J.C.P., 1963, II, 13405, note Goldman, ce dernier affirmait que « l'autonomie de l'accord compromissoire signifie (…) une indépendance de rattachement, s'ajoutant à l'indépendance matérielle ». Cette indépendance a été confirmée constamment par la jurisprudence. Il s'agit de l'arrêt du Dalico, Civ. I, 20 décembre 1993, Dalico, *Rev. arb.* 1994, p.116, note H. Gaudemet-Tallon. Ce principe d'autonomie a été codifié par l'arbitrage dans l'espace OHADA, article 4 AUA (OHADA) et article 10.3 du Règlement d'Arbitrage de la C.C.J.A. Ces arrêts précités consacrent la licéité de principe de la convention d'arbitrage, l'indépendance de la clause d'arbitrage à l'égard du

conditionnée par l'accord des parties. Cette triple possibilité caractérise le dépassement du système de la convention de New York selon les termes utilisés par le Professeur Loquin[1254]. Cette solution proposée par l'auteur est une réalité. Elle n'est cependant effective que dans les États ou systèmes juridiques qui appliquent des règles matérielles pour le contrôle de la validité de la convention d'arbitrage. Elle a donc une portée limitée.

650. En quatrième lieu, l'auteur préconisait l'unification des règles internationales en matière de contrôle et d'exécution forcée des sentences arbitrales internationales. Il s'agit pour l'auteur d'unifier les règles procédurales relevant du droit positif des États membres applicables à l'exécution de la sentence arbitrale en limitant le contrôle effectué par le juge judiciaire. Ainsi, Éric Loquin soutient que la Loi type CNUDCI pourrait définir un standard international de contrôle. Il précise que le pouvoir du juge de contrôle devrait être orienté sur trois points précis. Tout d'abord, le contrôle effectué par le jugé devrait être dégagé de tout formalisme relatif au consentement réel des parties à l'arbitrage. Ensuite, dans son office, le juge devrait contrôler le respect des garanties à un procès équitable. Il devrait enfin veiller à la conformité de la sentence arbitrale à l'ordre public international.

651. La proposition est cohérente, car dans la première partie de nos travaux ces points de contrôles restent communs aux différents systèmes juridiques étudiés. Cependant, cette proposition n'est pas réaliste, car les juges ne tranchent pas de la même façon les questions en lien avec le consentement des parties, le procès équitable et l'ordre public. Les règles législatives et jurisprudentielles qui orientent l'office du juge en la matière

---

contrat de base (absence de contagion) et l'éviction du raisonnement conflictualiste. Cette éviction de la méthode conflictuelle est un gage de sécurité juridique. Le législateur communautaire a été bien inspiré en consacrant les règles matérielles du droit international privé. En droit international privé, les règles matérielles se définissent comme des normes ou des règles dans lesquelles, la situation internationale trouve directement son application ou sa réglementation. Les règles matérielles sont l'œuvre de la jurisprudence. Elles ont l'avantage d'éviter l'application difficile des règles de conflit. À notre sens, la consécration des règles matérielles par l'arbitrage OHADA permet d'apporter une solution directe aux différends. L'article 4 de l'acte uniforme a codifié une règle matérielle de validité de la convention d'arbitrage qui reprend les termes de l'arrêt *DALICO* ; Cass. Civ. Ière, 20 déc. 1993, *DALICO, J.D. I*, 1994 432, note E. Gaillard et de E. Loquin ; l'article 4 de l'acte uniforme dispose que : « La convention d'arbitrage est indépendante du contrat principal. Sa validité n'est pas affectée par la nullité de ce contrat et elle est appréciée d'après la commune volonté des parties, sans référence nécessaire à un droit Etatique ».

[1254] Éric Loquin, « L'exécution des sentences arbitrales internationales au début du troisième millénaire : bilan et prospective », 2003, *RDAI*, n°7, 2003, p. 753.

sont variables et différentes selon les systèmes juridiques comme nous l'avons démontré dans la première partie.

652. La cinquième proposition de l'auteur porte sur la nécessité de reconnaître au juge judiciaire le pouvoir discrétionnaire de refuser de prononcer ou non l'annulation de la sentence arbitrale[1255]. La Cour de cassation française a confirmé cette solution dans l'affaire *Hilmarton* dans son arrêt du 10 juin 1997[1256]. Cette solution n'est valable que pour les juridictions dont les pays appliquent une loi prévoyant des conditions plus favorables à la reconnaissance et à l'exécution des sentences arbitrales internationales. Cette solution a cependant une portée limitée et, car elle concerne que les États disposés à appliquer des règles de reconnaissance et d'exécution des sentences arbitrales plus favorables aux prescriptions de la Convention de New York.

653. Comme nous l'avons vu dans la première partie de cette thèse[1257], la Convention de New York laisse en réalité une importante marge de manœuvre aux États parties, y compris s'agissant des cas de contrôle de l'article V[1258]. Les différentes solutions pertinentes proposées par Éric Lorquin sont limitées et ne sont que partiellement réalisables au plan mondial. En revanche, la mise en place de règles harmonisées d'exequatur des sentences arbitrales pourrait être un début de solution au niveau régional. À titre d'exemple, le droit OHADA de l'arbitrage dispose d'un exequatur régional[1259], ce qui n'est pas encore le cas Europe. À défaut, il faut donc opter pour d'autres solutions alternatives. Cette idée cadre avec la position de Philipe Fouchard évoquée plus haut[1260]. C'est dans cette optique que nous avons proposé des solutions alternatives à partir du paragraphe 2 de cette section.

654. Certains auteurs proposent par ailleurs d'annexer à la Convention de New York un protocole additionnel.

1255 Article V de la Convention de New York de 1958.

1256 Fouchard, « La portée internationale de l'annulation de la sentence arbitrale dans son pays d'origine », *Rev. arb.* 1997. p. 329.

1257 V. Supra, paragraphe n°10 et SS.

1258 Ibid.

1259 Voir supra paragraphe n°131 et ss.

1260 Voir supra paragraphe n°450.

2. L'adoption d'un protocole additionnel à la Convention de New York de 1958

655. Albert Jean Van Den Berg, dans son ouvrage intitulé « la Convention d'arbitrage : vers une interprétation judiciaire uniforme » confirme l'utilité de la Convention de New York de 1958. Il s'appuie sur l'étude de cent quarante décisions de justice de dix-huit États parties à la Convention[1261]. Il démontre ainsi que la Convention contribue à la circulation des sentences arbitrales étrangère et qu'il n'est pas utile de la réviser[1262]. Néanmoins, il reconnait dans son ouvrage que certaines dispositions de la Convention sont ambigües et difficilement compréhensibles. Il s'agit des dispositions prévues aux articles I (1) ; II (2) et V (1) (d). Cependant, l'auteur considère que ces difficultés ne sont pas d'ampleur suffisante pour justifier une révision globale de la Convention de New York de 1958[1263].

656. L'auteur est partisan d'adoption d'un protocole additionnel pour réviser certains articles, notamment l'article I (1) de la Convention qui considère que seules les sentences arbitrales étrangères ou internationales peuvent bénéficier l'application de la Convention. Ainsi, l'auteur déduit que le champ d'application de la Convention est limité à l'exécution des conventions d'arbitrages et des sentences arbitrales étrangères. En effet, elle ne constitue pas une réglementation globale de l'arbitrage commercial international. À titre d'exemple, la Convention ne s'applique pas à la procédure de reconnaissance et d'exécution des sentences arbitrales internes. Sur ce point, elle renvoie au droit positif des États parties[1264].

657. Pour remédier à la diversité des procédures des États d'un même système juridique et entre différents systèmes juridiques, l'auteur suggère l'utilité d'une loi uniforme. Cette loi qui pourrait servir de base à l'adaptation des lois nationales sur l'arbitrage international[1265]. Cette loi a vu le jour sous la forme de la Loi type de la CNUDCI sur l'arbitrage adoptée en 1985 et révisée en 2006. L'auteur considère également qu'il est nécessaire de fournir des efforts pour harmoniser les interprétations judiciaires portant sur l'application de la Convention de New York. L'objectif serait de parvenir à une interprétation uniforme de la

---

1261 A.-J. Van Den Berg, *La Convention d'arbitrage de New York de 1958, Vers une interprétation judiciaire uniforme*, *Wolters Kluwer*, 1994, p. 393.
1262 Ibid.
1263 Ibid. p. 394
1264 Ibid. p. 395.
1265 Ibid.

Convention. Pour ce faire, il faut permettre aux juridictions des États membres de disposer d'une banque de jurisprudence mondiale uniformisée de référence utile pour leur office.

658. Les propositions ci-dessus méritent d'être replacées dans leur contexte. En effet, durant les vingt premières années de la Convention de New York de 1958, la jurisprudence était plutôt convergente. Cependant, tel n'est plus le cas après soixante ans de mise en œuvre de[1266]. Comme nous l'avons démontré dans la première partie de cette thèse, à quelques exceptions près, la convergence de vue relative à l'office du juge des différents systèmes juridiques n'est pas encore une réalité [1267]. Les jurisprudences des États parties constituent un outil objectif pour évaluer le niveau d'interprétation uniforme de la Convention de New York de 1958. Mais l'interprétation uniforme de la Convention est évolutive, car dépendante de l'interprétation des juridictions des différents systèmes juridiques des États parties.

659. D'autres auteurs proposent enfin l'adoption d'une nouvelle convention sur la reconnaissance et l'exécution des sentences arbitrales internationales.

3. L'adoption d'une nouvelle convention internationale sur l'exécution des sentences arbitrales internationales

660. Werner Melis propose une nouvelle convention internationale au champ d'application plus large pour la reconnaissance et l'exécution des sentences arbitrales internationales [1268]. Il suggère d'adopter une conception de la convention d'arbitrage écrite proche de celle retenue par les rédacteurs de la Loi type de la CNUDCI. Il précise qu'il faut prendre en compte les nouveaux moyens de communication qui permettent d'établir la preuve de la convention d'arbitrage. Pour l'auteur, la Convention de New York traite principalement de la reconnaissance et de l'exécution des sentences arbitrales internationales. Elle ne tient pas compte des moyens alternatifs, notamment des règlements amiables ou de la transaction pour faciliter l'exécution de la sentence arbitrale. Il considère que l'usage des mécanismes amiables pourrait être efficace pour

---

[1266] M. Penadés Fons & P. Tent Alonso, « The New York Convention and the Enforcement of Arbitration Agreements by National Courts: What Level of Review? », pp. 3-19 *in 60 Years of the New York Convention: Key Issues and Future Challenges*, Dir (K.-F. Gomez et A. M. Lopez Rodriguez), *Wolters Kluwer*, 2019, p. 518.

[1267] V. supra paragraphe 157 et ss.

[1268] W. Melis, « 70 Jahre Internationale Handelsschiedsgerichtsbarkeit », pp. 1486-1488, in *Handbuch Internationales Wirtschaftsrecht, O. Schmidt,* 2005, p. 2212.

obtenir l'exécution des sentences arbitrales internationales dans certains contextes particuliers. Il s'agit des cas dans lesquels les parties ont conclu un accord de transaction ou la possibilité de médiation en cas de défaut de paiement du débiteur[1269].

661. Il convient toutefois de préciser que l'objet de la Convention de New York de 1958 n'est pas orienté vers les moyens alternatifs de règlement des différends autres que l'arbitrage. Cependant, l'auteur précise qu'il ne serait pas contraire à l'esprit de la Convention de New York et que la transaction ou la médiation soient prévues comme modes alternatifs d'exécution de la sentence arbitrale internationale. Ces différents modes d'exécution de la sentence devraient cependant être conditionnés par la volonté des parties et la justification des cas qui justifieraient leur mise en œuvre. La mise en œuvre de ces différents modes d'exécution de la sentence arbitrale pourrait être régie par le droit procédural des États parties.

662. Werner Melis propose aussi que les juridictions nationales du siège et celles dont les parties à l'arbitrage ont la nationalité puissent exécuter les mesures provisoires prononcées le cas échéant par le tribunal arbitral pour faciliter l'exécution des sentences arbitrales partielles[1270]. L'auteur précise enfin qu'il conviendrait de limiter les cas d'annulation des sentences arbitrales internationales à des motifs sérieux[1271]. Ces motifs sont la validité de la convention d'arbitrage; le respect du principe de contradictoire et du principe d'égalité et la conformité de la sentence arbitrale à l'ordre public international[1272]. L'auteur préconise enfin d'accorder expressément la possibilité aux juridictions nationales des pays tiers d'exécuter en cas de nécessité les sentences arbitrales internationales ayant fait l'objet d'annulation au siège de l'arbitrage.

663. Les propositions de Werner Melis concernant la mise en place d'une nouvelle Convention internationale ayant une portée juridique plus large et le recours à d'autres moyens alternatifs pour faciliter l'exécution de la sentence arbitrale sont innovantes. Cependant, là encore, il s'agit d'un nouveau processus de révision de la Convention de New York. Une telle révision engendrerait une lourde procédure de négociation entre les cent soixante-six États parties à la Convention. La mise en œuvre et la finalisation d'un tel processus de révision paraissent donc incertaines. Il

---

[1269] Ibid.
[1270] W. Melis, « 70 Jahre Internationale Handelsschiedsgerichtsbarkeit », op.cit.
[1271] Ibid.
[1272] Ibid.

est donc utile et nécessaire d'envisager d'autres pistes de solutions autonomes de la Convention de New York afin d'assurer l'efficacité de l'exécution des sentences arbitrales internationales.

664. Par ailleurs, d'autres spécialistes de l'arbitrage se sont prononcés en faveur du maintien de la Convention, mais souhaitent la renforcer avec un avenant ou un protocole qui auraient pour objet la création d'une Cour internationale chargée d'appliquer la Convention de New York.

B. Le courant progressiste engagé pour la création d'une Cour internationale dédiée

665. Les conventions internationales de droit uniforme, en particulier les conventions de droit privé[1273], peuvent avoir ou non du succès en matière d'application uniforme. La cause principale de cette incertitude est qu'elles sont appliquées par des juridictions nationales des États parties ayant des systèmes juridiques différents. Il en résulte des divergences d'application et d'interprétation de ces conventions. C'est pour cette raison que certains spécialistes de droit de l'arbitrage considèrent qu'il manque une Cour unificatrice dans le cadre de l'application de la Convention de New York de 1958[1274]. En effet, l'absence d'une Cour supranationale chargée de l'application de la Convention de New York compromet son application uniforme selon certains auteurs[1275].

666. Sébastien Manciaux s'inscrit ainsi dans une démarche qui consiste à démontrer l'utilité d'une Cour pour une application uniforme de la Convention de New York de 1958. Dans sa contribution intitulée « Le sort des sentences arbitrales annulées dans l'État du siège : proposition pour sortir du désordre actuel »,[1276] il soutient l'idée de la création d'une Cour internationale. Pour l'auteur, cette Cour serait uniquement compétente pour statuer sur les décisions portant sur l'annulation des sentences arbitrales internationales. La décision de la juridiction du siège de l'arbitrage qui annule la sentence arbitrale internationale n'aurait donc

---

[1273] Convention internationale relative au transport de marchandises par route (CMR) et la Vente internationale des Marchandises (CVIM).
[1274] Convention de Vente Internationale des Marchandises (CVIM).
[1275] O. Rises, « L'opportunité de juridictions supranationales pour l'interprétation des lois uniformes », Uniform Law Review/ULR (1998), 525 ; V. aussi en matière de droit des transports : C. Legros, « Modalité de l'interprétation uniforme de la CMR : Quelles difficultés ? Quels remèdes ? », Uniform Law Review/ULR (2016), 579.
[1276] S. Manciaux, « Le sort des sentences arbitrales annulées dans l'État du siège : proposition pour sortir du désordre actuel », pp. 215-230, *in Droit sans frontière, mélange en l'honneur d'Éric Loquin*, Paris, *Lexis Nexis*, p. 926.

d'effet que sur le territoire des pays tiers. Seule la décision de la Cour sur l'annulation ou non d'une sentence arbitrale internationale aurait une portée juridique internationale à l'égard des États tiers qui auraient ratifié cet avenant. En cas d'annulation d'une sentence arbitrale au siège, les juridictions de pays tiers ayant ratifié l'avenant instituant la Cour internationale pourraient poser des questions préjudicielles. La décision de la Cour internationale servirait de référence pour les juridictions nationales des États tiers pour statuer sur une demande d'exequatur, ce qui permettrait à la sentence arbitrale de bénéficier d'une portée internationale plus large.

667. Une première limite se dégage de la proposition de Sébastien Manciaux. Pour cet auteur, la nouvelle Cour n'aurait pas une compétence exclusive pour connaitre des cas d'annulation d'une sentence arbitrale. L'effet juridique des arrêts de la Cour serait donc limité. Il est donc probable qu'apparaissent des conflits de compétence entre la nouvelle Cour et la juridiction du siège de l'arbitrage habilitée à se prononcer sur les cas d'annulation d'une sentence arbitrale. L'auteur soutient par ailleurs que la nouvelle Cour serait considérée comme une garantie pour la circulation de la sentence arbitrale dans les pays tiers ayant ratifié cet avenant. Cependant, il précise que l'annulation d'une sentence arbitrale pour des raisons liées à la validité de la convention d'arbitrage écarterait d'office la compétence de la Cour internationale. La possibilité d'extension ou de transmission de la convention d'arbitrage à des parties non-signataires ne fait pas l'objet d'une position consensuelle parmi les États signataires. Il précise aussi que la Cour ne serait pas compétente pour statuer sur l'arbitrabilité d'un litige, cette compétence étant laissée aux juridictions nationales.

668. Sébastien Manciaux propose que les membres de cette Cour aient pour seule qualité un haut niveau de connaissance et d'expertise en matière d'arbitrage international. La Cour devrait être subdivisée en sections. Chacune des sections devrait être composée de cinq membres et d'un conseiller rapporteur. Le rapporteur ne pourrait pas prendre part à la délibération des juges. Pour l'auteur, la création de cette Cour contribuerait à supprimer la circulation sur le plan international de deux sentences portant sur un même litige. Les décisions de cette Cour devraient ainsi contribuer à une harmonisation des jurisprudences nationales des États parties.

669. Howard Holtzmann propose également la création d'une Cour internationale pour résoudre les différends relatifs à l'exécution des sentences arbitrales internationales[1277]. La nouvelle Cour aurait pour compétence la reconnaissance et l'exécution des sentences arbitrales internationales. Elle pourrait se substituer aux juridictions nationales pour connaitre des recours en annulation des sentences arbitrales formulés sur la base des dispositions de l'article V, alinéa premier de la Convention de New York. Les deux auteurs proposent également que les décisions de cette nouvelle Cour puissent être exécutées par les États ayant reconnu sa compétence.

670. Ces différentes propositions sont intéressantes. Mais en pratique, elles ne sont pas simples à mettre en œuvre. À titre d'exemple, l'harmonisation de la jurisprudence ne sera pas complète en cas de divergence entre les décisions de la Cour internationale et les juridictions du siège de l'arbitrage. Mais surtout, il est peu probable que les États parties à la Convention acceptent majoritairement de déléguer une compétence d'interprétation à un organe externe[1278]. De même, il ne sera pas aisé de prévoir dans la convention des règles substantielles susceptibles d'être une référence pour l'organe qui aura la charge de l'interprétation[1279]. L'idée de mettre en place une Cour internationale pour faciliter la circulation et l'exécution des sentences arbitrales internationales est une innovation. Cependant, il n'est pas évident de mettre en place une telle Cour, et ce pour deux raisons. La première raison se rapporte au nombre d'États parties à la Convention de New York. Dans l'hypothèse où peu d'États adhèrent à cette idée et ratifient le protocole de la création de cette Cour, on aura donc un effet négatif sur l'objectif de la Convention de New York. En effet, les sentences arbitrales vont effectivement circuler entre un nombre réduit d'États parties, ce qui est contraire à l'esprit même de la Convention de New York. La seconde raison porte sur le cas où plusieurs États parties à la Convention de New York auraient adhéré au protocole d'accord portant sur la création de la Cour. Dans ce cas, la désignation des magistrats habilités à animer le fonctionnement de la Cour sera une réelle difficulté compte tenu du nombre élevé des États parties à la Convention de New York. Enfin, l'idée de la création d'une juridiction internationale pour une application uniforme de la Convention de New York nous paraît utopique. À défaut, il existe d'autres solutions concrètes et plus circonscrites. Il s'agit de

[1277] Holtzmann, M. Howard, *International mass claims processes: legal and practical perspectives*, *Oxford University Press*, 2007, p. 462.
[1278] C. Legros, « Modalité de l'interprétation uniforme de la CMR : Quelles difficultés ? Quels remèdes ? », op. art. p. 580.
[1279] Ibid.

l'application par des juridictions supranationales régionales, notamment la CCJA de l'espace OHADA de normes régionales qui favorisent la circulation et l'exécution des sentences arbitrales[1280].

671. Les différents auteurs évoqués dans ce paragraphe ont le grand mérite d'apporter leurs précieuses contributions pour rendre plus efficaces les mécanismes de reconnaissance et d'exécution des sentences arbitrales internationales. Elles méritent d'être prises en compte dans une perspective de fédérer ces idées qui se complètent afin de trouver des solutions juridiques, judiciaires et pratiques pour améliorer la circulation et l'exécution des sentences arbitrales internationales. Ces idées constituent de notre point de vue des viviers de propositions d'instruments précieux pour préserver et moderniser les acquis de la Convention de New York.

672. Nous déduisons de ce qui précède que c'est dans la diversité des solutions proposées que nous pourrons identifier des remèdes pertinents aux problématiques soulevées par la reconnaissance et l'exécution des sentences arbitrales. Ainsi, nous avons opté pour plusieurs solutions dans le cadre de nos travaux de recherches. Les solutions présentent aussi des limites, mais leur originalité réside dans la valeur ajoutée qu'elles apporteront à l'exécution des sentences arbitrales internationales. Tout d'abord, il nous semble utile de mettre en évidence la complémentarité entre les conventions internationales applicables à la reconnaissance et à l'exécution des sentences arbitrales internationales. Cette complémentarité pourra constituer le premier tableau de bord ou une première référence à propos des sources formelles aux juges nationaux en matière d'exécution des sentences arbitrales. En nous inscrivant dans cette perspective, nous exposerons dans le paragraphe suivant les instruments internationaux que nous qualifions de complémentaires à la Convention de New York de 1958.

Paragraphe 2 : Les instruments complémentaires à la Convention de New York

673. La Convention de New York de 1958 est certes un d'apport important en ce qui concerne la circulation des sentences arbitrales internationales. Cependant, elle présente des faiblesses relevées dans la première partie de cette thèse. Les spécialistes ont proposé des solutions pertinentes limitées. Mais la plus grande difficulté réside dans la

---

[1280] Article VII de la Convention de New York de 1958.

possibilité ou non de réviser cette convention. Dans la pratique, la révision de la Convention n'est pas pour l'heure possible compte tenu du grand nombre d'États adhérent. Face à cette difficulté, il fallait donc procéder autrement pour combler les insuffisances de la Convention. Ainsi, il est utile de s'interroger sur la complémentarité des conventions internationales ou instruments régionaux qui reconnaissent l'existence de la Convention.

674. Ces instruments potentiellement complémentaires sont la Loi type de la CNUDCI sur l'arbitrage, les actes uniformes du droit dérivé de l'OHADA[1281] et le Règlement ayant consacré le Titre européen exécutoire en droit européen[1282]. Donc à défaut de révision de la Convention de New York de 1958, ces différents instruments apportent leur valeur ajoutée en matière d'efficacité d'exécution des sentences arbitrales internationales. Ces différents instruments sont complémentaires par le biais de leur aspect procédural qui apporte une amélioration à la reconnaissance et à l'exécution des sentences arbitrales internationales. En ce qui concerne le Titre exécutoire européen, il n'est pas directement lié à la sentence arbitrale. Il s'agit d'un outil accessoire qui peut intervenir lorsque le juge des référés prend des mesures conservatoires par ordonnance dans le cadre d'une procédure d'arbitrage. Présentons maintenant les instruments internationaux et régionaux qui contribuent à l'exécution des sentences arbitrales internationales.

A. La coordination avec la Loi type de la CNUDCI sur l'arbitrage

675. La loi type de la CNUDCI sur l'arbitrage commercial provient de la même institution internationale que la Convention de New York de 1958 [1283]. C'est une loi uniforme de source conventionnelle qui n'intègre pas les règles protocolaires d'un traité. Elle est accessible et flexibilité. Quatre-vingt-cinq pays ont intégré dans leur dispositif législatif portant sur l'arbitrage la Loi type de la CNUDCI, ce qui est un véritable succès pour une loi uniforme. Contrairement à la Convention de New York, le principal atout de la Loi type est son apport sur la procédure en matière de reconnaissance et d'exécution de la sentence arbitrale.

[1281] L'Acte uniforme relatif à l'arbitrage en droit OHADA, l'Acte uniforme relatif au droit de sûreté et l'Acte uniforme sur les procédures simplifiées et les Voies d'exécution.

[1282] Règlement (CE) No 805/2004 du parlement européen et du conseil du 21 avril 2004 portant création d'un titre exécutoire européen pour les créances incontestées.

[1283] Résolution 61/31 de l'AG/ONU du 04 décembre 2006.

676. La Loi type influence positivement la procédure des droits nationaux des États pour plus de flexibilité en matière de reconnaissance des sentences arbitrales internationales. Elle autorise le tribunal arbitral à prendre les mesures provisoires et n'exige la forme écrite comme condition de validité de la convention d'arbitrage. C'est un instrument qui tend à compléter sur le plan international les faiblesses de la Convention de New York. Il est donc utile d'analyser au fond la Loi type en présentant sa nature juridique, son champ d'application, ses aspects procéduraux, et le rapport entre elle et la Convention de New York.

1. Nature juridique

677. La Loi type met à la disposition du législateur national un support juridique international comprenant des dispositions harmonisées[1284]. Dans la note explicative du secrétariat de la CNUDCI, la Loi type sur l'arbitrage est considérée comme un instrument majeur pour les États et les opérateurs économiques du commerce international[1285]. Elle représente une référence législative internationale en matière d'arbitrage[1286]. En d'autres termes, c'est une loi modèle adaptée pour les pays qui souhaitent moderniser leur cadre législatif applicable à l'arbitrage commercial international. Elle n'a pas une force contraignante, sauf si elle est intégrée dans le droit positif d'un État. Dans ce cas, elle peut déployer tous ses effets. La Loi type sur l'arbitrage a servi de modèle à plusieurs pays dans le cadre de la révision des lois sur l'arbitrage commercial international. Elle a connu des modifications en 2006. Ces modifications portent sur la convention d'arbitrage et les mesures provisoires.

678. La CNUDCI n'a pas enfermé la notion d'arbitrage dans une définition stricte. Elle a donc évité de consacrer une définition de l'arbitrage pour se conformer au caractère universel de la notion étant donné qu'elle n'a pas une définition unitaire en droit comparé de l'arbitrage international[1287]. Cependant, la Loi type fait la distinction entre l'arbitrage institutionnel et l'arbitrage ad hoc. Dans le cadre d'une procédure d'arbitrage, les parties peuvent confier le règlement du litige à

[1284] M. Trari-Tani, L'arbitrage commercial international, avec référence au droit et à la pratique des pays du Maghreb, *Bruxellois, Bruylant*, 2011, 358 pp.

[1285] Note explicative du secrétariat de la CNUDCI relative à la Loi-Type sur l'arbitrage commercial sur l'arbitrage commercial tel amendé en 2006, par. 1 et 2.

[1286] V. Lemay et C. Montineri, « Review of the Model Law's Implementation after Twenty-Five Years », *in The UNICITRAL Model Law after 25 Years, Global Perspectives on International Commercial Arbitration*, New York, Juris, 2013, pp. 3-12.

[1287] J.-F. Poudret et S. Besson, *Droit comparé de l'arbitrage international*, Bruxelles, *LGDJ*, 2002, p. 69.

un centre d'arbitrage ou à un tribunal arbitral ad hoc. Ainsi, dans ces différents cas, les parties peuvent choisir par voie contractuelle écrite le règlement de la CNUDCI pour régir la procédure d'arbitrage devant le tribunal arbitral ad hoc. Par ailleurs, la Loi type ne donne pas de définition à la notion de commercialité de l'arbitrage. Il est précisé dans la Loi type que le terme commercial peut être interprété au sens large pour désigner les questions issues de toute relation de caractère commercial, contractuelle ou non contractuelle[1288]. Ainsi, les législateurs des États parties ont donc la liberté d'interpréter cette notion au regard des exigences de leur droit interne. Par ce moyen, les rédacteurs de la Loi type ont contourné les divergences de vues sur les frontières entre le droit civil et le droit commercial en droit comparé[1289].

679. L'une des innovations de la Loi type sur l'arbitrage commercial international réside dans les différentes catégories de mesures provisoires qu'elle consacre. Il s'agit des mesures provisoires ex-parte ou interparte[1290]. Ainsi, en cas d'application de Loi type au litige, le tribunal arbitral peut ordonner ces mesures provisoires par des ordonnances préliminaires. Cependant, les parties peuvent prévoir par voie conventionnelle d'exclure l'application des mesures provisoires ex-parte en raison de leur caractère non contradictoire[1291]. Par ailleurs, en phase préliminaire de la procédure d'arbitrage, le juge étatique ne peut ordonner l'exécution des mesures provisoires ex-parte[1292].

2. Les modalités d'application

680. La Loi type est applicable aux contentieux arbitrables qui relèvent du commerce international[1293]. La commercialité est définie à l'alinéa 3 de l'article 1er de la Loi type. L'application de la loi type est limitée à l'arbitrage commercial international. Elle s'applique principalement aux opérations du commerce international. L'internationalité constitue un critère d'application de la Loi type. Ce critère est rempli si les

---

[1288] Cf. la note de bas de page du paragraphe premier de l'article premier de la Loi type de la CNUDCI.

[1289] P. Fouchard, « La Loi type de la CNUDCI sur l'arbitrage commercial international », *JDI*, 1987, p. 17-18.

[1290] Rapport AC/CN.9/569 du Groupe de travail sur l'arbitrage sur sa trente-deuxième session (Vienne, 20-31 mars 2000), page 11, no 26

[1291] Article 17.B-1 de la Loi type de la CNUDCI sur l'arbitrage adopté en 1985 et amendée en 2006.

[1292] Article 17.C-5 de la Loi type de la CNUDCI sur l'arbitrage adopté en 1985 et amendée en 2006.

[1293] Article 1er al. 1 de la Loi type sur l'arbitrage commercial international.

établissements des parties à la convention d'arbitrage sont situés dans de différents pays. Ce critère est aussi admis si le lieu d'exécution du contrat litigieux ou le siège de l'arbitrage se situe dans un pays autre que ceux du lieu des établissements des parties [1294]. Concernant le critère de commercialité, la Loi type laisse le libre arbitre aux États parties de définir en toute liberté ce qui relève ou non de la commercialité. À la suite de la révision de la Loi type en 2006, l'article 2.A a consacré le caractère international du texte, ce qui justifie les critères d'internationalité des opérations commerciales.

681. Avant la réforme de 2006, les dispositions de l'article 7, al. 2 de la Loi type exigeaient la forme écrite de la convention d'arbitrage. La preuve de la convention d'arbitrage écrite peut être apportée par des échanges de lettres, la communication de télex, le télégramme ou tout autre moyen de communication. L'existence de la convention d'arbitrage en forme écrite doit bénéficier du consentement des parties[1295]. Les parties peuvent prévoir dans le contrat principal une clause compromissoire sous forme écrite[1296]. Dans l'hypothèse où c'est le contrat principal qui fait référence à la clause compromissoire, ce contrat doit avoir une forme écrite et la clause compromissoire doit faire partie intégrante du contrat [1297]. La réforme de 2006 a maintenu la forme écrite de la convention d'arbitrage tout en donnant une grande importance à la volonté des parties par voie écrite[1298].

3. Les aspects procéduraux de la Loi type

682. La Loi type s'inscrit dans une logique d'autonomisation de l'arbitrage commercial international. Ainsi, elle renforce les principes de l'arbitrage pour la rendre autonome. Il s'agit du principe de primauté de l'arbitrage grâce à l'existence d'une convention d'arbitrage ; le principe de compétence-compétence ; l'autonomie de la clause compromissoire ; la désignation et la récusation des arbitres ; et la capacité reconnue aux arbitres de trancher le litige qui leur est soumis. L'article 8 de la Loi type de la CNUDCI précise que toute juridiction étatique doit se déclarer incompétente lorsque les parties ont prévu soumettre le différend qui les

[1294] Article 1er, al. 3 de la Loi type de la CNUDCI sur l'arbitrage adopté en 1985 et amendée en 2006. ; Rapport AC/CN.9/573 du Groupe de travail sur l'arbitrage sur sa quarante-deuxième session (New York, 10-14 janvier 2005), page 8, no 27.
[1295] J.-f. Poudret et S. Besson, *Droit comparé de l'arbitrage international, op. cit.* p. 164.
[1296] Ibid.
[1297] Ibid.
[1298] Article 7 de la Loi type de la CNUDCI de 1985 et Amendée en 2006.

oppose à un tribunal arbitral. Pour ce faire, les parties doivent donc matérialiser cette volonté dans une convention d'arbitrage valable. Dans l'hypothèse où cette convention d'arbitrage est considérée comme caduque, inopérante ou non susceptible d'être exécutée, un tribunal étatique peut connaitre de l'affaire. En ce qui concerne le principe de compétence-compétence, il confère au tribunal arbitral sa propre compétence[1299]. En référence à la Loi type de la CNUDCI, le tribunal arbitral peut statuer sur sa propre compétence et sur toute exception en lien avec l'existence ou la validité de la convention d'arbitrage[1300].

683. La Loi type de la CNUDCI a aussi œuvré pour le renforcement de l'autonomie de la convention d'arbitrage, plus précisément celle de la clause compromissoire. L'article 7 de la Loi type dispose : « *la clause compromissoire est une convention par laquelle les parties décident de soumettre à l'arbitrage les différends qui pourraient apparaitre entre elles au sujet d'un rapport de droit déterminé. Ce rapport de droit peut être contractuel ou non contractuelle* ». Ainsi, pour assurer l'efficacité de la clause compromissoire, la Loi type de la CNUDCI lui reconnait un caractère autonome par rapport aux autres clauses du contrat. Ainsi, dans l'hypothèse où le contrat principal qui lie les parties est annulé, cette nullité n'entache pas la validité de la clause compromissoire[1301].

684. La Loi type de la CNUDCI reconnait au tribunal arbitral la compétence de trancher les litiges qui lui sont soumis. Les arbitres dans ce cas sont habilités d'appliquer le principe du contradictoire ; prendre les mesures provisoires, respecter le principe d'égalité entre les parties ; appliquer au fond du litige les règles de droit choisies par les parties ; se conformer aux secrets de délibération ; éviter de statuer *infra petita* ou *ultra petita* afin d'assurer l'efficacité de la procédure d'arbitrage[1302]. La Loi type de la CNUDCI permet au tribunal arbitral de statuer en amiable composition[1303]. Dans ce cas, le litige peut être tranché en équité. Il s'agit de permettre aux parties à la procédure d'arbitrage de faire le choix d'autres normes applicables au litige autre que le droit étatique. Avec cette flexibilité, les parties peuvent demander au tribunal arbitral d'appliquer les principes généraux du droit, les normes qui composent la *Lex mercatoria*, notamment les usages du commerce international ou d'autres

---

1299 Article 16 de la Loi type de la CNUDCI de 1985 et Amendée en 2006.
1300 Ibid.
1301 Ibid.
1302 Article 28 de la Loi type de la CNUDCI de 1985 et amendée en 2006.
1303 Ibid.

règles ou principes uniformes. Cependant, il faut préciser que les normes de la *Lex mercatoria* ne sont pas uniquement applicables dans le cadre d'une procédure d'arbitrage amiable compositeur[1304].

685. Concernant la désignation des arbitres, la Loi type permet aux parties de convenir sur le nombre et la qualité des arbitres[1305]. Les parties peuvent définir elles-mêmes la procédure de nomination des arbitres[1306]. En cas de désaccord entre les parties, le juge étatique peut intervenir en tant que juge d'appui pour accompagner les parties à la constitution du tribunal arbitral ad hoc[1307]. Lorsque le juge d'appui intervient pour la constitution du tribunal arbitral, le nombre d'arbitres désignés doit se limiter à trois[1308]. Par ailleurs, en cas de conflits d'intérêts ; de carence ou d'incapacité d'un arbitre ; ou encore en cas d'impartialités imputées à l'arbitre ; ou en cas de doutes sur l'indépendance de ce dernier, la Loi type autorise les parties à demander la récusation de l'arbitre[1309]. Les parties peuvent en cas de désaccord sur la récusation d'un arbitre et peuvent saisir le juge étatique qui peut statuer. La décision du juge dans ce cas n'est pas susceptible de recours[1310].

686. Les tribunaux étatiques peuvent être saisis sur la compétence du tribunal arbitral après que ce dernier s'est prononcé sur sa propre compétence[1311]. Cette saisine peut être opérée par les parties trente jours après que le tribunal arbitral s'est prononcé sur sa propre compétence. Les juridictions étatiques peuvent aussi prononcer des mesures provisoires ou conservatoires avant la composition du tribunal arbitral sans être en contradiction avec la convention d'arbitrage conclu par les parties[1312]. Enfin, la Loi type permet aux parties de formuler un recours en annulation contre la sentence arbitrale dans un délai de trois mois à partir du jour de la communication de la sentence arbitrale[1313]. Les motifs d'annulation de

---

[1304] Cass. 1er civ., 22 octobre 1991, *Rev. arb.* 1992, note P. Lagarde, p. 457. ; *JDI*, 1992, note B. Goldman, p. 117. ; CA., Paris, 19 avril 1991, *Rev. arb.*, 1991, note E. Loquin, p. 673.
[1305] Article 10 de la Loi type de la CNUDCI sur l'arbitrage commercial de 1985 amendée en 2006.
[1306] Article 11 Ibid.
[1307] Ibid.
[1308] Ibid.
[1309] Articles 12 et 13 de la Loi type de la CNUDCI sur l'arbitrage commercial de 1985 amendée en 2006.
[1309] Ibid.
[1310] Articles 14 Ibid.
[1311] Article 16 Ibid.
[1312] Article 9 Ibid.
[1313] Article 34 par. 3 Ibid.

la sentence arbitrale dans le cadre de l'application de la Loi type de la CNUDCI sont identiques à ceux prévus par l'article V de la Convention de New York de 1958.

687. Analysons maintenant les rapports qui existent entre la loi type et la Convention de New York.

4. La loi type et la Convention de New York de 1958

689. Les deux points marquants entre ces deux instruments internationaux sont la forme écrite de la convention d'arbitrage et la prise en compte des mesures provisoires.

4.1. Complémentarité sur la forme de la convention d'arbitrage

690. Lors de la trente-neuvième session du 19 juin au 7 juillet 2006, le groupe de travail de la CNUDCI a considéré l'exigence de la forme écrite de la convention d'arbitrage comme une exigence de forme maximale[1314]. Il a été donc demandé aux États ayant adopté la loi Type sur l'arbitrage commercial d'être plus flexible sur l'exigence d'un écrit d'une convention d'arbitrage. L'expression « exigence de forme maximale » a été donc adoptée dans la version amendée de la Loi type de la CNUDCI[1315]. Les États parties à la Convention de New York de 1958 qui appliquent la Loi type de la CNUDCI sur l'arbitrage commercial pouvaient donc valablement prendre en compte cette nouvelle disposition en application de l'article VII[1316].

691. L'objectif premier pour le groupe de travail de la CNUDCI était d'obtenir une réelle articulation entre les articles II-2 de la Convention de New York et l'article 7 de la loi type CNUDCI. Il s'agissait de mettre fin à la divergence de la jurisprudence sur cette question[1317]. En effet, certains États ne considèrent pas la forme écrite de la convention d'arbitrage

---

[1314] Rapport du groupe de travail de la CNUDCI adopté par l'AG/CNUDCI le 07 juillet 2006.
[1315] Ce fut une recommandation du groupe de travail de la CNUDCI lors de la 39[èm] session.
[1316] Il s'agit de l'article VII de la Convention de New York de 1958.
[1317] Hong Kong : Haute Cour, *Jiangxi Provincial Metal and Minerals Import and Export Corp c/ Sulanser Company Ltd*, 6 avril 1995: la Cour a estimé que la définition de la forme écrite à l'article II-2 n'était pas exclusive et n'empêchait pas d'appliquer l'article 7-2 de la loi type de la CNUDCI sur l'arbitrage, *Yearbook Commercial Arbitration XXI* (1996), p. 546. ; tribunal régional supérieur de Schleswig, 30 mars 2000, 16 SchH 05/99: « l'article II-2 prime sur toute loi interne en ce qui concerne les conditions de forme, et le principe de l'interprétation autonome veut que la loi interne, qu'elle soit plus ou moins stricte que l'article II-2 concernant les exigences de forme, ne puisse être appliquée pour interpréter la convention d'arbitrage ou en définir la portée».

comme une condition de sa validité[1318]. La forme écrite dans ce cas est considérée à titre probatoire. La législation d'autres pays définit un contour large sur la question liée à la forme écrite de la convention d'arbitrage. Ainsi, les parties peuvent prouver l'existence de la convention d'arbitrage en cas de nécessité par d'autres moyens autres que l'écrit[1319].

692. La version amendée de la Loi type de la CNUDCI sur l'arbitrage garde le principe de la forme écrite de la convention d'arbitrage. Mais cette exigence a été reléguée à un niveau maximal. Nous pouvons donc en déduire qu'en cas de nécessité, les États parties peuvent prévoir dans le droit interne la possibilité d'apporter la preuve relative à l'existence de la convention d'arbitrage par d'autres moyens que par l'écrit. Il s'agissait de renforcer la validité des conventions d'arbitrages afin d'améliorer l'efficacité de l'arbitrage international. En effet cette flexibilité accordée aux parties en termes d'usage des moyens de preuves permet d'éviter l'annulation des sentences arbitrales pour absence de forme écrite de la convention d'arbitrage. Cette flexibilité contribue donc à l'efficacité de l'exécution des sentences arbitrales internationales. La Loi type de la CNUDCI sur l'arbitrage commercial est ainsi un complément utile de la Convention de New York, car elle apporte une valeur ajoutée. Les mesures inscrites dans la Loi type contribuent à l'efficacité de la sentence arbitrale. C'est le cas des mesures provisoires considérées comme l'une des originalités de la Loi type.

4.2. Les mesures provisoires

693. À la différence de la Convention de New York de 1958, les rédacteurs de la Loi type de la CNUDCI de 1985 sur l'arbitrage ont accordé au tribunal arbitral la possibilité de prendre des mesures provisoires. La révision de ce texte en 2006 a permis au groupe de travail de revenir sur les questions de mesures provisoires et de prévoir en détail les procédures adéquates[1320]. Ainsi, la Loi type amendée prévoit quatre catégories de mesures provisoires à la portée du tribunal arbitral[1321]. En premier lieu, le tribunal arbitral peut donc prendre une mesure provisoire pour préserver ou rétablir le statu quo en attendant de trancher le litige qui

---

[1318] Par exemple la France, la Belgique, la Suède, le Danemark, l'Italie, la Hollande, *in J.-F. Poudret, S. Besson, Droit comparé de l'arbitrage international, LGDJ*, 2002, § n°183.

[1319] Angleterre: Queen's Branch Reports [1997], Abdullah *M. Fahem c/ Mareb Yemen Insurance and Tomen, Yearbook of Commercial Arbitration (1998),* p. 789.

[1320] Article 17.2 de la Loi type de la CNUDCI sur l'arbitrage commercial de 1985 amendée en 2006.

[1321] Ibid.

lui a été soumis. En second lieu, le tribunal arbitral peut prendre des mesures conservatoires pour empêcher un préjudice immédiat ou imminent ou une atteinte au processus arbitral en cours. En troisième lieu, le tribunal peut prendre des mesures provisoires pour sauvegarder des biens qui pourront servir à l'exécution d'une sentence ultérieure. Il s'agit d'empêcher le potentiel débiteur d'organiser son insolvabilité. Enfin, le tribunal arbitral peut prendre les mesures provisoires pour sauvegarder les éléments de preuves pertinents utiles pour le règlement du différend.

694. La mise en œuvre de ces différents types de mesures provisoires requiert des conditions bien précises. Deux conditions sont prévues par l'article 17.A de la Loi type. Ces conditions sont mises à la charge du créancier ou du demandeur. Le demandeur doit démontrer en premier lieu que la prise des mesures provisoires ou conservatoires lui permettrait à éviter des préjudices éventuels. Il doit aussi prouver que les dommages et intérêts ne pourraient pas résoudre le préjudice qu'il pourrait subir. Dans la mesure où les mesures provisoires n'ont pas été prises, la deuxième condition porte sur les chances réelles liées au succès de la demande au fond du litige. Le créancier doit démontrer dans ce cas que le préjudice qu'il aurait subi serait supérieur à celui que le débiteur pourrait avoir. Ces deux conditions une fois réunies permettent au tribunal arbitral de confirmer dans une sentence arbitrale partielle les mesures provisoires et conservatoires.

695. Par ailleurs, le demandeur doit aussi prouver qu'il a la chance de remporter la demande au fond du litige. Il s'agit pour le demandeur d'apporter la preuve des chances raisonnables de succès au fond du litige. Cette décision en lien avec les mesures provisoires et conservatoires ne devrait pas porter atteinte à la liberté d'appréciation du tribunal arbitral concernant une décision ultérieure. Cependant ce type de conditionnalité pourrait poser un problème puisqu'il n'est pas évident pour que le demandeur ait la certitude d'avoir des chances raisonnables au fond du litige. Les deux types de conditions applicables à la recevabilité d'une demande de mesures provisoires prévues par la Loi type de la CNUDCI ne sont pas applicables lorsqu'il s'agit de préserver les éléments de preuves[1322]. Dans ce cas précis, le tribunal arbitral dispose d'un pouvoir discrétionnaire d'apprécier l'utilité de préserver des éléments de preuve.

[1322] Rapport AC/CN 9/605 du Groupe de travail sur l'arbitrage sur sa 32ème session de New York, 19 juin-7 juillet 2006, p. 7, no 8

Il peut aussi évaluer l'existence de préjudices non réparables financièrement[1323].

696. La Loi type de la CNUDCI amendée en 2006 prévoit des garanties pour empêcher le demandeur de formuler des demandes abusives en termes de mesures provisoires *inter partes et ex-parte*[1324]. Il s'agit des possibilités de modification, de suspension et de rétractation dont dispose le tribunal arbitral dans l'hypothèse où le bénéficiaire des mesures provisoires avait usé des moyens abusifs[1325]. Ces possibilités de modifications des mesures provisoires peuvent intervenir après que le tribunal arbitral a notifié la décision aux parties à la suite d'un débat contradictoire[1326]. Par ailleurs, le tribunal arbitral peut demander à la partie demanderesse de fournir des garanties qualifiées de « *garanties appropriées* » en cas de prise des mesures provisoires *ex-parte*[1327]. Le tribunal arbitral peut aussi exiger d'être informé par les deux parties en cas de changement des circonstances qui ont déterminé la prise des mesures provisoires et conservatoires[1328]. Enfin, lorsque les mesures provisoires sont qualifiées d'inappropriées du fait des manœuvres du demandeur, les frais occasionnés et les demandes sont à sa charge. La Loi type consacre la force obligatoire des mesures provisoires et conservatoires[1329].

697. Les différentes mesures étudiées ci-dessus montrent que la Loi type contribue à sauvegarder et sécuriser une exécution efficace des sentences arbitrales internationales. La loi type permet ainsi d'atteindre les objectifs de la Convention de New York de 1958 et complète les insuffisances conceptuelles de celle-ci dans une perspective positive.

698. Par ailleurs, il faut rappeler que les mesures provisoires doivent répondre à des conditions bien précises. Il s'agit de la validité de la convention d'arbitrage ; l'arbitrabilité du litige ; le respect du principe de

---

1323 Ibid.

1324 Articles 17.D à 17.G de la Loi type de la CNUDCI sur l'arbitrage commercial de 1985 amendée en 2006.

1325 Articles 17.D de la Loi type de la CNUDCI sur l'arbitrage commercial de 1985 amendée en 2006.

1326 Ibid.

1327 Article 17.E de la Loi type de la CNUDCI sur l'arbitrage commercial de 1985 amendée en 2006.

1328 Article 17.F de la Loi type de la CNUDCI sur l'arbitrage commercial de 1985 amendée en 2006.

1329 Articles 17.H et 17.I de la Loi type de la CNUDCI sur l'arbitrage commercial de 1985 amendée en 2006. Articles 36 et 37 de la Loi type de la CNUDCI sur l'arbitrage commercial de 1985 amendée en 2006.

contradictoire ; la conformité à l'ordre public. Par ailleurs, la mise en œuvre des mesures provisoires présente des limites. En effet, le tribunal étatique peut opposer son refus lorsque la garantie ordonnée par le tribunal arbitral n'a pas été mise en place[1330]. Lorsque la mesure a été rétractée ou suspendue par le tribunal arbitral ou le juge judiciaire du siège de l'arbitrage[1331]. Enfin, le juge judiciaire peut s'approprier l'exécution de la mesure provisoire[1332]. Il s'agit pour le juge judiciaire de modifier la rédaction de la mesure provisoire sans déformer le sens de celui-ci[1333]. Le juge judiciaire peut aussi refuser d'ordonner l'exécution de la mesure provisoire lorsque celle-ci n'est pas compatible par rapport aux pouvoirs qui lui ont été conférés. Ainsi, pour assurer une efficacité de mise en œuvre des mesures provisoires, le tribunal arbitral doit prendre en compte ces différents aspects lorsque la Loi type de la CNUDCI est applicable à titre prévisionnel à l'exécution de la sentence arbitrale. Il s'agit d'assurer par ricochet l'efficacité de l'exécution des sentences.

699. La loi type de la CNUDCI sur l'arbitrage est un droit uniforme et à une portée mondiale. Il existe aussi au niveau régional de certains continents des instruments et dispositifs juridiques qui favorisent la circulation et l'exécution des sentences arbitrales. C'est le cas des actes uniformes du droit OHADA.

B. La coordination avec le droit OHADA

700. Le droit OHADA a consacré à travers l'AUA l'exequatur régional[1334]. Pour assurer la sécurité de recouvrement des créances, il a consacré d'autres instruments juridiques. Il s'agit tout d'abord de présenter la nature juridique, les modalités d'application et les aspects procéduraux de ces différents instruments issus du droit dérivé de l'OHADA. Les rapports qu'entretiennent le droit OHADA et la Convention de New York seront ensuite exposés.

1330 Article.I.1. a. ii de la Loi type de la CNUDCI sur l'arbitrage commercial de 1985 amendée en 2006.

1331 Article.I.1. a. iii de la Loi type de la CNUDCI sur l'arbitrage commercial de 1985 amendée en 2006.

1332 Article 17.I.b.i de la Loi type de la CNUDCI sur l'arbitrage commercial de 1985 amendée en 2006.

1333 Ibid.

1334 Voir supra paragraphe n°239.

1. Nature juridique

701. Trois types d'actes uniformes du droit OHADA entrent directement en jeu lorsqu'il s'agit de la coordination entre le droit OHADA et la Convention de New York de 1958. Il s'agit de l'Acte uniforme sur l'arbitrage ; de l'Acte uniforme sur les sûretés et de l'Acte uniforme sur les procédures simplifiées et les voies d'exécution. L'acte uniforme sur l'Arbitrage (AUA) vient en première position en matière d'arbitrage. Il facilite la circulation des sentences arbitrales au sein des pays membres OHADA. Les actes uniformes sur la sûreté et sur les voies d'exécution interviennent à titre secondaire dans le cadre d'une procédure de reconnaissance et d'exécution des sentences arbitrales. Enfin, les trois instruments cités ci-dessus sont uniquement applicables si le siège du tribunal arbitral est situé dans l'espace OHADA. Ainsi, dans un arrêt du 26 janvier 2017, le juge de la CCJA précise que le droit OHADA ne peut être appliqué au fond du litige si le siège du tribunal arbitral est situé dans un État tiers à l'espace OHADA[1335].

702. Au sein de l'espace OHADA, les sentences arbitrales rendues à l'étranger sont régies par les conventions internationales dans le cadre de la procédure d'exequatur et d'exécution. Le droit OHADA laisse donc une porte ouverte à l'application des conventions internationales, notamment la Convention de New York de 1958, les traités bilatéraux ou multilatéraux d'investissement [1336]. L'objectif est de permettre aux entreprises et aux investisseurs de faire le choix des instruments juridiques adaptés au règlement des différends en matière d'arbitrage.

703. À défaut de choix par les parties du droit applicable à l'exécution de la sentence arbitrale internationale, le législateur OHADA soumet celle-ci à l'article 34 de l'Acte Uniforme relatif au droit de l'Arbitrage (AUA). Dans ce cas précis, l'Acte uniforme constitue un instrument juridique subsidiaire qui facilite la reconnaissance et l'exécution d'une sentence arbitrale étrangère rendue dans un État tiers[1337]. Dans cette

[1335] CCJA, 26 janvier 2017, n° 003/2017, *Aff. Geodis Projects Cameroon SA c/ Tenga SA.*; T. A. Brabant, O. Divoy, *The Enforcement of International Arbitral Awards in OHADA Member States- The Uniform Act on Arbitration is Not the Smooth Ride it Was Designed to Be, TDM 4 (2016).*

[1336] Art ; 31 et 34 de l'Acte uniforme sur l'Arbitrage. ; paragraphe 1er à 6 du Préambule du traité de l'OHADA.

[1337] C.-S. Biadja, *L'acte uniforme OHADA relatif à l'arbitrage à l'épreuve des standards transnational de la justice arbitrale : Approche comparée de droit international privé, LGDJ, 2015*, p. 511.

hypothèse, l'article 34 de l'AUA est appliqué à titre principal à la procédure de reconnaissance et d'exécution des sentences arbitrales[1338].

704. En effet, la Convention de New York permet l'application de la loi nationale des États partis à condition que cette loi soit plus favorable à la reconnaissance et à l'exécution d'une sentence arbitrale internationale[1339]. À ce titre, le droit communautaire peut être appliqué par le juge national, car l'article 35 de l'AUA érige le droit communautaire en droit national en matière d'arbitrage. L'AUA permet au juge national des États membres de l'OHADA et au juge de la CCJA de connaitre des contentieux relatifs à la reconnaissance et à l'exécution des sentences arbitrales. Les juges des États membres de l'OHADA sont habilités à prendre des mesures provisoires, de sûretés et autres garanties pour sécuriser la sentence arbitrale. Il s'agit d'assurer l'efficacité de l'exécution des sentences arbitrales.

705. À ce stade de notre analyse, il est nécessaire de présenter les modalités d'application des trois actes uniformes de l'OHADA et d'exposer l'interaction avec la Convention de New York de 1958.

2. Les modalités d'application des actes uniformes de l'OHADA

706. L'AUA présente des conditions de reconnaissance et d'exécution plus flexibles comparativement à la la Convention de New York[1340]. L'AUA fait référence à trois conditions de forme identiques à celles de la Convention de New York et une condition de fond pour la reconnaissance et l'exécution des sentences arbitrales internationales. Pour les conditions de forme, il s'agit de l'original d'une sentence arbitrale ou une copie authentifiée ; l'original de la convention d'arbitrage ou une copie authentique ; la traduction certifiée d'une sentence arbitrale et de la convention d'arbitrage si elles ne sont pas rédigées en français. Concernant la condition de fond[1341] commune aux deux textes, il s'agit de la conformité d'une sentence arbitrale internationale à l'ordre public international[1342].

[1338] En référence à l'article VII, paragraphe 1er de la Convention de New York de 1958.

[1339] Art. VII, paragraphe 1er de la Convention de New York de 1958, *Kmuwer Law International, 2016*, obs. R.-P. Paulsson, pp. 233-238.

[1340] Supra Cf. paragraphes 239 et ss.

[1341] Art. 31, paragraphe 2 ; 3 et 4 de l'AUA (OHADA). ; art. IV 1.a et 1.b ; art. IV 2.

[1342] Art. 31, paragraphe 4 de l'AUA (OHADA). ; art. V 2.b de la Convention de New York de 1958 et V. Supra paragraphes n°1231 et ss.

707. En réalité, les conditions de fond posées par la Convention de New York ne sont pas étrangères à l'AUA[1343]. Cependant, l'AUA n'érige pas à titre principal ces conditions comme des critères automatiques de reconnaissance et d'exécution des sentences arbitrales. La partie au litige qui veut se prévaloir des conditions fixées par l'AUA doit porter de manière expresse sa prétention devant le juge de l'annulation[1344]. L'AUA facilite ainsi la circulation des sentences arbitrales au sein de l'espace. Les arrêts de la CCJA accordant l'exequatur à la sentence arbitrale ont autorité de chose jugée dans l'espace l'OHADA [1345]. L'article 20 du Traité OHADA leur confère la force exécutoire dans les États membres[1346].

708. Pour faciliter l'effectivité de l'exécution des sentences arbitrales internationales, le droit OHADA permet au créancier de prendre des mesures de protection pour se prémunir de l'insolvabilité du débiteur. Ainsi, le créancier peut se prévaloir des Actes uniformes des procédures simplifiées et des voies d'exécution pour formuler une demande de saisie conservatoire à l'encontre du débiteur[1347]. Le créancier peut aussi se prévaloir de l'Acte uniforme portant organisation des sûretés pour formuler une demande d'hypothèque judiciaire sur les biens immeubles du débiteur[1348]. Les parties peuvent aussi prévoir dans la convention d'arbitrage la prévision d'une garantie documentaire pour sécuriser l'exécution de la sentence arbitrale[1349]. Par ailleurs, les parties peuvent renoncer de formuler un recours en annulation contre la sentence arbitrale[1350]. Les parties peuvent aussi convenir de l'homologation d'un engagement d'exécution spontanée de la sentence arbitrale[1351].

3. Aspects procéduraux

709. Une sentence arbitrale rendue dans un État membre sous l'égide de l'AUA et annulée au siège du tribunal arbitral peut faire l'objet de pourvoi en cassation devant le juge communautaire de la CCJA. En

---

[1343] Art. 26 de l'AUA (OHADA).
[1344] Ibid.
[1345] V.-C. Ngono, « Réflexions sur l'espace judiciaire OHADA », *Rev. ERSUMA* n° 6, janv. 2016, p. 210 et ss. ; et Art. 20 du Traité OHADA.
[1346] Ibid.
[1347] Art. 54 AUPSVE OHADA.
[1348] Article 213 de l'AUS OHADA.
[1349] H. Simenou, Efficacité des garanties du crédit du droit OHADA, *Diffusion ARNT*, 2018, p. 581. ; CA., Paris, 15ème chambre, 17 septembre 1991, *D.*, 1992, note, M. Vasseur, p. 240
[1350] Article 25, al. 3 de l'AUA OHADA et Article 29.2 du Règlement d'Arbitrage de la CCJA.
[1351] G. Kenfack Douani, *L'arbitrage dans le système OHADA*, thèse droit, Université Paris 1 Panthéon-Sorbonne, 2005, p. 89.

référence à l'article 1er de l'AUA[1352]. Cependant, une sentence arbitrale CCJA annulée en dernier ressort par la CCJA ne peut être exécutée dans les États membres de l'OHADA. Le droit OHADA est un droit supranational. Une décision rendue en dernier ressort par la CCJA acquiert une autorité de chose jugée[1353]. L'exequatur des sentences arbitrales rendues dans les États tiers à l'OHADA reste soumis aux conventions internationales et aux accords de coopération bilatéraux[1354].

710. La CCJA peut être saisie pour se prononcer sur le droit applicable pour l'exécution d'une sentence annulée au siège dans un État tiers[1355]. Il s'agit pour la juridiction communautaire de confirmer dans le cadre de la procédure de la reconnaissance et de l'exécution de la sentence arbitrale étrangère le droit ou le traité applicable. Lorsqu'il s'agit d'un traité, deux conditions doivent être réunies. En premier lieu, il faut que le traité invoqué soit ratifié par l'État d'origine de la sentence arbitrale et par l'État requis pour l'exécution de la sentence dans l'espace OHADA. En second lieu, les parties ne doivent pas soulever au cours de la procédure d'exequatur ou d'exécution une autre convention[1356]. Par ailleurs, un tribunal arbitral ad hoc ou un centre d'arbitrage dont le siège est situé hors de l'espace OHADA n'a pas la compétence d'appliquer à une procédure d'arbitrage qu'il conduit l'AUA[1357].

711. S'agissant des mesures provisoires, les parties en droit OHADA ne sont pas fondées à demander une sûreté avant toute procédure d'arbitrage au fond[1358]. Il s'agit des mesures conservatoires et de l'hypothèque. Les mesures conservatoires portent sur les meubles corporels et incorporels et l'hypothèque porte sur les biens immeubles. Dans la pratique les mesures conservatoires sont plus efficaces lors de la phase d'exécution de la sentence arbitrale. Le juge compétent pour

---

[1352] CCJA, 3èm ch. 01er mars 2018, arrêt n° 46/2018, *Société Engen-Gabon Sack c/ Société Mika Services SA.* ; CCJA, 2èm ch. 08 février 2018, arrêt n° 27/2018, *Banque Internationale du Bénin SA c/ Décision DCC-16 DU 15 NOVEMBRE 2016 par la Cour constitutionnelle du Bénin.*

[1353] Article 18 du traité OHADA révisé en 2008. ; Article 52 du Règlement de procédure de la CCJA.

[1354] CCJA, 2e Ch., n° 03/2017 du 26 Janvier 2017, Aff. *VODACOM international Limited c/ Congolese Wireless Network SPRL.*

[1355] CCJA, 1re ch., 27 juill. 2017, n° 166/2017, Aff. *GP CAM SA c/ TENGA SA.*

[1356] *Aff. VODACOM international Limited c/ Congolese Wireless Network SPRL* et Aff. CCJA, 1re Ch., 27 juill. 2017, n° 166/2017, Aff. *GP CAM SA c/ TENGA SA.* ; op. cit.

[1357] CCJA, 3èm ch., n° 135/2021 du 24 Juin 2021.

[1358] Ch. Gijsbers, « L'utilisation des sûretés pour garantir l'exécution des sentences arbitrales internationales », *Cah. arb.* 2017, n°2, p. 175.

apprécier le bien-fondé de la demande de sûreté est le juge d'exécution[1359]. Le créancier doit prouver au juge que sa créance est fondée et que son recouvrement fait l'objet de menace[1360]. Le juge saisi de prononcer les mesures provisoires prend en compte les difficultés financières du débiteur et ses actes qui tendent à une inexécution de ses obligations[1361]. Cependant, les saisies opérées sur la base des mesures conservatoires et d'hypothèques ne peuvent pas être appliquées à l'encontre des personnes morales de droit public[1362]. Elles peuvent aussi tomber en caducité lorsque la sentence arbitrale ou l'ordonnance d'exequatur est annulée.

712. Il existe d'autres formes de garanties en droit OHADA. Il s'agit des garanties documentaires qui peuvent prendre la forme de garantie bancaire ou de bonne exécution. Le paiement de ces garanties est conditionné par la présentation d'une sentence arbitrale. La garantie documentaire doit être incorporée par les parties dans la convention d'arbitrage. À défaut de l'obtention d'une sentence arbitrale pour exécuter la garantie documentaire, le créancier ne pourra pas avoir l'exécution de ce dernier[1363]. En effet, la garantie documentaire va donc devenir dans ce cas une caution simplifiée[1364]. Les parties peuvent aussi opter pour la renonciation de tout recours en annulation de la sentence arbitrale. Les parties doivent prévoir cette renonciation dans un accord spécial pur assurer sa validité[1365].cependant, cette renonciation peut être remise en cause par le juge d'exécution lorsque le tribunal arbitral ne respecte pas le principe du contradictoire[1366].

713. La renonciation aux recours contre la sentence arbitrale ne met pas fin aux recours effectifs des parties. Ce recours effectif peut être mis en œuvre par les parties en cas de violation de l'ordre public international, lorsque le tribunal arbitral a statué sur la base d'une convention d'arbitrage

---

[1359] Ibid.

[1360] D. Mouralis, « Le contentieux des sentences arbitrales internationales devant le juge de l'exécution », *Cah. arb.*, n°2, p. 189.

[1361] Ibid.

[1362] Article 271 de l'AUPSVE OHADA.

[1363] C.A., Paris, 1re ch. 1re J.-P. Mattot et A., « Les règles uniformes de la CCI, pour les garantir sur décembre.

[1364]Ibid.

[1365] CCJA, 29 novembre 2011, arrêt n° 012/2011, *République de Guinée équatoriale et la CEMAC c/ La Commercial Bank of Guinéa Ecuatorial (CBGE)*, Cah. arb., 2013, n°4, p. 1141, obs. À Ngwanza. ; CCJA, 19 juillet 2007, arrêt n°028/2007, *Société Nestlé Sahel c/ Société commerciale d'importation Azar et Salame (SCIMAS), Rec. Penant*, n°867, p. 226, note, B. Diallo.

[1366] Ph. Pinsolle, « La renonciation au recours en annulation en matière d'arbitrage international », *in Mélanges en l'honneur de Pierre Mayer*, Paris, *LGDJ*, 2015, p. 697.

nulle ou inexistante[1367]. Les parties peuvent aussi opter pour l'exécution spontanée de la sentence arbitrale. Cet engagement contractuel peut être inscrit dans un document homologué par le juge étatique. Il s'agit d'une clause contraignante inscrite dans la convention d'arbitrage. Cet engagement est assorti d'une clause pénale dont le rôle est d'indemniser les créanciers en cas de retard d'exécution de la sentence arbitrale. Par cette clause, les parties décident librement et clairement de ne pas solliciter le juge étatique dans le cadre de l'exécution de la sentence arbitrale.

4. La Convention de New York et le droit OHADA

714. Deux points distinguent les deux instruments juridiques. Il s'agit de la reconnaissance des sentences arbitrales annulées au siège et des mesures préventives pour assurer l'efficacité de l'exécution de la sentence arbitrale. Ces mesures préventives sont les sûretés, les garanties et les mesures provisoires. Nous précisons clairement que la Convention de New York n'a pas prévu de modalités de mise en œuvre des mesures préventives en matière de reconnaissance et d'exécution des sentences arbitrales internationales.

715. À la différence de la prescription de l'article, V-1-e de la Convention de New York concernant une sentence arbitrale est annulée au siège du tribunal arbitral, le droit OHADA règle la question autrement. En effet, une sentence arbitrale annulée au siège dans un État membre peut être évoquée devant le juge de la CCJA. Le juge communautaire est compétent pour connaitre la régularité de la sentence arbitrale même si le droit appliqué au fond du litige relève ou non du droit OHADA. Cette flexibilité du droit OHADA par rapport aux conditions prévues par la Convention de New York est le reflet de l'originalité de l'AUA. Il s'agit de faciliter la circulation des sentences arbitrales régionales et internationales dans l'espace OHADA.

716. Le droit OHADA prévoit des mesures préventives pour assurer l'exécution de la sentence arbitrale. Il s'agit des mesures provisoires ; les sûretés ; les renonciations aux recours en annulation de la sentence arbitrale et des possibilités conventionnelles d'exécution spontanée des sentences arbitrales. La Convention de New York n'a pas prévu ces possibilités procédurales en matière d'exécution des sentences arbitrales internationales. S'agissant des sûretés au sein de l'espace OHADA, elles

[1367] Art. 7 de la Charte Africaine des Droits de l'Homme et des Peuples. ; Article 6 de la Convention Européenne des Droits de l'Homme.

permettent de dissuader le mauvais débiteur pour une exécution spontanée de la sentence arbitrale. Elle permet donc à rendre indisponible les avoirs du débiteur afin de permettre au créancier de recouvrer sa créance. En ce qui concerne la garantie documentaire, elle est efficace lorsque le débiteur est une personne morale de droit public[1368]. L'efficacité de la garantie documentaire est conditionnée par l'existence d'une sentence arbitrale définitive et irrévocable[1369]. Il s'agit de permettre au créancier de ne pas courir le risque de restituer la valeur vénale des garanties mise à disposition à la suite d'une éventuelle annulation de la sentence arbitrale.

717. Dans le cadre d'une procédure de reconnaissance d'une sentence arbitrale, les parties peuvent recourir à deux autres formes de garanties. Il s'agit de la renonciation au recours en annulation contre la sentence arbitrale ou de l'engagement à l'exécution spontanée de la sentence arbitrale[1370]. La renonciation au recours en annulation permet à la sentence arbitrale de se soustraire de l'ensemble des motifs d'annulation facilitant ainsi l'obtention automatique de l'exequatur en cas d'exécution forcée[1371]. Les parties ont également la possibilité de conclure un accord-cadre pour favoriser l'exécution spontanée de la sentence arbitrale. La sentence arbitrale est alors revêtue d'un caractère obligatoire en référence à l'accord d'exécution spontanée homologué[1372]. Dans ce cas, les parties peuvent fixer d'un commun accord des indemnités à mettre à la charge du débiteur en cas de procédure vexatoire ou en cas de procédure déclarée irrecevable et non fondée[1373]. L'objectif est d'éviter les manœuvres dilatoires et l'utilisation abusive des voies de recours contre l'exécution de la sentence arbitrale. Il s'agit du choix idéal en arbitrage par les parties. Ce choix répond à la nature même de l'arbitrage, c'est-à-dire une exécution volontaire de la sentence arbitrale sans l'intervention du juge étatique.

718. Le droit dérivé de l'OHADA n'est pas le seul droit régional favorable à la circulation des sentences arbitrales. Il existe dans d'autres régions certains instruments juridiques qui peuvent concourir à sécuriser le recouvrement de la créance constituée dans le cadre d'une procédure

---

[1368] O. Bah, *L'efficacité de l'arbitrage OHADA : Le rôle du juge étatique, Bruylant*, 2020, p. 138.
[1369] A.-M. Ebele Dikor, « La renonciation en recours en annulation des sentences arbitrales en droit OHADA », *Rec. Prenant*, janvier-mars 2016, n°894, pp. 45-57.
[1370] O. Bah, *L'efficacité de l'arbitrage OHADA : Le rôle du juge étatique,* op.cit. p. 138.
[1371] Article 25, al. 3 de l'AUA et l'Article 29.2 du Règlement d'Arbitrage de la CCJA.
[1372] O. Bah, *L'efficacité de l'arbitrage OHADA : Le rôle du juge étatique,* op.cit., p. 142.
[1373] Ibid.

arbitrale. Un instrument du droit de l'Union européenne pourrait être utilisé à cet effet.

C. La coordination avec le droit européen : le Titre exécutoire européen

719. Le Titre exécutoire européen[1374] (TEE) est à l'origine de la suppression du système d'exequatur au sein de l'espace européen en matière civile et commerciale. Il n'est pas destiné à l'exécution des sentences arbitrales, mais plutôt à des actes authentiques, des actes de transactions et des décisions de justice en matière civile et commerciale. Il existe toutefois une exception concernant les ordonnances du juge des référés prises au cours d'une procédure d'arbitrage. Ces ordonnances peuvent faire l'objet de certification pour l'obtention du TEE. Après avoir exposé la nature juridique du TEE, nous présenterons ses modalités d'application, les aspects procéduraux et enfin le rapport entre le TEE et la Convention de New York de 1958.

1. Nature juridique

720. Le TEE est institué par le Règlement n°805/2004[1375]. L'objet de ce Règlement est de faciliter la circulation des transactions judiciaires, des actes authentiques ou des décisions judiciaires[1376]. Il s'agit d'un mécanisme procédural coordonné qui peut être mis en œuvre en présence d'un titre exécutoire obtenu dans un État membre de l'UE. Il autorise la reconnaissance et l'exécution de plein droit de ce titre exécutoire dans les autres États membres de l'UE. Le TEE ne concerne que les créances incontestées. Il s'agit des créances contre lesquelles le débiteur n'a pas formulé de recours. Le débiteur doit donc reconnaitre expressément ou implicitement la créance dans un acte authentique ou de transaction[1377]. Les créances qui se rapportent à des faillites, concordats et autres procédures analogues ne sont pas concernées par le TEE.

[1374] RÈGLEMENT (CE) No 805/2004 DU PARLEMENT EUROPÉEN ET DU CONSEIL du 21 avril 2004 portant création d'un titre exécutoire européen pour les créances incontestées.
[1375] Ibid.
[1376] C. Nourissat, « Espace judiciaire européen en matière civile et commerciale », pp. 877 et ss. in *Traité du du Droit de commerce international*, J. Béguin et M. Menjucq, Paris, *Lexis Nexis*, p. 1259.
[1377] Art. 2 du Règlement n°805/2004. ; F. FERRAND, « *Le nouveau titre exécutoire européen* », *Dr. et patr.*, oct. 2004, p. 70 ; J.-P. SAGAUT et M. CAGNIART, « Regard notarial sur le titre exécutoire européen », *JCP N* 2005.p. 1792.

721. Le TEE a une portée limitée au niveau régional, car sa mise en œuvre ne concerne que des créances incontestées, liquides et exigibles. Les mesures provisoires prononcées par le juge des référés ne sont donc pas exclues des types de créances qui peuvent conduire à la mise en œuvre du TEE en cas de nécessité. Cette possibilité peut être transposée en arbitrage lorsque l'une des parties à la procédure bénéficie de mesures provisoires prononcées par le juge des référés. L'ordonnance du juge des référés de l'un des États membres de l'UE est une décision de justice. Elle peut donc bénéficier pour sa mise en œuvre efficace du mécanisme du TEE à condition que le siège du tribunal arbitral soit sur le territoire européen.

2. Les modalités d'application

722. Le champ d'application du TEE est limité à la matière civile et commerciale. En plus des exclusions prévues par le Règle de Bruxelles I, les testaments et les successions sont exclus. Par ailleurs, le Règlement n'est pas applicable au Royaume de Danemark. Pour être certifié sous forme de TEE l'acte doit être assimilé à une créance de sommes d'argent exigible dont la durée est mentionnée, dont l'échéance a été indiquée dans la décision, la transaction judiciaire ou l'acte authentique[1378]. Le Titre exécutoire européen peut être obtenu à titre préventif même si la créance n'est pas encore exigible. C'est le cas lorsque le juge des référés intervient par exemple au cours d'une procédure d'arbitrage pour prendre une ordonnance qui peut ensuite obtenir le TEE[1379]. Le titre exécutoire est applicable aux créances incontestées. Le critère qui caractérise une créance incontestée est la reconnaissance expresse de celle-ci par le débiteur dans un acte exécutoire[1380]. Mais, lorsque le juge des référés est saisi par le créancier, ce dernier peut transmettre au débiteur l'ordonnance obtenue. Dans l'hypothèse où l'ordonnance du juge des référés n'est pas contestée par le débiteur, elle est équivalente à une créance incontestée[1381].

3. Les conditions d'obtention du certificat TEE

723. Notre présentation sera centrée sur l'utilité du TEE en cas d'obtention d'une ordonnance du juge des référés pour l'exécution des mesures provisoires dans le cadre d'une procédure d'arbitrage.

1378 G. Cuniberti, C. Normand, F. Cornette, *Droit international de l'exécution* : *Recouvrement des créances civiles et commerciales, L.G.D.J,* 2011, p. 89.
1379 Ibid.
1380 Article 3 du règlement européen n°805/2004 du 21 avril 2004.
1381 Ibid.

724. Pour obtenir le certificat, le créancier doit s'adresser à la juridiction qui a rendu la décision à l'origine[1382]. Dans le cadre d'une procédure d'arbitrage, en cas d'intervention du juge des référés français, l'ordonnance rendue pourra recevoir le certificat TEE à une condition. Il faudra que la demande soit adressée au greffier en chef de la juridiction qui a rendu la décision[1383]. Dans l'hypothèse où les conditions de délivrance du certificat sont remplies, la juridiction compétente pourra délivrer le certificat au moyen d'un formulaire type[1384]. La demande de la certification du TEE n'est pas conditionnée par une période de prescription et aucune forme particulière n'est imposée au demandeur[1385]. Le demandeur doit démontrer que la décision est exécutoire dans l'État membre d'origine. La décision ne doit pas avoir forcément un caractère définitif, car une ordonnance du juge des référés intervenue dans le cadre d'une procédure d'arbitrage peut obtenir la certification du TEE. La décision doit être compatible avec les sections du chapitre II du règlement n°44/2001[1386].

725. Pour obtenir l'exécution du TEE, le créancier doit se conformer à des exigences procédurales. En effet, l'acte introductif de l'instance auprès du juge des référés doit être communiqué au débiteur[1387]. Il doit être informé de toutes les formalités procédurales à accomplir pour contester la créance. Il s'agit aussi de porter à sa connaissance le délai dont il dispose et les conséquences de la non-objection ou de la non-comparution[1388]. Lorsque le créancier respecte les conditions requises, il peut obtenir le TEE pour assurer l'exécution des mesures provisoires et exécuter par la suite avec efficacité la sentence arbitrale.

726. Lorsque ces règles ne sont pas respectées, le débiteur peut formuler un recours pour vice de procédure[1389]. Dans l'hypothèse où le débiteur a reçu l'acte introductif de l'instance et a comparu normalement devant le juge des référés, il ne pourra plus dans ce cas bénéficier d'un recours pour vice de forme[1390].

[1382] Article 6, paragraphe 1er du règlement européen n°805/2004 du 21 avril 2004.
[1383] Art. 509-1 du Code de procédure civile.
[1384] Annexe 1 du Règlement européen n°805/2004 du 21 avril 2004.
[1385] Article 6 paragraphe 1 du Règlement et Art. 509-4 du Code de procédure civile.
[1386] E. Jeuland, « Le titre exécutoire européen : un château en Espagne ? », *Gaz. Pal.* 28 mai 2005, n°148, p. 15.
[1387] Article 16 du Règlement européen n°805/2004 du 21 avril 2004.
[1388] Article 17 du Règlement européen n°805/2004 du 21 avril 2004.
[1389] 1389 Article 18 du Règlement européen n°805/2004 du 21 avril 2004.
[1390] Ibid.

4. La Convention de New York de 1958 et le droit de l'UE

727. Dans le cadre d'une procédure d'arbitrage, l'exécution des mesures provisoires ordonnées par le juge des référés d'un État membre de l'UE n'échappe pas au champ d'application du TEE. Le règlement européen n°805/2004 prévoit que les décisions certifiées comme titres exécutoires européens peuvent être exécutées de plein droit dans tous les États membres de l'Union européenne. Cependant, la loi applicable aux mesures d'exécution du TEE est celle de l'État requis lorsque le droit européen n'est pas applicable. Le créancier peut même procéder à des mesures conservatoires sur le compte bancaire du débiteur en cas de doutes sur la bonne foi de ce dernier[1391]. La décision certifiée comme titre exécutoire européen dans l'État d'origine doit produire un effet d'assimilation. En effet, elle doit être directement reconnue dans les autres États membres de l'UE sans autre forme de procès[1392]. La certification produit uniquement les effets dans les limites de sa force exécutoire[1393]. Le TEE ne peut pas faire l'objet de réexamen au fond dans l'État membre requis[1394].

728. L'existence d'une clause compromissoire ne constitue pas un obstacle pour solliciter devant les juridictions judiciaires étatiques des mesures provisoires[1395]. Il y a cependant des exceptions lorsque le Règlement d'arbitrage exclut cette possibilité dans le cadre d'un arbitrage institutionnel[1396]. D'autres instruments juridiques limitent l'intervention du juge étatique en matière d'arbitrage. Ainsi, la Loi type de la CNUDCI sur l'arbitrage prévoit en son article 9 que l'intervention du juge étatique pour la prise des mesures conservatoires se limite à l'étape de la constitution du tribunal arbitral. Une fois que le tribunal arbitral est constitué, ce sont les arbitres qui sont habilités à prendre les mesures provisoires.

729. La CJCE a répondu par l'affirmative à cette possibilité dans l'affaire Van Uden lorsque le juge des référés a été saisi pour une demande

---

1391 C.A., Nîmes, 22 mars 2018, RG n° 17/0232.

1392 Cass. 2ème civ., 22 février 2012, n°10-28.379, *Bull. civ.*, II, n° 36.

1393 Article 11 du règlement européen n°805/2004 du 21 avril 2004. ; Cass. 2ème civ., 06 janvier 2012, n° 10-23.518, *Bull. civ.* n°7.

1394 Article 2, par. 2 du règlement européen n°805/2004 du 21 avril 2004.

1395 Arts. 24 et 31 du Règlement (CE) n° 44/2001 DU CONSEIL du 22 décembre 2000 concernant la compétence judiciaire, la reconnaissance et l'exécution des décisions en matière civile et commerciale.

1396 Article 8.2 du Règlement d'arbitrage n°125 du GAFTA.

de paiement de provision en présence d'une clause d'arbitrage[1397]. Ainsi, une ordonnance du juge des référés portant sur les mesures provisoires peut faire l'objet d'une demande du Titre exécutoire européen et être exécutée sur le territoire de l'UE. Le créancier peut formuler une demande du certificat de l'ordonnance du juge des référés pour recouvrer sa créance garantie dans plusieurs pays membres de l'UE. En matière civile et commerciale, l'article 5 du règlement n°805/2004 du 21 avril 2004 permet en effet au créancier de faire exécuter ledit titre (TEE) au sein des États membres de l'UE. La demande doit être adressée à la juridiction qui a rendu l'ordonnance dans le cadre d'une procédure d'arbitrage.

730. Le juge des référés statue en urgence dans le cadre de la procédure des référés en droit français. Il a exclusivement le pouvoir de prendre les décisions provisoires et conservatoires qui ne lient pas le juge de fond qui pourrait éventuellement intervenir plus tard dans la même affaire[1398]. L'ordonnance du juge des référés prise dans le cadre d'une procédure d'arbitrage peut obtenir le certificat du TEE et bénéficier d'une exécution rapide dans les États membres de l'Union européenne. Cette solution est transposable pour les juges de l'urgence des États membres de l'Union à une seule condition. Il faut que le siège du tribunal arbitral soit situé dans un État membre de l'UE.

731. Les solutions proposées dans ce chapitre présentent une ligne de mire claire. Il s'agit des remèdes pour combler les insuffisances de la Convention de New York de 1958 en matière de procédures applicables à la reconnaissance et à l'exécution des sentences arbitrales internationales. L'objectif est de permettre aux parties de choisir la solution la plus adaptée au contexte lié à l'exécution des sentences arbitrales internationales. Même si ces remèdes présentent des limites, ils ont le mérite de constituer des solutions juridiques pour une exécution plus efficace des sentences arbitrales internationales.

732. Les solutions liées aux problèmes procéduraux en matière de reconnaissance et d'exécution des sentences arbitrales internationales ne reposent pas uniquement sur des sources conventionnelles. Les parties

---

[1397] CJCE, 17 novembre 1998, *Van Uden c/ Deco Line*, C-391/95, *Rev. arb*. 1999, note H. Gaudemet-Tallon, p. 143 ; *JurisClasseur Europe*, 1999, note L. Idot, p. 24. ; *Cahiers de l'arbitrage*, janvier 2000, *in Recueil* 2000/2001, obs. J. Willems.

[1398] Il ne faut donc pas confondre le juge des référés avec le juge statuant en la forme des référés. La forme des référés est une procédure accélérée et simplifiée soumise à des formes et délais de la procédure de référé mais qui, a la différence majeure de l'ordonnance de référé, a l'autorité de la chose jugée au principal relativement à la contestation qu'elle tranche.

peuvent décider par voie contractuelle d'assurer une bonne exécution de la sentence arbitrale internationale. Ainsi, elles peuvent recourir aux instruments juridiques dissuasifs et consensuels. Il s'agit pour le créancier de se doter de sûretés authentifiées avant et après la reddition de la sentence arbitrale. Les parties peuvent également conclure des accords de transaction homologués ou faire appel à un tiers pour conclure des accords homologués portant sur l'échelonnement des modalités de recouvrement de la créance en lien avec la sentence arbitrale.

SECTION 2 : Les remèdes d'ordre contractuel

733. Il peut être utile pour le créancier de prendre des sûretés pour garantir l'exécution de sa sentence arbitrale. Les parties peuvent en effet par voie contractuelle convenir de sûretés, conclure une transaction ou encore un accord de rééchelonnement de la dette. Il s'agit de remèdes préventifs ou curatifs. Les remèdes préventifs sont des mesures visant à assurer le recouvrement des créances futures. Lorsque ces créances deviennent certaines, liquides et exigibles, le créancier pourra se prévaloir de ces garanties pour recouvrer la dette en cas d'absence de paiement par le débiteur. Il s'agit des contrats de sûretés conclus avec l'accord du débiteur (**Paragraphe 1**). Après la reddition de la sentence arbitrale, les parties peuvent décider de mettre en exécution la sentence arbitrale par voie de transaction ou par voie de médiation postarbitrale (**Paragraphe 2**). La médiation intervient par le biais des clubs de Paris et de Londres en cas d'insolvabilité d'un État débiteur. Il convient de relever à ce stade que ces mesures, qui reposent sur la volonté des parties, supposent une certaine « bonne » volonté du débiteur. Elles seront ainsi difficiles à mettre en œuvre en cas de mauvaise foi de ce dernier, et même en cas d'insolvabilité.

Paragraphe 1 : Les remèdes préventifs, le cas des sûretés

734. Le créancier peut au préalable prendre des mesures de garantie pour assurer l'exécution de sa sentence arbitrale. En présence de garanties, il est en effet dans l'intérêt du débiteur d'exécuter volontairement la sentence arbitrale afin d'éviter des sanctions judiciaires[1399]. En amont de la procédure d'arbitrage, c'est-à-dire dans le cadre d'une relation d'affaires, le créancier peut garantir par voie de sûreté le contrat principal afin d'assurer son exécution par le débiteur.

[1399] Ch. Gijsbers, « L'utilisation des sûretés pour garantir l'exécution des sentences arbitrales internationales », *CAPJIA*, 2017, p. 175.

735. Dans l'hypothèse où le créancier dispose d'une sentence arbitrale exequaturée, il peut ainsi bénéficier du prolongement de la sûreté du contrat principal pour recouvrer la créance[1400]. Dans ce cas de figure, il n'y aura pas de novation des obligations du débiteur s'il est le même débiteur dans le contrat principal[1401]. Il est utile pour le débiteur de prendre des garanties avant la reddition de la sentence arbitrale lorsqu'il y a des doutes sur la bonne foi ou la capacité de solvabilité du débiteur (**A**). Il peut arriver aussi que les parties puissent s'entendre dans le cadre de la procédure d'arbitrage pour mettre en place des mesures de sûretés post-arbitrales après la reddition de la sentence arbitrale (**B**)[1402]. La prise de sûretés relève de la compétence exclusive du juge étatique et non de l'arbitre international, car celui-ci ne dispose pas de l'impérium[1403].

A. Au cours de la procédure d'arbitrage

736. Dans le cadre d'une procédure d'arbitrage, le créancier potentiel peut solliciter des mesures conservatoires auprès du juge des référés pour garantir le recouvrement de sa créance après confirmation par une sentence définitive. Ce besoin pour le futur créancier peut être aussi justifié si une sentence partielle a été rendue en sa faveur. Le tribunal arbitral ne dispose pas d'impérium pour ordonner des mesures de sûreté. Cependant, après avoir rendu une sentence arbitrale partielle, le tribunal peut à titre conservatoire sommer le débiteur de constituer une garantie pour assurer l'exécution d'une sentence arbitrale au besoin sous

---

1400 R. Libchaber, « Incertitude sur l'effet substantiel des jugements », *D.* 2007, p. 842. ; D. Foussard, « À l'intersection de trois disciplines : l'obligation constatée par une décision », *Mélanges en l'honneur de Jacques Boré, La création d'un droit jurisprudentiel, Dalloz,* 2007, p. 163. ; S. Bollée, « Les effets des sentences arbitrales à l'égard des tiers », *Rev. arb.* 2015, p. 695. ; Cass. com., 16 mai 1995, n° 93-11788, obs. B. Laurent, « Garanties bancaires et arbitrage », *RDAI, 1990*, p. 404. E. Loquin, Arbitrage et cautionnement », *Rev. arb.* 2002, p. 462. ; J.-B. Racine, « Arbitrage et cautionnement en droit français », *Cahiers de l'arbitrage 2010,* p. 353 et ss.

1401 R. Libchaber, « Incertitude sur l'effet substantiel des jugements », *D.* 2007, p. 842. ; D. Foussard, « À l'intersection de trois disciplines : l'obligation constatée par une décision », *Mélanges en l'honneur de Jacques Boré, La création d'un droit jurisprudentiel, Dalloz,* 2007, p. 163. ; S. Bollée, « Les effets des sentences arbitrales à l'égard des tiers », *Rev. arb.* 2015, p. 695. ; Cass. com., 16 mai 1995, n° 93-11788, obs. B. Laurent, « Garanties bancaires et arbitrage », *RDAI, 1990*, p. 404. E. Loquin, Arbitrage et cautionnement », *Rev. arb.* 2002, p. 462. ; J.-B. Racine, « Arbitrage et cautionnement en droit français », *Cahiers de l'arbitrage 2010,* p. 353 et ss.

1402 R. Perrot et Ph. Théry, *Procédures civiles d'exécution, Dalloz, 3^em^ édition, 2013*, n° 1125, p. 878.

1403 C. Jarosson, « Réflexions sur l'impérium », *Études offertes à Pierre Bellet, Litec*, 1991, p. 245 et ss. ; Ph. Théry, « Voies d'exécution », *Rép. Dr Int.*, 2013, n° 34.

astreinte[1404]. L'intérêt d'obtenir du tribunal arbitral une décision qui enjoint au débiteur de constituer une garantie réside dans le caractère obligatoire de cette décision[1405]. En pratique, la juridiction compétente pour autoriser les mesures de sûretés est celle de l'État dans lequel la sentence arbitrale est susceptible d'être exécutée. Cependant, la prise des mesures de sûretés n'est pas automatique, elle est assujettie à une autorisation du juge de l'exécution s'il existe une menace pour le recouvrement de la créance. C'est le cas en droit français et en droit OHADA. En France, le président du tribunal du commerce vérifie tout d'abord que la créance paraît fondée en son principe[1406]. Il vérifie que le recouvrement de la créance est susceptible d'être compromis avant d'accorder des mesures provisoires préventives[1407]. En réalité, les mesures provisoires prises avant la reddition de la sentence arbitrale protègent à la fois le créancier et le débiteur.

737. Les sûretés judiciaires permettent uniquement au créancier de bénéficier d'une inscription provisoire. En France, par exemple, le créancier doit confirmer l'inscription provisoire par une publicité définitive.[1408] L'arbitre quant à lui n'est pas limité lors de la demande de constitution de garanties à la charge du débiteur. Il peut s'agir dans ce cas des sûretés sans dessaisissement ; de fiducies-sûretés ; de garanties bancaires, etc. À titre d'exemple de sûretés sans dessaisissement, nous pouvons citer des gages d'espèces, les gages des stocks. En droit français et en droit OHADA, le gage est une convention par laquelle le constituant accorde à un créancier le droit de se faire payer par préférence aux autres créanciers. L'opération de gage peut être réalisée sur un bien mobilier corporel ou un ensemble de biens mobiliers corporels, présents ou futurs[1409]. Le panel de sûretés que le tribunal arbitral est habilité à proposer aux parties est donc large et souple. Elles semblent offrir plus de sécurité

[1404] Art. 1468 du Code de procédures civiles d'exécution français. ; CA. Paris, 7 octobre 2004, *JDI 2005*, obs. P. Pedone et A. Mourre, p. 341. ; F. Ramos Mendez, « Arbitrage international et mesures conservatoires », *Rev. arb.* 1985, p. 51. ; Art. 23.1 du Règlement CCI. ; Art. 21 du Règlement de l'American Arbitration Association.

[1405] C. Gijsbers, « L'utilisation des sûretés pour garantir l'exécution des sentences arbitrales internationales », *Cahiers de l'arbitrage (CAPJIA) n° 2, 2017*, p. 175.

[1406] Art. 511-1 du Code des procédures civiles d'exécution.; Cass. 1re civ. 3e, 7 oct. 1998, no 96-20.395, *Bull. civ.* III, no 199.

[1407] Art. 511-1 du Code de procédures civiles d'exécution français. ; Cass. 1er civ. 2e, 28 juin 2006, no 04-19.670.

[1408] Art. L. 531-1 du Code de procédures civiles d'exécution français.

[1409] L'Ordonnance n° 2006-346 du 23 mars 2006 relative aux Sûretés, Contrats et obligations réforme le droit des sûretés. L'article 92 de l'Acte uniforme révisé portant organisation des sûretés en droit OHADA.

juridique pour favoriser l'exécution des sentences arbitrales internationales. Dans l'hypothèse où les parties concluent une convention d'arbitrage après la naissance du litige, elles peuvent également s'entendre pour souscrire des garanties pour assurer l'exécution de la sentence à venir. Cette option que les parties au litige auraient faite est crédible, car il s'agit d'une sûreté équilibrée donc à destination des deux parties. En effet, le créancier pourrait ainsi être protégé contre une éventuelle insolvabilité du débiteur. Le débiteur pourrait recouvrer le bien mis en garantie.

738. Le débiteur aura à son tour la garantie d'être remboursé des frais engagés et des dommages et intérêts dans l'hypothèse où la sentence arbitrale internationale ferait l'objet d'une annulation par le juge judiciaire. Les valeurs vénales des mesures de sûretés devraient être déterminées sur la base de la valeur du litige en cause. Par ailleurs, les parties pourraient aussi opter pour des sûretés qui ne nécessitent pas la mise en œuvre de voies d'exécution et d'obtention de titre exécutoire. Il s'agit notamment des pactes commissoires[1410], des fiducies[1411], des gages-espèces, des nantissements de créances, etc. Ces catégories de garanties sécurisent la créance à double titre. Première possibilité, le créancier recouvre sa créance grâce à l'exécution de l'obligation garantie par voie de gage. Seconde possibilité, il devient propriétaire du bien gagé en cas de défaut d'exécution de la même obligation garantie. L'absence de voies d'exécution concernant les catégories de sûretés citées ci-dessus se justifie du fait que le créancier a déjà à sa possession le bien gagé dont il peut devenir propriétaire.

739. Ces mesures de sûretés sont certes de nature à sécuriser le créancier en cas de défaillance du débiteur. Elles permettent par ricochet l'exécution efficace des sentences arbitrales. Cependant, leur efficacité est à relativiser, car un accord de sûreté dépend de la volonté des parties. Ainsi, un mauvais débiteur ou un débiteur de mauvaise foi pourrait refuser de donner son accord pour la conclusion de sûretés au cours de la procédure d'arbitrage. Mais il est quand même utile de préciser que le recours à ces mesures de sûretés par les parties au litige traduit l'autonomie de l'arbitrage. En effet, ces mesures de sûreté permettent aux

---

[1410] Art. 199 de l'Acte uniforme portant organisation des sûretés (OHADA). ; Art. 2348 du Code civil. ; ordonnance n° 2006-346 du 23 mars 2006 relative aux sûretés.

[1411] C'est une garantie à l'actif du débiteur qui lui permet de recouvrer la propriété du bien mis en garantie une fois le paiement de la dette acquitté.

parties de ne pas avoir nécessairement recours aux juridictions étatiques lorsque le débiteur est de bonne foi.

740. L'effet juridique des sûretés est la protection du créancier en cas d'inexécution de la sentence arbitrale. Elles concourent à l'efficacité d'exécution de la sentence arbitrale.

B. Effet des sûretés à la suite de la reddition d'une sentence arbitrale

741. En droit interne, parmi les sûretés réelles et personnelles qui existent, nous avons centré notre présentation sur l'hypothèque en tant que sûreté réelle et le cautionnement en tant que sûreté personnelle. Deux raisons motivent ce choix. La première est que l'hypothèque donne au créancier, lorsque toutes les formalités y afférentes ont été réalisées dans les règles, un droit acquis ou un droit de préférence lorsqu'il existe plusieurs hypothèques. Elle est l'une des garanties réelles les plus utilisées[1412]. La deuxième raison est que le cautionnement bancaire dont peuvent disposer les entreprises est très utilisé en pratique[1413]. Il s'agit d'instruments de garantie utiles pour faciliter l'exécution d'une sentence arbitrale sous forme de créance financière (**1**). Par ailleurs, les parties peuvent aussi recourir à des instruments régionaux adaptés ou choisir des instruments de garantie qui relèvent du droit international pour assurer l'exécution d'une sentence arbitrale internationale en cas de défaillance du débiteur (**2**).

1. Les sûretés appropriées en droit interne : L'hypothèque et le cautionnement

742. En principe, le tribunal arbitral est dessaisi après la reddition de la sentence arbitrale. Les parties au litige sont donc fixées par rapport à la créance et la dette. Deux catégories de sûretés sont envisageables à ce stade. Il s'agit en premier lieu d'une sûreté judiciaire et légale dans l'intérêt du créancier, à savoir une garantie de bonne exécution au profit du créancier. Ce type de sûreté peut être demandée par le créancier lorsqu'il estime que la procédure devant le juge d'exequatur pourrait durer dans le temps.

En second lieu, le débiteur peut aussi envisager une garantie de remboursement. La garantie de remboursement permet au débiteur

[1412] Ch. Gijsbers, op. art.
[1413] Ibid., p. 55

d'obtenir le remboursement des dépenses engagées s'il arrivait que la sentence arbitrale internationale soit annulée par les juridictions étatiques.

743. Le créancier détenteur d'une sentence arbitrale non exequaturée peut ainsi faire une demande de sûreté judiciaire avant de saisir le juge de l'exequatur[1414]. En droit français, la loi offre cette possibilité au créancier, mais il s'agit d'une sûreté provisoire[1415]. En effet, la sentence doit être exequaturée afin que le créancier puisse bénéficier d'une sûreté effective en cas de réticence du débiteur à exécuter l'ordonnance d'exequatur ayant acquis autorité de chose jugée[1416]. Après l'obtention de l'ordonnance d'exequatur par le créancier, même si ce titre exécutoire n'a pas encore acquis l'autorité de chose jugée, le créancier peut solliciter la mise en garantie des immeubles du débiteur. L'hypothèque sur les biens immeubles du débiteur lui permettra de se faire rembourser lorsque le titre exécutoire aura acquis l'autorité de chose jugée.

744. L'hypothèque est une sûreté immobilière[1417]. En droit français par exemple, l'hypothèque est considérée comme l'affectation d'un immeuble en garantie d'une obligation sans déposition de celui qui la constitue[1418]. Selon l'article 2387 du Code civil français, l'hypothèque peut être légale, judiciaire ou conventionnelle. En cas d'insolvabilité du débiteur, le créancier qui dispose par exemple d'une garantie d'hypothèque peut obtenir une exécution efficace de la sentence arbitrale. L'alinéa 2 de l'article 2412 du Code civil permet au créancier d'hypothéquer les biens immeubles du débiteur pour garantir l'exécution d'une sentence arbitrale ayant acquis autorité de chose jugée[1419]. En cas de réticence du débiteur à exécuter la sentence arbitrale exequaturée et ayant acquis force de chose jugée, le créancier pourra procéder à une inscription définitive

---

[1414] Art. L. 531-2, al. 1er : « Aux côtés des saisies conservatoires, les sûretés judiciaires forment une seconde catégorie de mesures conservatoires. Si les biens grevés d'une sûreté judiciaire (en l'occurrence, des immeubles, des fonds de commerce, des parts sociales ou des valeurs mobilières appartenant au débiteur) demeurent aliénables, le créancier n'en est pas moins protégé. Avec la sûreté judiciaire, le créancier peut recouvrer tout ou partie de sa créance au moment de la distribution du prix, par le jeu du droit de préférence assorti, le cas échéant, d'un droit de suite. » ; art. L. 511-2 du Code de procédures civiles d'exécution français.

[1415] Art. 1484 du Code civil français. ; la loi du 18 novembre 2016, modernisation de la justice du XXIème siècle.

[1416] Art. 511-4 du Code de procédure civile d'exécution français. Art. 104 de l'Acte uniforme portant organisation des Sûretés (OHADA).

[1417] Hormis le les privilèges, les gages et propriété sûreté.

[1418] Article 2385 du Code civil français.

[1419] M. Cabrillac, Ph. Pétel, S. Cabrillac, *Droit des sûretés*, *Lexis Nexis, 10ème éd*, n° 947, 2015, p. 701.

d'hypothèque sur les immeubles identifiés[1420]. Il s'agit d'un moyen efficace pour le créancier pour obtenir l'exécution d'une sentence arbitrale.

745. À défaut de disposer d'une hypothèque, le créancier pourrait conclure un contrat de cautionnement avec de débiteur. Le cautionnement est un contrat par lequel la caution s'engage à payer un créancier en cas de défaillance de son débiteur. En matière de cautionnement, il existe deux rapports d'obligations entre les parties. Le premier est celui qui existe entre le créancier et le débiteur concernant l'obligation principale. Le second rapport est celui qui existe entre le créancier et la caution concernant l'obligation de garantie. Le contrat de cautionnement transfère à la caution le risque d'insolvabilité du débiteur. Dans l'hypothèse où la caution a été choisie avec discernement, la garantie financière dont bénéficie le créancier peut être qualifiée d'efficace[1421]. Ainsi, dans le cadre de la mise en œuvre d'un contrat de cautionnement, en cas de non-recouvrement de créances, le créancier peut faire appel contre la demande de prorogation de délai de paiement. Ce recours en appel est subordonné à plusieurs exigences.

746. En effet, le créancier est tenu de présenter une sentence arbitrale internationale exéquaturée et démontrer officiellement la défaillance du débiteur (le donneur d'ordre)[1422]. Si la garantie arrive à expiration, le débiteur peut faire une demande de prorogation en cas de non-paiement de la créance[1423]. Dans ce cas précis, la caution peut décider de payer le bénéficiaire c'est-à-dire le créancier. La caution peut aussi accepter la prorogation de la garantie avec l'accord préalable du créancier[1424]. Cependant, il faut préciser que la seule prorogation de terme accordé par le créancier au débiteur principal ne décharge pas la caution de son obligation[1425]. Ainsi, en cas de solvabilité de la caution, le créancier peut recouvrer sa créance dans le cadre de l'exécution d'une sentence lorsque le débiteur principal est défaillant. Il en résulte que le cautionnement est

---

[1420] Art. 2412, alinéa 3 du Code civil français. Art. 198 et 199 de l'Acte uniforme portant organisation des Sûretés (OHADA). ; C.A. Paris, pôle 1, ord. 1er président., 23 avr. 2013, n° 13-00089.

[1421] Ph. Thery & Ch. Gijsbers, Droit des sûretés, Paris, *L.G.D.J*, 2022, p. 29 et ss.

[1422] Cf. Les règles uniformes de la CCI relatives aux garanties sur demande, juillet 2010, *RUGD n° 758.*

[1423] Art. 23, alinéa 4 de l'Acte uniforme portant organisation des Sûretés (OHADA).

[1424] Art. 2320 du Code civil français. ; Art. 30 al. 4 de l'Acte uniforme portant organisation des Sûretés (OHADA).

[1425] Ibid.

un instrument de garantie qui peut valablement concourir à l'efficacité d'exécution des sentences arbitrales.

747. Par ailleurs, il existe aussi des garanties consacrées par les droits régionaux et le droit international. Ces instruments de garantie peuvent concourir à l'efficacité d'exécution des sentences arbitrales internationales. Il s'agit des actes de garantie légale authentifiés selon les prescriptions du Règlement n°805/2004 (CE), de l'Acte Uniforme sur les garanties en droit OHADA ou encore de la CVNU sur les garanties autonomes.[1426].

2. Les sûretés régionales et internationales

748. En matière d'arbitrage international, les créanciers et les débiteurs engagés dans une procédure arbitrale disposent des instruments juridiques internationaux unifiés qui facilitent la prise des mesures de garanties. Il s'agit entre autres des règles uniformes de la CCI[1427], de la Convention des Nations Unies sur les garanties indépendantes et des lettres de crédit stand-by[1428]. S'agissant des garanties indépendantes consacrées par la CNUDCI, c'est un instrument de garantie relatif aux engagements à caractère international. Il s'applique lorsque les établissements des parties concernées (l'émetteur[1429], le bénéficiaire[1430], le donneur d'ordre[1431], la partie ordonnatrice)[1432] se situent dans des États différents. La Convention CNUDCI sur les garanties indépendantes et des lettres de crédit stand-by s'applique aux garanties indépendantes ou aux lettres de crédit stand-by. Ces garanties ou lettres de crédit doivent être prises par une banque, ou une autre institution ou personne appelées garants ou émetteurs[1433].

[1426] Art. 4, al. 2 de l'Acte uniforme portant organisation des Sûretés (OHADA).

[1427] Les Règles et Usances Uniformes (RUU) sont un ensemble de règles utilisées notamment pour les lettres de crédit de la Chambre de commerce internationale (CCI/ICC). Les RUU sont utilisées par les banques et commerçants dans plus de 175 pays.

[1428] Convention des Nations Unies sur les garanties indépendantes du 11 décembre 1995.

[1429] Arts. 1er et ss. de la Convention des Nations Unies sur les garanties indépendantes du 11 décembre 1995 amendé en 2006.

[1430] Ibid.

[1431] Arts. 2 ; 4 ; 8 et 17 de la Convention des Nations Unies sur les garanties indépendantes du 11 décembre 1995 amendé en 2006, note explicative du secrétariat de la CNUDCI (annexe à la convention), p. 17 et ss.

[1432] Arts. 4 ; 6 (b, e et f) et 8 (4) de la Convention des Nations Unies sur les garanties indépendantes du 11 décembre 1995, note explicative du secrétariat de la CNUDCI (annexe à la convention), p. 18 et ss.

[1433] Articles 1 et 2 de la Convention CNUDCI sur les garanties indépendantes et des lettres de crédit stand-by de 1995 amendé en 2006.

749. L'engagement doit porter sur le paiement du bénéficiaire, une créance limitée à un montant précis[1434]. Le paiement du créancier doit être fait sur simple demande ou sur demande accompagnée des documents nécessaires utiles pour prouver l'existence de la créance non exécutée par le débiteur[1435]. Les engagements qui ressortent de l'application de cette convention présentent un caractère indépendant, car leur mise en œuvre ne dépend pas d'une opération sous-jacente. Il en est de même pour les garanties indépendantes et des lettres de crédit stand-by à laquelle se rapporte une confirmation ou une contre-garantie[1436]. La Convention de la CNUDCI s'applique lorsque l'engagement présente un caractère international. Ainsi, lorsque l'engagement indique la résidence d'une des personnes morales, celle-ci doit être prise en considération pour déterminer le caractère international de l'engagement[1437]. Par ailleurs, l'établissement de l'émetteur, du garant, du donneur d'ordre ou du bénéficiaire ou encore de la partie ordonnatrice doit être situé sur le territoire d'un État contractant. L'établissement pris en considération doit aussi présenter un lien étroit avec l'engagement.

750. La prise en compte du caractère international de l'engagement a pour finalité la promotion de l'uniformité de la Convention[1438]. Ainsi, la convention est applicable si les règles de droit international privé aboutissent à l'application de la législation d'un État contractant[1439]. Par ailleurs, le caractère uniforme de cet instrument lui permet d'être priorisé dans les États contractants en matière de garantie. Dans les pays non contractants, le caractère uniforme de cet instrument de garantie permet aux parties d'en faire le choix en tant que droit applicable à leur accord de garantie. En effet, certaines juridictions des États qui ont ratifié cette convention considèrent cet instrument comme une norme prioritaire par rapport aux normes internes étatiques. C'est le cas des juridictions tunisiennes. Dans l'affaire *Matutrading Company, Ltd. c/ North Africa International Bank*, les juges du fond ont considéré que, conformément à l'article 32-2 de la Constitution tunisienne, les dispositions de la

---

[1434] Ibid.

[1435] Ibid.

[1436] Article 3 de la Convention CNUDCI sur les garanties indépendantes et des lettres de crédit stand-by de 1995 amendé en 2006.

[1437] Ibid. Article 4.

[1438] Ibid. Article 5.

[1439] Arts. 21 et 22 de la Convention des Nations Unies sur les garanties indépendantes et les lettres de crédit stand-by de 1995 et amendé en 2006.

Convention CNUDCI sur les garanties sont prioritaires sur celles du Code des obligations et des contrats tunisiens[1440].

751. La France n'a pas ratifié la Convention des Nations Unies sur les garanties indépendantes et les lettres de crédit stand-by de 1995.[1441] Cependant, les juridictions françaises considèrent que le rattachement des accords de garanties à la loi française ne fait pas obstacle à l'application des règles uniformes dans l'hypothèse où les parties y font expressément référence[1442]. Dans l'hypothèse où cette stipulation expresse est faite par les parties, elle entre directement dans le champ contractuel. Il en est de même si les sièges sociaux des établissements des parties au contrat sont uniquement situés sur le territoire européen[1443]. Les Règles uniformes dont il s'agit peuvent être des Règles de garanties sur demande (RUGD 758) ; la Convention CNUDCI sur les garanties indépendantes et des lettres de crédit stand-by de 1995 ; etc. Ainsi, contrairement à la Tunisie, les juges français considèrent qu'en absence de stipulation de la part des parties concernant l'application des règles uniformes, c'est la loi française qui s'applique lorsqu'il y a des éléments liens de rattachement avec la France[1444]. Il s'agit dans ce cas de l'application de règle de conflit de lois[1445].

752. En réalité, lorsque la garantie est appelée, le banquier devra payer la somme promise sans pouvoir opposer en principe d'exceptions. Les seules exceptions que la banque pourra opposer sont celles qui tiennent à la lettre de garantie elle-même. Ainsi, la Convention CNUDCI sur les garanties indépendantes et des lettres de crédit stand-by de 1995 est un instrument utile pour assurer l'efficacité du recouvrement des créances qui peut contribuer à l'efficacité de l'exécution des sentences arbitrales internationales. Cependant, cet instrument présente des limites. En premier, seulement huit États ont ratifié cet instrument[1446]. En second lieu, nonobstant son caractère uniforme, il ne peut être appliqué que par voie contractuelle à condition que les parties en fassent expressément le choix comme droit applicable à leur contrat de garantie. Il en résulte que

---

[1440] C.A., Tunis, 4 èm ch., 30 décembre 2009, *Aff. Matutrading Company, Ltd. c/ North Africa International Bank*, Appel n° 84922.

[1441] https://uncitral.un.org/fr/texts/payments/conventions/independent_guarantees/status

[1442] CA., Paris, A. commerciale internationale, Pôle 5-A..16, 19 octobre 2021, n°20/03074, *Aff. Sté SAIB c/ St2 ABC International Bank PLC.*

[1443] Article 3 du Règlement de Rome I.

[1444] CA., Paris, 19 octobre 2021, n°20/03074, *Aff. Sté SAIB c/ St2 ABC International Bank PLC.*

[1445] Ibid.

[1446] https://uncitral.un.org/fr/texts/payments/conventions/independent_guarantees/status

l'effectivité du caractère uniforme de cet instrument reste pour l'heure limitée.

753. Au sein de l'UE, il existe des outils régionaux qui facilitent l'exécution d'un acte de sûreté dans les États membres. Il est utile de rappeler que l'accomplissement des formalités destinées à la mise en place et à l'exécution des sûretés devrait se faire en principe par voie notariale[1447], en particulier pour les sûretés réelles. Cette exigence n'est toutefois pas obligatoire pour les sûretés personnelles[1448]. L'intérêt de faire accomplir les formalités nécessaires pour la mise en place des sûretés par un notaire est l'authenticité de l'acte de sûreté. Le Règlement n°805/2004 (CE) considère un acte authentique comme « un acte dressé ou enregistré formellement en tant qu'acte authentique et dont l'authenticité porte sur sa signature et son contenu ; l'acte doit être écrit par une autorité publique ou toute autre autorité relevant d'un autre État membre d'origine ; ... »[1449]. Ainsi, en cas d'inexécution d'une sentence arbitrale, si le créancier dispose des sûretés authentifiées par le notaire, il pourra recouvrer sa créance avec moins de difficultés. Dans l'espace de l'Union européenne, le créancier peut faire certifier l'acte authentique de sûreté pour obtenir un TEE afin de faciliter son exécution dans les pays membres de l'UE[1450]. L'acte de sûreté peut être certifié par l'autorité compétente de l'État membre où l'authentification a été dressée[1451].

754. Le débiteur doit expressément reconnaître dans l'acte authentique devoir une somme d'argent, déterminée, exigible ou devenue exigible. En effet, le TEE est exonéré de toute procédure d'accueil dans un État membre, d'où son intérêt en matière d'efficacité de recouvrement des créances. Le droit européen ne prévoit pas de recours contre le TEE. Cependant, les parties peuvent formuler auprès de la juridiction d'origine où l'acte a été certifié un recours en rectification ou en retrait du TEE. En cas de refus de délivrance d'un TEE en France, le demandeur peut saisir le président du tribunal judiciaire qui statuera en dernier ressort[1452]. La décision de refus du TEE doit être motivée par le Greffier en Chef et le notaire certificateur[1453].

[1447] Cass. 1re civ. 3 mars 2011, n° 09-16091, *LEDC*, 2011 obs. O. Deshayes, p. 5.
[1448] Ibid., p. 127
[1449] Article 3, paragraphe 3 de du Règlement n°805/2004.
[1450] Cf. les pages 312 et ss. de cet ouvrage de thèse.
[1451] En France c'est le notaire ou la personne morale titulaire de l'office notariale concevant la minute de l'acte reçu qui est habilité à authentifier l'acte.
[1452] Article 509-7 du Code de procédure civile français.
[1453] Article 509-5 du Code de procédure civile français.

755. À la différence de l'Union européenne, en droit OHADA, il n'existe pas de titre exécutoire applicable automatiquement dans les dix-sept États membres. L'uniformisation est plutôt faite au niveau des jugements exécutoires par provision portant sur l'exécution d'un acte de créance authentifié par le notaire[1454]. Ainsi, lorsque les parties ont choisi comme droit applicable au contrat de sûreté le droit OHADA[1455], cet acte peut-être directement exécuté dans les États membres sans une procédure particulière. Il s'agit de l'obtention auprès de l'État requis de la formule exécutoire[1456]. Ainsi, le jugement exécutoire par provision ne constitue pas un titre exécutoire en cas d'absence de la formule exécutoire[1457]. Il faut donc que le juge national appose la formule exécutoire à l'acte de créance authentifié. Cependant, un jugement ayant ordonné une saisie d'attribution est un titre exécutoire en application lorsqu'il n'a pas fait l'objet de recours suspensif et la saisie qui en résulte ne peut pas faire l'objet de main levée[1458].

756. Les différentes sûretés traitées ci-dessus présentent un caractère préventif pour protéger le créancier en cas d'insolvabilité éventuelle du débiteur après la reddition de la sentence. À l'instar de ces instruments de prévention, il existe des instruments de type curatif pour faciliter le recouvrement des créances après la reddition de la sentence arbitrale.

Paragraphe 2 : Les remèdes curatifs

757. Après la reddition de la sentence arbitrale, les parties peuvent prévoir des mécanismes contractuels pour faciliter l'exécution d'une sentence arbitrale. Il est ainsi possible de conclure un accord de transaction avec le débiteur si celui-ci est une personne de droit privé (**A**) ou un accord de rééchelonnement si le débiteur est une personne morale de droit public (**B**). Les modalités de paiement sont ainsi négociées avec le débiteur avec la prise en compte de ses capacités de solvabilité. Ces deux mécanismes de recouvrement des créances en lien avec les sentences arbitrales concourent à l'efficacité de l'exécution des sentences arbitrales.

[1454] Article 153 et ss. de l'AUPSRVE (OHADA).

[1455] Il s'agit de l'Acte uniforme sur les sûretés et l'AUPSVE (OHADA).

[1456] Articles 374, 584 et 712 du Code gabonais de procédure civile. ; TPI Port-Gentil, ord. réf. n°40/98-99, 10-2-1999 : *Sté Gras-Savoye et Sté Foraid c/ Izakino Augustin*, www.ohada.com, Ohadata J-02-150, obs. J. ISSA-SAYEGH.

[1457] Ibid.

[1458] Article 153 de l'AUPSRVE (OHADA). ; CA., Abidjan, n°444, 4-4-2000 : *Aff. D.D. c/ Sté Edipresse et BICICI*, Le Juris-Ohada, n° 4/2002, octobre-décembre 2002, p. 60, www.ohada.com , Ohadata J-03-70.

A. La Transaction

758. La transaction est un accord conclu sur la base de concessions réciproques entre les parties pour mettre fin à des contestations qui les opposent. Selon l'article 2044 du Code civil français, la transaction est considérée comme un contrat qui permet aux parties de mettre fin à une contestation qui les oppose ou de prévenir une contestation future. Nous inscrivons cette solution dans la phase d'exécution de la sentence arbitrale après le dessaisissement du tribunal arbitral[1459]. Le recours à la transaction peut constituer un moyen pour faciliter l'exécution d'une sentence arbitrale internationale dans un contexte où le débiteur souhaite rembourser sa dette suivant des modalités bien précises. Trois conditions caractérisent un contrat de transaction. Il s'agit de l'existence du contrat, de l'existence d'une contestation née ou à naître, de la volonté des parties de mettre fin à la contestation à travers des concessions réciproques[1460]. Un accord de transaction à un double objet : la concession réciproque des parties et leur volonté de mettre fin au litige déjà né ou à naître. La présentation des modalités de conclusion de la transaction, sa mise en œuvre (**1**) et sa force obligatoire (**2**) dans le cadre d'exécution d'une sentence arbitrale internationale nous permettront de montrer son utilité.

1. L'exécution d'une sentence arbitrale par voie transactionnelle

759. Après la reddition d'une sentence arbitrale, le créancier peut se confronter au refus du débiteur d'exécuter son obligation d'honorer la sentence. Dans l'hypothèse où le débiteur est une personne morale de droit public, il peut invoquer l'immunité d'exécution et retarder ainsi la procédure d'exécution d'une sentence arbitrale. Le créancier peut recourir aux négociations avec le débiteur pour obtenir l'exécution d'une sentence arbitrale à condition que la contestation ne fasse pas déjà l'objet d'un jugement définitif[1461]. La transaction doit en effet porter sur une situation litigieuse qui n'est pas définitivement tranchée[1462]. Les parties peuvent donc recourir à la transaction pour faire exécuter une sentence arbitrale disponible entre les mains du créancier dans les cas suivants : avant la saisine du juge de l'exequatur ou pour exécuter le titre exécutoire portant

---

[1459] Les sentences accords-parties ne rentrent pas sous le registre de notre analyse (ce sont uniquement les accords de transaction. Dans le cadre de notre analyse, notre démonstration porte sur l'utilité d'un accord de transaction pour faciliter l'exécution d'une sentence arbitrale internationale.

[1460] Arts. 1108 et 2044 du Code civil français.

[1461] Art ; 2056 du Code civil français.

[1462] Art. 2056, al. 1re t 2 du Code civil français.

sur la sentence arbitrale internationale. Les recours contre l'accord de transaction sont limités, ce qui en fait d'ailleurs tout l'intérêt[1463]. Une action ne peut être exercée que sur le terrain de la nullité en raison de l'exception de transaction. L'exception de transaction est une caractéristique fondamentale d'un accord de transaction et constitue une fin de non-recevoir contre les actions judiciaires à l'égard de l'accord de transaction[1464].

760. En France la transaction est un contrat synallagmatique spécial dont les causes de nullité ne portent pas sur l'erreur et la lésion[1465], sauf si l'une des parties apporte la preuve qu'il y a eu erreur sur la personne ou sur l'objet de la contestation[1466]. L'erreur doit être substantielle et porter sur le litige auquel la transaction veut mettre fin ou prévenir. Par ailleurs, la violence et le dol sont des causes de nullité du contrat de transaction[1467]. La transaction porte en principe sur des droits disponibles. Il n'est donc pas possible de transiger sur les droits d'intérêt public ou sur les droits extrapatrimoniaux. Cependant, il est possible de transiger sur les conséquences patrimoniales. Un créancier qui souhaite faire exécuter une sentence arbitrale internationale ou le titre exécutoire de ladite sentence arbitrale par voie de transaction est en présence d'un droit disponible, sa créance sur le débiteur.

761. Dans l'hypothèse où les éléments de concession venant des deux parties font défaut dans l'accord de transaction, celui-ci ne sera pas automatiquement annulé, mais devra être requalifié[1468]. La transaction pourrait donc être un moyen d'exécution efficace d'une sentence arbitrale internationale. Mais on peut se demander pourquoi un débiteur qui n'exécute pas spontanément une sentence accepterait de s'engager dans un accord transactionnel. La réponse réside dans les concessions qu'il pourra obtenir du créancier. Il s'agira pour les deux parties de faire des concessions et de consigner dans le contrat de transaction les modalités adaptées à l'exécution de la sentence arbitrale à condition que le débiteur

---

[1463] T. Clay, « Le modèle pour éviter le procès » *in Code civil et modèle, des modèles du Code au Code comme modèle, L.G.D.J*, 2004, p. 54.

[1464] Cass. ch. mixte, 14 février 2003, *Bull. civ., n° 1, BICC n° 576,* rapport Bailly et avis Benmakhlouf, p. 41.

[1465] Art. 2052, al. 2 du Code civil français., Ph. Malaurie, L. Aynès, P.-Y. Gautier, *Les contrats spéciaux*, *Defrénois*, 6e éd., 2012.

[1466] Art. 2053, al. 1er du Code civil français.

[1467] Art. 2053, al. 2 du Code civil français.

[1468] Cass. 1ère civ., 9 juillet 2003, Bull. civ. I, n° 174, RDC, 2004, obs. X. Lagarde, p. 1033.

soit de bonne foi[1469]. En contrepartie de la collaboration du débiteur, les modalités de recouvrement de la créance prennent en compte ses capacités de solvabilité. Dans le cadre de l'exécution d'une sentence arbitrale internationale par voie transactionnelle lorsque le débiteur est une personne morale de droit public, les concessions du créancier peuvent porter sur le rallongement des échéances de paiement. À titre d'exemple, le débiteur peut accorder au créancier le droit de fructus sur un bien productif. Dans ces cas précis, la transaction devient un outil qui contribue à l'efficacité de l'exécution d'une sentence arbitrale internationale. En effet, la transaction permet au débiteur et au créancier de trouver un équilibre entre leurs besoins réels et leurs intérêts et de mettre fin au différend lié à l'exécution d'une sentence arbitrale.

762. L'accord de transaction offre ainsi un cadre favorable à l'exécution d'une sentence arbitrale internationale. Ce cadre permet de prendre en compte les moyens et les possibilités de solvabilité du débiteur pour définir des modalités adaptées de recouvrement de la créance engendré par la reddition d'une sentence arbitrale internationale. Il est aussi utile de présenter la force juridique d'un accord de transaction comme outil d'efficacité d'exécution de la sentence arbitrale internationale.

2. La force obligatoire de l'accord de transaction

763. La transaction est un accord entre les parties, elle revêt un caractère contractuel. L'accord de transaction tient lieu de loi entre les parties et son inexécution est sanctionnée, sauf cas de force majeure. Les parties ne peuvent pas saisir le juge sur le litige qui a fait l'objet de la transaction. L'inexécution des obligations des parties concernées par l'accord de transaction entraine des sanctions contractuelles, notamment l'exécution forcée, l'octroi de dommages-intérêts, la résolution pour inexécution ou encore l'exception d'inexécution. L'objectif est d'inciter les parties à la transaction à exécuter de bonne foi les obligations liées à leurs concessions réciproques[1470]. En effet, l'octroi de concessions réciproques est une condition d'opposabilité de la transaction entre les parties[1471].

[1469] Cass. 1ère civ., 30 mai 2000, Bull. civ. I, n° 130.

[1470] Cass. 1ère civ. 16 janvier 2007, *JCP 2007. I. 161, n° 6*, obs. M. Mekki

[1471] Cass. 1re civ., 12 juill. 2012, n° 09-11.582, *D.* 2012, note P. Pailler, p. 2577 ; obs. P-Y. Gautier ; C. Bléry, Chron. *Procédure civile. ;* J. Roche-Dahan, « L'exception d'inexécution,

764. L'inexécution de l'accord de transaction permet à la partie lésée d'exercer automatiquement son droit d'agir en justice, car l'extinction du litige n'est pas arrivée à terme. De même, l'inexécution des obligations de l'accord de transaction peut conduire à son exécution forcée. Le régime de sanction de non-exécution du contrat de transaction crée des obligations supplémentaires à l'égard de la partie de mauvaise foi en plus des créances résultant de la sentence arbitrale internationale. En droit français par exemple, l'obligation de la chose transigée[1472] dont est revêtu l'accord de transaction homologué permet aux parties de prévoir des clauses pénales pour sécuriser l'exécution de l'accord de transaction. L'article 2047 du Code civil qui prévoyait la mise en œuvre d'une clause pénale contre le débiteur de mauvaise foi dans le cadre d'une transaction a été abrogé[1473]. Cependant, il n'est pas prohibé de prévoir des peines pécuniaires contre celui qui manquerait d'exécuter l'accord de transaction. Ces obligations supplémentaires générées par des clauses de sanction pécuniaires sont indépendantes de la créance principale due par le débiteur.

765. Il existe également des instruments qui peuvent faciliter l'exécution d'accords de transaction au niveau régional. C'est le cas du Titre exécutoire européen (TEE). En effet, le droit dérivé de l'Union européenne donne la possibilité aux parties à un accord de transaction homologué d'obtenir la certification de celui-ci. Cette certification confère à l'accord de transaction homologué le TEE. L'obtention du TEE permet au créancier de faire exécuter l'accord de transaction dans tous les pays membres de l'Union européenne. Pour être certifié, l'accord de transaction doit être soumis à l'approbation du juge du pays membre de l'UE où l'accord a été conclu. L'accord peut-être aussi soumis à un juge relevant d'un autre État membre de l'UE[1474]. L'autorité compétente en France pour accorder la certification de la transaction homologuée est le greffier en Chef de la juridiction ayant procédé à l'homologation de la convention de transaction[1475]. La demande doit lui être adressée sous forme d'une requête en double exemplaire[1476]. La transaction doit être exécutoire dans l'État membre où elle a été homologuée ou conclue.

---

une forme de résolution unilatérale du contrat synallagmatique », *D.* 1994, p. 255. ; G. Deharo, « L'autorité de la chose transigée en matière civile », *Gaz. Pal.* 1er déc. 2005, p. 2.

[1472] Ch. Jarrosson, *Arbitrage commercial. Droit interne*, *J.-Cl. Com.*, fasc. 197.

[1473] Article 2047 du Code Civil Abrogé par LOI n°2016-1547 du 18 novembre 2016 - art. 10 Créé par Loi 1804-03-20 promulguée le 30 mars 1804.

[1474] Article 24, paragraphe 1er du Règlement n°805/2004.

[1475] Article 509-1, paragraphe 1er du Code de procédure civile français.

[1476] Article 509-4 du Code de procédure civile français.

L'accord de transaction doit porter sur une somme d'argent déterminée devenue exigible avec indication de la date d'échéance[1477]. Une fois que toutes ces conditions sont remplies, la juridiction compétente peut certifier la transaction homologuée en lui accordant le TEE afin de faciliter son exécution dans les États membres[1478].

766. L'exécution de la sentence arbitrale par voie transactionnelle permet au débiteur de payer la créance suivant les modalités retenues avec le créancier. Le débiteur exécute donc la sentence arbitrale sans intervention préalable du juge étatique. L'échelonnement du paiement de la créance prend en compte les capacités de remboursement du débiteur. Au sein de l'Union européenne, le créancier bénéficie d'un autre instrument qui lui permet d'obtenir l'exécution de l'accord de transaction dans tous les États membres de l'UE. Il s'agit du TEE au bénéfice de l'accord de transaction. Une condition est fondamentale, le lieu de l'homologation de l'acte de transaction doit se situer dans l'un des États membres de l'UE. La flexibilité de l'accord de transaction et le TEE contribuent à l'efficacité d'exécution de la sentence arbitrale. À l'instar de la transaction, les parties peuvent recourir à la médiation pour faciliter l'exécution de la sentence arbitrale. Dans l'hypothèse où l'intervention du tiers est concluante alors la dette du créancier sera rééchelonnée.

B. Le rééchelonnement de la dette

767. Pour obtenir l'exécution des sentences arbitrales internationales, la voie de l'exécution forcée n'est pas le seul moyen. L'exécution d'une sentence arbitrale peut être négociée grâce à la médiation d'un tiers. L'intérêt de l'usage de ce moyen non juridictionnel est de faciliter le recouvrement de la créance. Ces modes de recouvrement de la créance prennent en compte des capacités de remboursement du débiteur sur le moyen et long terme. Deux modalités seront ici étudiées. La première ne concerne que certaines catégories de débiteurs, les entités étatiques. La seconde concerne toutes les catégories de débiteurs.

768. Lorsque le créancier bénéficiaire d'une sentence arbitrale a pour débiteur une entité étatique et qu'il ne dispose pas d'une garantie particulière pour recouvrer sa créance, il a la possibilité de recourir à une médiation. Il s'agit de pourparlers conduits par un tiers intervenant sous la bannière d'organismes regroupant des créanciers qui peuvent contribuer à

[1477] Article 4, paragraphe 2 du Règlement n°805/2004.
[1478] Article 24, paragraphe 1er et l'annexe II du Règlement n°805/2004.

faciliter le recouvrement de la créance. Ces organes jouent un rôle déterminant dans le recouvrement de la créance grâce à un mécanisme de renégociation de la dette qui permet de rembourser le créancier principal. Il s'agit d'échelonner la dette de l'État débiteur selon sa capacité de remboursement (Paragraphe 1). Ce mécanisme contribue à l'efficacité d'exécution des sentences arbitrales internationales.

769. L'exécution d'une sentence arbitrale internationale contre des personnes morales de droit public est complexe surtout lorsque l'État débiteur de bonne foi a des difficultés de trésorerie pour payer la créance. Le créancier peut donc se retrouver avec une sentence arbitrale internationale quasiment impossible à exécuter. Cette difficulté est une réalité, mais il existe des moyens alternatifs autres que la voie judiciaire pour faire exécuter la sentence. Afin de faciliter le recouvrement de créances arbitrales pesant sur des États, des groupes informels se sont constitués pour faciliter les opérations de restructuration des dettes souveraines. Il s'agit des tierces personnes morales constituées sous la bannière de Clubs ou groupes de personnes qui sont des créanciers. Deux clubs sont réputés pour ce rôle, il s'agit des Clubs de Paris qui regroupe des créanciers publics [1479] et de Londres qui regroupe plutôt des banques[1480].

770. Le rôle de ces deux organismes (**1**) et la force obligatoire des accords conclus par les parties pour le remboursement de la dette de l'État débiteur (**2**) seront les centres de notre analyse dans ce premier paragraphe.

1. Présentation des deux organismes : les Clubs de Paris et de Londres

771. Le Club de Paris a été mis en place à partir des années 1956. Son ancrage dans le monde financier international a été progressif. Le Club de Paris est un forum, c'est-à-dire un groupe informel[1481]. Il a pour mission de permettre aux pays en développement et aux pays à économie de marché émergente de trouver des solutions négociées par rapport au rééchelonnement de leurs dettes publiques[1482]. Il s'agit des dettes du gouvernement et du secteur privé qui sont garanties par le secteur public. Le Club de Paris regroupe vingt-deux pays créanciers permanents et

---

[1479] https://clubdeparis.org/

[1480] http://www.cadtm.org/Club-de-Londres?lang=fr

[1481] Ibid.

[1482] Ibid.

membres de l'OCEDE[1483]. Le club compte parmi ces membres les pays qui participent occasionnellement à ses travaux[1484]. L'évènement majeur qui a propulsé le Club devant la scène internationale est la rencontre à Paris entre l'Argentine et ses créanciers publics pour des négociations de rééchelonnement de sa dette[1485].

772. S'agissant du Club de Londres, c'est aussi un forum qui regroupe des banques privées. Il a été créé en 1976 à la suite d'une demande formulée par l'actuelle République Démocratique du Congo (ancien Zaïre)[1486]. Il a pour objectif la restructuration de la dette publique souveraine des États. Il s'agit des déficits et des dettes qui sont contractées par les États à travers leurs différents démembrements[1487]. Depuis les années 2000, il intervient sur le marché financier par le biais des banques privées. Elle a par la suite intégré l'Institut de Finance internationale[1488]. La restructuration de la dette consiste à mettre des obligations sur le marché financier pour financer les dépenses ou dettes de l'État.

773. La nature des garanties publiques varie d'un Club à un autre. Le Club de Paris exige que l'État débiteur présente une garantie publique supérieure à un an alors que le Club de Londres ne formule pas une exigence particulière concernant la durée de la garantie. Le Club de Paris[1489] est composé des représentants des États, des banques centrales et des organismes d'assurance-crédit alors que le Club de Londres est essentiellement composé des communautés bancaires. Les financements négociés ne sont pas les mêmes au niveau des deux clubs. Le club de Paris propose des prêts gouvernementaux et des créances commerciales garanties par des accords antérieurs ou par des organismes d'assurance-

---

[1483] Australia, Austria, Belgium, Brazil, Canada, Denmark, Finland, France, Germany, Ireland, Israel, Italy, Japan, Korea, the Netherlands, Norway, Russian Federation, Spain, Sweden, Switzerland, the United Kingdom and the United States of America

[1484] Afrique du Sud, Arabie ; saoudite, Argentine, Chine, Émirats arabes unis, Inde, Koweït ; Mexique, Maroc, Nouvelle-Zélande, Portugal, République tchèque, Trinité-et-Tobago et la Turquie.

[1485] Ministère de l'Économie est des finances françaises, Rapport annuel sur le Club de Paris, 2021, p. 2 et ss.

[1486] F. Alvaredo & C. Winograd, *Dette souveraine : crise et restructuration,* Centre d'Étude des Politiques Economiques de l'Université d'Evry, 2020, p. 1-21.

[1487] W.-R. Rhodes, « Le FMI et le club de Londres, *Revue d'économie financière*», 1994, H-S 4, p. 397-401.

[1488] https://www.iif.com

[1489] Ibid.

crédit. Le Club de Londres propose des prêts bancaires syndiqués et des titres négociables[1490].

774. Nous nous intéressons ici exclusivement à ces mécanismes dans le cadre de l'exécution des sentences arbitrales internationales contre les personnes morales de droit public. Il s'agit pour le créancier d'utiliser ces mécanismes pour le recouvrement de la créance à la suite de l'impossibilité de faire exécuter une sentence pour défaut de paiement de l'État débiteur. Dans le cadre du Club de Paris, l'État débiteur a pour créanciers des États appelés États créanciers alors que dans le cadre du Club de Londres nous sommes plutôt en présence des créanciers bancaires[1491].

775. L'intervention de ces organismes se fait sous forme de médiation. La médiation menée porte sur le recouvrement des créances certaines et exigibles. L'utilité de ce dispositif réside dans le fait qu'il permet au créancier principal de recouvrer sa créance dès que les accords de financement de prêts sont validés par les nouveaux créanciers (États ou Banques). Ces deux organismes informels ont longtemps joué le rôle de facilitateurs entre les États débiteurs et les créanciers pour faciliter le recouvrement des créances. Lorsqu'il s'agit d'une dette commerciale, ces deux organismes interviennent dans les contextes où l'État débiteur est en défaut de paiement face à un créancier qui détient le titre exécutoire d'une sentence arbitrale internationale. Ces clubs ont uniquement pour rôle de négocier le réaménagement des dettes à moyen et long terme de créanciers publics détenues sur des entités publiques ou sur des organismes privés disposant de la garantie de l'État débiteur. La créance principale peut porter sur des créances gouvernementales, bancaires ou commerciales.

776. Le fonctionnement de ces deux clubs mérite d'être présenté de manière structurée en vue d'en avoir une vue comparative.

[1490] Des bons Brandy et des obligations.
[1491] William R. Rhodes, « Le FMI et le Club de Londres », pp. 397-401, in *Revue d'économie financière*, 1994, p. 15.

Tableau n°2 : Structure des deux Clubs

Les éléments constitutifs des deux clubs.	Club de Paris	Club de Londres
Les acteurs	Vingt-deux pays créanciers[1492]	Banque créancière et Chefs de file et sous-représentation des communautés bancaire[1493].
Assiette : dette éligible	-Dettes souveraines et dette garantie par les États débiteurs à l'égard des États créanciers[1494]. -Dettes moyen terme et long terme avec une garantie supérieure à une année.	-Dettes souveraines et dette garantie par les États débiteurs à l'égard des États créanciers. -Toutes les dettes bancaires y compris les dettes à court terme.
Forme d'organisation	Organisme informel et fonctionne sur les bases de consensus.	*Advisory Committee* fonctionne selon les règles de consensus atténué (quorum de 90% des représentations)[1495].
Lieu de négociation	France (Bercy) avec comme organes principaux : la présidence du club et son secrétariat général.	New York et Francfort Présidence : Deutsche Bank et Citibank
Périodicité	Le club se réunit une fois par mois et une négociation peut durer une, deux ou trois jours.	Ad hoc et autant de fois que nécessaire, mais étalée dans le temps (une négociation peut durer plusieurs années).
Forme des accords	Procès-verbal (Agreed Minute) suivi de négociations bilatérales	-Term-sheet (accord-cadre)[1496].

[1492] Ils sont les pays les plus avancés représentés par les ministères des Finances, des Affaires étrangères, les organismes d'assurance-crédit, présence de banques centrales, notamment la Banque d'Espagne, la Banque des Pays-Bas, la Banque de France.

[1493] Quatre cents (400) banques pour l'Advisory Committee du Brésil.

[1494] Dettes souveraines et Créanciers souverains.

[1495] Regroupement informel des créanciers privés (fonds d'investissement et banques commerciales).

[1496] Il doit être avalisé par chaque communauté bancaire.

	entre l'État débiteur et le créancier.	-Accord final dans lequel chaque communauté bancaire fournie sa contribution en new money.
Instruments négociés	Prêts gouvernementaux, créances commerciales garanties par les organismes d'assurance-crédit et accords antérieurs déjà négociés.	Prêts bancaires syndiqués à l'origine ; titres négociables (Brady, obligations, etc.)
Instruments issus de négociations	Accords de prêt prévoyant des procédures de rééchelonnement et/ou refinancement[1497].	Titres négociables sous toutes formes possibles.
Mode de traitement de la créance ou de la dette	Comparabilité[1498] de traitement stipulé dans le PV à l'intention des créanciers.	Pas d'exigence collective exprimée de comparabilité de traitement.

Source : https://clubdeparis.org/fr/communications/page/operations-remboursement-anticipe et https://www.iif.com/ ou https://www.cadtm.org/Club-de-Londres?lang=fr

Commentaire du tableau n°2

777. À l'issue des négociations menées par le Club de Paris, les accords de financement de l'État débiteur sont formalisés sous forme de procès-verbal suivi de négociations bilatérales entre le débiteur et les nouveaux créanciers. Concernant le Club de Londres, les accords de financement de l'État débiteur sont formalisés sous forme d'accord-cadre et d'accord final. Ces accords permettent au créancier principal de recouvrer le plus rapidement possible sa créance à titre d'exécution d'une sentence arbitrale internationale exequaturée[1499]. L'État débiteur peut donc rembourser sa dette principale au premier créancier en bénéficiant

---

[1497] Les prêts rééchelonnés ne sont pas négociables, mais possibles de conversions de dettes en investissements.

[1498] Ce sont des procès-verbaux agréés du Club de Paris qui contiennent une clause de « comparabilité de traitement » qui vise à assurer un traitement équilibré de la dette d'un pays débiteur par tous ces créanciers extérieurs. (Cf. https://clubdeparis.org/fr/communications/page/que-signifie-comparabilite-traitement).

[1499] Cf. *Guaracachi and Rurelec c/. Bolivie,* affaire CPA, ordre de procédure No. 13 du 21 février 2013, para 8.; M. Stoyanov and O. Owczarek, «Third Party Funding in International Arbitration: It is Time for Some Soft Rules? », *BCDR International Arbitration Review*, Vol. 2/1, pp. 189.

de financements des organismes bancaires et d'autres États. Ces financements sont considérés comme des prêts remboursables selon plusieurs modalités flexibles, notamment suivant des procédures de rééchelonnement (Club de Paris) ou contre des titres négociables sous toutes formes possibles (Club de Londres). Les dispositifs de restructuration de dettes menés par ces deux Clubs constituent des outils efficaces de recouvrement des créances auprès des États débiteurs en défaut de paiement. Le créancier disposant d'un titre exécutoire portant sur l'exécution d'une sentence arbitrale peut donc proposer à l'État débiteur ce cadre de négociation pour faciliter le recouvrement de la créance dans un cadre consensuel.

778. Les clubs de Paris et de Londres sont considérés comme des acteurs informels. Il est donc indispensable de conférer à l'accord de l'apurement de la dette étatique qu'ils contribuent à négocier une force contraignante. La finalité recherchée est l'exécution du titre exécutoire dont dispose le créancier principal, notamment le titre exécutoire portant sur une sentence arbitrale internationale.

2. La force obligatoire des accords conclus sous l'égide des deux Clubs

779. L'objet de cet accord est double dans le cadre de l'exécution d'une sentence arbitrale internationale. Il s'agit d'une part du paiement de la créance principale et d'autre part du rééchelonnement du financement obtenu par l'État débiteur sous forme de dette souveraine[1500]. La dette peut-être de moyen ou de long terme dans le cadre du Club de Paris. Elle peut aussi porter sur toutes dettes bancaires, y compris des dettes de court terme lorsqu'il s'agit des négociations dans le cadre du Club de Londres[1501]. Les termes de l'accord de prêt peuvent porter sur un rééchelonnement consensuel ou non. Le rééchelonnement consensuel conduit à la diminution de la valeur nette du prêt et le rééchelonnement non consensuel consiste à différer le paiement de la dette sur une période plus longue. Le rééchelonnement consensuel est souvent utilisé par le Club de Paris lorsque l'État débiteur est classé dans le groupe des États les moins avancés ou s'il est considéré comme un État à revenu intermédiaire. Ces modalités flexibles facilitent la participation et la

[1500] C.-J. Rault, Le cadre juridique de la gestion des dettes souveraines, Thèse de doctorat, École de droit de la Sorbonne (Université Panthéon Sorbonne Paris 1) et Humboldt-Universität zu Berlin Juristische Fakultätéd. 2018, sous la dir. J.-M. Sorel et C.-G. Paulus, p. 130 et pp. 144-148.

[1501] Ibid. pp. 144-148

coopération des États débiteurs et permettent aux créanciers de recouvrer leur créance dans le cadre de l'exécution d'une sentence arbitrale internationale[1502]. Elles permettent aussi aux nouveaux créanciers de l'État débiteur de recouvrer leurs créances en toute sécurité.

780. Les procès-verbaux agréés issus des négociations menées par le Club de Paris puisent leur force obligatoire dans les différents types de clauses qui y sont inscrites. Il s'agit de la clause de phasage qui encadre les modalités de rééchelonnement de la dette de l'État débiteur et garantit le recouvrement des créances des nouveaux créanciers[1503]. La clause d'entrée en vigueur qui conditionne la mise en œuvre des termes des procès-verbaux par le paiement d'une somme consolidée comme garantie ou encore le respect des conditions du FMI[1504]. La clause de « pull-back » qui permet d'annuler les accords de rééchelonnement des prêts accordés aux États débiteurs si ces derniers ne fournissent pas les garanties nécessaires.

781. La clause de retour à la meilleure fortune permet aux parties de modifier les modalités de rééchelonnement de l'accord de prêt lorsque ce dernier dépend de l'évolution des cours des matières premières par exemple[1505]. La clause de bonne volonté qui engage l'État débiteur à faire preuve de bonne foi envers les nouveaux créanciers dans le cadre des phases de remboursement et de rééchelonnement de la dette[1506]. La clause de conversion de dette destinée aux pays moins avancés est mise en œuvre sur une base volontaire et bilatérale des parties[1507]. Enfin, la clause de comparabilité de traitement entre les créanciers permet à l'État débiteur de ne pas accorder un traitement plus favorable au détriment de ceux qui ont conclu l'accord de rééchelonnement de la dette[1508]. La violation de ces clauses pourra engager la responsabilité de l'État débiteur[1509].

782. À la différence du Club de Paris, le Club de Londres produit à l'issue des négociations des accords-cadres avalisés par chaque

---

[1502] C.-J. Rault, *Le cadre juridique de la gestion des dettes souveraines, Thèse de doctorat, École de droit de la Sorbonne (Université Panthéon Sorbonne Paris 1) et Humboldt-Universität zu Berlin Juristische Fakultätéd.* 2018, sous la dir. J.-M. Sorel et C.-G. Paulus, pp. 144-148.

[1503] Ibid. 167-169.

[1504] Ibid., pp. 167-169.

[1505] Ibid., pp 167-169.

[1506] Ibid.

[1507] Ibid.

[1508] Ibid.

[1509] Ibid. p. 160-161.

communauté bancaire. Les créanciers bancaires fournissent ensuite un accord final et leurs contributions sous forme de « *New Money*[1510] ». Le Club de Londres inscrit dans les accords finaux les mêmes clauses que le Club de Paris, à l'exception toutefois du contenu de la clause de phasage. En effet, le Club de Londres n'applique pas sur la dette principale de nouvelles modalités de rééchelonnement [1511] . Les délais de remboursement des nouvelles créances ne sont plus négociables. Les cadres de renégociations des créances dues par les États débiteurs proposés par les dispositifs des Clubs de Paris et de Londres sont des moyens alternatifs d'exécution des titres exécutoires. Ce cadre est donc adapté pour négocier l'exécution d'une sentence arbitrale exequaturée que l'État débiteur n'a pas pu exécuter. Les mécanismes de médiation mise en œuvre par les deux clubs concourent donc à l'efficacité d'exécution des sentences arbitrales internationale.

783. Ainsi, le créancier détenteur d'une sentence arbitrale internationale exequaturée peut donc en accord avec l'État débiteur en défaut de paiement faire recours à ce mode de recouvrement de créances. Il prend en compte l'intérêt de toutes les parties en présence. C'est donc un mécanisme utile pour l'efficacité de l'exécution des sentences arbitrales internationales même s'il est tributaire de la bonne foi de l'État débiteur. L'accord de financement de l'État débiteur présente à la fois un caractère contraignant et flexible et permet à l'État débiteur de se faire financer sa dette. En cas de recherche d'exécution d'une sentence arbitrale internationale exequaturée, ce dispositif permet au créancier principal de recouvrer ses créances.

784. Le recours au tiers pour faciliter l'exécution de la sentence arbitrale lorsque le débiteur est un État est une solution intéressante. En effet, des outils de financement sont proposés aux États mis en cause pour permettre au créancier de recouvrer sa créance. À l'instar de l'intervention des tiers informels pour faciliter l'exécution du titre exécutoire, les parties peuvent aussi avoir recours à d'autres moyens pour assurer l'exécution des sentences arbitrales. Il s'agit pour le tribunal arbitral d'appliquer à la procédure et au fond du litige des règles transnationales adaptées aux besoins du commerce international.

[1510] Terme utilisé à propos de la dette extérieure des pays du tiers monde, lorsqu'un accord avec les créanciers s'accompagne de versement de crédits nouveaux.

[1511] Ibid. n° 175.

CHAPITRE 2 : LES REMÈDES D'ORDRE NORMATIF TRANSNATIONAL

785. Le succès de l'arbitrage transnational de nos jours révèle que les règles d'ordres juridiques privés peuvent répondre aux besoins des acteurs du commerce international. En effet, les règles d'ordres juridiques privés et les règles uniformes peuvent contribuer à la mise en place d'un cadre d'acceptabilité de la sentence arbitrale par le débiteur. Ces règles peuvent influencer positivement l'exécution de la sentence arbitrale. La probabilité de l'impact de ces règles sur l'efficacité de l'exécution de la sentence n'est pas automatiquement perceptible. Cependant, il n'est pas possible de nier l'importance de l'impact des règles transnationales et uniformes sur l'exécution volontaire des sentences arbitrales internationales[1512]. Le présent chapitre vise à analyser les effets du choix de certaines règles applicables au fond du litige sur l'acceptabilité de la sentence par les parties à l'arbitrage, en particulier la partie succombant. Plus précisément sera envisagé l'impact des règles de droit privé qui composent la *Soft Law* en matière d'efficacité d'exécution des sentences arbitrales internationales.

786. La *Soft Law* est un ensemble des règles mixtes composées de droit contraignant exécutoire et d'obligations purement morales[1513]. Elle se caractérise par une normativité relative[1514]. Ainsi, Michael Bonell, qui a supervisé la création des Principes d'UNIDROIT relatifs aux contrats du commerce international a suggéré que : « le terme "*Soft Law*" devrait être compris comme une notion qui se réfère à des instruments de nature normative qui n'ont pas automatiquement une force juridiquement contraignante et ne sont appliqués que par une acceptation volontaire des parties[1515] ». Il en conclut que « l'autonomie des parties est la raison même de l'existence et de la limite des règles qui composent La *Soft Law* ».

[1512] A. Mourre et E. Jolivet, « La réception des Principes UNIDROIT dans les contrats modèles de la Chambre de commerce international » : *Rev. dr. unif.* 2004, p. 293; adde F. Bortolotti, « Reference to the UNIDROIT Principles in Contract Practice and Model Contracts », in *UNIDROIT Principles: New developments and Applications*, *Bull. Cour internationale d'arbitrage*, 2005, supplément spécial, CCI, Paris, p. 57. ; F. Gélinas, « La jurisprudence arbitrale de la CCI et les principes d'Unidroit », *Gaz. Pal.* 2 déc. 2000, p. 1-37.

[1513] See. P. Weil, « Towards Relative Normativity in International Law? », *The American Journal of International Law*, Vol. 77 (3), 1983, pp. 413-442.

[1514] Ibid.

[1515] M. J. Bonell, « Soft Law and Party Autonomy: The Case of the UNIDROIT Principles », *Loyola Law Review*, Vol. 51 (2), 2005, pp. 229-251.

787. Le caractère non contraignant d'une norme internationale découle de deux facteurs : soit il provient du contenu de la norme[1516] ; soit il découle de la source de la norme. Ces critères permettent de distinguer les règles qui composent la *Soft Law* des décisions des tribunaux arbitraux internationaux qui utilisent ces règles[1517]. Dans le cadre de notre analyse, nous étudierons plus précisément les Principes UNIDROIT relatifs aux contrats du commerce international ; les usages du commerce international ; les règles contractuelles modélisées (les contrats types et les clauses de *Blacklisting*) ; les principes généraux issus des tribunaux arbitraux ; les droits spontanés provenant des *Societas mercatorum.* Nous tenterons de mettre en évidence la valeur ajoutée qui découle de l'application de ces différentes normes au litige arbitral en termes d'efficacité d'exécution des sentences arbitrales internationales.

788. Les règles étatiques ne semblent plus entièrement adaptées aux besoins des acteurs du commerce international. Celles-ci peuvent être complétées ou substituées par d'autres ordres juridiques privés du commerce international (**Section 1**) et des règles uniformes d'origine contractuelle (**Section 2**). L'ensemble de ces règles constitutives de *soft Law* est susceptible d'influer sur l'efficacité l'exécution des sentences arbitrales internationales.

SECTION 1 : Les règles du commerce international d'origine privée

789. La liberté des parties de choisir le droit ou la norme applicable au fond du litige et à la procédure d'arbitrage est un principe fondamental de l'arbitrage. Par ailleurs, la raison d'être des tribunaux arbitraux de trancher le litige qui leur a été soumis sur la base des normes ou en référence à des règles de droit qui répondent aux besoins du litige. Les normes qui composent la *Lex mercatoria* sont adaptées aux besoins des acteurs du commerce international. La flexibilité et la capacité d'adaptation de ces normes cadrent avec la finalité de la Lex mercatoria. Il s'agit de permettre à la communauté marchande de disposer des normes adaptées aux exigences du commerce international et aux règlements des différends commerciaux. L'application de ces normes devrait être faite dans les limites des règles d'ordre public international. Il convient de présenter

[1516] F. Dasser, *Soft Law in International Commercial Arbitration*, *Brill Nijhoff*, 2021, p. 30-31.
[1517] Ibid.

brièvement la Lex mercatoria avec les normes qui la compose (**Paragraphe 1**) et aussi ses limites (**Paragraphe 2**).

Paragraphe 1 : La Lex mercatoria

790. La théorie de la Lex mercatoria a été consacrée par l'article fondateur de Berthold Goldman publié aux Archives de philosophie du droit. Cet dans cet article intitulé « Frontière du droit et Lex mercatoria[1518] » l'auteur démontre que le droit ne naît pas nécessairement de l'État. Il soutient donc que la Lex mercatoria permet de régir les relations économiques qui dépassent les frontières étatiques. Il précise que les relations économiques internationales peuvent naître spontanément et par usage des règles juridiques. Cette pensée a été par la suite développée de manière approfondie dans deux autres articles[1519]. De même, Clive Schmittof a consacré à la Lex mercatoria une étude publiée à Londres en 1964[1520]. D'autres auteurs appartenant à l'école de Dijon, notamment Philippe Fouchard et Philippe Kahn ont développé par leurs travaux la notion de la Lex mercatoria[1521].

791. Le Centre de CREDIMI de l'Université de Bourgogne a ainsi largement contribué au développement de la théorie de la Lex mercatoria[1522]. Les auteurs appartenant à cette même école de Dijon ont contribué à l'enrichissement de la Lex mercatoria. Il s'agit d'Emmanuel Gaillard[1523], d'Eric Loquin[1524] et de Filali Osman[1525]. La notion de la Lex mercatoria a été développée dans d'autres pays aussi, notamment en

---

[1518] B. GOLDMAN, « Frontières du Droit et "Lex mercatoria », *Archives de Philosophie du Droit*, t.IX, 1964, p.177-192.

[1519] La Lex mercatoria dans les contrats et arbitrages internationaux, réalités et perspectives, *JDI*, 1979, p. 475. ; G. Berthold, « Nouvelles Réflexions sur la Lex Mercatoria », in: *Festschrift Pierre Lalive*, Basel, Frankfurt a.M. 1993, at 241 et seq.

[1520] C. Schmittof, *The law of international trade, Sources of international trade*, Londres, 1964.

[1521] Ph. Kahn, *La vente commerciale internationale*, Sirey, 1961. ; Philipe Fouchard, *L'arbitrage commercial international*, *Dalloz*, 1964.

[1522] Sources du droit du commerce international, éthique et marchés, 50 ans des travaux de l'école de Dijon, E. Loquin, Propos introductifs, LexisNexis, 2020, p.1-19.

[1523] E. Gaillard, *Trente ans de Lex mercatoria*, *JDI*, 1995, p. 5

[1524] E. Loquin, « La réalité des usages du commerce international », *Revue Int. Dr économique*, 1989, p. 163. ; E. Loquin, « Où en est la Lex mercatoria ? », *Mélange Ph. Kahn, trav. Du CREDIMI*, vol. 20, Litec, 2000, p. 23. ; E. Loquin, *Les règles matérielles internationales*, Rec. Cours de l'Academie de droit international de la Haye, tome 322, (2003).

[1525] F. Osman, *Les principes généraux de la Lex mercatoria*, *LGDJ*, Paris, 1992.

Suisse par Pierre Lalive[1526], en Allemagne par Berger[1527], aux Pays-Bas par De Ly[1528], en Italie par Marella[1529], et enfin en Grèce par Charalambos Pamboukis[1530].

792. La Lex mercatoria est considérée comme un droit crée par les organes privés dans le cadre de la conclusion et de la mise en œuvre des contrats, dont les objets, porte sur les intérêts du commerce international. Il s'agit des entreprises ; des institutions privées ayant pour mission de participer à l'organisation du commerce international ; et les tribunaux arbitraux juges privés spécialisés sur les questions du commerce international[1531].

793. Nous allons donc exposer les éléments juridiques qui matérialisent l'existence de la Lex mercatoria. Il s'agit des normes (**A**) qui la composent et des mécanismes qui contribuent à son effectivité (**B**).

A. Les composantes de la Lex mercatoria

794. La Lex mercatoria est composée de trois grandes familles de normes adaptées aux besoins des acteurs du commerce international. Il s'agit des usages du commerce international (**1**), des règles contractuelles modélisées (**2**) et des principes généraux (**3**) de droit produit par les tribunaux arbitraux. Par ailleurs, le rôle important des Societas mercatorum dans la production des normes de la Lex mercatoria sera présenté (**4**).

1. Les usages du commerce international

795. Les usages du commerce international sont des normes qui sont produites en dehors d'un cadre juridique étatique classique. Ainsi, Philippe Fouchard considère que les usages du commerce sont des normes qui sont produites, appliquées et sanctionnées à l'intérieur d'un groupe humain dont les activités sont orientées exclusivement vers le commerce international. Il s'agit des corporations ou des professions en lien avec le

---

1526 P. Lalive, « Ordre public transnational ou réellement international dans l'arbitrage international », *Rev. arb.* 1986, p. 329.
1527 K.-P. Berger, *The creeping codification of the Lex mercatoria*, 1989.
1528 De Ly, *International Business law and Lex mercatoria*, Amsterdam, 1992.
1529 Marella, La neuva Lex mercatoria, *CEDAM*, 2003.
1530 C. Pamboukis, « La Lex mercatoria reconsidérée, le droit international reconsidéré, esprit et méthode », *Mélange P. Lagarde*, *Dalloz*, 2005, p. 636.
1531 B. Goldman, « La Lex mercatoria dans les contrats et l'arbitrage internationaux : réalité et perspectives », pp. 221-270., *in Droit international privé,* travaux du Comité français de droit international privé, 2e année, 1977. 1980.

commerce international ou d'une communauté internationale des commerçants[1532]. Il ressort de cette définition deux points importants. Il s'agit d'une part de la source des usages du commerce international et d'autre part de son mode d'application. En ce qui concerne la source, l'usage du commerce international est le produit d'une communauté commerciale ou de groupe d'opérateurs du commerce. L'application de ses usages relève des sujets de droit appartenant à la communauté internationale des commerçants[1533].

796. Il faut donc faire la différence entre les usages internes d'une communauté de commerçants appartenant à un pays et les usages du commerce international applicable à une communauté de commerçant appartenant à plusieurs pays. Dans le dernier cas, les usages du commerce international présentent un caractère transnational sans influence des ordres juridiques nationaux. À titre d'exemple, les usages de la branche du commerce international des oléagineux, du blé et des biocarburants. Ces usages s'appliquent aux relations juridiques du commerce des blés, des oléagineux et de biocarburant qui entrent dans son champ d'application. Il n'y a donc pas dans ce cas des règles de conflit des lois qui ressortent dans ce cadre, il s'agit donc de l'application directe des usages du commerce international.

797. Les usages du commerce international appartiennent donc à l'ordre juridique de la Lex mercatoria, car ils ne proviennent pas des sources étatiques, mais des entités et corporations spécialisées sur les questions du commerce international[1534]. L'objectif est de mettre en place un ordre juridique sans frontière étatique qui pourra répondre aux besoins des entités de droit privé du commerce international[1535]. Par ailleurs, les usages du commerce international sont considérés par l'arbitrage international comme une source autonome. En droit français par exemple, ils sont applicables au litige, quel que soit le choix des parties du droit applicable[1536]. La Convention sur la vente internationale des marchandises considère que les usages s'appliquent par priorité aux dispositions de la Convention en cas de contradiction[1537]. En effet, l'arbitre n'a pas besoin a

1532 Ph. Fouchard, *Les usages, l'arbitre et le juge*, *Études Goldman*, 1982. p. 67.

1533 E. Loquin, « Les sources du droit », pp. 35-36, *in* dir : E. Loquin & I. Moine-Dupuis, *Culture et Philosophie du droit : Questions choisies, Ellipses,* 2022, p. 301.

1534 P. Deumier, Le droit spontané, Paris, Economica, 2002, p.179, n°197.

1535 B. Goldman, *Une bataille judiciaire autour de la Lex mercatoria, l'affaire Norsolor, Rev. arb.* 1983, p. 379.

1536 Article 1511 du Code de procédure civile français.

1537 Article 9-2 de la Convention sur la vente internationale des marchandises.

priori de l'accord des parties pour appliquer les usages du commerce international sauf si son application est expressément écartée au préalable.

798. Les usages du commerce international tirent leur force obligatoire de l'acte décisionnel provenant d'une autorité qui les érige en règle obligatoire. Ainsi, une autorité peut imposer aux parties les usages du commerce international si les règles d'usage dont il s'agit sont adaptées au secteur professionnel ou corporatif concerné par le litige. Pour Edouard Lambert cette autorité judiciaire habilitée à conférer la force obligatoire aux usages du commerce est le juge étatique[1538]. Par ailleurs, certains auteurs identifient les usages du commerce international à sa sanction. Cette qualification s'inscrit dans une idéologie moniste de droit qui réduit le champ de la création des normes aux entités étatiques. Pour le premier point, Éric Loquin reconnait qu'il faut une autorité institutionnelle pour conférer aux usages du commerce international une force obligatoire. Il peut s'agir d'une part, de l'application des usages par des autorités qui ont la charge de l'organisation des opérations du commerce international[1539]. Il peut s'agir aussi d'autre part, des autorités étatiques ou non étatiques, notamment les juridictions étatiques ou les tribunaux arbitraux ou encore des autorités nationales ou anationales[1540].

799. Dans la sphère du commerce international, il existe des autorités concurrentes pour conférer aux usages du commerce international une valeur normative avec force obligatoire[1541]. À titre d'exemple, nous pouvons citer le cas des associations coopératives qui disposent des codes portant application des usages du commerce international pour réguler le fonctionnement de leur branche commerciale[1542]. Par ailleurs, la conception moniste subordonne l'existence des usages du commerce international à sa sanction. Cependant, cette condition n'est pas obligatoire, car l'application des usages du commerce international à un litige arbitral par exemple peut être la conséquence d'une sanction. Cet aspect peut être identifié à travers les dispositions de l'article 9-2 de la Convention sur la vente internationale des marchandises. De même, les

---

[1538] É. Lambert, « Sources du droit comparé ou supranational : Législation uniforme et jurisprudence comparative », *in Recueil d'études sur les sources du droit en l'honneur de François Gény*, Paris, Duchemin, t. III, p. 478-504 et particulièrement p. 498 et ss.

[1539] E. Loquin, « Les source du droit », pp. 37, *in Culture et Philosophie du droit : Questions choisies, Ellipses*, 2022, p. 301.

[1540] Ibid.

[1541] Ph. Fouchard, « L'arbitrage commercial international », *RIDC*, pp. 995-996., vol. n°17 n°4, Octobre-décembre 1965.

[1542] E. Loquin, « Les sources du droit », pp. 38, *in Culture et Philosophie du droit : Questions choisies, Ellipses*, 2022, p. 301.

juridictions françaises reconnaissent la force obligatoire des règles d'usages applicables édictées par la coopérative regroupant les acteurs du commerce intereuropéen des pommes de terre. Ces règles d'usage sont applicables aux professionnels du secteur des pommes de terre à titre de règles obligatoires[1543].

800. À l'instar des usages, la *Lex mercatoria* est aussi composée des normes contractuelles modélisées. Ces normes issues de l'usage des contrats types par des acteurs du commerce international restent utiles pour les besoins pratiques des acteurs du commerce international.

2. Les règles contractuelles modélisées

801. Elles sont confectionnées ou par les coopératives et les associations du secteur du commerce international et soumises à l'adhésion des opérateurs économiques[1544]. Il s'agit des contrats types incorporés dans les contrats conclus entre les opérateurs du commerce international. Cette inclusion de ces contrats types dans les contrats principaux confère à ces derniers une force obligatoire. Les opérateurs économiques, notamment ceux appartenant au syndicat de Paris ou ceux de l'association GAFTA ou encore les membres du CICCA utilisent ces contrats types, quel que soit le lieu du siège de leur société commerciale. Le lieu de la conclusion du contrat et la loi applicable au contrat n'influence pas le choix des opérateurs économiques à opter pour les contrats types pour réguler les relations d'affaires dans le milieu du commerce international. L'utilité de l'usage des contrats types réside dans le fait qu'ils favorisent la suppression des disparités juridiques nationales. Ils constituent un instrument qui fédère les règles adaptées aux activités de commerce international des opérateurs économiques, quel que soit le lieu de leur établissement commercial.

802. Les règles contractuelles modélisées, notamment les contrats types du Syndicat de Paris ou de l'Association GAFTA produisent et mettent à la disposition des opérateurs économiques un système de droit transnational unifié par secteur d'activité commercial. Les contrats types du Syndicat de Paris et du GAFTA de Londres constituent des exemples parfaits, car ils sont adaptés à la commercialisation des produits spécifiques, notamment les céréales, le blé, les oléagineux et le biocarburant. Il s'agit comme l'a précisé le professeur Éric Loquin, d'un

---

1543 E. Loquin, « Les sources du droit », pp. 39, *in Culture et Philosophie du droit : Questions choisies, Ellipses*, 2022, p. 301.

1544 E. Loquin, *Les règles matérielles internationales*, *RCADI* 2007, tome 322, 2006, n°503.

droit transnational homogène et autonome ayant une force obligatoire tirée du contrat principal qui lie les parties[1545].

803. Les contrats types sont issus de la codification des usages du commerce international. Ils sont mis en place grâce à l'interprétation et à l'application des usages de tel ou tel secteur du commerce international. L'interprétation donnée aux usages du commerce international par les tribunaux arbitraux dédiés à des secteurs commerciaux précis est aussi prise en compte dans le cadre de la conception des contrats types. Le contrat type constitue donc un support juridique pour conférer une force obligatoire au droit spontané produit par les milieux des affaires et aux usages du commerce international[1546]. L'objectif est de mettre à la disposition des opérateurs économiques un cadre régulé et adapté aux besoins des échanges commerciaux de plusieurs secteurs du commerce international.

804. Les tribunaux arbitraux produisent aussi des principes généraux de portée transnationale en tant que norme composante de la Lex mercatoria.

3. Les principes généraux issus des tribunaux arbitraux

805. Les arbitres dans le cadre de leur office peuvent s'inspirer des règles juridiques issues des systèmes juridiques de droit comparé présentant des caractères universels pour produire des principes généraux adaptés aux besoins du litige qui leur est soumis[1547]. Ces principes généraux d'origines prétoriennes doivent permettre de réguler les relations commerciales internationales. Finalement, ces principes généraux doivent intégrer des points de convergence avec les différents systèmes juridiques afin de mettre en évidence son caractère transnational[1548]. Dans l'hypothèse où les règles communes aux systèmes juridiques sont unifiées dans un traité international, les tribunaux arbitraux peuvent s'en inspirer pour dégager des principes généraux[1549]. Il s'agit de dégager un point commun entre les règles juridiques applicables au litige. Cette méthode permet donc au tribunal arbitral de disposer d'une marge de manœuvre sur la possibilité d'appliquer les principes généraux lorsque l'une des lois

---

[1545] E. Loquin, « Les sources du droit », pp. 35, *in Culture et Philosophie du droit : Questions choisies, Ellipses*, 2022, p. 301.

[1546] Ibid.

[1547] Ibid., pp. 39.

[1548] E. Gaillard, *Trente ans de Lex mercatoria, pour une application sélective des principes généraux de droit*, JDI, 1995, p. 5 et ss.

[1549] Ibid.

intéressées par le litige n'est pas adaptée au besoin du litige. Les règles générales compatibles à la majorité des systèmes de droit permettent à l'arbitre qui s'inscrit dans une démarche de droit comparé de produire des principes généraux. Ces principes généraux sont évidemment applicables au litige arbitrable du commerce international[1550]. Ainsi, les nouveaux principes généraux s'inspirent des principes généraux précédant afin de garder une certaine harmonie entre les solutions trouvées dans le cadre du traitement des affaires voisines et semblables[1551].

806. La jurisprudence arbitrale est de nos jours disponible pour nécessité d'information des acteurs du monde d'arbitrage. Elle constitue ainsi une source d'inspiration pour les tribunaux arbitraux. C'est le cas des centres d'arbitrages qui publient régulièrement des sentences arbitrales dans des revues de droit international. Le caractère transnational des principes généraux produits par les tribunaux arbitraux est compatible avec les exigences qui caractérisent la nature des règles qui composent la Lex mercatoria[1552]. Les principes généraux produits par les arbitres ont entre autres comme sources le droit étatique. Cependant, elles présentent un caractère transnational. Par ailleurs, leur application est orientée précisément pour la régulation des relations entre les acteurs économiques du commerce international. Il s'agit donc d'une norme qui fait partie des composantes de la Lex mercatoria[1553].

807. Les normes décrites ci-dessus à l'exception des principes généraux de droit sont principalement produites par des organisations privées transnationales.

4. Les *Societas mercatorum* : sources des règles de droit spontané

808. Le droit spontané produit par les personnes morales de droit privé constitue une composante de la Lex mercatoria. La volonté des parties est considérée comme le support de leur force obligatoire[1554]. Par ailleurs, les secteurs professionnels du commerce international qui fonctionnent essentiellement sur la base des contrats types, des clauses types et des usages du commerce produisent du droit spontané[1555]. L'ensemble de ces pratiques constitue une catégorie de droit que les acteurs du commerce

---

1550 . E. Loquin, « Les sources du droit », op.cit., p. 339
1551 Ibid.
1552 Ibid.
1553 Ibid.
1554 E. Loquin, « Les source du droit », op.cit., p. 32
1555 Ibid.

international ont librement souscrit pour régir leur relation d'affaires[1556]. Il en résulte que les normes qui composent la Lex mercatoria ne sont pas uniquement contractuelles. Il y a aussi du droit produit spontanément par les opérateurs économiques pour encadrer les relations d'affaires dans le commerce international[1557].

809. Le droit spontané issu des pratiques des acteurs du commerce international est le fruit de l'innovation juridique dont ont fait preuve ces acteurs afin de mieux réguler les secteurs commerciaux qui leur sont communs. Il s'agit d'une société de contrat qui se forme et qui se dote des règles de droit produites spontanément adaptées au fonctionnement du secteur commercial[1558]. Le droit spontané international est précédé par le jeu de l'offre et de la demande qui va muter en pratique contractuelle[1559]. Cette mutation permet de satisfaire les besoins des contractants appartenant à un secteur d'activité du commerce international[1560]. La volonté exprimée par les parties de répondre à leurs besoins par le biais de l'offre et de la demande constitue un acte originaire[1561]. Cet acte originaire matérialisé par un contrat ou une convention entre les parties induit la pratique contractuelle qui a pour finalité la production du droit spontané par les opérateurs du commerce international[1562]. En effet, les pratiques contractuelles peuvent être intégrées dans la catégorie des normes, car elles font l'objet d'une application automatique par les opérateurs économiques du secteur du commerce international[1563].

810. Reste à démontrer l'effectivité de la Lex mercatoria pour lui conférer son existence complète.

B. L'effectivité de la Lex mercatoria

811. L'effectivité d'une norme doit répondre à des critères de droit bien précis. Il s'agit de l'ordonnancement cohérent des normes qui

---

1556 B. Goldman, Nouvelle réflexions sur la Lex mercatoria, *in: Festschrift Pierre Lalive, Basel, Frankfurt*, 1993, p. 241 et ss.

1557 Cependant, d'autres auteurs comme Paul la Garde considèrent que le droit spontané ne constitue pas du droit, pour lui ce sont des usages.

1558 E.-Savaux, *La théorie générale du contrat, mythe ou réalité* ? *LGDJ*, 1997, p.277. ; Chemilier-Gendreaux, Le droit international, et la régulation, La régulation entre droit et politique, L'Harmattan, 1995, p. 59.

1559 E. Loquin, « Les sources du droit », op.cit., p. 34

1560 Ibid.

1561 Ibid.

1562 Ibid.

1563 J. Beguin & M. Menjucq, *Droit du commerce international*, *Litec*, 2008.

composent la Lex mercatoria (**1**) et la force obligatoire de ces dernières (**2**).

1. L'ordonnancement des composantes de la Lex mercatoria

812. La Lex mercatoria dispose d'une capacité infinie de production des normes grâce aux principes généraux. Ainsi, l'analyse du droit comparé s'inscrivant dans une logique d'usage des règles transnationales permet aux arbitres de produire des principes généraux afin de trouver des solutions aux litiges qui leur ont été soumis[1564]. La Lex mercatoria a la capacité d'assimiler des règles extérieures qui répondent à ces objectifs. C'est le cas des principes généraux produits par les arbitres avec pour sources de base, des règles d'origines étatiques ou conventionnelles poursuivant un but universel[1565]. La Lex mercatoria combine alors en son sein des principes généraux, des usages du commerce international, des pratiques contractuelles, des règles étatiques ayant une dimension universelle, des règles modèles issues des institutions internationales étatiques ou non [1566]. Ainsi, les associations et coopératives internationales, les tribunaux arbitraux ou les chambres de commerce produisent des normes de base d'origines coutumières et juridictionnelles qui composent la Lex mercatoria [1567]. Des règles complémentaires compatibles à la nature juridique des normes qui composent la Lex mercatoria peuvent être produites par des juridictions étatiques et internationales à condition qu'elles soient reconnues par les institutions du commerce international[1568].

813. Il faut toutefois préciser que l'arbitre dispose des outils adéquats pour une application objective de la Lex mercatoria. L'arbitrage est donc un mode normal de règlement des différends des affaires en lien avec le commerce international. Il s'agit d'un ordre juridique approprié pour la gestion des contentieux relatifs aux affaires internationales[1569]. En effet, il existe la cohérence arbitrale et les tribunaux arbitraux s'inspirent des précédents pour rendre des sentences arbitrales cohérentes[1570]. On ne peut donc pas d'emblée affirmer que les tribunaux arbitraux ne respectent pas

---

[1564] E. Gaillard, Préface à la thèse de J. Ortscheid, *La réparation des dommages dans l'arbitrage du commerce international*, Dalloz 2001, p. XII.
[1565] I. Fadlallah, « Le projet de convention sur la vente de marchandises », *in Travaux de la CNUDCI*, *JDI*, 1979, p. 766.
[1566] E. Loquin, « Les sources du droit », op.cit., p. 42.
[1567] Ibid.
[1568] Ibid.
[1569] Ibid.
[1570] Ibid.

la cohérence et ne tiennent pas compte de la normativité dans le cadre de leur office[1571]. Les arbitres sont habilités à rendre la sentence arbitrale au nom de la Lex mercatoria[1572].

814. Par ailleurs, il faut préciser qu'il n'est pas réaliste de nier l'existence de l'ordre public transnational. Tout au moins, l'existence de cet ordre public est reconnue par les arbitres, ce qui prouve que ce n'est pas uniquement un concept théorique de la notion de l'ordre public transnational. Cette reconnaissance des règles transnationales par les tribunaux arbitraux permet à ces derniers d'avoir la légitimité de revendiquer le rôle du garant de l'ordre juridique de la Lex mercatoria[1573]. L'ordre public transnational en matière du commerce international constitue un ordre public particulier. Il s'agit d'un ordre public universel adapté à la régulation des relations d'affaires entre les opérateurs du commerce international. Il est la résultante des instruments internationaux qui reflètent le consensus de la communauté internationale[1574], par les communautés des opérateurs du commerce international[1575].

815. Le Professeur Éric Loquin considère qu'en ce qui concerne le commerce international, le consensus devra se manifester par des normes informelles parajuridiques ou infrajuridiques. Elles doivent être secrétées par la Communauté internationale des États à travers les recommandations des organisations internationales interétatiques. Les avis produits par les organismes privés qui regroupent les opérateurs du commerce international font aussi partie de ce consensus. Jean Baptiste Racine considère que l'ordre public transnational représente l'ordre public naturel de l'arbitre lorsque le tribunal arbitral n'est rattaché à aucun for[1576]. Le professeur Éric Loquin précise que la Lex mercatoria est un ordre juridique particulier non comparable à celui présenté par la pyramide de Kelsen[1577]. Ainsi, il n'y a pas de normes fondamentales dans l'ordre

---

[1571] P. Mayer, *La règle morale dans l'arbitrage international*, *Études offertes à Bellet*, Paris, *Litec* 1991, p. 379.

[1572] E. Loquin, « Les sources du droit », op.cit., p. 42.

[1573] E. Loquin, *Les règles matérielles internationales*, dans Recueil des cours Vol. 322, 2006, p. 9-241. ; Sent. CCI, aff. n°1397 de 1966, *JDI* 1974. p.879, aff. n° 1641de 1968, *JDI*, 1969. ; aff. n° 2291 de 1974, *JDI,* 1975, p. 197. ; aff. n° 3267 de 1979, *JDI*, 1983. p. 961. ; aff. n° 5065 de 1986, *JDI,* 1987., notes Y. Derains et S. Jarvin, p. 1039.

[1574] E. Gaillard, *Aspect philosophique du droit de l'arbitrage international*, *Martins Niijhoff Publishers*, 2008, n°15.

[1575] E. Loquin, « Les sources du droit », op.cit., p. 43.

[1576] J.-B. Racine, « Les normes porteuses d'ordre public dans l'arbitrage commercial international », *in L'ordre public et l'arbitrage,* E. Loquin et S. Manciaux (dir.), *LexisNexis*, 2014, p. 7

[1577] E. Loquin, « Les sources du droit », op.cit., p. 42.

juridique de la Lex mercatoria[1578]. La Lex mercatoria n'est pas caractérisée par un ordre juridique et judiciaire dans lequel le juge pourrait créer sa norme. Dans l'ordre juridique de la Lex mercatoria, l'arbitre sanctionne les normes[1579].

816. La Lex mercatoria présente donc un ordonnancement particulier dans chaque secteur du commerce international. Il peut arriver que les normes qui composent la Lex mercatoria puissent être hissées au même niveau que les règles d'ordre public international. Dans ce cas précis, cet équilibre pourrait conférer à la Lex mercatoria une force obligatoire.

2. La force obligatoire de la Lex mercatoria

817. Dans l'hypothèse où la Lex mercatoria et les règles d'ordre public des États se complètent[1580], il peut se dégager une force obligatoire de la Lex mercatoria par emprunt. Ainsi, la loi applicable à l'arbitrage peut prévoir comme droit applicable aux litiges plusieurs instruments juridiques. Il s'agit des principes généraux de droit, des usages et pratiques du commerce international au même titre que les règles de droit ayant un caractère d'ordre public[1581]. À titre d'exemple, le droit français, la Loi type de la CNUDCI et le Règlement de l'AAA[1582] autorisent l'arbitre à tenir compte des usages du commerce international dans le cadre de leur office[1583]. En effet, les usages du commerce peuvent être appliqués lorsque le contrat litigieux porte sur un différend qui fait appel à ces règles d'usages. Ces règles d'usages peuvent être aussi appliquées à titre complémentaire à un droit étatique applicable au litige. Il s'agit des usages largement reconnus et régulièrement observés dans la branche du commerce international visée par le litige.

818. Dans l'hypothèse où les parties n'ont pas choisi le droit applicable au fond du litige, les parties peuvent autoriser les arbitres à en faire le choix du droit applicable au litige. Cependant, en droit français, les arbitres déterminent alors les règles applicables, sans nécessité d'une autorisation des parties. Ainsi, les arbitres peuvent appliquer les usages du commerce international issus de la Lex mercatoria. En France par exemple, la juridicité de la Lex mercatoria a été consacrée par la

---

[1578] Ibid.
[1579] Ibid.
[1580] Ibid.
[1581] Ibid.
[1582] Association Américaine d'Arbitrage (AAA).
[1583] Art. 1511 du Code de procédure civile français et article 28-4 de la Loi type de la CNUDCI. ; Article 29-2 du Règlement de l'AAA.

jurisprudence française[1584]. Dans l'hypothèse où les parties ont choisi expressément un droit étatique applicable au litige, il peut y avoir une cohabitation entre les usages du commerce et le droit étatique. Cependant, le caractère international des usages et pratiques issus de la Lex mercatoria peut permettre de faire primer ces derniers sur le droit national étatique[1585]. Dans ce cas précis, le caractère international des usages et pratiques de la Lex mercatoria doit être démontré pour justifier son application directe[1586].

819. Pierre Lalive considère d'ailleurs que la Lex mercatoria s'impose aux parties et aux arbitres[1587]. En effet, il précise lorsque les circonstances le permettent, l'application directe des normes de la Lex mercatoria au même titre que les règles d'ordre public de source étatiques est inhérente à la fonction juridictionnelle de l'arbitre. En outre, l'auteur précise que les normes de la Lex mercatoria présentant un caractère obligatoire sont autonomes des autres normes[1588]. Il en résulte qu'il faut faire la différence entre les critiques formulées à l'égard de l'effectivité de la Lex mercatoria et son caractère obligatoire.

820. Ainsi, la Lex mercatoria serait dotée d'un ordre public dont l'objectif premier est d'organiser la société des commerçants sur la base des équilibres qui n'existent pas au niveau du droit positif des États[1589]. Il s'agit de protéger les intérêts du commerce à travers l'application du droit transnational en matière d'arbitrage. Ainsi la liberté reconnue aux arbitres dans la détermination du droit applicable au fond du litige est une exigence de l'arbitrage international. La finalité poursuivie est la mise en œuvre des règles juridiques et économiques appropriées au commerce international dans les limites de l'ordre public international[1590]. Mais dans l'hypothèse où les parties ont expressément choisi une loi étatique applicable au fond

---

[1584] Cass. civ. 1re, Valenciana, 22 octobre 1991, *Bull. civ. I*, no 275, p. 182 ; *JDI* 1992, note B. Goldman, p. 177.; R.A. 1992, 457, note P. Lagarde ; *RCDIP* 1992, note B. Oppetit, p. 113 ; Cour de cassation italienne, 8 février 1982, cité notamment par B. Goldman, « Une bataille judiciaire autour de la Lex mercatoria dans l'affaire Norsolor », *Rev. arb.* 1983, p. 379, sp. p. 401 ; United States District Court, S.D. California, 7 déc. 1998, admet l'application par l'arbitre des principes généraux du droit international et, à leur titre, des P.U.

[1585] B. Oppetit, « Les principes généraux en droit international privé », *in Archives de Philosophie du droit* 1987, tome 32, p. 179

[1586] Ibid.

[1587] P. Lalive, « Ordre public transnational ou réellement international dans l'arbitrage international », *Rev. arb.* 1986, p. 329.

[1588] Ibid.

[1589] Ibid.

[1590] B. Oppetit, "Les principes généraux en droit international privé », op.art.

du litige, le tribunal arbitral ne pourrait s'écarter de ce choix pour faire prévaloir les règles transnationales[1591].

821. Dans des cas restreints où l'on peut équilibrer les cohabitations entre les règles d'ordre public et les principes généraux de droit composant la Lex mercatoria, il y a une double conséquence. Il s'agit d'une part d'augmenter la chance de l'exécution spontanée de la sentence arbitrale rendue par un tribunal arbitral institué par une Societas mercatorum. D'autre part, en cas d'exécution forcée de la sentence arbitrale, celle-ci se trouve renforcée en termes de conformité avec l'ordre public de l'État dans lequel elle est susceptible d'être exécutée.

822. Il est cependant fondamental de préciser que l'application de la Lex mercatoria connait des limites. En effet, certains secteurs d'activité, notamment la GAFTA ou le Syndicat de Paris, sont dotés de règlements[1592]. Ces codes permettent de compléter les règles d'usages et pratiques non écrites. Par ailleurs, la mise en œuvre des règles qui composent la Lex mercatoria peut entrer en collision avec certains systèmes juridiques ou avec certaines règles d'ordre public. Il s'agit des règles d'ordre public du pays dans lequel les règles composantes de la Lex mercatoria devraient être mises en œuvre[1593]. L'application des règles composante la Lex Mercatoria reçoit dans la plupart des cas l'adhésion des parties. L'effectivité de ces normes pourrait avoir pour conséquence principale l'exécution spontanée de la sentence arbitrale de la part du débiteur. Il s'agit d'un indice sérieux d'efficacité de l'exécution de la sentence arbitrale internationale.

823. Il est cependant reproché à la Lex Mercatoria une absence de caractère de neutralité [1594] . Ainsi, certains auteurs considèrent que l'élaboration d'un système de règles universelles non encadrées par le législateur national pourrait priver certaines institutions de leur fonction effective et de diminuer le niveau de garantie de droits fondamentaux[1595].

[1591] E. Gaillard, *Aspect philosophique du droit de l'arbitrage international*, Boston, *Martinus Nijhoff Publishers*, 2008, p. 176 et ss.

[1592] https://www.gafta.com/write/MediaUploads/Trade%20Assurance/GAFTA_CODE_OF_PRACTICE_ANALYSTS_V2.0_December_2020.pdf.; https://www.incograin.com/index.php/rulegs/

[1593] Dictionnaire de Globalisation, A.-J. Arnaud (dir), *LGDJ*, Paris, 2010, p. 338-339.

[1594] M. Mustill, « The New Lex mercatoria : The First Twenty-Five Years », in Études Wilbegorce, Oxford 1987, 149, spéc. p. 181, *étude reproduite in 4 Arbitration Intemational* 86 (1988).

[1595] Dictionnaire de Globalisation, op.cit.

Paragraphe 2 : Les limites de la Lex mercatoria

824. La Lex mercatoria est un outil fondamental qui facilite les relations d'affaires entre les acteurs du commerce international. Son utilité va au-delà, car elle est aussi le réceptacle des principes généraux de portée transnational créé par les tribunaux arbitraux. Ces principes généraux s'inspirent du droit étatique et du droit conventionnel. Ils peuvent servir de précédent pour d'autres tribunaux arbitraux pour trancher des affaires similaires. Nonobstant cette originalité des normes composantes de la *Lex mercatoria*, elle est sérieusement critiquée quant à son effectivité en tant que norme (**A**). Par ailleurs, le caractère représentatif des organisations transnationales (Societas mercatorum) en charge de la production de certaines de la Lex mercatoria n'échappe pas aussi à diverses critiques (**B**).

A. Mise en cause de la normativité de la Lex mercatoria : une critique discutable

825. L'effectivité des normes produites par des societas mercatorum est relativisée par certains auteurs comme Paul Lagarde. En effet, l'auteur considère que les « Incoterms » ; les « Règles et usances du crédit documentaire » ; les règles d'York et d'Anvers produits par L'International Law Association sont des normes ponctuelles compatibles avec les besoins du commerce international[1596]. Mais il considère que ces normes ne sont pas effectives[1597]. Il précise qu'il ne faut pas conférer un caractère de règle à certaines combinaisons de clauses contractuelles notamment, les contrats clés en main[1598], les contrats produits en main[1599], euroémissions[1600], eurocrédits[1601]. Paul Lagarde précise que ces combinaisons de contrats constituent un simple usage par les parties de leur liberté contractuelle et les solutions qu'elles proposent ne sont pas généralisées pour cause de variétés de formules utilisées[1602].

826. Les critiques formulées à l'endroit de l'effectivité des normes de la Lex mercatoria mettent en lumière les limites de ces normes. Cependant,

---

1596 P. Lagarde, « Approche critique de la Lex mercatoria », pp. 127 et ss., *in Le droit des relations économiques internationales : Études offertes* à B. Goldman, Litec, 1982, p. 427.

1597 Ibid

1598 Ph. Le Tourneau, *L'ingénierie, les transferts de technologie et de maîtrise industrielle*, 2e éd., 2016, Lexis Nexis, n°s337 et s.

1599 Marie-Élodie Ancel, Pascale Deumier; Malik Laazouzi, *Droit des contrats internationaux*, Sirey, 2019.

1600 Ibid.

1601 Ibid

1602 P. Lagarde, « Approche critique de la Lex mercatoria », op.art.

elles ne peuvent pas mettre en cause la pertinence de la notion de la Lex mercatoria pour deux raisons. La première est que les normes composantes de la Lex mercatoria ne sont pas uniquement de sources contractuelles. Elles proviennent aussi de différents systèmes juridiques ou des règles de droit matériel international de sources étatiques poursuivant un but universel conférant ainsi le caractère transnational aux principes généraux qui composent la Lex mercatoria. Il en résulte que les normes qui composent la Lex mercatoria proviennent à la fois des sources étatiques et contractuelles. Par ailleurs, l'effectivité des normes contractuelles de la Lex mercatoria n'est plus à démontrer, car ces normes sont produites par un ensemble de communautés professionnelles transnationales.

827. Ces communautés ont librement adhéré aux pratiques contractuelles et aux usages des secteurs commerciaux auxquels elles appartiennent. Nous pouvons donc assimiler les normes de sources contractuelles de la Lex mercatoria aux critères des règles coutumières. Il s'agit de l'élément psychologique, et de l'élément matériel. La répétition dans le temps de l'application des normes produites par les sociétas mercatorum constitue l'élément matériel. Les adhérents aux sociétés mercatorum sont aussi tenus de respecter les normes d'origines contractuelles applicables aux relations d'affaires sous peine de sanction. Il en résulte que les normes contractuelles composantes de la Lex mercatoria ont une effectivité tout au moins relative au cadre corporatiste de tel ou tel secteur du commerce international.

828. Les normes de la Lex mercatoria constituent aussi un système normatif compte tenu de leur diversité et originalité. Cependant la structuration de ce système doit être relativisée selon Paul Lagarde. En effet, il considère que la Lex mercatoria a absorbé et annexé les principes généraux de droit institué par l'article 38 de la Cour International de Justice. Paul Lagarde précise que les sources des principes généraux de droit aux termes de l'article 38 de la CIJ proviennent du droit étatique. Il fait la distinction entre les principes généraux de droit international et les principes généraux produits par les tribunaux arbitraux en référence à leur source différente de production. Pour Paul Lagarde, il considère qu'un ordre juridique ne se limite pas à un ensemble de règles, mais doit intégrer un élément d'organisation, de structure, extérieure et antérieure aux normes qui en dérive. L'auteur a donc des réserves sur la qualification des normes qui composent la Lex mercatoria comme un ordre juridique.

829. La mise en cause de l'ordonnancement de la Lex mercatoria présente des limites. En effet, dans le cadre de leur office, les arbitres qui se réfèrent à la Lex mercatoria peuvent produire des principes généraux de droit en s'inspirant des règles universelles et transnationales du droit international. Par ailleurs, dans les contrats signés entre les personnes morales de droit public et de droit privé, le tribunal peut appliquer les principes généraux de droit. Ces principes généraux de droit sont issus de la combinaison des règles d'origines étatiques et contractuelles. Ce mécanisme confirme la nature hétérogène des normes qui composent la Lex mercatoria. Ces normes entretiennent elles des rapports d'équilibres afin de répondre aux besoins du commerce international. Ces normes ne poursuivent pas nécessairement un but de hiérarchisation entre elles. D'où leur originalité. En effet, la superposition des normes, des principes généraux et les usages du commerce international qui composent la Lex mercatoria se complètent. Ces différentes normes constituent dans ce cadre un ordre juridique auquel le tribunal arbitral peut faire référence pour trancher les litiges qui lui sont soumis.

830. Par ailleurs, il n'est pas exclu que les parties à un contrat du commerce international puissent faire appel au juge étatique pour statuer sur la validité du contrat pour cause de vice de consentement. De même, après la réédition de la sentence arbitrale, les parties peuvent saisir le juge étatique par voie de recours en annulation ou par voie de recours contre l'ordonnance d'exequatur. Les causes de saisine du juge judiciaire peuvent porter entre autres sur la validité de la convention d'arbitrage, l'arbitrabilité du litige ou de la sentence arbitrale. Les motifs de saisine du juge étatique peuvent porter entre autres, sur la capacité des parties, les vices de forme, le consentement des parties, la violation de l'ordre public international, etc. Dans un premier temps, le juge fera-t-il référence au droit étatique ou aux usages du commerce international pour déterminer le régime juridique applicable au contrat ?

831. Dans l'hypothèse où les parties précisent clairement le droit applicable au contrat, notamment les usages du commerce international, le juge y fera référence, mais dans les limites des prescriptions de l'ordre public interne ou international. Il est donc capital de préciser que la volonté des parties est une condition nécessaire de l'application de la Lex mercatoria. En effet, le juge étatique ne relève pas directement du système juridique des normes de la Lex mercatoria contrairement à l'arbitre. Il sera donc dans l'intérêt des parties dans le cadre de leurs relations d'affaires de préciser la catégorie de norme de la Lex mercatoria applicable à leur contrat. Cette précision permettra de lever toute ambiguïté et permettra au juge étatique de trancher clairement le litige qui lui a été soumis.

832. De même, le juge étatique fera-t-il référence au droit appliqué au fond du litige pour évaluer la validité de la convention d'arbitrage et de la sentence arbitrale ? Dans ces différents cas si nous ne tenons pas compte de l'arbitrage amiable composition, les normes composantes de la Lex mercatoria en jeu sont les principes généraux de droit. Les sources de ces principes généraux de droit ne sont pas étrangères du juge étatique. Ces sources sont en principe des règles ayant un caractère universel et proviennent des entités étatiques ou des organisations internationales. Il en résulte donc que le juge peut en faire référence pour trancher les questions qui lui sont soumises sur la validité ou l'exécution de la sentence arbitrale internationale.

833. Cependant, il faut avoir à l'esprit que ces principes généraux de droit de la Lex mercatoria ont leur limite. Ils ne peuvent pas influencer les normes de référence du juge étatique en cas de contrôle de l'arbitrabilité du litige ou sur la conformité de la sentence arbitrale à l'ordre public interne. Par ailleurs, les principes généraux de droit de sources étatiques ou transnationales peuvent servir de références partielles aux juges étatiques en cas de contrôle de la sentence par rapport à l'ordre public international. Ces limites marquent la frontière entre la Lex Mercatoria et l'exécution forcée de la sentence arbitrale. Il en résulte qu'en cas d'exécution forcée de la sentence arbitrale internationale, l'influence de la Lex Mercatoria sur l'efficacité de l'exécution d'une sentence arbitrale est réduite.

834. Les normes de la Lex mercatoria sont produites par une collectivité professionnelle du commerce international. Il sera donc utile de la présenter, de décrire sa nature juridique et sa légitimité en termes de production des normes de la Lex mercatoria.

B. La fonction relative des Societas mercatorum

835. Dans la pratique, les Societas mercatorum sont des associations qui regroupent en leurs seins des communautés de commerçants spécialisés dans des secteurs bien précis du commerce international. Elles produisent des normes spontanées qui régissent l'interaction entre les adhérents. Parmi ces normes, celles qui peuvent servir de référence sont des contrats types qui comportent des clauses compromissoires et des clauses de *Blacklisting* pour assurer l'efficacité l'exécution des sentences arbitrales. Il s'agit des sentences arbitrales rendues par les tribunaux arbitraux affiliés à la FEGRA à Bruxelles [1603] ou à HET COMITE à Rotterdam[1604] qui sont des *Societas mercatorum.* Cependant, tous les spécialistes de l'arbitrage n'ont pas la même conception du rôle et du fonctionnement des Societas mercatorum.

836. Ainsi, Paul Lagarde considère que produire les normes sous forme d'ordre juridique, il faut le concours d'une organisation uniforme, stable ayant la même position que les États[1605]. Il considère qu'il n'existe pas entre les Societas mercatorum, une communauté de fait habilitée à produire un ordre juridique. Il précise donc par la suite qu'il serait plus utile pour les marchands situés dans différents pays d'opter pour des instruments juridiques étatiques pour entretenir et régir leur relation d'affaires[1606]. Il considère que les sociétas mercatorium sont des îlots d'organisation et donc n'ont pas la dimension d'une véritable organisation du milieu transnational pour produire un ordre juridique des normes de la Lex mercatoria[1607]. Par ailleurs, d'autres auteurs comme M. F. Rigaux considèrent que la première préoccupation des pouvoirs économiques est de développer en parallèle des normes qui répondent mieux à leurs intérêts[1608]. Paul Lagarde précise par la suite qu'il n'est pas évident que les organisations marchandes n'auraient pas la même conception et ne se reconnaitraient pas dans un ordre juridique à vocation générale comme le seraient les societas mercatoum[1609]. De même, Paul Lagarde fait référence aux travaux d'Edouard Lambert pour justifier l'absence d'homogénéité des organisations marchandes corporatistes. En effet, Edouard Lambert postulait pour le caractère pluraliste des droits corporatistes, car pour lui ces normes sont distinctes du droit étatique et de celui des autres corporations[1610].

837. Les différentes critiques formulées à l'endroit du défaut d'homogénéité des Societas mercatorum sont certes scientifiques, mais à prendre avec prudence de nos jours. En effet, plusieurs organisations marchandes présentent aujourd'hui une structure organisationnelle suffisamment homogène. Cette homogénéité est limitée aux secteurs d'activités des marchands. Mais ces organisations présentent sans ambiguïté un caractère véritablement international et transnational. Elles regroupent les marchands et les sociétés de marchands au sein des mêmes

---

1603 https://www.fegra.be/reglement

1604 L'Association Royale néerlandaise du Commerce des Céréales et des Aliments pour Animaux (HET COMITÉ) : https://www.graan.com/?language=2

1605 P. Lagarde, « Approche critique de la Lex mercatoria », op.art. p. 139.

1606 Ibid.

1607 Ibid.

1608 Ibid. p. 137.

1609 Ibid. p. 136

1610 Ibid.

organisations syndicales ou associatives selon les secteurs d'activités. Nous pouvons citer comme exemple le Syndicat de Paris du Commerce et des industries de grain, Produits de sols et dérivés. C'est aussi le cas de la GAFTA qui est une association du commerce des céréales et aliments pour animaux situés à Londres. Pour finir, nous pouvons citer une troisième organisation des marchands appelée CICCA Elle est située à Liverpool qui regroupe des entreprises qui interviennent sur toute la chaîne des valeurs cotonnières.

838. Certes, les Societas mercatorum sont organisées par secteur, mais elles n'interviennent pas sur des secteurs cloisonnés. Elles prennent en compte plusieurs groupes d'entreprises qui interviennent sur toutes les chaînes de valeurs en matière de valorisation des grains, des céréales, du Cotton, etc. Elles ont une dimension transnationale et homogène, car l'objet de leur existence porte sur la valorisation et le développement d'un produit commercial bien précis. La nature sectorielle de ces organisations marchandes justifie plutôt le caractère homogène qui leur est inhérent. Par ailleurs, les adhérents de ces organisations viennent du monde entier. Les normes produites par ces organisations marchandes adoptées librement par les adhérents sont sanctionnées par des juridictions spécialisées. Il s'agit des tribunaux arbitraux spécialisés sur les normes et règles qui régissent les relations d'affaires entre les membres de ces organisations marchandes. On peut donc déduire que ce sont des Societas mercatorum. Ce constat confirme la position de Philippe Kahn qui insistait sur la nécessité pour les opérateurs du marché international de constituer un milieu homogène[1611]. L'objectif est d'assurer la cohérence dans la production des normes adaptées aux besoins du commerce international [1612], notamment à l'exécution spontanée de la sentence arbitrale internationale sans l'intervention du juge étatique.

839. Le caractère transnational des Societas mercatorum démontre finalement la dimension générale et globalisante des nomes produite par le concours des adhérents. Cependant, l'efficacité des Societas mercatorum est circonscrite à des secteurs du commerce international bien précis d'où leurs limites. En conséquence, l'efficacité d'exécution spontanée de la sentence arbitrale sera limitée au niveau des adhérents de ces Societas mercatorum.

[1611] Ph. Kahn, « Rapport français », *in Le rôle de la pratique dans la formation du droit commercial et économique*, Travaux de l'association H. Capitant, Economica, tome 34, 1983, p. 237 et s., spéc. p. 248.
[1612] Ibid.

840. Mise à part la Lex mercatoria, il existe aussi d'autres normes uniformes d'origine contractuelle et instrument juridique adaptés pour trancher les différends entre les acteurs du commerce international. Il s'agit des Principes UNIDROIT et les clauses de *hardship*. De même, il est utile de préciser qu'en *Civil Law*, les usages du commerce international composante de la Lex mercatoria ont une place particulière dans l'office de l'arbitre. L'utilité de l'application des usages du commerce international au litige soumis au tribunal arbitral mérite d'être mise en lumière en matière d'efficacité de l'exécution de la sentence arbitrale.

SECTION 2 : Le recours a des normes uniformes d'origine contractuelle

841. Dans le cadre de son office, l'arbitre peut appliquer les Principes UNIDROIT relatifs aux contrats internationaux ou les usages du commerce international. L'intérêt est d'assurer l'efficacité des sentences arbitrales internationales. La démarche de l'arbitre n'est pas la même dans le cadre de son office lorsqu'il s'agit pour lui d'appliquer à un litige les Principes UNIDROIT (**Paragraphe 1**). De même, il applique dans des contextes particuliers des usages du commerce international ou des clauses de *hardship* (**Paragraphe 2**). Les parties qui donnent la possibilité au tribunal arbitral d'appliquer ces différentes normes et instruments poursuivent une finalité. Il s'agit pour le tribunal arbitral de rendre une sentence arbitrale exécutable qui renforce les relations contractuelles entre les parties.

Paragraphe 1 : Les différentes formes d'application des Principes UNIDROIT

842. Les parties sont libres de désigner le droit applicable au fond du litige. Elles peuvent aussi autoriser le tribunal arbitral à faire référence à des règles uniformes à titre complémentaire ou principal pour assurer l'efficacité de la sentence arbitrale. Pour rendre effective cette efficacité à la sentence arbitrale dans sa phase d'exécution, le tribunal arbitral peut opter pour trois types de techniques pour justifier l'application des principes UNIDROIT. Il s'agit d'appliquer à titre complémentaire les Principes UNIDROIT en tant qu'instrument de droit uniforme approprié[1613], aux

---

[1613] Eric Loquin considère que la notion de règles appropriées fait référence à une méthode objective de détermination des règles de droit applicables à un litige mettant en jeu les intérêts du commerce international. Il considère que cette méthode n'a pas pour résultat une désignation arbitraire du droit applicable au litige (cf. CA, Paris, pôle 1, ch. 1, 25 février 2020, *aff. Sté Prakash Steellage ltd c/ Sté Uzuc SA*, *RTD Com*, obs. E. Loquin, p. 546). En effet, H. Batiffol dans son étude intitulée « la loi appropriée au contrat », *Études offertes à B. Goldman*,

besoins du litige. L'application des Principes UNIDROIT peut être aussi opérée à titre complétif avec l'accord des parties (**A**). Le tribunal peut aussi demander aux parties de l'autoriser à appliquer les normes uniformes à titre principal (**B**). Les arbitres devront toutefois justifier le caractère approprié de ces normes[1614] aux termes du contrat qui lie avec les parties.

A. Application à titre volontariste et complétif

843. Les parties à une procédure d'arbitrage peuvent donner mission à l'arbitre de statuer en droit sans préciser les règles spécifiques applicables au litige. Elles peuvent aussi choisir de façon expresse les instruments de droit uniforme, notamment les Principes UNIDROIT comme règles principales ou complémentaires au droit applicable au litige. Ce choix peut intervenir avant ou après la naissance du litige. À titre d'illustration nous pouvons citer une sentence arbitrale rendue en 1996 sous l'égide de la Chambre d'arbitrage de Milan[1615]. Les parties avaient chargé le tribunal arbitral de statuer en équité et d'appliquer à titre complémentaire les Principes UNIDROIT. Les faits soumis à l'arbitre concernaient la résolution d'un contrat d'agence commerciale opposant une société italienne représentée et une société américaine qui reprochait à son partenaire italien la violation des termes du contrat. La société italienne avait soulevé le caractère abusif de la résolution du contrat. Le tribunal arbitral a donc tranché le litige en équité en appliquant les Principes UNIDROIT relatifs aux contrats du commerce international 1994[1616].

844. Dans une autre affaire qui opposait une organisation russe et une Société de Hong Kong, les parties avaient désigné après la naissance du litige les Principes UNIDROIT comme droit applicable au litige. Ce choix a permis à la Cour d'arbitrage de la Chambre du Commerce de la Fédération de Russie de recourir à trois règles des Principes UNIDROIT pour résoudre le litige. Dans une autre affaire opposant la *République islamique iranienne* et la Société américaine *Cubic Defense Systems* relative à une vente de matériel militaire, les parties avaient choisi comme droit applicable le droit

---

Paris, *Litec*, 1982, pp. 1 et ss. accorde un double sens à cette notion. En premier lieu, les parties peuvent incorporer les règles appropriées au contrat. En second lieu, en cas d'absence de désignation de la loi applicable au litige, le tribunal arbitral peut déterminer les règles appropriées applicables au litige pour répondre au mieux à l'économie du contrat litigieux.

[1614] CA, Paris, pôle 1, ch. 1, 25 février 2020, aff. *Sté Prakash Steellage ltd c/ Sté Uzuc SA*, *RTD Com*, obs. E. Loquin, p. 546. ; Art. 21 -1 du Règlement de la CCI et Art. 1511 du Code de procédure civile français.

[1615] Sentence arbitrale, Chambre d'arbitrage national et international de Milan (Italie), 1. XII. 1996-n°Z-1795/51 (arbitre unique).

[1616] Ibid.

iranien[1617]. Cependant, les parties avaient inséré dans le contrat une clause qui permettait à l'arbitre d'appliquer les Principes UNIDROIT à titre complémentaire. Ainsi, le tribunal arbitral a fini par appliquer les Principes UNIDROIT à titre complémentaire pour trancher le litige[1618].

845. Par ailleurs, en 1998, une cour américaine a confirmé dans un arrêt la validité des Principes UNIDROIT comme droit appliqué au fond du litige par le tribunal arbitral. Cette décision confirme que les règles de droit uniforme peuvent être appliquées à titre complémentaire au droit choisi par les parties pour régir le fond du litige arbitral[1619]. Il est cependant important de préciser que le tribunal arbitral chargé d'appliquer le droit uniforme à titre complémentaire au droit applicable doit justifier ce choix au regard de l'intention des parties. Lorsque cette condition est réunie, l'arbitre peut appliquer le droit uniforme, notamment les Principes UNIDROIT sans exclure les normes d'origine étatique impérative[1620]. Dans une sentence de la CCI en 1996, les parties avaient autorisé le tribunal arbitral à appliquer les Principes UNIDROIT pour trancher le litige. Le contrat litigieux avait pour objet la fourniture de matériel américain à un vendeur du Moyen-Orient[1621]. De même dans une sentence arbitrale CCI de 2011, dans une affaire opposant une Société de droit britannique et une Société de droit algérien, le tribunal a procédé de même pour trancher le litige[1622].

846. Dans l'hypothèse où les parties n'ont pas expressément désigné le droit applicable au litige, il n'est pas exclu que le tribunal arbitral applique les Principes UNIDROIT à titre complémentaire. En effet, dans le cadre de son office, le tribunal arbitral peut justifier le caractère approprié des Principes UNIDROIT pour l'appliquer à titre complémentaire au droit

---

[1617] C.C.I. n° 7365/FMS, 5 mai 1997, *An international Restatement of Contract Law, 2em éd.*, note. M. J. Bonell, pp. 653-658.

[1618] Ibid.

[1619] *Ministry of Defense and support for the armed forces of the Islamic Republic of Iran c/ Cubic Defense System, inc.*, 29 F. Supp. 2d 1168 (S.D. Cal. 1998): « Cases Applying and Interpreting International Uniform Law Instruments », *Rev. dr. Unif. 1999*. obs. M. J. Bonell, p. 658.

[1620] cf. Préambule des Principes UNIDROIT. ; E. Gaillard, « La distinction des principes généraux et des usages du commerce international », *dans Études offertes à pierre, Bellet*, Paris, Litec, 1991, p. 203.

[1621] CCI affaire n° 7375, 5 juin 1996, *Mealey's International Arbitration Report 1996*, p. À -1 et ss. ; CCI n° 700, 1995, cité par P. Lalive, « L'arbitrage international et les Principes UNIDROIT », dans M.-J. Bonell et F. Bonelli (dir.), *Contratti Commerciali Internazionali e Principi UNIDROIT*, Milan, Giufrè Editore, 1997, p. 84.

[1622] CCI, affaire n° 15913/2011, *Recueil des sentences arbitrales de la CCI de 2012-2015 Volume VII*, publié par la CCI aux éditions *Lexis Nexis, éd. 2019.*, note J.-J. Arnaldez, Y. Derains et D. Hascher, pp. 813-819.

applicable choisi. Les arbitres doivent tout de même informer les parties sur ce choix. Ainsi en 2009, dans une affaire opposant une société belge (Belgique) et une société de droit monégasque (Monaco), le droit applicable au litige avait été désigné par les arbitres avec le concours des parties au litige. Il s'agissait des dispositions de la Convention de Vienne sur la Vente internationale des Marchandises. Le tribunal arbitral a jugé insuffisantes les dispositions de la Convention et a fait application à titre complémentaire aux Principes UNIDROIT[1623]. Dans une autre affaire, *Ministry A (State X), Ministry B (State X), State Enterprise, State X c/ Lessor (Irlande)*, les parties ont choisi d'appliquer le droit de l'arbitrage suisse au litige. Le tribunal arbitral a jugé ces normes insuffisantes et a fait référence aux Principes UNIDROIT à titre complémentaire[1624].

847. L'utilisation des Principes UNIDROIT à titre complétif a pour objectif de donner un sens plus équilibré et proportionné à la sentence arbitrale. Il s'agit d'équilibrer les rapports entre les parties afin de donner plus de chances à l'exécution des sentences arbitrales par voie spontanée ou par exécution forcée. Ainsi, l'arbitre s'inscrivant dans une logique de rendre une sentence arbitrale efficace peut solliciter des parties l'autorisation d'appliquer les Principes UNIDROIT. L'arbitre peut formuler cette demande lorsque le droit prévu pour être appliqué au fond du litige ne répond pas complètement aux problèmes du litige.

B. Application à titre persuasif

848. Il s'agit d'appliquer dans certains cas les Principes UNIDROIT à titre prioritaire au litige par rapport au droit applicable. En effet, en matière du commerce international, le tribunal arbitral peut appliquer de façon prioritaire les Principes UNIDROIT. Les arbitres peuvent justifier cette application prioritaire en fondant leur choix sur les dispositions de l'article 3.19 des Principes UNIDROIT sur le droit de commerce international. Il faut au préalable que les parties donnent leur accord au tribunal arbitral en amont pour appliquer en toute liberté le droit qui répond le mieux aux besoins du litige. Les arbitres dans ce cas pourraient faire le

---

[1623] CCI, affaire n° 14748/2009, *Recueil des sentences arbitrales de la CCI de 2012-2015, Volume VII,* publié par la CCI aux éditions *Lexis Nexis, éd. 2019.*, note J.-J. Arnaldez, Y. Derains et D. Hascher, pp. 847-857.

[1624] CCI, affaire n° 14581, *Recueil des sentences arbitrales de la CCI de 2012-2015 Volume VII*, publié par la CCI aux éditions *Lexis Nexis, éd. 2019.*, note J.-J. Arnaldez, Y. Derains et D. Hascher, pp. 33-58.

choix entre le droit applicable au litige et le droit uniforme, dont les Principes d'UNIDROIT.

849. Les principes UNIDROIT sur le commerce international considèrent comme impératifs les principes de loyauté et de bonne foi des parties pour des relations d'affaires saines[1625]. L'objectif est de permettre aux opérateurs du commerce international de fonder leurs relations commerciales sur des contrats, soit exemptes de vice de consentement et de mauvaise foi[1626]. Il se crée donc « *un jus cogens* » à l'image des règles de bonne foi ; notamment l'obligation de négocier de bonne foi ; le devoir de confidentialité ; l'interdiction de révoquer une offre pouvant raisonnablement être considérée comme étant irrévocable ; le devoir de collaboration dans l'exécution des obligations[1627], etc. Ces différentes questions étant érigées au rang de règles impératives du commerce international, le tribunal arbitral pourrait appliquer à titre prioritaire les Principes UNIDROIT. Ce choix de l'arbitre est possible lorsqu'il dispose le pouvoir de choisir entre le droit applicable et le droit uniforme[1628]. Ainsi, le tribunal arbitral aura la possibilité et la légitimité de justifier l'application des Principes UNIDROIT à titre prioritaire en matière du commerce international.

850. Deux sentences arbitrales internationales rendues sous l'égide de la CCI en 2008 illustrent cette question. Dans l'une de ces sentences, le tribunal arbitral a jugé prioritaire l'application aux litiges des Principes UNIDROIT par rapport au droit choisi par les parties. Le tribunal arbitral a pu fonder le choix prioritaire d'appliquer les Principes UNIDROIT sur deux raisons. La première raison portait sur la nature du litige. En effet, le litige relevait des dispositions de l'article 3.8 et suivants des Principes UNIDROIT relatif aux contrats du commerce international. La deuxième raison est que le tribunal arbitral était autorisé par les parties à appliquer au litige la norme la plus appropriée aux besoins du litige[1629]. C'est ainsi que le tribunal arbitral de la CCI a appliqué à titre prioritaire en éviction du droit

---

[1625] Articles 3.8 ; 3.9 et 3.10 des Principes UNIDROIT relatifs aux contrats sur le droit commercial international.

[1626] La conclusion de contrat international ne doit pas résulter du dol, d'une contrainte. Le fait que l'une des parties tire profit du contrat de manière déloyale de l'état de dépendance, de l'ignorance ou de l'inaptitude à la négociation de l'autre partie

[1627] Cf. les Articles. 2.5 ; 2.16 ; 2.4 ; 5.3 ; 6.2.32.18 ; 2.20 ; 6.13 ; 6.15 ; 7.7.2 ; 7.4.8 des Principes UNIDROIT relatifs aux contrats sur le droit commercial.

[1628] Art. 1.7 des Principes UNIDROIT.

[1629] Cass. 1re civ. 1re, 22 oct. 1991, n° 89-21.528, *JDI* 1992., note B. Goldman, p. 177.

applicable au litige les Principes UNIDROIT relatifs aux contrats du commerce international.

851. Les arbitres sont aussi fréquemment appelés à trancher les litiges qui concernent des questions de force majeure lorsque le contrat litigieux ne prévoit pas une clause spécifique sur cette question[1630]. En droit français, il y a trois conditions qui justifient l'exception de force majeure : l'imprévisibilité, l'irrésistibilité et un évènement extérieur[1631]. En général, les parties prévoient dans le contrat une clause qui encadre la durée de la suspension du contrat. De même, l'article 7.1.7, alinéa 2 des Principes UNIDROIT, précise que la suspension du contrat ne confère pas un caractère libératoire à la force majeure. Dans l'hypothèse où l'évènement à l'origine du cas de force majeure cesse, les obligations contractuelles redeviennent exigibles. Ainsi, un tribunal arbitral CCI a confirmé à travers quatre sentences arbitrales rendues entre 1998-1997 ; en 1995 et en 1992 l'utilité de faire usage des Principes UNIDROIT pour encadrer dans le temps l'effet de la cause d'exonération en cas de force majeure.

852. Le tribunal a ainsi précisé que l'empêchement du débiteur par une cause de force majeure doit être indépendant de sa volonté ; l'évènement doit être extérieur et imprévisible ; irrésistible et insurmontable[1632]. Dans l'hypothèse où un sous-traitant invoque l'exception de cas de force majeure, sa défaillance doit être imprévisible et le débiteur principal doit être dans l'impossibilité de répondre à cette défaillance[1633]. Les tribunaux arbitraux dans les sentences arbitrales évoquées ci-dessus font aussi référence aux Principes UNIDROIT. À travers cet instrument du droit uniforme UNIDROIT, le tribunal arbitral a exigé que la partie empêchée avertisse son cocontractant dans des délais raisonnables. En cas de manquement à ces exigences, des dommages et intérêts devraient être versés au créancier[1634].

853. L'intérêt pour les parties de choisir des règles uniformes comme droit applicable au fond du litige est de donner plus de chances à l'exécution volontaire de la sentence par le débiteur. En l'effet, l'application des règles uniformes favorise au cours de la procédure d'arbitrage le dialogue entre les

---

[1630] Sentence CCI n° 7197 de 1992, *J.D.I, 1993*, p. 1029. ; C. Witz, Les premières applications jurisprudentielles du droit uniforme de la vente internationale, Paris, *L.G.D.J.*, 1995, p. 102.

[1631] W. Melis, « Force Majeure and Hardship Clauses in International Commercial Contracts in View of the Practices of the I.C.C. Court of Arbitration », *J.I.A*. p. 214.

[1632] Sentence CCI n° 8908, septembre 1998, et Sentence CCI n° 8817, décembre 1997, *Bull n° 2 de 1999, Cour internationale d'arbitrage CCI*, p. 83. ; Sentence CCI n° 8128 de 1995, *JDI*, 1996, p. 1024. ; Sentence CCI n° 7197 de 1992, *J.D.I*, 1993, p. 1029.

[1633] Ibid.

[1634] Ibid.

parties. Leur application présage alors à plus de chances d'exécution volontaire de la sentence arbitrale.

854. À l'instar des Principes UNIDROIT, il existe d'autres instruments juridiques et règles a-nationales d'origine contractuelle qui peuvent être appliqués par le tribunal arbitral. Ces normes peuvent contribuer à faciliter des relations contractuelles entre les parties dans le cadre ou à l'issue d'une procédure d'arbitrage. Il s'agit des usages du commerce international et de la pratique des clauses de *hardship*. La sentence arbitrale dans ces différents cas a plus de chance d'être exécutée de manière spontanée par les parties, car les règles appliquées au fond du litige ne leur sont pas étrangères.

Paragraphe 2 : Les modalités d'application des usages du commerce et des clauses de *hardship*

855. En matière de commerce international, les parties peuvent choisir en tant que droit applicable au litige des règles a-nationales[1635]. Il s'agit notamment de clauses relatives à l'application des usages internationaux et des clauses de *hardship* qui sont de nature à permettre la sauvegarde des relations contractuelles. En droit français, le tribunal arbitral prend en compte les usages du commerce international s'il ne statue pas amiable compositeur même en absence d'une clause spécifique[1636]. Contrairement à la France, les pays de *Common Law* sont très opposés à l'application automatique par l'arbitre des usages du commerce international[1637]. Ainsi, dans un arbitrage se déroulant à Genève et à Londres, une partie a remis en question le fait que les arbitres avaient mis fin aux débats alors qu'elle souhaitait soumettre d'autres observations orales[1638]. Le juge judiciaire saisi sur la question a confirmé la décision des tribunaux arbitraux. Le juge a précisé que « sauf exception, les usages ne sont pas directement autorisés par les Cours suisses, anglaises ou même les tribunaux arbitraux de ces deux pays ». Pour la juridiction saisie, ces usages devant les tribunaux arbitraux étaient « largement étrangers à la pratique continentale »[1639].

[1635] Sentence CCI n° 480/4, Transnational Rules in International Commercial Arbitration, 1993, obs. E.-S. Darankoum, p. 37 et ss.

[1636] Article 1511 du Code de Procédure Civile français. ; Cass. 1re civ., 22 octobre 1991, *JDI* 1992, note E. Gaillard, *Rev. arb.* 1994, p. 211. ; *Rev. arb.* obs. P. Lagarde, p. 457. ; *Rev. crit. DIP,* 1992, note O. Oppetit, p. 113.

[1637] Sentence rendue sous l'égide de la CCI dans l'affaire n° 4975 en 1988, S. Jarvin, Y. Derains et J.-J. Arnaldez, Recueil des sentences arbitrales de la CCI 1986-1990, Kluwer Law International, 1994, p. 168.

[1638] Ibid

[1639] Ibid.

856. L'utilité de ces deux types de clauses est la sauvegarde du contrat en cas de survenance des évènements susceptibles à remettre en cause sa validité ou son exécution. Les parties peuvent ainsi prévoir dans la clause compromissoire de saisir le tribunal arbitral pour les contentieux nés au cours des pourparlers ou dans le cadre de l'exécution du contrat. Le tribunal arbitral peut donc intervenir en phase des pourparlers pour sauvegarder les relations précontractuelles entre les parties. Dans ce cadre, les parties peuvent prévoir appliquer au litige les usages du commerce international (**A**). Le tribunal arbitral peut-être aussi sollicité dans le cadre de l'exécution d'un contrat en cours sur la base de la clause de *hardship*. La mission pour le tribunal arbitral dans ce cas est spécifique. Il s'agit pour les arbitres dans le cadre de leur office de sauvegarder les relations contractuelles afin de maintenir l'équilibre entre les parties (**B**).

A. La sauvegarde des relations précontractuelles par l'application des usages du commerce international

857. Les usages résultent de pratiques déterminées, généralisées, auxquelles on attribue des effets de droit. Les usages sont la forme la plus active du droit spontané à la différence de la coutume[1640]. En effet, ce qui importe dans la qualification de l'usage est sa répétition « qui garantit une règle générale, abstraite, extérieure et stable[1641] » dans un groupe donné, et cela « suffit à voir dans le comportement collectif une véritable règle[1642] ».

858. La conclusion des contrats internationaux est assujettie des procédures complexes. En effet, plusieurs actes précontractuels, notamment les avant-contrats ou les accords préliminaires, précèdent la conclusion des contrats à caractère international. Des litiges peuvent naître entre les parties au cours de la phase précontractuelle dans le cadre des pourparlers. En matière du commerce international, le droit conventionnel, notamment la Convention des Nations Unies sur les contrats de vente internationale de marchandises, ne prévoit pas un cadre juridique applicable aux litiges précontractuels[1643]. Il s'agit des litiges qui peuvent naître dans le cadre des pourparlers très avancés ou encore des cas de révocation abusive de l'offre ou des cas de refus d'acceptation de l'offre. Ces litiges engendrent d'autres

---

[1640] P. Haggenmacher, « La doctrine des deux éléments du droit coutumier dans la pratique de la Cour
Internationale », *RGDIP* 1986, p. 109.

[1641] P. Deumier, *Le droit spontané*, Paris, *Economica,* 2002, p.179, n°197.

[1642] Ibid.

[1643] E.-S. Darankoum, « L'application des Principes UNIDROIT par les arbitres internationaux et par les juges étatiques », *Revue juridique Thémis*, 2002, pp. 461-463.

difficultés liées à la réparation des préjudices survenus dans le cadre des pourparlers contractuels. Néanmoins, les tribunaux arbitraux font parfois référence aux usages du commerce international et imposent le respect du principe *de l'obligation de négocier* afin de sauvegarder les accords précontractuels[1644].

859. L'absence de coopération de bonne foi dans le cadre des pourparlers qui conduit à faire perdre des frais engagés par le partenaire. Dans l'hypothèse où l'une des parties n'avait pas l'intention de contracter, mais a engagé des pourparlers peut constituer une faute. À moins que la victime n'ait engagé des dépenses de façon imprudente sans aucune garantie. La rupture des relations précontractuelles sur fond de mauvaise foi est considérée comme un comportement déloyal en droit des contrats. À titre d'exemple, dans une affaire opposant un constructeur suédois de camions et de pièces détachées et une société iranienne, les parties avaient stipulé dans les avant-contrats l'obligation de négocier et de coopérer de bonne foi. L'objectif était d'aboutir à la conclusion du contrat et de garantir la bonne exécution de celle-ci. Par la suite un désaccord est survenu entre les parties.

860. Dans la sentence n° 8331 rendue en 1996 sous l'égide de la CCI, le tribunal arbitral a fait référence aux usages du commerce pour rappeler aux parties qu'elles avaient l'obligation de coopérer pour aboutir à la conclusion du contrat. Le tribunal arbitral justifie cette position par le fait que les parties ont clairement exprimé dans les avant-contrats l'intention d'aboutir à la conclusion du contrat[1645]. En droit français, lorsque les parties n'ont pas prévu expressément l'application des usages du commerce international, la loi autorise le tribunal arbitral à les appliquer[1646]. L'arbitre va donc prendre en compte, dans tous les cas, des usages du commerce. Il s'agit donc d'une obligation. Dans une autre Sentence CCI rendue en 2007[1647], le tribunal arbitral a considéré qu'il n'y avait pas de raison pour que les négociations précontractuelles n'aboutissent pas. Les parties

---

[1644] Sentence CCI affaire n° 14427/2008 (amiable compositeur*), Société africaine (Afrique) c/ Deux (02) sociétés européennes et africaines, Recueil des sentences arbitrales de la CCI de 2012-2015 Volume VII, publié par la CCI aux éditions Lexis Nexis, éd. 2019.*, note J.-J. Arnaldez, Y. Derains et D. Hascher, pp. 733-740 et pp.663-671.

[1645] Sentence CCI, affaire n° 8331, 1996, Bull n° 2, 1999. Cour internationale d'arbitrage CCI p. 67.

[1646] Article 1511 du Code de procédure civile français.

[1647] Sentence CCI, affaire n° 14429/2007, *X c/ Y, Recueil des sentences arbitrales de la CCI de 2012-2015 Volume VII, publié par la CCI aux éditions Lexis Nexis, éd. 2019.*, note J.-J. Arnaldez, Y. Derains et D. Hascher, pp. 673-679.

s'étaient en effet accordées pour appliquer à leurs relations précontractuelles les normes FIDIC et aboutir à la conclusion du contrat[1648].

861. L'application par les tribunaux arbitraux des usages du commerce international, pour contraindre les parties à coopérer pour sauvegarder les relations contractuelles, ne se résume pas à la notion de bonne foi[1649]. Ainsi, Barthélémy Mercadal affirme que : *« Promettre de coopérer, c'est accepter d'agir uni, c'est avouer que l'on se reconnait lié par des intérêts communs ou convergents. Ce n'est donc pas, comme l'exige le droit commun de la loyauté, simplement s'obliger à ne pas nuire aux intérêts du partenaire. C'est plus encore c'est-à-dire s'obliger à prendre en compte ces intérêts, à les respecter et à agir en vue de leur développement.*[1650] ».

862. La sauvegarde des accords de pourparlers et des avant-contrats par l'application du principe de *« l'obligation de négocier »* qui est une règle matérielle ne se limite donc pas au devoir de bonne foi des parties. Elle imbrique les usages de loyauté et de proportionnalité. À défaut de disposer des sources juridiques conventionnelles et nationales, les usages du commerce international portant sur *« l'obligation de coopérer »* représentent des outils adéquats pour préserver les relations précontractuelles entre les parties. Le tribunal arbitral peut ainsi contraindre les parties à finaliser les pourparlers et conclure le contrat prévu lorsque les négociations d'avant-contrat ont presque abouti. Dans l'hypothèse où l'une des parties fait preuve de mauvaise foi, le tribunal arbitral peut prononcer des sanctions. La sentence arbitrale internationale dans ce cas puise son efficacité de l'application des sources a-nationales pour permettre aux parties d'entretenir des relations contractuelles équilibrées.

B. La sauvegarde des relations contractuelles par la mise en œuvre de *la clause de hardship*

863. Le *hardship* est une clause par laquelle les parties à un contrat international s'engagent à renégocier le contrat lorsque l'économie de celui-ci se trouve bouleversée par des circonstances extérieures à leurs

---

[1648] Les normes FIDIC proviennent de la Fédération internationale des ingénieurs-conseils, ce contrat concerne les projets de construction internationaux de grande envergure (Usines, Hôtels, Hôpitaux, Routes ou encore barrages hydroélectriques, etc.)

[1649] F. Diesse, « Le devoir de coopération comme principe du contrat », *Archives de philosophie du droit*, 1999 p. 259 et ss.

[1650] B. Mercadal, « Les caractéristiques juridiques des contrats internationaux de coopérations industrielles », *D. P. C. I.* 1984, p. 319.

volontés[1651]. En effet, en cas de force majeure ou d'événement équivalent ou en cas de nécessité, les parties peuvent renégocier les termes du contrat. Ainsi, en présence d'une clause d'échelle mobile ou d'imprévision ou encore de *hardship*, les parties peuvent revoir les termes du contrat. Dans le cadre de l'exécution d'un contrat international, les parties sont tenues de respecter le principe de l'équilibre des prestations[1652]. La Convention des Nations Unies sur les contrats de vente internationale des marchandises prévoit les causes d'exonération du débiteur en ses articles 79 et 80. L'exonération devrait être justifiée pour empêchement indépendant de la volonté du débiteur. Le débiteur doit aussi démontrer qu'il ne pourrait pas raisonnablement prévoir ou surmonter l'évènement qui a causé son empêchement. Cette disposition de la Convention n'aborde pas les questions liées à la renégociation des termes du contrat international en cas de déséquilibre de prestations entre les parties sur le plan financier. Les questions liées au *hardship* sont en revanche prévues par la section 2 du Chapitre 6 des Principes UNIDROIT relatifs aux contrats du commerce international[1653].

864. En général, les parties aux contrats internationaux sont exposées aux aléas des transactions économiques. En effet, la survenance d'un évènement prévisible au contrat n'exonère pas les parties de leurs obligations contractuelles. La fluctuation des prix et l'absence de constance des normes gouvernementales en matière du commerce international n'exonèrent pas les parties de leurs obligations contractuelles [1654]. Cependant, les parties peuvent prévoir dans le contrat en matière du commerce international une « *clause de hardship* » pour réadapter les termes du contrat lorsqu'un évènement imprévisible vient modifier l'équilibre financier en lien avec les prestations des parties. Pour procéder à la renégociation des termes du contrat, les parties peuvent saisir le tribunal arbitral dont la mission principale sera la négociation des nouveaux termes du contrat. Dans le cadre de cette mission, l'arbitre peut prononcer la résolution du contrat initial avec les dommages et intérêts[1655]. La mauvaise

[1651] Lexique des termes juridiques, édition 2022, p. 529.

[1652] E. Loquin, « Règles matérielles du commerce international et droit économique », *Rev. int. Drt économique*, 2010, pp. 81-101.

[1653] Articles 6.2.1 et 6.2.3 du chapitre e des Principes UNIDROIT relatif aux contrats du commerce international.

[1654] Sentence CCI n° 5961 de 1989, *J.D.I.* 1997, p. 1051 :application de la clause de *hardship* entre le vendeur et l'un des acheteurs au contrat.

[1655] E.-S. Darankoum, « L'application des Principes UNIDROIT par les arbitres internationaux et par les juges étatiques », *Revue juridique Thémis*, 2002, pp. 470.

foi de l'une des parties en vue de faire échec à la renégociation des termes du contrat devrait faire l'objet de sanction par le tribunal arbitral[1656].

865. En cas de situation extérieure qui bouleverse l'économie du contrat, le tribunal arbitral peut prononcer la résolution du contrat conformément à l'application de la « *clause de hardship* » tout déterminant des dommages et intérêts. Cette solution a été appliquée par le tribunal arbitral dans une affaire de vente de matériels militaire qui opposait une Société américaine (*Cubic Defense System*) et l'État iranien. Le tribunal arbitral a prononcé la résolution du contrat en se prévalant d'une clause inscrite dans le contrat qui prévoyait cette possibilité à condition que les parties coopèrent dans ce sens [1657]. L'objectif de la renégociation n'est pas obligatoirement la modification des termes du contrat. Un équilibre financier doit être maintenu entre les parties au contrat. En cas de nécessité le tribunal arbitral peut procéder à la résiliation du contrat avec l'accord des parties pour les ramener dans leurs situations de départ.

866. La possibilité de renégocier ou de prononcer la résolution du contrat grâce à la clause de *hardship* permet au tribunal arbitral international de déroger au principe de *pacta sunt servanda* pour sauvegarder l'équilibre et financer les parties. Les tribunaux arbitraux n'appliquent pas souvent *les règles du hardship* sans se référer à une clause spécifique[1658]. L'application de la *clause du hardship* par le tribunal arbitral permet de maintenir le dialogue entre les parties tout au long de la procédure d'arbitrage. La sentence a pour objectif de restaurer l'équilibre contractuel entre les parties. L'objectif est de sauvegarder ou de résilier les relations contractuelles. Ainsi, une sentence équilibrée sera plus facilement acceptée par les parties, ce qui devrait faciliter son exécution.

Conclusion du Titre I

867. Parmi les différentes catégories de remèdes proposés en matière procédurale et normative, la plupart sont applicables dans plusieurs systèmes juridiques. Il s'agit des solutions qui intègrent l'utilité de la Loi type de la CNUDCI ; les sûretés, la transaction ; la médiation pour faciliter l'efficacité de l'exécution des sentences arbitrales internationales. L'application au litige arbitral des normes composant la Lex mercatoria ou

---

[1656] Ibid.

[1657] C.C.I. n° 7365/FMS, 5 mai 1997, *An international Restatement of Contract Law, 2em éd.*, note. M. J. Bonell, pp. 653-658.

[1658] H. Bouthinon-Dumas, « Les contrats relationnels et la théorie de l'imprévision », *n°3 Rev. gén. Dr Econ.*, 2001, p. 340.

des normes uniformes d'origine contractuelles s'inscrit dans une démarche préventive pour assurer dans les meilleurs des cas une exécution spontanée de la sentence arbitrale. Il s'agit des Principes UNIDROIT, des usages du commerce international et des clauses de *hardship*. Cependant, certaines solutions proposées sont uniquement valables au niveau régional. Il s'agit des actes uniformes de l'OHADA qui contribuent à la circulation des sentences arbitrales. Le Titre exécutoire européen apporte un appui accessoire à l'exécution des sentences arbitrales. Il permet principalement l'usage des décisions des juges de référés pour prendre des mesures conservatoires dans le cadre d'une procédure d'arbitrage au niveau européen. À défaut de la révision de la Convention de New York de 1958, d'autres solutions alternatives adaptées aux besoins du commerce international sont à privilégier par le créancier.

868. Ces remèdes peuvent prouver leur efficacité en matière d'acceptabilité de la sentence par le débiteur, ce qui est de nature à contribuer à en améliorer l'exécution. Ils reposent toutefois sur une part importante de volonté des parties à coopérer, volonté qui peut faire défaut dans le cadre d'un litige arbitral. D'autres mesures plus coercitives méritent ainsi d'être étudiées.

Quant aux Societas mercatorum elles sont constituées en différentes communautés sectorielles. Elles disposent d'instruments en apparence contraignant pour contrainte le débiteur aux termes d'une sentence arbitrale à une exécution spontanée. L'objectif est de permettre au créancier de gagner du temps dans le cadre du recouvrement de sa créance sans recourir au juge judiciaire. Il s'agit de la pratique du « *Blacklisting* » qui aboutit à stigmatiser le mauvais débiteur au sein d'une communauté de marchands internationaux. Cet instrument est de nature dissuasive et contribue l'exécution des sentences. Après quelques interrogations sur la légalité et la nature juridique de cet instrument, nous tenterons d'en apprécier l'efficacité.

TITRE II : LE BLACKLISTING : UN MOYEN ALTERNATIF DE FAVORISER L'EXÉCUTION D'UNE SENTENCE ARBITRALE

869. La diversification des sanctions à l'encontre des entreprises est à l'origine de l'émergence de la pratique du *Blacklisting*. Le « *Blacklisting* » ou « Name and Shame » sont des expressions anglo-saxonnes. Elles signifient littéralement en français : liste noire ou honte à celui qui est nommé[1659]. Cette pratique a connu son essor dans le monde des affaires en Angleterre, mais a une origine politique. C'était en 2009 que cette pratique a émergé en Angleterre lorsque le « *Daily Telegraph* » a publié une liste de parlementaires qui avaient perçu un million de livres considérées comme des dépenses non éligibles[1660]. Le « name and shame » qualifié de « pilori » [1661] ou de « pilori immatériel » [1662] est appliqué par les Societas mercatorum. Cette pratique s'est développée ces dix dernières années en France[1663].

870. Les entreprises membres des Societas mercatorum souscrivent elles-mêmes à cette sanction dans le cadre d'un contrat d'adhésion lorsqu'elles appartiennent à des associations professionnelles qui comportent un règlement général intégrant cette sanction. Il s'agit notamment des formules INCOGRAIN pour le Syndicat de Paris[1664] ; de « l'Arbitration Rule n°125 » du GAFTA[1665] ; du

---

[1659] J. Jombartle, « La sanction numérique de « name and shame » en droit des affaires », *Dalloz*, 2022, p. 1 et ss.

[1660] S. Le Samany, « Compliance & éthique : quelles sont les limites de la pratique du « name and shame ?», Option finance, n° 1549, 9 mars 2020, p. 40.

[1661] J.-H. Robert, La fin d'un pilori, Dr. pénal n° 2, févr. 2011, comm. p. 23.

[1662] V.-O. Dervieux, « Name and shame » : publication et affichage, l'impossible droit à l'oubli ? Gaz. Pal. 1er mars 2016, n° 9, p. 29.

[1663] Ibid.

[1664] **Le Syndicat de Paris**

L'article XXIV du Contrat type de la filière des céréales, oléagineux, protéagineux et produits dérivés stipule : « La partie qui succombe à l'arbitrage qui refuse d'exécuter la sentence verra son nom publié par lettre circulaire. Cette liste est adressée à tous ses adhérents et par affichage sur le site internet du Syndicat de Paris. Le Syndicat de Paris avisera la partie en cause de la demande de l'autre partie par lettre recommandée avec accusé de réception en lui donnant un délai de vingt jours courants pour exécuter la sentence. Passé ce délai, le Syndicat de Paris procédera à la publication et à l'affichage.

La partie qui, malgré ce délai supplémentaire, n'aura pas exécuté la sentence s'interdit formellement tout recours contre ou au sujet de cette publication et de cet affichage ».

Dans sa publication d'origine par lettre circulaire ou sur son site web, les adhérents au Syndicat de Paris s'engagent à ne plus travailler avec l'entreprise inscrite sur la liste noire « Black List » tant que cette dernière ne s'est pas mise en conformité avec la sentence arbitrale.

[1665] **Règlement d'arbitrage n°125 du GAFTA**

L'article 24.1 du Règlement d'arbitrage n°125 du GAFTA prévoit : « Dans le cas où l'une des parties à un arbitrage ou à un appel tenu en vertu des présentes règles négligerait ou refuserait d'exécuter ou de respecter une sentence finale du tribunal ou de la commission d'appel rendue en vertu des présentes règles. Le Conseil du GAFTA peut afficher sur le tableau d'affichage du GAFTA, sur le site web et/ou faire circuler parmi ses membres de toute manière jugée appropriée une notification à

Règlement de la Cour Arbitrale de la Côte d'Ivoire pour les syndicats de café et cacao ivoirien[1666] ; et du Règlement du Comité de coopération internationale entre les associations cotonnières (CICCA)[1667]. Un contrat d'adhésion est un contrat rédigé à l'avance par l'une des parties, plus puissant économiquement ou socialement, qui le propose à l'adhésion de ses multiples contractants[1668]. La position sociale ou économique des cocontractants leur permet uniquement d'accepter ou de refuser le contenu global de la proposition de la convention[1669]. Le contrat qui atteste de l'appartenance à un groupement professionnel peut être qualifié d'adhésion, mais il ne faut pas oublier que ces contrats sont eux-mêmes rédigés par les membres du groupement. Une fois que les parties ont adhéré à la clause à travers les contrats types ou les Règlements d'arbitrage, elle peut être mise en œuvre en cas d'inexécution d'une sentence arbitrale. La mise en œuvre de la procédure de *Balcklisting* à l'encontre d'une entreprise met en jeu la réputation de cette dernière. Nonobstant le caractère innovateur de cet instrument dissuasif à l'égard du débiteur récalcitrant, il soulève certaines interrogations. Il s'agit de la légalité liée à l'existence et à l'application de la clause.

871. La réponse à cette question réside en premier lieu dans l'exposition des fondements juridiques de la clause (**Chapitre 1**). En second lieu, il sera utile de présenter le champ d'application des règles juridiques[1670] qui encadrent le déploiement des effets de la clause en vue d'assurer son efficacité (**Chapitre 2**).

---

cet effet. Les parties à l'arbitrage ou à l'appel sont réputées avoir consenti à ce que le conseil prenne les mesures susmentionnées ».

[1666] **La Cour d'Arbitrage de la Côte d'Ivoire :** http://www.courarbitrage.ci/

La CACI est l'un des rares centres d'arbitrages africains qui appliquent la clause de *Blacklisting*.

L'article 35 du Règlement de la Cour Arbitrale de la Côte d'Ivoire dispose ainsi : « La sentence arbitrale est définitive et revêt un caractère obligatoire pour les parties. Celles-ci s'engagent par leur adhésion au présent règlement après avoir renoncé au recours en annulation contre la circulaire de publication du *Blacklisting*.

La responsabilité de toute partie qui userait de manœuvres dilatoires susceptibles de retarder ou de bloquer l'exécution d'une sentence arbitrale, peut-être recherchée. »

[1667] **Règlement du Comité de Coopération internationale entre les Associations Cotonnières (CICCA) :**

Le point 6 du Règlement du Comité de coopération internationale entre les associations cotonnières (CICCA) : « autorise la partie en faveur du quelle la sentence est rendue d'informer l'association en cas d'inexécution de la sentence arbitrale. Le nom commercial de la partie défaillante sera publié dans le journal officiel de l'association et porté à la connaissance des membres… ». Le point 7 du même Règlement : « Exclus des activités de l'Association le débiteur récalcitrant qui refuse d'exécuter la sentence arbitrale… Par ailleurs, les membres de l'Association sont tenus de ne pas établir des relations d'affaires avec un débiteur qui refuse d'exécuter la sentence arbitrale… ».

[1668] Lexique des termes juridiques, *Dalloz*, 2022, p. 273.

[1669] Ibid.

[1670] Traditions juridiques de *Civil Law* et de *Common Law*.

CHAPITRE 1 : LES FONDEMENTS JURIDIQUES DE LA CLAUSE DE BLACKLISTING

872. La clause de *Blacklisting* est un instrument qui peut se révéler déterminant en matière d'efficacité d'exécution des sentences arbitrales. Il s'agit dans ce cas des sentences arbitrales issues des tribunaux arbitraux des Societas mercatorum. C'est une clause qui a toute sa place dans les contrats types des Societas mercatorum (Syndicat de Paris) et dans les Règlements d'arbitrage des tribunaux arbitraux affiliés au GAFTA ou au Comité de CICCA. Elle est cependant soumise au droit commun qui encadre la validité d'une clause contractuelle que l'on soit en *Civil Law* ou en *Common Law*. Pour mieux saisir l'utilité de cette clause, il est nécessaire de s'intéresser à sa nature juridique (**Section 1**). Il s'agit de saisir son essence juridique et de comprendre les finalités de son usage.

873. Il est clair que l'usage de la clause de *Blacklisting* par les Societas mercatorum présente un enjeu majeur en matière d'exécution des sentences arbitrales. Cependant, il est primordial de justifier la base légale qui encadre son application. Il s'agit de démontrer la licéité de la clause par rapport aux exigences de la loi concernant son contenu, son objet, les modes d'expression de consentement des parties et les limites de ses effets (**Section 2**).

SECTION 1 : La nature juridique de la clause

874. Les Societas mercatorum sont caractérisées par un mécanisme de fonctionnement particulier. Il s'agit de rendre efficaces les relations d'affaires entre les membres adhérents et d'assainir les secteurs du commerce international considérés notamment par la promotion de la bonne foi. Il en va de la crédibilité et de la viabilité des secteurs du commerce international dans lesquels interviennent les Societas mercatorum. Pour ce faire, dans le cadre du règlement des différends par voie d'arbitrage, il était nécessaire de disposer d'un instrument juridique pour rendre efficace l'exécution des sentences arbitrales. Il s'agit de la clause de *Blacklisting* dont il est nécessaire de présenter la nécessité de son usage et les objectifs juridiques qu'elle poursuit (**Paragraphe 1**). Par ailleurs, pour justifier le caractère accessoire de la clause, il sera utile de présenter sa source contractuelle (**Paragraphe 2**).

Paragraphe 1 : Présentation de la clause de *Blacklisting*

875. Pour procéder à une étude approfondie de la clause de Blacklisting et justifier sa légalité, il convient tout d'abord de la présenter et notamment de justifier son utilisation par les Societas mercatorum (**A**). Ensuite seront exposés le contenu et ses finalités (**B**).

A. La consécration de la clause de *Blacklisting*

876. Le meilleur moyen d'exécution d'une sentence arbitrale est l'exécution volontaire. Cependant, le débiteur peut à tort ou à raison refuser l'exécution volontaire de la sentence. Dans ce cas, le créancier peut opter pour l'exécution forcée de la sentence arbitrale. L'exécution forcée de la sentence arbitrale reste en effet une option pour les parties. Cependant, une telle exécution forcée peut se heurter à de nombreux obstacles comme nous l'avons montré précédemment. De nombreuses Societas mercatorum ont développé des mécanismes d'arbitrage spécifique adapté aux exigences et aux usages de tel ou tel secteur du commerce international. C'est le cas du Syndicat de Paris et de la GAFTA qui disposent de leur propre système d'arbitrage. Il s'agit d'arbitrages corporatistes adaptés aux besoins commerciaux des entreprises[1671] de secteurs du grain du sol, des céréales, des aliments pour animaux, du blé et des oléagineux[1672].

877. Les chambres d'arbitrage mises en place par le Syndicat de Paris et la GAFTA disposent des règles d'arbitrage spécifiques. Ce type d'arbitrage est qualifié de corporatiste pour deux raisons. La première porte sur la nature des affaires commerciales que les tribunaux arbitraux de ces secteurs traitent. Il s'agit d'affaires liées à une industrie particulière, notamment le blé ou les céréales qui mettent en jeu l'intérêt de plusieurs entreprises intervenant dans le même secteur commercial[1673]. La seconde raison porte sur le fait que les entreprises intervenant sur les mêmes filières industrielles sont membres d'une même Societas mercatorum . Dans la plupart des cas, une Societas mercatorum dispose d'un mécanisme de règlement de différend adapté au bon fonctionnement de sa

---

[1671] Polovets, I., Smith, M., & Terry, B. (2013), « L'arbitrage du Gafta comme le forum le plus approprié pour la résolution des différends dans le commerce des céréales », *Arizona Journal of International and Comparative Law*, 2013, p. 560 et ss.

[1672] Ibid.

[1673] Jacques Covo, *Presentation on GAFTA/FOSFA Contracts & Arbitrations in Agricultural Commodity Trading at Feeds and Grain Istanbul International,* Conference, Istanbul, Turquie (oct. I 8, 2012) (ci-après Covo, Presentation on GAFTA/FOSFA Contracts)

filière commerciale. En particulier dans ces systèmes, les arbitres sont le plus souvent des praticiens du secteur considéré. Au sein de ces Societas mercatorum , les membres privilégient l'exécution volontaire de la sentence arbitrale. Pour ce faire, il a été mis en place le mécanisme de la clause de *Blacklisting*[1674]. Ce type de clause est ainsi consacré dans les contrats types et dans les Règlements d'arbitrages de ces Societas mercatorum.

878. La clause consiste à identifier le débiteur récalcitrant qui refuse d'exécuter une sentence arbitrale et à le priver par la suite des relations d'affaires avec les membres de l'association dont il est adhérent en publiant une liste de "mauvais payeurs". Rappelons au passage que cette pratique est très développée dans les secteurs de production et du commerce de céréales, des oléagineux des biocarburants, du café, cacao et coton. Les organes associatifs qui pratiquent ce mécanisme pour rendre efficace l'exécution de la sentence arbitrale sont : le Syndicat de Paris, le GAFTA, le CICCA et la CACI. La clause de *Blacklisting* constitue une garantie pour assurer l'efficacité de l'exécution de la sentence arbitrale. Les activités commerciales des membres adhérents ne sont pas dissociables du rôle central des Societas mercatorum dans la chaîne des relations d'affaires. Les Societas mercatorum sont au cœur des relations d'affaires entre les membres adhérents. Il est donc risqué pour les membres adhérents débiteurs de refuser d'exécuter une sentence arbitrale, d'où la force et la légitimité de la clause du *Blacklisting* dans les milieux corporatistes.

879. L'application de la clause du *Blacklisting* s'apparente à une sanction disciplinaire du débiteur récalcitrant. On peut se demander si une Societas mercatorum est habilitée à appliquer une telle sanction à l'un de ses membres en cas de violation de son règlement. Le prononcé et l'application des sanctions ne reviennent-ils pas uniquement aux institutions publiques ? À cette question nous répondons par la négative, mais en pratique cela dépend de la nature de la sanction. En espèce, il s'agit d'une sanction disciplinaire qu'une association est habilitée à appliquer sous réserve du respect de la proportionnalité et de l'ordre public[1675]. L'usage de la clause du *Blacklisting* par les associations corporatistes réside dans son efficacité. Elle constitue un véritable bouclier à l'inexécution des sentences arbitrales grâce à son caractère

[1674] Ibid.

[1675] Livret Syndicat de Paris du commerce et des industries des grains, produits du sol et dérivés, éd. 2020, p. 28. ; GAFTA arbitration Rules n°125, paragraphe n° 24.

préventif et dissuasif. De même, la mise en œuvre de la clause permet au créancier d'obtenir l'exécution d'une sentence arbitrale en cas de substitution du débiteur principal par un nouveau débiteur.

880. À la suite de la présentation de la raison d'être de cette clause, il est nécessaire de présenter la finalité de celle-ci en matière de contribution à l'efficacité de l'exécution des sentences arbitrales.

B. Les finalités de la clause

881. La mise en œuvre de la clause de *Blacklisting* poursuit deux objectifs. Le premier est d'informer par voie de circulaire et de protéger les membres d'une Societas mercatorum par rapport aux agissements d'un mauvais débiteur. Le second est de dénoncer à travers un support numérique les manquements d'un mauvais débiteur-personne morale de droit privé. On peut a priori penser que cette sanction appliquée à un débiteur membre d'une Societas mercatorum n'est pas la conséquence de violation d'une règle de droit juridiquement constaté. Cette première lecture est trompeuse, car le déclenchement de la procédure de *Blacklisting* par les Societas mercatorum à la suite d'une procédure d'arbitrage est encadré par des règles juridiques strictes. Il s'agit en premier lieu de l'acceptation implicite par le débiteur de clause de *Blacklisting* en cas de non-exécution de la sentence arbitrale qui résulte de son adhésion à l'association professionnelle. En second lieu, il s'agit de l'existence de la sentence arbitrale non exécutée. En troisième lieu, en cas d'inexécution de la sentence arbitrale par le débiteur, la Societas mercatorum est en général habilitée à accorder un délai moratoire au débiteur. Il s'agit d'une procédure contradictoire, car le débiteur mis en cause est invité à présenter éventuellement ses moyens de défense ou à commencer l'exécution de la sentence arbitrale. Ce délai est fixé à vingt jours par le Syndicat de Paris.

882. C'est donc à la suite de ces différentes étapes que la clause de *Blacklisting* est mise en œuvre contre le mauvais débiteur. Nonobstant la cohérence entre ces différentes étapes qui constituent une procédure juridique cohérente pour l'application de la sanction du *Blacklisting*, certaines craintes demeurent. Il s'agit de la proportionnalité de l'effet juridique de la sanction. En réalité, la sanction du « name and shame » est utilisée par les Societas mercatorum comme un instrument de contrainte ou de régulation de l'activité économique dans les secteurs commerciaux. Cependant, l'usage de la sanction médiatique appliquée surtout par le comité de CICCA à l'encontre du mauvais débiteur peut aggraver le caractère punitif de la sanction. La liste noire est en effet librement accessible sur son site[1676], ce qui peut lui conférer une portée au-delà des membres de l'association. Le débiteur-personne morale peut ainsi subir des préjudices, notamment la dégradation de son image[1677].

883. Nous pouvons cependant objecter que « Nul ne peut se prévaloir de sa propre turpitude ». Le débiteur serait donc la cause des préjudices supplémentaires qu'il pourrait subir. En effet, il était informé par les contrats types auxquels il a adhéré qu'il avait l'obligation d'exécuter la sentence arbitrale à sa charge. Mais, contrairement à ce que l'on peut croire, l'application de la sanction du *Blacklisting* n'est pas si disproportionnée en termes d'effets juridiques. À titre d'exemple, la sanction numérique appliquée par la GAFTA et le Syndicat de Paris est uniquement diffusée à l'endroit des membres. Dans le cas du comité CICCA il serait utile de réguler la circulation de la liste des entreprises ayant fait l'objet de *Blacklisting.* Il s'agit de rendre proportionnelle et juste la sanction médiatique à l'encontre du mauvais débiteur en cas d'inexécution de la sentence arbitrale.

884. Dans le cadre de notre étude, la clause de *Blacklisting* n'est pas une pratique ex nihilo. Elle a une origine contractuelle. Elle doit son existence aux contrats types, aux clauses compromissoires et aux Règlements d'arbitrage.

Paragraphe 2 : L'origine contractuelle de l'engagement des parties

885. Les contrats types GAFTA, les formules INCOGRAINS (Syndicat de Paris), prévoient des clauses compromissoires pour le règlement des différends par voie d'arbitrage entre les parties. La clause « *Name & shame* » c'est-à-dire le *Blacklisting* permet au créancier de recouvrer sa créance en cas d'inexécution de la sentence arbitrale par le débiteur. Ces clauses contractuelles sont soumises au droit des contrats en vigueur dans les États du siège de ces associations[1678]. Il s'agit du régime juridique applicable au droit des contrats en France pour le Syndicat de

---

[1676] http://www.cicca.info/pdf/CICCA-Unfulfilled-Awards-List-No-513-1st-November-2022.pdf

[1677] N. Cuzacq, « Le mécanisme du name and shame ou la sanction médiatique comme mode de régulation des entreprises », *RTD com*. 2017. p. 473.

[1678] Cass. 2èmciv. 4 avril 2002, n°00-18009, *Rev. arb.* janvier 2003, obs. P. Didier, p. 103. ; *Dr. & Prat.* Juin 2002, J. Mestre, p. 121. ; *JCP*, mai 2003, n°19, note E. Kleiman & J. Spinelli, C. Seraglini.

Paris et du droit des contrats anglais pour la GAFTA. En ce qui concerne la CACI et la CICCA la démarche est différente, mais la finalité est la même. Le Règlement de la chambre d'arbitrage CACI rend obligatoire l'exécution des sentences en référence à l'article 35 du Règlement. Pour le CICCA, l'adhésion des parties aux Règlements de l'association les engage à exécuter les sentences arbitrales provenant des chambres d'arbitrage des associations adhérentes.

886. La clause de *Blacklisting* tire sa force juridique de la clause compromissoire qui présente une nature mixte. En premier lieu, elle a une autonomie en cas d'anéantissement du contrat principal. En second lieu, elle est accessoire au contrat principal. La clause de *Blacklisting* quant à elle n'est pas entièrement indépendante de la clause compromissoire. Dans l'hypothèse où la clause compromissoire est déclarée nulle ou pathologique, il n'y aura pas de procédure d'arbitrage et en absence de sentence arbitrale, la clause de *Blacklisting* ne pourra pas être mise en œuvre. Les deux clauses sont donc liées et sont soumises au régime commun du droit des contrats. Cependant, il est utile de préciser que l'un des points forts de la clause de *Blacklisting* est qu'elle bénéficie de l'autonomie de la clause compromissoire vis-à-vis du contrat principal. Elle est donc valable en cas d'annulation du contrat principal qui lie les parties tant que la clause compromissoire demeure valable. La clause bénéficie aussi du caractère accessoire de la clause compromissoire vis-à-vis du contrat principal qui lie les parties. L'insertion d'une clause de *Blacklisting* dans un contrat type présente deux points fondamentaux. Il s'agit d'une part de son caractère accessoire (**A**) et d'autre part les exigences juridiques qui encadrent sa stipulation dans le contrat type (**B**).

A. Le caractère accessoire de la clause de *Blacklisting*

887. Il s'agit de déterminer les règles applicables à la validité de la clause du *Blacklisting* en tenant compte de son caractère accessoire. La clause compromissoire insérée dans les contrats types de la GAFTA, dans les formules INCOGRAIN du Syndicat de Paris, présente une dimension processuelle et contractuelle. Il en est de même pour la clause compromissoire qui donne compétence à la CACI et au mécanisme d'arbitrage du CICCA. La dimension contractuelle de la clause compromissoire tire sa source des règles de fond applicables au contrat principal. Ce lien permet d'établir les conditions de validité de la clause compromissoire et par ricochet d'apprécier la validité des clauses post arbitrales engendrées par le caractère processuel de la clause d'arbitrage. Il en résulte que les conditions de validité applicables au contrat principal restent valables en termes de démarche méthodologique pour évaluer la validité des clauses accessoires à la clause compromissoire. Le caractère accessoire de la clause de *Blacklisting* ne met pas en cause son application après la reddition de la sentence arbitrale dans la mesure où les parties n'ont pas convenu autrement[1679].

888. Le justificatif du caractère accessoire de la clause de *Blacklisting* réside aussi du fait de son emplacement dans le contrat type. Tantôt elle est directement placée dans le corpus du contrat type de la Societas mercatorum c'est le cas l'article XXIV du contrat type de la formule INCOGRAIN n° 20 du Syndicat de Paris par exemple. Tantôt elle est placée dans le Règlement d'arbitrage du tribunal arbitral de la Societas mercatorum. C'est le cas de l'article 24.1 du Règlement d'arbitrage numéro 125 du GAFTA. Dans le premier cas, elle est directement accessoire au contrat type, mais est toujours valable tant que la clause compromissoire est valable même si le contrat type est annulé. En réalité la clause de *Blacklisting* produira son effet grâce à la mise en œuvre de la clause compromissoire. Dans le second cas, la clause de *Blacklisting* fait partie intégrante du Règlement d'arbitrage du GAFTA. Ce Règlement d'arbitrage est mentionné dans la clause compromissoire incluse dans le contrat type de la GAFTA. Dans ce cas, la clause de *Blacklisting* est accessoire à la clause compromissoire du contrat type de la GAFTA.

889. Par ailleurs, il sera utile pour la suite de notre analyse de présenter l'environnement juridique contractuel qui contribue à l'existence de la clause de *Blacklisting*.

B. L'environnement juridique de la clause de *Blacklisting*

890. L'existence d'un règlement d'arbitrage est une conséquence du caractère institutionnel des centres d'arbitrages en général et en particulier pour les quatre centres d'arbitrages étudiés dans ce titre. Le règlement d'arbitrage définit le cadre institutionnel du centre d'arbitrage. L'objectif est d'assurer la transparence, l'efficacité et l'équité du processus de résolution des différends tout en permettant aux parties d'exercer leur choix sur plusieurs aspects de la procédure d'arbitrage. Dans l'hypothèse où les parties ont prévu dans la clause compromissoire ou dans la convention d'arbitrage de recourir à un centre d'arbitrage, elles souscrivent au règlement de celui-ci. Il s'agit d'un contrat entre les parties

---

1679 C. Caseau-Roche, *Les obligations post-contractuelles*, Thèse, Paris I, 2001, par. n°249, p. 205 et ss.

et le centre d'arbitrage sollicité[1680]. Ce contrat comporte des clauses, c'est le cas de l'article 35 du centre d'arbitrage de la Côte d'Ivoire ; de l'article 24.1 du Règlement d'arbitrage numéro 125 du GAFTA et des points 6 et 7 du Règlement du CICCA.

891. Ainsi, toutes les clauses n'ont pas la même importance dans un contrat. Les clauses qui portent sur l'exécution et l'extinction du contrat sont parmi les plus importantes. Le droit positif et la jurisprudence accordent une attention particulière à la lisibilité apparente de ces clauses dans le contrat. Lorsqu'il s'agit d'un contrat d'adhésion rédigé par un tiers, celui-ci a un devoir d'information formel à l'égard de l'adhérent. Ces différentes exigences concourent à confirmer et à protéger le consentement des parties au contrat.

892. En droit français, l'article 1171 du Code civil dispose : « Dans un contrat d'adhésion, toute clause non négociable, déterminée à l'avance par l'une des parties, qui crée un déséquilibre significatif entre les droits et obligations des parties au contrat est réputée non écrite............ ». De même, l'article L. 442-1, paragraphe premier du Code de Commerce français, interdit « de soumettre un partenaire commercial à des obligations créant un déséquilibre significatif ». La clause de non-recours est admise à condition que son application soit proportionnelle. En effet, la jurisprudence a imposé des règles formelles à respecter dans le cadre de la rédaction des clauses déterminantes des contrats d'adhésion. En effet, les clauses qui portent sur l'exécution ou l'extinction du contrat doivent présenter un caractère apparent et doivent être écrites[1681]. L'article 24.1 du Règlement d'arbitrage numéro 125 de la GAFTA ; l'article XXIV du contrat type de la formule INCOGRAIN (Syndicat de Paris) ; l'article

---

[1680] L'intervention d'un centre d'arbitrage est également à l'origine de la création d'un lien contractuel entre les arbitres et le centre lors de la nomination de l'arbitre. Il s'agit d'un contrat innomé où les obligations sont organisées de part et d'autre en vue du bon déroulement de l'arbitrage Cf. P. Fouchard, « Rapport final sur le Statut de l'Arbitre de la Commission de l'arbitrage international de la CCI », Bulletin de la Cour, Mai 1996, p. 20 et s. Les liens établis par les parties avec le centre d'arbitrage ont été analysés par la jurisprudence comme un mandat d'intérêt commun Cf. CA Paris, 4 mai 1988, Ch. arbitrale de Paris, Carfa Trade Group et Omnium de travaux c/Rép. de Guinée, *Rev. arb.* 1988. 657, 2e décision, note P. Fouchard pour l'organisation de l'arbitrage sur un plan administratif et financier visant à l'efficacité des procédures qui sont confiées au centre.

[1681] Com. 27 mai 2015, no 14-11.387, *AJCA* 2015, obs. Bros, p. 379. ; Com. 3 mars 2015, no 14-10.907, *AJCA* 2015, note Chantepie p. 218. ; *D.* 2015, note Buy, p. 1021. ; *JCP E* 2015, note Le Gac-Pech. P. 1207.; *LEDC* 2015/5, obs. Leblond p. 50.; *RDC* 2015, obs. Behar-Touchais, p. 523. ; *RTD* com. 2015, obs. Chagny, p. 486.; Com. 3 mars 2021, nos 19-13.533 et 19-16.344. ; BUY, LAMOUREUX et RODA, *Droit de la distribution*, 2e éd., 2019, *LGDJ*, no 366.

35 du Règlement de la Chambre arbitrale de la Côte d'Ivoire et les points 6 et 7 du Règlement CICCA font partie de ces contrats d'adhésion. Ils sont donc caractérisés par des exigences formelles applicables aux contrats d'adhésions[1682]. Les jurisprudences française et anglaise considèrent que les clauses importantes dans un contrat d'adhésion doivent être lisibles et claires[1683]. En droit OHADA, le droit des obligations est régi par le droit positif de chaque État. Ainsi, à propos de la clause de sanction de l'inexécution de la sentence arbitrale consacrée par la CACI, c'est le droit ivoirien des obligations qui s'applique[1684].

893. S'agissant des contrats d'adhésion, à titre d'exemple, le Code civil ivoirien exige du tiers rédacteur du contrat, un devoir d'information et de conseil aux cocontractants avant la signature du contrat[1685]. En droit des obligations, il existe une proximité assez étroite entre le droit français et le droit civil des États francophones membres de l'OHADA. En référence aux droits des contrats de la Côte d'Ivoire et de la France, la forme écrite est exigée pour les clauses qualifiées de déterminantes pour un contrat type ou un contrat d'adhésion. Elles doivent donc se présenter sous la forme écrite avec des caractères de tailles au moins moyennes et distinctes des conditions générales du contrat[1686]. En méconnaissance de ces règles formelles, la clause qualifiée d'importante dans un contrat d'adhésion ne pourrait être opposée à l'adhérent[1687].

894. Le législateur français exige du rédacteur du contrat d'adhésion d'apporter la preuve de l'information du cocontractant sur l'existence de la clause. Il s'agit de faire figurer dans le contrat d'adhésion les clauses qualifiées d'importantes sous un caractère visible afin de permettre à la partie contractante d'exprimer librement son consentement [1688]. La

---

1682 Cass. 2èmciv. 15 avril 2010 n°09-11667, *D.* 28 juillet 2011, n°28 P. 1926 note H. Groutel. ; George Mitchell (Chesterhall) Ltd contre Finney Lock Seeds Ltd [1982] EWCA Civ 5. ; F Kessler, « Contrats d'adhésion - Quelques réflexions sur la liberté de contrat (1943) 43 (5) *Columbia Law Review*, p. 629. ; Art. 1107 du Code civil ivoirien (Droit des obligations).

1683 Cass. 1re civ. 27 février 1996 n°93-21845 ; Cass. 2èm civ. 2 mars 2000 n°97-17299. ; Cf. Aff. Olley v Marlborough court [1949] 1 KB 532.

1684 Art. 1144 du Code civil ivoirien.

1685 Articles 1161 et 1175 du Code civil ivoirien. ; G. Baudry-Lacantinerie et L. Saignat, *De la vente et de l'échange*, *Book on Demand Ltd*, 2015, par. 282.

1686 Cass. 1re civ. 27 février 1996 n°93-21845 ; Cass. 2èm civ. 2 mars 2000 n°97-17299.

1687 Cass. 2èm civ. 2 décembre 2003, n° 01-17760, *RGDA, n°3* 2004, obs. L. Mayaux, p. 44. ; Cass. com. 11 juillet 1995 n°93-11393.

1688 Cass. 1re civ, 13 févr. 2001, n° 98-20.317 et n° 98-20.319, *Bull. civ.* I, n° 26 ; BJS 2001, note P.-G. Gourlay, p. 640. ; D. HIEZ, Poursuite de la lente évolution des coopératives agricoles, *Rev. sociétés* 2008. p.305. – Contra G. PARLÉANI, note Com. 19 févr. 2013, no 12-23.146, *Rev. sociétés* 2013. p.629.

jurisprudence exige du rédacteur du contrat d'adhésion d'attirer l'attention du cocontractant sur l'importance de ces clauses et d'attester le consentement de ce dernier[1689]. En effet, les tribunaux vérifient si le cocontractant a eu connaissance des clauses qui lui sont opposées.

895. Le juge peut revoir son exigence à la baisse si le contrat est conclu entre professionnels opérant dans le même secteur d'activité. En effet, entre professionnels de même spécialité en matière commerciale, la clause d'arbitrage dans un contrat type acquiert l'autorité des usages du commerce sous réserve de respect des règles d'ordre public[1690]. Il en va de même pour la clause d'exécution de contrat de vente des produits agricoles et de détails (contrats types). À partir du moment où la clause a été rédigée conformément aux usages du secteur commerce et portée à la connaissance des contractants, elle symbolise aussi un lien contractuel entre l'association faîtière et les parties. Cette souplesse ne constitue pas une exonération du rédacteur du contrat d'adhésion. C'est uniquement une appréciation souveraine du juge, il n'est pas tenu dans son office d'appliquer cette souplesse pour valider les clauses qui portent sur l'exécution et l'extinction du contrat[1691].

896. À la différence du droit français, en droit anglais, il n'y a pas en principe une classification rigide qui distingue les contrats[1692]. Cependant, il existe des particularités pour les contrats synallagmatiques et les contrats nommés[1693]. En présence d'un contrat synallagmatique, les parties agissent les unes envers les autres en tant que « *consideration* » et en présence de certains contrats nommés ou spécifiques, on parle de « *specific contract* »[1694]. Par ailleurs, il existe d'autre distinction en droit français, notamment le contrat d'adhésion, le contrat de gré à gré, le

---

[1689] Usage des caractères gras pour attirer l'attention du cocontractant d'un contrat d'adhésion, Cf. Cass. 1re civ. 20 mars 1989, *Resp. civ. et ass.* p. 234

[1690] Art. L. 442-6 -5 C. com.; Cass. com. 6 févr. 2007, D. 2007, *AJ*, obs. É. Chevrier, p. 653.; *RLDC* 2007, n°36-11.; Cass. com. 10 janv. 1995, *D.* 1995., note C. Gavalda, p. 229 ; 17 janv. 2006, *D.* 2006, AJ, obs. V. Avena-Robardet, p. 439. ; La doctrine admet depuis F. GÉNY, que les usages commerciaux (en particulier les usages de droit ou coutumes commerciales) peuvent prévaloir sur les lois civiles, lesquelles ne « s'appliquent que de façon subsidiaire aux rapports juridiques de nature commerciale ». En revanche, les auteurs refusent généralement qu'un usage ou une coutume commerciale l'emporte sur une loi commerciale impérative.

[1691] Cass. 1re civ. 11 juillet 2001 n°99-20636, *RGDA*, n°4 octobre 2001, obs. J. Kullmann.

[1692] J.-C. Montanier et S. Geoffrey, *Le contrat en droit anglais*, *Revue GERAS ASP*, éd. 1999, p. 12-13. ; C. Le Gallou et Simon Wesley, *Droit anglais des affaires*, *LGDJ éd.* 2018, p. 169-217.

[1693] Ibid.

[1694] J.-C. Montanier et S. Geoffrey, *Le contrat en droit anglais*, *Revue GERAS ASP*, éd. 1999, p. 12-13. ; C. Le Gallou et S. Wesley, *Droit anglais des affaires*, *LGDJ éd.* 2018, p. 169-217.

contrat commutatif, le contrat aléatoire[1695]. On rencontre cette même distinction en droit anglais, mais sur des critères souples[1696].

897. Il s'agit dans notre cas de contrats d'adhésion si nous faisons référence aux contrats types de la GAFTA, aux Règlements n°125 du GAFTA et aux Règlements de la CICCA. La forme écrite est beaucoup est plus pratiquée par les associations faîtières, notamment la GAFTA et la CICCA[1697]. Mais cette pratique n'est pas automatiquement équivalente à une condition de forme écrite systématique même si la forme écrite est plus adaptée pour des questions de preuves. En effet, il est capital de préciser que l'usage de la clause de « *Name & Shame* » est essentiellement pratiqué dans les secteurs d'arbitrage corporatistes, c'est-à-dire par les chambres d'arbitrages entre professionnels du même secteur du commerce international. C'est le cas du Syndicat de Paris, de l'Association GAFTA et de l'Association CICCA spécialisées dans la commercialisation des produits céréaliers, oléagineux et du coton.

898. Les usages du commerce sont érigés en règle dans ces secteurs. Il en résulte que la violation des clauses consacrées par les articles des contrats types et des Règlements d'arbitrages cités ci-dessus a pour conséquence l'application d'une sanction de grande portée. Ainsi, pour être valables, les clauses relatives à l'exécution des sentences arbitrales prévues par les Règlements d'arbitrages [1698] doivent répondre aux exigences de formes fixées par la loi et par la jurisprudence. En référence aux contenus de ces clauses, nous pouvons déduire qu'elles ne dérogent pas aux conditions de validité communes en Civil Law et en Common Law, ce qui justifie leur caractère légal[1699].

Il convient à cette étape de démontrer la légalité de la clause pour justifier sa raison d'être.

SECTION 2 : La licéité de la clause de blacklisting

899. La clause de *Blacklisting* constitue pour le débiteur défaillant qui n'a pas exécuté une sentence, une sorte de sanction qui vise à le marginaliser de la communauté professionnelle dans laquelle il évolue. La

---

[1695] Ibid.
[1696] Ibid.
[1697] Ibid., p. 26.
[1698] Chambres d'arbitrage GAFTA, Syndicat de Paris ; le Règlement de l'Association CICCA ; La Chambre arbitrale de la Côte d'Ivoire.
[1699] Ibid.

légalité de cette clause dépend de plusieurs paramètres juridiques qui encadrent la validité d'un contrat. Il s'agit des conditions de fond applicables à sa validité et à la légalité de ses effets. Ainsi, on peut se poser la question de savoir si la contractualisation de cette sanction est légale. Ou encore si l'effet de la sanction qui résulte de l'application de la clause n'est pas contraire à l'ordre public. Pour répondre à ses différentes interrogations, il convient donc de procéder à une analyse approfondie du contenu des clauses de *Blacklisting*. Il s'agit de confronter les contenus de ces clauses aux conditions de validité prévues par les deux traditions juridiques (*Civil Law et Common Law*) et d'évaluer la limite légale de la portée de la sanction prévue. Après avoir brièvement rappelé les exigences de la loi qui encadrent la rédaction de la clause et son objet (**Paragraphe 1**) nous aborderons les conditions de fond et la portée juridique de la clause (**Paragraphe 2**).

900. Pour poser une base de compréhension à notre analyse, nous avons jugé utile de présenter le contenu des clauses de *Blacklisting* de deux associations faîtières emblématiques de notre échantillonnage que sont Le Syndicat de Paris et la GAFTA. Sur d'autres aspects spécifiques, nous ferons référence aux contrats types ou aux Règlements d'arbitrages de la CACI et de la CICCA.

Paragraphe 1 : Le premier niveau d'exigence de légalité de la clause

901. Les Societas mercatorum doivent rédiger la clause de *Blacklisting* suivant des normes précises. Il s'agit des préalables qui permettront aux parties d'exprimer librement leur consentement en cas d'usage du contrat type de la Societas mercatorum (**A**). Les rédacteurs de la clause doivent aussi veiller à la légalité de son objet (**B**). Il s'agit des éléments premiers qui permettent de justifier la légalité de la clause.

A. Les exigences liées à la rédaction de la clause de *Blacklisting*

902. Pour confirmer la validité au fond des clauses des contrats d'adhésion, les juridictions exigent des rédacteurs et des professionnels expérimentés l'adoption d'un vocabulaire adapté et une formulation appropriée du contenu des clauses [1700]. S'agissant de l'usage d'un

---

[1700] Le même principe est appliqué en Common Law à travers l'affaire *Stanolind Oil and Gaz Co. v. Sellers* du 22 juillet 1949 USCA, 1949, 174F. 2d 948. ; En droit français : Cf. Art. 1128 du Code civil. ; Cass. 1re civ. 9 février 2011, n°09-17126.

vocabulaire adapté, le rédacteur doit éviter l'usage des termes à consonance polysémique. Il est utile d'introduire des définitions des mots techniques dans les clauses du contrat afin d'assurer l'homogénéité des termes et d'alléger le contenu du contrat. Les rédacteurs des clauses des contrats d'adhésion doivent aussi éviter des termes contradictoires susceptibles de créer des ambiguïtés dans le cadre de l'exécution du contrat[1701].

903. Le Code civil des pays francophones membres de l'OHADA, notamment le Code civil ivoirien, considère que lorsqu'une clause semble être ambiguë, il faut se référer[1702] aux usages pratiqués dans le secteur commercial[1703]. Ces prescriptions sont donc valables pour la clause portant sur l'exécution d'une sentence arbitrale à l'égard des parties qui ont adhéré au Règlement d'arbitrage de la CACI[1704].

904. En droit anglais, il est exigé que les clauses des Règlements d'arbitrage relatives à l'exécution de la sentence arbitrale soient exemptes d'un vocabulaire ambigu. À défaut sont applicables les usages des termes habituels ou professionnels précis du secteur[1705]. La jurisprudence française exige a priori une rédaction claire, non équivoque, précise et compréhensible des clauses des contrats d'adhésion sauf stipulation contraire dans le contrat par la partie adhérente[1706].

905. Dans les systèmes de *Civil Law et de Common Law*, la règle générale en droit des contrats s'accorde sur le consensualisme du contrat à moins que la loi en dispose autrement[1707]. C'est donc le cas des contrats types qui servent aux membres du Syndicat de Paris et de la GAFTA pour formaliser leurs relations d'affaires[1708]. En effet, les règles d'usages du secteur commercial concernées par le contrat type contribuent énormément à la mise en œuvre de la clause de *Blacklisting*. C'est le cas

---

[1701] Cass. 1re civ. 9 février 2011, n°09-17126, *Cah. Arb.* 2011, n°2, obs. A. Mourre et P. Pedone, p. 468. ; Cass. com. 20 février 2007, n°06-14107, *Rev. arb.* n°4, 2007, note F.-X Train, p. 775.
[1702] Art. 1158 du Code civil ivoirien.
[1703] Art. 1159 du Code civil ivoirien.
[1704] Art. 35 du Règlement du CACI.
[1705] Cass. 3èmciv. 3 novembre 2011, *D.* 16 février 2012, obs. S. Amrani-Mekki et M. Mekki. Cass. com. 15 décembre2009, n°08-10148, Dr. & Pt. Février 2010, n°189, note L. Aynès et Ph. Stoffel-Munck.
[1706] Cass. 3èmciv. 12 février 2014, n°12-27182, *RLDC*, n°114, 2014, obs. C. Legallou, p. 11. ; *D.* 8 mai 2014, n°17, obs. A.-L. Collomp, p. 1000.
[1707] J.-C. Montanier et S. Geoffrey, *Le contrat en droit anglais*, *Revue GERAS ASP,* éd. 1999, p. 26.
[1708] Ibid.

de l'article 24.1 du Règlement d'arbitrage n°125 de la GAFTA qui est rédigé en des termes plus ou moins génériques. Mais il est capital de préciser qu'une formulation appropriée des termes des clauses des Règlements des centres d'arbitrages relatives à l'exécution de la sentence arbitrale est nécessaire. Les rédacteurs des clauses essentielles des contrats d'adhésion sont tenus d'une obligation de précision. Ils doivent aussi prendre en compte des prescriptions normatives qui ne suscitent pas d'ambigüité du contenu de la clause même si celle-ci est rédigée en des termes génériques.

906. Il en résulte que nonobstant les différences de pratiques entre *Civil Law* et *Common Law* sur les conditions de formes applicables aux clauses contractuelles, il existe des règles communes incontournables en la matière. Il s'agit des délais moratoires prévus par les contrats types du Syndicat de Paris et de la GAFTA pour la mise en œuvre des clauses du *Blacklisting*[1709]. À titre d'exemple, l'article XXIV du Contrat type de la filière des céréales, oléagineux, protéagineux et produits dérivés de la formule INCOGRAIN prévoit à cet effet un délai moratoire de vingt jours. À l'expiration de ce délai, le Syndicat de Paris fera circuler le nom du débiteur récalcitrant au sein des membres de l'association. Cette sanction interne est couplée d'une sanction numérique. C'est le cas au sein de l'association GAFTA et de la CICCA où le nom du mauvais débiteur peut faire l'objet de publication sur les sites web des Societas mercatorum [1710].

907. En *Civil Law* ou en *Common Law*, les clauses essentielles d'un contrat doivent être conformes à l'ordre public et aux lois impératives « *public policy* »[1711]. Le juge peut relever d'office la contrariété d'une disposition contractuelle à l'ordre public. Sur la base de cette notion, le juge judiciaire peut annuler une clause contractuelle pour contrariété à l'ordre public virtuel ou textuel. À travers son office, le juge dispose des attributions régaliennes qui lui permettent d'assurer la sauvegarde de l'intérêt général et d'encadrer le champ de liberté contractuelle[1712]. La sanction de « *Name and Shame* » prévue dans le cadre de non-exécution des sentences arbitrales rendues par les chambres d'arbitrages corporatistes peut être considérée à première vue comme une sanction

[1709] À titre d'exemple : Art. XXIV du Contrat type de la filière des céréales, oléagineux, protéagineux et produits dérivés des formules INCOGRAIN.
[1710] Art. 24 du Règlement n°125 GAFTA. ; Les points 6 et 7 du Règlement du Règlement CICCA.
[1711] Cf. Aff. *Schroeder Music Publishing Co Ltd c/ Maculay* (1974) 1 WLR 1308. ; *Thomas Marshall c/ Guinle* (1978) 3 A11 ER 193.
[1712] Cass. com., 1er mars 1994, *Bull. civ.*, IV, n°92.

disciplinaire. En effet, cette sanction mise en œuvre par les Societas mercatorum est après tout appliquée par les organes dirigeants et les adhérents à l'encontre du mauvais débiteur membre de la même association. Il s'agit d'amener le mauvais débiteur à se conformer aux usages et aux règles en vigueur au sein de l'association en matière d'exécution des sentences arbitrales considérées comme définitives. Par ailleurs, les organes administratifs habilités à appliquer cette sanction disciplinaire à l'égard des débiteurs récalcitrants n'entrent pas en concurrence avec le juge judiciaire dans l'exercice de son pouvoir régalien. Il revient donc aux organes administratifs des associations corporatistes cibles dans notre étude de se conformer aux règles d'ordre public dans le cadre de la mise en œuvre de la clause.

908. À la première analyse de ces clauses, nous pouvons faire trois types de remarques. La première porte sur la signification du contenu de ces clauses. Les expressions utilisées pour définir le contenu des clauses sont familières et adaptées aux secteurs commerciaux ciblés selon que l'on se trouve en *Civil Law*, notamment en droit français ou en *Common Law*[1713]. La deuxième remarque porte sur la précision des sanctions en cas de non-exécution de la sentence arbitrale. La procédure sommaire relative à la mise en œuvre de la sanction est clairement exposée par les clauses portant sur l'exécution de la sentence arbitrale. La troisième remarque est la conformité de ces clauses à l'ordre public et aux lois impératives. Les sanctions relatives à l'inexécution de la sentence arbitrale prévues par les Règlements des centres d'arbitrage corporatistes sont purement disciplinaires. Elles sont en phase avec les exigences de l'ordre public et des lois impératives. Cependant, la proportionnalité de la portée juridique des sanctions prévues par ces différentes clauses peut être discutée.

909. Après avoir présenté la nécessité pour les rédacteurs de la clause de se conformer aux exigences de loi, il est utile de démontrer la légalité de son objet.

B. L'objet de la clause du *Blacklisting*

910. En droit français, l'objet du contrat désigne ce sur quoi le contrat porte c'est-à-dire la nature de la transaction entre les parties au contrat[1714]. En droit anglais, l'objet du contrat peut être déterminé à partir du moment

[1713] Il s'agit des secteurs de commercialisation des céréales, des oléagineux, du coton, du secteur financier et maritime.
[1714] Art. 1163 du Code civil français.

où l'offre a reçu l'acceptation du cocontractant. Ainsi, l'élément qui fait l'objet d'offre et d'acceptation devient l'objet du contrat qui lie les parties[1715]. Cet élément peut porter sur un transfert de droit ou d'un bien. La finalité liée à la détermination de l'objet d'un contrat est la même en droit français et anglais. Ce sont donc les mécanismes de la détermination de l'objet du contrat qui sont différents dans les deux traditions juridiques. Ces mêmes démarches méthodologiques sont valables pour déterminer l'objet des clauses spécifiques insérées dans un contrat, notamment la clause du *Blacklisting*.

911. L'objet de la clause de *Blacklisting* porte la régulation de l'exécution des sentences arbitrales dans les Societas mercatorum. Il s'agit de rendre effective l'exécution de la sentence arbitrale au profit du créancier en cas de nécessité. L'objet de la clause a pour finalité de contraindre le débiteur à respecter ses obligations contractuelles. Cependant, cette obligation à la charge du débiteur doit être déterminée et doit exister avant que le créancier ne puisse s'en prévaloir. En effet, il faut une identification précise de l'obligation du débiteur avant d'engager sa responsabilité en cas d'inexécution de la sentence arbitrale[1716]. Dans l'hypothèse où le créancier souhaite saisir le Conseil GAFTA, le Conseil d'administration du Syndicat de Paris, les Comités de la CICCA et de la CACI pour engager la responsabilité du débiteur. Pour ce faire, il doit répondre à deux exigences. La première exigence porte sur l'exigibilité de la créance. Ainsi, même si la créance a été déterminée dans la sentence arbitrale, le créancier dans sa demande doit justifier que la créance est certaine et exigible pour enclencher la mise en œuvre de la clause[1717]. En référence au contenu de la sentence arbitrale rendue par les chambres arbitrales intervenant dans le cadre des procédures du GAFTA, Syndicat de Paris, CACI et CICCA, le créancier pourra répondre dans sa demande à cette première exigence. Deuxième exigence, il faut que le créancier puisse démontrer dans sa demande que sa créance existe. Pour apprécier l'existence de la créance, le créancier doit se placer à la période de la reddition de la sentence arbitrale.

912. Dans le cadre de l'exécution des sentences arbitrales, le créancier doit s'en tenir aux obligations mises à la charge du débiteur. Dans sa demande de mise en œuvre de la clause du *Blacklisting*, il doit donc

---

[1715] J.-C. Montanier et S. Geoffrey, *Le contrat en droit anglais*, *Revue GERAS ASP*, éd. 1999, p. 27-31. ; C. Le Gallou et Simon Wesley, *Droit anglais des affaires*, *LGDJ éd.* 2018, p. 169-217.

[1716] Ibid. Cf. note 89

[1717] Cass. Com., 28 février 1983, *Bull. civ.*, IV, n°86. Art. 1163, al. 3 du Code civil français.

retranscrire exactement la nature de l'obligation du débiteur sans majoration. Dans l'hypothèse où les arbitres n'ont pas donné avec précision dans la sentence arbitrale le contenu exact de l'obligation mise à la charge du débiteur, une prestation équivalente doit donc être fournie. Dans ce cas, le débiteur doit donc fournir une prestation au moins équivalente à la moyenne par rapport aux attentes du créancier[1718]. Mais cette hypothèse d'approximation en ce qui concerne la détermination exacte de l'obligation du débiteur doit être écartée dans le cas d'espèce pour deux raisons. La première raison est relative à l'extrême précision apportée dans les contrats types utilisés dans le secteur des céréales et oléagineux et du coton. Il est quasiment impossible de ne pas préciser dans ces types de contrat la qualité, la quantité et le prix des produits.

913. En cas de différends, le tribunal arbitral ne pourra pas contourner les éléments essentiels du contenu des contrats types pour évaluer le litige. Après la reddition de la sentence arbitrale, il est donc évident que le créancier puisse disposer des éléments de précisions portant sur la quantité de la créance[1719] à recouvrer auprès du débiteur. Ces différents éléments de précisions techniques seront très utiles pour le créancier dans le cadre d'une éventuelle demande de mise en œuvre de la clause du *Blacklisting* en cas d'inexécution de la sentence arbitrale.

914. Lorsque l'écriture de la clause et son objet répondent aux exigences de la loi, sa validité à l'égard des parties doit répondre à des conditions de fond et aux exigences des règles d'ordre public dans le cadre du déploiement de ses effets juridiques.

Paragraphe 2 : Les conditions de fond et l'effet de la clause

915. Il s'agit du second niveau d'exigence de la légalité de la clause. Le premier pilier de la légalité de la clause de *Blacklisting* est sa conformité aux conditions de fond selon les exigences de la loi et de la jurisprudence. Il s'agit de la capacité et l'expression du consentement des parties selon les conditions fixées par la loi (**A**). Par ailleurs, l'effet juridique de la clause ne doit pas être contraire aux règles d'ordre public (**B**).

[1718] Art. 1166 du Code civil français et Article 1er des Principes UNIDROIT relatifs aux contrats du commerce international.

[1719] La quantité, la qualité et le prix de la marchandise ou des produits au cœur du différend arbitrable.

A. La capacité et le consentement

916. La légalité et la validité de la clause de *Blacklisting* sont encadrées par les règles de droit des contrats que l'on se place sous l'empire de la *Civil Law*, notamment le droit français ou de la *Common Law*. Il est donc capital de faire une analyse approfondie de la clause pour justifier son application légale. Il s'agit de confronter la clause de *Blacklisting* aux exigences des conditions de fond en droit des contrats. La capacité des parties à contracter les contrats types et les modes d'expression de leur consentement sont des points importants à mettre en lumière. Il s'agit des mécanismes qui encadrent l'expression du consentement des parties dans le cadre de la conclusion d'un contrat. En effet, le contrat ou une clause déterminante du contrat doit être exempt des questions de l'incapacité des cocontractants et de vices de consentement. Ainsi, l'alinéa 2 de l'article 1145 du Code civil français dispose : « … La capacité des personnes morales est limitée par les règles applicables à chacune d'entre elles ». L'exercice de ce droit se fait sous deux conditions. La première condition porte sur la capacité des parties à contracter. Il s'agit, dans notre cas, de la régularité de la personne morale au regard de la loi. La deuxième condition porte sur la qualité de représentation de la personne morale.

917. En effet, l'entreprise doit être valablement représentée par une personne physique désignée par ses statuts. Dans l'hypothèse où la personne morale est en faillite ou son objet est contraire aux règles d'ordre public et aux lois impératives françaises ou encore si elle est constituée en infraction de la loi ne peut contracter[1720]. La jurisprudence considère que du moment où l'entreprise est mal représentée, l'expression de son consentement ne sera pas intégrale[1721]. Par ailleurs, lorsque l'entreprise n'a plus la capacité d'exercer pleinement ses activités pour cause d'infraction aux lois impératives ou en cas de faillite, elle ne peut plus valablement contracter non plus[1722]. Les exigences liées à la capacité des parties de contracter constituent le siège de l'expression du consentement des cocontractants.

[1720] Cass. com. 7 juin 2011, no 10-13., *Bull. civ.* IV, no 91. p. 622; *RDC* 2011., obs. Y.-M. Laithier, p. 1148.; *CCC* 2011, no 208, obs. L. Leveneur; *Dr. et patr.* 2012, no 211, obs. Ph. Stoffel-Munck, p. 67.

[1721] Ibid. et Cf. Art. 1130 du Code civil français.

[1722] Cass. civ. 1re, 07 oct. 1998, no 96-14.359, *Bull. civ.* I, no 285; *D.* 1998. 563, concl. J. Sainte-Rose ; *D.* 1999. Somm. 110, obs. Ph. Delebecque ; *D.* 2000. 442, note L. Gannagé ; *JCP* 1999. I. 114, obs. C. Jamin ; *JCP* 1999. II. 10202, note M.-H. Maleville; *Gaz. Pal.* 2000, no 97, p. 26, obs. F. Chabas; *Defrénois* 1998, art. 36895, obs. D. Mazeaud.

918. Deuxième point qui porte sur la question du consentement des contractants est la violence. Elle consiste à contraindre le cocontractant par des attitudes de menaces directes ou indirectes sur la personne du contractant, sur ses biens ou sur ses proches. La finalité est d'obliger le cocontractant à signer le contrat contre sa volonté[1723]. Pour prononcer la nullité du contrat pour cause de violence comme vice de consentement, la jurisprudence prend en compte l'âge, le sexe et la condition de la personne[1724]. Par ailleurs, pour que la nullité du contrat soit admise par le juge, il faut que la violence exercée sur le cocontractant soit illégitime, c'est-à-dire qu'elle doit influer sur l'objet du contrat. La violence est un vice de consentement, quel que soit son auteur[1725]. L'abus d'une position dominante est aussi admis comme source de violence lorsqu'elles menacent indirectement les intérêts légitimes du cocontractant[1726].

919. Le troisième point sur le vice de consentement fait appel à la notion d'erreur. En cas d'erreur avérée du cocontractant dans le cadre de la signature du contrat, le consentement n'est pas considéré comme intégralement exprimé[1727]. Le juge étudie minutieusement le contexte dans lequel est intervenue l'erreur avant de se prononcer sur la nullité relative ou totale du contrat en cas d'erreur avérée. Ainsi, avant d'emporter la nullité du contrat, il faut que l'erreur soit déterminante du consentement et qu'elle porte sur un élément essentiel du contrat. En cas de nullité de la clause compromissoire insérée dans le contrat type, la clause d'exécution de la sentence arbitrale sera aussi affectée[1728]. Il existe différentes variétés d'erreurs. Il s'agit de l'erreur sur la personne ; l'erreur sur l'objet du contrat ou sur les qualités essentielles de la prestation sauf pour les contrats aléatoires ; l'erreur obstacle ; l'erreur sur la valeur du contrat et l'erreur sur les motifs du contrat.

920. Le dernier point de vice de consentement concerne le dol. Il consiste à amener le cocontractant à conclure un contrat sur la base d'une fausse croyance débouchant sur une erreur provoquée chez le cocontractant de bonne foi[1729]. Le dol est une cause de nullité du contrat. Il faut la réunion de deux conditions pour que le dol soit constitué. Il s'agit

---

[1723] Arts. 1140 et ss. du Code civil français.
[1724] Cass. 3èmciv., 13 janvier 1999, *Bull. civ.*, n°11, *D.* 2000, obs. Willmann.
[1725] Art. 1142 du Code civil français.
[1726] Cass. 1re civ., 3 avr. 2002, *RTD civ.* obs. Mestre, p. 535.
[1727] Arts. 1132 à 1136 du Code civil français.
[1728] V. Rouvière, « Le moment d'appréciation de l'erreur », *D.* 2014. p. 1782 et ss.. ; Cass. 3èmciv., 12 juin 2014, n°13-18446.
[1729] Arts. 1137 à 1139 du Code civil français.

d'un élément matériel et d'un élément intentionnel. L'élément matériel en matière de dol désigne des actes positifs caractérisés, notamment la production de faux documents, le silence, la réticence, le mensonge, intervention de tiers et dissimulations intentionnelles. Le dol sur la valeur du contrat est aussi une cause de nullité de celui-ci[1730]. Quant à l'élément intentionnel, il est l'élément essentiel qui permet au juge en présence de l'élément matériel de prononcer la nullité du contrat pour dol[1731]. Cependant, il faut garder à l'esprit qu'en référence à l'article 1137, alinéa 3 du Code civil français : « Il n'y a pas dol lorsque le contractant garde le silence sur l'estimation de la prestation. Pour que le dol soit admis dans le cadre contractuel, il faut que l'auteur soit le cocontractant[1732].

921. Le juge peut prononcer la nullité du contrat lorsque le dol porte sur la valeur du contrat ou encore sur un élément essentiel du contrat[1733]. Il faut enfin que le dol porte sur un élément déterminant du contrat[1734]. Le dol incident ne pourrait déboucher sur la nullité du contrat dans l'hypothèse où il n'a pas été l'élément principal qui a déterminé le consentement du cocontractant dans le cadre de la formation du contrat[1735]. La preuve du dol est à la charge de la partie qui demande la nullité. Les conditions de fond de validité des contrats et des clauses accessoires en droit français sont équivalentes à celles du droit ivoirien[1736]. La raison est que le droit des obligations des deux pays provient de la même tradition juridique le *Civil Law*.

922. Les différentes conditions de validité des contrats et des clauses accessoires évoquées ci-dessus sont donc applicables à la validité des clauses du *Blacklisting*. À partir du moment où les parties ont formulé de manière régulière leur consentement à être membre du Syndicat de Paris ou à adhérer aux Règlements de la CACI, l'adhésion à la clause du *Blacklisting* est réputée valable. La clause est donc opposable aux parties,

---

1730 Art. 1139 du Code civil français.

1731 Cass. comm, 7 juin 2011, n°10-13622, *C.C.C.* 2011, obs. Leveneur, p. 208. ; Droit et prat. Février 2012, obs. Stoffel-Munck. ; Cass. com. 28 juin 2005, Bull. civ., IV, n°140.

1732 Art. 1138 du Code civil français. ; Cass. comm, 29 mai 2001, *Bull. civ.,* IV, n° 100, *D.* 2002, obs. Luciani, p. 1741.

1733 Cass. 3èmciv., 25 mars 2011, n°09-16677, *C.C.C.* 2011, note Leveneur, p. 184. ; Cass. 3èmciv., 21 février 2001, *Bull. civ.*, III, n°20, RTD civ. 2001, p. 353.

1734 E. Casimir, *Le dolus bonus*, *RDC*, 2017 p. 153.

1735 Cass. civ. 3, 22 juin 2005, n° 04-10.415, *RDC*, 2005, obs. Ph. Stoffel-Munck, p.1025.

1736 Cf. Art. 1109 et ss. du Code des obligations ivoirienne ; Art. 1115 et ss. du Code des obligations ivoirienne ; Art. 1123 du Code des obligations ivoirienne.

plus précisément au débiteur de mauvaise foi refusant l'exécution de la sentence arbitrale.

923. En *Common Law*, la formation du contrat est assujettie à quatre règles. Il s'agit de l'offre, de l'acceptation (consentement), de la contrepartie (la rémunération ou le prix) et l'intention des parties de créer un lien juridique[1737]. Contrairement au droit français, en droit anglais, seule la volonté des parties ne suffit pas pour former le contrat. Le *Common Law* prend en compte des conditions complémentaires, notamment la « *consideration* », la « *promissory estoppel* » et la bonne foi de celui qui bénéficie de la manifestation de la volonté. La « *consideration* » fait référence l'échange entre les parties. Il peut s'agir d'un droit, d'un intérêt, d'un profit ou avantage obtenu par une partie, d'une perte ou d'un préjudice subi. La « *consideration* » est complétée par « *promissory estoppel* ». Il s'agit d'une promesse venant de l'une des parties, notamment du créancier qui n'exigera pas l'exécution de certains points du contrat[1738]. Dans l'hypothèse où la promesse du créancier est évoquée par le débiteur avec preuve et à titre défensif, le créancier ne peut donc plus revenir sur sa promesse. L'analyse des mécanismes de l'expression du consentement des parties en droit anglais n'est pas la même en droit français. En référence à l'article 24.1 du Règlement du GAFTA, et au point 6 du Règlement du CICCA, l'adhésion des parties à la clause de *Blacklisting* traduit l'expression de la notion de « *consideration* ».

924. En effet, en acceptant cette clause, les parties au contrat ont conscience qu'en cas d'inexécution de la sentence arbitrale, il y aura une sanction disciplinaire. Par ailleurs, il est important de préciser que la règle de « *promissory estoppel* » ne pourrait s'appliquer d'office dans le cadre d'un contrat sauf si la partie qui propose l'offre fait une stipulation dans ce sens. Le dernier élément à préciser est la bonne foi de la partie qui bénéficie de la manifestation de la volonté. Dans le cas d'espèce, il s'agit du créancier et des organes administratifs du GAFTA et du CICCA. En adhérant à ses associations, les parties s'engagent à respecter les règlements. Ainsi, l'adhérent qui se retrouve en position de débiteur se doit de respecter son engagement. Cependant, le créancier et les organismes administratifs du GAFTA et du CICCA se doivent de

---

[1737] J.-C. Montanier et S. Geoffrey, *Le contrat en droit anglais*, *Revue GERAS ASP,* éd. 1999, p. 27-31. ; C. Le Gallou et Simon Wesley, *Droit anglais des affaires*, *LGDJ éd.* 2018, p. 169-217.

[1738] Rapport de M. Boval, Conseiller rapporteur à la Cour cassation française, www.courdecassation.fr/article12272.html (compléter avec une référence d'ouvrage)

respecter les règles de déontologies, de proportionnalité et d'ordre public dans la mise en œuvre de la sanction disciplinaire contre le débiteur.

925. Il s'agit d'éviter des cas d'abus de position dominante. Le créancier doit donc prouver sa bonne foi lorsqu'il est contraint d'enclencher la mise en œuvre de la clause de *Blacklisting*. Il doit donc prouver que le débiteur n'a pas exécuté ses obligations dans les délais impartis et que les mises en demeure n'ont pas abouti à l'exécution de la sentence arbitrale. Il doit apporter la preuve de l'existence d'un contrat entre lui et le débiteur et la preuve de l'existence de la sentence arbitrale non exécutée. En présence de ces éléments de preuves, les organes administratifs du GAFTA et du CICCA peuvent donc mettre le débiteur et dans le cas échéant mettre en œuvre la clause du *Blacklisting* conformément à la procédure prévue. Ces attitudes exigées de la part du créancier et des organes administratifs du GAFTA et du CICCA conformément au droit des contrats en Common Law contribuent à légitimer cette sanction disciplinaire.

926. Les mécanismes qui encadrent l'expression du consentement des parties en matière contractuelle en droit civil et en Common Law sont différents. Ainsi, la manifestation du consentement des parties au contrat dans les deux traditions juridiques se fait sous différents registres juridiques. Cependant, il est capital de préciser que la finalité de la sanction disciplinaire appliquée au débiteur récalcitrant à travers cette clause. Il s'agit de disposer d'un garde-fou pour appliquer une sanction disciplinaire au débiteur de mauvaise foi qui refuse d'exécuter la sentence arbitrale.

927. À ce stade de l'analyse des conditions de fond portant sur la validité de la clause du *Blacklisting,* il est utile de déterminer le champ de ses effets ainsi que les limites. Il s'agit de démontrer aussi qu'au moment du déploiement de ses effets, la clause de *Blacklisting* contribue à l'efficacité de l'exécution de la sentence arbitrale[1739].

B. La portée juridique de la clause

928. L'application de la clause de *Blacklisting* poursuit une finalité. Il s'agit de forcer l'exécution volontaire d'une sentence arbitrale. Les clauses étudiées[1740] prévoient toutes une renonciation du débiteur récalcitrant à

[1739] Cf. Annexes 1 et 2.

[1740] Les clauses du *Blacklisting* du Syndicat de Paris, du GAFTA et du CICCA.

agir en justice contre la publication et l'affichage du *Blacklisting.* Cette renonciation à l'exercice de recours n'est pas contraire à l'ordre public lorsqu'elle est stipulée dans un contrat uniquement conclu entre les professionnels[1741]. La clause de *Blacklisting* porte sur l'application d'une sanction disciplinaire en cas d'inexécution de la sentence arbitrale à la suite des problèmes d'exécution d'un contrat entre deux professionnels. En effet, cette clause oblige le débiteur à répondre à ses obligations contractuelles. Le contenu de la clause varie d'une Societas mercatorum à une autre. Celle du Syndicat de Paris ne permet pas au débiteur mis en cause de s'opposer à la publication et à l'affichage de la liste noire[1742]. Les clauses de non-recours à l'action en responsabilité contractuelle sont valables sous réserve de leur conformité à l'ordre public[1743].

929. Cependant, en cas de violation de l'ordre public, le débiteur pourrait formuler un recours contre la circulaire d'affichage. Cette dérogation à la clause de renonciation de recours est recevable lorsque le débiteur apporte la preuve que la procédure arbitrale est entachée de fraude. La preuve de la fraude aura pour conséquence l'annulation de la sentence arbitrale et par ricochet l'annulation de la circulaire de publication du nom du débiteur. En conséquence, en cas d'atteinte à la réputation du débiteur, celui-ci intenter une action en responsabilité extracontractuelle pour obtenir dommages et intérêts[1744]. Pour obtenir gain de cause, il doit donc démontrer devant le juge judiciaire qu'il a subi un préjudice direct et certain dû à la publication du *Blacklisting* à la suite d'une procédure d'arbitrage entachée de fraude[1745].

930. La finalité des clauses de *Blacklisting* est de prévenir des risques liés à l'inexécution de la sentence arbitrale. En effet, une entreprise répertoriée sur la liste noire n'est pas autorisée à nouer des relations d'affaires avec les autres entreprises membres du GAFTA, du CICCA ou du Syndicat de Paris. Il en résulte que la circulaire de *Blacklisting* produit

---

[1741] Article 558, alinéa 1er du Code de procédure civile français. ; P. Delbecque, « Les renonciations à recours » pp. 571 et ss, *in Études offertes au Doyen Philippe Simler,* Paris, *Lexis Nexis*, 2006, p. 930, spéc. n° 20.
[1742] Cass. com., 11 mars 1986, n°84-1131, *Bull. civ.* IV n°43. ; V.-P. Grignon, « L'obligation de ne pas agir en justice », *Mélanges Ch. Mouly*, t. II, Litec, 1998 n°4 p. 119. ; P. Delbecque, « Les renonciations à recours » *pp. 559 et ss, in Études offertes au Doyen Philippe Simler*, Paris, Lexis Nexis, 2006, p. 930, spéc. n° 20.
[1743] P. Delbecque, « Les renonciations à recours » *pp. 571 et ss, in Études offertes au Doyen Philippe Simler*, Paris, Lexis Nexis, 2006, p. 930, spéc. n° 20.
[1744] Article 1240 du Code civil français.
[1745] CA. Paris, 26 janv. 2004 et TGI Nanterre, 18 juin 2003, *Courrier jur. fin. et ind.*, 2010/61, Besson, p. 163.

des effets de sanctions claires à l'égard du débiteur récalcitrant et met en œuvre sa responsabilité contractuelle en cas d'inexécution de la sentence arbitrale[1746]. En référence à l'arrêt Chronopost rendu en 1996, la Cour de cassation considère comme non écrites les dispositions contractuelles contraires ou aménageant l'étendue de l'engagement à la charge du débiteur[1747]. Dix ans plus tard, la Cour de cassation dans les arrêts Faurecia I et Extand rendus en 2006 et en 2007 a confirmé cette position et a opté pour un mécanisme de contrôle plus strict[1748]. Or, la sanction de *Blacklisting* prévue par les Règlements d'arbitrages présente un contenu équilibré et ne vise pas l'exclusion définitive de l'entreprise qui n'a pas exécuté dans les délais réglementaires la sentence arbitrale. Ainsi, dans l'hypothèse où l'entreprise mise en cause exécute la sentence arbitrale, elle redevient membre du Syndicat, de l'association ou de la corporation commerciale dont elle avait été exclue. Nous pouvons donc affirmer que l'étendue de la sanction disciplinaire prévue en cas d'inexécution de la sentence arbitrale est proportionnelle et équilibrée.

931. Dans les pays francophones membres de l'OHADA, notamment, en droit civil ivoirien[1749], la contractualisation de la sanction par les fédérations d'associations qui regroupent les opérateurs économiques n'est pas contraire à l'ordre public[1750]. La liberté est donc laissée à chaque secteur économique et commercial qui dispose d'une assise institutionnelle adéquate d'organiser la sanction disciplinaire adaptée aux usages du commerce à condition de respecter deux règles : la proportionnalité et la conformité à l'ordre public et aux bonnes mœurs[1751].

932. En droit anglais, le principe contractuel est l'engagement réciproque des parties au contrat c'est la règle de la « *consideration* » qui illustre l'idée de *« bargain »,* c'est-à-dire l'échange économique entre les parties. C'est donc au nom de cet engagement que l'une des parties peut exiger de son cocontractant l'exécution des termes du contrat[1752]. Cette

---

1746 Cass. com. 30 mai 2006 n°04-14974, *JCP*, 17 juin 2010, n°24, obs. Y.-M. Laithier, p. 331

1747 Cass. com. 22 octobre 1996, n°93-18632*, Defrenois* 1997, obs. *D.* Mazeaud. ; *RTD civ*, 1997, obs. J. Mestre, p. 418.

1748 Cass. com. 30 mai 2006, n°04-14.974, *RDC octobre 2006, n°4, obs.* P. Delbecque, p. 1224. ; *D.* 28 septembre 2006, n°33, obs., D. Mazeaud, p. 2288.

1749 Le pays du siège de la chambre d'arbitrage CICA.

1750 Art. 1134 et ss. du Code des obligations ivoirien.

1751 Art. 1108, alinéa 4 du Code civil ivoirien.

1752 Le juge Lush définit « la *consideration* comme un droit, intérêt, profit ou avantage obtenu par une partie ou l'abstention, désavantage, perte, responsabilité subie ou entreprises par l'un des contractants ». ; Cf. *Aff. D & C Builders c/ Rees* (1966) 2 QB 617. ; *Williams c/ Brothers* (1991) 1 QB 1.

règle est certes atténuée par l'exception apportée à la règle de relatif des contrats, mais c'est pour autant valable dans le cadre de la mise en œuvre de la clause de *Blacklisting*. La raison est simple, on considère que le tribunal arbitral a tranché et a condamné l'un des cocontractants pour une mauvaise exécution du contrat principal. La partie qui a succombé à la suite de la procédure d'arbitrage devient alors débitrice. Il est donc de bon droit que le créancier puisse réclamer l'exécution de la sentence arbitrale en se prévalant du principe de « *consideration* »[1753].

933. La règle de la « *consideration* » en droit anglais est équivalente à la notion de cause en droit français. Cependant les procédés ne sont pas les mêmes. À titre d'exemple, la notion de cause en droit français se rapporte au but et à la finalité du contrat[1754]. En effet, l'appréhension de la notion de cause n'a pas véritablement changé avec la suppression de l'ancien article 1108 du Code civil français. La cause en droit français n'apparait plus comme condition de validité du contrat, mais l'analyse ou la lecture des articles 1162 et 1169 du Code civil intègre toujours la conception dualiste de la cause. Il s'agit de la cause objective et subjective[1755]. La cause objective se rapporte à la question suivante : *« les obligations contractuelles ont pour finalité elles une contrepartie ? »*. Il s'agit de respecter les équilibres dans les échanges entre les parties. La cause subjective répond à la question : *« pourquoi vous êtes engagés ensemble à contracter ? »*. Il s'agit de veiller à ce que la réponse à cette question soit conforme à l'ordre public et aux bonnes mœurs. Finalement, l'objet du contrat doit être licite et équilibré en termes d'obligations et de contrepartie venant de chaque partie.

934. À la différence du style adopté par les articles XXIV et 35 des Règlements de la Chambre arbitrale du Syndicat de Paris et de la CACI, le contenu de l'article 24.1 du Règlement GAFTA semble plus souple. Le contenu de la clause ne donne pas une tonalité d'injonction en cas d'inexécution de la sentence arbitrale. Cette posture adoptée par les rédacteurs anglais de la clause semble être en harmonie avec le principe « *remedies precede rights* ». La clause de *Blacklisting* en droit anglais n'est pas vue sous l'angle d'injonction au débiteur récalcitrant. Elle est

---

[1753] *Carlill v Carbolic Smoke Ball Co [1892] EWCA* Civ 1; Chapelton contre Barry Urban District Council [1940] 1 KB 532.

[1754] Art. 1128 du Code civil français.

[1755] Cass. com. 30 janv. 2001, no 97-17.784, *Bull. civ. IV*, n° 26; *D.* 2001. AJ 1238, obs. Delpech.; Cass. 1re civ., 20 nov. 1974, *Bull. civ.* I, no 311. – 20 déc. 1994, n° 92-21.317; Defrénois 1995, art. 36145.1040, obs. *D.* Mazeaud. – 16 févr. 1999, no 96-16.093; *Bull. civ. I*, no 55; *CCC* 1999, com. 70, obs. L. Leveneur.

plutôt considérée comme un remède. Cependant, dans la pratique, en cas d'inexécution de la sentence arbitrale, il y a une exclusion temporaire du débiteur récalcitrant des activités de l'association et du centre d'arbitrage GAFTA[1756]. Cette sanction disciplinaire est équivalente à celle prévue par les points 6 et 7 du Règlement CICCA.

935. Quelle que soit la qualification du mécanisme de mise en œuvre de la clause de *Blacklisting* en droit anglais et en droit français, la finalité reste la même. Il s'agit à la fois d'un outil de pression et de sanction du débiteur de mauvaise foi afin de rendre efficace l'exécution de la sentence arbitrale[1757]. Cependant, la mise en œuvre de la clause de *Blacklisting* pour l'obtention des effets attendus doit répondre à des exigences procédurales particulières.

Paragraphe 3 : Les conditions de mise en œuvre et l'effet direct de la clause

936. Le créancier qui se retrouve en difficulté pour recouvrer sa créance par le biais de l'exécution de la sentence arbitrale peut faire recours au mécanisme de *Blacklisting.* L'usage de ce mécanisme est possible lorsque la sentence arbitrale provient d'un tribunal arbitral d'une Societas mercatorum . Ainsi, le créancier doit disposer avant tout d'une sentence arbitrale définitive. La sentence arbitrale peut acquérir un caractère définitif dans des contextes différents (**A**). Une fois que le créancier a à sa disposition qui répond à cette première exigence, il peut saisir l'organe habilité de sa Societas mercatorum pour appliquer la clause de *Blacklisting.* À ce stade, c'est la responsabilité du débiteur de mauvaise foi qui sera mise en œuvre à travers des procédures variables (**B**).

A. Le caractère définitif de la sentence arbitrale

937. Le caractère définitif de la sentence arbitrale est déterminé par le Règlement d'arbitrage de la Societas mercatorum. Il s'agit de déterminer le point de départ de la mise en œuvre de la clause de *Blacklisting.* Notamment, quel est le type de sentence arbitrale requis susceptible de conduire à la mise en œuvre de la procédure de *Blacklisting* contre le mauvais débiteur. Il est donc utile de présenter à quel moment précis la sentence arbitrale rendue par le tribunal arbitral du Syndicat de Paris présente un caractère définitif (**1**). Il en a de même pour la GAFTA (**2**).

[1756] Art. 24.1 du Règlement du GAFTA.
[1757] Cf. les annexes 1 et 2.

La procédure de *Blacklisting* peut-elle être mise en œuvre en présence d'une sentence arbitrale partielle ou en cas de recours contre la sentence arbitrale ? Il s'agit des cas de recours en appel devant le tribunal arbitral d'appel ou des recours en interprétation ou en révision devant les tribunaux arbitraux du Syndicat de Paris et du GAFTA.

1. Le syndicat de Paris

938. Le tribunal arbitral compétent pour trancher les différends survenus dans le cadre de la mise en œuvre des contrats types du Syndicat de Paris est la Chambre arbitrale internationale de Paris (CAIP) [1758]. Il s'agit d'un arbitrage institutionnel donc en principe c'est le Règlement de la (CAIP) qui est applicable aux litiges soumis à la chambre[1759]. La CAIP applique aussi d'autres règles spécifiques adaptées aux procédures d'arbitrages impliquant certains membres du Syndicat de Paris qui fonctionnent sur la base des règles particulières. Il s'agit de la Fédération française de la franchise ; l'Association des commerçants des fruits et légumes membres du Syndicat de Paris, etc. Les parties peuvent aussi opter devant la CAIP pour les procédures d'arbitrage dématérialisées ; rapide ou d'urgence[1760]. Le tribunal arbitral de la CAIP peut rendre les sentences partielles ou intermédiaires en cas de nécessité[1761]. Les sentences arbitrales de la CAIP ne sont pas susceptibles d'appel en matière d'arbitrage international[1762]. Cependant, en arbitrage interne, les parties peuvent faire appel devant le juge judiciaire français contre les sentences rendues par la CAIP[1763]. Les deux catégories de sentences arbitrales peuvent faire l'objet d'une demande en rectification en cas d'erreur matérielle ou d'omission de statuer. Elle peut aussi faire l'objet d'une demande en interprétation[1764].

939. Les recours en annulation, qui n'ont pas prospéré devant le juge d'annulation, permettent à la sentence arbitrale d'acquérir un caractère définitif. Par ailleurs, en matière d'arbitrage interne, l'absence de recours en

---

[1758] Article XXIII des Formules INCOGRAIN du 1er juillet 2021.

[1759] Article 16 du Règlement de la Chambre arbitrale international de Paris du 01er janvier 2021.

[1760] Article XXIII de la Formule INCOGRAIN n°20 du 1er juillet 2021.

[1761] Article 28.3 du Règlement de la Chambre arbitrale international de Paris du 01er janvier 2021.

[1762] Article 31.1 du Règlement de la Chambre arbitrale international de Paris du 01er janvier 2021.

[1763] Articles 31.1 et 31.2 du Règlement de la Chambre arbitrale international de Paris du 01er janvier 2021.

[1764] Article 32.2 du Règlement de la Chambre arbitrale international de Paris du 01er janvier 2021.

annulation contre les sentences rendues par l'instance d'appel de la CAIP confère à la sentence arbitrale un caractère définitif.

940. De même, l'exigence du caractère définitif de la sentence arbitrale est aussi valable pour les sentences arbitrales provenant des centres d'arbitrages d'autres Societas mercatorum , notamment la GAFTA.

2. La GAFTA

941. Dans le cadre de l'exécution d'un contrat type GAFTA, les différends qui surviennent sont tranchés par voie d'arbitrage. Le tribunal arbitral rend des sentences arbitrales partielles ou finales[1765], la commission d'Appel GAFTA rend des sentences arbitrales finales[1766]. Le recours en appel contre une sentence partielle ne peut intervenir qu'après que le tribunal arbitral GAFTA ait rendu une sentence arbitrale finale[1767]. La commission d'appel de la GAFTA peut être aussi saisie en appel pour se prononcer sur la régularité des sentences rendues par le tribunal arbitral GAFTA[1768]. Par convention, les parties à l'arbitrage peuvent prévoir de ne pas faire recours à la commission d'Appel[1769]. Dans ce cas, la sentence arbitrale peut être qualifiée de définitive. En cas d'appel contre la sentence arbitrale rendue par le tribunal arbitral GAFTA, l'organe compétent est la commission d'appel du GAFTA. La sentence arbitrale rendue par cette commission est considérée comme définitive, sauf recours en annulation devant le juge judiciaire[1770].

942. La commission d'appel de la GAFTA peut être saisie pour rectifier ou annuler une sentence arbitrale rendue par le tribunal arbitral de la GAFTA[1771]. En cas de rectification de la sentence par la commission d'appel, cette sentence est considérée comme définitive[1772]. Enfin, dans certaines matières spécifiques, notamment en matière d'amirauté en droit maritime, les juridictions américaines reconnaissent la compétence exclusive aux tribunaux arbitraux de la GAFTA[1773]. Lorsque la sentence est annulée par la

---

[1765] Article 8.2 de l'Arbitration Rules n°125 de la GAFTA.
[1766] Article 10 de l'Arbitration Rules n°125 de la GAFTA.
[1767] Article 8.2 de l'Arbitration Rules n°125 de la GAFTA.
[1768] Article 10 de l'Arbitration Rules n°125 de la GAFTA.
[1769] Article 6 de l'Arbitration Rules n°125 de la GAFTA.
[1770] I. Polovets; M. Smith; B. Terry, « GAFTA arbitration as the most appropriate forum for disputes resolution in grain trade », *Arizona Journal of International & Comparative Law*, 2013, p. 560 et s.
[1771] Articles 12.5 ; 12.6 et 12.7 de l'Arbitration Rules n°125 de la GAFTA.
[1772] Cf. Aff. *Aston Agro-Industrial c/ Star Grain Ltd*, (2006).; *Aff.* A/phamate Commodity GMBH c/ CHS Europe SA, 627 F.3d à 188.
[1773] Ibid.

commission d'appel, la clause de "name and shame" ne pourra pas être mise en œuvre, car il n'y aura pas de sentence arbitrale à exécuter. Par ailleurs, une fois que la sentence arbitrale est considérée comme définitive. Dans l'hypothèse où le débiteur n'exécute pas ladite sentence, le créancier peut s'en prévaloir auprès du Conseil de la GAFTA pour la mise en œuvre de la clause de *Blacklisting.*

943. Cependant, deux difficultés sont à considérer en cas de recours judiciaire en annulation contre la sentence arbitrale GAFTA. La première porte sur la confirmation de la sentence GAFTA par le juge. La seconde concerne l'annulation de la sentence arbitrale. En cas de confirmation de la sentence GAFTA par une décision d'un juge judiciaire ayant acquis l'autorité de chose jugée, cette sentence devient définitive. Dans l'hypothèse où le débiteur n'exécute pas dans les délais la sentence arbitrale devenue définitive, le créancier peut saisir le Conseil GAFTA pour mettre en œuvre la procédure de *Blacklisting.* Dans le cadre de la mise en œuvre de cette procédure, le Conseil de la GAFTA respecte le principe du contradictoire en communiquant avec la partie défaillante. En cas d'annulation de la sentence arbitrale par les juridictions judiciaires, la clause de « name and shame » ne pourra pas être mise en œuvre[1774].

944. En présence d'une sentence arbitrale définitive non exécutée par le débiteur à la suite d'une procédure d'arbitrage sous l'égide de la GAFTA ou de la CAIP, le créancier peut demander l'application de la clause de *Blacklisting* pour recouvrer sa créance, c'est-à-dire obtenir une exécution efficace de la sentence arbitrale internationale.

B. Application de la clause

945. Dans le cadre des contrats types GAFTA, Syndicat de Paris, ou des Règlements CACI et CICCA, le créancier est fondé à saisir les organes dirigeants des faîtières associatives. Lorsque cette saisine est considérée comme régulière et fondée, elle permet aux organes habilités de déclencher la procédure de *Blacklisting.*

946. La sanction appliquée au débiteur dans le cadre de la mise en œuvre de la clause de Blacklisting est disciplinaire[1775]. Cette sanction est déclenchée et mise en œuvre par des organes dirigeants des Societas mercatorum

---

[1774] Cf. Aff. *Ku/berg Finances, Inc. c/ Spark Trading* D. MC.C, 628 F. 3d à 188.

[1775] Article 24.1 du Règlement d'arbitrage numéro 125 du GAFTA ; Article 35 du Règlement de la CACI ; Article XXIV du contrat type de la formule INCOGRAIN n° 20 (Syndicat de Paris) ; les points 6 et 7 du Règlement du CACCI.

étudiées. Il s'agit des Conseils d'administration du Syndicat de Paris, du GAFTA et de CACCI pour la mise en œuvre de la procédure du *Blacklisting* [1776]. Chaque Societas mercatorum dispose de procédures spécifiques pour déclencher la clause.

947. Le Conseil d'administration du Syndicat de Paris peut actionner la procédure de publication de la liste noire sous quatre conditions. Premièrement, il faut que le créancier formule et introduise auprès du Conseil d'administration une demande de mise en œuvre de l'article correspondant des formules INCOGRAIN. Deuxièmement, à la réception de cette demande, le Conseil d'administration du Syndicat de Paris vérifie l'existence de la sentence non exécutée. Le débiteur est donc informé par lettre recommandée avec accusé de réception. Une fois qu'il a été confirmé que le débiteur a reçu la notification, un délai de vingt jours lui est accordé pour qu'il se conforme à la sentence. Après expiration de ce délai, en cas d'inexécution de la sentence arbitrale, le Conseil d'administration peut inscrire la partie débitrice sur la liste noire et procéder à la publication de cette liste.

948. Troisièmement, la publication et l'affichage du nom commercial du débiteur récalcitrant se font également par lettre circulaire du Conseil d'administration du Syndicat de Paris. Cette lettre qui inscrit le débiteur sur la liste noire est adressée aux membres du Syndicat avec la levée de l'anonymat sur le nom commercial du débiteur fautif. Cependant, l'anonymat relatif au nom commercial du débiteur est conservé lorsque la publication est adressée aux personnes tierces qui ne sont pas membres du Syndicat de Paris.

949. En Côte d'Ivoire[1777], la sanction disciplinaire se rapporte aux usages pratiqués au sein des associations qui ont adhéré aux Règlements de la CACI. Les organes administratifs régulièrement élus et disposant de cette attribution conformément aux statuts de l'association sont habilités à déclencher la sanction disciplinaire à l'encontre du débiteur qui refuse d'exécuter la sentence arbitrale. À titre d'exemple, dans le secteur du café et du cacao, les organes sont régulièrement élus et disposent des prérogatives pour enclencher

[1776] Definition Gafta: The Grain and Feed Trade Association.

[1777] Le choix de la CACI est motivé par les raisons suivantes : Côte d'Ivoire est le premier producteur du Café et Cacao en Afrique. Il est membre de l'OHADA. La Cour d'Arbitrage de la Côte d'Ivoire a prévu dans son Règlement une clause de *Blacklisting* en cas de non-exécution de la sentence arbitrale par le débiteur.

des sanctions disciplinaires conformément à leur statut[1778]. Il s'agit d'une délégation du pouvoir de sanction disciplinaire aux associations membre de la CACI. À la différence des associations la GAFTA, CICCA et le Syndicat de Paris appliquent directement la sanction disciplinaire. En Côte d'Ivoire, la mise en œuvre de cette sanction est contrôlée par la CACI à la suite de la reddition de la sentence arbitrale[1779].

950. Le Conseil de la GAFTA peut établir et faire circuler entre les membres adhérents le nom du débiteur récalcitrant qui refuse d'exécuter dans les délais la sentence arbitrale finale provenant du tribunal arbitral ou de la commission d'appel. À la différence de la Chambre arbitrale internationale de Paris, le Conseil de la GAFTA peut prendre des sanctions administratives en cas d'inexécution de la sentence arbitrale provenant des deux juridictions arbitrales. Il s'agit du tribunal arbitral de la GAFTA et de la Commission d'appel. Ainsi, le Conseil de la GAFTA peut inscrire sur la *Blacklist* une entreprise récalcitrante à condition que la sentence soit définitive[1780]. Dans l'hypothèse où un recours en appel est formulé contre la sentence du tribunal arbitral ou en présence d'un recours en révision ou en interprétation, la procédure du *Blacklisting* ne peut pas être engagée[1781]. Le caractère définitif de la sentence arbitrale est déterminant pour déclencher dans le cadre de la GAFTA la procédure de la *Blacklisting* en cas d'inexécution de la sentence arbitrale. Cette précision concernant la nature définitive de la sentence arbitrale n'est pas faite dans les formules INCOGRAIN.

951. L'article 24.1 du Règlement d'arbitrage GAFTA ne prévoit pas de démarche procédurale particulière avant la publication du nom commercial du débiteur récalcitrant sur le tableau d'affichage ou sur le site web de la GAFTA. Cependant, la circulation de la *Blacklist* se fait entre les membres de l'Association et le Conseil de la GAFTA doit veiller à la proportionnalité dans la mise en œuvre de la sanction disciplinaire appliquée à l'égard du débiteur. La transmission de la liste noire se fait par notification du Conseil de la GAFTA à l'endroit des membres inscrits au sein de l'association.

952. En ce qui concerne l'association CICCA, le point 6 du Règlement de l'association autorise le créancier à déclencher la procédure de *Blacklisting* pour mettre en œuvre la responsabilité contractuelle du débiteur de mauvaise

---

1778 Syndicat national agricole pour le progrès en Côte d'Ivoire (SYNAPCI), de l'Association nationale des producteurs de café-cacao de Côte d'Ivoire (ANAPROCI) et du Syndicat national des exploitants agricoles de Côte d'Ivoire (SYNEAGRI-CI).
1779 Ibid.
1780 Article 24.1 « *Arbitration Rules n°125* » du centre d'arbitrage de la GAFTA.
1781 Ibid.

foi. Cette procédure est différente de celle appliquée par les autres associations cibles de notre étude. Le rôle du Comité de CICCA est très circonscrit dans la mise en œuvre de la sanction disciplinaire. Le Comité autorise aussi la publication du nom commercial du débiteur défaillant dans le journal officiel de l'association. Par ailleurs, à la différence du GAFTA et du Syndicat de Paris, la liste noire des mauvais débiteurs membres de la CICCA est aussi publiée sur les sites web d'autres associations membres de CICCA. C'est le cas de l'ICA (Cotton Association of India)[1782] qui peut communiquer à CICCA la liste des mauvais débiteurs et publier sur son site web la liste définitive mise à jour par CICCA. L'ICA est une association membre de la Societas mercatorum ICCA qui est une fédération des associations cotonnières.

953. Pour la publication définitive de la liste noire, le conseil d'administration de la CICCA a un devoir de contrôle et de surveillance de la régularité de l'application de la clause. Ainsi, les organes dirigeants, notamment celui de la CICCA procèdent à la vérification de l'existence d'une relation contractuelle basée sur le support juridique du contrat type de l'association et s'assurent que la sentence arbitrale mise en cause n'a pas été exécutée[1783]. L'objectif de ces précautions est double. Il s'agit d'assurer d'une part l'efficacité de l'exécution de la sentence arbitrale, et d'autre part d'éviter une éventuelle mise en œuvre de la responsabilité de l'organe dirigeant de la Societas mercatorum pour faute. Il s'agit de la responsabilité pour faute de gestion dans la procédure de mise en œuvre de la clause de *Blacklisting*. Dans ce cas, le requérant doit démontrer l'existence de la faute, d'un préjudice subi et du lien de causalité entre la faute et le préjudice subi[1784]. À l'exception de l'association CICCA, les organes dirigeants d'autres Societas mercatorum, notamment le Syndicat de Paris et la GAFTA, sont tenus de veiller à ce que la liste de *Blacklisting* ne fasse pas l'objet d'une publicité abusive[1785].

954. À ce stade d'analyse des conditions légales qui encadrent l'existence et la mise en œuvre de la clause *Blacklisting,* un point important mérite d'être traité. Il s'agit de l'efficacité de la clause.

[1782] Article 58-c « *Rules of Arbitration » du centre d'arbitrage de l'ICA (Cotton Association of India) ». ;* https://www.caionline.in/pages/rules-of-arbitration

[1783] Le point 6 du Règlement du Comité de coopération internationale entre les associations cotonnières (CICCA).

[1784] Cass. comm., 6 oct.2015, pourvoi n°13-27.419. ; Cass. comm., 23 mars 1999, pourvoi n°96-22.334. ; Cass. 3[èm] civ., 11 février 1998, pourvoi n°96-10.257. ; Cass. 2[èm] civ., 9 juillet 1997, pourvoi n°95-22.149.

[1785] Cf. infra les paragraphes n°796 et ss.

CHAPITRE 2 : L'EFFICACITÉ DE LA CLAUSE DE BLACKLISTING

955. L'utilité de la clause de *Blacklisting* réside dans son efficacité. L'efficacité de la clause ne se limite pas seulement au cadre contractuel, elle va au-delà. Le mode d'application graduée de la clause justifie aussi son efficacité. Il n'est nullement dans l'intérêt du débiteur de se faire inscrire sur une liste noire. Dans un cadre contractuel immédiat entre le débiteur et le créancier, la clause présente un caractère dissuasif compte tenu de la force obligatoire des usages en vigueur dans les Societas mercatorum. Cette caractéristique de la clause favorise l'exécution volontaire des sentences arbitrales dans le cadre d'un arbitrage GAFTA ou celui d'une chambre d'arbitrage du Syndicat de Paris. Les Societas mercatorum utilisent aussi la clause de *Blacklisting* à titre préventif pour garantir le bon déroulement des relations d'affaires entre les membres. Ces différentes fonctions de la clause de *Blacklisting* méritent d'être développées dans la première section de ce chapitre (**Section 1**).

956. Lorsque nous nous plaçons hors du périmètre contractuel direct entre le créancier et le débiteur, la clause préserve le droit de recouvrement du créancier et protège le débiteur contre une publication non autorisée de la liste noire. En effet, en cas d'usage non autorisé de la liste noire par un membre des Societas mercatorum, sa responsabilité extracontractuelle peut être engagée. Par ailleurs, dans le cadre de l'exécution de la sentence arbitrale, le débiteur peut céder les actifs de son entreprise à un tiers. Il peut aussi mandater une personne tierce afin de payer la créance au profit du créancier. La responsabilité civile du tiers et (nouveau débiteur) et celle du débiteur principal peuvent être mise en œuvre par le créancier en cas de mauvaise exécution de l'obligation ayant fait l'objet de cession. Ainsi, les conditions de mise en œuvre de la responsabilité civile des parties (le créancier, le débiteur principal, le nouveau débiteur, le mandataire) seront exposées en détail dans la deuxième section de ce chapitre (**Section 2**).

SECTION I : Les fonctions de la clause de *Blacklisting*

957. L'application de la clause de *Blacklisting* répond à une démarche protocolaire et précise. Elle s'applique suivant une démarche par niveau de sanction. Il s'agit d'une sanction ciblée avec mélange de flexibilité et de fermeté. Cette originalité du mécanisme de mise en œuvre de la clause de *Blacklisting* concourt à l'effectivité de la sanction qui s'y découle (**Paragraphe 1**). Par ailleurs, l'identification du mauvais débiteur et la publication de la liste noire au sein des membres des sociétas mercatorum qui appliquent le mécanisme de *Blacklisting* répondent à un objectif précis. Il s'agit d'un procédé de prévention pour protéger les membres contre des cas d'insolvabilités et d'assurer l'exécution efficace des sentences arbitrales (**Paragraphe 2**).

Paragraphe 1 : La *soft Law* au service de l'effectivité du blacklisting

958. La finalité du mécanisme du *Blacklisting*, est la sanction du mauvais débiteur. Cette sanction est appliquée avec parcimonie et graduation. Il s'agit d'une sanction graduée (**A**). La force obligatoire des règles déontologiques constitue donc un support d'effectivité de la clause de *Blacklisting* (**B**). Lorsque la sanction de la clause de *Blacklisting* est mise en œuvre et aboutit à l'établissement de la liste noire contre le débiteur, il peut y avoir une réaction négative du marché. La liste noire sur laquelle est inscrit le débiteur récalcitrant est mise à la disposition des membres adhérents des associations corporatistes et accessibles aux tiers en ligne sur internet. C'est le cas des *Blacklisting* publiées par la CICCA[1786]. Il en résulte que dans le cadre des chaînes de contrat[1787] ou non, les entreprises tierces peuvent s'abstenir de contracter avec le débiteur récalcitrant. Cette attitude peut être justifiée par la volonté des acteurs du secteur du commerce international de contribuer à assainir la profession dans divers secteurs du commerce international.

A. La sanction graduée du mécanisme de *Blacklisting*

959. Les Societas mercatorum qui font l'objet de notre étude appliquent la *soft Law* inscrite dans les contrats types ou dans les règlements de leurs centres d'arbitrage pour assurer l'efficacité d'exécution des sentences arbitrales. Ainsi, le refus de la part d'un débiteur d'exécuter une sentence arbitrale de la CAIP ou de la GAFTA ayant un caractère définitif est considéré comme une violation des règles

---

[1786] CICCA Ref:. 003, liste numéro 480 du 26 février 2021, des entreprises membres de la CICCA signalées comme n'ayant pas respecté les sentences résultant des arbitrages menés par les associations membres de la CICCA.
http://www.cicca.info/unfulfilled_awards_list.php

[1787] Définition de Chaîne de contrat est : « une pluralité de contrat ou de convention se succédant dans le temps et portant sur le même objet ». Lorsque les contrats successifs sont de même nature, la chaîne est dite homogène. Lorsque les contrats sont de nature différente, la chaîne est dite hétérogène. (Cf. Cass. 1re civ., 3 oct. 2018, n° 17-10.090, *RTD com*. 2018., obs. B. Bouloc, p. 1010.; Cass. comm. 16 janv. 2019, n° 17-21.477, *D*. 2019, Edilfibro, p. 124.; *AJ Contrat* 2019, obs. C. Nourissat, p. 139.; *RTD com*. 2019., obs. B. Bouloc, p. 199; *JCP E* 2019, note Y. Heyraud, p. 1153.)

déontologiques. La contravention aux règles déontologiques des Societas mercatorum est sanctionnée à travers la mise en œuvre de la procédure du *Blacklisting*. La sanction prévue est à double degré. La première consiste à faire un appel au boycott de l'entreprise mise en cause au sein de la sociétas mercatorum habilitée à appliquer la sanction[1788]. Le second niveau de sanction consiste à rendre accessible aux tiers ou aux nouveaux membres des Societas mercatorum le nom commercial du mauvais débiteur. Il s'agit de mettre en jeu la réputation du débiteur de mauvaise foi afin de l'amener à s'acquitter de ses obligations pécuniaires[1789].

960. L'intérêt de cette sanction graduée est de permettre au débiteur mis en cause de se rattraper en exécutant la sentence arbitrale afin de réintégrer le cours des affaires au sein de la Societas mercatorum qui l'a sanctionné. Il s'agit d'une forme de suspension du mauvais débiteur de la Societas mercatorum. Il s'agit aussi d'une privation sous forme de sanction de premier niveau de l'entreprise fautive. Le mauvais débiteur, sous le coup de la sanction du *Blacklisting*, ne pourra plus établir des relations d'affaires avec les membres de la Societas mercatorum à laquelle il appartient. Dans l'hypothèse où il exécute la sentence arbitrale mise à sa charge, il pourra donc faire l'objet d'une nouvelle intégration au sein de la Societas mercatorum qui l'a sanctionné.

961. Dans l'hypothèse où le débiteur mis en cause persiste dans une logique de non-exécution de la sentence arbitrale, la Societas mercatorum peut appliquer une sanction plus sévère. La mise en jeu de la réputation du débiteur récalcitrant par voie de cybersanction[1790]. Il s'agit de déconseiller tacitement aux entreprises tierces et aux nouveaux adhérents de la Societas mercatorum responsable de la sanction de ne pas entrer en relation d'affaires avec le débiteur mis en cause[1791]. En tout état de cause, il s'agit des conséquences de la violation des règles déontologiques des Societas mercatorum en matière du commerce international. En réalité, personne ne peut prédire la réaction des entreprises tierces à la suite de la publication du nom du débiteur de mauvaise par voie de cybersanction. Il s'agira soit d'un boycott à un degré élevé, moyen ou faible de l'entreprise

---

[1788] G. Pignarre, & S. Benisty, « La norme sociale de conduite saisie par le droit ». *RTDCiv.* : *Revue trimestrielle de droit civil*, 2014, 03, p.746 et ss. ⟨halshs-02249382⟩

[1789] C. Thibierge, « Le droit souple », *RTD civ.* 2003. p. 599.

[1790] V.-O. Dervieux, « Name and Shame : publication et affichage, l'impossible droit à l'oubli ? », *Gaz. Pal.* 2016, n° 9, p. 29.

[1791] Ibid.

mise en cause[1792]. Le niveau de sanction dans ce cas présente une nature aléatoire. Cependant, la Societas mercatorum doit veiller à ce que la sanction par voie cybernétique appliquée au mauvais débiteur ne présente pas un caractère abusif[1793].

962. La clause de *Blacklisting* ne pourrait pas produire l'effet escompté sans que les membres des Societas mercatorum ne soient tenus de respecter des règles minimales de déontologie. Il s'agit de faire respecter et d'appliquer les règles auxquelles les membres ont librement adhéré. À titre d'exemple, le respect par le débiteur de son obligation d'appliquer la sentence arbitrale fait partie des obligations de ce dernier. En cas d'inexécution d'une sentence arbitrale, les membres adhérents ont aussi comme obligation déontologique de ne pas établir des relations commerciales avec le débiteur contrevenant. La sanction appliquée à travers le mécanisme de la *Blacklisting* en cas d'inexécution des sentences arbitrales semble être ponctuée de flexibilités, mais elle a un impact fort sur la survie d'une entreprise mise en cause. Il est donc possible qu'une entreprise qui a été mise en cause après conformité à la sentence arbitrale ait du mal pour retrouver sa notoriété à la suite d'une sanction par voie cybernétique à travers la mise en œuvre de la procédure de la *Blacklisting* [1794]. Il en résulte que, les règles déontologiques en vigueur dans les Societas mercatorum présentent une force obligatoire. Le caractère obligatoire de ces règles de sof Law contribue à l'autorégulation de différents secteurs du commerce international en matière d'exécution des sentences arbitrales. Il est donc utile de présenter la portée juridique des règles déontologiques en vigueur dans certaines Societas mercatorum.

B. La force obligatoire des règles déontologiques

963. La déontologie est l'ensemble des devoirs inhérents à l'exercice d'une activité professionnelle libérale et définis par un ordre professionnel[1795]. Le *Blacklisting* implique le respect du principe de la force obligatoire du contrat et de transparence entre les partenaires commerciaux membres des organisations faîtières de matières premières. À titre d'exemple, le GAFTA dispose d'un code de conduite applicable aux membres de l'association. La rapidité et l'efficacité des procédures

---

[1792] B. Guerrien & O. Gun, « Efficient Market Hypothesis: What are we talking about ? », *Real-world economics review*, 2011, n° 56, p. 19.

[1793] Cons. Const. Décision n° 2021-984 QPC du 25 mars 2022, dans *l'Aff. Société Eurelec trading*.

[1794] Ibid.

[1795] B. Feugère, « Le devoir de loyauté en droit des affaires », *Gaz. Pal.* 2000, p. 1-4.

d'arbitrages ont incité les organisations corporatistes à adopter ce mode de règlement de litige au sein de leur corporation. La confidentialité est aussi un critère de choix. Cependant, elles se sont confrontées à une difficulté majeure, celle de l'application effective des sentences arbitrales. Pour résoudre ce problème, les adhérents à ces organisations corporatistes s'engagent à respecter des règles de déontologie. Il s'agit du respect des clauses des contrats types et des Règlements relatifs à l'exécution de la sentence arbitrale par les membres du GAFTA ou du Syndicat de Paris. La clause de *Blacklisting* joue un rôle essentiellement dissuasif, car elle a pour objet de contraindre les adhérents à respecter la règle de déontologie portant sur l'obligation du débiteur à exécuter la sentence arbitrale.

964. Le respect de la déontologie consacrée par la clause à deux finalités juridiques. La première porte sur la sanction économique et disciplinaire de l'entreprise défaillante et la seconde est relative à la protection des autres adhérents à l'organisation corporatiste. En effet, avec cette sanction, l'entreprise *blacklistée* risque de perdre sa réputation commerciale. Le débiteur défaillant est donc considéré comme un mauvais exemple au sein de la corporation. La clause de *Blacklisting* interdit dans ce cas aux autres adhérents de conclure des accords commerciaux avec lui[1796]. L'application des règles déontologiques par les Societas mercatorum permet d'assainir l'environnement du secteur du commercial international. L'objectif est de faire comprendre aux adhérents la force obligatoire des engagements contractuels. Il est donc porté à la connaissance des adhérents que les contrevenants aux règles de déontologie de l'organisation feront l'objet d'une publicité négative. La valeur de la bonne réputation dans le secteur du commerce international des matières premières est d'une grande importance d'où le caractère dissuasif des règles déontologiques propres à ce secteur. Une mauvaise publicité mettant en cause la probité commerciale d'une entreprise membre du Syndicat de Paris ou du GAFTA peut entrainer des conséquences commerciales et économiques graves pour l'entreprise. Pour éviter ces difficultés, la plupart des entreprises débitrices à la suite d'une procédure d'arbitrage exécutent la sentence arbitrale.

965. La *Soft Law* a un enracinement réel et fort dans l'environnement du commerce international en général et au sein des Societas mercatorum du secteur des matières premières. Plus une entreprise est réputée en matière de respect des règles de déontologies, plus elle a la confiance des

---

[1796] Cf. Art. 24.1 du Règlement n°125 du GAFTA. ; Art. XXIV du contrat type du syndicat de Paris. ; le point 7 du Règlement du CICCA.

acteurs du marché. La conséquence est qu'elle sera plus sollicitée et bénéficiera de meilleures opportunités d'affaires. Les entreprises membres des organisations corporatistes ont donc un devoir de moralité vis-à-vis du respect des règlements auxquels elles ont librement adhéré. Le caractère ponctuel d'une transaction commerciale a pour conséquence l'influence limitée de la partie qui est sortie gagnante d'une procédure d'arbitrage sur le débiteur. Dans cette hypothèse, le débiteur de mauvaise foi peut retarder l'exécution de la sentence arbitrale. Les règles de conduites et de déontologie en vigueur dans les organisations faîtières corporatistes viennent combler cette faiblesse. Ainsi, la clause de *Blacklisting* constitue un instrument déontologique qui contribue à l'exécution de la sentence arbitrale. La dimension déontologique de la clause contribue donc à développer un réflexe de bonne foi au sein des membres adhérents des Societas mercatorum lorsqu'il s'agit d'exécuter une sentence arbitrale.

966. La publication du *Blacklisting* peut faire réagir les entreprises partenaires des membres de l'organisation professionnelle concernée. Ces entreprises ne sont pas en principe tenues de se conformer à la sanction appliquée au débiteur défaillant. Cependant, ces entreprises externes en relation contractuelle avec les entreprises membres de l'organisation corporatiste qui a pris la sanction peuvent contribuer à la réaction du marché. En effet, la participation des entreprises externes à la sanction et à la réaction du marché peut se justifier par l'application de ces dernières des usages du commerce. L'ampleur de la réaction du marché ne peut pas être déterminée avec précision en avance. Cependant, au sein des organisations corporatistes, les membres adhérents vont s'abstenir d'établir des relations d'affaires avec le débiteur mis en cause jusqu'à l'acquittement de la dette à sa charge. Nous avons par conséquent une sanction du marché qui vient compléter la sanction disciplinaire prévue par la clause. Le respect de ces usages à caractère matériel par les entreprises extérieures à l'organisme qui a pris la sanction contribue à la réaction du marché à l'égard du débiteur récalcitrant. Cette réaction du marché constitue une sanction économique et commerciale en cas de non-exécution de la sentence arbitrale par le débiteur[1797].

967. Le débiteur récalcitrant subit en cas d'inexécution de la sentence arbitrale les règles d'autorégulation du marché. La sanction du marché

[1797] G. Chantepie, *De la nature contractuelle des contrats types*, *RDC 2009*. p. 1233. ; P. Malinverni, *Les conditions générales de vente et les contrats types des chambres syndicales*, th. Paris II, *LGDJ,* 1978, préf. J. Hémard.

peut exclure un débiteur de mauvaise foi du système du commerce des céréales, du coton, des oléagineux. La sanction économique et commerciale de l'entreprise ciblée peut conduire au boycott de ses produits et activités commerciales, ce qui peut facilement précipiter la disparition du débiteur récalcitrant du système commercial corporatiste. Le débiteur défaillant en cas d'inexécution de la sentence arbitrale aura donc la pression du marché et peut subir une perte plus importante que la dette à rembourser au créancier. La sanction appliquée au débiteur récalcitrant n'est pas uniquement disciplinaire, elle peut être à la base d'autres sanctions complémentaires. En effet, à la suite de la sanction disciplinaire pour cause de violation des règles déontologiques, la première conséquence externe à cette sanction est la réaction du marché. Cette réaction est induite par le respect des usages du commerce de la part des acteurs des filières céréalières, du coton, des oléagineux à l'égard du débiteur mis sur la liste noire. Ces usages obligent les membres des Societas mercatorum de refuser toutes relations contractuelles avec le débiteur ciblé tant qu'il ne se conforme pas à la sentence arbitrale. Dans l'hypothèse où le mauvais débiteur persiste dans une attitude de violation des règles déontologiques et d'usages du secteur dans lequel il réalise ses opérations commerciales, il court le risque de subir une mauvaise réaction du marché.

968. Il en résulte que les règles de déontologie en vigueur dans les secteurs du commerce international ont une réelle force juridique dans le monde des affaires. Ils déterminent l'attitude des agents économiques et conditionnent fortement la réaction du marché. Le mécanisme de *Blacklisting* est donc un stimulant de l'attitude des opérateurs économiques d'un secteur du commerce international envers un mauvais débiteur. Il s'agit d'un outil de prévention et de protection.

Paragraphe 2 : Le caractère préventif du *Blacklisting*

969. Le rôle premier des associations corporatistes est de veiller à la bonne marche des affaires dans leur secteur commercial. Pour ce faire il faut mettre en place des mécanismes d'information des membres sur tout aspect susceptible de mettre à mal le dynamisme du secteur. Ainsi, les organes centraux de ces associations corporatistes ont à charge un devoir général d'information des membres (**A**). Il s'agit d'orienter les membres sur les conduites à tenir en face des difficultés et obstacles qui peuvent subvenir dans le cadre de l'exécution des contrats types. C'est ce qui justifie la nécessité d'informer les membres en cas d'inscription d'une entreprise sur la liste noire. Au-delà de ce devoir d'information des membres des associations corporatistes, il est important de préciser le rôle ultime de la clause. La finalité réelle de la clause est de réduire au maximum les cas d'inexécution des sentences arbitrales issues des arbitrages corporatistes (**B**). On aura donc pour conséquence à long terme l'efficacité d'exécution de la sentence arbitrale.

A. L'obligation d'information à la charge des associations corporatistes

970. Les clauses de *Blacklisting* des chambres d'arbitrages étudiés précisent que la liste noire fera l'objet d'une diffusion en cas d'inexécution de la sentence arbitrale. Nous rappelons que les membres des organisations faîtières sont liés à cette dernière par un contrat d'adhésion. Ainsi, la diffusion de la liste noire est réalisée par le biais d'une circulaire, d'affichage et de publication sur le site web de l'organisation. La communication du nom commercial du débiteur de mauvaise foi aux membres de l'association est une forme de traitement de l'information liée à ce sujet. La diffusion de l'information portant sur la non-exécution de la sentence arbitrale par le débiteur récalcitrant déclenche la sanction juridique et économique contre l'entreprise en cause. Ces différentes sanctions constituent le caractère préventif et dissuasif de la clause de *Blacklisting*.

971. La publication de la liste noire a pour destinataires cibles les membres adhérents et les tiers ayant accès à ces informations par le biais des plates-formes numériques des organisations corporatistes étudiées dans notre cas. En effet, il est de la responsabilité de l'association corporatiste d'informer les membres sur l'existence de la liste noire sur laquelle les débiteurs récalcitrants sont inscrits [1798]. Il s'agit d'une obligation d'information générale à l'égard des membres afin d'éviter qu'ils contractent avec des partenaires qui transgressent leurs obligations d'exécutions des sentences arbitrales[1799]. Cette information apportée à la connaissance des membres des Societas mercatorum permet à ces derniers de se prémunir contre un éventuel mauvais débiteur dans l'hypothèse où

[1798] La jurisprudence a posé que le devoir d'information concerne aussi le cocontractant professionnel. Cela justifie donc le Syndicat de Paris par exemple est tenu d'informer les membres sur l'existence d'un débiteur qui refuse d'exécuter une sentence arbitrale de la Chambre arbitrale internationale de Paris. (Cf. Cass. Com., 14 novembre 1977, pourvoi n°75-15.185).

[1799] Art. 1112-1 du Code civil français.

ils devraient contracter avec un membre qui avait fait l'objet de *Blacklisting.*

972. En France, la jurisprudence a précisé que l'obligation générale d'information présente trois caractères. Le premier caractère porte sur l'obligation générale de renseignement relative à une information objective. L'information en jeu doit être susceptible d'intéresser tout cocontractant indépendamment de ses besoins et de l'utilisation escomptée de la chose objet du contrat. Le second caractère porte sur l'adéquation de la chose objet du contrat à son utilisation prévisionnelle. Et le troisième caractère est relatif au devoir de mise en garde qui consiste à présenter à une partie, les risques éventuels de la chose objet du contrat[1800]. Ce dernier caractère est en phase avec le rôle des organisations faîtières de céréales, de coton, et d'oléagineux qui ont une obligation d'information à l'égard de leurs membres adhérents. Ainsi, la mise en œuvre de cette obligation répond à deux règles. En premier lieu, l'information détenue par le cocontractant doit être suffisamment sérieuse pour modifier éventuellement le comportement du partenaire. En second lieu, le créancier de l'information doit l'avoir légitimement ignoré. Cette ignorance légitime doit être caractérisée par sa difficulté d'accessibilité pour le créancier de l'information [1801] . Ces conditions répondent parfaitement aux besoins des membres des organisations faîtières corporatistes. La procédure d'arbitrage étant confidentielle, tous les membres de l'association ne sont pas informés des procédures d'arbitrages qui ont lieu entre d'autres membres. En cas d'inexécution d'une sentence arbitrale, l'association faîtière doit donc informer les membres adhérents par le biais de la circulaire *Blacklist.*

973. La Cour de cassation française sanctionne le manquement à l'obligation d'information à deux niveaux. Le premier niveau porte sur la responsabilité civile délictuelle dans la mesure où il y a un lien de causalité entre la faute et le préjudice causé à l'autre partie[1802]. Le second niveau de sanction porte sur la nullité du contrat pour vice de consentement. L'annulation du contrat trouvera son fondement dans l'erreur sur la qualité substantielle liée à la capacité de la partie à contracter. Ces deux types de sanctions peuvent être appliquées dans le cadre de notre étude dans l'hypothèse où l'organisation faîtière manquerait à ses obligations d'information à l'égard des membres. Le manquement à cette obligation

---

[1800] Cass., 1re civ., 12 juillet 2005, n°03-10.921.

[1801] Cass. com. 17 juillet 2001, n°97-17.259.

[1802] Cass. 1re civ., 3 juin 2010, n° 09-13.591. ; Art. 1240 à 1252 du Code civil français.

d'information générale pourrait induire les membres des associations en erreur dans la mesure où ces derniers pourraient contracter avec les débiteurs de mauvaise foi.

974. La diffusion de ces informations a donc un caractère dissuasif en ce qu'elle prévient les membres de l'association et les dissuade de contracter avec des co-contractants qui ne respectent pas les usages de la profession ou qui présentent des problèmes de solvabilité. Cela contribue à un assainissement du marché.

975. La principale fonction de la clause est favorisée l'exécution des sentences arbitrales. Dans quelle mesure, parvient-elle à être l'instrument adéquat pour l'exécution de la sentence ?

B. Instrument de réduction des risques d'inexécution des sentences arbitrales

976. Les risques d'inexécution du contrat peuvent aussi provenir des attitudes des parties, notamment de la mauvaise foi. La fonction principale de la clause est la protection des membres des Societas mercatorum et du créancier en particulier contre les risques d'inexécution de la sentence arbitrale. La clause de *Blacklisting* constitue un instrument de prévention d'inexécution de la sentence arbitrale. On considère en général qu'en cas d'absence de cas de force majeure, la faute d'inexécution du contrat est imputée au débiteur. Cet aléa d'inexécution des contrats est considéré comme un risque interne à l'opération contractuelle. Il faut donc préciser que les organisations professionnelles, notamment le Syndicat de Paris, le GAFTA disposent des outils juridiques prévus dans les contrats types qui permettent de maitriser ces risques et aléas de l'inexécution. La clause de *Blacklisting* répond parfaitement à cet objectif et permet de réduire les cas d'inexécution de la sentence arbitrale à travers les sanctions qu'elle prévoit. Il s'agit donc de la sanction disciplinaire induite par la suspension du débiteur dans les affaires contractuelles de l'organisation et la sanction économique et commerciale issues de la réaction du marché.

977. Par ailleurs, les membres adhérents du Syndicat de Paris et du GAFTA renoncent expressément ou tacitement de faire un recours contre la publication de la liste noire en cas d'inexécution de la sentence arbitrale. En principe, tout élément du contrat peut faire l'objet du recours s'il est violé[1803]. Cependant, les parties au contrat peuvent renoncer à ce droit de recours pour déroger aux contraintes du droit commun. Cette renonciation au droit de recours dans le cadre de la mise en œuvre du *Blacklisting* provient uniquement du débiteur. Ce dernier n'aura donc qu'une seule issue pour se libérer de la créance : exécuter la sentence arbitrale. Cette stipulation porte principalement sur la condition procédurale du droit qu'elle vise et non sur la substance de celui-ci d'où sa validité sur le plan juridique. Ainsi, la sanction disciplinaire appliquée au débiteur constitue à notre sens un élément de dissuasion supplémentaire. L'objectif est d'aménager le processus d'exécution de la sentence arbitrale et d'inciter le débiteur à exécuter de bonne foi son obligation contractuelle. La conséquence que nous pouvons tirer de cette stipulation de la clause est qu'elle contribue à l'efficacité de l'exécution de la sentence arbitrale dans un cadre légal.

978. L'effectivité de la clause de *Blacklisting* dépend de plusieurs facteurs, notamment le concours des membres des associations faîtières des secteurs commerciaux professionnels. Il s'agit de l'alignement de ces derniers en termes de suivi et d'application des sanctions que la mise en œuvre de la clause de *Blacklisting* pouvait générer. L'obligation des membres des associations faîtières de se conformer à des règles de déontologie corporatistes et à des règles du marché, notamment les usages du commerce constituent l'élément central de la force obligatoire de la clause. En conséquence, la clause de *Blacklisting* est donc devenue un instrument de dissuasion incontournable utile à l'efficacité de l'exécution des sentences arbitrales.

979. Il est aussi capital de préciser qu'en principe la circulation de la liste noire est limitée aux membres adhérents des associations faîtières. Lorsqu'on écarte l'hypothèse de l'existence d'un groupe de contrat et que l'un des membres des Societas mercatorum divulgue la liste noire auprès des entreprises non adhérentes, cela peut déboucher sur des conséquences. Il s'agit de violation de secret professionnel. L'auteur à l'origine de la violation du secret professionnel pourrait-il voir sa responsabilité civile engagée.

SECTION 2 : La responsabilité civile des parties

980. Nous entendons ici par parties : le débiteur *blacklisté*, le créancier qui souhaite l'exécution de la sentence arbitrale dans son intérêt, les membres

---

[1803] D. Mainguy, « Les instruments de la négociation des contrats internationaux », *in le commerce international*, Litec, 2006, n°961.

des Societas mercatorum (Syndicat de Paris et GAFTA) et les Societas mercatorum elles-mêmes à l'initiative de la sanction[1804].

981. La mise en œuvre de la clause de *Blacklisting* se déroule a priori dans un cadre contractuel qui met en lumière le créancier, le débiteur « *blacklisté* » et les organes exécutifs des associations corporatistes. Cependant, la mise en œuvre de la clause peut produire des effets juridiques qui ne se limitent pas uniquement à ce cadre contractuel. Dans le cadre de la publication de la liste noire mettant en cause l'entreprise débitrice de mauvaise foi, des incidents peuvent se produire, notamment les publications non autorisées de la liste en question. Dans l'hypothèse où le débiteur principal arrive à établir que cette publication non autorisée lui cause dommage, il peut engager une procédure judiciaire en responsabilité délictuelle contre le ou les acteurs (**Paragraphe 1**). Dans le même temps, les acteurs identifiés pourraient être sanctionnés sur le plan disciplinaire par l'association corporatiste[1805]. La clause du *Blacklisting* contribue-t-elle à l'efficacité d'exécution de la sentence arbitrale après disparition ou substitution légale du débiteur principal ? Nous pouvons répondre à cette question par l'affirmative, mais il est d'autant plus utile d'évaluer la chance du créancier de recouvrer sa créance en cas de substitution du débiteur principal (**Paragraphe 2**).

Paragraphe 1 : Sanction de la publication abusive de la *Blacklist*

982. Les adhérents des associations corporatistes ont un lien contractuel à travers les Règlements de ces associations. Cependant, les

---

[1804] Pour le tiers il faut comprendre le nouveau débiteur en cas de substitution du débiteur principal par voie de cession, de délégation, de mandat, de transfert d'obligation ou de patrimoine, etc.

[1805] Il est capital de préciser à ce niveau que seront uniquement traités dans ce paragraphe les aspects liés à la responsabilité civile des membres adhérents des associations cibles (Syndicat de Paris et GAFTA). Notre objectif est de démontrer jusqu'à quel niveau la clause du *Blacklisting* contribue à l'efficacité d'exécution de la sentence arbitrale. La sanction disciplinaire appliquée au membre responsable de la publication abusive du Blacklist ne sera pas traitée à ce niveau. En effet, cette sanction disciplinaire ne concerne pas directement l'exécution de la sentence arbitrale en cause. Par ailleurs, le GAFTA a pris des dispositions juridiques pour se protéger d'éventuelles poursuites judiciaires en cas d'usages non appropriés de la liste du Blacklisting par les membres de l'association. (Cf. Avis de non-responsabilité du GAFTA : Avis de non-responsabilité : Tous les circulaires et avis de Gafta sont fournis aux membres uniquement à des fins d'information. Nous n'avons pris aucune mesure pour vérifier l'exactitude des informations fournies et, par conséquent, les membres doivent obtenir leur propre avis professionnel indépendant quant à son contenu et à son effet. Nous ne pouvons accepter aucune responsabilité, quelle qu'en soit la cause, pour toute perte ou tout dommage pouvant être causés par la confiance accordée à toute information contenue dans une circulaire ou un avis Gafta).

adhérents n'ont pas directement entre eux un lien contractuel dans le cadre de la mise en œuvre de ces Règlements. En d'autres termes, chaque adhérent peut voir sa responsabilité contractuelle engagée par l'association en cas de violation des Règlements. D'où le devoir des adhérents de respecter la clause *Blacklisting* consacrée par les Règlements. Par ailleurs, lorsque l'un des membres du Syndicat de Paris ou du GAFTA viole les Règlements et que cette violation cause dommage à un adhérent de l'association, se pose la question de responsabilité civile délictuelle. À titre d'exemple, une publication abusive de la liste du *Blacklisting* ayant causé dommages au débiteur ciblé peut justifier la mise en œuvre de la responsabilité civile délictuelle des membres adhérents auteurs de cette publication (**B**). Pour que la mise en œuvre de cette responsabilité soit effective, il faut que la victime démontre qu'il existe un fait générateur, un dommage subi et surtout montrer que le préjudice subi est certain (**A**).

A. Qualification du dommage causé au débiteur *blacklisté*

983. Les dispositions des contrats types des associations GAFTA, Syndicat de Paris qui consacrent le *Blacklisting* limitent en général sa diffusion au sein des membres adhérents. Il en résulte que la diffusion de la liste noire en dehors de l'association sans autorisation spécifique peut engager la responsabilité civile de l'auteur. En réalité la diffusion de la liste en dehors de l'association faîtière peut causer au débiteur des dommages financiers, notamment la perte de partenaires commerciaux et de la clientèle au débiteur. Les dommages économiques ou financiers, notamment la privation du débiteur de façon disproportionnée de la jouissance de ses activités économiques et commerciales. Il peut s'agir aussi de préjudices d'anxiété ou de préjudice d'établissement ou encore des dommages moraux, d'atteinte à la notoriété[1806].

984. Le débiteur *blacklisté* qui prétend avoir subi un dommage doit prouver que ce dommage est certain, direct et légitime. Pour la première condition, la jurisprudence considère que seuls les dommages réels peuvent être réparés[1807]. Il faut donc que le dommage dont il s'agit soit

[1806] Cass. ass. plén. 02 avril 2021, n°19-18814. ; Cass. ass. plén. 05 avril 2019, n°18-17442, *RDC* 2019/3, p. 3

[1807] Cass. 1re civ., 9 déc. 1997, *Bull. civ.,* I, n°361. ; Cass., 1re 20 juillet 1993, *Bull. civ.*, I, n°274.

certain[1808]. Aussi, un dommage futur[1809] peut être réparable lorsqu'il est établi avec un degré raisonnable de certitude[1810].

985. Pour équilibrer l'évaluation du préjudice certain, la jurisprudence considère la prise en compte de la notion de perte de chance[1811]. Il s'agit des préjudices qui dépendent des évènements aléatoires auxquels la victime n'a pas pu participer[1812]. Une chance faible ou avancée peut être réparable à condition qu'elle ne soit pas hypothétique, mais raisonnable[1813].

986. En cas de publication non autorisée d'une *Blacklist*, le débiteur mis en cause est donc tenu de démontrer en premier lieu que le dommage qu'il a subi est certain. Dans l'hypothèse où ce préjudice est considéré comme futur, le débiteur doit apporter la preuve que le degré de sa réalisation est certain. Cependant, il ne sera pas évident pour le débiteur de démontrer le niveau précis de la réaction du marché à la suite d'une large diffusion de la liste noire. Pour obtenir réparation, le débiteur doit démontrer que le préjudice subi est certain. Le débiteur inscrit sur la liste noire peut aussi prouver qu'il a subi une perte de chance suivant la publication non autorisée de la liste noire en dehors des membres de l'association. À titre d'exemple, on peut citer la rupture des pourparlers contractuels après à une publication inappropriée de la liste. Dans ce cas précis, lorsque le débiteur démontre que la probabilité de la perte de chance était sérieuse, il doit procéder par évaluation totale du préjudice encouru avec affectation d'un coefficient proportionnel à la

---

1808 Cass. 3èmciv., 17 déc. 2002, *JCP* 2004, I.101, n°5, obs. Viney.

1809 Art. 1236 du Code civil : « Une obligation peut être acquittée par toute personne qui y est intéressée, telle qu'un coobligé ou une caution.
L'obligation peut même être acquittée par un tiers qui n'y est point intéressé. Il suffit que ce tiers agisse au nom et en l'acquit du débiteur, ou que, s'il agit en son nom propre, il ne soit pas subrogé aux droits du créancier. »

1810 Art. 7-4-3 des Principes Unidroit. ; Cass. 2èmciv., 25 juin 2015, n°14-21972. Par ailleurs, il est prévu à l'art. 1237 du Code civil que « *les dépenses raisonnablement engagées pour prévenir ou diminuer l'aggravation d'un préjudice futur peuvent être indemnisées* ».

1811 La notion de la perte de chance est définie à l'article 1238 du Code civil : « Elle se manifeste par la disparition actuelle et certaine d'une éventualité favorable constituant un préjudice qui doit être mesuré à la chance perdue ».

1812 Cass., 2èmciv., 4 mai 1972, *D.* 1972, p. 596 et Cass., 2èm civ., 25 janvier 1973, *JCP* 1974 II. p. 17641.

1813 Cass., 1re civ., 25 novembre 2015, n°14-25109. ; Cass., com., 13 mai 2014, n°13-758. ; Cass., 1re civ., 10 juillet 2014, n°13-20606. ; Cass., 1re civ., 30 avril 2014, numéros 13-16380 et 12-22567, *RDC* 2014, obs. Deshayes, p. 610., Cass., 1re civ., 16 janvier 2013, n°12-14439.

probabilité[1814]. Le débiteur ne peut donc pas évoquer la perte de change en présence d'un préjudice certain[1815]. Cependant, lorsque les évènements contribuent à connaitre l'évolution de la chance perdue, une demande de nouvelle réparation est possible[1816].

987. La deuxième condition suppose que le préjudice soit direct. Le débiteur victime de la divulgation de la liste noire hors de l'association corporatiste devra démontrer que le préjudice subi est direct et immédiat[1817]. Le débiteur doit donc prouver l'existence de la faute et aussi, le lien de causalité entre cette dernière et le dommage.

988. Dans l'hypothèse où le débiteur a sous-traité un contrat avec une autre entreprise tierce, celle-ci peut engager la responsabilité civile d'un membre adhérent de la GAFTA ou du Syndicat de Paris. Cette hypothèse est possible lorsque l'un des membres de la GAFTA ou du Syndicat de Paris procède à une publication non autorisée de la *Blacklist*. En effet, l'entreprise sous-traitante du débiteur principal peut se prévaloir d'un dommage par ricochet ou d'un dommage réfléchi pour engager la responsabilité extracontractuelle de l'auteur de la publication. Cette demande de réparation par ricochet peut prospérer à condition que l'entreprise qui estime avoir subi un préjudice indirect démontre qu'elle a une personnalité morale distincte de celle du débiteur *blacklisté*[1818].

989. La troisième (dernière) condition est relative à la question de la légitimé du dommage. En effet, il faut que le préjudice subi atteigne un intérêt légitime du débiteur à la suite de la divulgation non autorisée de la liste noire. Ce préjudice dûment justifié ne doit pas présenter un caractère illicite ou immoral[1819]. La jurisprudence admet que tout intérêt considéré comme légitime pouvait être réparé même s'il n'était pas juridiquement protégé[1820]. En tout état de cause, lorsque le débiteur inscrit sur le

---

[1814] Cass. 1re civ., 16 juillet 1998, *Bull. civ.*, I, n°260. ; Cass. 1re civ., 18 janvier 2005, *Bull. civ.*, I, n°29. Cass. 2èm civ., 09 avril 2009, n°08-15977.

[1815] Cass. 3èmciv., 26 septembre 2001., *RJDA* 2001, p. 1284. ; Cass. 2èmciv., 23 juin 1993, *Bull. civ.*, II, n° 233.

[1816] Cass. 1re civ., 18 octobre 2017, n°16-15082., Cass. com., 19 octobre 1999, *Bull. civ.*, IV, *Defrénois* 2000, n°176, obs. Lecourt, p. 1278.

[1817] Art. 1231-4 du Code civil français.

[1818] Cass. ass. plén., 09 juillet 1993, *Bull. civ.*, ass. plén., n°13., JCP 1993. II. 22122. ; Cass. com., 04 mars 1986, *Bull. civ.*, V, n°97.

[1819] Cass., 2èm civ., 19 février 1992, JCP 1993. II. 22170

[1820] Cas. Ch. mixte, 27 février 1970, Grands arrêts, n°186., *D.* 1970, obs. S. Combaldieu, p. 201. ; Cass. 19 février 1992, *JCO* 1993. II. 22170. Cass. 1re civ., 17 novembre 1993, 91-15.867, Publié au bulletin. ; Cas. 2èmciv., 02 février 1994, *Bull. civ.*, II, n°45.

Blacklisting apporte la preuve que le dommage qu'il a subi est direct, certain et légitime, il peut donc obtenir réparation. Il pourra faire un recours devant le juge civil en engageant la responsabilité civile délictuelle de l'entreprise responsable de la publication non autorisée du *Blacklist*.

990. En droit anglais, le motif que le débiteur devra avancer pour obtenir la mise en œuvre de la responsabilité civile d'un membre d'une association corporatiste est différent de celui de la *Civil Law*. Cependant, la finalité de la responsabilité dans les deux traditions juridiques est la même. En effet, la victime en droit anglais doit démontrer qu'il existe un lien de droit entre elle et la partie présumée l'auteur de la faute. Il s'agit pour la victime de démontrer qu'il existe à la charge de l'entreprise fautive, une obligation de résultat vis-à-vis de l'association et une obligation de moyen à son égard[1821]. L'obligation de résultat à l'égard de l'association est fondée sur une relation contractuelle, car l'entreprise fautive a adhéré aux Règlements de l'association[1822].

991. L'obligation de moyen est fondée sur une relation extracontractuelle entre le débiteur victime de la publication et l'entreprise fautive [1823] membre de l'association corporatiste. Il en résulte que l'entreprise à l'origine de la publication non autorisée de la liste a un devoir de vigilance « *tort of negligence* » à l'égard du Règlement de l'association corporatiste [1824]. Il s'agit pour le débiteur victime de démontrer in fine qu'il existe entre elle et l'entreprise fautive une relation spéciale (*special relationship*) basée sur leur appartenance à la même association corporatiste. Ainsi, l'entreprise fautive auteure de la divulgation non autorisée de la liste noire avait pour obligation d'exécuter correctement les dispositions du Règlement de l'association conformément aux règles de l'équité pratique « *pratical justice* ». Il ne peut donc pas évoquer un dommage purement économique subi par le débiteur *blacklisté* pour échapper à sa responsabilité alors qu'il n'avait pas respecté le Règlement de l'association corporatiste[1825].

[1821] Since the decision of the House of Lords in *Donoghue c/ Stevensonn* (1932) AC 562.
[1822] Ibid.
[1823] Ibid.
[1824] Since the decision of the House of Lords in *Hedley Byrne & Co Ltd v Heller & Partner* 5 [1964] A. ; Aff. *British Steel Corporation c/ Cleveland Bridge & Engineering Co Ltd* (1984) 1 All ER 504. ; *Smith c/ Bush* (1990) AC 831.
[1825] Cf. Aff. Whitec/ Jones (1995) 2 AC 207. ; Jackson c/ Horizon Holidays [1975] 1 WLR 1468. ; *Beswick c/ Beswick* 1968 AC 58.

992. Dans le cadre de la mise en œuvre de la clause de *Blacklisting*, la responsabilité civile des membres adhérents du GAFTA et du Syndicat de Paris peut donc être engagée. Les conditions de qualification de cette responsabilité civile sont différentes en *Civil Law*, notamment en droit français et en *Common Law*. Cependant, à la fin de l'évaluation des conditions requises au cas où les faits répondent aux exigences posées par la loi et la jurisprudence, la responsabilité civile de la partie fautive pourra être mise en œuvre. Cette finalité portant sur la responsabilité extracontractuelle de l'entreprise responsable de la diffusion non autorisée de la liste noire est valable en droit français et en droit anglais.

993. Une fois cette responsabilité établie, le débiteur victime dispose d'une action judiciaire extracontractuelle contre les organes dirigeants de la Societas mercatorum ou l'entreprise tierce membre de la même Societas mercatorum responsable de la diffusion abusive de la liste noire.

B. Action en réparation à la disposition du débiteur

994. Il s'agit d'une action en réparation en cas de diffusion abusive de la liste noire sur laquelle figure le débiteur qui n'a pas honoré son engagement en termes d'exécution d'une sentence arbitrale. L'intérêt de cette action pour le débiteur est d'éviter qu'il subisse des dommages collatéraux du fait du fait de son inscription sur la liste noire. Par ailleurs, cette action constitue un gage de réhabilitation du débiteur lorsqu'il arrive à exécuter la sentence arbitrale[1826]. La finalité recherchée est d'arrivée à une exécution efficace de la sentence arbitrale[1827].

995. Ainsi, le débiteur *blacklisté* victime de la publication non autorisée de la liste noire qui arrive à établir le préjudice subi peut prétendre à la réparation des dommages identifiés. Pour ce faire, les parties peuvent opter pour la conclusion d'un accord de transaction[1828]. À défaut d'une transaction, le débiteur victime de la publication non autorisée de la liste noire peut recourir à un juge pour obtenir réparation. En général, le débiteur concerné par le *Blacklisting* est une entreprise, c'est-à-dire une personne morale de droit privé. L'action en réparation devant le juge sera introduite au nom de l'entreprise considérée comme victime. En cas d'acquisition du patrimoine de l'entreprise victime par une autre société

[1826] Cf. Annexes 1 et 2.
[1827] Ibid.
[1828] Art. 2044 et suivants du Code civil français.

commerciale, celle-ci peut intenter la même action contre l'entreprise auteur de la publication non autorisée de la liste noire[1829].

996. La nouvelle entreprise ayant acquis le patrimoine de la victime principale peut justifier cette action du fait qu'elle est directement affectée par les conséquences de la publication non autorisée de la liste noire. L'entreprise responsable de la publication de la liste ne pourra pas faire appel à son assureur pour dédommager en responsabilité civile le débiteur victime si l'on considère que la publication a été faite de manière intentionnelle. En cas de dissolution de l'entreprise responsable de la publication non autorisée de la liste noire, il sera difficile pour la victime d'obtenir réparation. Par ailleurs, lorsque l'entreprise responsable du fait générateur est soumise à une procédure collective, la valeur vénale du préjudice causé à l'entreprise victime sera classée dans les dettes antérieures à la faillite. Cette créance peut donc faire l'objet de recouvrement.

997. Dans l'hypothèse où l'entreprise fautive a été absorbée par une autre société, la victime peut donc poursuivre en responsabilité civile le nouvel acquéreur[1830]. S'il est prouvé que la publication non autorisée de la liste noire est faite par plusieurs entreprises membres d'une même association corporatiste, le débiteur victime peut agir en responsabilité « *in solidum* »[1831]. Cette action permet à la victime de faire condamner l'ensemble des coresponsables du dommage à réparer la totalité des préjudices subis[1832]. L'une des parties fautives qui dédommagent le débiteur victime par le biais d'une transaction ou après une décision de justice en payant la totalité des frais dispose d'un recours contre les co-auteurs[1833]. Il s'agit d'un recours subrogatoire ou une action récursoire[1834].

998. La validité de la transaction est tributaire de la capacité des parties signataires et du consentement de ces derniers. L'accord de transaction ne produit des effets qu'entre les parties signataires et peut être annulé

1829 Art. 1327 et s. du Code civil français. ; Y. Picod. *Cession de dette et droit des sûretés, Dalloz,* éd. 2017, pp.268. ; J. François, « Les opérations sur la dette », *RDC* 2016, n° Hors-série d'avril 2016, p. 45.

1830 Ibid.

1831 Cass. 1re civ., 20 juin 2000, *Bull. civ.*, I, n°188.

1832 Cass. com., 14 janvier 1997, *Bull. civ.*, n°16. ; P. RAYNAUD, *La nature de l'obligation des coauteurs d'un dommage, obligation in solidum ou solidarité ? Mélanges dédiés à J. Vincent*, n° 22 ; Cass. 3ème civ., 24 janvier 1978, *Bull. civ.* III, n° 50, *D.* 1978.IR.321, obs. Ch. Larroumet.

1833 Cass. com. 17 avril 2019, n°17-17525. ; Cass. 1re civ., 13 mai 2014, n°13-13509.

1834 Cf. Arts. 1317 ; 1318 ; 1320 ; 1346 ; 2305 ; 2306 et 2310 du Code civil français.

lorsque l'une des conditions en lien avec la qualité et la capacité des parties fait défaut. Par ailleurs, l'accord de transaction a autorité de chose jugée entre les parties et empêche ces dernières à recourir à une action judiciaire. Exception faite aux préjudices qui n'ont pas été inscrits dans l'accord de transaction[1835]. L'accord de transaction engage la victime signataire. Dans l'hypothèse où il y a absorption de l'entreprise victime, le nouvel acquéreur sera tenu de respecter les dispositions inscrites dans l'accord de transaction[1836].

999. À défaut d'un accord de transaction, le débiteur victime de la publication non autorisée du *Blacklisting* peut exercer une action en responsabilité civile dans un délai de cinq ans[1837]. Il peut donc utiliser cette action comme moyen de défense dans le cadre de la mise en œuvre de la clause de *Blacklisting*[1838]. En matière de responsabilité civile, les juges de fond français disposent d'un large pouvoir d'appréciation pour évaluer la sanction pécuniaire à appliquer au préjudice et les intérêts de retard de recouvrement de la créance [1839] . L'évaluation du préjudice est généralement réalisée le jour du rendu de la décision du juge. Le juge dans ce cas ne tient pas seulement compte des éléments pertinents le jour de la survenance du préjudice[1840]. Il intègre dans sa grille d'évaluation d'autres aspects, notamment les évènements survenus au cours du procès[1841]. Cependant, le juge peut être toujours saisi pour actualiser en cas d'état de nécessité le montant global fixé pour réparer les préjudices subis par la victime[1842]. Le juge peut aussi procéder en cas de nécessité à l'indexation de l'indemnité pour protéger la victime contre d'éventuelles possibilités de dépréciation de la valeur globale des indemnités[1843]. Cependant, il ne

[1835] Art. 2050 du Code civil français.

[1836] Y. Chartier, *La réparation du préjudice*, éd. *Dalloz* 1996, p. 723 et 878. ; Art. 2048 du Code civil français.

[1837] Art. 2224 du Code civil français. Il est capital de préciser que le délai de prescription dans le cadre de la mise en œuvre d'une action en responsabilité varie selon les cas. En espèce c'est la durée de cinq ans qui s'applique.

[1838] Cass. 3èm civ., 3 mai 2001, *Bull. civ.*, III, n°57., Cass. com. 26 octobre 1999, *Bull. civ.*, IV, n°182.

[1839] Cass. 3èmciv., 27 mars 2012, n°11-11798, *RDC* 2012, obs. Genicon, p. 773. ; Cass. 1re civ., 06 novembre 2001, *Resp. civ. et ass.* 2022, n°21. ; Cass. 1re civ., 28 avril 1998, *Bull. civ.*, I, n°152, Défrenois 1998, obs. Aubert, p. 949. ; Cass. ass. plén. 26 mars 1999, *JCP* 2000, I, n°12, obs. V. Viney, p. 199.

[1840] Cass. 1re civ., 15 juillet 1999, Bull. civ., I, n°240.; Cass. com. 08 novembre 2017, n°16-13307.

[1841] Ibid.

[1842] Cass. 3èm civ., 03 décembre 1997, *Bull. civ.*, III, n°211 et Cass. 3èm civ., 31 mars 1999, *Bull. civ.*, III, n°81.

[1843] Cass. 2èm civ., 19 juin 1991, *Bull. civ.*, II, n°189.

peut pas fixer une somme forfaitaire ni une somme symbolique au profit de la victime, sauf autorisation expresse de la loi[1844].

1000. En *Common Law*, la responsabilité civile « *legal liability* » n'est pas encadrée par la théorie générale des obligations. La responsabilité civile extracontractuelle « *tort liability* » est une obligation pour la partie fautive de répondre au préjudice causé à autrui en droit civil. Il en résulte que contrairement au droit français, la responsabilité extracontractuelle en droit anglais n'intervient que sur des cas de violation spécifiques du droit civil « torts ». Le droit anglais sanctionne au principal la négligence d'un devoir de diligence « *duty of care* » et en second lieu le juge anglais évalue le comportement de la personne responsable. Il étudie les faits en présence et démontre si la personne mise en cause avait agi comme un bon père de famille « *reasonable man* » ou si ses omissions étaient légitimes « *reasonably foreseeable* ».

1001. Pour introduire une action judiciaire contre la partie fautive, il faut deux conditions précises en droit anglais. En premier, le dommage doit être prévisible. Cette condition permet à la victime de démontrer la négligence de la personne fautive. Il faut ensuite qu'il y ait une proximité entre la négligence et le dommage afin de justifier le devoir de responsabilité. En l'espèce, une diffusion non autorisée de la liste noire peut tomber sous le coup de ces conditions, ce qui peut donc justifier la sanction du juge[1845]. Les conditions de l'introduction de l'action en responsabilité civile extracontractuelle en droit français sont différentes de celles pratiquées en droit anglais. Cependant l'objectif de protection de la victime reste le point commun des deux systèmes juridiques. En droit anglais, la victime n'est pas privée de formuler au juge une demande de dommages et intérêts « *damages* » qui peut dépasser la valeur vénale du préjudice subi. En droit français cette demande n'est possible que si elle ne cause ni perte ni profit pour la victime. Elle doit répondre à la juste valeur du préjudice subi par la victime. L'attribution des dommages et intérêts en droit anglais peut se faire sur la base des "*nominal damages*" ou des "*punitive damages*". Par ailleurs, la mise en œuvre de la responsabilité civile peut-être conjointe « *joint liability* » ou solidaire « *joint and several liability* ».

[1844] Cass. 3ème civ., 03 décembre 2015, *Bull. civ.*, I, n°13-22503. ; Cass. 1re civ., 21 novembre 2018, n°17-267, *Resp. civil.et ass.* 2020, étude 3, obs. J. Brunie, p. 66.

[1845] Cf. *Caparo Industries Plc c/ Dickman* (1990) et Aff. *Hill c/ Chief Constable of West Yorkshire* (1989).

1002. En droit français, le débiteur *blacklisté* dispose donc des actions judiciaires en cas de sanctions disproportionnées à la suite de la mise en œuvre de la clause de *Blacklisting*. Il s'agit plus précisément des cas qui portent sur la diffusion non autorisée de la liste noire par un membre de l'association corporatiste. À partir du moment où la responsabilité civile extracontractuelle de l'auteur du fait générateur est établie, la victime peut obtenir réparation du préjudice subi. La clause de *Blacklisting* ne produit pas que des effets juridiques dans un cadre contractuel. Son usage disproportionné contre le débiteur de mauvaise foi peut clairement déboucher sur les questions de responsabilité délictuelle. Il en est de même en droit anglais avec une différence de traitement procédurale des actions en responsabilité extracontractuelle devant le juge anglais qui est plutôt habitué à une approche casuistique pour déterminer la responsabilité civile extracontractuelle.

1003. Par ailleurs, la mise en œuvre de la clause de *Blacklisting* contre un mauvais débiteur peut contraindre celui-ci à faire la cession de son entreprise à la suite d'une mauvaise réaction du marché en son encontre. Dans le cadre de cette opération, il y aura donc un changement de débiteur. Il sera donc utile de présenter par quel moyen le créancier pourra obtenir l'exécution de la sentence arbitrale dans ce contexte.

Paragraphe 2 : Exécution de la sentence arbitrale en cas de substitution du débiteur

1004. Le plus souvent une sentence arbitrale définitive met à la charge du débiteur une obligation de paiement de sommes d'argent. Dans ce contexte, un tiers peut-il exécuter la sentence arbitrale à la place du débiteur principal en cas de substitution de débiteur ? La réponse à cette question est simple. Dans la mesure où la sentence arbitrale condamne le débiteur à payer une dette certaine, liquide et exigible au créancier, le paiement de cette somme d'argent n'échappe pas aux possibilités de cession ou de délégation. En effet, le débiteur « *blacklisté* » qui n'arrive pas à exécuter la sentence arbitrale peut recourir à d'autres moyens et procédés légaux pour permettre au créancier de recouvrer sa créance.

1005. Plusieurs moyens s'offrent aux deux parties. Cependant nous pouvons classer ces moyens en deux catégories. La première catégorie porte sur les mécanismes qui protègent le créancier en cas de changement du débiteur principal par un nouveau débiteur avec le consentement du créancier (**A**). La deuxième catégorie de moyens de recouvrement de la créance fait appel à des opérations qui ne nécessitent pas forcément a priori le consentement préalable du créancier en cas de changement de débiteur (**B**). Par ailleurs, dans cette seconde catégorie de moyens, le créancier dispose rarement de privilège pour recouvrer sa créance.

A. Les mécanismes de protection du créancier

1006. Il peut arriver que le débiteur principal ne soit pas juridiquement disposé pour exécuter de manière *intuitu personæ* la sentence arbitrale au profit du créancier. Il peut donc charger un tiers comme nouveau débiteur du créancier après accord de ce dernier. Ce transfert d'obligation est possible en droit français *Civil Law* et en droit anglais *Common Law*. Certes les procédés ne sont pas les mêmes au niveau des deux traditions juridiques, mais la finalité reste la même c'est-à-dire protéger le créancier dans le cadre du recouvrement de ses créances. Cette protection du créancier est d'autant plus renforcée dans le cadre des contrats de mandat[1846]. Par ailleurs, le créancier est aussi protégé de l'insolvabilité du débiteur en présence d'une clause de stipulation pour autrui[1847] ou dans le cadre d'exécution d'un sous-contrat par le nouveau débiteur.

1007. Le débiteur principal « *blacklisté* » peut demander à sa banque de lui accorder un crédit pour payer une dette. Il peut donc choisir de ne pas entrer en possession directe du crédit que la banque lui a accordé et indiquer au créancier de s'adresser à la banque pour recouvrer la créance. Le débiteur peut aussi avoir à sa disposition des fonds dans une banque sur un compte de dépôt. Après avoir informé la banque, le débiteur peut demander au créancier de s'adresser directement à la banque mandatée pour verser les fonds. Dans ce cas précis, le débiteur donne uniquement mandat à la banque de payer le créancier[1848]. Cependant, le débiteur n'est pas déchargé automatiquement de la dette par ce mandat attribué à la banque. En cas de retard de paiement de la créance alors que la banque disposait les fonds nécessaires, le mandant peut engager la responsabilité contractuelle de la banque « mandataire » pour le paiement des indemnités de retard au créancier. Dans ce contexte précis, si le créancier se retourne vers le débiteur et fait face à un obstacle d'insolvabilité de la part de ce dernier, il peut engager la responsabilité délictuelle de la banque[1849]. Le

---

[1846] Fusion d'entreprises : Opération juridique consistant à regrouper plusieurs sociétés ou entités personnifiées qui disparaissent en une seule par voie de transmission universelle de patrimoine (Cf. Art. 236-1 paragraphe 1re du Code de commerce français).

[1847] Cet autrui n'est personne d'autre que le créancier du débiteur *blacklisté*.

[1848] Nous ne sommes pas dans ce cas en présence d'une opération de délégation de dette.

[1849] Cass. com., 09 mai 1990, *Bull. civ.*, IV, n°137, *Defrenois* 2000, obs. V. Godon, p. 193. ; Cass. com., 19 avril 1985, *Bull. civ.*, IV, n°118.

débiteur a un devoir d'information à l'égard du créancier en cas de révocation du pouvoir du mandataire de payer la créance[1850]. Au cas contraire, le créancier peut engager la responsabilité civile du débiteur principal afin d'obtenir le paiement de la dette et des indemnités[1851].

1008. La conception de la représentation ou du mandat en droit français aboutit aux mêmes solutions en droit anglais même si les procédés ne sont pas les mêmes. En *Common Law* on utilise l'expression « *agency* » qui désigne la situation dans laquelle le mandant donne le pouvoir « *autorithy* » au mandataire d'agir activement, notamment pour payer le créancier du mandant[1852]. La particularité du contrat « *d'agency* » en droit anglais est qu'il couvre un champ d'application plus large. Il s'agit d'une part de l'objet de « *l'agency* » qui couvre la réalisation des actes matériels. D'autre part, l'objet de la représentation relative à la formation de l'acte juridique qui permet au mandataire de payer le créancier. Le mandataire a une obligation contractuelle de libérer la dette, c'est-à-dire payer le créancier du mandant par exemple dans le cadre de l'exécution d'une sentence arbitrale[1853]. Ainsi, le débiteur « le mandant » peut confier le paiement de la dette à une banque par exemple. Le mandataire doit clairement préciser au créancier le nom du mandant. Dans le cas contraire, le créancier dispose d'une action au choix contre le mandataire ou contre le mandant[1854].

1009. Par ailleurs, lorsqu'il y a un nouvel acquéreur de l'entreprise « *blacklistée* » après une opération de fusion ou acquisition, le principe de « *la privity of contract* » prive le créancier d'une action automatique contre l'acquéreur[1855]. Si existe une clause de stipulation pour autrui dans l'accord de transfert, le tiers créancier pourrait revendiquer une action en responsabilité contre l'entreprise acquéreur lorsqu'il y a défaillance « *default* » d'exécution[1856]. En effet, le « *Contracts Act 1999* » permet au tiers créancier de disposer d'une action en responsabilité « tort » contre le nouvel acquéreur[1857]. Le sous-contrat en droit anglais est une exception au

[1850] Révocation du mandat.
[1851] Cass. com., 21 novembre 1978, *Bull. civ.*, IV, n°271.
[1852] O. Moreteau, *Droit anglais des affaires*, *Dalloz*, éd. 2000, p. 130 et ss.
[1853] Ibid., p. 141.
[1854] Cf. *Aff. Debenham's Ltd. c/ Perkins* (1925) 133 L. T. 252 et Aff. *Kamins Ballrooms Co. Ltd. c/ Zenith Ivestments* (Torquay) Ltd. (1971) A. C. 850.
[1855] Cf. Aff. *Beswick c/ Beswick* (1968) A. C. 58.
[1856] O. Moreteau, *Droit anglais des affaires*, *Dalloz, Coll. Précis*, 1re éd., 2000, p. 349-351.
[1857] Section 4 of *Contracts Act* 1999.; *Privity of contract*: *Contract for the benefit of Third Parties* (1996) Law Com 242, Cm 3329.

principe *« privity of contract »*. En effet, le débiteur *blacklisté* peut dans le cadre d'une opération de réorganisation structurelle de son entreprise transférer la gestion à un trustee « *nouveau gérant* ». Le sous-contrat permet donc au *trustee* de se substituer au débiteur *blacklisté* pour payer la créance du créancier ayant fait l'objet d'une clause de stipulation pour autrui[1858].

1010. Les différentes options de remboursement de la créance citées ci-dessous ne sont pas interdites au débiteur à l'égard duquel une procédure de *Blacklisting* a été mise en œuvre au sein d'une association corporatiste. Ainsi, lorsque le débiteur principal ne dispose pas des sommes nécessaires pour payer la créance fixée par la sentence arbitrale, il peut recourir à des aux tiers auxquels il transfère sa dette. Lorsque le tiers indiqué, notamment une banque arrive à payer la créance au nom du débiteur principal, celui-ci peut donc être enlevé de la liste noire de l'association corporatiste. Ces différentes possibilités de recouvrement des créances contribuent à l'efficacité de l'exécution de la sentence arbitrale.

1011. Les différentes opérations de transfert d'obligation traitées dans la première partie de ce paragraphe présentent une forme de protection du créancier face au débiteur *blacklisté* dans le cadre du recouvrement de la créance. Ces différents moyens ne semblent pas protéger entièrement le créancier par rapport à d'autres risques de non-recouvrement de la créance.

B. Autres risques liés au recouvrement de la créance

1012. La protection du créancier peut être mise en cause dans le cadre des opérations de transfert de contrat ou d'obligations ou encore de patrimoine. Une entreprise ayant fait l'objet de *Blacklisting* peut subir des effets négatifs du marché et peut faire l'objet de redressement judiciaire avec le cas échéant un plan de cession. Les juridictions peuvent ordonner le transfert au repreneur de certains contrats nécessaires à l'activité d'une entreprise qui a fait l'objet de redressement judiciaire[1859]. Les obligations de l'entreprise débitrice à l'origine peuvent aussi faire l'objet de transfert à la charge du nouveau preneur si leur exécution est nécessaire à la survie de l'entreprise débitrice. Le cas d'inexécution d'une sentence arbitrale

[1858] Cf. Aff. *Tomlinson c/ Gill* (1756) Amb. 330.; *Loloyd's c/ Harper* (1880) 16 Ch. *D.* 290, L.-J. Lush, p. 321. ; *Les Affréteurs Réunis S. À c/ Walford* (1919) A. C. 801.
[1859] Art. L. 642-7 du Code du commerce français.

ayant conduit à la mise en œuvre de la clause de *Blacklisting* doit aussi être pris en compte. Cependant il y a un risque d'inexécution lorsque le créancier bénéficiaire de la créance ne dispose pas de privilège et est considéré comme un créancier chirographaire. En cas de redressement judiciaire de l'entreprise débitrice, la sentence arbitrale non exécutée est transférée au repreneur sous forme de créance. Dans ce cas, le créancier doit en principe être informé au risque de se voir imposer un nouveau débiteur dont il ignore la solvabilité. Dans le cadre de cette opération de transfert de contrat ou d'obligation, le débiteur principal reste tenu envers le créancier des dettes antérieures, mais pas de celles survenues après le transfert de contrat au nouveau débiteur. Lorsque le nouveau débiteur (le repreneur) solde la dette de l'ancien débiteur, ce dernier est libéré envers le créancier.

1013. À la suite du transfert du passif, le créancier ne peut pas poursuivre le débiteur principal pour des retards de paiement de la créance afin d'obtenir des indemnités d'arriérés. Lesdits arriérés sont dus à la suite de retards de paiement de la part du nouveau débiteur. Dans le même temps, le nouveau débiteur peut prendre en charge la totalité du passif arriéré à partir de la date de prise de possession effective de l'entreprise cédée[1860]. En effet, il prend en charge uniquement la quotité du passif ayant fait l'objet d'inscription expresse dans l'opération du transfert du contrat ou des obligations sauf la charge des sûretés qui garantissent un crédit d'équipement[1861]. En droit anglais le transfert de contrat ou d'obligation se fait par le biais du « *Scheme of arrangement* ». C'est un concordat[1862] ou un plan de cession ayant pour finalité la réorganisation « *restructuring* » de la dette de l'entreprise débitrice[1863]. Le plan de restructuration de l'entreprise doit être approuvé par les trois quarts des

---

[1860] Cass. com., 30 mars 1993, *D.* 1993, obs. P. Le Cannu. ; Com. 6 janv. 1998, no 95-15, *Bull. civ.* IV, n°7, p. 407.; *JCP E* 1998, I, note M. C. p. 654 ; *D. Affaires* 1998. 256, n°104, note A. L. p. 256. ; *RTD* civ. 1998, obs. Mestre, p. 368.

[1861] Com. 12 juill. 2016, n°15-16.389, n°680, *RPC* 2016, n°5, étude p. 11, n° 9, obs. F. Petit ; *JCP* 2016, note B. Brignon, p. 1519. ; *D.* 2016. P. 1559. ; *BJE* 2016, n°113y3, note C. Vincent, p. 405. ; Com. 20 sept. 2017, n°16-14.065, *Juris-Data* n°2017-018237 ; *RPC* 2017, n°6 ; *Actu. Jurispr.* n°12, obs. F. Petit ; *RDBF* 2017, obs. C. Houin-Bressand ; *JCP* 2018, note B. Brignon, p. 1000.

[1862] Définition de concordat : il s'agit « des procédures fondées, selon les diverses législations des parties contractantes, sur l'état de cessation de paiement, l'insolvabilité ou l'ébranlement du crédit du débiteur, impliquant une intervention de l'autorité judiciaire aboutissant à une liquidation forcée et collective des biens, ou, à tout le moins, un contrôle de cette autorité » (Cf. CJCE 22 févr. 1979, Gourdain, aff. 133/78, *Rev. crit. DIP* 1979., note Lemontey, p. 657. ; *Gaz. Pal.* 1979. 1. 207, note Georges-Étienne ; *Rev. sociétés* 1980. 520, note Bismuth).

[1863] Cf. *Part 26 de Companies Act 2006* « sec. 895 et ss. ».

créanciers ou actionnaires de la société débitrice. Le plan de réorganisation de la dette de l'entreprise débitrice « *Scheme of arrangement* » doit être validé par le tribunal afin que les intérêts des créanciers ayant approuvé le plan de réorganisation ne soient pas lésés[1864].

1014. Dans le cadre de transfert de patrimoine concernant une opération de fusion-absorption d'une société, les engagements contractuels de la société absorbée sont mis à la charge de l'acquéreur ou de la société absorbante. Le consentement du créancier n'est pas nécessaire dans ces types d'opérations. Le nouveau débiteur est donc en quelque sorte imposé au créancier. Cependant, le créancier peut s'opposer à ce changement de débiteur s'il prouve que l'opération de fusion et d'acquisition est destinée à empêcher le recouvrement de sa créance[1865]. En cas de fusion, il y aura un changement de personnalité juridique du débiteur principal d'où l'extinction des cautionnements donnés à la société ayant fait l'objet de fusion[1866]. Seuls les cautionnements fournis par l'entreprise elle-même c'est-à-dire l'entreprise débitrice « *blacklistée* » vont être maintenus[1867]. Il en résulte que la fusion met fin pour l'avenir aux contrats qui ont une nature *intuitu personæ,* notamment le cautionnement ou le mandat[1868].

1015. À la différence du droit français, le transfert de patrimoine en droit anglais peut se réaliser grâce à la constitution d'un trust. L'opération consiste à transmettre le patrimoine à un « *trustee*[1869] ». La transmission du patrimoine est effectuée par le constituant c'est-à-dire le débiteur *blacklisté* en l'espèce. Dans l'hypothèse où le constituant « le débiteur *blacklisté* » informe le créancier sur la constitution du « *trust* » pour que ce dernier puisse être considéré comme bénéficiaire. Le créancier ne dispose pas de « *consideration* » pour intervenir sur les questions relatives à l'effectivité de l'accord de trust entre le débiteur *blacklisté* et le *trustee*[1870]. Cependant, il existe une exception qui peut permettre au bénéficiaire du trust (le créancier) de donner effet à l'accord du trust et de

---

[1864] Cécile Le Gallou et Simon Wesley, *Droit anglais des affaires*, *LGDJ éd.* 2018, p. 603.
[1865] Art. l. 236-147 du Code de commerce français. ; Art. 1844-5, al. 3 du Code civil français.
[1866] Cass. com., 16 septembre 2014, n°13-17779, *Bull. civ.*, IV, n°117. ; Cass. com., 30 juin 2009, *D.* 2009, p. 2163. ; Cass. com., 07 janvier 2014, n°12-20204, *Bull. civ.*, IV, n°1., *JCP* 2014, obs. P. Simler. ; Cass. com., 30 mai 2000, *Bull. civ.*, IV, n°113. ; Cass. 3ème civ. 29 février 2012, n°10-27259. ; Cass. com., 03 juin 2008, *Bull. civ.*, IV, n°111.
[1867] Ibid.
[1868] Ibid.
[1869] Gestionnaire de *trust.*
[1870] Au nom du principe l'Équité n'assiste pas le volontaire : « *Equally will not assist a volunter* ».

recouvrer ensuite ses créances. Il s'agit pour le créancier de prouver un lien contractuel avec le débiteur qui a transféré son patrimoine.

1016. Le créancier peut prouver l'existence de ce lien à travers l'existence de la sentence arbitrale non exécutée par le débiteur *blacklisté*. Cette sentence arbitrale représente la preuve matérielle de l'existence d'un lien contractuel entre le débiteur (le constituant du trust) et le créancier (le bénéficiaire du trust). Le créancier peut aussi se prévaloir du « *Rights of Third Parties of Contracts Act* 1999 » pour demander la constitution du trust et bénéficier du recouvrement de sa créance. Par ailleurs, le créancier peut aussi se prévaloir de la règle d'estoppel pour recouvrer sa créance. Elle consiste à protéger le tiers créancier de bonne foi qui a traité avec trustee ou le mandataire[1871]. Il s'agit d'une fin de non-recevoir que le créancier bénéficiaire du trust peut opposer au débiteur *blacklisté* lorsqu'il tente de nier l'existence du trust alors qu'un tel accord. En réalité, l'estoppel est une interdiction de se contredire au détriment d'autrui pour l'empêcher de recouvrer sa créance par exemple[1872]. Le créancier doit donc apporter la preuve écrite ou orale de l'acte apparent qui prouve qu'il existe entre le considérant et le trustee un accord de trust dont il prétend être bénéficiaire[1873]. Il doit aussi prouver qu'il a été informé de l'existence de l'accord de trust entre le débiteur et le trustee à son bénéfice d'où son action pour recouvrer ses créances[1874].

1017. Dans le cadre de la mise en œuvre de la clause de *Blacklisting*, la réaction du marché peut contraindre l'entreprise débitrice à se retrouver dans une situation de redressement judiciaire. Dans ce cas le débiteur principal peut céder son entreprise dans le cadre d'une procédure encadrée, mais qui constitue toujours un risque de recouvrement de la créance pour le créancier. Il est aussi utile de rappeler que le transfert de contrat ou d'obligation est un mécanisme dérogatoire qui n'est pas autorisé en cas de liquidation judiciaire de l'entreprise en difficulté.

[1871] O. Moreteau, *Droit anglais des affaires*, *Dalloz, Coll. Précis*, 1re éd., 2000, p. 113.

[1872] E. Gaillard, « L'interdiction de se contredire au détriment d'autrui comme principe général de droit du commerce international : Le principe d'estoppel dans quelques sentences arbitrales récentes », *Rev. arb.* 1985, p. 241.

[1873] O. Moreteau, *Droit anglais des affaires*, *Dalloz, Coll. Précis*, 1re éd., 2000, p. 114.

[1874] Ibid.

CONCLUSION DU TITRE II

1018. La mise en œuvre de la clause de *Blacklisting* par les Societas mercatorum présente une efficacité évidente[1875]. L'utilité et l'efficacité de la clause sont aussi confortées par leur conformité à la légalité. En effet, l'adhésion des parties à la clause respecte les exigences juridiques en matière de consentement des parties. Les parties sont aussi informées de la portée de leurs obligations et des effets et des conséquences liées à la mise en œuvre de la clause. C'est donc en toute connaissance de cause que les membres des Societas mercatorum adhèrent aux Règlements ou aux contrats types qui consacrent la clause de *Blacklisting.* La clause est aussi un outil de protection des activités commerciales des adhérents des associations corporatives et aussi du créancier. En effet, l'inexécution des sentences arbitrales n'est pas un indice favorable pour le développement des relations d'affaires, surtout pour le développement des filières commerciales gérées par les Societas mercatorum .

1019. Le socle de développement et de viabilité des associations corporatives du secteur des céréales, des oléagineux, des aliments d'animaux, du Cotton est basé sur la confiance entre les membres adhérents. Il est donc fondamental de consolider l'encrage de ces valeurs par le biais de la clause de *Blacklisting.* La clause contribue ainsi à éliminer dans la plupart des cas les intentions d'inexécution de la sentence arbitrale. Elle verrouille aussi les possibilités que le débiteur peut imaginer pour se soustraire à l'exécution de la sentence arbitrale. Il s'agit des cas de cession, des cas de fusion et d'acquisition d'entreprises. La clause de *Blacklisting* permet en effet au créancier d'initier des actions en responsabilité civile à l'endroit d'un nouveau débiteur ou d'un tiers qui s'est substitué au débiteur principal. La clause du *Blacklisting* constitue enfin de compte une garantie utile pour le créancier. Elle constitue du point de vue symbolique une référence pour rendre l'exécution des sentences arbitrales efficace.

[1875] Cf. les annexes I et II.

CONCLUSION DE LA PARTIE II

1020. Dans cette dernière partie, nous avons pris le soin de classer les solutions suivant une logique précise. Nous avons adopté une démarche pragmatique en choisissant des instruments juridiques qui existent pour proposer les solutions. En s'inscrivant dans une démarche de proposition de solutions pluriel, l'objectif est de permettre aux acteurs du commerce international de disposer de plusieurs instruments adaptés à l'exécution de la sentence. Le contexte de l'exécution des sentences arbitrales ne sera évidemment pas le même, il est donc utile de disposer de plusieurs solutions afin de rendre efficace son exécution dans la majorité des cas différents. Ainsi, en faisant référence à la Loi type de la CNUDCI, aux Actes uniformes du droit OHADA et dans une certaine mesure aux Titres exécutoires européens, notre objectif était précis. Il s'agit de proposer des solutions complémentaires d'origine conventionnelle qui répondent aux besoins de l'efficacité d'exécution des sentences arbitrales internationales. Nous avons aussi regroupé les solutions d'origine contractuelles en deux groupes. Il s'agit des solutions d'ordre préventif et curatif. Cette distinction pourra permettre aux acteurs du commerce international de choisir le type de solution adaptée à leurs relations d'affaires.

1021. À l'instar des solutions générales, nous avons pu proposer des solutions spécifiques qui répondent au fonctionnement des acteurs du commerce international qui interviennent dans des secteurs spécifiques du commerce. Il s'agit du mécanisme de la clause de *Blacklisting*. Cette clause est de plus en plus utilisée dans les Societas mercatorum et contribue à réduire des cas d'inexécution des sentences arbitrales. Nous avons aussi pris le soin de présenter les limites des différents instruments juridiques proposés comme solution. L'objectif est de bien délimiter le champ d'efficacité de ces instruments utiles à l'exécution des sentences arbitrales internationales.

CONCLUSION GÉNÉRALE

1022. La Convention de New York de 1958, principal instrument de circulation des sentences arbitrales sur le plan international, est en vigueur depuis longtemps et largement ratifiée. Il est donc légitime de s'interroger sur sa mise en œuvre et son incidence sur l'efficacité de l'exécution des sentences arbitrales. La première crainte d'une telle analyse est motivée par l'absence d'un cadre procédural uniforme au niveau des dispositions de la Convention[1876]. En effet, les États parties contrôlent la procédure de reconnaissance et d'exécution de bout en bout. Ce que la Convention a essentiellement prévu, ce sont des cas de refus dans le cadre d'un recours en annulation ou de l'obtention de l'exequatur[1877]. En matière d'obtention de l'exequatur, les dispositions de la Convention prévoient uniquement certaines pièces utiles pour introduire la requête[1878]. Ainsi, ces mêmes États appliquant des systèmes juridiques différents, il est légitime de présager que le résultat en termes d'efficacité ne sera pas le même. Pour confirmer cette crainte, nous avons pu faire une analyse approfondie des mécanismes d'exequatur dans les systèmes juridiques étudiés. Nos analyses ont porté sur les caractéristiques du droit processuel appliqué par le juge étatique pour valider ou non les différentes étapes d'une procédure d'arbitrage.

1023. À ce premier stade d'analyse, nous avons pu conclure que parmi les systèmes juridiques étudiés, certains sont très favorables[1879] à l'arbitrage international et d'autres moins[1880]. En considérant les systèmes juridiques qui semblent plus favorables à l'arbitrage international, nous avons trouvé utile d'approfondir nos investigations au stade de l'exécution des sentences. L'objectif était de vérifier que les législations qui semblent être favorables à l'arbitrage international ne présentent pas à contrario des ambiguïtés dans la phase d'exécution de la sentence arbitrale. En effectuant cette analyse, nous avons pu identifier des obstacles qui peuvent retarder l'exécution d'une sentence arbitrale internationale. Il en résulte que l'efficacité d'exécution des sentences arbitrales dans les systèmes juridiques favorables à l'arbitrage international doit être

[1876] Article III de la Convention de New York de 1958.

[1877] Article IV de la Convention de New York de 1958.

[1878] Article V de la Convention de New York de 1958.

[1879] Systèmes juridiques de Common Law et de Civil Law, le droit africain dans ses évolutions récentes (droit OHADA).

[1880] Le système juridique ex-socialiste et de droit musulman.

relativisée. Par ailleurs, le fait que les États parties à la Convention de New York appliquent des systèmes juridiques favorables ou moins favorables à l'arbitrage international permet de soutenir que la Convention à une efficacité relative.

1024. L'efficacité relative de la Convention de New York n'est cependant pas une fatalité. En effet, la Convention permet aux États parties d'appliquer à la reconnaissance et à l'exécution de la sentence arbitrale des lois ou traités plus favorables[1881]. Ainsi, les États parties à la Convention peuvent intégrer dans leurs droits internes la loi type de la CNUDCI sur l'arbitrage, en tout ou partie. Certains États se sont inspirés de cette loi type pour réformer le cadre juridique applicable à la reconnaissance et à l'exécution des sentences arbitrales.

1025. Par ailleurs, l'Acte Uniforme OHADA relatif au droit de l'Arbitrage facilite aussi la circulation de la sentence arbitrale dans les pays membres de l'OHADA ayant ratifié la Convention de New York. De même, le Titre exécutoire (TEE) consacré par le Règlement (CE) n° 805/2004 garantit l'exécution des mesures provisoires prononcées par le juge des référés dans le cadre d'une procédure d'arbitrage à une condition. La mise en œuvre des mesures provisoires doit être réalisée dans l'un des États membres de l'UE. Il en résulte que ces instruments juridiques constituent une partie de la solution en termes d'efficacité de l'exécution des sentences arbitrales internationales. Il faut cependant reconnaitre que la loi type, l'Acte Uniforme OHADA et le TEE ont aussi des limites.

1026. Contrairement à ce que l'on peut penser, l'efficacité d'exécution des sentences arbitrales internationales n'est pas tributaire des instruments juridiques conventionnels. Les parties à la procédure d'arbitrage peuvent par voie contractuelle prendre des mesures préventives ou curatives pour assurer une meilleure exécution de la sentence arbitrale internationale. Concernant les mesures préventives, les parties peuvent prendre des sûretés pour garantir le recouvrement de la créance dans le cadre de l'exécution de la sentence arbitrale. Ces mesures de sûretés peuvent être prises avant ou après la reddition de la sentence arbitrale. À défaut de disposer de mesures préventives, les parties peuvent opter pour des mesures curatives. Il s'agit d'exécuter la sentence arbitrale par voie de transaction. Cependant, l'accord de transaction doit être homologué par le greffier pour avoir force exécutoire.

[1881] Article VII de la Convention de New York de 1958.

1027. Par ailleurs, lorsque le créancier fait face à l'insolvabilité du débiteur, personne morale de droit public, les deux parties peuvent opter pour une voie de médiation postarbitrale. Il s'agit pour la personne morale de droit public, débiteur de bonne foi, d'accepter de payer le créancier en contractant un prêt auprès d'un autre partenaire pour obtenir le rééchelonnement de la dette du débiteur principal. Les procédés de ce type de médiation ne sont pas les mêmes dans les systèmes de *Common Law* et de *Civil Law*. Dans le système de Civil Law le médiateur de référence est le Club de Paris et les nouveaux créanciers de l'État débiteur sont des entités étatiques. Dans le système de Common Law, c'est le Club de Londres qui intervient. Dans ce cadre, ce sont des groupes de banques qui deviendront les nouveaux créanciers de l'État débiteur à la suite de la conclusion d'un contrat de rééchelonnement de la dette.

1028. Ces solutions contractuelles contribuent fortement à prévenir l'inexécution d'une sentence arbitrale, ou à faciliter l'exécution d'une sentence arbitrale se trouvant dans l'impasse.

1029. L'exécution spontanée de la sentence arbitrale peut également être facilitée par la nature du droit appliqué au fond du litige. C'est le cas lorsque les parties choisissent d'appliquer des normes transnationales à l'arbitrage. Il s'agit des usages et des règles contractuelles modélisées produites par les organisations privées, les principes généraux produits par les tribunaux arbitraux. Nous pouvons aussi citer les règles de droit spontané produites par les opérateurs du droit du commerce international par le biais du jeu de l'offre et de la demande. L'application des règles transnationales contribue à l'efficacité de l'exécution des sentences arbitrales au sein des faîtières de sociétés commerciales (*Societas mercatorum)* réputées pour le commerce de produits spécifiques. C'est le cas de la FEGRA à Bruxelles, du Het Comite de Rotterdam, de la GAFTA à Londres, de la CICCA à Liverpool et du Syndicat de Paris en France. Nous sommes bien conscients que ces règles transnationales sont appliquées par un groupe de personnes limité intervenant sur des marchés spécifiques du commerce international. Cependant, l'application de ces règles par une partie de la communauté du secteur du commerce international fait partie de la solution recherchée en termes d'efficacité d'exécution des sentences arbitrales internationales.

1030. Par ailleurs, le tribunal arbitral peut, dans le cadre de la procédure d'arbitrage, appliquer les Principes UNIDROIT. Par l'application de ces normes uniformes, l'arbitre peut équilibrer le rapport entre les parties à l'arbitrage et faciliter l'exécution forcée ou spontanée de la sentence arbitrale. L'idée première que l'on retient de la fonction du tribunal arbitral est de trancher un différend à l'issue duquel il y a un gagnant (créancier) et un perdant (le débiteur). Ce regard à l'endroit des tribunaux arbitraux est cependant réducteur. En effet, l'arbitre peut jouer d'autres rôles dans le cadre de son office. Il peut par exemple rendre une sentence arbitrale destinée à sauvegarder les relations contractuelles entre les parties. Dans l'hypothèse où le droit appliqué au fond du litige relève des règles d'usages du commerce international, l'arbitre joue dans ce cas un rôle particulier. Il en est de même si les parties ont prévu dans le contrat une clause de *Hardship*. Il interviendra pour sauvegarder les relations contractuelles entre les parties par le biais d'une sentence arbitrale. Ce type de sentences arbitrales est souvent exécuté de façon spontanée par les parties, sauf lorsque l'une des parties est de mauvaise foi.

1031. Il est important de préciser qu'au sein des *Societas mercatorum* les adhérents utilisent des contrats types. Ces contrats types comportent certaines clauses, notamment la clause compromissoire et la clause de *Blacklisting*. Ce qui nous intéresse à ce stade est l'impact de la clause de *Blacklisting* sur l'efficacité de l'exécution des sentences arbitrales internationales. En principe, lorsqu'une sentence arbitrale est rendue par une chambre d'arbitrage affiliée à une *Societas mercatorum* , l'inexécution de cette sentence exclut le débiteur de mauvaise foi du secteur commercial concerné. Il s'agit d'une pression décisive sur le débiteur qui ne prendra pas le risque de refuser l'exécution de la sentence arbitrale sauf dans de rares cas. L'usage de la clause de *Blacklisting* dans les contrats types, ou sa mise en œuvre dans les conditions prévues par la loi, contribue à l'efficacité de l'exécution des sentences arbitrales internationales. Cependant, l'usage de la clause est limité aux contrats types relevant de certains secteurs spécifiques du commerce international[1882].

1032. De ce qui précède, il résulte que les faiblesses identifiées dans le cadre de la mise en œuvre de la Convention de New York peuvent être comblées ou résolues à deux niveaux. Le premier niveau concerne les États. En effet, les États parties à la Convention peuvent appliquer d'autres traités à la reconnaissance et à l'exécution des sentences arbitrales internationales. Dans l'hypothèse où ces traités offrent des facilités et améliorent le circuit de la reconnaissance et d'exécution, ils contribuent à la réalisation de l'objectif de la Convention de New York. Par ailleurs, il est fondamental de retenir que l'efficacité de l'arbitrage dépend en majorité de la bonne foi des parties. En

[1882] Secteur du Coton, des céréales, du café et du cacao, des oléagineuses, des grains, des biocarburants, etc.

d'autres termes, la volonté des parties est le point central de l'efficacité de tout le processus d'arbitrage, depuis la procédure jusqu'à l'exécution de la sentence arbitrale.

1033. Les parties peuvent donc contribuer à l'efficacité de l'exécution de la sentence arbitrale internationale en optant pour des mesures de garanties utiles pour le recouvrement des créances. Les parties peuvent aussi opter, après la réédition de la sentence arbitrale, pour des curatives pour faciliter l'exécution. De même, les parties peuvent opter pour que soient appliquées au fond du litige des règles spécifiques pouvant faciliter l'exécution de la sentence arbitrale. Enfin, les parties peuvent aussi opter pour des pratiques contractuelles, notamment des contrats types qui contiennent des clauses de *Blacklisting* pour contraindre un débiteur de mauvaise foi à exécuter la sentence arbitrale.

1034. Finalement, les solutions relatives à la nécessité de l'efficacité d'exécution des sentences arbitrales sont plurielles, mais précises. Elles présentent aussi des limites. L'important est de savoir choisir la solution qui convient au cas par cas. L'ensemble de ces solutions se complètent et présentent une finalité objective.

1035. Il convient aussi de faire une mise en perspective de notre travail. En effet, il est important de souligner que parmi les solutions proposées, le droit transnational, dans son dynamisme constant grâce aux pratiques contractuelles, innove à travers la clause de *Blacklisting*. L'usage de cette clause est certes limité à un nombre restreint d'acteurs du commerce international. Mais c'est un outil efficace qui contribue à l'exécution de la sentence arbitrale internationale[1883]. En effet, le débiteur de mauvaise foi à interdiction de continuer les relations d'affaires avec les membres de son association marchande d'origine. Cependant, il ne lui est pas interdit de faire des affaires avec d'autres acteurs commerciaux.

1036. L'application du droit transnational à l'arbitrage relève de la volonté des parties par principe. Dans l'hypothèse où les parties n'ont pas expressément manifesté leur volonté à appliquer au processus d'arbitrage les règles provenant du droit transnational, le tribunal ne peut en faire référence qu'à titre complétif. Il s'agit d'une limite qui relègue en second rang le droit transnational. Il sera donc intéressant de replacer dans son contexte l'étude sur la place du droit transnational, notamment de la *Soft law* dans l'arbitrage international et transnational.

[1883] D'autres Societas mercatorum dont il n'est pas membre.

1037. La loi type de CNUDCI sur l'arbitrage commercial international n'a pas connu le même succès en termes d'adoption que la Convention de New York de 1958. Seulement quatre-vingt-cinq pays membres des Nations Unies appliquent la loi type[1884], alors que la Convention de New York compte cent soixante-douze États parties et vingt-quatre États signataires[1885]. Il ressort de ce constat qu'il serait utile d'analyser les causes qui empêchent les États membres des Nations Unies à acter l'application de la loi type.

1038. En référence à la première partie de notre thèse, les Conventions de Riyad de 1983 et de Mascate de 1996 n'apportent pas une valeur ajoutée sérieuse en termes d'efficacité d'exécution des sentences arbitrales. Cependant, il existe un traité sur l'arbitrage entre un nombre restreint des États membres de la Ligue arabe qui n'a pas été étudiée dans le cadre de notre thèse. Il s'agit de la Convention d'Amman de 1987 sur l'arbitrage commercial. Nous n'avons pas analysé cette convention dans le cadre de nos travaux pour trois raisons. La première est que la moitié des États parties (six au total) ne sont ni partie ni signataire de la Convention de New York. De plus la majorité des États signataires de cette Convention et de la Convention de New York ont formulé des réserves à l'égard de cette dernière[1886].

1039. La deuxième raison est qu'en matière d'exécution des sentences arbitrales, cette convention n'a aucun effet probant au sein des États parties[1887]. En effet, aucune disposition de cette Convention ne traite de la question de l'exécution de la sentence sur le territoire des États membres. Par ailleurs, l'article 35 de cette convention, qui est la seule disposition relative à l'exécution des sentences, vient conforter notre choix. Cet article précise qu'il appartient aux Cours suprêmes des États parties de donner force exécutoire aux sentences arbitrales[1888]. La troisième est structurelle. Le centre arabe d'arbitrage commercial permanent, qui devait être créé pour coordonner la mise en œuvre de cette convention, n'a jamais été mis en place[1889].

1040. Au niveau régional, l'exemple de référence est le droit OHADA à travers son exequatur régional, applicable directement sur le territoire des dix-

---

1884 https://uncitral.un.org/fr/texts/arbitration/modellaw/commercial_arbitration/status

1885 https://treaties.un.org/pages/ViewDetails.aspx?src=IND&mtdsg_no=XXII-1&chapter=22&clang=_fr

1886 M.-S. Alkattan, Exécution des sentences arbitrales dans les pays arabes de l'orient (Machrek) : Étude des droits syriens et libanais comparés au droit français, Université Paris Nanterre, Thèse de doctorat, dir : Ibrahim Fadlallah, 2004, p.275-279.

1887 Ibid., p. 275 et ss.

1888 Ibid.

1889 Ibid.

sept États membres. Le caractère supranational de ses actes uniformes, notamment l'Acte Uniforme relatif au droit de l'Arbitrage joue un rôle important en matière d'uniformisation du droit de l'arbitrage dans l'espace OHADA. Cependant, il y a un bémol à apporter, il s'agit de la phase d'exécution de la sentence arbitrale sur le territoire des États membres de l'OHADA. Aucune garantie n'est attribuée en termes de délai de traitement de l'exécution de la sentence arbitrale. Il s'agit d'une incertitude qui vient remettre en cause l'utilité de l'exequatur régional en droit des affaires. L'intérêt pour les acteurs économiques de recourir à l'arbitrage, en tant que moyen de règlement des différends, est la rapidité et la diligence. L'absence de délai contraint pour l'obtention de la formule exécutoire est une limite à l'efficacité d'exécution des sentences arbitrales dans l'espace OHADA. Il serait donc utile d'explorer la piste d'une possible injonction du juge de la CCJA pour violation du droit supranational lorsque l'autorité en charge d'ordonner l'exécution de la sentence s'abstient délibérément.

1041. Par ailleurs, l'ouverture des procédures pénales contre le créancier dans le cadre d'une procédure d'exécution d'une sentence arbitrale OHADA pour cause de corruption ou de blanchiment de capitaux peut avoir deux causes[1890]. La première pourrait être une conséquence de mauvaise foi de la part du débiteur (personne morale de droit public en l'occurrence) pour suspendre ou empêcher le recouvrement de la créance. La seconde cause peut être réellement la faute du créancier qui a commis des actes répréhensibles en droit pénal des affaires[1891]. Le droit communautaire doit encadrer l'usage des procédures pénales par l'État débiteur pour contourner l'exécution de la sentence arbitrale[1892]. Pour une impartialité dans la qualification des actes de corruption ou de blanchiment des capitaux dans le cadre d'une procédure d'arbitrage, le droit communautaire doit donner compétence au juge du siège de l'arbitrage. Ce juge pourra tenir compte du droit appliqué au fond du litige pour confirmer ou non les allégations de corruption ou de blanchiment de capitaux dans le cadre d'une procédure d'arbitrage. Dans le cas contraire, une personne morale de droit public débiteur de mauvaise foi peut user de ce moyen pour rendre inefficace l'exécution de la sentence arbitrale.

[1890] A. Sayed, « Corruption in international trade and commercial arbitration. », *Kluwer Law International,* 2004, p.85-90.; Ph. Kahn & C. Kessedjian (dir), *L'illicite dans le commerce international*, Paris, *Litec*, 1996, p. 604

[1891] E. Gaillard, « La corruption saisie par les arbitres du commerce international », *RDA*, 2017, p. 806-838.

[1892] Article 49 du Traité OHADA Révisé en 2008 au Qebes (Canada).

1042. Enfin, quatre points sont à retenir en ce qui concerne les moyens et mécanismes originaux adaptés à l'efficacité de l'exécution des sentences arbitrales internationales. En premier lieu, la Convention de New York de 1958 jouit d'une efficacité relative. Cette efficacité relative ne concourt pas à une fluidification complète de la circulation des sentences arbitrales dans les grands systèmes juridiques existants. Le deuxième point se rapporte aux solutions proposées par les éminents juristes en arbitrage pour juguler la faiblesse de la Convention de New York de 1958. Nous nous sommes inspirés des solutions proposées par d'éminents juristes spécialisés en droit international de l'arbitrage afin de proposer des solutions complémentaires et utiles dans le cadre de l'exécution des sentences arbitrales internationales.

1043. Le troisième point se rapporte aux rôles importants que la loi type de la CNUDCI sur l'arbitrage commercial et le droit OHADA jouent en termes de la circulation des sentences arbitrales internationales. Il s'agit aussi de cerner à quel point il est possible d'utiliser de façon habile le TEE pour obtenir l'exécution des mesures provisoires prononcées par le juge des référés sur le territoire européen pour l'exécution de la sentence arbitrale.

1044. En quatrième lieu, il existe aussi plusieurs solutions pertinentes de nature contractuelle pour garantir l'exécution de la sentence arbitrale internationale. Il s'agit de l'usage de la sûreté, la transaction et la clause de *Blacklisting*. Ces solutions présentent un caractère original, elles sont accessibles aux parties. Elles contribuent à l'efficacité de l'exécution des sentences arbitrales.

BIBLIOGRAPHIE

I. Ouvrages et articles

1. Ouvrages généraux

Audit, Bernard, *Droit international privé*, Paris, Economica, 2007, 971 p.

Audit, Mathias, *Contrats publics et arbitrage international, Bruylant,* 2011, 256 p.

Bah, Oumar, *L'efficacité de l'arbitrage OHADA : le rôle du juge étatique, Bruylant*, 2020, 422 p.

Bahmaei, Mohammad-Ali, *L'intervention du juge étatique des mesures provisoires et conservatoires en présence d'une convention d'arbitrage en droit français, anglais et Suisse, LGDJ*, 2002, 346 p.

Bénabent, Alain, *Droit des obligations*, Paris, LGDJ, 19[èm] éd., 2021, 768 p.

Berger, Kalus Peter, *The creeping codification of the lex mercatoria*, La Haye & Boston, Kluwer Law International, 1999, 376 p.

Berger, Kalus Peter, *International Economic Arbitration, Kluwer Law and Taxation Publishers*

Deventer, Boston, 1993, 939 p.

Bernard, Alfred, *L'arbitrage volontaire en droit privé*, Bruxelles, Bruylant, 1937, 616 p.

Besson, Sébastien, *Arbitrage international et mesures provisoires*, Zurich, *Schulthess,* 1998, 422 p.

Blanchin, Catherine, *L'autonomie de la clause compromissoire : un modèle pour la clause attributive de juridiction*, Paris, *L.G.D.J*, 1995, 123 p.

Bollée, Sylvain, Les méthodes du droit international privé à l'épreuve des sentences arbitrales, préf. Pierre Mayer, Economica, 2004, 428 p.

Born, Gary B., *International commercial arbitration*, Alphen aan den Rijn, Wolters Kluwer, 2014, 3 Vol., 4260 p.

Brack, Estelle, *Systèmes bancaires et financiers des pays arabes : Vers un modèle commun*, Paris, l'Harmattan, 2012, 295 p.

Bullier, Antoine, *La common Law,* Paris, Dalloz, 2016, 186 p.

Carbonneau, Thomas, *The law and Practice of Arbitration*, Hutington & New-York, JurisN& Llc, 2007, 2e éd., 729 p.

Chartier, Yves, *La réparation du préjudice*, Paris, *Dalloz*, 1996, 130 p.

Cuniberti, Gilles, *Le fondement de l'effet des jugements étrangers*, Paris, *L.G.D.J.,* 2019, 182 p.

De Ly, Filip, *International Business law and lex mercatoria*, Amsterdam, *TMC*, 1992, 361 p.

Deumier, Pascale, *Le droit spontané*, Paris, Economica, 2002, 477 p.

Dicey, Albert Venn, *Introduction to the Study of the Law of the Constitution,* Oxford, Oxford University Press, 2013, 576 p.

Djogbenou, Jospeh, *L'exécution forcée, droit de l'OHADA*, Cotonou, CREDIJ, 2011, 338 p.

El-Ahdab, Abdul Hamid *L'arbitrage dans les pays arabes*, Paris, Economica, 1988, 1214 p.

Fach Gomez, Katia, & **Lopez Rodriguez**, Ana Mercedes, (dir.), *60 years of the New York Convention: key issues and future challenges*, 2019, 518 p.

Fouchard, Philippe, *L'arbitrage commercial international*, Paris, Dalloz, 1964, 733 p.

Fox, William F., *International commercial agreements a primer on drafting, negotiating, and resolving disputes*, Alphen aan den Rijn, Wolters & Kluwer Law International, 2009, 4 éd., 491 p.

Frankenberg, G, Comparative law as critique, Edward Elgar Publishing, 2016, p.

Friedland, Paul., *Arbitration Clauses for International Contract, Juris Net Llc; 2e edition, 2007,* 350 p.

Gaillard, Emmanuel, *Aspects philosophiques du droit de l'arbitrage international*, Paris, LGDJ, 2008, 240 p.

Gardiner, Richard K., *Treaty Interpreation,* Oxford University Press, 2008, 480 p.

Gary, Born, International Arbitration: Cases and Materials, Aspen, 2021, 3rd éd., 1432 p.

Jarasson, Charles, *La notion d'arbitrage*, Paris, *L.G.D.J,* 1998, 372 p.

Jarrosson, Charles ; LE BARS, Benoït Jurisclasseur Commercial – Arbitrage commercial Droit interne –Fascicules 197. Paris, LexisNexis, 2014

Savau, Eric, *La théorie générale du contrat, mythe ou réalité* ? Paris, *LGDJ*, 1997, 408 p.

Jennings, Ivor, *Law and the Constitution*, Londres, University of London Press, 5th ed., 1959, 354 p.

Jaouen, Magalie, *La sanction prononcée par les parties au contrat, étude sur la justice privée dans les rapports contractuels de droit privé*, Paris, Economica 2013, 478 p.

Kahn, Philippe, *La vente commerciale internationale*, Paris, Sirey, 465 p.

Kenfack Douani, Gaston, *Le nouveau droit de l'arbitrage et la médiation OHADA*, Paris, A. Pedone, 2021, 131 p.

Klaus, Peter Berger, *The Creeping Codification of Lex mercatoria*, Springer, 1998, 197 p.

Kuate Tameghe, Sylvain Soral, *La protection du débiteur dans les procédures individuelles d'exécution*, Paris, *l'Harmattan,* 2005, p. 458.

Le Tourneau, Philippe, *Droit de la responsabilité et des contrats,* Paris, *Dalloz*, 2015, 2264 p.

Le Tourneau, Philippe. *L'ingénierie, les transferts de technologie et de maîtrise industrielle*, 2e éd., 2016, Paris, *LexisNexis*, 336 p.

Linderfalk, Ulf, *On the Interprétation of Treaties*, Springer, 2007, 410 p.

Loquin, Eric, *L'arbitrage du commerce international*, Paris, *Lextenso*, 2015, 464 p.

Luttrel, Sam, Bias Challenges in International Commercial Arbitration : The Need for a « Real Danger » Test, *Wolters Kluwer Law & Business*, 2009, 296 p.

Malinverni, Pierre, *Les conditions générales de vente et les contrats types des chambres syndicales*, Paris, *LGDJ*, 1978, 380 p.

Marrella, Fabrizio., *La neuva lex mercatoria,* Paris-Venise, *Cedam-Padoua*, 2003, 1064 p.

Meyer, Pierre, *OHADA-Droit de l'arbitrage*, Bruxelles, Bruylant, 2002, 284 p.

Mitolo, Joachin., *Les voies d'exécution et les procédures d'expropriation en droit OHADA*, éd. LMI*, 2011,* 118 p.

Mo, John S., *Arbitration Law in China*, Hong Kong, Sweet & Maxwell Asia, 2001, 715 p.

Moréteau, Olivier, *Droit anglais des affaires*, Paris, Dalloz, 2000, 555 p.

Motulsky Henri, *Ecrits, études et notes sur l'arbitrage*, 2010, Paris, Dalloz, 556 p.

Najjar, Nathalie, *Arbitration and international trade in the Arab countries,* Leiden, Boston*, Brill* Nijhoff*,* 2017, 1302 p.

Najjar, Nathalie, *Arbitrage dans les pays arabes et commerce international*, Paris*, L.G.D.J*, 2016, 1004 p.

Nuyts, Arnaud, *L'exception du Forum non conveniens,* Bruxelles, *Bruylant*, 2003, 974 p.

Obeid, Zeina, *Le recours en annulation des sentences arbitrales dans les pays arabes*, Paris, A. Pédone, 2017, 662 p.

Onana-oundi, Félix, *Grandes tendances jurisprudentielles de la CCJA en matière d'interprétation et d'application du droit OHADA (1997-2010),* Porto-Novo, ERSUMA, 2011, 540 p.

Osman, F., *Les principes généraux de la lex mercatoria*, Paris, LGDJ, 1992, 515 p.

Paulsson, Marike, *The 1958 New York Convention in Action, Alphen aan den Rijn, Wolters & Kluwer Law International*, 2016, 269 p.

Petrochilos, Georgios, Procedural Law in International Arbitration, *Oxford University Press* 2004, 584 p.

Picod. Yves, *Cession de dette et droit des sûretés*, Paris, *Dalloz*, éd. 2017, 503 p.

Posner, Richard, *Economic analyse of Law*, Alphen aan den Rijn, Wolters Kluwer, 2014, 714 p.

Pougoue, Paul Gérard, *L'arbitrage dans l'espace OHADA*, Leiden, *Cours de l'Académie du droit international de la Haye*, 2016,

Reifegerste, Stéphan, *Pour une obligation de minimiser le dommage*, Aix en Provence, Presses universitaires d'Aix-Marseille, 2002, 357 p.

Rideau, Joël, *Droit institutionnel de l'Union européenne,* Paris, LGDJ, 2010, 1464 p.

Rousseau, Charles, *Droit international public. Tome V. Les rapports conflictuels*, Paris, Sirey, 1983, 504 p.

Seraglini, Christophe, *Lois de polices et justice arbitrale internationale*, Paris, Dalloz, 2001, 571 p.

Seroussi, Roland, *Introduction au droit comparé*, Paris, Dunod, 3e édition, 2008, 222 p.

Seube, Jean-Baptiste, *Droit des sûretés*, Paris, éd. Dalloz, 2020, 312 p.

Shehata, Ibrahim, *Arbitration in Egypt: A Practitioner's Guide*, Alphen aan den Rijn, Wolters Kluwer 2021, 496 p.

Sossou Biadja, Cassius, *L'acte uniforme OHADA relatif à l'arbitrage à l'épreuve des standards transnationaux de la justice arbitrale : Approche comparée de droit international privé*, Paris, LGDJ, 2015, p. 511.

Tao, Jingzhou, *Arbitration Law and Practice in China*, Alphen aan den Rijn, Kluwer Law International, 2nd éd., 2008, 383 p.

Train, François-Xavier, Les contrats liés devant l'arbitre du commerce international, LGDJ, 2003, 533 p.

Trari-tani, Mostefa, *Le droit algérien de l'arbitrage commercial international*, Alger, Berti, 2007, 287 p.

Trari-Tani, Mostefa, *L'arbitrage commercial international, avec référence au droit et à la pratique des pays du Maghreb*, Bruxelles, Bruylant, 2011, 358 p.

Ubéda-Saillard, Muriel, *La mise en œuvre de la lex specialis dans le droit international contemporain*, Paris, Pédone, 2017, 204 p.

Usunier, Laurence, *La régulation de la compétence juridictionnelle en droit international privé*, Paris, Economica, 2008, 567 p.

Van Den Berg, Albert., *La Convention d'arbitrage de New York de 1958, Vers une interprétation judiciaire uniforme*, Alphen aan den Rijn, Wolters Kluwer, 1994, 480 p.

Villiger, Mark E., *Commentary on the 1969 Vienna Convention on the Law of Treaties*, Martinus Nijhoff Publishers, 2009, 1058 p.

Waincymer, Jeffrey, *Procedureand Evidence in International Arbitration, Wolters Kluwer Law & Business*, 2012, 1408 p.

Wambo, Jérémie, *La saisine de la Cour commune de justice et d'arbitrage de l'OHADA en matière contentieuse*, LGDJ, Paris, 2017, 352 p.

Witz, Claude, *Les premières applications jurisprudentielles du droit uniforme de la vente internationale*, Paris, L.G.D.J., 1995, 175 p.

Wunschheim (Von), Clarisse., *Enforcement of commercial arbitral awards in China,* St. Paul, Minnesota, Thomson Reuters, 2013, 345 p.

2. Ouvrages spécifiques

Aka, Narcisse, **Fénéon**, Alain & **Tchakoua**, Jean-Marie, *Le nouveau droit de l'arbitrage et de la médiation en Afrique (Ohada),* Paris, LGDJ, 2018, 371 p.

Ancel, Marie-Élodie, **Deumier** ; Pascale & **Laazouzi**, Malik, *Droit des contrats internationaux*, Paris, Sirey, 2019. 814 p.

Angel, Nicolas, **Ferro**, Luca & **Ruys**, Tom, (dir.), *The Cambridge handbook of immunities and international law,* Cambridge, Cambridge University Press, 2019, 388 p.

Assi-Esso, Anne-Marie H. & **Diouf**, N'diaw, *OHADA- Recouvrement des créances*, Bruylant, Bruxelles, 2002, 254 p.

Aynès, Laurent, **Gautier**, Pierre-Yves & **Malaurie**, Philippe, *Les contrats spéciaux*, Paris, Defrénois, 6e éd., 2012, 710 p.

Béguin, J & **Menjucq** M., *Traité du Droit de commerce international*, Paris, Lexis Nexis, 2006, 1259 p.

Besson, Sébastien & **Poudret,** Jean-François, *Droit comparé de l'arbitrage international*, Paris, LGDJ, 2007, 952 p.

Blackaby Nigel, **Partasides** Constantine & **Redferne** Alan, *Redfern and Hunter in International*, *Oxford Univ Pr*, 2015, 808 p.

Binyoum, Joseph & **Ngwese** Ngole Philip., *Éléments de contentieux administratif camerounais*, Paris, l'Harmattan, 2010, 264 p.

Bussani Mauro & **Sebok**, Anthony, *Comparative Tort law*, *Edward Elgar Pub*, 2015, 520 p.

Buy, Frédéric, **Lamoureux,** Marie, & **Roda**, Jean-Christophe, *Droit de la distribution*, 2e éd., 2019, Paris, *LGDJ*, 498 p.

Cabrillac, Michel, **Cabrillac** Séverine & **Pétel**, Philippe, *Droit des sûretés*, Paris, Lexis Nexis, 10ème éd, 2015, 848 p.

Cadiet, Loic & **Jeuland**, Emmanuel, *Droit judiciaire privé*, Paris, Lexis Nexis, 8ème éd., 2013, 883 p.

Corneloup, Sabine, **Delebecque**, Philippe & **Jacquet**, Jean-Michel, *Droit du commerce international*, Paris, Dalloz, 3e édition, 2015, 965 p.

Cornette, Fanny, **Cuniberti,** Gilles & **Normand** Clotilde, *Droit international de l'exécution* : *Recouvrement des créances civiles et commerciales,* Paris, *L.G.D.J*, 2011, 408 p.

Corten, Olivier & **Klein**, Pierre, *The Vienna Convention on the Law of Treaties*, Oxford University Press, 2011, 2071 p.

David, René & **Jauffr&-Spinosi**, Camille, *Les grands systèmes de droit contemporains*, Paris, Dalloz, 12e édition, 2016, 539 p.

Daele, Karel (ed.), *Challenge and Disqualification of Arbitrators in International Arbitration*, *Wolters Kluwer Law & Business*, 2011, 539 p.

Di Pietro, Domenico & **Platte** Martin, *Enforcement of International Arbitration Awards, Cameron May*, 2001, 288 p.

Do, Van Dai & **Tran,** Hoang Hai, *Les arrêts et décisions des tribunaux vietnamiens en matière d'arbitrage commercial*, Lao dong, 2010, n°41.

Donnier

, Marc & **Donnier**, Jean-Baptiste, *Voies d'exécution et procédures de distribution*, *LexisNexis*, 2020, 690 p.

El Ahdad, Abdul Hamid, & **EL Ahdad**, Jalal, *Arbitration with the Arab Countries,* Alphen aan den Rijn, Wolters & Kluwer Law International, 2011, 1200 p.

El Ahdad Jalal & **Mainguy**, Daniel, *Droit de l'arbitrage : Théorie et pratique*, Paris, Lexis Nexis, 2021, 1062 p.

Fénéon, Alain, **Tchakoua**, Jean-Marie & **Aka** Narcisse., *Le nouveau droit de l'arbitrage et de la médiation en Afrique (Ohada),* Paris, Lextenso, 2018, 372 p.

Ferrari, Franco, **Rosenfeld**, Friedrich & **Kotuby**, Charles T. jr, *Recognition and enforcement of foreign arbitral awards: A Concise Guide the New York Convention's Uniforme Regime*, Chelten & Northampton, Edward Elgar, 2023, 178 p.

Fouchard, Philippe, **Gaillard**, Emmanuel **& Goldman**, Berthold, *Traité de l'arbitrage commercial international*, Paris, Litec, 1996, 1225 p.

Gaillard, Emmanuel & **Savage**, John, *International Commercial Arbitration*, eds Fouchard, Gaillard, Goldman, Alphen aan den Rijn, Kluwer Law International, 1999, 1280 p.

Gaillard, Emmanuel & **Di Pietro**, Domenico, *Enforcement of Arbitration Agreements and International Arbitral* Awards 257, Cameron, 2008, 988 p.

Ghestin, Jacques, **Loiseau** Gregoire & **Serinet** Yves-Marie, *La formation du contrat: le contrat, le consentement*, *LGDJ*, Tome 1, 2013, 1552 p.

Glendon Mary, **Carozza** Paolo & **Picker** Colin, *Comprative legaltraditions: texts, materials and cases on Western law*, *West Academic Publishing*, 3rd edition 2006, 1028 p.

Guinchard, Serge & **Moussa**, Tony, *Droit et Pratique des Voies d'exécution*, Paris, Dalloz, 2015, 2273 p.

Héron, Jacques, **Le Bars**, Thierry & **Salhi**, Karim, *Droit judiciaire privé*, Paris, *LGDJ*, 2019, 1032 p.

Holtzmann, Howard M., *International mass claims processes: legal and practical perspectives*, *Oxford University Press*, 2007, p. 462.

Kröll, Mistelis, et al. (eds.), *International Arbitration and International Commercial Law: Senergy, Convergence and Evolution*, *Kluwer Law International*, 2011, 880 p.

Kronke, Herbert et al. (eds.), *Recognition and Enforcement of Foreign Arbitral Awards: A Global Commentary on the New York Convention*, *Kluwer Law International,* 2011, 788 p.

Kurkela, Matti. and **Turunen,** Santtu., *Due Process in International Commercial Arbitration*, *Oxford Univ Presse*, Revised edition 2010, 582 p.

La Pradelle, Geouffre & **Niboyet** Marie-Laure, *Le Droit international Privé*, Paris, LGDJ, 2007, 1re éd., n°414, 768 p.

Le Gallou, Cécile & **Wesley**, Simon, *Droit anglais des affaires*, Paris, *L.G.D.J*, 2018 752 p.

Leung, Priscilia Mei-fun and **Wang,** Shengchang (eds.), Selected works of China International Economic and Trade Arbitration Commissiopn Awards, Updated to 1997, Sweet & Maxwell, volume 2, 1998, 600 p.

Leung, Priscilia Mei-fun and **Cai,** Hongda (eds.), *Selected works of China Maritime Arbitration Ciommission Awards : 1989-1996 (Updated to 2002)*, *EMIS Professional Publishing,* 2004, 714 p.

Lew, J. D. M., **Mistelis,** L. A., **Kröll,** S. M., *Comparative International Commercial Arbitration*, *Kluwer Law International*, 2003, 953 p.

Loquin Eric, & I. Moine-Dupuis, *Culture et Philosophie du droit : Questions choisies, Ellipses,* 2022, 301 p.

Mistelis, Loukas & **Kroll,** Stefan, Comparative International Commercial Arbitration, *Kluwer Law International*, 2003, 953 p.

Mistelis, Loukas. (ed), *Concise International Arbitration, Kluwer Law International*, 2010, 1115 p.

Mistelis, Loukas A. and **Brekoulakis,** Stavros L., *Arbitrability : International and Comparative Perspectives, Wolters Kluwer law & Business*, 2009, 375 p.

Perrot Roger & **Solus** Henry, *Traité de droit judiciaire privé : Notions fondamentales et organisation judiciaire*, Paris, Sirey, 1961, 3 Tomes

Perrot Roger & **Théry** Phillipe, *Procédures civiles d'exécution*, Paris, Dalloz, 3em édition, 2013, 1094 p.

Oto-Peralia Daniel, **Romero-Avilia** Diego, *Legal traditions, legal reforms and economic performance*, Theory and evidence, Springer, 2017, 262 p.

Robert, Jean & **Moreau,** Bertrand, *L'arbitre*, *Dalloz*, 1993, 478 p.

Seraglini, Christophe **& Ortscheidt**, Jérôme, *Droit de l'arbitrage interne et international*, Paris, *LGDJ*, 2019, 1056 p.

Shahla, Farzaneh & **Ginsburg**, Tom, *International commercial arbitation in Asia*, Huntington, Juris, 3em éd., 634 p.

Shore, Laurence, **Cheng**, Tai-Heng, **La Chiusa** Jenelle, al…, Liang-Ying, International Arbitration in the United States, Alphen aan den Rijn, Wolters & Kluwer Law International, 2017, 572 p.

Simler, Philippe & **Delebecque**, Philippe., *Droit civil – Les sûretés – La publicité foncière*, Paris, éd. Dalloz, 2004, 894 p.

Sutton, David, **Gill**, Judith & **Gearing**, Matthew, *Russel on Arbitration*, London, Sweet & Maxwell, 2015, 796 p.

Tweeddale Andrew & **Tweeddale** Keren, *Arbitration of Commercial Disputes - International and English Law and Practice*, Oxford, OUP, 2007, 1124 p.

3. Ouvrages collectifs

Arnaud, André-Jean, (dir), *Dictionnaire de Globalisation*, Paris, LGDJ, 2010, p. 338-339.

Aseeva, Anna & **Gorski**, Jeedrzej (dir.), *The Law and Policy New Eurasian Regionalization,* La Haye, Brill NIJHOFF, 2018, 639 p.

Balthasar Stephan (ed), *International Commercial Arbitration, Beck/Hart/Nomos*, 2020, 864 p.

Bernann, George A., (dir.), *Recognition and Enforcement of Foreign Arbitral Awards: The Interpretation and Application of the New York Convention by National Courts,* Cham, Springer International Publishing, 2017, 1096 p.

Boele-Woelki, Katharina & **Fernández Arroyo**, Diego P., (dir.), *Recognition and Enforcement of Foreign Arbitral Awards,* New York, Springer International Publishing, 2017, 1096 p.

Bostanji, Sami, **Horchani**, Ferhat & **Manciaux**, Sébastien, (dir.), *Le juge et l'arbitrage*, Paris, Pedone, 2014, 369 p.

Chang, Wang Sheng & **Fung**, Daniel R., (dir.), *Arbitration in China: a practical guide,* Hong Kong, Sweet & Maxwell, 2004, 2 Vol.

Chen Lei & **Janssen** André, (dir)*, Dispute Resolution in China, Europe and World - Ius Gentium: Comparative Perspectives on Law and Justice*, Cham, Springer, 2020, 292 p.

Gaillard, Emmanuel & **Di Pietro,** Domenico (eds), *Enforcement of Arbitration Agreements and International Arbitral Awards: The New York Convention in Practice*, *Cameron May* 2007, 988 p.

Fouchard, Philippe, (dir.), *L'OHADA et les perspectives de l'arbitrage en Afrique, Travaux du Centre René-Jean Dupuy pour le droit et le développement*, Bruxelles, Bruylant, 2000, 310 p.

Gomez, Katia -Fach. & **Lopez Rodriguez,** A. M., **(dir.),** *60 Years of the New York Convention: Key Issues and Future Challenges*, Alphen aan den Rijn, Wolters Kluwer, 2019, 518 p.

Gu, Weixia & **Reyes**, Anselmo, (dir.), *The developing world of arbitration: a comparative study of arbitration reform in the Asia Pacific,* Oxford, Portland, Oregon, Hart Publishing, 2018, 336 p.

Guinchard, Serge, **Moussa**, Tony, **Cayrol,** Nicolas. & **De Leiris**, Edouard., (dir :), *Droit et Pratique des Voies d'exécution*, Paris, Dalloz, 2022, 2468 p.

Hess B, **Pfeiffer** T, & **Schlosser** P (eds), *The Brussels I Regulation 44/2001-Application and Enforcement in the UE, C.H. Beck*, 2008, 229 p.

Hutchinson Allan & **Monahan** Patrick (dir.), *The Rule of Law: Ideal or Ideology*, Toronto, Carswell, 1987, 167 p.

Kahn, Ph. & C. Kessedjian (dir), *L'illicite dans le commerce international*, Paris, *Litec*, 1996, p. 604

Jowell Jeffrey & **Oliver** Dawn (dir.), *The Changing Constitution: principle of institutional morality and a constraint on the uninhibited exercise of government power,* Oxford, OUP, 2011, 378 p.

Kronke/Melis/Schnyder (dir), *Handbuch Internationales Wirtschaftsrecht*, Verlag Dr. Otto Schmidt: Köln 2005, 2212 S.

Mercadal, Barthélémy, (dir.), *Code pratique, OHADA. Traité, Actes uniformes et Règlements annotés*, Paris, F. Lefebvre, Paris, 2013, 1597 p.

Müller Christophe & **Rigozzi** Antonio, New Développements (eds), New Développements in International Arbitration, Schulthess, 2016, 166 p.

Pougoué, Paul-Gérard, (dir.), *Encyclopédie du droit de l'OHADA*, Paris, L'Harmattan, 2011, 2185 p.

Van den Berg, Albert (ed), *Planning Efficient Arbitration Proceedings-The law Application in International Arbitration, Kluwer Law International*, 1996, 440 p.

Ziadé, Nassib G (dir.), *Festschrift Ahmed Sadek El-Kosheri*, La Haye, Kluwer Law International, 2015, 492 p.

Ziadé, Nassib G., (dir.), *Liber Amicorum Samir Saleh: Reflections on Dispute Resolution with Particular Emphasis on the Arab World*, Alphen aan den Rijn, Wolters Kluwer, 2019, 304 p.

Zykov, Roman (dir.), *Recognition and Enforcement of Foreign Arbitral Awards in Russia*, Alphen aan den Rijn, Wolters Kluwer, 2021, 594 p.

4. Thèses

Benisty, Samuel, *La norme sociale de conduite saisie par le droit*, Thèse de doctorat sous la direction de Thomas Clay, Université de Versailles, 2013, 364 p.

Bernadskaya, Elena, *La sentence arbitrale internationale : Contribution de droit processuel comparé, droit français et russe*, Thèse de doctorat sous la direction du Professeur Cyril Nourissat, Université Jean Moulin – Lyon 3, 2011, 573 p.

Boucaron-Nardetto, M., Le principe de Compétence-Compétence en droit de l'arbitrage, Thèse de doctorat sous la direction de Jean-Baptiste Racine, Université Nice-Sophia Antipolis, 2011, 680 p.

Caixia, Yang, *La validité de la convention d'arbitrage dans le commerce international (étude comparative : France, Chine)*, Thèse de doctorat sous la direction de Marie Goré, Université Panthéon-Assas (Paris II), 2008, 462 p.

Caseau-Roche, Cécile., *Les obligations post-contractuelles*, Thèse de doctorat sous la direction de Jacques Ghestin, Paris I, 2001, 581 p.

De Saba, Amevi, *La protection du créancier dans le droit uniforme de recouvrement des créances de l'OHADA*, Thèse de doctorat sous la direction de Loïc Cadiet, Paris I, 2016, 416 p.

Escourrou, Jean-François, *L'instance d'appel dans le procès civil*, Thèse de doctorat sous la direction de Marc Nicod, Université de Toulouse, 2017, 498 p.

Kenfack Douani, Gaston, *L'arbitrage dans le système OHADA*, Thèse de doctorat sous la direction de Partick Juillard, Université Paris 1 Panthéon-Sorbonne, 2005, 451 p.

Legros, Cecile, *L'arbitrage et les opérations juridiques à trois personnes*, Thèse de doctorat sous la direction de Martine Behar-Touchais, Faculté de Droit de l'Université de Rouen, 1999

Liu, Ouqian, *L'Exécution des sentences arbitrales étrangères : étude comparative la France et la Chine*, Thèse de doctorat sous la direction de Marie Goré, Université Paris II Panthéon ASSAS, 2016, 532 p.

Mayer, Lucie, *Actes du procès et théorie de l'acte juridique*, Thèse de doctorat sous la direction de Loïc Cadiet, Paris1, Panthéon Sorbonne, 2007, 2 Vol.

Nguyen, Thi Viet Ha, *Exécution des sentences arbitrales internationales : Comparaisons franco-vietnamiennes*, Thèse de doctorat sous la direction de Cécile Legros & Hong Quy Mai, Université Rouen-Normandie, 2012, 452 p.

Ortscheidt, Jerôme, *La réparation du dommage dans l'arbitrage commercial international*, Thèse de doctorat, préf. Emmanuel Gaillard, *Dalloz, (Nouvelle Bibliothèque de Thèses)*, 2001, 425 p.

Pérès-Dourdou, Cécile, *La règle supplétive*, Thèse de doctorat sous la direction de Geneviève Viney, Paris I, 2004, 688 p.

Rault, Charlotte Julie, *Le cadre juridique de la gestion des dettes souveraines*, Thèse de doctorat sous la direction de Jean-Marc Sorel & Christophe G. Paulus, École de droit de la Sorbonne (Université Panthéon Sorbonne Paris 1) & Humboldt-Universität zu Berlin Juristische Fakultätéd, 2018, 323 p.

Seraglini, Christophe, Lois de police et justice arbitrale internationale, Thèse de doctorat sous la direction de Pierre Mayer, *Dalloz (Nouvelle Bibliothèque des thèses)*, 2001, 571 pp.

Simenou, Henry, « Efficacité des garanties du crédit du droit OHADA », *Diffusion ARNT*, 2018, 581 p.

Vodounon-Djegni, C R, *L'exécution des sentences arbitrales contre les personnes publiques de l'OHADA,* Thèse de doctorat sous la direction de J.-B Racine, Université Côte d'Azur, 2022, 421 p.

Willems, Jane, *Les contrats de joint ventures sino-étrangères devant l'arbitre international,* Thèse de doctorat sous la direction de Yves Dolais, Université d'Angers, 2013, 424 p.

5. Articles

Abdallah, Ezzedine, « La Convention de la Ligue arabe sur l'exécution des jugements, étude comparative du droit conventionnel comparé avec le droit interne », *RCADI*, 1973, t. 138, p. 503-627.

Abdel-Hanane, Issa, « The New Saudi Arbitration Regulation, its Pros and Cons; Comparative Study », *Majallat al-Tahkim al-Aalamiyya*, n°23 of 2014, p. 95

Adida-Canac, Hugues. & **Morel-Maroger**, Joliette., « Jurisprudence du tribunal de grande instance de Paris », *JCP G*, 2018, I, p. 24-51.

Adjaka, Michel, « Réflexion sur le régime des nullités consacré par l'Acte uniforme de l'OHADA portant organisation des procédures simplifiées de recouvrement et des voies d'exécution », *Revue de l'ERSUMA* n°6, 2016, *Ohadata D.,* pp. 11-25.

Agboyibor, Pascal « OHADA : jurisprudence de la CCJA- Juge de l'exécution et juge des référés dans l'OHADA », in *RDAI,* 2003-2, p. 911-916

Aitkulov, Timur., **Malukevich**, Dmitry. & **Vyalkov**. Alexey., « Commentary on Russian Procedural Law, Article 244 APC RF: Grounds for Refusal of Recognition and Enforcement of a Foreign Court Judgment or a Foreign Arbitral Award », in R. Zykov, (dir.), *Recognition and Enforcement of Foreign Arbitral Awards in Russia*, Alphen aan den Rijn, Wolters Kluwer, 2021, p. 167-174.

Ajani, Gianmaria., « La circulation des modèles juridiques à travers le droit post socialiste », *RID Com.*, 1994, p. 1087-1105.

Akbik, Mohamad., « L'arbitrage dans la charia islamiya », *Rev. mond. arb.*, 2012, p. 144-166.

Akter, Sumru, « Flipping the Hourglass: Time Limits for the Recognition and Enforcement of Foreign Arbitral Awards », in K. Fach Gomez & A. M. Lopez Rodriguez, (dir.), *60 years of the New York Convention: Key Issues and Future Challenges*, Alphen aan den Rijn, Wolters Kluwer, 2019, p. 85-98.

Al-Ammari, Saud & **Martin**, Timothy, « Arbitration in the Kingdom of Saudi Arabia », *Arbitration internationale*, 2014, p. 387-409.

Alifanov Anton. & **Bakumenko**, Vasily., « Commentary on Russia Procedure Law, article 243 APC RF (Procedure law of examination for the recognition and Enforcement of a Foreign Court Judgement or a Foreign Court judgment or a Foreign Abitral Arbitral) », in R. Zykov (dir.), *Recognition and enforcemenArbitral awards and Former USSR States*, Alphen aan den Rijn, Wolters Kluwer, 2021, pp. 163-167

Alliouch-Kerboua, Kamel, « Le contrôle post-arbitral de la sentence internationale en droit algérien », in S. Bostanji, F. Horchani & S. Manciaux (dir.), *Le juge et l'arbitrage*, Paris, Pedone, 2014, p. 270-285.

Almousa, Aouni Shahoud & **Bälz**, Kilian, « La reconnaissance et l'exécution des jugements étrangers et des sentences arbitrales en vertu de la Convention de Riyad (1983) : trente ans de coopération judiciaire arabe », *Revue international du droit procédural,* 2014, pp. 273-288.

Amoussou-Guenon, Roland, « L'arbitrage dans le Traité relatif à l'harmonisation du droit des affaires en Afrique (OHADA) », *RDA/IBLJ,* n° 13, 1996, p. 324 et ss.

Ancel, Jean-Pierre, « L'arbitre juge », *Rev arb*., 4, 2012, pp. 717-722

Ancel, Pascal, « Arbitrage et procédures collectives après la loi du 25 janvier 1985 », *Rev. arb.* 1987. p. 255 et ss.

Andreeva Natalia. & **Samoylov** Mikhail. « Commentary on the New York Convention 1958, Article IV », in Zykov, Roman (dir.), *Recognition and Enforcement of Foreign Arbitral Awards in Russia*, Alphen aan den Rijn, *Wolters Kluwer*, 2021, p. 33 et s.

Anoukaha, François, « La délimitation de la compétence de la CCJA et les Cours suprêmes nationales en matière de recouvrement de créances », *Juris-périodique*, juillet-décembre 2004, n°59, p. 118 et ss.

Ahmed, Mahiou & **Vargiu**, Paolo., « Interpretation and Application of the New York Convention in United Kingdom », in G. A. Bernann, (dir.), *Recognition and Enforcement of Foreign Arbitral Awards: The Interpretation and Application of the New York Convention by National Courts,* Cham, Springer International Publishing, 2017, p. 977-994.

Arrighi, Jean-Pierre., « Les nouveaux cas de nullité de la période suspecte », *Gaz. Pal*. n°253, 2005, p. 9 et s.

Audit, Mathias, « La renonciation par un État à son immunité d'exécution, in Immunities in the Age of Global Constitutionalism », *Brill,* 2014, p.70-84.

Baamir, Abdulrahman & **Bentekas**, Ilias, « Saudi Law as Lex Arbitri : Evaluation of Saoudi Arbitration Law and Judicial Practice », *Arbitration international,* 2009, vol. 25, n°2, pp. 239-269

Bakam, Nguenouho, « Les modes alternatifs de règlement des différends dans l'espace OHADA : vers une nouvelle avancée ? », *CAPJIA*, n°3, 2017, p. 449 et s.

Barnashov, Alexey. & **Nacimiento**, Patricia., « Recognition and Enforcement of Arbitral Awards in Russia », *Journal of international Arbitration*, 2010, v. 27.3, pp. 299-300

Batiffol, Henri, « la loi appropriée au contrat », in, *Le droit des relations économiques internationales : une Études offertes à B. Goldman*, Paris, Litec, 1982.

Bedjaoui, Mohammed & **Mebroukine,** Ali « Le droit de l'arbitrage international en Algérie », *J.D.I*, n°4, 1993, p. 902 et ss.

Benkemoun, Laurant, « Quelques réflexions sur l'OHADA 10 ans après le Traité de Port-Louis », *Penant n° 843,* avril- juin 2003, p. 133-139.

Berlioz, Pierre, « Déclaration d'insaisissabilité et hypothèque judiciaire », *RDC*, n°04, 2014, p. 152.

Bettaieb, Alyssa, « Le contrôle post-arbitral de la sentence arbitrale étrangère », in Bostanji, Sami, Horchani, Ferhat & Manciaux, Sébastien, (dir.), *Le juge et l'arbitrage*, Paris, Pedone, 2014, pp. 303-311

Bettini, Romano, « Efficacité » dans A.-J. Arnaud, (dir.), *Dictionnaire encyclopédique de théorie et de sociologie du droit*, 2ème éd, Paris, *LGDJ*, 1993.

Boismain, Corinne, « L'exequatur et l'ordre public aux États-Unis. Une interprétation extensive de la Convention de New York favorisant les reconnaissances. », 2021, en ligne à l'adresse suivante : (halshs-03341824)

Bollée, S. « Les effets des sentences arbitrales à l'égard des tiers », *Rev. arb*. 2015, p. 695.

Bostanji, Sami, « Les vingt ans du Code tunisien de l'Arbitrage : Bilan et Perspectives », in Horchani, Ferhat & Manciaux, Sébastien, (dir.), *Le juge et l'arbitrage*, Paris, Pedone, 2014, p. 339-360.

Bourel, Piere « Aspects récents de l'immunité d'exécution des États et services publics étrangers », *TCFDIP* 1983, p. 133 et s.

Bouthinon-Dumas, Hugues., « Les contrats relationnels et la théorie de l'imprévision », *n°3 Rev. gén. Dr Econ.*, 2001, p. 339-373.

Brock, Denis & **Sanger**, Kathryn, « Legal Framework of Arbitration » in Daniel R. Fung & Wang Sheng Chang, (dir.)., *Arbitration in China: À Practical Guide*, Hong Kong, Sweet & Mawxelle, 2004, vol. 1, p. 25–45.

Bustin, Olivier., « Exécution de la sentence arbitrale », *LEDAF,* 2018, p.7.

Cagniart, Marc & **Sagaut**, Jean-François, « Regard notarial sur le titre exécutoire européen », *JC N*, 2005. 1441.

Camensuli-Feuillard, Laurence « Contestations relatives à la régularité d'une saisie immobilière arrêtée par une procédure de sauvegarde », *BJE* 2016, n°113, p. 106-108.

Carothers, Thomas, « Promoting the Rule of Law Abroad », *Carnegie Endowment for International Peace*, n° 34, 2003, p. 3 et ss.

Casimir, etienne., « Le dolus bonus », *RDC*, 2017, p. 153 et ss.

Chabot, Georges, « L'exacte étendue des pouvoirs du juge d'appui ». *La Semaine Juridique. Edition Générale*, n° 39, du 27 septembre 2006, II 10155.

Chainais, Cécile & **Jarrosson**, Charles, « L'urgence avant la constitution du tribunal arbitral » in Keutgen, Guy, *L'arbitrage international et l'urgence*, Bruxelles, *Bruylant,* 2014, p. 64-92.

Chantepie, Gaël. « De la nature contractuelle des contrats types », *RDC*, 2009., p. 1233 et ss.

Chedly, Lofti, « L'arbitrage international en droit tunisien », *JDI*, 2008, n°2, p. 389 et ss.

Chevalier Pierre : « Le nouveau juge d'appui », in Th. Clay (dir.) : Le nouveau droit français de l'arbitrage. Actes du colloque du 28 février 2011, Lextenso éditions, à paraître. Sur cette expression, cf. H. Arfazadeh : « Juge d'appui et for de nécessité », note sous TGI Paris (ord. réf.) 10 janv. 1996, Bull. ASA 1996, p. 319.

Chedly, Lotfi « L'efficacité de l'arbitrage », *Recueil des cours de l'Académie de droit international de La Haye,* vol. 400, 2019, p. 430 et ss.

Chemilier-Gendreaux, Monique, « Le droit international et la régulation », in M. Miaille (dir.), *La régulation entre droit et politique*, Paris, L'Harmattan, 1995, p. 59 et ss.

Chénedé, François, « Raymond Saleilles, Le contrat d'adhésion (2e partie) », *Rev. des Contrats*, 2012, n°3, p.1017 zt ss.

Choukroune, Leila., « L'accession de la Chine à l'OMC et la réforme juridique : vers un état de droit par l'internationalisation sans démocratie », in *La Chine et la démocratie*, Paris, Fayard, 2007, pp. 617-661.

Chuc, Quang, « Recognition and Enforcement of Foreign Arbitral Awards in Vietnam Shortcoming and Suggested Remedies », *Journal of International Arbitration*, 2005, p. 487.

Cissé, Abdoullah, « L'harmonisation du droit des affaires en Afrique : L'expérience de l'OHADA à l'épreuve de sa première décennie », *RIDE,* 2004, t. XVIII, n°2, p. 6 et ss.

Clay, Thomas, « Le modèle pour éviter le procès », in Code civil et modèle. Des modèles du Code au Code comme modèle. LGDJ, coll. Bibliothèque de l'Institut André Tunc, 2005, p. 51 et ss.

Clay, Thomas, « Arbitrage et modes alternatifs de règlement des litiges, *D.,* 2008, p. 180 et ss.

Clay, Thomas, « L'appui du juge à l'arbitrage », *Cah. arb*. 2011, p.331 et ss.

Clay, Thomas & **Pinsolle**, Philippe, « De l'autonomie de la convention d'arbitrage à l'autonomie de la sentence arbitrale », *JDI*, 2015, p. 13 et ss.

Correia, Vicent, « L'adage *lex specialis derogat generali* : Réflexions générales sur sa nature, sa raison d'être et ses conditions d'application », (Dans : La mise en œuvre de la lex specialis : journée d'études de Lille. Paris : A. Pedone, 2017, 29-49.) [C.I.J., p. 32, 36-37.])

Crawford, James « Execution of Judgments and Foreign Sovereign Immunity », *The American Journal of International Law,* 1981, pp. 820-865

Cuzacq, Nicolas., « Le mécanisme du name and shame ou la sanction médiatique comme mode de régulation des entreprises », *RTD com.* 2017., p. 473 et ss.

Dang, Hoang Oanh., « la détermination du tribunal compétent dans la procédure d'exequatur », *Revue du tribunal populaire,* n°2, 2012, p. 25 et ss.

Dang, Hoang Oanh; « Arbitration law and practice in Vietnam: fundamental changes over the past 20 years and potential for the future »,.in A. Reyes & W. Gu (dir.), *The developing world of arbitration: a comparative study of arbitration reform in the Asia Pacific,* Oxford, Portland, Oregon, Hart Publishing, 2018, pp. 205-336

Darankoum, Sibidi Emmanuel, « L'application des Principes UNIDROIT par les arbitres internationaux et par les juges étatiques », *Revue juridique Thémis*, 2002, p. 470 et ss.

Darankoum, E.-S., « L'application des Principes UNIDROIT par les arbitres internationaux et par les juges étatiques », *Revue juridique Thémis*, 2002, pp. 461-463.

Darwazeh Nadia & **Yeoh**, Friven « Recognition and Enforcement of Awards under the New York Convention: China and Hong Kong Perspectives », *Journal of International Arbitation*, 2008, 25 N° 837.

Davakan, Rodrigue, « L'exécution des décisions de la CCJA dans les droits internes », *RDAA*, 2014, p. 11 et ss.

De Marie, Luca & **Pellerin** Jacques., « Le sursis à exécution de la sentence internationale ou étrangère en cas de recours sur la base de l'art. 1526, al. 2 », *Cah. arb*. n°4, p. 783et ss.

Degos, Louis, « La consécration de l'arbitrage en tant que justice internationale autonome », Paris, *D.,* 2008, p. 1429.

Delabriere, Antoine, « La constitution du tribunal arbitral et le statut de l'arbitrage dans l'Acte Uniforme OHADA », *Penant*, n°833, p. 166 et ss.

Delbecque, Pierre, « Les renonciations à recours » *in etudes offertes au Doyen Philippe Simler,* Paris, Lexis Nexis, 2006, spéc. n° 20., p. 571 et ss.

Delvolvé, Jean-Louis., « Essai sur la motivation des sentences », *Rev. arb.,* 1989, pp. 149-165

Dervieux, Valérie-Odile, « « Name and shame » : publication et affichage, l'impossible droit à l'oubli ? », *Gaz. Pal.*, 1er mars 2016, n° 9, p. 29 et ss.

Diallo, Bakary. « Réflexion sur le pouvoir d'évocation de la Cour Commune de Justice et d'Arbitrage dans le cadre du Traité de l'OHADA », *Penant*, n° 858/2007, pp. 40-59,

Diesse, Fraoçois., « Le devoir de coopération comme principe du contrat », *Archives de philosophie du droit*, 1999, p. 259 et ss.

Do, Van Dai, « Compétence des tribunaux vietnamiens pour l'arbitrage étranger se déroulant au Vietnam », *Revue Démocratie et Droit*, 2012, n°11, p. 22 et ss.

Do, Van Dai & **Tran**, Hoang Hai, « Les arrêts et décisions des Tribunaux vietnamiens en matière d'arbitrage commercial », *Lao dong*, 2010, n° 41.

Doronina Nataliya G. & **Semilyutina**, Natalia G., « Interpretation and Application of the New York Convention in the Russian Federation », in Bernann, Georges A. (dir.), *Recognition and Enforcement of Foreign Arbitral Awards: The Interpretation and Application of the New York Convention by National Courts,* Cham, Springer International Publishing, 2017, p. 795-809.

Dumesnil-Rossi, Christine & **Neveu**, Yves, « Les entreprises en difficulté : terre de conflits - Synthèse des intérêts contraires », *Gaz. Pal.*,n°178, 2008, p. 79 et ss.

Ebele Dikor, Alain-Michel. « La renonciation en recours en annulation des sentences arbitrales en droit OHADA », *Rec. Prenant*, janvier-mars 2016, n°894, pp. 45-57.

El-Hojeilan, Salah., « Le nouveau régime d'arbitrage saoudien », *Majalet El-Tahkim El-Alamiyah*, 2012, n°16, p. 23 et ss.

El Samimi, Essam; « Practitioner's Guide to Arbitration in the Middle East and North Africa *», Emirates Printing Press LLC,* 1er février 2009, p. 427 et ss.

Ekani, Serge Christian, « Intégration, exequatur et sécurité juridique dans l'espace OHADA. Bilan et perspective d'une avancée contrastée *», Revue internationale de droit économique 2017/3 (t. XXXI),* p. 55-84.

Fadlallah, Ibrahim « Le projet de convention sur la vente de marchandises », *in Travaux de la CNUDCI, JDI*, 1979, p. 766 et ss.

Fan, Kun, « The new Arbitration Ordinance in Hong Kong », *Journ. Int. Arb*., 2012, vol. 29, n° 6, pp. 715-722

Farhad, Alain, « Two Steps Forward, One Step Back: À Report on the Development of Arbitration in the United Arab Emirates », *Journal of international arbitration*, 2018, Vol. 35, n°1, p. 131-142

Fénéon, Alain, « Le recours en annulation après la réforme du droit OHADA du 23 novembre 2017 », *Penant*, n°904, 2018, p. 315 et ss.

Ferrand Fréderique, Le titre exécutoire européen ou les possibles tensions entre jugement sans frontières et procès équitable, in Mélanges en l'honneur de Mariel Revillard, Defrénois, 2007, p. 107 et ss.

Ferrand, Fréderique, « Le nouveau titre exécutoire européen *»*, *Dr. et patr*., oct. 2004, p. 70 et ss.

Fokou, Eric & **Belanger**, Andre « Efficacité et Efficience : Les Obstacles épistémologiques a l'Économisme en Droit Civil des Contrats. », *Revue Generale de Droit*, vol. 49, no. 1, 2019, pp. 5-66.

Fontaine, Marcel « Drafting the Award: À Perspective From a Civil Law Jurist » (1994) 5:1 *ICC International court of Arbitration Bulletin 30* aux pp. 31-32

Fouchard, Philippe., « Les usages, l'arbitre et le juge », in *Le droit des relations économiques internationales – Études offertes à Berthold Goldman*, Paris, Litec, 1982, pp. 67-87.

Fouchard, Philippe, « La Loi type de la CNUDCI sur l'arbitrage commercial international », *JDI*, 1987, p. 17-18.

Fouchard, Philippe, « Rapport final sur le Statut de l'Arbitre de la Commission de l'arbitrage international de la CCI », *Bulletin de la Cour*, Mai 1996, p. 20 et ss.

Fouchard, Philippe, « La portée internationale de l'annulation de la sentence arbitrale dans son pays d'origine », *Rev. arb.* 1997., p. 329 et ss.

Fouchard, Philippe, « Arbitrage et faillite », *Rev. arb.* 1998. p. 471 et ss.

F**ouchard**, Philippe ; « Suggestions pour accroitre l'efficacité internationale des sentences arbitrales, *Rev. arb.* 1998, p.655 et ss.

Foussard, Dominique, « À l'intersection de trois disciplines : l'obligation constatée par une décision », *Mélanges en l'honneur de Jacques Boré, La création d'un droit jurisprudentiel*, Paris, Dalloz, 2007, p. 163.

Francescakis, Phocion, « Quelques précisions sur les « lois d'application immédiate » et leurs rapports avec les règles de conflit de lois », *Rev. crit. DIP*, 1966, p. 1-8. ; P. Mayer, « La sentence contraire à l'ordre public au fond », *Rev. arb.*, 1994, n° 6, p. 618-619.

François, Jérôme., « Les opérations sur la dette », *RDC* 2016, n° Hors-série d'avril 2016, p. 45 et ss.

Gaillard, Emmanuel, « L'interdiction de se contredire au détriment d'autrui comme principe général de droit du commerce international : Le principe d'estoppel dans quelques sentences arbitrales récentes », *Rev. arb.* 1985, p. 241 et ss.

Gaillard, Emmanuel, « Trente ans de lex mercatoria », *JDI,* 1995, p. 5 et ss.

Gaillard, Emmanuel, « Exécution des sentences annulées dans leur pays d'origine », *Journal du Droit international, 125 année (1998), numéro 3 - Juillet-Août-Septembre*, pp. 665-674.

Gaillard, Emmanuel, « Préface » in J. Ortscheid, *La réparation des dommages dans l'arbitrage du commerce international*, Paris, Dalloz, 2001, p. XII.

Gaillard, Emmanuel, « La distinction des principes généraux et des usages du commerce international », *dans Études offertes à Pierre Bellet*, Paris, Litec, 1991, p. 203 et ss.

Gaillard, Emmanuel, « la corruption saisie par les arbitres du commerce international », *Rev. arb.* 2017, n° 3, p. 805-838.

Gaillard, Emmanuel, « Dialogue des ordres juridiques : ordre juridique arbitral et ordres juridiques étatiques », *Rev. arb.* n°3, 2018, p. 493 et ss.

Gaillard, Emmanuel & **Banifatemi**, Yas, « Effets négatifs de la compétence-compétence : La règle de priorité en faveur des arbitres », in

E. Gaillard & D. Di Pietro, *Enforcement of Arbitration Agreements and International Arbitral* Awards 257 (Cameron May 2008), p. 257-273.

Gaudemet-Tallon, Hélène, « Le pluralisme en droit international privé : richesses et faiblesses (Le funambule de l'arc-en-ciel), *Rec. Cours La Haye*, 2005, p. 273 et ss.

Geoffrey, Samuel & **Montanier**, Jean-Claude., « Le contrat en droit anglais », *Revue GERAS ASP*, éd. 1999, p. 12-13

Ghellal, Amine., « Republic of Algeria », in E. Al tamimi (dir.), *The Practitioners guide to arbitration in the middle east and north africa*, New York, JurisNet, LLC, 2009, p. 3 et ss.

Ghestin, Jacques & **Marchessaux-Van Melle**, I., « Régime des contrats de consommation », in, *Droit de la consommation et théorie générale du contrat*, (dir) : Nathalie Rzepecki, Aix en Provence, Presse universitaire d'Aix Marseille, 2002, p. 635.

Gijsbers, Charles., « L'utilisation des sûretés pour garantir l'exécution des sentences arbitrales internationales », *Cah. arb.* 2017, n°2, p. 175 et ss.

Goldman, Berthold « La lex mercatoria dans les contrats et l'arbitrage internationaux : réalité et perspectives », *Droit international privé,* travaux du Comité français de droit international privé, 2e année, 1977-1980, p. 221-270

Goldman, Berthold. « Frontières du Droit et "lex mercatoria », *Archives de Philosophie du Droit*, t.IX, 1964, p.177-192.

Goldman, Berthold « Une bataille judiciaire autour de la lex mercatoria : l'affaire Norsolor », *Rev. arb.* 1983. p. 379.

Goldman, B., « Nouvelle réflexions sur la lex mercatoria », *in: Festschrift Pierre Lalive,* Frankfurt, Basel, 1993, p. 241 et s.

Graff, Michael, « Law and finance: Common-law and civil-law countries compared », *KOF Working Papers, n°99, ETH Zurich, 2005, KOF Swiss Economic Institute*.

Grandaubert, V. & **Thouvenin**, Jean-Marc, « The Material Scope of State Immunity from Exécution », in N. Angelet, L. Ferro & T. Ruys (dir.), *The Cambridge handbook of immunities and international law,* Cambridge, Cambridge University Press, 2019, pp. 245-265

Grignon, V.-P. « L'obligation de ne pas agir en justice », *Mélanges Ch. Mouly*, t. II, Litec, 1998 n°4, p. 119 et ss.

Petrachkov Sergey, **Kuptsov** Dimitri. & **Kurbanova**, Asiyat, « Commentary on the New York Convention 1958 », in R. Zykov (dir.), *Recognition and Enforcement of Foreign Arbitral Awards in Russia and Former USSR States*, *op. cit*., p. 87 et s.

Gu, Weixia, « Reflections on the Key Ingredients for Successful Reform of International Commercial Arbitration in the Asia Pacific », p. 146 et s.

Guerrien, Bernard. & **Gun**, Ozgur., « Efficient Mark& Hypothesis: What are we talking about? », *Real-world economics review*, 2011, n° 56, p. 19.

Haftel, Bernard, « Les voies de recours », *LEDAF*, n°5, p. 7 et ss.

Haggenmacher, Peter. « La doctrine des deux éléments du droit coutumier dans la pratique de la Cour Internationale », *RGDIP* 1986, p. 5-126.

Harb, Jean-Pierre. & **Levanthal**, Alexander., « The new Saudi Law: Modernization to the Tune of Charia », *Journal of international Arbitration,* 2013, vol 30 (02), pp. 113-130.

Harpole, Sally., « Following through on arbitration: Enforcing arbitral awards in China is getting easier-in theory », *The China Business Review*,1998, p. 33-38.

Hascher, Dominique, « Indépendances de la justice étatique et de la justice arbitrale », *Publication CCI, Spécial Supplément 2007 : L'indépendance de l'arbitre.* 2008., p.83 et ss.

Hehe, Xu, « Establishment of Ad hoc Arbitration in China », (2006) 8 *Forward Position*, pp.141-143, in Chinese. Huang Siyi, "Importance of Establishing Ad Hoc Arbitration in China, (2012) 1 *Lanzhou Academic Journal* 201-203, in Chinese.

Hojeilan, Salah, « The New Arbitration Regulation and its Effects on Investments in the Kingdom of Saudi Arabia », *Majallat al-Tahkim al-Aalamiyya*, no 25 of 2015, p. 155 et ss.

Hussein Daila, Ismail Selim, & al. « Chronique de jurisprudence étrangère, Égypte », *Rev. arb.* (2013), pp. 191-193.

Ibono, Ulrich, « L'immunité d'exécution des personnes morales de droit public à l'épreuve de la pratique en droit OHADA », *Rev. ERSUMA n°3*, 2013, p. 82 et ss.

IPanda, François « Le régime des nullités des actes de procédure dans l'Acte uniforme », *RCDA,* 2001, n°6, p.33 et s.

Issad, Mohand., « Le décret législatif algérien du 25 avril 1993 relatif à l'arbitrage international », *Rev. arb.*, 1993, p. 377 et ss..

Jahel, Sofiane, « Chari'a et contrats internationaux », in *La Place De La Chari'a Dans Les Systèmes Juridiques des Pays Arabes,* Paris, Éditions Panthéon-Assas, 2012, p. 366 et ss.

Jarrasson, Charles, « l'arbitrabilité : présentation méthodologique », *RJ c*om. 1996, n°1, p. 1 et ss.

Jarosson, Charles, « Réflexions sur l'impérium », *Études offertes à Pierre Bellet, Litec*, 1991, p. 245 et ss.

Jeuland, Emmanuel, « Le titre exécutoire européen : un château en Espagne ? », *Gaz. Pal.* 28 mai 2005, n°148, p. 15 et ss.

Jin, Xie, « Les réformes récentes du contrôle judiciaire des sentences arbitrales en Chine », *Revue québécoise de droit international*, 2020, p. 128-145.

Jombartle, Juliette, « La sanction numérique de « name and shame » en droit des affaires », *Dalloz*, 2022, p. 1 et ss.

Jowell, Jeffrey, « The Rule of Law and its Underlying Values », in J. Jowell & D. Oliver (dir.), *The Changing Constitution: principle of institutional morality and a constraint on the uninhibited exercise of government power,* Oxford, OUP, 2011, p. 25 et ss.

Kahn, Philippe, « Rapport français », *in Le rôle de la pratique dans la formation du droit commercial et économique*, Travaux de l'association H. Capitant, Paris, Economica, tome 34, 1983, p. 237-248.

Kamto, Maurice, « La participation des personnes morales africaines de droit public à l'arbitrage OHADA », in Ph. Fouchard, (dir.), *L'OHADA et les perspectives de l'arbitrage en Afrique, Travaux du Centre René-Jean*

Dupuy pour le droit et le développement, Bruxelles, Bruylant, 2000, vol. I, p. 88-100

Kenfack Douajni, Gaston, « La notion d'ordre public dans l'arbitrage OHADA », *Rev. arb.,* Cameroun, 2005, p. 3 et ss.

Kenfack Douajni, Gaston, « Arbitrage et investissements dans l'espace OHADA »,. *Revue camerounaise de l'arbitrage,* n° 29, Avril-Mai-Juin, 2005, p. 3 et ss.

Kopytin A. & **Melnikov** V., « Commentary on the New York Convention 1958, Article III » pp. 31 et ss. *in Roman Zykov, Recognition and Enforcement of Foreign Arbitral Awards in Russia and Former USSR States, AH Alphen aan den Rijn, Kluwer Law International, 2021.*

Khatchadourian, Minas., « The application of the New York Convention in Qatar », *Rev. Inter. Arb.,* Review n°1, 2014, p. 49 et ss.

Kleiman Elie & **Saleh**, Sally, « Célérité et loyauté en droit français de l'arbitrage : quelques pouvoirs et quelques responsabilités pour les arbitres et les parties », *Cah. Arb.* 2012, p. 99 et ss.

Kleiner, Caroline « L'article L. 153-1 du Code monétaire et financier conforme à l'article 6 de la CESDH et à la coutume internationale sur les immunités des biens des États », *Gaz. Pal.* n°21, 2018, p. 81 et ss.

Knoepfler, François « L'immunité d'exécution contre les États », *Rev. arb*. 2003, n°3, p. 1017 et ss.

Konev, D.-V., « Les particularités de la suspension de la procédure d'exécution des décisions d'exequatur et des décisions rendues avec la participation des étrangers dans la procédure d'arbitrage », *Procédure civile et arbitrale (étatique)*, 2010, n°5, p. 25 et ss.

Kun, Liang, « The Revision of the English 1996 Act and the Chinese Arbitration Law: Issuees Related to Arbitration Agreement », *Law Press China,* 2006, p. 64 et ss.

Lagarde, Paul. « Approche critique de la lex mercatoria », *in Le droit des relations économiques internationales : Études offertes* à *B. Goldman*, Paris, Litec, 1982, pp. 127 et s.

Laithier, Yves-Marie, « Le délai de prescription dépend de la nature de la créance et non de la forme dans laquelle elle est incorporée », *Revue des contrats*, 2006, *n*°4, p. 1090 et ss.

Lalive, Pierre, « Ordre public réellement international et arbitrage international », *Rev. arb.* 1986, p. 329-368

Lalive, Pierre, « Du nouveau sur les tribunaux tronqués ?» *Bul. ASA.*, *Kluwer Law International*

1999, Volume 17, Issue 2, p. 211-219.

Lambert, Edouard, « Sources du droit comparé ou supranational : Législation uniforme & jurisprudence comparative », *in Recueil d'études sur les sources du droit en l'honneur de François Gény*, Paris, Duchemin, t. III, p. 478-504

Laurent, B « Garanties bancaires et arbitrage », *RDAI, 1990*, p. 404

Le Samany, S., « Compliance et éthique : quelles sont les limites de la pratique du « name and shame ?», *Option finance*, n° 1549, 9 mars 2020, p. 40 et ss.

Leboulanger, Philippe, « Principe de collégialité et délibéré arbitral », in *Mélanges en l'honneur de F. Knoepfler*, Genève, Helbeing et Lichtenhahn, 2005, p. 262 et ss.

Legros, Cécile, « Commentaire de l'Affaire NOGA : L'émergence d'une nouvelle immunité d'exécution ? Ou la renonciation à l'immunité d'exécution par un État ne suffit à assurer l'exécution d'une sentence arbitrale », *Cahiers de l'arbitrage*, Vol. V, 2010, p. 258-272.

Legros, Cécile, « Modalité de l'interprétation uniforme de la CMR : Quelles difficultés ? Quels remèdes ? », *Unif. L. Rev. / Rev ; dr. Unif.* Volume 21, Issue 4, Dec. 2016, pp. 577-590.

Lejbowicz, Agnès, « La « lex mercatoria » », in, Philosophie du droit international. L'impossible capture de l'humanité, sous la direction de Lejbowicz Agnès. Paris cedex 14, Presses universitaires de France, « Fondements de la politique », 1999, p. 77-129.

Lemay Timothy. & **Montineri,** Corinne. « Review of the Model Law's Implementation after Twenty-Five Years », *in The UNICITRAL Model*

Law after 25 Years, Global Perspectives on International Commercial Arbitration, New York, Juris, 2013, pp. 3-12.

Lévis, Marc, « L'effectivité du pourvoi en cassation et l'arbitrage », *Rev. arb.*, 1997, n°2, pp. 169-184

Libchaber, Albert, « Incertitude sur l'effet substantiel des jugements », *D.*, 2007, p. 842 et ss.

Li, Xiongfeng & **Liu**, Xiaochun, « Overseas Recognition and Enforcement of China's Arbitral Awards—From the Perspective of the Enforcement of SCIA Arbitral Awards in Hong Kong », in Chen, Lei & Janssen, André, (dir), *Dispute Resolution in China, Europe and World - Ius Gentium: Comparative Perspectives on Law and Justice*, Cham, Springer, 2020, pp. 191-207

Lloyd, Humphrey « Writing Awards: A Common Lawyer's Perspective » (1994) 5:*1 ICC International Court of Arbitration Bulletin,* n° 38, pp. 39-41

Long Weidi & **Xiao** Yongping « Enforcement of International Arbitration Agreements in Chinese Courts », *Arbitraion international,* Volume 25, Issue 4, 2009, pp. 575-579.

Loquin, Eric, « La réalité des usages du commerce international », *Revue Int. Dr économique*, 1989, p. 163 et ss.

Loquin, Eric, « Où en est la lex mercatoria ? », *Mélange Ph. Kahn, trav. Du CREDIMI*, vol. 20, Litec, 2000, p. 23 et ss.

Loquin, Eric, « Arbitrage et cautionnement », *Rev. arb.* 2002, p. 462 et ss.

Loquin, Eric, « L'exécution des sentences arbitrales internationales au début du troisième millénaire : bilan et prospective », *RDAI*, 2003, n°7, p.747 et ss.

Loquin, Eric, « Les règles matérielles internationales », *Rec. Cours de l'Academie de droit international de La Haye*, tome 322, 2006, n°503., p. 9-241

Loquin, Eric, « Règles matérielles du commerce international et droit économique », *Rev. int. Drt économique*, 2010, pp. 81-101.

Loquin, Eric, « La réforme du droit français interne et international de l'arbitrage », *RTD com.* 2011, p. 255 et ss.

Loquin, Eric, « L'arrêt de mort des sentences d'accord-parties ». *RTDCom. Revue trimestrielle de droit commercial et de droit économique*, 2013, 03, pp.476 et ss.

Loquin, Éric « Autorité de la chose jugée et concentration des moyens », *Rev. arb.* 2016, pp.107-120

Loquin, Eric, « Propos introductifs », *Sources du droit du commerce international, éthique et marchés, 50 ans des travaux de l'école de Dijon*, Paris, LexisNexis, 2020, p.1-19.

M'baye, A.-K., « Droit et développement en Afrique francophone de l'Ouest », Dakar, *Revue Sénégalaise de droit*, 1967, p. 23-81.

Madsen, Mikael, « The Sociology of International Law: An Introduction ». in R. Nobles & D Schiff (dir.), *Law, Society and Community: Socio-Legal Essays in Honour of Roger Cotterrell.*, Ashgate, 2014, pp. 241-253.

Mainguy, Daniel., « Les instruments de la négociation des contrats internationaux », *in Le commerce international*, Paris, Litec, 2006, n°961.

Manciaux, Sebastien. « Le sort des sentences arbitrales annulées dans l'État du siège : proposition pour sortir du désordre actuel », pp. 215-230, *in Droit sans frontière, mélange en l'honneur d'Éric Loquin*, Paris, Lexis Nexis, p. 926.

Mathieu-Bouyssou, Mathieu, « La transmission de la clause compromissoire au cessionnaire de la créance », *JCP* 2003. I. n° 116.

Mahmassani, Ghaleb S., « The Evolution of International Arbitration in Arab Countries », in Nassib G. Ziadé (dir.), *Liber Amicorum Samir Saleh : Reflections on Dispute Resolution with Particular Emphasis on the Arab World*, La Haye, Kluwer Law International, 2019, pp. 157-166 et p. 169

Marzolini, Paolo, « The Efficient Conduct of the Arbitration Proceedings and the New Role of Arbitrators: A Challenging Journey Through Promises and Expectations », in L. Chen & A. Janssen, (dir), *Dispute Resolution in China, Europe and World - Ius Gentium: Comparative Perspectives on Law and Justice*, Cham, Springer, 2020, p. 116 et s.

Mayer, Pierre « La règle morale dans l'arbitrage international », *Études offertes à Bellet*, Paris, Litec, 1991, p. 379.

Mcipwrath, Michael, « An Unamicable Separation: Brexit Consequences for London as a Premier Seat of International Dispute Resolution in Europe », *Journal of Landscape Architecture,* n°33, 2016, pp. 451-455.

Melis, Werner, « Force Majeure and Hardship Clauses in International Commercial Contracts in View of the Practices of the I.C.C. Court of Arbitration », *J.I.A*. p. 213 et ss..

Mercadal, Berthélémy., « Les caractéristiques juridiques des contrats internationaux de coopérations industrielles », *D. P. C. I.* 1984, p. 318-336.

Meyer, Pierre, « La sentence contraire à l'ordre public au fond », *Rev. arb.* 1994, p. 615-652.

Miendjem, Isidore Léopold, *Arbitrabilité et contentieux des droits de propriété intellectuelle en droit OAPI/OHADA*, Paris, *Lextenso,* 2020, p. 1-25.

Mignolet, Olivier, « Les mesures provisoires et conservatoires prises par les arbitres » in Achille Saletti & *al.*, *L'arbitre et le juge étatique*, Bruxelles, Bruylant, 2014, p. 161-188.

Mo, John, « Interpretation and Application of the New York Convention in China », in George A. Bermann, *Recognition and Enforcement of Foreign Arbitral Awards The Interpretation and Application of the New York Convention by National Courts, Springer International Publishing, AG 2017,* p. 183-218.

Mo, John, « Reform of Arbitration System in China after China's Accession to WTO », *China Law,* 2001, pp. 23 et ss.

Mo, John Shijian, Arbitration Law in China, Hong Kong, Sweet Maxwell (Asia), 2001, p. 428-429.

Mohd Salim & **Al Mulla**, Habib. « Conventions sur l'exécution des jugements étrangers dans les États arabes », *Arab Law Qarterly*, *Brill,* 1999, pp. 33-56.

Moneyang, Sara Nandjip « Scolie sur quelques points du formalisme de l'exécution des décisions de justice non répressives en droit OHADA », *Rev. ERSUMA,* janv. 2016, n° 6, p. 417-432.

Moses, M.-L., « Public Policy under the New York Convention: National, International, and Transnational » in Katia Fach Gomez & Anna Mercedes Lopez Rodriguez, *60 Years of the New York Convention: Key Issues and Future Challenges*, Alphen aan den Rijn, Wolters Kluwer, 2019p. 169-184

Mouralis, Denis, « Le contentieux des sentences arbitrales internationales devant le juge de l'exécution », *Cah. arb.* 2017, p. 189-239.

Mustill, M., « The New lex mercatoria: The First Twenty-Five Years », in *Études Wilbegorce*, Oxford, 1987, p. 149-181

Nacimiento, P. & **Barnashov**, A., « Recognition and enforcement of arbitralawards in russia », *Journal of International Arbitration*, 2010, p. 295-306.

Nesbitt, Simon & **Darowski**, Michael, « LCIA Arbitration Rules : Article 26 », in Loukas A. Mistelis, *Concise International Arbitration, Kluwer Law*, 2015, p 546 et ss.

Nourissat, Cyril « Espace judiciaire européen en matière civile et commerciale », in J. Béguin M. Menjucq, *Traité du Droit de commerce international*, Paris, Lexis Nexis, 2006, p. 877 et ss.

Nouvel, Yves « Éclaircissements sur le lien de rattachement suffisant comme source de l'immunité d'exécution : l'arrêt du Tribunal fédéral suisse du 7 septembre 2017 (5A_942/2017) », *CAPJIA*, n°1, 2019, p. 77-85.

Ndam, Ibrahima, « La protection du droit à un procès dans un délai raisonnable dans l'espace OHADA », *Rev. ERSUMA n° 2*, mars 2013, p. 83-152.

Ngono, Véronique-Carole., « Réflexions sur l'espace judiciaire OHADA », *Rev. ERSUMA* n°6, janv. 2016, p. 210 et s

Oppetit, Bruno, « Les principes généraux en droit international privé », *in Archives de Philosophie du droit* 1987, tome 32, p. 179-187.

Ouerfelli, Ahmed., « Le contrôle judiciaire de la procédure arbitrale dans le nouveau droit algérien », *Journée d'étude, Haute cour algérienne*, 2009, pp. 14-29

Ouerfelli, Ahmed, « Report: Tunisia », in *ICCA International Handbook on Commercial Arbitration,* supp. N°56, septembre 2009, pp. 1-76

Ould Bouboutt, Ahmed-Salem., « Les constitutions arabes et le temps », in *De la pérennité et de la temporalité du droit*, CEDROMA, *USJ* 2015, p. 303 et ss.

Owczarek Olga. & **Stoyanov**, Marie, «Third Party Funding in International Arbitration: It is Time for Some Soft Rules? », *BCDR International Arbitration Review*, 2015, *Volume 2 Issue 1*, p. 171-179.

Pamboukis, Charalambos. « La lex mercatoria reconsidérée, le droit international reconsidéré, esprit et méthode », *Mélange P. Lagarde*, Paris, Dalloz, 2005, p. 635 et ss.

Pellerin, J. & **De Maria**, L., « Le sursis à exécution de la sentence internationale ou étrangère en cas de recours », *CAPJIA*, 2014, p. 783.

Penadés Fons, Manuel. & **Tent Alonso**, Pedro. « The New York Convention and the Enforcement of Arbitration Agreements by National Courts: What Level of Review? », in Gomez, K.-F. & Lopez Rodriguez, A. M., (dir.), *60 Years of the New York Convention: Key Issues and Future Challenges*, Alphen aan den Rijn, Wolters Kluwer, 2019, pp. 3-19

Pinsolle, Philippe, « L'ordre juridique arbitral et la qualification de la sentence arbitrale de décision de justice internationale », Paris, *Gaz. Pal*, 2007, p. 14-23.

Pinsolle, Philippe, « La renonciation au recours en annulation en matière d'arbitrage international *», in Mélanges en l'honneur de Pierre Mayer*, Paris, LGDJ, 2015, p. 697-710.

Poirier, Jean, « L'analyse des espèces juridiques et l'étude des droits coutumiers africains », in M. Gluckman (éd), *Idées et procédures dans les systèmes légaux africains*, Londres, *Oxford University Press*, 1969, p. 97-109.

Polovets, Irina., **Smith**, Matthew., & **Terry**, Bradley., « L'arbitrage du Gafta comme le forum le plus approprié pour la résolution des différends dans le commerce des céréales », *Arizona Journal of International and Comparative Law*, 2013, p. 559-604.

Pougoué, Pau Gérard, « Le système d'arbitrage de la CCJA », in *L'OHADA et les perspectives de l'arbitrage en Afrique*, Bruxelles, Bruylant, 2000, p. 260 et ss.

Prujiner, Alain « L'arbitre et le droit », Revue de règlement des différends de McGill, 2014, p. 1-12.

Racine, J.-B. « Arbitrage et cautionnement en droit français », *Cahiers de l'arbitrage 2010,* p. 353 et s.

Racine, J.-B., « Les normes porteuses d'ordre public dans l'arbitrage commercial international », in E. Loquin & S. Manciaux (dir.), *L'ordre public et l'arbitrage,* Paris, LexisNexis, 2014, p. 7-17.

Radhi, Hassan Ali, « Remarks on Commercial Arbitration in the Kingdom of Bahrain and in the Kingdom of Saudi Arabia », in Nassib G. Ziadé (dir.), *Festschrift Ahmed Sadek El-Kosheri*, La Haye, Kluwer Law International, 2015, pp. 7–22

Radicati di Brozolo, Luca, « The Enforcement of Annuled Awards: FurtherReflections in Light of Thai-Lao Lignite », Am. *Rev. arb*., 2014, p. 47-61.

Ramos Mendez, F., « Arbitrage international et mesures conservatoires », *Rev. arb.* 1985, p. 51

Raouf, Abdel, « Étude analytique de la justice égyptienne dans le cadre des recours en annulation à l'encontre des sentences arbitrales », *Journal of Arab Arbitration,* 2008, vol. 11. p. 970.

Raynaud, Philippe, « La nature de l'obligation des coauteurs d'un dommage, obligation in solidum ou solidarité ? », in Mélanges en l'honneur du Pr. J. Vincent, p. 317 et s.

Rhodes, William R. « Le FMI et le Club de Londres », *Revue d'économie financière*, 1994, pp. 397-401.

Rigozzi, Antonio, « Arbitrage, ordre public et droit communautaire de la concurrence » *Bulletin ASA,* 1999/4, p. 455 et ss.

Robert, Jacques-Henri., « La fin d'un pilori », *Dr. Pénal*, n° 2, févr. 2011, comm., p. 23-26.

Roche-Dahan, Janick. « L'exception d'inexécution, une forme de résolution unilatérale du contrat synallagmatique », *D.* 1994, p. 255 et ss.

Rodionova, Anastasia. « Commentary on the New York Convention 1958: Article VII » pp.33 et ss. in *Roman Zykov, Recognition and Enforcement of Foreign Arbitral Awards in Russia and Former USSR States*, AH Alphen aan den Rijn, Kluwer Law International, 2021.

Rouvière, Vincent, « Le moment d'appréciation de l'erreur », *D.* 2014., p. 1782 et ss.

Ryngaert, Cedric « Immunity from Execution and Diplomatic Property », in N. Angelet, L. Ferro et T. Ruys, (dir.), *The Cambridge handbook of immunities and international law,* Cambridge, Cambridge University Press, 2019, pp. 285-306.

Sahani, Victoria Shannon, « Comparing the Federal Arbitration Act of 1990 and the UNCITRAL Model Law on International Commercial Arbitration », in. L. Shore, T.-H. Cheng, J.-E. La Chiusa, L. Schaner, Mara V. J. Senn, L.-Y. Tan, *International Arbitration in the United States,* Alphen aan den Rijn, *Wolters et Kluwer Law International,* 2017, p. 21-37.

Salahudine, Mohamrnad & **Wahhabism,** Abdal, « Brexit 's Chilling Ef fects on the Choice of Law and Arbitration in the United Kingdom », *Journal of Landscape Architecture*, n°33, 2016, pp. 463-474.

Salati, O « Obstacles ponctuels tirés de la relation créancier-débiteur ou affectant l'exécution de la mesure », in S. Guinchard, T. Moussa, N. Cayrol & E. De Leiris, (dir :), *Droit et Pratique des Voies d'exécution*, Paris, Dalloz, 2022, pp. 181-190

Samoylov, M. N., « Application of the New York Convention to Foreign judgments: Analysis of Erroneous Practice of Russian Courts », *Bulletin of Economic Justice of the Russian Federation,* 2017, n°2, pp. 110-128

Sayeg, Jospeh-Issa., « Quelques aspects techniques de l'intégration juridique : l'exemple des actes uniformes de l'OHADA, *RDUA*, 1999, n°1, p. 15-25

Sénéchal, Marc, « L'effet réel de la procédure collective », *BJE*, n°02, 2014, p. 65 et ss.

Shiwakoti, Dinesh Raj., « Review of vietnam's Law no 54 on commercial arbitration », *Asian Dispute Review*, 2014, p. 60-67.

Shklar, Judith, « Political Theory and the Rule of Law », in A. Hutchinson & P. Monahan (dir.), *The Rule of Law: Ideal or Ideology*, Toronto, Carswell, 1987, p. 1 et ss.

Siyi, Huang, « Importance of Establishing Ad hoc Arbitration in China », *Lanzhou Academic Journal,* 2012, 1, pp. 201-203.

Skvortsov, Oleg., « L'arbitrage commercial en Russie : problèmes, tendances, perspectives », *TS*, 2004, n°1.

Skvortsov, Oleg. & **Kropotov** L., « Arbitration Changes in Russia : Revolution or Evolution », *Journal of International Arbitration*, 2018, p. 253-266.

Slim, Hadi, « Renouveau et tradition dans la nouvelle loi saoudienne relative à l'arbitrage », *Cahiers de l'arb.*,2013, n°1, p. 203-213.

Sucharitkul, Sompong « Rapport spécial à la Commission du droit international », *Commentary to ILC Draft Articles*, art. 18 § 1, C/AN.4/L/452/Add.3. *Rev. arb.* n°03, 2003, p. 1018-1065.

Tchakoua, Jean-Marie, « Exécution des sentences arbitrales dans l'espace OHADA : Regard sur une construction inachevée à partir du cadre camerounais », *RASJ*, 2009, vol. 6, n°1, pp. 1-13.

Tchakoua, Jean-Marie, « Convention d'arbitrage » in P.-G. Pougoue (dir), *Encyclopédie du droit de l'OHADA*, Paris, *L'Harmattan*, 2011, p. 567-583.

Thibierge, Catherine « Le droit souple », *RTD Civ.* : Revue trimestrielle de droit civil, 2003, 04., p. 599-620.

Thouvenin, Jean-Marc, « Arbitrage Eurotunnel », *Annuaire français de droit international*, 2006, p. 199-212.

Tran, Quang Chuc, « Recognition and Enforcement of Foreign Arbitral Awards in Vietnam Shortcoming and Suggested Remedies », Journal of international Arbitration, 2005, p. 487 et ss.

Train, François-Xavier, « Interprétation et Application de la Convention de New York en France », in Katharina Boele-Woelki & Diego P. Fernández Arroyo, (dir.), *Recognition and Enforcement of Foreign*

Arbitral Awards, New York, Springer International Publishing, 2017, p. 281-316.

Tsetsa, Guy-Saturnin, « Le formalisme de la saisie immobilière en droit OHADA », *Rev. ERSUMA n° 6,* janvier 2016, p. 52-87.

Watson, Alan, « Comparative Law and Legal Change ». *L. J.*, 37 Camb., 1978, p. 313 et ss.

Weiller, Laura. « Réflexion sur la conception française de l'arbitrage international: à propos des arrêts Putrabali », *Revista Brasileira de Arbitragem*, 2018, p. 114 – 122.

Weinrib, Ernest, « Corrective Justice in a Nutshell », *McGill Guide, University of Toronto Law. Journal* 52, 2002, n°4, 9th ed., pp. 349-356.

Wuerth, Ingrid « Immunity from Execution of Central Bank Assets», in N. Angelet, L. Ferro, Luca & T. Ruys, (dir.), *The Cambridge handbook of immunities and international law,* Cambridge, Cambridge University Press, 2019, pp. 266-284.

Xiuwen, Zhao., « La reconnaissance et l'exécution des sentences arbitrales de la Cour internationale d'arbitrage de la CCI en Chine », Beijing, *China Press Renmin University*, volume 6, 2012.

Yakovlev, Veniamin Fedorovitch, « Les litiges économiques aujourd'hui en Russie et les mécanismes de leurs règlements », *RIDC,* 2009, pp. 587-598

II. Principales sources légales

1- <u>Les sources internationales</u>

OHADA

Acte uniforme portant organisation des Sûretés : Articles 4, 23, 30, …

Acte Uniforme de l'OHADA relatif au droit d'arbitrage du 23 novembre 2017 (AUPSVE) : Articles : 1, 2, 3, …

Décision n°021/2013/CCJA/ADM/ARB fixant le délai de dépôt des demandes d'inscription sur la liste des arbitres de la CCJA-OHADA.

Principaux règlements de procédure de la CCJA : Articles : 23, 25, 28, …

Règlement d'arbitrage CCJA : A rticles : 1, 2,3, …

Traité OHADA : Articles : 6, 10, 14,

Droit de l'UE

TFUE : Areticles : 258, 259 et 260

TEE (Titre exécutoire européen) : Règlement européen n°805/2004 du 21 avril 2004 : Article : 2, 3, 4, 6, …

Annexe 1 du Règlement européen n°805/2004 du 21 avril 2004.

Règlement (CE) n° 44/2001 du Conseil du 22 décembre 2000 concernant la compétence judiciaire, la reconnaissance et l'exécution des décisions en matière civile et commerciale : Articles 8 à 14, …

ONU

Convention des Nations Unies sur les garanties indépendantes du 11 décembre 1995 : Articles : 1, 2 ,3,4….

Résolution 61/31 de l'AG/ONU du 04 décembre 2006.

PRINCIPES UNIDROIT RELATIFS AUX CONTRATS DU COMMERCE INTERNATIONAL

Préambule ; Articles 1 ; 3.8 ; 3.9 ; …

Autres

Charte Africaine des Droits de l'Homme et des Peuples : Article 7
CEDH : Article 6
Convention des Nations unies contre la corruption signée à Mérida le 31 octobre 2003.
Convention de New York du 18 juin 1958 : Articles I, II, III, …
Convention de Riyad du 6 avril 1983 : Articles : 25, 30, 31, …
Convention de la ligue arabe de 1952
Charter of the Arab Post Union: Article 16.
Charter of the Arab Telecommunications Union: Article 20.
Charter establishing the Fund: Article 6, 37, …
Convention de Vienne sur les droits des traités de 1961 : Articles 25, 30 et 41.
Convention internationale relative au transport de marchandises par route (CMR).

Convention sur la vente internationale des marchandises : Article 9.
Règlement de Rome I : Article 3.
Traité de Port-Louis du 17 octobre 1993 : OHADA
Convention de Washington : CIRDI
Article 12 ; Article 13 ; Article 14
Convention de Mascates de 1996
Article 1 ; Article 2 ; Article 4 ; Article 7 ; Article 12
CNUDCI : Loi type sur l'arbitrage commercial adopté en 1985 et amendée en 2006 : Article 1er, al. 3 ; Article 7 ; Article 9 ; Article 10 ; Article 11 ; Article 12 ; Article 13 ; Article 14 ; Article 16 ; Article 17.B-1 ; Article 17.C-5 ; Article 28 ; Article 34 ; Article 36 ; Article 37.

2- Les sources nationales

Algérie

Code algérien de procédure civile et administrative : articles 102, 108, ...
Décret législatif 93-09 du 25 avril 1993 : Articles 1017, 1055, ...
La loi 08-09 du Code de procédure civile et administrative algérien

Arabie Saoudite
Code de l'arbitrage en Arabie Saoudite : Articles 47, 48
Décret Royal M/11
Loi sur l'arbitrage en Arabie Saoudite : Articles 11, 14, 49,...

Chine
Loi sur la procédure civile : Article 260
Loi de 1994 sur l'arbitrage : Articles 3 et 18.

Côte d'Ivoire
Code civil ivorien : Articles 1108, 1144,...
Code des obligations ivorien : Articles : 1109, 1115, ...

Judicial Authority Law at the DIFC

Égypte
Loi sur l'arbitrage de 1994 révisée en 1997 : Article 12
Code de procédure civile et commerciale Égyptien : Article 212
Loi n°27 de 1994 modifiée par la loi n° 9 de 1997 portant sur l'arbitrage en matière civile et commerciale : Articles 15, 17, ...

Émirats arabes unis
Code civil : Article 3

Code fédéral de procédure civile des Émirats arabes unis : Articles 203, 213…
Code sur l'arbitrage : Article 29, 30, …
Loi n°16 de 2011 portant sur les procédures d'exequatur et d'exécution des sentences arbitrales étrangères aux Emirats Arabes Unis
Loi sur l'arbitrage : Articles 2, 16, 18, …
Loi fédérale des Émirats arabes unis n°8 de 1980 et ses amendements

États-Unis
Federal Arbitration Act of 1990 : Articles 5, 10, …
Foreign money judgment Recognition Act de 1962
Foreign money judgment Recognition Act de 2015
Foreign Sovereign Immunities (FSIA) Act 1976 (USA)

France
Code civil : Articles : 104, 1108, 1112, etc.
Code général de la propriété des personnes publiques : Article L. 2311
Code de commerce : Article 236 ; Article L. 526, 622, 631, …
Code de justice administrative : Article L. 911
Code de procédure civile français : Articles 83, 112 à 121, …
Code des procédures civiles d'exécution : Articles L. 111, L. 511, L. 521, …
Code monétaire et financier : Article L. 153
Décret n°2011-48 du 13 janv. 2011
Loi française n°91-650 du 09 juillet 1991 portant réforme des procédures civiles d'exécution : Article 1
Ordonnance n° 2006-346 du 23 mars 2006 relative aux Sûretés
Loi du 18 novembre 2016, modernisation de la justice du XXIème siècle.
Loi n°2016-1547 du 18 novembre 2016 - art. 10
Loi 1804-03-20 promulguée le 30 mars 1804.

Gabon
Code gabonais de procédure civile : Articles : 374 ; 584 ; 712

Jordanie
Code civil : Articles 163 ; 640
Loi sur l'arbitrage : Articles 9, 31, 45

Maroc
Code de procédure civile marocain : Articles 327-48, 327-49, 327-49, …

Qatar
Code de Procédure civile et commercial du Qatar : Article : 193, 194, 200, …
Royaume-Uni
Arbitration Act de 1996 : Articles 46, 69, 70
Limitation Act 1980
State Immunity Act (SIA) 1978 de Grande-Bretagne (UK) : Sections 13 et 14.

Russie
Code de procédure arbitrale de 2002 : Articles 33, 42, 230, …
Code de procédure civile russe du 11 aout 2020 : Article 22 et 409
Code de procédure commerciale russe
La loi fédérale n° 382-FZ sur l'arbitrage.
Loi sur l'arbitrage international russe : Article 31 et 34.

Suisse
Loi du 17 juin 2005 sur le tribunal fédéral
Règlement suisse d'arbitrage international 2021 : Article 8

Tunisie
Code tunisien de l'arbitrage : Articles 14, 28, …
Viêtnam
Constitution de 1992 : Article 17
Code de procédure civile vietnamien : Articles 343, 368, 369, …
Code civil: Articles 690 à 744
Decree 116/CP issued by the Government on 5 September 1994 on the Organization and Operation of Economic Arbitration Bodies (since replaced by the 2003 Arbitration Ordinance).
Décision n° 453/QD-CTN du 28/7/1995, signée du Président de la République socialiste du Vietnam
Décision no 02/2008/QĐST-KDTM du 20-5-2008 de la Cour populaire de Hanoi
Loi sur l'arbitrage : Articles 30, 31, 35, …
Loi sur le commerce de 2010 : Articles 2 et 17

3- Règlements arbitrage

Règlement d'arbitrage n°125 de la GAFTA du 1er septembre 2020
Règlement des cafés et poivres du Havre
Règlement de la CCI de 2021
Règlement de la *London Court International Arbitration*

Règlement de l'Association Américan Arbitrage (AAA)
Règlement de l'ICAC : Articles 10 et 41.
LCIA (London Center International Arbitration) : Article 14
Règlement de la London Court International Arbitration
Règlement de la Chambre arbitrale internationale de Paris du 01er janvier 2021 : Articles 16, 28, 31,...
Règlement du « International Center For Dispute Resolution » (AAA) de 2014 : Articles : 8, 12, 15,...
American Arbitration Association : Article 21
Règlement de la CNUDCI : Articles 8 et 24.
Règlement de la chambre de Commerce internationale : Article 50
Règlement CIETAC de 2015 : Articles : 5, 10, 12, ...
Règlement de la Cour Arbitrale de la Côte d'Ivoire : Article 35
Dubaï Règlement d'arbitrage du CRCICA : Article 15

4- Autres textes

- **Contrats-types, contrats modèles...**

Formule INCOGRAIN N°20 du 1er juillet2021 : Article 23 ; Article 24.

Livret du Syndicat de Paris du commerce et des industries des grains

Règlement du Comité de coopération internationale entre les associations cotonnières (CICCA).

ICCA's Guide to the Interpretation of the 1958 New York Convention: Handbook for judges

Rapport AC/CN.9/573 du Groupe de travail sur l'arbitrage sur sa quarante-deuxième session (New York, 10-14 janvier 2005), page 8, no 27.

Rapport du groupe de travail de la CNUDCI adopté par l'AG/CNUDCI le 07 juillet 2006.

Rapport AC/CN 9/605 du Groupe de travail sur l'arbitrage sur sa 32ème session de New York, 19 juin-7 juillet 2006, p. 7, n°8

Rapport du département judiciaire des EAU sur l'arbitrage à la lumière des décisions de la Cour de Cassation 2017-2020, Emirat d'Abu Dhabi, 2021.

III. Jurisprudence

1- Internationale

OHADA

CCJA, 3e ch., 24 juin 2021, n° 135/2021, *KOUADIO N'GUESSAN Norbert c/ Société Nationale d'Opérations Pétrolières de la Côte d'Ivoire (PETROCI) SA & Banque Internationale pour le Commerce & l'Industrie en Côte d'Ivoire (BICICI) SA,* in *Droits africains des affaires,* n°01, note Céline Ndongo Dimouamoua, p. 2.

CCJA, 1er ch., 29 novembre 2018, n° 220/2018, *Prévoyance Assurance SA c/EIFFAGE Sénégal.*

CCJA, 2èm ch., 25 novembre 2018 ; n° 196/2018, *Le Bistro Family SARL c/ Rosace Marbré SARL.*

CCJA, 3ème ch., 22 novembre 2018, n°203/2018 : *Airtel Gabon SA c/ 2JTH-Gabon SARL.*

CCJA, 3èm ch., 7 juin 2018, n°152/2018, *Thiombiano Ousseini c/ Délégation de l'Union européenne au Niger, État du Niger.*

CCJA, 2èm ch., 17 mai 2018, n°110/2018, *Trois N SARL c/ Sté SICIM SPA.*

CCJA, 3èm ch., 1er mars 2018, n° 46/2018, *Société Engen-Gabon Sack c/ Société Mika Services SA.*

CCJA, 2èm ch. 8 février 2018, n° 27/2018, *Banque Internationale du Bénin SA c/ Décision DCC-16 DU 15 NOVEMBRE 2016 par la Cour constitutionnelle du Bénin.*

CCJA, 1er Ch., 27 juill. 2017, n° 166/2017, *Geodis Projects Cameroon SA c/ Tenga SA*, Bruylan, obs. O. Bah, *L'efficacité de l'arbitrage OHADA : le rôle du juge étatique, op. cit.*, p 303 et s

CCJA, 27 avril 2017, n°094/2017, *Société Hotel Eda Oba SA c/ Société Xoelevator.*

CCJA, 02 mars 2017, n°027/2017, *État Malien & Société des Télécommunications de Mali SA (SOTELMA SA) c/ Seaquest-infotel Mali SA (SQIM SA).,* in *Legal News*, numéro 3, 2017, p. 6-9.

CCJA, 2em Ch., 26 janvier 2017, n° 03/2017, *VODACOM international Limited c/ Congolese Wireless Network SPRL*, *LEDAF*, 2017, n°06, p. 2, obs. M. Goré.

CCJA, 26 janvier 2017, n° 003/2017, *Geodis Projects Cameroon SA c/ Tenga SA.*; T. A. Brabant & O. Divoy, *The Enforcement of International Arbitral Awards in OHADA Member States- The Uniform Act on Arbitration is Not the Smooth Ride it Was Designed to Be*, *TDM 4 (2016).*

CCJA, 1er décembre 2016, n° 160/2016, *Compagnie malienne pour le développement des textiles & Groupement des syndicats de producteurs de Coton & Vivrier du Mali (GSCVM) c/ Société Inter Africaine de Distribution (IAD), Cah. arb.,* 2013, n°4, obs. A. Ngwanza, p. 1149.

CCJA, 3èm ch., n°154, 27 octobre 2016, *Oryx Benin SA c/ Adn Gas SARL*, *Ohadata* J-17-94.

CCJA, 3em ch., 7 juillet 2016, n°129/2016, *United Bank of Africa dite UBA c/ Sté GrassfieldS Holding* limited GBL C2, note Désiré Kangah, *Ohadata* J-17-70.

CCJA, 3èm ch, 28 avril 2016, n°083/2016, *Société Fûts Métalliques de l'Ouest Africain (FUMOA) c/ Monsieur Sultanali EsmaiL.*

CCJA, 25 avril 2014, n°069/2014, *Ecobank-Burkina c/ Koutou Somlawinde Douala Rec.*

CCJA, 13 mars 2014, n° 027/2014, *Ibrahim Toure c/ Cheickna Lah*, Rec. *CCJA*, 2014, n°21, p. 32.

CCJA, 27 février 2014, n° 009/2014, *Société des télécommunications du Tchad c/ Société SAS Alcatel Space.*

CCJA, 18 avril 2013, n° 022/ 2013, *OMI c/ Mme MEKPE ODJO Marguerite.*

CCJA, 7 mars 2013, n° 002/2013, *Sté. Central industriel c/ Sté. Rayanne, Hassan Kamel, Ftouni, Omais Toufic & Sté. Cafcaci*, inédit. ; Art. 144, alinéa 3 de l'AUPRVE.

CCJA, 2èm ch., 7 juin 2012, n°47/2012, *Société SAGA Sénégal SA c/ Gérard Goriot, SIMAF, CGFE & SNAS devenue AGF Sénégal*

CCJA, 7 juin 2012, n°049/2021, *Société PRO-PME Finance SA c/ M. Tanko Jean & Mme Tanko née Ndouhe Madeleine, RTD com.*, 2017, p. 753, obs. R. Nemedeu.

CCJA, 6 décembre 2011, n° 019/2011, *RJCCJA* n° 17/2011, p. 120

CCJA, 29 novembre 2011, aff. *République de Guinée équatoriale & la Communauté des États d'Afrique centrale (CEMAC) c/ la Commercial Bank of Guinea Ecuatorial (CBGE), Cahiers de l'arbitrage,* n°4, 2013, note A. Ngwanza, p. 1141.

CCJA, 14 septembre 2011, n°015/2015, *Société nigérienne de banque (SONIBANK) c/ Succession Tahirou Illou représentée par Hamadou Tahirou, Ohadata, J-16-15*

CCJA, 27 février 2014, n°009/2014, *Société des Télécommunications du Tchad c/ Société SAS ALCATEL SPACE.*

CCJA, 29 novembre 2011, n° 012/2011, *République de Guinée équatoriale & la CEMAC c/ La Commercial Bank of Guinéa Ecuatorial (CBGE), Cah. arb.*, 2013, n°4, p. 1141, obs. À Ngwanza

CCJA, 31 janvier 2011, n°003/2011, *Planor SA C/ Atlantique Télécom S.A, Recueil jurisprudence,* n°16, juin 2011, p. 58-63.

CCJA, 17 juillet 2008, n°44/2008, *SARCI Sarl c/ ATLANTIQUE TELECOM SA & TELECEL BENIN SA,* in P-G. Pougoue & S. S. Kuate Tameghe, *Les grandes décisions de la CCJA*, Paris, L'Harmattan, 2016, note D. R. Soh fogno, p. 315 ET s.

CCJA, 17 juillet 2008, *Dam Sarr c/ Mutuelle d'assurances des taxis compteurs d'Abidjan (MATCA), Rev. cam. arb.*, juillet-septembre 2008, n°42, obs . G. Kenfack Douajni, p. 26.

CCJA, 17 juillet 2008, n°44/2008, SA*RCI SARL c/ Atlantique TELECOM SA & Telecel Benin SA*, in P-G. Pougoue, S. S. Kuate Tameghe, *Les grandes décisions de la Cour Commune de Justice et d'Arbitrage de l'OHADA*, Paris, l'Harmatan 2016, obs. D. R. Soh Fogno, p. 315 et ss.

CCJA, 27 mars 2008, n°012/2008, *Zongo André & Ayants droit de feu Koama Paul c/ Société Générale d'entreprise bâtiments génie civil dit SOGEPER*, obs. P.-G. Pougoue, S.S.K. Tamegue, *Les grandes décisions de la CCJA de l'OHADA*, Paris, l'Harmattan, 2010, pp. 384-393.

CCJA, 19 juillet 2007, n°028/2007, *Société Nestlé Sahel c/ Société commerciale d'importation Azar & Salame (SCIMAS), Rec. Penant*, n°867, p. 226, note, B. Diallo.

CCJA, 1er février 2007, n°004/2007, *Mambo Serge c/ Société SAGA-CI, RCDA*, octobre-décembre 2009, n°1, obs. C. I. Feviliye-Dawey, p. 32.

CCJA, 07 juillet 2005, n°043/2005, *Aziablevi Yovo & consors c/ Sté Togo Télécom,* in *Recueil de jurisprudence de la CCJA*, n°6, juillet-décembre 2005, p. 25-29.

CCJA, 31 mars 2005, n°022/2005, *Total Tchad c/ Tchari Soumaine, le juris-Ohada*, 2005, n°3, p. 20.

CCJA, 1re ch., 24 février 2005, n° 12/2005, *Société manufacture de Côte d'Ivoire (MACACI) c/ May Jean Pierre, Le Juris-Ohada,* 2005, n° 2, p. 9 ; Rec.

CCJA, 04 novembre 2004, n° 32/2004, *Ste Eburnea c/ Cie Les Tisserins Satca*, obs. B. Diallo

C.A, Pointe-Noire, n° 180, 8 octobre 2004 : *Sté Universal Sodexho c/ Sté COR, Ohadata* J-13-72.

CCJA, 26 février 2004, n°008/2004, *Société Banque Commerciale du NIGER (BCN) C/ Hamadi Ben Damma, RJCCJA* n°3, 2004, p.90 et s.

CCJA, 8 janvier 2004, n°004/2004, *Attiba Dénis & autres c/ Compagnie multinationale Air Afrique & autres, Le juris-ohadata*, janvier-mars 2004, n°1, obs. K. M. Brou, p. 23.

CCJA, 8 janvier 2004, n°003/2004, *Société Innovest Industrie Congo SA c/ Société Man Fa Tai*

CCJA, 9 octobre 2003, n° 17/2003, *Société Ivoirienne de Banque, dite SIB C/ Complexe Industriel d'Elevage et de Nutrition Animale dit CIENA, RJCCJA* n°2, p. 19 et s.

CCJA, 11 octobre 2001, n°004/2001, *Bicig c/ Egatrans, La Revue du CERDIF*, juillet-décembre 2002, vol. 1, n°2, obs. E. NSIE, p. 176.

CCJA, avis consultatif, 30 avril 2001, n° 1/2001/EP, sur la demande de la République de Côte d'Ivoire, *Revue de Droit des Affaires Internationales*, 2001, n° 6, p. 756, note Th. Lauriol.

CCJA, avis consultatif, 7 juillet 1999, n° 1/99/JN du, *RJCCJA* n° spécial, jav. 2003, p.70

Droit de l'UE

CJCE 22 févr. 1979, Gourdain, aff. 133/78, *Rev. crit. DIP* 1979., note Lemontey, p. 657. ; *Gaz. Pal.* 1979. 1. 207, note Georges-Étienne ; *Rev. sociétés* 1980. 520, note Bismuth

CJCE, 17 novembre 1998, C-391/95, *Van Uden c/ Deco Line*, *Rev. arb.* 1999, note H. Gaudemet-Tallon, p. 143 ; *JurisClasseur Europe*, 1999, note L. Idot, p. 24. ; *Cahiers de l'arbitrage*, janvier 2000, in *Recueil* 2000/2001, obs. J. Willems.

Cour permanente de justice internationale

C.P.J.I., 1924, *Concessions Mavrommatis en Palestine*, *C.P.J.I.*, série A, n° 2, 1924, p. 31

2- <u>Nationale</u>

Arabie Saoudite

Appeal Damascus, 21 juin 2012, n° 39/2012, *Majallat al-Tahkim al-Aalamiyya*, n°22 of 2014, p. 603.

Belgique

CA. Bruxelles, 8em chambre, 15 février 2000, *Leika AG c/ Central Bank of Irak and the State of Irak*, *Journaux des tribunaux belges*, 2001, obs. Miguel Romero, p. 2-12.
Tribunal d'Anvers, 24 novembre 1910, *Gaspany & Sliosberg c/ Gouvernement OttAmman*, *Pas.*, 1911.III.104., *Rev. arb.*, n°03, 2003, p. 1018-1065.

Bénin

TPI., Cotonou, 25 janvier 1994, ordonnance de refus d'exequatur, *Société pour la promotion agricole (SONAPRA) c/ Société Adoessi & fils*, *Rev. cam. arb.*, juillet-septembre 1998, n°2, obs. G. Kenfack Douajni, p. 8.

Cameroun

Cour suprême Cameroun, 24 avril 2008, n°30/2008, *L. Touanga c/ CCAR*, ohadata, J-10-253
Centre d'Arbitrage (Cameroun), 6 juin 2008, n°52/2008, *Groupe Prodicom Sarl c/ SDBC, SNC, BAT*, Le centre d'arbitrage du GICAM, Ohadata J-10-249

Chine

Cour Populaire suprême, 13 septembre 2006, *Baosheng c/ Bureau de l'environnement de la ville de Hefei*
Cour Populaire suprême, 2 juin 2006, No. 53/2006, *Min Si Ta Zi*
Cour Populaire suprême, 2006, *Boertong c/ Liantaichang Commerce*, in W. Erxiang, *Guide on Foreign-Related Commercial and Maritime Trial in China*, Pekin, 2006, p. 94-96
Cour Populaire suprême, 2006, *Cosmos Marine Managements. A. c/ Tianjin Kaiqiang Trading Company Ltd, Min Si Ta Zi n°34, in* « Interpretation and Application of the New York Convention in China », obs. J.S. Mo, p.183-218.
Cour Populaire suprême, 2006, *Bunge Agribusiness Singapore Pte Ltd v Guangdong Fengyuan Cereal and Oil Group Comp Ltd, Min Si Ta Zi,* No. 41., 2006, Commented by, J.-S. Mo, « Interpretation and Application of the New York Convention in China », p. 205,
Tribunal intermédiaire de Xiamen, 14 décembre 2004, *China Xiamen Xiangvu Co. Ltd c/ Swiss Mechel Trading AG.*
Cour Populaire suprême, 2 juin 2003, *Dongxun (HK) c/ Hengtong de la ville de Yulin* : les deux affaires commentées par Jane Willems, in *Les contrats de joint ventures sino-étrangères devant l'arbitre international,* Thèse dactylographiée et soutenue en 2013., Université d'Angers, p. 73 et s.
Cour Populaire suprême, avis sur l'article 5 de la loi de 1994 sur l'arbitrage en Chine, *Fa Shi*, n° 7, 2006
Shin-etsu Chemical Capitalia c/ Jiangsu Zhongtian Technology Co., Ltd, *Min Si Ta Zi,* n° 18, 2008, obs. J.S. Mo « Interpretation and Application of the New York Convention in China », pp. 199 et ss.,

Côte d'Ivoire

C.A., Abidjan, 4 avril 2000, n° 444/2000, *D.D. c/ Sté Edipresse & BICICI*, *Le Juris-Ohada*, n° 4/2002, octobre-décembre 2002, p. 60.

Égypte

Conseil constitutionnel

Conseil constitutionnel égyptien, 15 janvier 2012, *Journal of Arab Arbitration*, janvier 2012, vol. 18, p.217

Conseil constitutionnel égyptien, 11 mai 2003, 95/20, *JORAE*, n°22 29 mai 2003

Cour de cassation

Cass., 25 janvier 2007, n°810/71, *Société Andritz c/ Société National du Ciment & autres*, *Journal de l'arbitrage*, juin 2008, n°11, p. 221.

Cass., 26 mai 2004, n°91

Cass., ch. civ. & comm., 23 décembre 1991, *Misr Comp. for insurance v. Alexandria comp. for maritime agencies*, *Rev. arb.*, 1994, p. 759, commenté par A-H. El-Ahdab

Cass. aff. Amani Choukri Abdel-Massih & autres c/ Sarouat Thabet Bassili & autres, *Journal of Arab Arbitration*, vol. 11., 2008, M. A.-R., L. Hammour p. 132.

Cour d'appel

C.A., Caire, 06 janvier 2015, n°17/131, *Majalet El-Tahkim*, n° 29, 2016, obs. Z. Obeid, p. 310.

C.A. Caire, chambre commerciale, 07 avril 2013, *Société Siyak c/ Société Murray and Roberts international*.

C.A. Ismailiyya, n°1660, 29 janvier 2009, *Journal of Arab* Arbitration, décembre 2009, n°13, p. 221.

C.A. Caire, chambre commerciale, 29 mars 2006, *Syndicat des (Tatbikiyyin) c/ Ministre de la Justice*, *Rev. lib. arb*. 2006, n°39, p.60

C.A. Caire, chambre commerciale, 25 septembre 2005, *Rev. lib. Arb.* 2006, n°38, p. 51

C.A. Caire, 27 avril 2005.

C.A, Caire, 26 mai 2004, n° 84 & 85/120, *Sté al-Hijaz c/ Abdallaz Abdelaziz Attiyah*, obs. M. Abdel Raouf, « étude analytique de la justice égyptienne dans le cadre des recours en annulation à l'encontre des sentences arbitrales », *Journal of Arab Arbitration,* 2008, vol. 11., p. 970.

C.A., Caire, chambre commerciale, 29 janvier 2003, n°91

C.A., Caire, 29 janvier 2003, n° 34 et 35/119

C.A., Caire, 31 décembre 1998, *Misr company for insurance v. commercial comp. Neftis*, Leb. *Rev. arb.* n°17, p. 86

C.A., Caire., 22 mai 1994

Conseil d'État

Conseil d'État égyptien, Adm. Section, 6th circ. of contracts et compensations, 29 février 2006, Appel n°18628; *Majallat al-Tahkim*, n° 6 of 2010, p. 572.

CRCICA Arbitral Award dated 2/7/2006, quoted by M. Abdel-Amin El-Mehdi, Return to the Administrative State Contracts Issue", *Majallat al-Tahkim al-Aalamiyya*, n°20 of 2013, p. 33.

Émirats arabes unis

Cour suprême

Cour Suprême fédérale, Aff. n°206, année judiciaire 26, 27 décembre 2005, commenté et cité dans : Summaries of UEA *Court's Decision on arbitrational international*, International Chamber of commerce, 2013, p. 74.

Cour Suprême fédérale, Case n°22 of the 22nd jud. year dated 3/3/2002, cited in G Blanke, *Annotated Guide to Arbitration in the uae: vol. i*: The uae Arbitration Chapter, pp. 7–8.

Cour Suprême fédérale, case n° 620 of the 21th jud. year, dated 19/12/2000

Cour Suprême fédérale, Appeal n° 221/1994, Decisions Reports, 14th jud. year, p. 396.

Cour de cassation d'Abou Dabi

Cass. Abu Dhabi, n°814/2011, *in Summaries of United arab emirates Courts' Decisions on Arbitration*, p. 121

Cass. Abu Dhabi, n°924/2009 dated 17/12/2009, *Majallat al-Tahkim al-Aalamiyya*, n°17 of 2013, comments by Mohammed Arab, p. 397.

Cass. Abu Dhabi, Commercial cassation, Recourse No. 676/2009, Oct. 18, 2009, Journal of Arbitration 2010 (Majallat Attahkim, in Arabic), Issue No. 6, 251, with acommentary by Jassem Al-Sharnsi.

Cass. Abu Dhabi, Commercial Chamber, n°76/ fs 2009, 18 October 2009, International Journal of Arab Arbitration Vol. 2 no. 2 (2010) : 225 ; with a commentary by a Jassem Ali Al-Shamisi.

Cass. Abu Dhabi, Case n°136, 3rd jud. year, dated 31/3/2009. & High Federal Court n°873, of the 3rd jud. year, dated 22/10/2009, comment by N. Najjar, *Arbitration and international trade in the Arab countries,* Leiden, Boston, *Brill Nijhoff,* 2017, p. 399.

Cass. Abu Dhabi, n°186, arrêt rendu le 08 juin 2008, arbitrage à la lumière de la Cour de cassation 2007-2010, édition 2012 du département judiciaire des EAU.
Cass. Abu Dhabi, Commercial cassation, Recourse No. 891, Judicial year 27, Jun. 17, 2006, Journal of Arab Arbitration 2009 (Beirut in English), Issue No. 1, 516; Journal of Arbitration 2009 (Majallat Attahldm, in Arabic), Issue no. 1, 312
Cass. Abu Dhabi, 2e circuit civil, n° 732/24, 26 février 2005
Cass. Abu Dhabi, Appeal n°270/96, *Leb. Rev. arb.*, n° 7 p. 82.

Cour de cassation de Dubai

Cass. Dubaï, 19 janvier 2014, n°274/2013,
Cass., Dubaï, 18 août 2013, *CCI c/ Ministère de l'irrigation du gouvernement du Soudan* (Aff. n° 156 :2013).
Cass. Dubaï, 16 septembre 2012, Aff. Baiti Real Estate Development c/ Dynasty Zarooni Inc., Arab, L. Hammoud, G. Lovett, op. cit. p. 122.
Cass. Dubaï, affaire n°132, 2012, obs. H. Arab, L. Hammoud, G. Lovett, *Summaries of UAE Court's Decisions on Arbitration,* International Chambre of Commerce, 2013, p. 123
Cass. Dubaï, n°180/2011, Arab, L. Hammoud, G. Lovett, op. cit. p. 116.
Cass. Dubai, dated 15/3/2010, quoted in, "Arbitrability under uae Law: Public policy", ijaa, (2013), vol. 5, no 1, p. 5 et spec. p. 6-7.
Cass. Dubai, Case n° 123/ 2010, cited in G. Blanke, Annotated Guide to Arbitration in the united arab emirate: vol. i
Cass. Dubai, n°272/2009, *Summaries of united arab emirates Courts Decisions on Arbitration*, H. Arab, L. Hammoud & G. Lovett, (editors). in « the same sense », p. 97
Cass. Dubaï, n°123 de 2009, 12 mars 2010.
Cass. Dubaï, 9 novembre 2008, obs. H. Arab, L. Hammoud, G. Lovett, *Summaries of UAE Court's Decisions on Arbitration,* International Chambre of Commerce, 2013, p. 94 Cass. Dubai, n°146/2008, dated 9/11/2008, ijaa (2010) vol. 2, no 3, p. 240.
Cass. Dubaï, aff. n°75 de 2007, 07 avril 2008, obs. H. Arab, L. Hammoud & G. Graham, *Summuries of UAE Courts' Decisions on Arbitration, International Chambre of Commerce*, 2013, p. 82.
Cass. Dubaï, Aff. n°75/2007, 07 avril 2008 obs. H. Arab & L. Hammoud, G. Lovett, *Summaries of UAE Court's Decisions on arbitration*, International Chambre of Commerce, 2013, p. 82.
Cass. Dubaï, civ., 20 mai 2008, recours n°72/2008.
Cass. Dubaï, affaire n°305 de 2007, 25 février 2008
Cass. Dubai, n°190/2006, *Majallat al-Tahkim*, n°3 of 2009, p. 310.

Dubai Court of cassation, Commercial cassation, Recourse No. 174/2005, Dec. 19, 2005, *Journal of Arab Arbitration* ,2009 (Beirut in English), Issue No. 1, 522; Journal of Arbitration 2009 (Majallat Attahkim, in Arabic), Issue no. 1, 318.
Cass. Dubaï, ch. com., 2 juillet 2005, recours n° 204/2005.
Cass. Dubai, n°317/1998, Majallat al-Tahkim, n°10 of 2011, p. 235.

Autres

TPI, Dubaï, n°190/98, A. Almutawa & M. Maniruzzaman, « The UAE's Pilgrimage to International arbitration Stardom, a crucial apparaisal of Dubaï as a centre of Dispute Resolution Aspiring to be a Middle East Business Hub », *The journal World Investment & Trade*, 2014, p. 233.

TPI Dubaï, affaire commerciale n°1019/2012, 10 octobre 2013.

États-Unis

Cour suprême

US Suprême Court, *GE Energy Power Conversion France SAS, Corp. v. Outokumpu Stainless* USA, LLC, 590 U.S. - (U.S. S.Ct. 2020), *Rev. arb.*, 2020, issue 3, obs. Alexander G. Leventha, p. 851 – 861.
US Suprême Court, *Thai-Lao Lignite (Thailand) Co., Ltd. &. al. v. Government of the Lao People's Democratie Republic,* 20 juillet 2017,864 F. 3d 172 (2d Cir. 2017): (Cf. Banque de jurisprudence de Jus Mundi).
US Suprême Court, Aff. *Belize Bank Limited v. Government of Belize*, n°16-7083 (D.C. Cir. 2017): (Cf. Banque de jurisprudence de Jus Mundi)
US Suprême Court, *Corporacion Mexicana De Mantenimiento Integral v. Pemex-Exploraciôn y producciôn*, 2 août 2016,832 F. 3d 92 (2d Cir. 2016) : (Cf. Banque de jurisprudence de Jus Mundi)
US Suprême Court, *Thai-Lao Lignite (Thailand) Co., Ltd. &. al. v. Government of the LaoPeople's Democratie Republic*, 6 février 2014, 997 F. Supp. 2d 214 (SDNY 2014): (Cf. Banque de jurisprudence de Jus Mundi)
US Suprême Court, *BG Group plc v. Republic of Argentina,* 572 U.S. 25 (U.S. S.Ct. 2014) : (Cf. Banque de jurisprudence de Jus Mundi)
US Suprême Court, *Corporaci6n Mexicana De Mantenimiento Integral v. Pemex-Exploraci6n y produccion*, 27 août 2013,962 F. Supp. 2d 642 (SDNY 2013); *Rev. arb*., 2015. p. 183.
US Suprême Court, *Biller v. Toyota*, 3 février 2012 : (Cf. Banque de jurisprudence de Jus Mundi)

US Suprême Court, *B/E Aerospace v. Jet Aviation St Louis*, 2012 WL 1577497 (S.D.N.Y. May 3, 2012) : (Cf. Banque de jurisprudence de Jus Mundi)
US Suprême Court, *Wachovia v. Brand, 671 F.3d 472, 483* (4e Cir. 2012) : (Cf. Banque de jurisprudence de Jus Mundi)
US Suprême Court, *Accord Aggarao v. MOL Ship Mgmt. Co., Ltd.*, 675 F.3d 355, 372-73 (4th Cir. 2012) : (Cf. Banque de jurisprudence de Jus Mundi)
US Suprême Court, Arrêt *Rent-A-Center c/ W., Inc. c/ Jackson*, 561 U.S. 63, 130 S. Ct. 2772, 177 L. Ed. Ed 403 (2010) : (Cf. Banque de jurisprudence de Jus Mundi)
US Suprême Court, *Hall Street Associates v. Mattel*, 25 mars 2008 : (Cf. Banque de jurisprudence de Jus Mundi)
US Suprême Court, *Rogers v. Royal Caribbean Cruise Line*, 547 F.3d 1148, 1158 (9th Cir. 2008) : (Cf. Banque de jurisprudence de Jus Mundi)
US Suprême Court, *See eg, Zeiler v. Deitsch*, 500 F.3d 157 (2d Cir. 2007) : (Cf. Banque de jurisprudence de Jus Mundi)
US Suprême Court, *Bahrain Telecommunications c/ Discovery Tel Inc.* : GP 2007. *Som. 13 juillet*, note E. Ordway & B. Derains, in *Panorama de Jurisprudence américaine*.
US Suprême Court, Transported Coal Sea de Venezuela CA c/ SMT Sjipmanagment & Transport Ltd, US District 9-1-2007 : GP 2007.1275 cité par E. Ordaway & B. Derains.
US Suprême Court, arrêt *Buckeye Check Cashing c/ Cartdegna*, 546 U.S 440 (2006): (Cf. Banque de jurisprudence de Jus Mundi)
US Suprême Court, *Karaha Bodas Co., LLC v. Perusahaan Pertambangan Minyak Dan Gas Bumi Negara*, 364 F.3d 274 (5th Cir. 2004) commented by L. Del Duca and N.A. Welsh, in « Interpretation and Application of the New York Convention in the United States », 2017, Springer International Publishing, p. 1026.
US Suprême Court, *Banco de Seguros del Estado v. Mut. Marine Office, Inc.*, 344 F.3d 255, 264 (2d Cir. 2003) : (Cf. Banque de jurisprudence de Jus Mundi)
US Suprême Court, *Aff. Telecordia Technologies Inc. c/ Telkom SA Ltd.*, 2003 US Dist. LEXIS 23726 (DD Cir. 2003) : (Cf. Banque de jurisprudence de Jus Mundi)
US Suprême Court, Aff. *Sarhank Group v. Oracle Corp., 01 Civ. 1285, 2020 WL 31268635*, (S.D.N.Y. Oct. 9, 2002) : (Cf. Banque de jurisprudence de Jus Mundi)

US Suprême Court, Aff. *Sarhank Group v. Oracle Corp., 01 Civ. 1285, 2020 WL 31268635*, (S.D.N.Y. Oct. 9, 2002): (Cf. Banque de jurisprudence de Jus Mundi)

US Suprême Court 283 F. 3d 208 (*4th Cir. 2002*) du 06 mars 2002 : (Cf. Banque de jurisprudence de Jus Mundi)

Cour suprême des États-Unis 4633, 2001 1131987 (SDNY) du 24 septembre 2001 : (Cf. Banque de jurisprudence de Jus Mundi)

US Suprême Court, *Moscovits c. Magyar Cukor Rt.*, n° 00 Civ. 31, 2001 WL 767004, 4 (SDNY 9 juillet 2001) : (Cf. Banque de jurisprudence de Jus Mundi)

US Suprême Court, *Pavlov c. Bank of New York Co.*, Inc., 135 F. Supp. 2d 426, 433 (SDNY2001): (Cf. Banque de jurisprudence de Jus Mundi)

US Suprême Court, *CME Media Entreprises B.V. c/ Dr. Vladmir Zelezny*, 2001 US Dist. LEXIS 13888 (SDNY 2001) : (Cf. Banque de jurisprudence de Jus Mundi)

US Suprême Court, *Aff. United States c/ Swiss American Bank* Ltd., 191 F. 3d 30, p.40, 1999 US Appx. LEXIS 21878 (1st Cir. 1999) : (Cf. Banque de jurisprudence de Jus Mundi)

US Suprême Court, 181 F. 3d 118 (D.C. Cir. 1999), *J. Intl. arb*., (4) 2002, obs. R. Boivin, p. 296; Sections 1605 (a) et 1607 de l'US Foreign Sovereign Immunities Act (FSIA): (Cf. Banque de jurisprudence de Jus Mundi)

US Suprême Court, *Insurers, Barnard & Burk Group, Inc.,barnard and Burk Engineers and Constructors, Inc.,isi, Inc., American Home Assurance Co.,defendants-third-party-plaintiffs-appellants*, v. *M.a.n. Gutehoffnungshutte Gmbh,third-party-defendant-appellee-cross-appellant.holland & Knight, Mark E. Grantham, Appellants, v. Industrial Risk Insurers, Barnard & Burk Group, Inc.,barnard and Burk Engineers and Constructors, Inc.,isi, Inc., American Home Assurance Co.,defendantsthird-party-plaintiffs-appellees*, 141 F.3d 1434 (11th Cir. 1998). (Cf. Banque de jurisprudence de Jus Mundi)

US Suprême Court, *PT United Can Co. Ltd. c. Crown Cork & Seal Co*., Inc.,138 F.3d 65, 73 (2d Cir.1998) ; *Blanco*, 997 F.2d au 981: (Cf. Banque de jurisprudence de Jus Mundi)

US Suprême Court, *Indus. Risk Insurers v. M.A.N. Gutehoffnungshutte v. Indus. Risk Insurers,* 141 F.3d 1434, 1445 (11th Cir. 1998), *Comparatum-Global Studies in Comparative Law*, 2017, obs. L.-D. Duca & N.-A. Wels, p. 1033: (Cf. Banque de jurisprudence de Jus Mundi)

US Suprême Court, Aff. *Europcar Italia, S. p. A. v. Maiellano Tours*, Inc., 156 F.3d 310, 313 (2d Cir. 1998) : ((Cf. Banque de jurisprudence de Jus Mundi).

US Suprême Court, *Aff. Afmed Alghanim & Sons v. Toys « R » Us Inc.*, 126 F.3d 15, 20 5Ed Cir. 1997: ((Cf. Banque de jurisprudence de Jus Mundi))
US Suprême Court, *Letco, Arbitration Award Creditor c/ The Government of the Republic of Liberia*, 659 F. Supp. 606 (D.D.C. 1997): (Cf. Banque de jurisprudence de Jus Mundi)
US Suprême Court, *Indocomex Fibres Pte. Ltd.* v. *Cotton Co. Intern., 916 F. Supp. 721* (W.D. Tenn. 1996) : (Cf. Banque de jurisprudence de Jus Mundi)
US Suprême Court, *Chesley c. Union Carbide Corp.*, 927 F.2d 60, 66 (2d Cir.1991) : (Cf. Banque de jurisprudence de Jus Mundi)
US Suprême Court, *R. Maganlal & Co. c. MG Chem. Co., Inc.*, 942 F.2d 164 (2d Cir.1991) : ((Cf. Banque de jurisprudence de Jus Mundi)
US Suprême Court, *Hewlett-Packard, Inc. v. Berg,* 867 F. Supp. 1126 (D. Mass. 1994 ; *Brandeis Intsel Ltd. v. Calabrian Chemicals* Corp., 656 F. Supp. 160, (S.D.N.Y.1987) : (Cf. Banque de jurisprudence de Jus Mundi)
US Suprême Court, *Rasoulzadeh c. Associated Press*, 574 F. Supp. 854, 861 (SDNY 1983), 767 F.2d 908 (2d Cir.1985) : (Cf. Banque de jurisprudence de Jus Mundi)
US Suprême Court, *La Société Nationale pour la Récherche, la Production, le Transport, la Transformation et la Commercialisation des Hydrocarbures* v. *Shaheen Natural Resources*, 585 F. Supp. 57, (S.D.N.Y. 1983) : (Cf. Banque de jurisprudence de Jus Mundi)
US Suprême Court, *W.R. Grace & Co. v. Rubber Workers*, 461 U.S. 757, 766 (1983) : (Cf. Banque de jurisprudence de Jus Mundi): (Cf. Banque de jurisprudence de Jus Mundi)
US Suprême Court, *Ledee v. Ceram (Cf. Banque de jurisprudence de Jus Mundi) iche Ragno* 684 F.2d 184 (1982) : (Cf. Banque de jurisprudence de Jus Mundi) :
US Suprême Court, *SA c. Cities Serv. Co.*, 500 F. Supp. 787, 800 (SDNY1980), confirmé, 650 F.2d 408 (2d Cir. 1981) : (Cf. Banque de jurisprudence de Jus Mundi)
US Suprême Court, Parsons & Whittemore Overseas Co Inc v Société Générale de l'Industrie du papier (RAKTA) 508 F.2d 969 (2d Cir 1974) : (Cf. Banque de jurisprudence de Jus Mundi)
US Suprême Court, *Prima Paint c/ Flood & Conklin*, 1967 : (Cf. Banque de jurisprudence de Jus Mundi)
US Suprême Court, *Karppinen v. Karl Kiefer Machine Co.*, 187 F.2d 32 (2nd Cir. 1951) (Cf. Banque de jurisprudence de Jus Mundi):

US Suprême Court : Arrêt *Kundlig Jarnagsstyrelsen and others c/ Dexter & Carpenter Inc.*, 25 *AJIL* 360 (1931). : (Cf. Banque de jurisprudence de Jus Mundi)
US Suprême Court, *Hilton contre Guyot*, 3 juin 1895, 159 US. 113, (USA) : (Cf. Banque de jurisprudence de Jus Mundi).

Cours d'appel

Cour d'appel des États fédéraux du troisième & quatrième circuit, *Base Metal Trading Ltd. v. OJSC Novokunetsky Aluminium Factory*, 283 F. 3d 208, p. 212-213, 2002 US App. LEXIS 3551 (4th Cir. Md. 2002) & 47 Fed. Appx. 73, 2002 US App. LEXIS 18408 (3d Cir. 2002).
Cour d'appel de New York *Aff. Monégasque de Réassurances SAM c/ NakNaftogaz,* 158 F. Supp. 2d 377, 2007US. Dist. LEXIS 13152 (SDNY 2001).
Ministry of Defense and support for the armed forces of the Islamic Republic of Iran c/ Cubic Defense System, inc., 29 F. Supp. 2d 1168 (S.D. Cal. 1998) : « Cases Applying and Interpreting International Uniform Law Instruments », *Rev. dr. Unif. 1999*. obs. M. J. Bonell, p. 658.
Cour d'appel fédéral du 9ème Circuit, arrêt *Three Valleys Mun. Water Dist. c/ E. F. Hutton & Co.*, 925 F. 2d 1136 (9th Cri. 1991).
Arrêt de la Cour d'appel des États-Unis, 9ème Circuit, *Aff. Glencore Grain Rotterdam, c/. Shivnath Rai Harnarain Co.*)

Cours de district

Cour de district des États-Unis pour le district sud de New York - 158 F. Supp. 2d 377 (SDNY 2001) 4 septembre 2001.
U.S. District Court for the Southern District of New York – 158 F. Supp. 2d 377 (S.D.N.Y. 2001).
United States District Court, S.D. California, 7 déc. 1998.

France

Conseil constitutionnel

Cons. Const. Décision n° 2021-984 QPC du 25 mars 2022, dans *l'Aff. Société Eurelec trading*.
Tribunal des conflits

Tribunal des Conflits, 17 mai 2010, *JDI* 2011. Doctr. 10.

Tribunal des Conflits, 09 décembre 1889, *Assoc. Syndicale du Canal de Gignac*, obs. M. Long.

Conseil d'État

C.E. Ass. Gén., Séance du 24/03/2016, Avis sur un projet de loi relatif à la transparence, à la lutte contre la corruption et à la modernisation de la vie économique.
CE, avis, 6 mars 1986, *Eurodisneyland*, n° 339710.

Cour de cassation

Cass. 1er civ., 23 mars 2022, n° 17-17.981, *Dalloz actualité*, 10 mai 2022, obs. V. Chantebout ; *D.* 2022, p. 660. ; *Gaz. Pal.* 2022, n° 15, obs. L. Larribère, p. 11.
Cass. 1er civ., 29 sept. 2021, n°19-19769, *Sté Alexandre Brothers Ltd c/ Alstom, F-D* (cassation C.A. Paris, 28 mai 2019), *GPL* 2022, Lilian Larribère, p. 12. ; *CAPJIA*, 2022, A. Mourre, p. 875.
Cass. 1re civ., 29 sept. 2021, n° 19-19., *Dalloz actualité*, 4 févr. 2022, obs. J. Jourdan-Marques, p. 769 ; *D.* 2021., obs. T. Clay, p. 2272 ; *Rev. arb.* 2021., note C. Jarrosson, p. 687; *Gaz. Pal.* 2022, n° 15, obs. L. Larribère, p. 12.
Cass. ass. plén. 02 avril 2021, n°19-18.814.
Cass. 1re civ., 03 février 2021, n°19-10.669, *Sté Commissions Import-Export (Commisimpex) c/ République du Congo & a., Gaz. Pal. n°08, 2021, note.,* C. Berlaud, p. 34 et s.
Cass. 1er ch. civ., 13 janvier 2021, 19-22.932. F-P+I, *Sté Egyptian General Petroleum Corporation (EGPC) c/ Société National Gaz Company* (NATGAS), *D.* 2021. p. 86.
Cass. 1er civ., 15 janv. 2020, n° 18-20.102, *Fiacre La Bâtie Hoffman* : *Dalloz actualité*, 27 févr. 2020, obs. J. Jourdan-Marques.
Cass. 1re civ., 15 janv. 2020, no 18-18088, ECLI :FR : CCASS :2020 :C100032, gouvernement de la République d'Irak c/ Fincantieri & Finmeccanica, F-D (rejet pourvoi c/ CA Paris, 16 janv. 2018), note. D. Bensaude, p. 35. ; *Dalloz actualité*, 2020, obs. J. Jourdan-Marques.
Cass. 2èm civ., 16 mai 2019, n°18-16.934, *D.* 2019. p. 1112 ; *RDBF* 2019, n°170, note., Piedelièvre. ; *Loyers & copr.* 2019, n°112. note., Vial-Pedroletti. ; *Gaz. Pal.* 2019, obs. Brenner, p. 32.
Cass. com. 17 avril 2019, n°17-17525
Cass. ass. plén. 05 avril 2019, n°18-17442, *RDC* 2019/3, p. 3

Cass. 1re civ., 21 novembre 2018, n°17-267, *Resp. civil & ass.* 2020, étude 3, obs. J. Brunie, p. 66.
Cass. 1re civ., 3 oct. 2018, n° 17-10.090, *RTD com.* 2018., obs. B. Bouloc, p. 1010. ; Cass. comm. 16 janv. 2019, n° 17-21.477, *D.* 2019, Edilfibro, p. 124. ; *AJ Contrat* 2019, obs. C. Nourissat, p. 139. ; *RTD com.* 2019., obs. B. Bouloc, p. 199 ; *JCP E* 2019, note Y. Heyraud.
Cass. 2e civ., 3 oct. 2018, n°17-20296, *Gaz. Pal.* n°07, 2019, note., o. Salati, p. 69 et ss.
Cass. 1re civ., 10 janv. 2018, n° 16-22.494, *Dalloz actualité*, 24 janv. 2018, obs. G. Payan ; *D.* 2018. 541, note B. Haftel ; ibid., obs. S. Clavel & F. Jault-Seseke, p. 966. ; *ibid.*, obs. A. Leborgne, p. 1223 ; ibid., obs. T. Clay, p. 2448; *Rev. prat.* rec. 2020. 29, chron. F. Rocheteau ; *Rev. crit. DIP* 2018., note D. Alland, p. 315 ; *RTD civ.* 2018., obs. L. Usunier & P. Deumier, p. 353. ; ibid., obs. P. Théry, p. 474 ; *JCP* 2018., n° 9, obs. C. Nourissat, p. 157 ; ibid., *concl.* N. Ancel, p. 294 ; ibid., note M. Laazouzi, p. 295 ; *Gaz. Pal.* 19 juin 2018., obs. C. Brenner, p. 38.
Cass. com. 08 novembre 2017, n°16-13307.
Cass. 1re civ., 18 octobre 2017, n°16-15082
Cass. com. 20 sept. 2017, n°16-14.065, *Juris-Data* n°2017-018237; *RPC* 2017, n°6; *Actu. Jurispr.* n°12, obs. F. Petit ; *RDBF* 2017, obs. C. Houin-Bressand ; *JCP* 2018, note B. Brignon, p. 1000.
Cass. 1re civ., 13 sept. 2017, numéros 16-25.657 et 16-26.445, *D.* 2017., obs. T. Clay p. 2559. ; *Rev. arb.* 2017., note T. Dufour, p. 900 ; Procédures 2017, n° 11, obs. L. Weiller, p. 21 ; *Bull. ASA* 2018., note A.-M. Lacoste, p. 31.
Cass. 2èm civ., 26 janv. 2017, n°15-28173, Mme X c/ M. Y, PB (cassation CA Aix-en-Provence, 11 sept. 2015), obs. O. Salati, « Titre exécutoire et prescription », *Gaz. Pal.* 2017, p. 81.
CE, ass., 9 nov. 2016, req. n°388806 , S té Fosmax LNG, *Lebon*, concl. G. Pellissier, p. 467. ; *AJDA* 2016, obs. J.-M. Pastor, p. 2133.; *AJDA* 2016, Chron. L. Dutheillet de Lamothe & G. Odinet, p. 2368.; RFDA 2017, note B. Delaunay, p. 111.
Cass. com. 12 juill. 2016, n°15-16.389, n°680, *RPC* 2016, n°5, étude p. 11, n° 9, obs. F. Petit ; *JCP* 2016, note B. Brignon, p. 1519. ; *D.* 2016. P. 1559. ; *BJE* 2016, n°113y3, note C. Vincent, p. 405.
Cass. 3èm civ., 03 décembre 2015, *Bull. civ.*, I, n°13-22503
Cass., 1re civ., 25 novembre 2015, n°14-25109
Cass. 1er civ., 4 novembre 2015, n°14-11881, *D. 2016*, obs. A. Leborgne, p. 1279
Cass. 1er civ, 07 octobre 2015, n° 14-17.490, *Dalloz actualité,* 2015, Delpech, Xavier, *Dalloz actualité,* 2015, p.

Cass. 2èmciv., 25 juin 2015, n°14-21972
Cass. 1re civ., 24 juin 2015, n° 14-18.706, *Rev. arb*. 2016, note L.-C. Delanoy, p. 219.
Cass. com. 27 mai 2015, no 14-11.387, *AJCA* 2015, obs. Bros, p. 379. ; Com. 3 mars 2015, no 14-10.907, *AJCA* 2015, note Chantepie p. 218. ; *D.* 2015, note Buy, p. 1021. ; *JCP E* 2015, note Le Gac-Pech. P. 1207. ; *LEDC* 2015/5, obs. Leblond p. 50.; *RDC* 2015, obs. Behar-Touchais, p. 523. ; *RTD* com. 2015, obs. Chagny, p. 486.; Com. 3 mars 2021, nos 19-13.533 et 19-16.344
Cass. 1re civ., 13 mai 2015, n° 13-17.751, *Bull. civ.* I, n° 107 ; *Dalloz actualité*, 29 mai 2015, obs. F. Mélin, note S. Bollée ; ibid. 2588, obs. T. Clay ; *Rev. crit.* DIP 2015. 652, note H. Muir Watt; *Gaz. Pal.* 5 sept. 2015, n° 248, obs. C. Brenner, p.11; *JCP* 2015, note M. Laazouzi, p. 759; *JDI* n°1, 2016, note S. El Sawah & P. Leboulanger, p. 4
Cass. com. 10 mars 2015, no 13-23.859. ; Ph. Le Tourneau, *Droit de la responsabilité et des contrats, Dalloz Action* 2014/2015, nos3674 et ss.
Cass. com., 16 septembre 2014, n°13-17779, *Bull. civ.*, IV, n°117
Cass. 1re civ., 10 juillet 2014, n°13-20606
Cass. Paris, Pôle 1–Ch. 1, ord. CME, 4 juillet 2014, n° 14/12102, Pilliot, LPA, 2014, obs. I. Léger n° 215, p. 19
Cass. 3èmciv., 12 juin 2014, n°13-18446.
Cass. com., 11 juin 2014, n°13-13.643, *Bull. civ. IV*, n°106
Cass. com., 13 mai 2014, n°13-758.
Cass. 1re civ., 13 mai 2014, n°13-13509.
Cass., 1re civ., 30 avril 2014, numéros 13-16380 & 12-22567, *RDC* 2014, obs. Deshayes, p. 610
Cass Paris, Pôle 1–Ch. 1, ord. CME, 27 mars 2014, RG 13/24165, Fair Trade c/ Façonnable, *D.*, 2014, Pan. 2555, obs. Th. Clay.
Cass. 3èmciv. 12 février 2014, n°12-27182, *RLDC*, n°114, 2014, obs. C. Legallou, p. 11. ; *D.* 8 mai 2014, n°17, obs. A.-L. Collomp, p. 1000.
Cass. 1re civ., 12 févr. 2014, n° 10-17.076, Schneider, *D.* 2014. 490 ; *JCP* 2014., note D. Mouralis, p. 782 ; *Procédures* 2014, n° 4, comm. 107, note L. Weiller, p. 22 ; *Rev. arb.* 2014. p. 389, note D. Vidal.
Cass. com., 07 janvier 2014, n°12-20204, *Bull. civ.*, IV, n°1., *JCP* 2014, obs. P. Simler.
Cass. 1re civ., l'affaire NML Capital Ltd 28 mars 2013
Cass., 1re civ., 16 janvier 2013, n°12-14439.
Cass. 3èmciv., 27 mars 2012, n°11-11798, *RDC* 2012, obs. Genicon, p. 773.
Cass. 3èm civ. 29 février 2012, n°10-27259
Cass. 2èm civ., 22 février 2012, n°10-28.379, *Bull. civ.*, II, n° 36.

Cass. com., 21 février 2012, n°11-18.027, *Bull. civ.* IV, n°44, Procédures 2012, n°145, obs. Perrot
Cass. com., 21 févr. 2012, n° 11-30077, *LEDEN*, n°65, 2012, note I. Parachkévova, p. 4 et s.
Cass. 2ème civ., 06 janvier 2012, n° 10-23.518, *Bull. civ.* n°7.
Cass. 3èmeciv. 3 novembre 2011, n°10-26203, *Gaz. Pal.* 12 janvier 2012, obs. D. Houtcieff. ; *RDC*, février 2012, n°2, obs. Y.-M. Laither, p. 402.
Cass. 3èmciv. 3 novembre 2011, *D.* 16 février 2012, obs. S. Amrani-Mekki & M. Mekki. Cass. com. 15 décembre2009, n°08-10148, Dr. & Pt. Février 2010, n°189, note L. Aynès & Ph. Stoffel-Munck.
Cass. civ. 1re, 12 octobre 2011, n° 09-72., *Rev. arb.*, 2012.86, note F.-X. Train
Cass. com. 20 sept. 2011, n°10-22.888, Bull. civ. IV, no 132 ; *RTD* civ. 2011, obs. Fages, p. 760.
Cass. 2èm ch. civ., 8 septembre 2011, n°10-23.003, P II, n°165, *Procédures*, 2011, obs. R. Perrot.
Cass. com. 7 juin 2011, no 10-13., *Bull. civ.* IV, no 91. p. 622; *RDC* 2011., obs. Y.-M. Laithier, p. 1148.; *CCC* 2011, no 208, obs. L. Leveneur; *Dr. et patr.* 2012, no 211, obs. Ph. Stoffel-Munck, p. 67.
Cass. 3èmciv., 18 mai 2011, n°10-17645, *D.* 2012, obs. Ph. Brun, p. 49.
Cass. com., 28 juin 2011, n°10-15.482, *Bull. civ. IV*, n°109, *D.* 2012., obs. A. Leborgne, p. 1573.
Cass. com, 7 juin 2011, n°10-13622, *C.C.C.* 2011, obs. Leveneur, p. 208. ; Droit et prat. Février 2012, obs. Stoffel-Munck.
Cass. 3èmciv., 25 mars 2011, n°09-16677, *C.C.C.* 2011, note Leveneur, p. 184
Cass. 1re civ. 9 février 2011, n°09-17126.
Civ. 1re, 6 oct. 2010, n°08-20, *D.* 2010, p. 563. ; *Pan.*, obs. Th. Clay, p. 2933 ; *Rev. crit. DIP* 2011, note Jault-Seseke, p. 85 ; *JCP* 2010., note P. Chevalier, p. 1028 ; *JCP* 2010., obs. F. Jault-Seseke, p. 1989. ; *Rev. crit. DIP* 2011. p. 85. – Civ. 1re, 6 nov. 2013, n°11-18.709. Cass. 1re civ. 21 mai 1997, *Rev. arb.* 1997., note E. Gaillard, p. 537.
Cass. com. 29 juin 2010, n°09-11841, *D.* 29 juillet 2010, n°28, obs. de ; Mazeaud. ; *RLDC*, novembre 2010, n°76, obs. S. Pimont, p. 16.
Cass. 1re civ., 23 juin 2010, *Rev. arb.* 2011, obs. C. Chainais, p. 442.
Cass. 1re civ., 3 juin 2010, n° 09-13.591
Cass. 2èmciv. 15 avril 2010 n°09-11667, *D.* 28 juillet 2011, n°28 P. 1926 note H. Groutel. ; George Mitchell (Chesterhall) Ltd contre Finney Lock Seeds Ltd [1982] EWCA Civ 5. ; F Kessler, « Contrats d'adhésion - Quelques réflexions sur la liberté de contrat (1943) 43 (5) *Columbia Law Review*, p. 629. ; Art. 1107 du Code civil ivoirien (Droit des obligations).

Cass. com., 30 juin 2009, *D.* 2009, p. 2163
Cass. com., 26 mai 2009, *JCP* G 2009, I, 463, n°1, obs. J. Beguin
Cass. 2[èm] civ., 09 avril 2009, n°08-15977.
Cass. 1re civ. 6 mai 2009, *Rev. arb.* 2010. 299, obs. D. Cohen, spéc. p. 305 et ss.
Cass. 1re civ., 6 mai 2009, pourvoi n° 08-10.281, *Gaz. Pal.* n°209, 2009, note., F. Melin, p. 9 et ss.
Cass. 1re civ. 11 mars 2009, n° 08-12.149, aff. Sté Trioplast AB, *D. 2009*., obs. X. Delpech, p. 880 ; *LPA 2009, n° 144*, obs. C. Tsé ; *JCP 2009. I. 148, § 10*, obs. C. Seraglini.
Cass. ass. plén., 27 févr. 2009, n° 07-19.841 : *JCP* G 2009, II, 10073, P. Callé. ; *D.* 2009, D. Houtcief, p. 1245
Cass. 1re civ., 11 février 2009, (06-18-746).
Cass. com., 2 décembre 2008, *Rev. arb.* 2009, p.328, obs. Pierre Mayer.
Cass. 1re civ. 19 novembre 2008, n°07-10570, *Gaz. Pal.* n°36, 2009, p. 17 et ss.
Cass. 1re civ. 4 juin 2008 *Cytec*, n° 06-15320, *RTD* com. 2008., obs. E. Loquin, p. 518. ; *JCP* 2008, n° 8, obs. C. Seraglini, p. 164. ; *JDI* 2008., note A Mourre, p. 1107.
Cass. com., 03 juin 2008, *Bull. civ.*, IV, n°111.
Cass. com. 18 décembre 2007, n°04-16069, *D.* 17 janvier 2008, *JCP*, 12 mars 2008. I. obs., P. Stoffel-Munck, p. 125. ; *RDC* juillet 2008, n°3, obs. T. Genicon, p. 262.
Cass. 1er civ., 29 juin 2007, n°s 05-18.053 et 06-13.293, *Sté PT Putrabali Adyamula c/ Sté Rena Holding*, note., I. Fadlallah & D. Hascher, *Les grandes décisions du droit de l'arbitrage commercial*, *Dalloz*, 2019, p. 323 et ss., *Bull. civ.* 2007, I, n°250 et 251., *Rev. arb.* 2007, 507, note E. Gaillard. ; *JDI* 2007. 1236, note Th. Clay.
Cass. 1re civ., 20 févr. 2007, n°06-14107, *Gazette du Palais - n°160,* 2007, p. 14.
Cass. com. 20 février 2007, n°06-14107, *Rev. arb.* n°4, 2007, note F.-X Train, p. 775.
Cass. com. 6 févr. 2007, D. 2007, *AJ*, obs. É. Chevrier, p. 653. ; *RLDC* 2007, n°36-11.
Cass. 1ère civ. 16 janvier 2007, *JCP 2007. I. 161, n° 6*, obs. M. Mekki
Cass. 2[em] civ., 12 oct. 2006, Bull. civ. II, n°270 ; *RTD* civ. 2007, p.183, obs. R. Perrot ; *JCP* G, 2007, I, 139, n°22, obs. L. Cadet.
Cass. 1er civ. 2e, 28 juin 2006, no 04-19.670.
Cass. com. 30 mai 2006, n°04-14.974, *RDC octobre 2006, n°4, obs.* P. Delbecque, p. 1224. ; *D.* 28 septembre 2006, n°33, obs., D. Mazeaud, p. 2288.

Cass. com. 30 mai 2006 n°04-14974, *JCP*, 17 juin 2010, n°24, obs. Y.-M. Laithier, p. 331

Cass. 2em civ., 11 mai 2006, n°04-14.618

Cass. 1re civ., 31 janvier 2006, *Bull. civ.* I, n°37, *RTD com.* 2006, p. 310, obs. É. Loquin.

Cass. civ. 1re, 25 octobre 2005, *Sté Omenex c. Hugon,* Bull. civ., I, n°378. Adde, D. Hascher, « L'influence de la doctrine sur la jurisprudence française en matière d'arbitrage », *Rev. arb.*, 2005.391

Cass., 1re civ., 12 juillet 2005, n°03-10.921.

Cass. 1re civ. 6 juillet 2005, *Bull., I,* n° 302 ; *Rev. Arbitr.*, 2005, note Ph. Pinsolle, p. 999

Cass. com. 28 juin 2005, *Bull. civ.*, IV, n°140.

Cass. civ. 3, 22 juin 2005, n° 04-10.415, *RDC*, 2005, obs. Ph. Stoffel-Munck, p.1025.

Cass. 1re civ., 1er février 2005, *Bull. civ,* I, n° 53, *JCP* E 2005, II, 447, obs. G. Kessler; CA, Paris, 8 septembre 2005, *D.* 2005, Pan., obs. Thomas CLAY, p. 3055; article 6 paragraphe 1er de la Convention Européenne des Droits de l'Homme.

Cass. 1re civ., 01 février 2005, *Bull. civ. I,* n° 53, *Rev. arb.* 2005, p. 693, obs. H. Muir Watt.

Cass. 1re civ. 25 janvier 2005, n°03-18176, *Bull. civ.* I, n°39, *Gaz. Pal.* 27-28 mai 2005, obs. Lespour, p. 39.

Cass. 1re civ., 18 janvier 2005, *Bull. civ.*, I, n°29.

Cass. 2èm civ., 16 décembre 2004, n°03-13.117, P II, n°533.

Cass. 1er civ., 16 novembre 2004, n°01-03.102*, Bull. civ.* I, n°271.

Cass. 1er civ., 30 juin 2004, n°s 01-10.269 et 01-11.718, ABC international Bank PLC c/ Sté BAII recouvrement, note., I. Fadlallah & D. Hascher, *Les grandes décisions du droit de l'arbitrage commercial*, *Dalloz*, 2019, p. 355 et ss. ; *Bull. civ.* 2004, I, n° 189., Ch. Baude-Texidor, « Les intérêts moratoires postérieures à la sentence devant l'arbitre et le juge étatique », *Cah. arb*., *Gaz. Pal.* vol. III, 2006, p. 102. ; *Rev. arb*. 2005, note., R. Libchaber, p. 645., *D.* 2004, 3178 Somm. Obs. Th. Clay, p. 3178.

Cass. 1re civ., 30 mars 2004, Unikod, *RTD com.* 2004, p.443 obs. Éric Loquin

Cass. com., 7 janvier 2004, Bull. civ. IV, n°4.

Cass., 1re civ., 9 décembre 2003, *JCP*, 18 mars 2003.

Cass. 2èm civ. 2 décembre 2003, n° 01-17760, *RGDA, n°3* 2004, obs. L. Mayaux, p. 44. ; Cass. com. 11 juillet 1995 n°93-11393.

Cass. 1ère civ., 9 juillet 2003, Bull. civ. I, n° 174, RDC, 2004, obs. X. Lagarde, p. 1033.

Cass. Paris (1re ch. C), 19 juin 2003, Aff. Bacques, Bouvier, Emballage 48, Otor c. Carlyle Holding 1 & Carlyle Holding 2.
Cass. 3e civ., 26 mars 2003, n° 01-02.410, *RTD. Civ.* 2003., note, J. Mestre & B. Fages, p. 496.
Cass. ch. mixte, 14 février 2003, *Bull. civ., n° 1, BICC n° 576,* rapport Bailly et avis Benmakhlouf, p. 41.
Cass. 3èmciv., 17 déc. 2002, *JCP* 2004, I.101, n°5, obs. Viney.
Cass. 2èmciv. 4 avril 2002, n°00-18009, *Rev. arb.* janvier 2003, obs. P. Didier, p. 103. ; *Dr. et Prat.* Juin 2002, J. Mestre, p. 121. ; *JCP*, mai 2003, n°19, note E. Kleiman & J. Spinelli, C. Seraglini.
Cass. 1re civ., 3 avr. 2002*, RTD civ.* obs. Mestre, p. 535.
Cass. 2èm civ., 22 novembre 2001, n°99-17.875, P II, n° 171, Dr. et Proc. 2002, obs. Douchy, p. 163.
Cass. 1re civ., 06 novembre 2001, *Resp. civ. & ass.* 2022, n°21.
Cass. 3èmciv., 26 septembre 2001., *RJDA* 2001, p. 1284.
Cass. com. 17 juillet 2001, n°97-17.259.
Cass. 1re civ. 11 juillet 2001 n°99-20636, *RGDA*, n°4 octobre 2001, obs. J. Kullmann.
Cass. 3èm civ., 3 mai 2001, *Bull. civ.,* III, n°57
Cass. 3èmciv., 21 février 2001, *Bull. civ.*, III, n°20, RTD civ. 2001, p. 353.
Cass. 1re civ, 13 févr. 2001, n° 98-20.317 et n° 98-20.319, *Bull. civ.* I, n° 26 ; BJS 2001, note P.-G. Gourlay, p. 640. ; D. Hiez, « Poursuite de la lente évolution des coopératives agricoles », *Rev. sociétés* 2008. p.305. – Contra G. ParléanI, note Com. 19 févr. 2013, no 12-23.146, *Rev. sociétés* 2013. p.629.
Cass. com. 30 janv. 2001, no 97-17.784, *Bull. civ. IV*, n° 26; *D.* 2001. AJ 1238, obs. Delpech
Cass. 1re civ., 20 déc. 2000, *SA Prodexport* : *Dr. et patr.* 2001, obs. P. Mousseron, p. 2904. ; *Rev. arb.* 2000, obs. C. Legros, p. 1341.
Cass. 1re civ. 17 octobre 2000, n°98-11776, *Gaz. Pal.* 2002, n°106, note., S. Mornet, p. 13 et ss.
Cass. 1re civ., 17 octobre 2000, Asecna, *Rev. arb.*, 2000, note P. Mayer, p. 648.
Cass. 1re civ., 06 juillet 2000, *Rev. arb. 2001*, obs. Ph. Leboulanger, p. 123.
Cass. 1re civ., 20 juin 2000, *Bull. civ.,* I, n°188.
Cass. 1re civ., 14 juin 2000, n° 98-12.053, *aff. Inter arab investment Guarantee Corporation c/ Banque arabe et internationale d'investissements, D.,* 2000, p. 195.
Cass. 1ère civ., 30 mai 2000, Bull. civ. I, n° 130.
Cass. com., 30 mai 2000, *Bull. civ.*, IV, n°113.

Cass. 2ème civ. 2 mars 2000 n°97-17299.
Cass. com. 26 octobre 1999, *Bull. civ.*, IV, n°182.
Cass. com., 19 octobre 1999*, Bull. civ.*, IV, *Defrénois* 2000, n°176, obs. Lecourt, p. 1278.
Cass. 1re civ., 15 juillet 1999, Bull. civ., I, n°240
Cass. 2ème ch. civ., 19 mai 1999 / n° 97-11.667.
Cass. 2ème civ., 19 mai 1999, *Rev. arb.* 1999, obs. A. Hory, p. 593.
Cass. 1re civ., 11 mai 1999, n°95-18.190, *RTD com*., 2000, p. 336, obs. E. Loquin, p. 336
Cass. 3ème civ., 31 mars 1999, *Bull. civ*., III, n°81.
Cass. ass. plén. 26 mars 1999, *JCP* 2000, I, n°12, obs. V. Viney, p. 199.
Cass. 3èmeciv., 13 janvier 1999, *Bull. civ*., n°11, *D.* 2000, obs. Willmann.
Cass. Civ. 1re, 5 janv. 1999, n°96-21, *Bull. civ.* I, n°2, p. 430. ; *Rev. arb.* 1999., note Ph. Fouchard, p. 260 ; *RTD com.* 1999., obs. É. Loquin, p. 380. ; *Rev. crit. DIP* 1999., note D. Bureau, p. 546. ; *JDI* 1999, note S. Poillot-Perruzzeto, p. 784.
Cass. civ. 1re, 07 oct. 1998, no 96-14.359, *Bull. civ.* I, no 285; *D.* 1998. 563, concl. J. Sainte-Rose ; *D.* 1999. Somm. 110, obs. Ph. Delebecque ; *D.* 2000. 442, note L. Gannagé ; *JCP* 1999. I. 114, obs. C. Jamin ; *JCP* 1999. II. 10202, note M.-H. Maleville; *Gaz. Pal.* 2000, no 97, p. 26, obs. F. Chabas; *Defrénois* 1998, art. 36895, obs. D. Mazeaud.
Cass. 1re civ. 3e, 7 oct. 1998, no 96-20.395, *Bull. civ.* III, no 199.
Cass. 1re civ., 16 juillet 1998, *Bull. civ*., I, n°260.
Cass. com., 16 juin 1998, n°96-17.050, *Bull. civ.* IV, n°200, JCP E 1998. p. 1381.
Cass. 1re civ., 28 avril 1998, *Bull. civ*., I, n°152, Défrenois 1998, obs. Aubert, p. 949
Com. 6 janv. 1998, no 95-15, *Bull. civ.* IV, n°7, p. 407.; *JCP E* 1998, I, note M. C. p. 654 ; *D. Affaires* 1998. 256, n°104, note A. L. p. 256. ; *RTD* civ. 1998, obs. Mestre, p. 368.
Cass. 1re civ., 9 déc. 1997, *Bull. civ.,* I, n°361
Cass. 3ème civ., 03 décembre 1997, *Bull. civ*., III, n°211
Cass. 1re civ., 3 juin 1997, *SA Prodexport*: *Bull. civ.* I, no 177, *Rev. arb.* 1998, obs. X. Boucobzaprée, p. 537. ; *RCDIP* 1999, note P. Mayer, p. 92. ; *RDAI* 1999, obs. C. Imhoos, p. 975. ; *JCP G* 1997, IV, 1557 ; *RCDIP* 1998, somm. 405 ; *Gaz. Pal*. 1997, 2, pan. 306
Cass. com., 22 avril 1997, n°94-16.979, *Bull. civ*. IV, n°100, *D*. 1997. 127-Douai, 19 juillet 1994, *Rev. huiss.* 1994. p. 838.
Cass. com., 14 janvier 1997, *Bull. civ.,* n°16
Cass. com. 22 octobre 1996, n°93-18632*, Defrenois* 1997, obs. *D.* Mazeaud. ; *RTD civ*, 1997, obs. J. Mestre, p. 418

Cass. ch. com. 22 oct. 1996, no 93-18.632, *Bull. civ.* IV, no 261 ; *D.* 1997, obs. A. Sériaux, p. 12. ; *D.* 1997. Somm, obs. Ph. Delebecque, p. 175. ; *JCP* 1997. I., obs. G. Viney, p. 4025. ; *JCP* 1997. I., obs. M. Fabre-Magnan, p. 4002. ; *JCP* 1997. II., note D. Cohen, p. 28881. ; *JCP* 1998. I., chron. J.-P. Chazal, p. 152.; *RTD* civ. 1997., obs. J. Mestre & B. Fages, p. 418.; *CCC* 1997, no 24, obs. L. Leveneur; Defrénois 1997., obs. *D.* Mazaud, p. 333. ; L'épilogue en est cependant associé à l'arrêt dit « Faurecia II » Cf. Com. 29 juin 2010, n° 09-11.841 , *Bull. civ. IV*, no 115.; *D.* 2010., obs. *D.* Mazeaud, p. 1832.; *D.* 2011., obs. P. Brun & O. Gout, p. 35.; *D.* 2011., obs. S. Amrani-Mekki & B. Fauvarque-Cosson, p. 412.; *RTD* civ. 2010., obs. B. Fages , p. 555.; *RDC* 2010., obs. Y.-M. Laithier, p. 1220.; *RDC* 2010., obs. O. Deshayes, p. 1253. ; *JCP* 2010., note D. Houtcieff, p. 787.; *JCP E* 2010., note Ph. Stoffel-Munck, p. 1790. ; *CCC* 2010, n° 220, obs. L. Leveneur.
Cass. 1re civ. 27 février 1996 n°93-21845 ; Cass. 2èm civ. 2 mars 2000 n°97-17299. ; Cf. Aff. Olley v Marlborough court [1949] 1 KB 532.
Cass. com. 11 juillet 1995 n°93-11393.
Cass. com., 16 mai 1995, n° 93-11788, obs. B. Laurent, « Garanties bancaires et arbitrage », *RDAI, 1990*, p. 404
Cass. com. 10 janv. 1995, *D.* 1995., note C. Gavalda, p. 229 ; 17 janv. 2006, *D.* 2006, AJ, obs. V. Avena-Robardet, p. 439
Cass. 1re civ. 23 mars 1994, *Rev. arb.* 1994, obs. Ch. Jarrosson, p. 327. ; *Clunet* 1994, note Gaillard ; *RTD.* com. 1994., obs. Loquin, p. 702. ; *Bull. civ.* I, n° 104 ; *D.* 1994. ; *IR*. 91. ; *Rev. crit. DIP* 1995., note Oppetit, p. 359.
Cass. avis, 08 mars 1996, n°09-60.001, P, n°4, BICC, 15 mai 1996, P. 5
Cass. 1re civ. 27 février 1996 n°93-21845
Cass. 1er civ., 23 mars 1994, *Hilmarton*, *Rev. arb.* 1994, p. 327 et s.
Cass. com., 1er mars 1994, *Bull. civ.*, IV, n°92.
Cas. 2èmciv., 02 février 1994, *Bull. civ.*, II, n°45.
Cass. 1re civ., 20 déc.1993, *Dalico*
Cass. 1re civ., 20 décembre 1993, *Dlico, JDI*, 1994., obs. É. Loquin. p. 690.
Cass. 1re civ., 20 décembre 1993, *JDI*, 1994, p. 690. CA., Paris, 13 juin 1996, *JDI*, 1997, 151, note E. Loquin.
Cass. 1re civ., 17 novembre 1993, 91-15.867, Publié au bulletin
Cass. civ. 1re, 9 nov. 1993, n°91-15.194, *Rev. arb.* 1994., note C. Kessedjian, p. 108 ; *JDI* 1994., note É. Loquin, p. 690. (*Aff. Entreprise Tunisienne d'Activités Pétrolières (ETAP) c/ la société Bomar Oil*).
Cass., 1re 20 juillet 1993, *Bull. civ.*, I, n°274.

Cass. ass. plén., 09 juillet 1993, *Bull. civ.*, ass. plén., n°13., JCP 1993. II. 22122
Cass. 2èmciv., 23 juin 1993, *Bull. civ.,* II, n° 233.
Cass. com., 30 mars 1993, *D.* 1993, obs. P. Le Cannu.
Cass., 2èm civ., 19 février 1992, JCP 1993. II. 22170
Cass. 19 février 1992, JCO 1993. II. 22170.
Cass. 1re civ., 7 janvier. 1992, *Rev. arb.* 1992, obs. P. Bellet, p. 470
Cass. 1er civ. 19 novembre 1991, n°89-22.042, *Sté des Grands Moulins de Strasbourg c/ Sté Compagnie Continentale France*, *Bull. civ.,* 1991, I, n° 311 ; Idot, Laurence, *Rev. arb.*, 1992, p. 76
Cass. 1er civ., 22 octobre 1991, *Rev. arb.* 1992, note P. Lagarde, p. 457. *JDI*, 1992, note B. Goldman, p. 117.
Cass. 1re civ. 1re, 22 octobre 1991, n° 89-21.528, *JDI* 1992., note B. Goldman, p. 177.
Cass. 1re civ., 22 octobre 1991, *JDI* 1992, note E. Gaillard, *Rev. arb.* 1994, p. 211. ; *Rev. arb.* obs. P. Lagarde, p. 457. ; *Rev. crit. DIP,* 1992, note O. Oppetit, p. 113.
Cass. 2èm civ., 19 juin 1991, *Bull. civ.,* II, n°189
Cass. 11 juin 1991, SOABI c/ État du Sénégal, *JDI*, 1991., obs. E. Gaillard. p. 1005.
Cass. ord. 1er prés., 9 janv. 1991, 30 juill. 1994, 28 juin 1986, *Rev. arb.*, 1997, p. 229
Cass. 2èm civ., 12 décembre 1990, *Rev. arb.,* 1991, p. 318 , spéc. n°11-12 et ss., obs. Ph. Théry, p. 324.
Cass. 1re civ., 9 oct. 1990, D. 1990, IR p. 231 ; *Rev. arb* 1991, p. 305, note Niboy&-Hoegy
Cass. com., 09 mai 1990, *Bull. civ.*, IV, n°137, *Defrenois* 2000, obs. V. Godon, p. 193
Cass. 1re civ. 20 mars 1989, *Resp. civ. & ass.* p. 234
Cass. com., 17 février 1987, *Bull. civ.,* IV, n°44.
Cass. com., 11 mars 1986, n°84-1131, *Bull. civ.* IV n°43
Cass. com., 04 mars 1986, *Bull. civ.*, V, n°97.
Cass. 1re civ., 01er octobre 1985, *JCP* 1986. II, n°20566, obs. Gulphe & Synvet.
Cass. com., 19 avril 1985, *Bull. civ.,* IV, n°118.
Cass. Com., 28 février 1983, *Bull. civ.*, IV, n°86
Cass. comm. 21 novembre 1978, Bull. civ. IV, n°271.
Cass. 3èm civ., 24 janvier 1978, *Bull. civ.* III, n° 50, *D.* 1978. IR.321, obs. Ch. Larroumet.
Cass. Com., 14 novembre 1977, pourvoi n°75-15.185

Cass. ass. Plén. 13 février 1976, 74-14.127, *Bull. ass. plén.* n°3, *D. 1976*. 237, obs. Honorat & Derrida.
Cass. 1re civ., 20 nov. 1974, *Bull. civ.* I, no 311. – 20 déc. 1994, n° 92-21.317 ; Defrénois 1995, art. 36145.1040, obs. *D.* Mazeaud. – 16 févr. 1999, no 96-16.093; *Bull. civ. I*, no 55; *CCC* 1999, com. 70, obs. L. Leveneur.
Cass., 2èm civ., 25 janvier 1973, *JCP* 1974 II. p. 17641.
Cass., 2èmciv., 4 mai 1972, *D.* 1972, p. 596
Cass. 1er civ., 11janvier 1972, 2èm arrêt (COFRAPAR & autres c/ Sté navale Afrique du Nord & autres, Rev. arb. 1972, note., E. Mezger, p. 49 et ss.. *Rev. crit. DIP* 1973 (2èm arrêt), note Ph. Fouchard. p. 49 et ss.
Cas. Ch. mixte, 27 février 1970, Grands arrêts, n°186., *D.* 1970, obs. S. Combaldieu, p. 201
Cass. 1re civ., 2 mai 1966, *Rev. arb*. 1966. p. 99.
Cass. Civ.I, 7 mai 1963, Gosset J.C.P., 1963, II, 13405, note Goldman
Cass. 1re civ., 5 mai 1885, Dame Terrasson *Veuve Cartier c/ Direction générale impériale des chemins de fer d'Alsace-Lorraine, Bull. Civ..*, 1885, n°108, pp.188-189.
Cass. 1re civ., 5 mai 1885, S., 1886.1.353, *DP*, 1885.1.34, note E. Chavegrin, p. 138 ; CA. Aix, 23 novembre 1938, Socifros c/ URSS, *Rev. arb*. n°03, 2003, p. 1018-1065.

Cours d'appel

CA Versailles, 14e ch., 12 mai 2022, no 21/06346, *LEDEN,* n°06, 2022, note., F.-X. Lucas, p. 1 et ss.
C.A, Paris, 5 avril 2022, n° 20/03242, *Aff. République gabonaise c. Société Groupement Santullo Sericom Gabon.*
CA., Paris, 19 octobre 2021, n°20/03074, *Aff. Sté SAIB c/ St2 ABC International Bank PLC.*
CA., Paris, A. commerciale internationale, Pôle 5-A..16, 19 octobre 2021, n°20/03074, *Aff. Sté SAIB c/ St2 ABC International Bank PLC.*
C.A., Paris, 05 octobre 2021 Aff. *DNO & autres c/ Ministère du pétrole et des minéraux du Yémen & autres*.
CA. Paris, 18 mai 2021, 18/10511, *Aff. Zakhem International Construction Ltd. v. Sonatrach*, *CAPJIA,* 2022, obs. P. Pedone, p. 119.
CA Paris, 15 sept. 2020, n° 19/09580, aff. *Sharmel France c/ Mirato, M. Ancel, Gaz. Pal. 2021, n°10,* D. Bensaude, p. 35 et ss.
C.A. Paris, 23 juin 2020, n° 17/22943, Aff. *Kout Food Group c/ Kabab-Ji (KFG), Gaz. Pal.*, 2021, n° 398j6, D. Bensaude, p. 31. ; Cass. 1re civ., 28 sept. 2022, no 20-20260, *Sté Kout Food Group c/ Sté Kabab-Ji Sal* (rejet pourvoi c/ CA Paris, 23 juin 2020), *GPL* 8 nov. 2022, Julie Clavel-Thoraval, p. 22.

C.A. Paris, 3 juin 2020, n° 19/07261.
CA, Paris, pôle 1, ch. 1, 25 février 2020, *aff. Sté Prakash Steellage ltd c/ Sté Uzuc SA*, *RTD Com*, obs. E. Loquin, p. 546
C.A. Paris, 28 mai 2019, n° 16/11182, *Dalloz actualité*, obs. J. Jourdan-Marques ; *D. 2019*, obs. L. d'Avout, S. Bollée & E. Farnoux, p. 1956 ; *Rev. arb.* 2019, obs. E. Gaillard, p. 850.
C.A., Paris, pôle 1, ch. 1, 21 mai 2019, n° 17/19850, *D.* 2019., obs. T. Clay, p. 2435. ; *Rev. arb.* 2019., note E. Gaillard, p. 1151.
CA Lyon, 11 avr. 2019, n° 18/05597: *Dalloz actualité*, 28 janv. 2020, obs. J. Jourdan Marques.
CA. Paris, 28 février 2019, *Gaz. Pal.*, 2019, obs., D. Bensaude, p. 26.
C.A., Paris 22 janvier 2019, RG 16/23370.
CA., Nîmes, 22 mars 2018, RG n° 17/0232.
C.A. Paris, 16 janv. 2018, n° 15/21703, *D. 2018*. obs. M. Audit, p. 1635. ; *Rev. arb.* 2018, obs. S. Lemaire, p. 401; *JDI 2018. Comm.*, obs S. Bollée, p. 12.
CA, Paris, 22 juin 2017, *Rev. arb.*, 2017, p. 1261.
C.A. Paris, 16 mai 2017, n° 15/17442, République Démocratique du Congo, *JDI 2017. Comm.* obs. E. Gaillard, p. 20; *Rev. arb.* 2018, note J.-B. Racine, p. 248.
C.A., Pôle 1 – Chambre 1 Paris, 21 mars 2017, n°16-11169, *Aff. X c. SAS Z,* 2017, P. Pedonep, p. 375.
CA. Paris, 21 févr. 2017, n° 15/01650, *Rev. arb.* 2017, note S. Bollée & M. Audit, p. 915 ; *JCP 2017. Doctr.*, obs. C. Seraglini, p. 1326 ; *Cah. arb. 2017.*, obs. B. Poulain, p. 668 ; *ASA 2017*, note L.-C. Delanoy, p. 551.
C.A. Paris, 21 févr. 2017, n°15/01650, *Aff. République du Kirghizistan c/ M. X., RDC* 2017, n° 114f7, Xavier Boucobza, p. 304. ; C.A. Paris, 1-1, 27 sept. 2016, n°15/12614, *Aff. Ancienne Maison Marcel Bauche (Bauche) c/ Indrago, Gaz. Pal.,. 2016, n° 279q7,* D. Bensaude, p. 38. ; C.A. Pôle 1, Chambre 1 Paris, 18 oct. 2016, no 15-12089, *Aff. Nutriset c. Peanut Strategy Group LLC, CAPJIA,* 2016, p. 1035. *; Cass. 1re civ., 23 mars 2022, no 17-17981, M. B. K. c/ République du Kirghizistan, FS–PB (rejet pourvoi c/ CA Paris, 21 févr. 2017), GPL, 2022, n° GPL435f4,* L. *note,* Larribère, p. 11.
C.A. Paris, 27 septembre 2016, Arrêt n°15/12614.
C.A., Bordeaux, 12 juillet 2016, « *Syndicat musulman des Aéroports de Charente c/ Société Ryan Air* », 13BX02331.
C.A. Paris, P. 1, ch. 1, 14 avril 2015, n° 14/05996, *État du Mali c/ Groupe Tomota, M. Acquaviva, prés., Mmes Guihal & Dallery, cons. ; Meyer & Castellane, av., Gazette du Palais* - n°339, 2015, obs. Bensaude, p. 18.

CA. Paris 4 novembre 2014 *Man Diesel*, RG 13/10256, *Aff. Société Man Diesel & Turbo France d société Al Maimana General Trading Company Ltd, Rev. arb.* ,2014., obs. Th. Clay, p. 1037. *D.*, 2015, obs. S. Bollée, p. 2031. ; *Rev. arb.*, 2015, note A. de Fontmichel, p. 543.
C.A. Paris, 14 octobre 2014 *République du Congo c/ S.A. Commissions Import-Export, RG* 13/03410, *Gaz. Pal.*, 2015, obs. D. Bensaude, p. 6.
C.A. Paris, 4 mars 2014, n° 12/17681, *Aff. Gulf Leaders (GL) c/ Crédit Foncier de France (CFFD).*, obs. L. d'Avout & S. Bollée, p. 1967. ; *Gaz. Pal.*, 2014, n° 184k0, note, D. Bensaude, p. 16. ; *Gaz. Pal.*, 2016, n° 270b1, obs. D. Bensaude, p. 23.
C.A. Paris, 2 juillet 2013, *SARL Alicantes c/ SAS Gerpro & autres*, en somm. in *Rev. arb.,* 2013. p. 817
CA. Paris, ord. Conseiller de mise en état du Pôle 1-Chambre 1, 23 avril 2013, *Rev. arb.* 2013, n°2, obs. I. Léger, p. 542.
C.A. Paris, 23 avril 2013, n°13/02612
CA. Paris, pôle 1, ord. 1er président., 23 avr. 2013, n° 13-00089.
CA. Paris, 26 février 2013, *Rev. arb.* 2014., note P. Duprey.; CA. Paris, 4 mars 2014, n° 12/17681C., *Rev. arb.* 2014 Fouchard & Gulf Leaders.
C.A Dijon, 13 nov. 2012, n°12-00486, *Farm frites international c/ R & a.* : *Gaz. Pal.* 2013, obs. D. Bensaude, p. 14. ; J.-F. POUDRET & S. Besson, op. cit., p. 176, par. n°213.
CA, Paris, 13 juillet 2012, n°12/11616, *Gaz. Pal.* 2012. Jur. 2918, obs. D. Bensaude
CA, Paris, 3 juillet 2012, *Rev. arb.,* 2013, obs. J. Barbet, p. 160.
C.A. Paris 17 janv. 2012, n° 10/21349, *Planor Afrique, D.* 2012., obs. T. Clay, p. 2991 ; *Rev. arb.* 2012, note M.-L. Niboyet, p. 569; *Gaz. Pal.* 6-8 mai 2012, obs. D. Bensaude, p. 16
CA. Paris, 1er décembre 2011, n°10/11157, Aff. Emeth Distribution
CA, Paris, 24 nov. 2011, *EGPC c/ Natgas,* RG n°10/16525, EGPC, *Rev. arb.* 2012., note M. Laazouzi, p.134.
CA, Paris, 18 octobre 2011, n°11/14286 ; Décret n°2011-48 du 13 janvier 2011.
CA. Paris, Pôle 1, Ch. 5, 9 février 2011, n°10/22982 : JurisData n°2011-001643, obs. J.-F. Escourrou, *L'instance d'appel dans le procès civil*, Thèse de doctorat sous la direction de Marc Nicod, Université de Toulouse, 2017, p. 172.
CA, Paris, 9 septembre 2010, *Rev. arb.*, 2011, p. 971, obs. C. Debourg ; *Cah. arb.*, 2011, p.414, obs. P. Mayer
CA Paris, 29 octobre 2009, n° 08/18544.

C.A. Paris, 10 sept. 2009, n° 08/11757, *Aff. Schneider*, *D.* 2010. 2933, obs. T. Clay: *Rev. arb.* 2010., note L.-C. Delanoy, p. 548.; CA. Paris, 26 juin 2012, n° 11/05156, *Cah. arb.* 2012. p. 703.
C.A. Paris, 17 septembre 2008 n° RG 2008/05950
C.A. Paris, 17 avr. 2008, *Rev. arb.* 2008. p. 343.
CA, Paris, 28 février 2008, JCPE 2008, 1582 p., obs. Ch. Caron.
CA, Paris, 10 janvier 2008, *Rev., arb.*, 2008, 161 p.
C.A. Paris, 29 novembre 2007, *Rev. arb.,* 2009. p. 741
CA, Paris, 1er mars 2007, *Rev. arb.* 2007, p. 643.
CA. Paris 18 janvier 2007, n°05-10887 cité par la CNUDCI, *Guide du secrétariat de la CNUDCI sur la Convention pour la reconnaissance et l'exécution des sentences arbitrales étrangères (New York, 1958), Nations Unies, janvier 2017*, p. 232.
C.A. Paris, 18 mai 2006, in *Rev. arb.*, 2006, p. 857
CA. Paris, 29 septembre 2005, Bechtel c/ gouvernement de Dubaï, *Rev. arb.* 2006, p. 695.
C.A. Paris, 18 novembre 2004, n° 2002/19606, *Thales Air Défense c. Euromissile*, *D.* 2005, obs. T. Clay, p. 3050 ; *Rev. crit. DIP* 2006., note S. Bollée, p. 104; *RTD* com. 2005., obs. E. Loquin, p. 263; *RTD eur.* 2006., *chron.* J.-B. Blaise, p. 477 ; *JDI* 2005., note A. Mourre, p. 357 ; *JCP* 2005. II., note G. Chabot, p. 1039.
CA. Paris, 7 octobre 2004, *JDI 2005*, obs. P. Pedone & A. Mourre, p. 341
CA, Paris, 04 mars 2004, *Rev. arb.,* 2005, p.143, obs. François-Xavier Train
CA. Paris, 26 janv. 2004
C.A. Paris, 30 oct. 2003, Paris, *Rev. arb.* 2004. p. 437.
CA., Paris, 12 juin 2003, *Rev. arb.* 2004, obs. D. Bensaude, p. 887.
CA, Paris, 5 juin 2003, *RTD com*, 2003, p. 700, obs. É. Loquin & CA, Paris, 19 juin 2003, *Rev. arb.* 2004, p. 136.
CA, Paris, 21 novembre 2002, *Rev. arb.* 2003, p. 239.
CA, Paris, 10 octobre, 2002, *Rev. arb.* 2003, 1277, obs. A. Lacabarats.
CA, Paris, 27 juin 2002, *Rev. arb.*, 2003, p. 427, obs. Cécile Legros.
C.A. Metz, 16 mai 2002, RG no 01/01825, Juris-Data n°2002-185791, Répertoire de procédure civile, *Dalloz 2019*, obs. Loïc Cadiet.
C.A. Paris, 4 avril 2002 et 11 avril 2002, *Rev. arb.*, 2003, note D. Bensaude, p. 143
CA, Paris, 22 mars 2001, *Rev. arb.* 2001, p. 607
CA. Paris, 10 août 2000, *J. D. I.* 2001, obs. I. Pingel-Lenuzza.
CA. Paris, 26 octobre 1999, *Rev. arb.* 1999, obs. E. Gaillard, p. 811
C.A. Paris, 1er juillet 1999, *Rev. arb.*, 1999, note Ch. Jarrosson. p. 843
CA, Paris, 14 janvier 1997, *Rev. arb.*,1997, p.395, Philippe Fouchard

CA, Paris, 20 juin 1996, *Rev. arb.*, 1996, p.656, obs. D. Bureau
C.A., Paris, 13 juin 1996, KFTCIC, *JDI* 1997, obs. É. Loquin. p.151.
C.A., Paris, 13 juin 1996, *Sté Kuwait Foreign Traiding Contracting and Investment c. Sté Icori Estero Spa/Sté Lombardini Estero Spa, Rev. arb.*, 1997, p. 251, note E. Gaillard ; *JDI*, 1997, p. 151, note E. Loquin.
CA. Paris, 16 avr. 1996, Gallay c/ Fabricated Metals, *Rev. arb.* 2001, obs. Y. Derains, p. 805
C.A. Paris, 10 novembre 1995, *Rev. arb.*, 1997., obs. J. Pellerin. p. 596
C.A, Paris, 30 mars 1995, *Rev. arb.*, 1996, p.131, obs. J. Pellerin
C.A, Paris, 10 mars 1995, *Rev. arb.* 1996, p.143, obs. Y. Derains
C.A. Douai, 19 janvier 1995, *Rev. huiss.* 1995. 495.
C.A Paris, 25 mars 1994, 2 *Revue de l'arbitrage,* p. 391 (Annotation Ch. Jarrosson).
C.A, Paris, 24 février 1994, *Ministère tunisien de l'Équipement c. Société Bec Frères*, *RTD. com.* 1994, p. 254, obs. Dubarry & Loquin ; *Rev. arb.*, 1995, p. 275, note Y. Gaudemet
C.A. Paris, 30 septembre 1993, *Sté European Gas Turbines c/ Westman international* Ltd, *JCP 2017.*, obs. C. Seraglini, p. 1326 ; *Cah. arb.* 2017., obs. B. Poulain, p. 668 ; *D. 2017*, n° 15/17442, obs. L. d'Avout & S. Bollée, p. 2054 ; *JDI 2017. Comm.*, obs. E. Gaillard p. 20; *ASA 2017.*, note L.-C. Delanoy, p. 551.; *Rev. arb. 2018.* obs. J.-B. Racine p. 248; *RTD com. 2019.*, obs. E. Loquin, p. 42.
C.A., Paris, 19 mai 1993, *Labinal, Rev. arb.* 1993., note Ch. Jarrosson, p. 645., *JDI* 1993. 557, note L. Idot, *RTD com.* 1993. 494, obs. E. Loquin.
C.A. Paris, 12 février 1993, *Rev. arb.* 1993, *Sté Unichips Finanziard c/ Époux Gesnouin*, note D. Hascher. p. 255.
C.A., Paris, 15ème chambre, 17 septembre 1991, *D.,* 1992, note, M. Vasseur, p. 240
C.A., Paris, 19 avril 1991, *Rev. arb.*, 1991, note E. Loquin, p. 673.
C.A Paris, 29 mars 1991, *Sté Ganz & autres c/SNCFT*, *Rev. arb.* 1991, note L. Idot, p. 478.
C.A Paris, 4 mai 1988, Ch. arbitrale de Paris, Carfa Trade Group & Omnium de travaux c/Rép. de Guinée, *Rev. arb.* 1988. 657, 2e décision, note P. Fouchard
C.A. Paris, 21 avril 1982 *République islamique de l'Iran c/ Société Eurodif*, *DIP*, 1983, obs. P. Mayer, p. 101.
C.A., Paris, 20 juin 1969, *Impex*, *JDI* 1971. 118, note B. Oppetit.

Tribunal de grande instance

TGI Paris, 24 mai 2016, *RG* no 15/23553, Gaz. Pal. 2016, no 40., obs. D. Bensaude, p. 33.

TGI Paris (ord.), 16 nov. 2015, Garoubé, n° 15-55644, *D.* 2015 panor., obs. Th. Clay, p. 2592.
TGI Paris, 23 oct. 2013, *Rev. arb.* 2014. 214. – TGI Paris, 16 nov. 2015, *Rev. arb.* 2016., note Ch. Jarrosson, p. 258
TGI, 1re ch., 1re sect. Paris, 22 sept. 2010, n°10-10068, *Elf Neftegaz c/ JP. M., Cahiers de l'arbitrage - n°4*, 2010, A. Mourre, p. 1176.
TGI, Nanterre, JEX, 06 mai 2008, n°RG 08/0211 & C.A. Paris, 17 septembre 2008 n° RG 2008/05950.
TGI Nanterre, 18 juin 2003, *Courrier jur. fin. et ind.*, 2010/61, Besson, p. 163.
TGI. Brest., JEX, 24 juillet 2000, *Gaz. Pal. Rec* 2001, *jur.*, p. 801.
TGI Paris, 13 juillet 1999, *Rev. arb.* 1999, p.625
TGI, Paris, ordonnance de référé, 29 octobre 1997, *Rev. arb.* 1998, obs. J.-L. Delvolve, p. 383.
TGI Rennes, 28 juin 1994
TGI Rennes, 27 avril 1993.

Gabon

TPI Port-Gentil, ord. réf. n°40/98-99, 10-2-1999 : *Sté Gras-Savoye & Sté Foraid c/ Izakino Augustin*, www.ohada.com, Ohadata J-02-150, obs. J. Issa-Sayegh.

Hong Kong

Tribunal régional supérieur de Schleswig, 30 mars 2000, 16 SchH 05/99: Hong Kong: Haute Cour, *Jiangxi Provincial Metal and Minerals Import and Export Corp c/ Sulanser Company Ltd*, 6 avril 1995.

Italie

Cour de cassation italienne, 8 février 1982, cité notamment par B. Goldman, « Une bataille judiciaire autour de la lex mercatoria dans l'affaire Norsolor », *Rev. arb.* 1983, p. 379, sp. p. 401.

Jordanie

Cour de cassation

Cass. Amman, n°3943/2014, 15 mars 2015, Majalet-El Tahkim El-Alamiyah, 2015, n°28, p. 274.
Cass. Amman, 31 juillet 2012, aff. n° 1954/2012

Cass. Amman, aff. n°1549/2011, 20 janvier 2012, obs. Z. Obeid in, *Le recours en annulation des sentences arbitrales dans les pays arabes, op.cit*, p. 282.
Cass. Ammnan, n°3540/2009, 20 juillet 2010, cité dans *Majalet El-Tahkim*, octobre 2011, n°12. p. 278.
Cass. Amman, Aff. n° 2480/2007, 29 janvier 2008
Cass. Amman, n°1242/2007, 07 novembre 2007, *Majalet El-Tahkim,* juillet 2012, n°15, p. 377
Cass. Amman, 01er novembre 2006
Cass. Amman, aff. n°4253/2005, 25 septembre 2006
Cass. Amman, n°2101/2005, 21 novembre 2005
Cass. Amman, 20 février 2005, aff. n° 3728/2004
Cass. Amman, 10 décembre 2003, aff. n° 3094/2003
Cass. Amman, n°2996/1999, 30 mai 2000

Cour d'appel

C.A. Amman, n°197/2010 du 27 juin 2011
C.A., Amman, n°321/2010, 14 juin 2011
C.A. Amman, n°230/2010, 14 juin 2011
C.A. Amman n°197/2010, juin 2011

Koweït

Cass. Koweït, n° 383/2000.; Cass. Koweït, n°412/2000, obs. Z. Obeid, *Le recours en annulation des sentences arbitrales dans les pays arabes, op. cit*. p. 292.

Niger

Cour Suprême Niger, 29 janvier 2004, n°04-30 C, *BINCI c/ A. Baby Bouya,* ohadata, J-10-276.

Qatar

Cour suprême

Cour Sup. Doha, 07 mai 2003, Ch. civil n°194/2003

Cour d'appel

C. A., Qatar, n°694/2003, 07 juillet 2003, obs. Z. Obeid in *Le recours en annulation des sentences arbitrales dans les pays arabes, op.cit*, p. 282.
C. A., Doha, n°578/2002, 22 avril 2003
C. A., Doha, arrêt n° 348/2002, 29 octobre 2002
C. A., Doha, aff. n°21/1992, 07 juin 1992
C. A., Qatar, n°21/1992, 07 juin 1992

C. A., Qatar, n°21/1992 dated 7/6/1992, *Majallat al-Tahkim*, n°1 of 2009, p. 416.

Royaume-Uni

Aff. Enka Insaat Ve Sanayi AS (défendeur) c./ OOO Insurance Company Chubb (demandeur) [2020] UKSC 38, *GPL*, 2022, note. L. Larribère. C. Le Gallou & S. Wesley, *Droit anglais des affaires*, *L.G.D.J*, 2018, p. 207 et ss.
Aff. OMV PetromSA v. Glencorelntemational AG (2014] EWHC 242, au para. 27.
Aff. Honeywell International Middle East Ltd. v Meydan Group LLC, Queen's Bench Division, Technology and Construction Court [2014] EWHC 1344 (TCC); commented by P. Vargiu and M.
Aff. Konkola Copper Mines c. U&M Mining Zambia Ltd [2014] EWHC 2374, paragraphes 88 à 97.
Aff. TTMI Sarl c/ Statoil ASA [2011] EWHC 1150 (Comm). ; Azov Shipping Co v Baltic Shipping Co.
Aff. Dowan Holding SA contre Tanzania Electric Supply Co. Ltd. (2011)
Aff. Royaume-Uni / 24 juin 2009 / Angleterre & Pays de Galles, Haute Cour / Continental Transfert Technique Ltd c/ gouvernement fédéral du Nigéria (DDC 2011)
Aff. Tamil Nadu Electricity Board v ST-CMS Electric Company Private Limited, High Court of Justice, Queen's Bench Division, Commercial Court [2007] EWHC 1713 [42], obs. P. Vargiu and M. Ahmed, « Interpretation and Application of the New York Convention in United Kingdom », pp. 989-990, in op. cit. p. 1096.
Aff. Halifax Life Ltd v. The Equitable Life Assurance Society [2007] EWHC aux paragraphes 45 et 48
Aff. See Svenska Petroleum v. Republic of Lithuania (No. 1), [2005] EWHC 9 (Comm)
Aff. See Pterson Farms Inc. c/ CETM Farming Ltd. (2004) EWHC 121
Aff. Westland Helicoptères Ltds. c/ Al Hedjailan (2004) EWHC
Aff. Bernhard Schulte GmbH & Co v. Nile Holdings Ltd [2004] EWHC 977 au para. 95
Aff. Apis AS v Fantazia KeresKedelmi KFT [2001] 1 All ER (Comm) 348
Aff. Hussmann (Europe) Ltd v. Al Ameen Development & Trade Co [2000] EWHC 210 au para. 47.
Aff. Minmetals Germany GmbH v Ferco Steel Ltd. [1999] 1 All ER (Comm) [315], obs. P. Vargiu and M. Ahmed, « Interpretation and Application of the New York Convention in United Kingdom », 2017, pp. 977-993.

Aff. Soleimany v Soleimany [1999] QB 785 at 803
Aff. Westacre Investments Inc v. Jugoimport-SDPR Holding Co Ltd [1999] 3 All ER 864, Waller LJ at 876. B Harris, *R Planterose and J Tecks, The Arbitration Act 1996* : A Commentary (Oxford Blackwell, 2007), (432).
Aff. Abdullah *M. Fahem c/ Mareb Yemen Insurance and Tomen, Yearbook of Commercial Arbitration (1998),* p. 789.
Aff. Angleterre : Queen's Branch Reports [1997]
Aff. Ruxley Electronics and Construction Ltd c/ Forsyth (1995) UKHL 8
Aff. Whitec/ Jones (1995) 2 AC 207
Aff. Soleh Boneh v Uganda Government, [1993]
Aff. Aiglon Ltd and L'Aiglon S.A. v. Gau Shan Co. Ltd (1992)
Aff. Williams c/ Brothers (1991) 1 QB 1.
Aff. Smith c/ Bush (1990) AC 831.
Aff. Caparo Industries Plc c/ Dickman (1990)
Aff. Hill c/ Chief Constable of West Yorkshire (1989).
Aff. Agromet Motorimport Ltd. (Poland) v Maulden Engineering Co (Beds) Ltd., [1985] 1 W.L.R, 762, 763
Aff. British Steel Corporation c/ Cleveland Bridge & Engineering Co Ltd (1984) 1 All ER 504.
Aff. Verrall c/ Great Yarmouth Borough Concil (1981) QB 202
Aff. Thomas Marshall c/ Guinle (1978) 3 A11 ER 193.
Aff. Jackson c/ Horizon Holidays [1975] 1 WLR 1468
Aff. Schroeder Music Publishing Co Ltd c/ Maculay (1974) 1 WLR 1308, HL, p 1316
Aff. Kamins Ballrooms Co. Ltd. c/ Zenith Ivestments (Torquay) Ltd. (1971) A. C. 850.
Aff. Beswick c/ Beswick 1968 AC 58.
Aff. D & C Builders c/ Rees (1966) 2 QB 617.
Aff. Hedley Byrne & Co Ltd v Heller & Partner 5 [1964]
Aff. Stanolind Oil and Gaz Co. v. Sellers du 22 juillet 1949 USCA, 1949, 174F. 2d 948
Aff. Phillips c/ Lamdin (1949), 2 KB 33.
Aff. Chapelton contre Barry Urban District Council [1940] 1 KB 532
Aff. Donoghue c/ Stevensonn (1932) AC 562.
Aff. Debenham's Ltd. c/ Perkins (1925)
Aff. Gouvernement de Kelantan c/ Duff Development Company Ltd, 10 avril 1924, (1924, A.C. 797, 809).
Aff. Les Affréteurs Réunis S. À c/ Walford (1919) A. C. 801.
Aff. Carlill v Carbolic Smoke Ball Co [1892] EWCA Civ
Aff. Loloyd's c/ Harper (1880) 16 Ch. D. 290, L.-J. Lush, p. 321

Aff. Tomlinson c/ Gill (1756)

Russie

<u>Cour constitutionnelle</u>

Arrêt de la Cour Constitutionnelle russe, Moscow, 26 mai 2011.

<u>Cour de cassation</u>

Cour de cass. district de Moscou, 6 juillet 2020

Arrêt du Présidium VAS, 27 mai 2008.

<u>Cour d'appel</u>

Neuvième Cour d'appel commerciale 10 février 2020, Décision sur l'affaire numéro A40-149566 / 2019

Cour d'appel commerciale de Moscou Décision sur l'affaire Non. A40-149566 / 2019

<u>Tribunal de commerce</u>

Décision du tribunal de commerce de Moscou, 22 mai 2019, Cf. aff. n° A40-46243/19-19-417.

Décision du tribunal de commerce de la région de Moscou, 5 mars 2018, Cf. aff. n° A41-9777/zo17.

Décision du tribunal de commerce de Moscou, 14 septembre 2017, Cf. aff. n° A40-93716.

<u>Cour commerciale d'arbitrage</u>

Cour commerciale de Moscou, 05 mai 2017, aff. n° A40-219464.

Cour commerciale d'arbitrage de Moscou, 20 janvier 2017, Aff. n° aid-219464, obs. Rinat R. Gareev, Current « Trends in Russia Protectionism or Preventionism ? » in Anna Aseeva and Jeedrzej Gorski *(dir), The Law and Policy New Eurasian Regionalization,* La Haye, Brill NIJHOFF, 2018, p. 639. pp. 159 et ss.

Sénégal

Cass. Sénégal, 2 avril 2003, n°27, « Les conflits de juridictions dans l'espace OHADA », *Revue Lamy Droit civil*, obs. B. Banamba, 1er décembre 2016, n° 143, suppl.

TRHC Dakar, jugement n° 472 du 18/03/2003, *Chimitechnic Sénégal c/ SONATEL*

Suisse

TF Suisse, 07 sept. 2017, n°5A_942/2017, *Oxus Gold c/ République d'Ouzbékistan CAPJIA,* n°1, 2019, Y. Nouvel, p. 77 et ss.

TF Suisse, arrêt, 4A_426/2015 du 11 avril 2016

TF Suisse, arrêt, 4A_54/2012 du 27 juin 2012
TF Suisse, 8 décembre 2000, Cf. *Aff. République Y. Rev. arb.* n°03, 2003, p. 1018-1065.
TF suisse, 06 juin 1956, Aff. *Royaume de Grèce c/ Banque Julius Bär & Cie*, *ATF* 82 I 86.
Tribunal cantonal du Tessin, 21 juillet 1997, *OTA/S c. HSA, Bull. ASA*, 2000, p. 359 et ss.

Tunisie

Cour de cassation

Cass. Tunisienne, n° 12007/2001 du 31/10/2001

Cour d'appel

C.A. Tunis, n°12677 du 08 novembre 2011 ; Ouerfelli, Ahmed, *Majallat al-Tahkim al-Aalamiyya*, n°14 de 2012, p. 189
C.A., Tunis, 4 ème ch., 30 décembre 2009, *Aff. Matutrading Company, Ltd. c/ North Africa International Bank*, Appel n° 84922.
C.A. Tunis, Affaire n° 84115 du 17/11/2009, *Belvedère emballage saeb comp. & Papéterie de Belvédère comp. c. spc Autorasporti & al.*, obs. A. Ouerfelli, « Développement récent du droit et de la pratique de l'arbitrage en Tunisie », *asa Bull..*, (2011), vol. 2. p. 301.
C.A. Tunis, 10 octobre 2007, aff. n°48222
CA, Tunis, 30 octobre 2007, aff. n°56656
CA, Tunis, 09 octobre 2007, aff. n°58423

Viêtnam

Décision n° 02/2013/QDKDTM-ST du 23/5/2013 de la Cour populaire de Binh Duong
Arrêt n° 90/2013/QD.KDTM-PT du 18/4/2013 de la Chambre d'appel de la Cour populaire suprême à Hochiminh-Ville.
Arrêt n° 69/2013/QDKDTM-PT du 15/3/2013 de la Chambre d'appel de la Cour populaire suprême à Hochiminh-Ville.
Décision no 7/2009 du 18 déc. 2009 de la Cour populaire de Hanoi.
Décision n°02/2008/QĐST-KDTM du 20-5-2008 de la Cour populaire de Hanoi.
Décision no 10. ; Décision n°174/DSPT du 04 décembre 2003 Chambre d'Appel de la Cour Suprême d'Hanoï.
Tribunal populaire provincial de Hochiminh ville, 25 mai 2002, n°82/QDTT (Viet)

Autres

Aston Agro-Industrial AG c/ Star Grain Ltd – US District Court (SDNY), 20 décembre 2006.
Cour Permanente d'Arbitrage, *Aff. Guaracachi and Rurelec c/. Bolivie*, ordre de procédure No. 13 du 21 février 2013, para 8.

IV. Sentences arbitrales *CCI*

CCI, affaire n° 15913/2011, *Recueil des sentences arbitrales de la CCI de 2012-2015 Volume VII, Lexis Nexis, éd. 2019.*, note J.-J. Arnaldez, Y. Derains & D. Hascher, pp. 813-819.

CCI, affaire n° 14748/2009, *Recueil des sentences arbitrales de la CCI de 2012-2015 Volume VII, Lexis Nexis, éd. 2019.*, note J.-J. Arnaldez, Y. Derains & D. Hascher, pp. 847-857.

Sentences CCI affaire n° 14861/2008, *Société de droit américain c/ Entité congolaise* & affaire n° 16816, *Project Manager (États-Unis) c/ Project Client (Chine), Recueil des sentences arbitrales de la CCI de 2012-2015 Volume VII, Lexis Nexis, éd. 2019.*, note J.-J. Arnaldez, Y. Derains & D. Hascher, p. 569-620 et p. 733-740.

Sentence CCI affaire n°14427/2008 (amiable compositeur*), Société africaine (Afrique) c/ Deux (02) sociétés européennes et africaines, Recueil des sentences arbitrales de la CCI de 2012-2015 Volume VII, Lexis Nexis, éd. 2019.*, note J.-J. Arnaldez, Y. Derains & D. Hascher, pp.663-671 et pp. 733-740.

Sentence CCI, affaire n° 14429/2007, *X c/ Y, Recueil des sentences arbitrales de la CCI de 2012-2015 Volume VII, Lexis Nexis, éd. 2019.*, note J.-J. Arnaldez, Y. Derains & D. Hascher, pp. 673-679.

Sentence CCI, affaire n° 14581, *Recueil des sentences arbitrales de la CCI de 2012-2015 Volume VII, Lexis Nexis, éd. 2019.*, note J.-J. Arnaldez, Y. Derains & D. Hascher, pp. 33-58.

C.C.I. n° 7365/FMS, 5 mai 1997, *An international Restatement of Contract Law, 2em éd.,* note. M. J. Bonell, pp. 653-658.

C.C.I. n° 7365/FMS, 5 mai 1997, *An international Restatement of Contract Law, 2em éd.,* note. M. J. Bonell, pp. 653-658.

Sentence CCI, affaire n° 8331, 1996, Bull n° 2, 1999. Cour internationale d'arbitrage CCI p. 67.

CCI affaire n° 7375, 5 juin 1996, *Mealey's International Arbitration Report 1996*, p. 1 et ss.

CCI n° 700, 1995, cité par P. Lalive, « L'arbitrage international et les Principes UNIDROIT », dans M.-J. Bonell & F. Bonelli (dir.), *Contratti Commerciali Internazionali e Principi UNIDROIT*, Milan, Giufrè Editore, 1997, p. 84.

Sentence CCI n° 7197 de 1992, *J.D.I, 1993,* p. 1029.

Sentence CCI n° 8908, septembre 1998, et Sentence CCI n° 8817, décembre 1997, *Bull n°2 de 1999, Cour internationale d'arbitrage CCI*, p. 83.

Sentence CCI n° 8128 de 1995, *JDI*, 1996, p. 1024.

Sentence CCI n° 7197 de 1992, *J.D.I,* 1993, p. 1029.

Sentence CCI n° 480/4, Transnational Rules in International Commercial Arbitration, 1993, obs. E.-S. Darankoum, p. 37 et ss.

Sentence CCI n 5961 de 1989, *J.D.I.* 1997, p. 1051 :application de la clause de *hardship* entre le vendeur et l'un des acheteurs au contrat.

Sentence rendue sous l'égide de la CCI dans l'affaire n° 4975 en 1988

Sentence arbitrale. CCI n°6697 (1990), *Rev., arb*. 1992, obs. P. Ancel, p. 135.

Radio Corporation of America c/ the National Government of the Republic of China, sentence arbitrale adhoc rendue le 13 avril 1935 à La Haye, 3 Report of International Arbitral Awards, p. 1623.

Sent. CCI, aff. n°1397 de 1966, *JDI* 1974. p.879, aff. n° 1641de 1968, *JDI*, 1969. ; aff. n° 2291 de 1974, *JDI,* 1975, p. 197. ; aff. n° 3267 de 1979, *JDI*, 1983. p. 961. ; aff. n° 5065 de 1986, *JDI,* 1987., notes Y. Derains & S. Jarvin, p. 1039.

Sentence arbitrale, Chambre d'arbitrage national et international de Milan (Italie), 1. XII. 1996-n°Z-1795/51 (arbitre unique).

Sentence *Aramco c/ gouvernement du Royaume d'Arabie saoudite* rendue le 23 août 1958 par les arbitres Georges Sauser-Hall, M. Hassan & S. Habachi.

Sentence *Cheikh du Qatar c/ international Oil Company ltd* rendue en 1953 par sir Alfred Bucknill

Sentence *Cheikh d'Abu Dhabi c/ société Petroleum Development ltd* rendue en 1951 par lord Asquith of Bishopstone

CIETAC : Chine

CIETAC, Dongxun (HK) c/ Hengtong de la ville de Yulin, Enforcement of Commercial Arbitral Awards in China, *West*, éd 2011, paragr. 2.36.

CIETAC, 02 juin 2003, Baosheng c/ Bureau de l'environnement de la ville de Hefei, in « La validité de la convention d'arbitrage dans le commerce international (étude comparative : France, Chine) », thèse dactylographiée et soutenue en 2008, Université Panthéon-Assas (Paris II), Yang Caixia, paragr. 486.

V. Ressources numériques

www.uniformlaw.org
https://treaties.un.org/pages/ViewDetails.aspx?src=IND&mtdsg_no=XXII-1&chapter=22&clang=_fr
https://treaties.un.org/pages/ViewDetails.aspx?src=IND&mtdsg_no=XXII-1&chapter=22&clang=_fr
http://parisarbitration.com/fr/glossaire-2/
https://www.refworld.org/docid/3ae6b38d8.html
http://french.china.org.cn/node_7088096/content_33650016.htm
https://mgimo.ru.upload/iblock/aac/arbitrabelnost-trudovyh-sporov.pdf>
https://arbitrationlaw.com/library/continental-transfert-technique-ltd-v-nigeria-no-08-2026-dc-aug-2011.
https://treaties.un.org/pages/ViewDetails.aspx?src=IND&mtdsg_no=III-13&chapter=3&clang=_fr
https://uncitral.un.org/fr/texts/payments/conventions/independent_guarantees/status
https://uncitral.un.org/fr/texts/payments/conventions/independent_guarantees/status
http://www.cadtm.org/Club-de-Londres?lang=fr
https://clubdeparis.org/

https://www.gafta.com/write/MediaUploads/Trade%20Assurance/GAFTA_CODE_OF_PRACTICE_ANALYSTS_V2.0_December_2020.pdf.;
https://www.incograin.com/index.php/rulegs/
www.courdecassation.fr/article12272.html
https://www.caionline.in/pages/rules-of-arbitration
http://www.cicca.info/unfulfilled_awards_list.php
https://treaties.un.org/pages/ViewDetails.aspx?src=IND&mtdsg_no=XXII-1&chapter=22&clang=_fr

VI. Accès des traités en ligne

Convention de New York de 1958 :
https://treaties.un.org/Pages/ViewDetails.aspx?src=IND&mtdsg_no=XXII-1&chapter=22&clang=_fr

Convention de Riyad de 1993 :
https://www.refworld.org/docid/3ae6b38d8.html

Traité OHADA : https://www.ohada.com/textes-ohada/traite-ohada.html

Acte Uniforme de l'OHADA sur l'Arbitrage : http://www.droit-afrique.com/uploads/Ohada-Acte-Uniforme-2017-Arbitrage.pdf

AUPRVE : http://www.droit-afrique.com/upload/doc/ohada/Ohada-Acte-Uniforme-1998-Recouvrement-voies-execution.pdf

Acte Uniforme sur les Sûretés : https://www.droit-afrique.com/upload/doc/ohada/Ohada-Acte-Uniforme-2010-suretes.pdf

Règlement TEE : https://eur-lex.europa.eu/legal-content/FR/TXT/PDF/?uri=CELEX:32004R0805&from=FR#:~:text=Transactions%20judiciaires,-1.&text=Une%20transaction%20certifi%C3%A9e%20en%20tant,opposer%20%C3%A0%20sa%20force%20ex%C3%A9cutoire.

INDEX

Les chiffres renvoient aux numéros de pages

A

D

E

F

Stipulation pour autrui, 425 et 426

T

U

Urgence, 102, 183, 241, 315 et ss.

V-Z

ANNEXES

Annexe 1 : Données qualitatives et quantitatives rlatives à l'usage de la clause de Blacklisting

Les tableaux n°1 et 2 traduisent l'illustration pratique des arguments développés sur l'utilité de l'usage de la clause de *Blacklisting* comme outil d'efficacité d'exécution des sentences arbitrales.

NB : Pour percevoir l'utilité de cette annexe par rapport à l'impact de l'usage de la clause de *Blacklisting* par les associations marchandes (Syndicat de Paris et la GAFTA), merci de lire le commentaire au déssus du tableau.

Tableau n° 1 : Les variations liées à l'exécution des sentences arbitrales GAFTA et au sein du Syndicat de Paris

Références des sentences GAFTA non exécutées [2021-2023[	**Références des sentences Syndicat de Paris non exécuté [2021-2022] Secteur : Céréales et Transport maritime**	**Références des sentences du Syndicats de Paris exécutés entre [2018 et 2022[Secteur : Céréales et Transport maritime**	**Références des décisions de GAFTA ayant soustrait des entreprises du *blacklist* [2021-2022]**
Gafta Award of Arbitration No 18-473 **Angleterre**	**N/A**	**N/A**	**N/A**
Gafta Award of Arbitration No. 17-377 **Bangladesh**	**N/A**	Sentence n°1256 Synacomex 90-Blé en vrac	Gafta Case No. 18-045A **Turquie**
Gafta Award of Arbitration No. 14-835 **Bénin**	**N/A**	Sentence n°1255 : 2nd degré – Gencon – Avarie cargaison	Gafta Case No. 18-434 **Inde**
Gafta Award of Arbitration No :	**N/A**	Sentence n°1253 Affrètement au voyage	**N/A**

18-577 **Brésil**		Charte-partie Synacomex	
Gafta Award of Arbitration No : 18-578 **Brésil**	**N/A**	Sentence n°1248 C/P Synacomex 90-Blé en vrac “Clause glace”	**N/A**
Gafta Award of Arbitration No. 18-666 **Chine**	**N/A**	**N/A**	**N/A**
Gafta Award of Arbitration No : 18-514A and B **Egypte**	**N/A**	Sentence n°1247 C/P Synacomex 90-Blé en vrac	**N/A**
Gafta Award of Arbitration No. 18-513A and B **Egypte**	**N/A**	Sentence n°1243 Synacomex 90-Armateur disposant Cargaison de riz longue	**N/A**
Gafta Award of Arbitration No. 18-487 **Egypte**	**N/A**	Sentence n°1242 Police d’assurance maritime tous risques sur facultés-Vol durant entreposage dans cargaison de riz	**N/A**
Award of Arbitration No: 18-479 **Egypte**	**N/A**	Sentence n°1240 Synacomex 1993 Cargaison de blé.	**N/A**
Award of Arbitration No: 18-480 **Egypte**	**N/A**	Sentence n°1239 Synacomex-Farine de blé en sacs Dommage par mouille	**N/A**
Gafta Appeal No. 4624 **Egypte**	**N/A**	**N/A**	**N/A**
Gafta Award of Arbitration No. 18-343 **Emirats Arabes Unis**	**N/A**	**N/A**	**N/A**
Gafta Appeal No 4626 **Emirats Arabes Unis**	**N/A**	**N/A**	**N/A**
Gafta Award of Arbitration No. 18-553 **Emirats Arabes Unis**	**N/A**	**N/A**	**N/A**
Gafta Case No. 18-365 **Estonie**	**N/A**	**N/A**	**N/A**

Gafta Case No. 18-475 **Estonie**	**N/A**	**N/A**	**N/A**
Gafta Award of Arbitration No 18-387A **Hongrie**	**N/A**	**N/A**	**N/A**
Gafta Case No. 16-259 **Latvia**	**N/A**	**N/A**	**N/A**
Gafta Appeal 4645 **Lithuanie**	**N/A**	**N/A**	**N/A**
Gafta Award of Arbitration Nos: 18-482/18-499/18-503/18-504/18-505/18-506/18-507 **Malta**			
Gafta Award of Arbitration No. 18-326 **Malta**	**N/A**	**N/A**	**N/A**
Gafta Award No. 18-376 **Malta**	**N/A**	**N/A**	**N/A**
Gafta Award No. 18-324 **Malta**	**N/A**	**N/A**	**N/A**
Gafta Award No. 18-375 **Malta**	**N/A**	**N/A**	**N/A**
Gafta Case No.18-247 **Mexico**	**N/A**	**N/A**	**N/A**
Gafta Award of Arbitration No. 18-338 **Myanmar**	**N/A**	**N/A**	**N/A**
Gafta Appeal Award N°4643 **Pologne**	**N/A**	**N/A**	**N/A**
Gafta Award No.18-534 **Roumania**	**N/A**	**N/A**	**N/A**
Gafta Case No.18-243 **Russia**	**N/A**	**N/A**	**N/A**

Award of Arbitration No.18-601 **Suisse**	**N/A**	**N/A**	**N/A**
Gafta Appeal Award No. 4621 **Suisse**	**N/A**	**N/A**	**N/A**
Gafta Appeal No 4626 **Suisse**	**N/A**	**N/A**	**N/A**
Gafta Award No.18-497 **Turquie**	**N/A**	**N/A**	**N/A**
Gafta Appeal Award of Arbitration No. 4620 **Turquie**	**N/A**	**N/A**	**N/A**
Award of Arbitration No 18-389 **Ukraine**	**N/A**	**N/A**	**N/A**
Gafta Case No.18-490 **United Arab Emirates**	**N/A**	**N/A**	**N/A**
Gafta Case No.18-401 **United Arab Emirates**	**N/A**	**N/A**	**N/A**
Gafta Award No.18-373 **United Arab Emirates**	**N/A**	**N/A**	**N/A**
Gafta Award of Arbitration No.18-613 **Vietnam**	**N/A**	**N/A**	**N/A**

Source : https://www.gafta.com/Defaulters-on-Awards-of-Arbitration et https://www.arbitrage-maritime.org/CAMP-V3/sentences-recentes/

Légende pour le tableau n°1
[2011-2023[: Entre 2021 et le premier semestre de l'année 2023.
[2021-2022] : Entre 2021 et 2022.
[2018-2022[: Entre 2018 et une partie de l'année 2022.
N/A : Information non disponible.
Taux d'exécution des sentences arbitrales GAFTA entre 2020-2022

Nombre/taux de sentences GAFTA rendues en première instance]2020-2022[	Nombre/taux de sentences arbitrales GAFTA confirmées en appel]2020-2022[	Nombre/taux de sentences arbitrales GAFTA non exécutées]2020-2022[	Nombre/taux de sentences arbitrales GAFTA exécutées]2020-2022[
112 sentences arbitrales de première instance. 100%	19 sentences confirmées en appel. 15,58%	15 sentences arbitrales (entreprises *blacklistées*). 13,40%	97 sentences arbitrales. 86,60%

Source : https://www.gafta.com/arbitration-news et https://www.arbitrage-maritime.org/CAMP-V3/sentences-recentes/

Légende tableau n°2

]2020-2022[: Entre le dernier semestre 2020 et le premier semestre 2022.

Commentaire des tableaux n°1 et n°2

Le tableau n°1 présente les conséquences de la mise en œuvre de la clause de Blacklisting en matière d'exécution des sentences arbitrales au sein des associations marchandes GAFTA et Syndicat de Paris. Le tableau n°2 présente les statistiques sur les taux d'exécution des sentences arbitrales au sein de la GAFTA. La production de ces statistiques se justifie du fait qu'un nombre non négligeable d'entreprises membres de la GAFTA ont été blacklistés pour non-exécution de la sentence arbitrale au cours de ces deux dernières années. Contrairement à la GAFTA, le Syndicat de Paris n'a produit aucune liste noire sur une entreprise membre pour non-exécution de la sentence arbitrale au cours de ces quatre dernières années.

À la suite des effets de sanctions produits par le *Blacklisting*, certaines entreprises ayant été identifiées comme récalcitrant prennent conscience et exécutent la sentence arbitrale mise à leur charge. Dans ce cas précis, elles sont réintégrées dans la plupart des cas dans l'association marchande. C'est le cas pour le GAFTA et le syndicat de Paris. En tout état de cause, la clause de Blacklisting constitue un instrument dissuasif à l'égard des mauvais débiteurs. Ainsi, son application par le syndicat de Paris produit un effet positif en termes d'exécution des sentences arbitrales. Au sein de la GAFTA, la clause permet d'avoir un taux important d'exécution des sentences arbitrales près de 87% malgré la réticence de certaines entreprises à suivre la voie d'une exécution automatique des sentences.

Les données réelles relatives à l'exécution de la sentence arbitrale montrent que l'usage et la mise en œuvre de la clause de *Blacklisting* contribuent à l'efficacité de l'exécution de la sentence arbitrale. Ce succès de la clause de Blacklisting est limité à des secteurs marchands bien définis. Il sera utile d'étendre ce modèle à d'autres secteurs de l'arbitrage commercial et d'investissement pour susciter auprès des acteurs économiques le devoir de responsabilité à contribuer à l'efficacité de l'exécution des sentences arbitrales internationales.

TABLE DES MATIÈRES

Structures éditoriales du groupe L'Harmattan

L'Harmattan Italie
Via degli Artisti, 15
10124 Torino
harmattan.italia@gmail.com

L'Harmattan Hongrie
Kossuth l. u. 14-16.
1053 Budapest
harmattan@harmattan.hu

L'Harmattan Sénégal
10 VDN SICAP AMITIE 3
BP 45034 Dakar-Fann
direction@senharmattan.com

L'Harmattan Cameroun
Tsinga/Derrière polyclinique FECAFOOT
BP 11486 Yaoundé
Jacques.koukam@harmattan.fr

L'Harmattan Burkina Faso
Villa 281, secteur 23 623, rue 14.32
Ouagadougou
zagbie@outlook.fr

L'Harmattan Guinée
Almamya, rue KA 028 OKB Agency
BP 3470 Conakry
harmattanguinee@yahoo.fr

L'Harmattan RDC
185, avenue Nyangwe
Commune de Lingwala – Kinshasa
matangilamusadila@yahoo.fr

L'Harmattan Congo
219, avenue Nelson Mandela
BP 2874 Brazzaville
deunovmikhael@gmail.com

L'Harmattan Mali
Immeuble Mgr Jean Marie Cissé
Aci Hamadallaye
BP 145 Bamako
syllaka@yahoo.fr

L'Harmattan Togo
Djidjole – Maison Amela
face EPP BATOME
02 BP 20680 Lomé
didieramela11@gmail.com

L'Harmattan Côte d'Ivoire
Résidence Karl – Cité des Arts
Abidjan-Cocody
03 BP 1588 Abidjan
harmattan.ivoire@gmail.com

L'Harmattan Bénin
Rue 604, (Immeuble à l'entrée
de la rue UCAO- Cite de Saint-Jean)
Cotonou
stepcorpus@gmail.com

Nos librairies en France

Librairie internationale
16, rue des Écoles
75005 Paris
librairie.internationale@harmattan.fr
01 40 46 79 11
www.librairieharmattan.com

Librairie des savoirs
21, rue des Écoles
75005 Paris
librairie.sh@harmattan.fr
01 46 34 13 71
www.librairieharmattansh.com

www.ingramcontent.com/pod-product-compliance
Lightning Source LLC
LaVergne TN
LVHW011221061026
849535LV00001BA/125

* 9 7 8 2 3 3 6 5 9 1 8 7 2 *